제3판

재무관리

김건우

弘文社

제 3 판 머리말

제3판에서 중요한 개정은 다음과 같다.

첫째, 모바일 휴대폰의 앱(app)을 이용하여 수식계산을 쉽게 하였다. 구체적으로 3장 돈의 시간적 가치에서 현가계산(pvif calculator, pvifa calculator)과 미래가치계산(fvif calculator, fvifa calculator), 6장 순현가와 내부수익률 계산에서 npv calculator, irr calculator 기능을 이용하여 계산을 쉽게, 빨리 하는 방법을 모색하였다.

둘째, 재무관리 과목을 글과 말로 이해하는 것이 중요하지만, 수식 예를 통하여 개념을 더 정확히 이해할 필요가 있으므로 각 장에서 꼭 중요한 계산문제를 두 문제에서 다섯 문제 정도 별표로 표시하여 학생들이 꼭 풀어 보도록 하고, 해답을 부록에 제시하였다. 학생들은 최소한 이 문제들은 풀어 보고 이해함으로써 재무이론과 실제를 더 잘 이해할 수 있을 것이다.

셋째, 독학이나 강의를 더 잘 공부할 수 있도록 홍문사 홈페이지에 각 장의 강의 노트 파워포인트(PPT) 파일을 공개하였다. PPT 파일은 홍문사 홈페이지에서 다운로드(download)할 수 있다.

2020년 2월 초에 시작된 코로나(COVID)로 인하여 모든 분야가 위축되고 비정상적인 상태가 2년간 계속되고 있다. 출판 분야 또한 예외가 아니어서 개정판을 내기가 더 어려운 환경이나 개정판 출간을 허용해 주신 홍문사 임권규 사장님에게 감사드린다. 또한 꼼꼼하게 편집과 교정에 힘써준 편집부 이경희님에게 고마운 마음을 전한다.

2022년 2월

김 건 우

제 2 판 머리말

제1판을 사용하신 교강사님들의 조언과 제안에 힘입어 재무관리의 제2판을 내게 되었다. 이 개정판에서의 중요한 수정 및 변화는 다음과 같다.

첫째, 재무관련 용어를 개정된 국제회계기준(IFRS)에 맞추어 변경하였다. 예를 들어, 과거의 "대차대조표"는 "재무상태표"로 명칭이 바뀌었다.

둘째, 각 장에서 학부수준을 넘어 선 내용이나 내용의 전개상 수업을 하시 않아도 될 부분은 별도로 표시하였다. 따라서 이 책을 빨리 끝까지 읽으려는 학생들은 이 부분을 생략할 수 있다.

셋째, 각 장의 본문 끝에 객관식 문제를 평균 10개씩 추가하고, 연습문제와 자습문제를 보완하고 재구성하였다. 이 책으로 공부하는 학생들은 각장을 마친 후 객관식 문제와 풀이가 함께 제공된 연습문제와 자습문제를 통하여 각 내용을 확인하고 복습하는 기회를 가질 수 있을 것이다.

마지막으로, 각 장의 내용을 가능한 쉽게 설명하고 예를 들어 설명하려고 노력하였으며, 미진한 부분을 보완하였다.

이 책이 나오기까지 특히 편집과 교정에 많은 노력을 해준 이정민님과 출판을 허락해 주신 임권규 홍문사 사장님에게 감사드린다.

2010. 2.
저자 김건우

〈이 책의 사용법 안내〉

재무관리의 내용 중 투자론 과목과 중복하는 부분이 많다. 왜냐하면 재무관리의 내용을 설명하기 위해 투자론의 원리가 필요하기 때문이다. 예를 들면 실물옵션을 설명하기 위해 투자론의 옵션원리를 설명하지 않을 수 없다. 이 경우 옵션의 원리만 이해하면 되지 투자론에서 배우는 자세한 옵션 내용을 공부할 필요가 없다. 교과서는 사전적 형식을 취하므로 옵션을 일단 언급하면 체계적으로 자세히 설명하게 된다. 바로 여기서 적절히 생략하고 넘어가야 할 부분이 생기게 된다.

이번 개정판에서는 재무관리의 큰 줄기를 이해하는데 부족함이 없는 범위에서 교과서의 일부를 생략하고 건너 뛸 수 부분을 표시하였다.

재무관리는 일반적으로 어렵다고 한다. 이론과 논리가 많고, 계산이 복잡하기 때문이다. 재무관리를 쉽게 공부하기 위해서는 위의 이론과 논리가 실제 수리 예에서 어떻게 쓰이는지를 확인하면 된다. 따라서 이런 목적을 위해 이 교재에서는 각장 본문이 끝나는 바로 뒤에 풀이와 해석이 있는 연습문제를 마련하였다. 연습문제의 수준은 쉬운 내용 뿐 아니라 공인회계사 시험 기출문제에 이르기까지 다양하다. 이러한 연습문제를 읽고, 확인하는 과정에서 학생들을 재무관리의 이론과 원리가 어떻게 적용되는지 이해하게 할 것이다. 연습문제는 풀이와 해답을 보면서 이해하면 된다. 일단 이런 연습이 끝나면 다시 교과서 본문을 읽어 본다.

각 장의 본문 맨 뒤에 나오는 자습문제는 혼자 힘으로 풀어야 한다. 풀이와 해답을 안보고 고민하는 과정을 반드시 거쳐야 한다. 비록 혼자서 자습문제를 못 푼다 하더라도 풀이를 위해 고민하는 과정 그 자체가 공부다. 특히 권하고 싶은 것은 못 푸는 문제는 해답을 보기 전에 동료 및 선후배와 그룹스터디를 통해서 문제풀이에 요구되는 원리, 이론 그리고 과정을 확인하는 것이다. 이러한 연습을 꾸준히 하게 되면 재무관리의 맥을 이해하게 될 것으로 확신한다.

초판 머리말

자본시장의 발달과 경영환경의 변화에 따라 재무관리의 중요성은 더욱 증대되어지고 있다. 본서는 대학에서 재무관리과목을 입문하게 되는 학생들의 충실한 기본 도서로서의 역할과 공인회계사(CPA)시험을 비롯하여 여러 재무/금융관련 자격시험 준비를 하는 데 도움이 되도록 집필되었다.

본서를 집필하면서 염두에 둔 구성상 의도는 다음과 같다.

첫째, 본서는 재무관리 기초개념과 재무관리의 각론인 투자론, 선물, 옵션, M&A 그리고 국제재무관리까지 여러 분야를 망라하였다.

둘째, 각 장 끝에 있는 객관식 문제는 기본개념을 재확인하고 여러 시험에 대비하도록 하기 위해서 수록하였다.

셋째, 주관식 연습문제는 모두 계산문제로서 문제 바로 다음에 해답을 제시하여 재무관리의 이론과 실제를 확인할 수 있도록 하였다.

넷째, 자습문제는 학생들이 해답을 안보고 풀 수 있도록 제시하였다. 물론 해답은 책 뒤 부록에 있으므로 본인이 푼 것과 대조할 수 있을 것이다.

본 저서가 나오게 되기까지 동료 교수와 많은 석·박사과정 학생들의 도움이 있었으며 이 기회에 지면을 통하여 감사드린다. 특히 경희대학교 겸임교수이신 이운석 박사께서 계산문제의 해답의 정확성을 위해 많은 수고를 아끼지 않았다.

끝으로 어려운 출판환경에서 기꺼이 도서의 출판에 응하여 주신 임권규 사장님과 교정에 노고를 아끼지 않은 편집진들 그리고 여러 직원들에게 감사드린다.

2006년 2월
저 자

차 례

제 1 장 재무관리의 기초개념과 개관

제 2 장 재무관리와 재무제표

제 3 장 미래가치와 현재가치의 계산

제 9 장 자본비용

Contents···

제10장 자본구조

제11장 배당정책

제14장 운전자본관리

제15장 소요자금예측과 현금예산

제16장 기업의 인수 · 합병(M&A)

제17장 옵 션

제18장 선 물

Contents...

제19장 국제재무관리

제 1 장 재무관리의 기초개념과 개관

제 1 절 재무관리의 역할

1) 재무관리의 의의

가끔 신문이나 방송에서 잘나가는 회사의 법정관리나 파산 소식을 듣게 되면 어쩌다가 저렇게 되었을까 궁금해진다. 제품의 브랜드 명성이 괜찮았고 엊그제까지만 해도 업계에서 잘나간다고 평가받던 기업이라 더욱 놀라게 된다. 그런데 이렇게 재무적 어려움을 겪는 회사들에게서 공통된 특징을 발견하게 되는데 첫 번째는 높은 부채 비율과 두 번째는 새로운 사업 또는 신규 프로젝트에 올인(go all in)한다는 점이다. 자본조달과 투자결정에 뭔가 문제가 있었다는 얘기다. 성공한 우량기업의 성공요인이 반드시 위의 두 가지 요인 때문이라고 말하기 어렵다. 그것도 중요하지만 보다 근본적인 경쟁요인으로서 제품의 우수성, 높은 브랜드이미지, 소비자의 신뢰, 그리고 안정적인 재무상태를 꼽을 수 있다.

창업부터 도산에 이르기까지 자금, 즉 돈의 문제는 시작과 끝이다. 재무관리는 이러한 배경에서 시작된다. 구체적으로 사업을 시작할 때나 또는 기존기업으로서 성장을 추구할 경우 어디에 투자할 것인지 그렇다면 자금을 어떻게 조달할 것인지가 중요하다. 기업의 끊임없는 성장 추구는 생존을 위한 최소한의 조건인데 성장하기 위해서는 자금이 반드시 필요하다. 그것이 신규설비 투자를 위한 거액의 장기 자본이든 운전자금이든 돈의 문제는 장기적인 전략과 단기적 전술에서 모두 중요하다.

재무관리란 자금을 중심으로 기업활동을 계획 · 실행 · 통제함으로써 기업목표인 기업가치의 극대화를 꾀하고자 하는 활동을 말한다. 다시 말하면, 재무관리는 기업의 재무활동을 효율적으로 관리하는 경영활동 과정이다.

기업이 그 본래의 목적을 달성하기 위하여 수행하는 기업활동에는 생산관리, 마케팅관리, 인사조직관리, 그리고 재무관리 등 여러 가지 활동이 있다. 이 가운데 재무활동은 기업활동을 수행하는 데 필요한 투자와 이의 소요자본을 확보하는 자금조달에 관한 활동이라 할 수 있다. 이러한 재무활동이 합리적으로 수행되도록 하기 위해서는 목표를 설정하고 목표달성을 위한 계획을 수립하고 계획된 내용을 실행에 옮기고 그 결과를 통제하는 관리과정을 거치게 된다.

2) 재무관리의 기능과 재무의사결정

기업의 재무담당자가 수행해야 할 기본적인 재무의사결정은 투자결정과 자본조달결정이다.[1] 투자결정(investment decision)은 자금을 어디에 어떤 원칙으로 투자할 것인가와 관련된 의사결정이다. 자본조달결정(financing decision)은 기업활동에 필요한 자금을 어떻게 조달할 것인가와 관련된 의사결정이다. 기업의 재무의사결정과 재무상태표의 관계는 [그림 1-1]과 같다.

투자결정과 관련하여 특히 기업의 유형자산과 무형자산에 대한 투자계획은 기업의 장래의 수익과 위험에 중요한 영향을 미친다. 그러므로 해당 투자계획안을 수행하는 데 필요한 소요자금과 투자기간에 대한 예측, 투자로부터 예상되는 현금흐름의 양과 이에 대한 불확실성 정도에 대한 예측 그리고 이러한 예측자료에 의한 투자안의 평가가 유형자산과 무형자산에 대한 투자결정에 있어 주요 과제가 된다.

[그림 1-1] 재무의사결정과 재무상태표

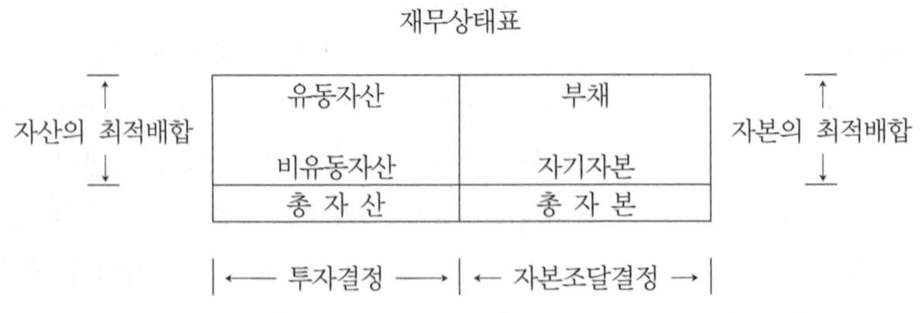

1) 구체적으로 기업의 재무담당자는 CFO(Chief Financial Officer: 최고재무관리자) 또는 재무담당 부사장(VP of Finance)이다. 가끔 CEO(Chief Executive Officer: 최고경영자)가 CFO를 겸직하기도 한다. 미국기업에서 트레져러(treasurer)는 자본투자 지출, 자본조달, 재무예측 현금 관리, 매출채권관리를 담당한다.

자본조달결정기능은 투자 및 기업활동에 필요한 자금을 어디서 얼마만큼 그리고 저렴하게 확보하는 것이 효율적인 조달방법인가를 결정하는 기능이다. 여기서 부채(debt)와 주식지분(equity) 별로 어떻게 조합하는 것이 기업가치 극대화라는 기업목적에 비추어 가장 적합한 방법인가라는 자본조달의 최적배합(optimal mix of financing) 또는 최적자본구조(optimal capital structure) 문제가 자본조달결정의 주된 과제가 된다. 그러므로 자본조달의 수단, 경로 등 관련제도와 절차는 물론이고 국내자본조달-국제자본조달의 배합 그리고 각 자본조달에 따른 비용과 조달자본의 이용가능기간을 알아야 한다.

한편 자본의 순환과정에 있어 설비, 기계 등 유형자산의 구입을 위한 지출, 원재료 및 소모품의 구입을 위한 지출, 그리고 노무비, 경비 등의 지출과 매출채권의 회수에 따른 유입 등 현금의 유출과 유입이 끊임없이 이루어진다. 즉 일상의 경영활동에서 지불의무의 발생과 지불수단의 회수가 끊임없이 이루어지고 있다. 자금의 유출입은 그 실현이 불확실하므로 지불능력을 항상 유지하기 위해서는 유동성 관리가 문제된다. 구체적으로 적정수준의 현금보유, 적정수준의 매출채권유지, 적정 재고량 확보 그리고 적정수준의 단기차입이 중요한 관리대상이다. 이것이 운전자본관리(working capital management)의 주요 과제이다.

이 밖에 재무관리 기능으로 경영활동의 성과인 이익을 어떻게 배분할 것인가 하는 것이 초점인 배당결정기능을 들 수 있다. 이익 가운데 얼마를 배당으로 지불하고 얼마를 사내에 유보하느냐 하는 배당결정(dividend decision)은 주주에게 귀속되는 배당액의 크기를 결정함과 동시에 다른 한편에서는 유보이익이란 형태의 자금조달 원천의 크기를 결정한다. 따라서 배당결정은 자본조달기능과 함께 생각할 수도 있다.

3) 기업의 목표

(1) 재무관리의 목표

대부분의 기업은 주식회사 형태를 취하고 있다. 주식회사는 다른 어떤 형태의 기업조직보다도 자본조달이 쉽고, 소유권의 이전이 자유롭다. 소유와 경영의 분리를 특징으로 하는 주식회사는 무한한 수명을 가진 계속기업으로서 다양한 이해 관계자들의 이해를 조정한다. 기업은 가장 먼저 이런 다양한 이해 관계자들

(stakeholder)의 이해관계를 조정-충족시킨 후 기업의 목표를 추구해야 한다.

주식회사는 주주의 출자로부터 시작했으므로 주주에 대한 보상이 무엇보다도 중요하다. 그 보상은 보유주식 가치의 증가, 배당 증가 또는 주식재매입 등 여러 형태로 나타날 수 있다. 그러나 가장 근본적인 보상은 주주가 주인인 기업가치의 극대화이다.

기업가치의 극대화는 자기자본가치의 극대화이기도 하다. 여기서 자기자본은 주식 수에 주가를 곱한 금액이다. 따라서 자기자본가치의 극대화는 주식가치의 극대화이기도 하다. 상장기업(listed company)의 경우 기업의 가치는 객관적으로 주가로 측정된다. 이론적으로 계산된 기업의 진실가치는 궁극적으로 주가라는 시장지표에 반영된다. 비상장기업 역시 자기자본가치의 극대화는 재무관리의 목표가 된다. 예를 들면, 비상장기업의 인수 · 합병(M&A)시 합병금액 산정의 기초는 결국 자기자본가치이고 이는 개별 주식가격의 산정에 있기 때문이다.

모든 기업이 항상 재무관리의 목표를 기업가치의 극대화에 두면서도 기업 재무관리의 목표는 또한 소극적으로 부도의 방지에 있다고 할 수 있다. 기업이 적절한 유동성을 유지하지 못한다면 장기적으로 흑자가 나는 투자를 계속하지만 단기적으로 부도의 위험에 직면할 수 있다. 기업가치의 극대화는 장기적이고 전략적인 기업의 목표라면, 부도의 방지는 단기적이고 전술적인 기업의 목표이다. 모든 기업이 궁극적으로 기업가치의 극대화를 위해서 재무의사결정을 수립한다. 그러나 단기적으로 원리금 지급 불능의 위험에 빠진다면 극단적으로 흑자도산(회계적으로 이익이 발생했지만 원리금 지급이 불가능해질 정도로 현금흐름이 빈약한 상태)에 빠질 가능성이 많기 때문이다.

따라서 재무관리의 목표는 적극적으로 수익성을 극대화시키면서 소극적으로 유동성을 유지하여야 한다. 이는 결국 장기적인 전략과 단기적인 전술과의 조화라고 할 수 있다.

(2) 이익극대화 목표

경영성과를 측정하는 가장 보편적 척도로 이익 또는 이윤을 고려할 수 있고 재무적 의사결정의 평가기준으로 종종 이익의 극대화 지표가 사용된다. 그러나 이 경우 이익극대화는 단일회계기간 또는 단기목표로서의 이익극대화를 의미하므로 재무적 의사결정의 모든 측면을 설명하는 데는 한계가 있다. 이익개념이 기업가치 변화를 측정하지 못하는 주요 이유는 다음과 같다.

[그림 1-2] 재무관리의 목표

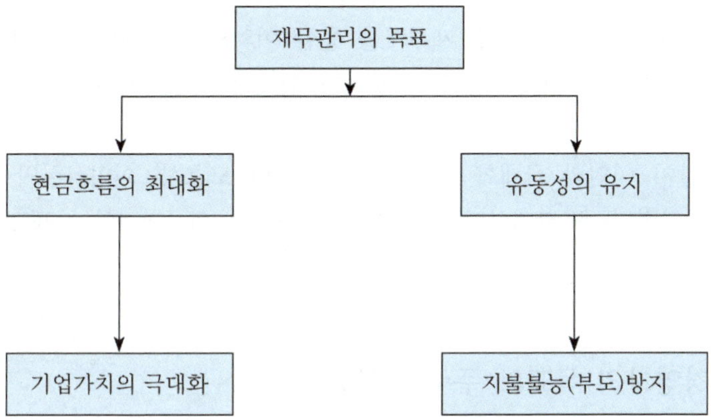

첫째, 이익이라는 개념은 여러 가지 의미로 사용되어 그 개념이 모호하다. 예를 들면 장기이익, 단기이익, 총자본이익, 매출마진, 영업이익, 그리고 순이익 등 여러 가지 의미를 담고 있어 그 내용이 명확하지 못하다.

예를 들어 기업이 단기이익의 극대화에 그 목표를 둔다고 하자. 최고경영자는 단기업적주의에 치중하여 신용매출을 확대, 매출액을 늘릴 수 있으나 동시에 매출채권이 증가하여 순이익은 늘었으나 현금흐름은 아주 나빠질 수 있다. 또한 비용절감에 급급하여 정기적인 보수 · 유지비용을 아낌으로써 장기적으로 더 큰 자산 손실을 가져올 수 있다.

둘째, 미래에 예상되는 이익의 실현가능성은 불확실하며, 같은 크기의 예상이익이라도 그 실현의 불확실한 정도, 즉 위험은 서로 다르다. 그럼에도 불구하고 이익개념에는 이러한 위험의 차이가 고려되지 않는다.

예를 들어 장부상의 이익과 손실을 보자. 기업은 자산재평가를 통하여 막대한 장부상의 이익을 손익계산서에 계상할 수 있다. 또한 기업은 고정자산에 대한 특별상각을 통하여 장부상의 손실을 발생시킬 수도 있다. 최종적으로 나타난 순이익의 증감은 이러한 구분을 할 수 없다. 기업이 본원적으로 영업을 하여 얻은 순이익 1원이나 회계원칙의 변경에 의하여 얻은 장부상 순이익 1원이나 구분이 되지 않는다. 만약 기업의 목표가 순이익의 극대화라고 한다면, 극단적으로 회계원칙의 변경에 의해 순이익은 증가될 수 있다.

셋째, 이익의 극대화를 목표로 한다면 기업이 재투자를 통하여 추가이익이 발생할 것으로 예상되는 한, 기업은 이익을 극대화시키기 위하여 배당을 지불하지 않고 모든 이익을 재투자하려 할 것이다. 그러나 재투자로부터의 이익수준이 투자자의 기대수준에 못 미칠 경우 재투자를 통한 이익의 증대에도 불구하고 오히려 기업가치는 감소한다. 따라서 이익의 증가가 언제나 기업가치의 증가로 나타나는 것은 아니다.

이와 같이 이익의 극대화 개념은 이익개념의 모호성, 이익실현의 불확실성, 그리고 배당결정 등을 고려하지 않기 때문에 재무적 의사결정의 지표로서는 한계가 있다.

(3) 경영자의 목표와 주주의 목표

이익극대화 목표의 문제점을 해할 수 있는 개념이 부(wealth)의 개념이다. 기업의 부는 기업가치를 의미하고 기업활동에 의한 기업가치의 증가는 궁극적으로 주주 부의 증가로 이어진다. 주주들은 기업을 경영하기 위해 경영자들을 고용하고 경영자들은 주주들을 대신하여 투자와 자금조달에 관한 의사결정을 하게 된다. 여기서 기업경영을 맡고 있는 경영자들의 행동이 그들 개인의 이익이 아닌 주주의 이익을 위해 행동하느냐의 문제가 제기된다. 주주와 경영자의 관계는 계약관계에서 보면 위임자(principal)와 대리인(agent)의 관계로 볼 수 있다. 대리관계(agency relation)는 1인 이상의 사람이 다른 사람으로 하여금 그를 위해 어떤 서비스를 수행하도록 하는 계약으로 정의되고 의사결정권의 위임을 포함한다.[2)]

그러나 양 당사자가 각자의 효용을 극대화시키려 한다면 경영자의 목표는 그 기업의 주주의 목표와 다를 수 있다. 다수의 주주가 그들의 대리인인 소수의 경영자들을 완전히 통제할 수 없는 상황에서는 이 대리인들이 항상 주주의 최대이익을 위해서 행동하지 않을지도 모른다. 대리인들은 그들 자신의 이익을 증대시키려는 목적을 가짐으로써 때로는 주주의 이익을 희생시키고 그들의 이익을 달성하려 할 수 있다. 특히 다양한 주주의 이익을 명확히 구분하기 어려운 대기업의 경영자들은 많은 권한을 가지고 주주들의 이익을 희생하여 자기들의 이익을 취하는 방향으로 행동한다는 비난을 받기도 한다.

---

2) 위임자와 대리인과의 갈등을 대리인 갈등(agency conflict)이라 하고 이러한 갈등을 해결하고 해소하려는 유형 · 무형의 비용을 대리인 비용(agency cost)이라 한다. 구체적으로 대리인 비용에는 위임자가 대리인을 감시하는 감시비용(monitoring cost), 두 당사자 간의 업무범위와 책임을 법적으로 계약화한 확증비용(bonding cost) 그리고 이러한 비용 이외에 두 당사 간에 끝까지 남게 되는 비용인 잔여비용(residual cost)이 있다.

소유와 경영의 분리가 이루어진 현대 대기업의 경우 다수의 개별 주주들은 기업경영에 영향을 미칠 수 있는 힘을 행사하지 못할 뿐만 아니라 관심도 없다. 반면 기업경영의 실질적 권한은 소유권으로부터 분리된 전문경영자의 손에 있기 때문에 이들이 주주들의 이익을 무시할 수 있다.

그러나 이러한 주장에도 불구하고 경영자들이 주주의 최대이익을 위해서 행동하도록 유인하는 몇 가지 요인들이 있다. 첫째 요인은, 경영자의 성과가 보상과 관련되어 있기 때문이다. 둘째 요인은 경영자의 불성실, 또한 고의적 속임수는 법적·제도적으로 제재되거나 처벌될 수 있다는 점이다. 셋째 요인은, 경영자의 경영성과는 증권시장에서 평가된다는 점이다. 마지막 요인으로는 경영자의 평판 및 재취업은 노동시장에서 검증된다는 점이다. 이러한 요인들은 주주들의 부를 감소시키는 경영자에게는 불리한 결과가 그 경영자 자신에게 돌아간다는 기본 가정에서 나온다. 그 요인들에 대한 구체적인 설명은 다음과 같다.

첫째, 대부분의 경우 최고경영자들은 경영자주식옵션(stock option)으로 그 기업의 주식을 상당량 보유하고 있다. 경영자주식옵션은 경영자들 및 최고경영층에게 그 회사의 주식을 일정한 가격으로 매입할 수 있도록 하는 제도이다. 그들이 가진 주주로서의 위치가 주주의 이익을 위해 행동을 하도록 유발하는 요인이 된다. 또한 경영자들에게 주어지는 보상수준은 주주의 수익성과와 밀접한 관련이 있으므로, 주주들에게 돌아가는 수익성과가 클수록 경영자들에 대한 보너스, 장기성과급 등 보상수준이 높아진다.

둘째, 회사의 주인이 주주이므로 주주는 이사선임을 통하여 이사회에서 경영진을 선임하고 불성실·무능·부패한 경영진을 몰아낼 수 있다.3) 또는 주주는 위임장투표(proxy fight)를 통하여 이사의 횡포를 견제하거나 주주의 이익을 해치는 CEO의 행동에 제동을 걸 수 있다. 위임장 전쟁은 주주총회에 직접 참여하지 않는 주주들의 투표권을 위임받아 의결권을 행사하는 것을 말한다.

셋째, 다른 기업에 의한 기업인수·합병(M&A: Mergers and Aquisition)의 위협이 경영자의 행동에 영향을 미친다. 이러한 위협은 주주의 이익을 희생으로 자신의 이익을 추구하려는 경영자의 행동을 제어하는 직접적인 요인이 된다. 주주들의 불만은 주식시장에서 낮은 주가로 나타나게 되고, 낮은 주가수준은 다른 기업에게 기업인수의 매력적인 기회를 제공하게 되고 타기업에 의한 기업인수는 현직 경영자의 교체를 의미하기 때문이다.

---

3) 일본에서는 SONY 창업주의 아들이 경영자로서 무능하여 이사회에서 쫓겨났고, 미국 Apple 사는 창업자인 스티븐 잡스(Steven Jobs)를 CEO에서 해임시켰다.

넷째, 경영자의 노동시장이 주주의 이익을 위해 행동하도록 하는 하나의 요인이 된다. 기업 내외부에서 경영자의 능력은 평가되고, 좋은 평가를 얻기 위한 경쟁은 경영자들이 주주들의 이익을 위해 행동하도록 압박하는 요인으로 작용한다.

이와 같은 요인들이 소유와 경영이 분리된 현대 기업의 경우에도 경영자들이 주주의 이익을 위해 행동하고 경영자의 목표가 주주의 목표와 일치한다고 믿는 근거를 제공한다. 따라서 재무관리자들을 포함한 최고경영진은 주주 부의 극대화라는 목표를 위해 행동한다고 볼 수 있다.

(4) 채권자와 주주 사이의 이해관계

채권자들은 자금을 빌려줄 때 기업의 위험에 대한 평가를 근거로 이자율을 결정하고 향후 기업활동에 의한 이익의 크기에 관계없이 정해진 이자를 받는다. 그러나 자기자본 투자자인 주주들은 영업활동에 의한 이익 가운데 이자와 세금을 공제한 후 남는 순이익에 대한 청구권을 갖는다. 이러한 차이 때문에 채권자와 주주 사이에 이해관계의 충돌이 생길 수 있다.

예를 들어, 채권자들이 대출시 예상한 위험 수준보다 훨씬 위험이 큰 대규모 신규 투자안을 기업이 채택한다고 하자. 이 경우 위험의 증가로 인하여 부채의 가치는 떨어진다. 위험이 높은 새로운 투자안이 성공하여 많은 이익이 생긴 경우에 모든 이익이 주주들에게 귀속되는 반면, 투자안이 성공하지 못하여 손실이 발생된다면 손실을 채권자와 주주가 분담하는 결과가 될 수 있다.

이와 같이 기업이 채권자 손실에 대한 보상 없이 위험이 높은 투자안에 투자를 하거나, 많은 배당을 지급하거나, 그리고 자기자본보다 부채에 대한 의존도를 높임으로써 채권자의 비용으로 주주들이 이익을 취하는 부의 전가(transfer of wealth) 현상이 생길 수 있다. 따라서 채권자들은 그들의 이익을 보호하기 위한 방법으로 기업의 투자결정, 배당결정 그리고 대규모 추가자금 조달시에 채권자들의 이익을 감소시키는 행동을 할 수 없도록 하는 제한 조항을 부채계약(bond indenture)에 포함시킨다.

뿐만 아니라 만일 경영자들이 부의 전가를 시도한다면 채권자들은 거래를 거부하거나 비정상적으로 높은 이자율을 요구할 것이고 이는 결국 주주들의 이익을 감소시키게 된다. 그러므로 장기적인 관점에서 보면 경영자들이 채권자들을 공정하게 대우하는 것이 주주에 대한 최상의 서비스가 된다고 할 수 있다.

제 2 절 재무관리와 금융시장

금융시장은 자금의 수요와 공급이 이루어지는 시장으로서 기업에게는 필요한 자금을 조달하는 시장이며 투자자에게는 소득의 일부를 저축 또는 투자하는 시장이다. 자본의 투자결정과 자본조달결정을 담당하는 재무관리자는 필요한 자본을 금융시장에서 조달하여 투자 자산에 효율적으로 배분하여야 한다. 재무관리자는 기업활동에 필요한 자금수요에 부응하기 위해서 금융시장의 현황과 동향에 항상 관심을 기울이고, 필요시 소요자금을 확보할 수 있도록 대비하여야 한다. 오늘날의 금융시장과 제도는 급격히 변하고 있을 뿐만 아니라, 금융시장과 제도의 움직임은 기업의 자본조달에 영향을 미치므로 재무관리자의 금융시장에 대한 관심과 이해는 필수적이다.

기업은 발행시장(primary market: 1차 시장)에서 사채 또는 주식을 발행하거나, 금융기관으로부터의 차입에 의해 자금을 조달한다. 자금수요자인 기업은 증권(securities)을 발행하여 객관적으로 그 가치를 평가받아 저렴하게 대규모 자금을 공급받는다.

유통시장(secondary market: 2차 시장)은 투자자에게 여유자금을 금융자산에 투자할 수단을 제공하고 기업에게는 소유권을 이전할 수 있는 기회를 제공함으로써 자금의 효율적 배분에 기여한다. 유통시장은 자금의 이전 메커니즘을 제공하는 한편 주식, 채권 등 증권가치를 결정할 수 있는 장을 제공한다.

직접금융시장(direct financing market)은 자금의 최종수요자인 기업과 일반투자자 사이에 주식이나 채권과 같은 유가증권(securites)을 대상으로 거래가 이루어짐으로써 자금이 투자자로부터 기업으로 이전되는 시장이다. 여기서는 일반투자자

[그림 1-3] 금융시장을 통한 자금의 흐름

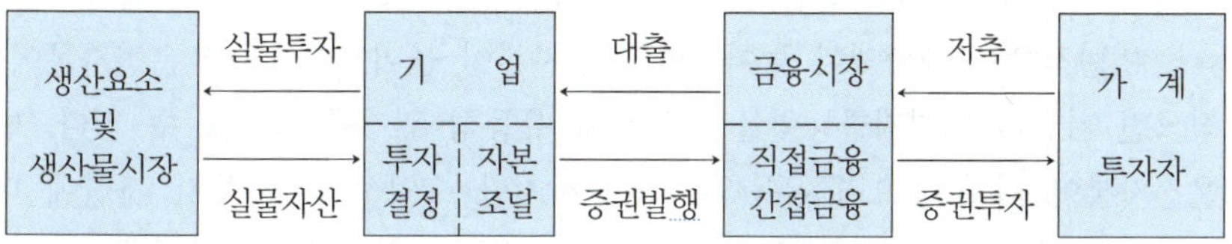

가 기업이 발행하는 유가증권을 직접 매입함으로써 자금이 투자자로부터 기업으로 이전된다. 간접금융시장(indirect financing market)에서 기업은 금융기관 특히 은행으로부터 대출(loan)을 통하여 차입(borrowing)함으로써 자금을 조달한다. 금융시장을 통한 자금의 흐름은 [그림 1-3]과 같이 나타내 볼 수 있다.

제3절 재무계획의 수립과 자금흐름

1) 재무계획의 의의

재무계획은 기업의 목표를 달성할 수 있는 지침서로서, 미래에 일어날 수 있는 문제점을 예견하고 대비하게 해준다. 구체적으로 재무계획은 매출목표를 정하고 그것을 달성하기 위한 자산규모를 확정하여 이를 뒷받침하기 위한 자본조달 방안을 검토한다. 재무계획은 2~5년의 장기계획으로서 기업 내의 단위부서들, 여러 지역의 공장들, 그리고 제품별 사업본부를 모두 망라한 통합계획이다. 이러한 재무계획을 통하여 기업은 미래에 발생할 여러 상황들을 검토하고, 돌변상황을 대비하며, 그리고 실행상의 일관성을 유지할 수 있다.

2) 기업 내 자금의 흐름

기업 내 자금의 흐름은 크게 운전자금, 시설자금, 그리고 현금자금으로 나눈다. 운전자금은 제조기업의 경우 원재료의 외상 및 현금구입, 제조 및 가공, 제품의 외상 및 현금판매, 매출채권의 유지, 재고 관리 그리고 외상매입채무의 지급에서 발생하는 자금의 흐름이다. 운전자본(working capital)은 유동자산(current asset)이다. 운전자본의 수준은 조업도와 비례관계를 가지고, 매출액과 밀접한 관계를 갖는다. 일반적으로 매출액이 늘어나면 운전자본이 늘어난다. 만약 운전자본이 너무 적으면 기업의 단기지급능력을 악화시켜 유동성 위기를 불러올 수 있다. 반대로 운전자본이 너무 많으면 유동성은 풍부하지만 수익성 있는 투자 자산에 대한 투자 기회를 상실할 위험을 갖는다. 운전자본 계획의 기본목표는 유동성을 유지하

[그림 1-4] 기업 내 자금흐름

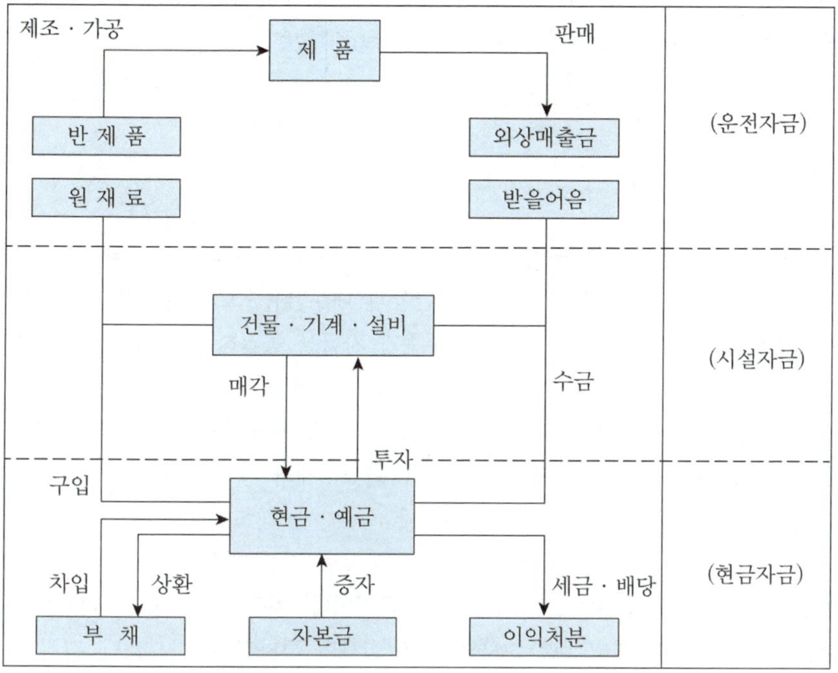

면서 동시에 수익성을 추구하는 데 있다.

시설자금은 토지 및 건물 매입이나 기계설비투자에 요구되는 자금이다. 이와 같은 고정자산투자는 그 금액이 크고, 투자효과가 장기간에 걸쳐 나타나며, 투자위험이 높다. 설비투자의 계획과정을 자본예산(capital budgeting)이라고 하는데 이는 프로세스(process) 중심의 전략적 의사결정과정이다.

현금자금은 차입 및 대출에 의한 현금유입과 상환, 자본금의 증자 그리고 이익처분으로서 배당지급 그리고 세금에 관련된 현금의 흐름이다. 현금은 가장 유동성이 큰 자산으로서 구체적으로는 시재현금(cash in hand)과 보통예금과 같은 요구불예금의 합이다. 일부 학자들은 현금에 현금등가물로서 시장성 유가증권을 포함시키기도 한다.

보유현금은 유휴자산으로 이자발생이 없으므로 기회비용이 발생한다. 과다한 현금보유는 수익성을 해친다. 하지만 과소한 현금보유는 유동성 부족의 위험을 야기시켜 재무위험의 원인이 된다. 따라서 기업은 현금의 과다 및 과소 보유를 경계하면서 적정 현금보유의 범위를 늘 의식하면서 현금관리를 하여야 한다. 현금 그 자체는 언제나 환율변동이나 물가상승 등의 위험에 노출되어 있으므로 현금보유에 따르는 위험을 헤지하는 수단을 늘 염두에 두어야 한다.

3) 자금조달 방법

기업에서 자금조달의 원천은 먼저 자금이 기업 외부에서 조달되는가 아니면 기업 내부에서 조달되는가에 따라 외부금융과 내부금융으로 나누어진다. 외부금융은 채권자가 자금을 제공하는 부채와 주주가 자금을 공급하는 자기자본(구체적으로는 자본금)으로 나누어진다.

내부금융은 이익유보, 감가상각충당금, 그리고 기타 충당금으로 구성되어 있다. 부채는 채무의 만기 1년을 기준으로 단기부채와 장기부채로 나눈다. [그림 1-5]는 자금의 조달 원천을 나타낸 것이다.

기업은 여러 가지 제약조건 속에서 회사별로 정한 기준에 따라 자금을 조달한다. 가장 먼저 고려해야 할 요건은 조달금리이다. 자금조달 금리는 기업의 자본비용 계산의 기본이 되고 또한 자본비용은 회사의 투자결정, 자본조달 결정, 그리고 배당결정시 기준이 되므로 가장 중요한 고려 요인이다.

자금조달은 회사가 자금을 필요로 하는 시기에 반드시 조달되어야 한다. 예를 들면, 대출이자는 정한 기일까지 갚지 못하면 하루만 지나도 연체가 되는 것에서 알 수 있듯이 자금의 적기 공급은 자본비용과 관계없이 더 중요한 기준이 될 수 있다.

자금조달 규모는 정해진 투자 규모에 맞춰 적정하게 조달된다. 너무 과다하게 조달하면 유휴자금 때문에 기회비용이 발생하고 너무 과소하게 조달하면 투자기회를 놓칠 뿐 아니라 유동성 부족위험에 빠질 염려가 있다.

자금조달은 기업의 경영권 유지와도 관련이 있다. 적절한 규모의 유상증자는 재무구조를 좋게 할 뿐만 아니라 안정적인 주주지분 유지에도 도움이 된다.

마지막으로 자금조달이 전체적으로 재무비율 향상에 미칠 영향을 고려하여야 한다. 예를 들면, 자본조달 비용이 싸다고 하여 부채에 의한 자본조달에 치중할 경우 과도한 부채비율 때문에 투자자나 기업분석가로부터 위험한 기업으로 분류될 수 있다. 또한 자기자본에 의한 자본조달에 치우칠 경우 부채자본 사용으로 인한 손익 확대효과가 감소하고 ROE(자기자본이익률)를 낮추는 결과를 초래한다.

[그림 1-5] 자금의 조달 원천

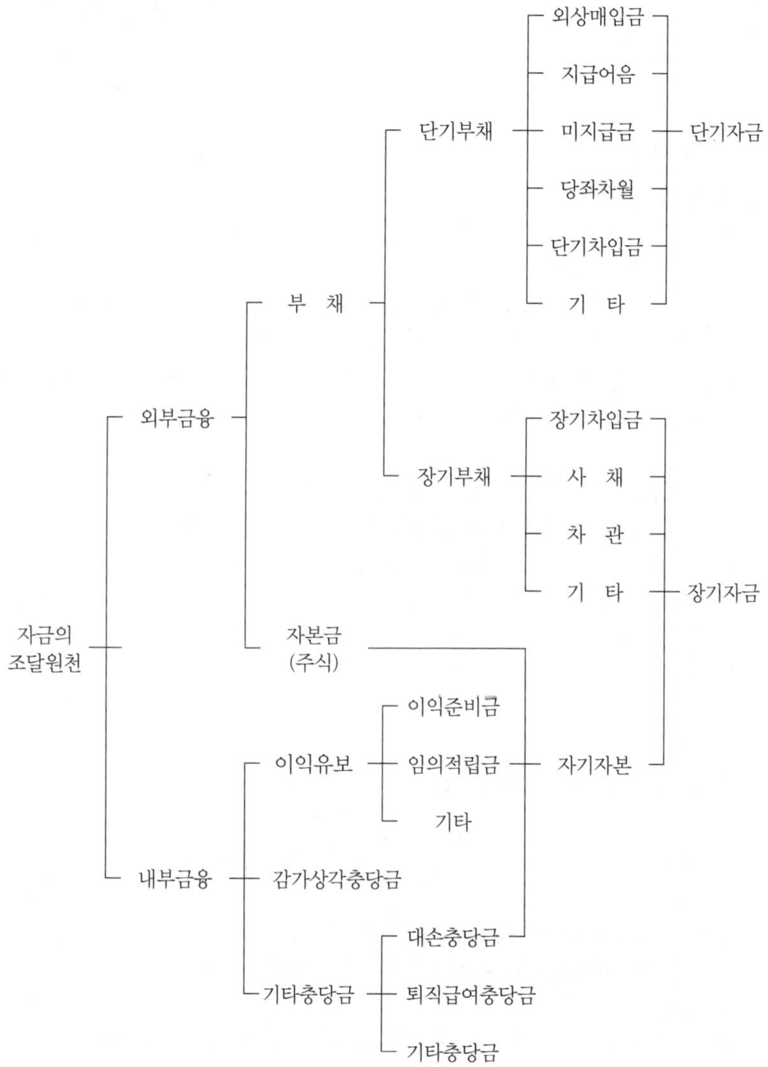

Financial Management

문제풀이

≪객관식 문제≫

1. 다음 설명 중 잘못된 것은?

① 주주의 부(wealths)는 주주들이 기업으로부터 받게 될 것으로 기대되는 미래이득의 현재가치이다.
② 주주의 부의 개념은 회계적 이익이 아니라 경제적 이익을 의미한다.
③ 주주의 부는 기업의 단기적인 경영성과를 측정하는 개념이다.
④ 경영자, 주주, 채권자 사이에 이해관계의 마찰이 없다면 기업가치의 극대화는 언제나 주주 부의 극대화를 가져다준다.

2. 기업의 재무관리의 기능을 가장 적절하게 표현하지 않은 것은?

① 화폐의 흐름과 관련된 기업 활동을 계획, 집행, 통제하는 기능이다.
② 적절한 현금잔고의 크기와 외상매출의 신용기준을 결정하는 기능이다.
③ 재무관리는 영업레버리지와 재무레버리지를 효율적으로 결합하여 기업가치를 높이는 활동이다.
④ 기업의 경영활동에 필요한 자금의 조달과 운용에 관련된 의사결정을 내리는 기능이다.

3. 일반적으로 재무관리의 기능에 속하는 것으로 볼 수 없는 것은?

① 투자결정 ② 자본조달결정
③ 배당결정 ④ 회계처리방법결정

4. 재무관리의 기능에 대한 설명 중 틀린 것은?

① 기업에서는 일반적으로 투자결정이 먼저 이루어지고 그 다음 자본조달방법을 검토한다.
② 배당결정은 자본조달결정의 잔여적 (후순위)결정으로 볼 수 있다.
③ 재무의사결정을 위한 분석적 도구로서 손익분기점분석, 듀퐁시스템분석 등 여러 가지 재무분석 기법들이 사용된다.
④ 투자결정 기능과 자본조달결정 기능은 각각 재무상태표의 차변(자산)과 대변(자본)에 관한 의사결정이라고 볼 수 있다.

5. 기업의 최적 자산배합을 위한 재무관리의 기능은?

① 운전자본수준의 결정 ② 자본조달결정

③ 배당결정 ④ 투자결정

6. 기업의 위험에 대한 설명 중 옳지 않은 것은?
① 주주들이 부담하는 총위험에는 재무위험과 경영(영업)위험이 있다.
② 지급이자 등 고정적인 금융비용은 경영위험을 증가시킨다.
③ 어떤 기업이 최적의 자본구조를 유지하고 있는지는 결국 증권시장에서 주가 움직임으로 평가된다.
④ 기업의 경영위험은 대부분 전략적 투자결정에서 발생한다.

7. 기업에서 발생하는 대리인 문제나 대리인 비용과 관련된 내용이 아닌 것은?
① 잔여손실(주인과 대리인과의 과도한 계약비용)
② 전문경영인의 도덕적 해이(moral hazard)
③ 주인이 대리인(agent)을 감시하는 감시비용
④ 파산비용

8. 다음 중 대리인 비용에 속하는 것은?
① 인건비 ② 시설구입비용
③ 감시비용 ④ 자본조달비용

9. 상장회사의 재무관리자의 목적을 가장 잘 설명하고 있는 것은?
① 순이익 극대화 ② 영업이익 극대화
③ 모든 비용 최소화 ④ 주가의 극대화

10. 다음 중에서 일반적으로 재무관리자의 역할에 속하지 않는 것은?
① 투자안의 실행에 필요한 자본조달 방법을 결정한다.
② 장기부채와 자기자본의 최적구성 비율을 결정한다.
③ 기업이 어떤 투자안을 선택하여야 할 것인지를 결정한다.
④ 재고자산의 평가방법을 결정한다.

11. 직접금융과 간접금융에 의한 자금조달 방법을 비교 설명한 것 중 틀린 내용은 무엇인가?
① 선진국일수록 간접금융에 의한 자금조달이 일반적이다.
② 기업이 직접금융방식에 의존할수록 은행의 기업지배력이 약화된다.
③ 간접금융방식은 직접금융방식에 비해 신속하게 자금을 조달한다.
④ 직접금융방식은 간접금융방식에 비해 조달금리가 저렴하다.

≪주관식문제≫

1. 기업의 목표와 재무관리의 목표와 주주의 목표 그리고 경영자의 목표에 대하여 설명하시오.

2. "우리 회사의 주주들은 회사의 손익계산서를 검토하고 많은 이익을 원한다. 나의 직무는 주주들 이익을 극대화하는 것이므로 그들이 원하는 순이익의 극대화를 위해 최선을 다해야 한다." 이와 같은 재무관리자의 말에 대해 논평하시오.

3. 기업가치의 극대화, 주주 부의 극대화, 그리고 주가의 극대화의 관계를 설명하시오.

4. 기업의 경영자들이 주주들의 부의 극대화를 위하여 행동할 수밖에 없는 요인 또는 이유를 설명하시오.

5. 주주와 경영자 사이에는 이해관계가 상충되는 경우가 있다. 이에 대해 이론적으로 보면 주주들은 주주총회를 통해 경영자들을 통제할 수 있다. 그러나 현실에서 이러한 주장이 지켜지지 않는 경우가 있다면 그 이유는 무엇인가?

제 2 장 재무관리와 재무제표

제 1 절 재무관리와 재무제표

기업의 재무상태와 경영성과에 관한 정보를 이해관계자들에게 보고하기 위한 보고서를 재무제표라고 한다. 재무제표는 기업의 결산기말에 작성, 공시되고 이해관계자들은 공시되는 재무제표에 의해 기업의 재무상태와 경영성과를 파악할 수 있다. 재무제표는 재무상태표와 손익계산서를 기본 재무제표로 하고, 현금흐름표, 이익잉여금처분계산서 및 부속명세서 등을 포함한다.

재무제표는 재무관리의 결과를 화폐적 측정치로 나타내는 동시에 미래 재무활동의 기초가 된다. 따라서 재무제표는 재무관리에 있어 평가기능과 계획기능의 기초를 제공한다.

재무관리의 평가기능을 수행하기 위해서 재무제표상의 여러 가지 수치는 가공되어 표준과 비교된다. 이를 위해 여러 가지 재무분석기법들이 사용된다. 예를 들어 비율분석의 경우 기업의 유동성, 레버리지, 수익성, 성장성 그리고 활동성 등을 나타내는 여러 가지 비율이 산출되고 표준치와 비교되어 기업의 재무상태와 경영성과에 관한 문제점을 명확히 하고 관련 정보를 제공한다.

재무관리의 계획기능을 수행하기 위해서는 계획기간의 재무상태와 경영성과를 예측하여 추정재무제표가 작성되고, 이를 기초로 비율이 산출되고 표준치와 비교된다. 계획이 설정되면 실행되고 실행결과는 평가기능으로 이어진다. 이와 같이 계획, 실행, 평가의 과정에서 재무제표는 재무관리에 필요한 기본정보를 제공한다.

재무관리에 이용되는 재무제표는 결산기 말에 작성되는 재무제표 이외에 월별, 분기별, 반기별 재무제표를 포함한다. 그러나 재무제표의 작성은 회계의 영역에 속하고 재무관리의 관점에서는 재무제표의 이용에 중점이 놓인다.

1) 재무제표의 형태와 구성

재무제표에서 기본적인 서류는 재무상태표와 손익계산서이다. 이 두 가지의 계산서류를 중심으로 어느 기업의 경영 및 재무활동 전반에 걸친 분석을 재무제표 분석 또는 재무분석이라 한다.

(1) 재무상태표

재무상태표(Balance Sheet: B/S로 표시)는 일정시점(회계연도가 1월 1일부터 12월 31일까지인 회사에서는 연말을 기준으로) 자산과 부채 및 자본을 중심으로 회사의 재무상태를 표시하는 계산서류이다. 재무상태표는 보통 T자형으로 작성되는데, 가운데 중심선의 왼쪽은 자산을 나타내며 오른쪽은 부채와 자본을 나타낸다.

일반적으로 T자형 재무상태표의 왼편(차변 debit)은 자금의 운용형태로서 운전자본과 설비자본으로 구성된다. 계정과목상으로 운전자본은 유동자산으로 집계되고, 설비자금은 비유동자산에 포함된다. 재무관리에서 자금의 운용은 투자결정의 문제로서 유동자산은 운전자본관리(working capital management)에서 공부하고 비유동자산은 자본예산(capital budgeting)에서 공부한다.

재무상태표의 오른쪽(대변: credit)은 자본의 조달원천으로서 부채와 자기자본으로 구성된다. 부채는 만기(maturity) 1년을 기준으로 유동부채와 비유동부채로 분류된다. 자기자본은 지배기업주주지분과 비지배주주지분으로 구성된다. 자본조

[그림 2-1] T자형 재무상태표 구성

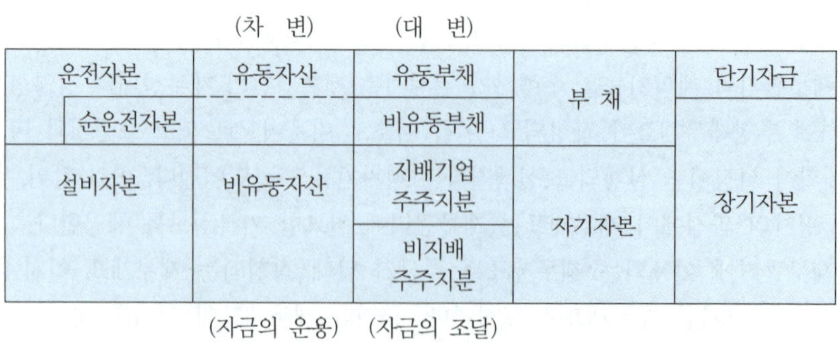

달은 부채와 자기자본의 개별자본비용을 최소화시키는 문제 못지않게 두 자본의 구성비를 적절하게 배분함으로써 평균자본비용을 최소화시킬 수 있다. 이와 같이 평균자본비용을 최소화시켜 기업가치를 극대화시키는 부채-자본 구조를 최적자본구조라 한다.

당기의 순이익 중 얼마를 배당으로 배분하고 나머지를 잉여금으로 적립하는 의사결정을 배당정책이라 한다. 배당정책 역시 단기적으로 배당금의 극대화보다는 기업가치를 극대화시키는 재무관리의 목표에서 접근하여야 한다.

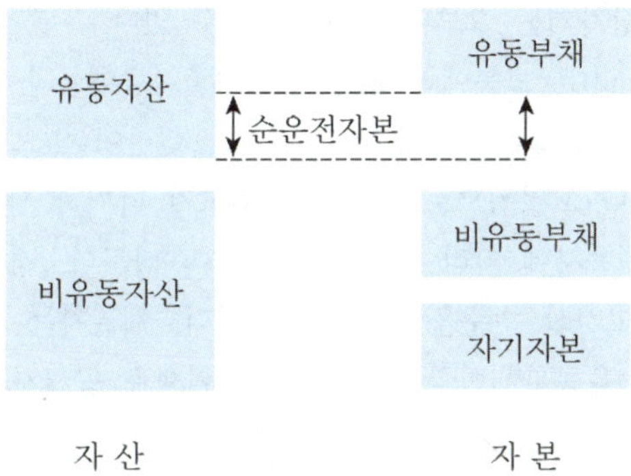

순운전자본(NWC: Net Working Capital)은 유동자산에서 유동부채를 뺀 금액이다. 따라서 유동자산 금액이 유동부채 금액보다 크면 순운전자본은 양(+)이 된다. 이는 또한 보유가능한 현금이 지급해야 할 현금보다 많음을 의미한다. 일반적으로 건전한 기업의 순운전자본은 양이다. 운전자본(working capital)은 유동자산을 의미하며 기업이 일상적으로 현금입출금, 매출채권의 발생과 회수 그리고 재고자산의 입수와 지불 등에 따른 현금 및 유동성관리를 운전자본관리(working capital management)라 한다.

일반적으로 재무상태표 분석에서 중요한 세 가지 초점은 다음과 같다.

첫째, 부채와 자기자본 구성비중(이를 부채비율 또는 자본구조라 한다.)
둘째, 장부가치와 시장가치(비유동자산은 장부가치와 시장가치의 차이가 매우 크다.)
셋째, 유동성의 정도(유동성이 너무 낮으면 지급불능이나 채무불이행 사태에 직면할 수 있다.)

고성장시대인 1970-80년대와는 달리 저성장시대의 현대 기업들은 부채비율이 낮다. 부채는 만성적인 자금부족시기인 높은 성장기간에는 매력적인 자금조달 수단이었다. 그러나 최근에는 낮은 성장기간이므로 자금 수요가 감소하여 부채의존도가 낮아졌다. 그러나 여전히 부채는 주식발행보다는 조달금리가 낮고, 절세효과가 있으며 레버리지효과의 장점을 갖는다. 부채와 자기자본 구성의 조화와 균형은 기업이 존속하는 한 추구해야할 과제이다.

자산의 장부가치와 시장가치의 차이를 인식하는 것은 재무상태표의 실질적인 유용성과 한계점을 파악하는 데 중요하다. 수년 전에 구입한 토지의 경우를 예로 들면, 재무상태표의 토지 금액은 구입 당시의 금액을 표시할 뿐 시장가치를 반영하는 건 아니다. 그 토지의 시장가치는 현재 구입 당시의 가격보다 몇 수십배의 가치를 가질 수 있다. 반대로 구입 당시에는 비싸게 구입한 기계장치라 하더라도, 장부가치에 비해 시장가치는 그보다 훨씬 작을 수 있다.

현금(cash in hand)은 보통예금 또는 수시인출가능예금과 함께 가장 유동성이 높은 자산으로서 비즈니스의 시작과 끝이다. 즉, 현금이 있으므로 비즈니스가 시작되고, 현금이 없거나 고갈됨으로써 회사는 부도가 나거나 사업을 접게 된다.

재무상태표는 이용자에 따라 관심있는 항목이 다르다. 경영자는 유동성 관점에서 매출채권과 재고자산 수준을 늘 염두에 둔다. 채권자는 재무 안전성에 초점을 맞춰 유동자산과 유동부채변화에 주목한다. 원재료 공급자는 물품대금의 신속한 지급 여부에 관심을 가지므로 매입채무의 회전율과 지급기간을 늘 추적한다. 증권투자자는 재무상태표보다는 수익성, 성장성 관점에서 손익계산서와 현금흐름 관련정보에 더 큰 관심을 갖는다. 그렇다 하더라도 부채비율은 장기적으로 증권투자자가 늘 염두에 두어야 할 재무상태표 정보이다.

〈표 2-1〉은 20×6년 12월 31일을 기준으로 한 (주)정석기업의 재무상태표이다.

(2) 자 산

자산은 유동자산과 비유동자산으로 구성되어 있다. 일반적으로 자산의 가치는 장부가치이고, 역사적 원가로 표시되어 있다. 특히 비유동자산은 장부가치와 시장가치(market value)의 차이가 가장 크다.

재고자산은 기업이 판매 또는 제조를 목적으로 보유하고 있는 자산으로서 유통업에서의 상품, 제조업에서의 원재료, 재공품, 반제품, 제품, 그리고 부산물 등이 포함된다. 재고자산은 장부가치와 시장가치가 다를 수 있을 여지가 많다. 왜냐하면 시장에서의 가격변화가 빠르기 때문이다. 또한 보관 중의 재고의 분실, 자연적 훼손 그리고 진부화 등도 두 가치의 괴리를 크게 한다.

매출채권은 외상판매(신용판매) 결과 아직 현금으로 회수(collection)되지 않은 금액이다. 매출은 많이 되었으나 매출채권이 너무 많으면 극단적으로 현금 부족에 의한 도산의 원인이 될 수 있다.

현금 및 현금성 자산은 유동성이 가장 큰 자산으로서 기업은 너무 많거나 적은 현금 보유를 경계해야 한다. 즉, 너무 많으면 유동성은 풍부한지만 수익성이 떨어지고, 너무 적으면 수익성 자산에 투자되어 있어서 전략적으로 유리하지만, 당장 지급해야 할 이자지급 등을 감당하지 못하거나, 급여 지불, 세금 납부 등의 필요 경비를 제때 지급하지 못하면 유동성 위기에 빠질 수 있다.

자산항목 중에서 토지, 건물, 기계, 그리고 설비 등은 정상적인 영업활동을 통하여 현금화하는 데 1년 이상이 소요되기 때문에 이것을 비유동자산(non-current assets)이라고 부른다. 비유동자산은 토지, 기계, 설비와 같은 유형자산, 영업권, 특허권 등과 같은 무형자산, 장기금융자산, 관계기업 등 지분관련 투자자산, 기타비유동자산으로 구성된다. 유형자산은 전매를 목적으로 하지 않고 영업수단으로 사용할 목적으로 취득한 자산을 말하는데, 토지나 투자자산과 같은 일부 비상각 자산을 제외하고는 대부분의 감가상각이라는 절차를 통해 장기간에 걸쳐 비용화되는 것이 특징이다. 유형자산은 특히 장부가격과 시장가격과의 차이가 크다.

(3) 부채와 자기자본

기업이 외부에서 부채를 빌리면 채무자가 되어 원금과 이자 지급의 의무를 지게 된다. 부채는 타인자본으로서 부채제공자인 채권자는 기업의 현금흐름에 대하여 최초의 청구권자가 된다. 자기자본의 제공자인 주주는 자산에서 부채를 공제하고 남은 잔여재산에 대하여 채권자보다 우선순위가 낮은 잔여가치 청구권자가 된다.

부채와 자기자본의 구성비를 나타내는 부채비율(=부채/자기사본)은 자본구조를 측정하는 대표적인 지표이다. 부채비율이 높을수록 부채사용에 의하여 이익과 손실이 그렇지 않은 경우보다 확대되어 나타난다. 이를 레버리지효과라 한다. 레버리지효과(leverage effect)란 부채를 사용하면 이익이 날 때는 주주의 이익률을 크게 높이지만 반대로 손해가 날 때는 부채를 적게 또는 사용하지 않을 때보다 훨씬 높은 손실을 초래하는 현상이다. 부채비율이 높을수록 재무위험이 높아지므로 기업은 레버리지효과와 재무위험 감소의 중간 정도에서 적정 자본구조를 찾고자 한다.

〈표 2-1〉의 오른쪽은 유동부채, 비유동부채 그리고 자본으로 구성되어 있다.

〈표 2-1〉 재무상태표

(주)정석기업 20×6.12.31(단위: 백만원)

자산		부채 및 자본	
Ⅰ. 유동자산	202,200	Ⅰ. 유동부채	151,597
1. 재고자산	69,508	1. 단기사채/차입금	43,492
2. 유동금융자산	11,972	2. 유동성장기부채	18,184
3. 매출채권	74,097	3. 매입채무	51,642
4. 기타유동채권	7,681	4. 당기법인세부채	9,999
5. 기타유동자산	12,556	5. 기타유동부채	28,208
6. 현금 · 현금성자산	26,385	Ⅱ. 비유동부채	218,729
Ⅱ. 비유동자산	365,244	1. 사 채	42,556
1. 유형자산	264,869	2. 장기차입금	141,251
2. 무형자산	370	3. 장기충당부채	18,627
3. 장기금융자산	20,000	4. 이연법인세부채	3,384
4. 투자자산	37,982	5. 기타비유동부채	12,911
5. 기타비유동자산	42,023	부 채 총 계	370,326
		Ⅰ. 지배기업주주지분	197,000
		1.자본금	28,000
		2.자본잉여금	133,950
		3.이익잉여금	35,050
		Ⅱ. 비지배주주지분	118
		자 본 총 계	197,118
		부채와 자본 총계	567,444
자 산 총 계	567,444		

유동부채(current liabilities)에는 단기사채, 단기차입금, 유동성장기부채, 매입채무, 당기법인세부채 그리고 기타유동부채가 있다. 이러한 유동부채는 정상적인 영업활동을 통하여 1년 이내로 상환되어야 하는 부채들이다. 비유동부채에는 사채, 장기차입금, 장기충당부채, 이연법인세부채, 그리고 기타비유동부채가 있다. 이 중에서 사채(bond)는 채권자들에게 유가증권을 매도하여 조달한 부채이고, 장기차입금(borrowings)은 은행으로부터 차입한 1년 이상의 만기를 갖는 부채로서 이들을 고정부채(fixed debt)라고 한다.

부채는 장부가치와 시장가치와는 차이가 크게 없다. 유동부채는 만기가 짧음으로 가치가 변동할 시간이 거의 없다. 그러므로 장부가치는 곧 시가이다. 장기부채 중 장기차입금 역시 이자율의 변동에 따라 가치의 차이가 거의 없다. 그러나 사채(bond)의 가치는 이자율의 변동에 따라 반대로(inverse) 변한다. 따라서 사채의 장부가치는 시가와 다르다. 그러나 그 변화의 정도는 보통주보다 훨씬 작다.

자본(net worth 또는 stock holder's equity)은 지배기업주주지분과 비지배주주지분으로 구성되어 있다. 회사 본래의 법인격인 지배기업주주지분은 자본금, 자본잉여금, 그리고 이익잉여금으로 구성되어 있다.

자본금은 주주들이 보통주(common stock) 형태로 출자한 자금인데 정관에서 자본금으로 확정되어 발행이 완료된 주주들의 액면 총액을 말한다. 자본금의 증가는 실제 주식금액의 납입이 있는 유상증자와 자본금 증가만큼 주식금액의 납입이 없는 무상증자로 이루어진다. 유상증자는 이사회의 결의로 가능하며, 무상증자는 주주총회 결의를 거치도록 되어 있다.

보통주의 장부가치는 상장회사의 경우 거의 의미가 없다. 보통주의 시가는 액면가보다 몇 십배 큰 경우도 있다. 예를 들어 삼성전자 1주당 액면가는 100원이지만 시가는 이보다 훨씬 크다. 기업의 목표이자 재무관리의 목표인 주주의 재산가치 극대화는 바로 보통주 시가의 극대화이다. 보통주 액면가는 법적으로 주주지분율을 계산하는 단위일 뿐 기업가치의 극대화와는 아무런 관련이 없다.

자본잉여금(additional paid-in capital)은 주식의 발행, 증자, 감자 등과 같은 자본거래에서 발생한 잉여금이다. 이는 원칙적으로 배당이 불가능하다. 이익잉여금(retained earnings 또는 유보이익)은 기업의 순이익에서 배당금을 공제한 것인데, 기처분이익잉여금과 미처분이익잉여금으로 대별된다. 기처분이익잉여금에는 이익준비금과 기타 적립금이 있고, 미처분이익잉여금은 전기이월 이익잉여금과 당기순이익으로 구성된다.

2) 손익계산서

손익계산서(income statement 또는 profit and loss statement: I/S 또는 P/L로 표시)는 일정한 회계기간 동안에 발생한 비용과 실현된 수익을 기재하여 당해 기간의 순이익을 공시한 계산 서류이다. 손익계산서의 목적은 일정기간 동안의 기업의 종합적인 영업성과를 평가하는 데 있다.

재무관리 관점에서 손익계산서가 중요한 이유는 크게 세 가지이다.

첫째, 당기순이익(net income)은 현금이 아니다. 회계적으로 당기순이익은 종이이익(paper income)일 뿐이다. 그 이유는 발생주의 회계원칙에 의하면 먼저 매출은 발생되는 시점에 수익(revenue)으로 계상될 뿐 현금지급-회수와는 관련이 없다. 따라서 외상매출 관행이 일반적인 상거래에서 매출액은 결코 현금이 아니다.

마찬가지로 비용 역시 대출에 대응되어서 계상될 뿐 지급된 현금 비용이 아니다. 이 모든 회계원칙은 현금 또는 현금흐름을 중시하는 재무분석가에게 많은 혼란과 추가 분석을 요구한다. 현금흐름(cashflow) 관점에서 손익계산서는 그렇게 많은 정보를 제공하지 않는다. 둘째, 손익계산서는 비현금비용(noncash expenses) 항목 때문에 당기순손실과 당기순이익이 반드시 그 기업의 현금흐름 상태를 표시하지 않는다. 대표적인 비현금항목은 감가상각비이다. 거액의 감가상각비 금액은 거액의 당기순손실이 발생한 기업이라 하더라도 의외로 풍부한 양(positive)의 현금흐름을 발생케 한다. 따라서 재무관리 관점에서 볼 때 보고된 순이익이나 순손실을 넘어서서 현금흐름을 고려해야 한다. 셋째, 손익계산서상의 비용은 매출액에 대응된 생산비용이거나 1년이라는 기간에 대응된 판매관리비와 영업 외 비용일 뿐이다. 오히려 재무관리 측면에서 유용한 비용분류는 매출액과 비례적으로 변하는 변동비이다.

〈표 2-2〉는 20×6년 1월 1일부터 12월 31일까지 1년 동안의 영업성과를 나타낸 손익계산서이다.

매출액(net sales)은 원칙적으로 상품의 매출과 서비스의 제공에 대한 대금으로서 수익에서 매출에누리와 매출환입을 공제한 순매출액을 의미한다. 매출원가(cost of goods sold)란 매출을 실현하기 위하여 생산 또는 구매과정에서 소비된 재화나 용역의 총서비스액을 말한다. 매출총이익(gross profit)은 매출액에서 매출원가를 공제한 차액이다.

〈표 2-2〉 손익계산서

(주)정석기업	20×6.1.1-12.31(단위: 백만원)
Ⅰ. 매출액	482,853
Ⅱ. 매출원가	424,041
Ⅲ. 매출총이익	58,812
Ⅳ. 판매비와 관리비	29,450
Ⅴ. 영업이익	29,362
Ⅵ. 금융수익	18,191
Ⅶ. 금융원가	19,794
Ⅷ. 기타수익	1,100
Ⅸ. 기타비용	19,817
Ⅹ. 종속기업공동지배기업 및 관계기업관련손익	2,019
Ⅺ. 세전이익	11,061
Ⅻ. 법인세비용	1,500
XIII. 당기순이익	**9,561**

판매비와 관리비(selling and administrative expense)는 상품과 용역의 판매활동 또는 기업전체의 유지를 위한 관리활동부분에서 발생하는 여러 가지 비용으로서 매출원가에 속하지 아니하는 모든 영업비용을 말한다. 감가상각비는 기계, 설비 · 장치 등에 대한 장부상 가치감소분을 매 기간 비용화하여 계상된 금액이다. 감가상각비에는 매출원가에 포함된 공장부분 감가상각비와 관리비에 포함된 본사건물부분 감가상각비가 있다. 따라서 어느 회사의 감가상각비는 이 두 부분의 감가상각비 합계액이어야 한다. 감가상각비는 비용으로 계상되었으나 실제 현금이 지출되지 않은 비현금(noncash) 항목이다. 영업이익(operating profit)은 기업의 주된 영업활동의 결과 발생한 이익, 즉 매출총이익에서 판매비와 관리비를 공제한 차액을 말한다.

금융수익에는 이자수익, 배당금수익, 외환이익, 금융자산처분이익, 금융자산평가이익, 파생상품이익, 그리고 기타금융수익이 있다. 금융원가에는 이자비용(interests expense), 외환손실, 대손상각비, 매출채권처분손실, 금융자산처분손실, 금융자산평가손실, 파생상품손실, 그리고 기타금융원가가 있다. 기타수익은 임대료수익, 로열티수익, 수수료수익, 자산처분이익, 대손충당금환입, 그리고 기타수익으로 구성되어 있다. 기타비용은 자산처분손실, 자산평가손실, 기타대손상각비 그리고 기타로 구성되어 있다.

종속기업, 공동지배기업 및 관계기업관련손익은 이러한 기업들에게 투자한 주식과 관련된 처분 손익이다.

당기순이익(net profit 또는 net income)의 일부는 현금배당(cash dividends)의 형식으로 주주들에게 지불되며, 나머지는 재무상태표의 이익잉여금계정에 추가된다.

3) 현금흐름표

(1) 현금흐름표의 의의와 구성

기업의 현금흐름표(statement of cash flows)는 일정기간 동안 기업의 현금유입과 현금유출을 체계적인 방법으로 분류하여 현금흐름의 상태와 그 변동원인을 분석하는 것을 말한다. 여기서 현금은 재무상태표상의 현금 및 현금등가물의 합이다. 현금등가물은 시장성 유가증권으로서 취득 당시 만기가 3개월 이내인 금융상

〈표 2-3〉 현금흐름표

S전자 ××××.1.1-××××.12.31

항 목	금 액	
Ⅰ. 영업활동으로 인한 현금흐름		
1. 당기순손익	701	3,707
2. 현금유출이 없는 비용 등 가산(감가상각비 등)	1,052	
3. 현금유입이 없는 수익 등 차감(금융수익 등)	(19)	
4. 영업활동으로 인한 자산부채변동(운전자본변동)	1,973	
(1) 자산의 증감(매출채권 증가)	(226)	
(2) 자산의 증감(재고자산 감소)	2,199	
Ⅱ. 투자활동으로 인한 현금흐름		(1,051)
1. 투자활동으로 인한 현금유입(토지매각. 자산처분 등)	8,564	
2. 투자활동으로 인한 현금유출(건물취득. 자산구입 등)	(9,615)	
Ⅲ. 재무활동으로 인한 현금흐름		(2,509)
1. 재무활동으로 인한 현금유입(유상증자)	190	
2. 재무활동으로 인한 현금유입(차입금증가)	3,149	
3. 재무활동으로 인한 현금유입(사채증가)	867	
4. 재무활동으로 인한 현금유출(단기차입금상환)	(3,879)	
5. 기타재무활동으로 인한 현금흐름(배당금지급)	(2,836)	
Ⅳ. 현금의 증가(감소)(Ⅰ+Ⅱ+Ⅲ)		147
Ⅴ. 기초현금		229
Ⅵ. 기말현금		376

품과 채무증권을 말한다. 구체적으로 현금흐름표는 기업의 현금흐름을 정상영업활동, 투자활동, 그리고 재무활동에 의하여 발생되는 현금의 흐름이나 변동원인에 대한 정보를 체계적으로 제공해 줄 수 있는 분석방법이다.

현금흐름표는 재무상태표와 손익계산서의 한계점을 보완하기 위해 작성된다. 손익계산서의 순이익이 일정기간 동안의 경영성과를 나타내고 있지만 실제로 창출된 현금흐름을 나타내지 않는다. 따라서 순이익은 이자지급과 같은 지급의무를 이행할 능력이 있는가에 대한 직접적인 정보를 제공하지 않는다.

현금흐름분석의 일차적인 목적은 기업의 운용에 필수불가결한 자금흐름의 변동원인을 분석하여 기업활동이 유지 · 성공하기 위해서 필요한 자금이 적절히 공급되고 유통되는지를 파악하기 위한 것이다. 그런데 적절한 현금흐름 분석을 통하여 정보를 얻어내기 위해서는 세 가지 현금 순환과정에 대한 이해가 필요하다.

첫째, 가장 중요한 현금흐름과정은 기업의 정상적인 영업활동으로 인한 현금흐름이다. 즉 기업의 전형적인 영업활동 과정은 원재료를 비롯한 생산요소를 구입하여 제품을 생산하고, 매출(판매)활동을 통하여 이익을 획득하는 것이다. 이러한 과정을 단순화시켜 자금흐름 측면에서 보면 생산요소를 구입하기 위하여 자금을 지출하고 판매과정을 통하여 자금을 회수하는 것으로 볼 수 있다.

그런데 생산과정 중 여러 가지 재공품, 판매되지 않은 완제품 등의 재고자산이 누적되고, 매출채권의 회수가 늦어지면 정상적인 영업활동으로부터의 자금유입이 부진해진다. 외부로부터의 자금유입이 없이는 다음 생산활동에 있어서 생산요소(원자재, 노동력) 구입에 소요되는 자금이 제한을 받게 되고 결과적으로 생산량이 줄게 되어 판매규모도 연쇄적으로 축소될 것이다.

반대로 재고자산에 묶여있는 자금이 적고 매출채권의 회수가 신속해지면, 자금순환이 활발해지고 구매→생산→판매로 이어지는 영업활동의 이익획득과정으로부터의 자금유입이 풍부해질 것이다. 즉 내부금융만으로도 정상적인 기업운용이 가능한 것이다.

둘째, 투자활동으로 인한 현금흐름은 영업활동에 필요한 고정자산에 대한 투자이다. 여기에는 건물취득 · 자산구입에 따른 현금흐름의 지출이 가장 큰 요소이다. 가끔 기업이 토지매각 · 노후자산처분에 따라 현금흐름의 유입이 발생하기도 한다. 즉 투자활동이란 영업자산에 대한 투자를 의미한다.

셋째, 재무활동으로 인한 현금흐름은 부채의 조달 및 상환과 유상증자, 현금배당 및 자사주취득과 같은 자본거래이다. 즉 재무활동이란 영업활동에 필요한 자본을 조달하는 활동이다. 주의할 점은 다른 회사의 수식, 회사채 그리고 국채 등 금융자산의 취득 및 처분은 투자활동의 현금 유 · 출입으로 본다.

(2) 현금흐름표 사례: S전자

영업활동으로 인한 현금흐름 3,707원에서 투자활동으로 인한 현금흐름 1,051원을 빼고, 또한 재무활동으로 인한 현금흐름 2,509원을 빼면 두 기간 중 현금흐름의 증가는 147원이다. 기초에 229원의 잔액이 있었으므로 기간 중 창출한 현금흐름의 증가 147원을 더하면 기말현금 잔액은 376원이다.

구체적으로 각 부문의 현금흐름을 살펴본다. 영업활동으로 인한 현금흐름에서 당기순이익은 701원에 불과하지만 비현금비용인 감가상각비 1,052원 때문에 현금흐름이 증가하였다. 또한 매출채권의 증가로 226원, 재고자산의 감소(재고소진으로 인한 현금유입으로 봐야 한다.)로 2,199원 등으로 현금흐름이 발생하여 운전자본투자에서 현금흐름이 1,973원으로 증가하였다.

투자활동으로 인한 현금흐름에서 토지매각으로 현금 8,564원이 들어왔으나 건물취득으로 나간 돈이 9,615원으로 더 컸다. 그 차액인 투자지출액은 1,051원이다.

재무활동 현금흐름에서 유상증자 190원, 장기차입 3,149원, 그리고 사채 867원으로 인하여 자금이 조달되었다. 그러나 단기차입의 상환으로 3,879원 지급되고, 배당금 또한 2,836원이 지급되었다. 따라서 조달된 현금보다는 지급된 현금이 더 커서 그 차액 2,509원이 순지급되었다.

제 2 절 재무분석

1) 재무분석의 의의와 종류

재무분석이란 회사가 결산할 때 작성한 재무상태표, 손익계산서 등의 양적, 계량적인 자료를 중심으로 기업의 재무상태나 영업성적을 파악하는 과정이다. 재무분석을 재무제표 분석이라고도 한다.

재무분석은 누가 어떤 목적 때문에 실시하는가를 기준으로 외부분석과 내부분석의 두 종류로 나누어진다. 외부분석은 기업외부의 이해관계인이 그 목적을 달성하기 위하여 재무분석을 하는 것이다. 중요한 외부분석에는 신용분석과 투자분석이 있다. 신용분석이란 금융기관이나 채권자가 융자나 신용제공을 하게 되었을 때 채권을 회수할 수 있을지의 여부를 판정하기 위하여 하는 분석이다. 이 분석은 주로 지급능력의 정도를 조사하는 것이 목적이다. 투자분석이란 투자자나 주주가 돈을 투자함에 있어서 원금의 확보는 물론 매매차액(자본이득)이나 충분한 배당을 받을 수 있을지의 여부를 판정하기 위하여 하는 분석이다. 주로 수익성과 성장성의 정도를 조사하는 것이 목적이다.

내부분석은 기업내부의 경영관리자나 그 대리인인 경영컨설턴트가 경영관리를 함에 있어서 경영성적이나 재무상태가 적정한가의 여부를 판정하기 위하여 하는 분석인데 오늘날에는 많은 기업의 경영자나 효율적 경영관리의 방법으로서 재무분석을 한다. 이 분석의 목적은 경영실상의 파악이나 내부통제에 있다.

재무분석자의 목적은 그 기업의 유동성과 안전성, 수익성, 그리고 성장성을 알고자 하는 것이다. 다시 말하면 그 기업의 투자위험과 수익력 정도를 그 기업의 안정성을 고려하여 파악하고자 한다.

유동성이란 기업의 단기지급능력을 의미한다. 기업이 부채를 사용하였을 경우에 그 만기일에 원금과 이자를 지급하기 위해서 이에 상당하는 현금, 예금 또는 기타 유동자산이 있어야 한다. 그렇게 함으로써 그 기업은 단기지급능력을 유지하고 신용을 지킬 수 있게 된다.

안전성이란 건전한 재무구조로 재무위험 없이 지속적으로 경영활동을 유지할 수 있을지를 검토하는 것이다. 이러한 재무적 안전성 또는 건전성은 기업이 감당할 수 있을 만큼의 부채를 늘 의식하여 과다 부채의 함정에 빠지지 않는 지혜이다.

수익성이란 그 기업활동의 성과를 나타내는 수익력의 정도를 말한다. 즉 그 기업이 매출을 달성하였을 경우 적정한 영업이익을 실현하였는가, 또는 일정한 자본으로 어느 정도의 이익을 올렸느냐 또는 올릴 수 있겠느냐 하는 것을 분석하는 것이다.

성장성은 기업이 일정기간 동안 같은 산업에 있는 기업들과 마찬가지로 평균적으로 매출액성장률을 유지할 수 있는가를 나타낸다. 경기변동에 따라 매출은 매우 높게 또는 낮게 불안정하게 나타날 수 있는데, 이러한 외부 환경변화에 따라 기업은 좋은 제품, 합리적 가격, 충성고객, 그리고 높은 브랜드 이미지로 업계 평균적인 매출액성장률을 유지할 수 있어야 한다.

재무분석자는 어떤 기업을 분석할 때 유동성, 안전성, 수익성, 그리고 성장성이 네 가지를 종합적으로 분석하여야 한다.

재무분석 방법에는 크게 실수분석법과 비율분석법이 있으나 비율분석법이 많이 이용되고 있다. 비율분석법에는 재무비율분석, 표준비율, 공통형 재무제표, 추세형 재무제표가 있고 현금흐름분석이 보조적으로 쓰이며 손익분기점분석도 간편한 분석방법으로 많이 쓰이고 있다.

2) 재무비율

재무비율은 재무제표상의 두 항목을 선택하여 관계비율을 계산하는데, 그 체계는 여러 가지로 분류할 수 있다. 재무비율은 이용자에 따라 각각 다른 용도로 이용된다. 예를 들면, 은행은 주로 기업에 대해 단기대출을 해주기 때문에 단기지급 능력이나 유동성에 관심을 갖는 반면, 주주나 장기채권자들은 단기지급능력보다는 기업의 수익성이나 장기지급능력에 보다 큰 관심을 갖게 된다. 또한 기업의 경영자는 지급능력 및 유동성은 물론 기업의 수익성이나 성장성에도 관심을 가져

〈표 2-4〉 최근 2년간 (주)정석기업 재무상태표 전자20×6.12.31(단위: 백만원)

자 산	20×5	20×6	부채 · 자본	20×5	20×6
Ⅰ. 유동자산	161,664	202,200	Ⅰ. 유동부채	136,573	151,597
1. 재고자산	64,841	69,508	1. 단기차입금	44,022	43,492
2. 유동금융자산	6,394	11,972	2. 유동성장기부채	13,377	18,184
3. 매출채권	62,260	74,097	3. 매입채무	39,688	51,642
4. 기타유동채권	5,574	7,681	4. 당기법인세부채	15,000	9,999
5. 기타유동자산	5,750	12,556	5. 기타유동부채	24,486	28,280
6. 현금 · 예금	16,845	26,385	Ⅱ. 비유동부채	175,651	218,729
Ⅱ. 비유동자산	319,480	365,244	1. 사채	33,174	42,556
1. 유형자산	251,087	264,869	2. 장기차입금	117,493	141,251
2. 무형자산	284	370	3. 장기충당부채	16,265	18,627
3. 장기금융자산	10,000	12,000	4. 이연법인세	3,801	3,384
4. 투자자산	32,423		5. 기타비유동부채	4,917	12,911
5.기타비유동자산	25,686	37,98242	부채총계	312,224	370,326
		,023	Ⅰ.지배기업주주지분	168,802	197,000
			1. 자본금	20,034	28,000
			2. 자본잉여금	120,010	133,950
			3. 이익잉여금	28,758	35,050
			Ⅱ. 비지배주주지분	118	118
			자본총계	168,920	197,118
자 산 총 계	481,144	567,444	부채 · 자본 총계	481,144	567,444

야 하므로 재무분석의 모든 요인을 고려하게 된다. 재무비율을 여러 가지로 분류할 수 있으나, 가장 보편적으로 ① 유동성비율, ② 레버리지(안전성)비율, ③ 수익성비율, ④ 성장성비율, ⑤ 활동성비율 등이 있다. 각 비율의 특성을 요약하면 다음과 같다.

① 유동성비율은 단기부채를 갚을 수 있는 기업의 능력을 판단하기 위하여 사용된다.

② 레버리지(안전성)비율은 장기부채의 원금과 이자를 지불할 수 있는 기업의 능력을 결정하기 위하여 사용된다.

③ 수익성비율은 매출액과 자산에 대한 이익률을 계산하여 기업의 종합적 성과를 측정하기 위하여 사용된다.

④ 성장성비율은 기업의 당년도 매출액 및 이익이 전년도에 비하여 얼마나 증가하였는가를 측정하기 위하여 사용된다.

⑤ 활동성비율은 기업이 소유하고 있는 자산들을 얼마나 효율적으로 이용하고 있는가를 측정하기 위하여 사용된다.

〈표 2-5〉 최근 2년간 (주)정석기업 손익계산서

20×6.1.1~12.31(단위: 백만원)

	20×5	20×6
Ⅰ. 매출액	407,614	482,853
Ⅱ. 매출원가	351,043	424,041
Ⅲ. 매출총이익	56,571	58,812
Ⅳ. 판매비와 관리비	22,370	29,450
Ⅴ. 영업이익	34,201	29,362
Ⅵ. 금융수익	10,222	18,191
Ⅶ. 금융원가	16,009	19,794
Ⅷ. 기타수익	1,000	1,100
Ⅸ. 기타비용	13,450	19,817
Ⅹ. 종속기업공동지배기업관련손익	2,000	2,019
Ⅺ. 세전이익	13,964	11,061
Ⅻ. 법인세비용	2,951	1,500
XⅢ. 당기순이익	11,014	9,561

〈표 2-6〉 20×6년도 정석기업(주) 재무비율 요약표

(1) 유동성비율(20×6년)

① 유동비율=유동자산/유동부채=202,200/151,597=1.33: 단기부채지급능력 판단, 은행가비율, 2배 이상

② 당좌비율=당좌자산/유동부채=132,692/151,597=0.88: 당좌자산=유동자산−재고자산, 1배 이상

(2) 레버리지비율

① 부채비율(한국)=부채총계/자기자본=370,326/197,118=1.88: 부채: 자기자본=1.88:1, 한국기업평균 100%

부채비율(미국)=부채총계/자산총계=370,326/567,444=0.65: 자산 100원당 65 채권자 몫

②고정장기적합도=유형고정자산/(자기자본+비유동부채)=365,244/(197,118+218,729)=0.88: 유형고정자산이 장기자본 이내에서 조달됨. 100% 이하

③ 이자보상비율=이자 및 법인세전 이익/이자비용=(19,794+11,061)/19,794=1.56: 영업이익/이자지급액, 1배 이상이어야 함

(3) 수익성비율

① 매출액순이익률=당기순이익/매출액=9,561/482,853=0.02=2%: 매출액 100원당 순이익 2원, DuPont system 구성요소

② 총자본순이익률=당기순이익/자산총계=9,561/567,444=0.02=2%: 총자본 100원당 순이익 2원, ROA

③ 자기자본순이익률=당기순이익/자기자본=9,561/197,118=0.05=5%: 자기자본 100원당 순이익 5원, ROE, 주가에 중요함

(4) 성장성비율

① 순이익증가율=(당기말순이익−전기말순이익)/전기말순이익
=(9,561−11,014)/11,014=−0.13: 연도별 차이가 심함. 3~5년 평균치 사용

② 매출액증가율=(당기매출액−전기매출액)/전기매출액
=(482,853−407,614)/407,614=0.18: 기업의 성장성을 측정하는 대표적

지표, 영업이익 사용가능

(5) 활동성비율

① 재고자산회전율=매출액/재고자산=482,853/69,508=6.95배: 반드시 배수로 표시됨. %표시 안 됨. 재고자산기간 365일/6.95배=53일

② 평균회수기간=매출채권/1일 평균매출액=74,097/(482,853/365)=56.01일: 매출채권회전율=365일/56.01일=6.52배

③ 총자산회전율=매출액/자산총계=482,853/567,444=0.85: 자산의 효율적 이용 정도를 매출액과 비교하여 측정; DuPont system의 구성요소

각 비율에서 많이 이용되는 대표적인 개별비율은 다음과 같다.

① 유동성비율에는 유동비율과 당좌비율이 대표적이다.

② 레버리지(안전성)비율에는 부채비율, 고정장기적합도, 이자보상비율이 대표적이다.

③ 수익성비율에는 매출액순이익률, 총자본순이익률, 자기자본순이익률이 대표적이다. 각 비율에서 순이익 대신 영업이익을 사용할 수 있다.

④ 성장성비율에는 순이익증가율과 매출액증가율이 대표적이다.

⑤ 활동성비율에는 재고자산회전율, 외상매출금 평균회수기간, 총자산회전율이 대표적이다.

(1) 유동성비율

유동성비율(liquidity ratios)은 단기부채(유동부채)를 갚을 수 있는 기업의 능력을 판단하기 위하여 사용되는 비율이다. 유동성비율은 기업의 단기채권자와 은행들이 가장 중요시하는 비율이다. 기업의 유동성을 빠르고 쉽게 평가하는 수단으로서는 유동비율과 당좌비율이 대표적이다.

① 유동비율

유동비율(current ratio)은 재무상태표상에 있는 유동자산을 유동부채로 나눈 것이다, 유동비율은 은행대출시 채무자의 지급능력을 판단하는 대표적인 비율로 사용되어 왔기 때문에 은행가비율(Banker's ratio)이라고도 한다. 정석기업의 20×6년도 유동비율은 다음과 같이 계산된다.

$$\begin{aligned}\text{유동비율}&=\text{유동자산}/\text{유동부채}\\&=202{,}200/151{,}597=1.33=133\%\end{aligned} \quad (2\text{–}1)$$

유동비율 1.33은 유동부채 1원당 1.33원 상당의 유동자산을 가지고 있다는 뜻이다. 유동비율은 기업이 단기부채를 충당할 만한 능력을 갖고 있는지의 여부를 개략적으로 판단하기 위하여 사용되는 비율이다. 일반적으로 유동비율이 클수록 유동성이 좋은 것으로 평가되며 작을수록 유동성이 나쁜 것으로 평가된다.

② 당좌비율

당좌비율(quick ratio)은 당좌자산을 유동부채로 나눈 것이다. 당좌자산은 유동자산 중에서 재고자산을 뺀 부분을 의미한다. 즉 당좌자산은 현금, 예금, 유가증권 및 외상매출금으로 구성되어 있다. 당좌비율은 계산하는 데 있어서 재고자산을 제외하는 이유는 재고자산은 판매과정을 거쳐야 현금화할 수 있으므로 현금, 예금 또는 외상매출금 등과 같은 당좌자산과 비교할 때 유동성이 낮다고 할 수 있기 때문이다. 정석기업의 20×6년도 당좌비율은 다음과 같다.

당좌비율＝(유동자산－재고자산)/유동부채
＝(202,200－69,508)/151,597＝0.88＝88% (2-2)

당좌비율 0.88은 유동부채 1원당 0.88원 상당의 당좌자산을 가지고 있음을 의미한다. 주먹구구식 기준에 의하면 이 당좌비율이 1배 이상인 경우 유동성이 좋은 것으로 평가한다.

(2) 레버리지비율

레버리지비율(leverage ratios)은 기업이 어느 정도 부채에 의존하고 있는가를 측정하기 위한 비율이며 안전성비율이라고도 한다. 레버리지비율은 기업의 재무구조를 나타내는 비율이고 재무위험을 평가하는 가장 중요한 평가요소가 된다.

① 부채비율

부채비율(debt ratio)은 우리나라에서는 부채 대 자기자본비율이라고도 하고 미국에서는 부채 대 총자산(총자본)비율이라고 한다. 정석기업의 20×6년도 부채비율은 다음과 같이 산출된다.

부채비율(한국)＝부채/자기자본
＝370,326/197,118＝1.88 (또는 188%) (2-3)

부채비율(미국)＝부채/총자본

$$=370{,}326/567{,}444=0.65 \ (\text{또는 } 65\%)$$

우리나라에서 사용하는 부채비율 1.88은 자기자본총액에 비하여 부채가 1.88배임을 의미하고, 미국에서 사용하는 부채비율 0.65는 매 자산 100원당 65원은 채권자에게 속하고 나머지 35원은 주주에게 속한다는 뜻이다. 채권자인 은행이나 주식 투자자 입장에서는 분석대상 기업의 부채비율이 낮을수록 좋다.

② 고정장기적합도

고정장기적합도(fixed assets to sum of equity and long-term debts)는 고정자산 투자에 자기자본과 장기부채의 합과 같은 장기자본이 어느 정도 대응하여 투자되고 있는지를 파악한다. 일반적으로 고정자산과 같은 장기성 자산은 장기성 부채로 조달하여야 하는 대응원칙에서 볼 때 이 비율은 1 즉 100% 이하가 바람직하다. 그러나 업종에 따라 많은 차이가 있다. 정석기업의 고정장기적합도는 다음과 같이 계산된다.

$$\text{고정장기적합도}=\text{고정자산}/(\text{자기자본}+\text{고정부채})$$
$$=365{,}244/(197{,}118+218{,}729)=0.88 \ (\text{또는 } 88\%) \tag{2-4}$$

③ 이자보상비율

이자보상비율(Times interest earned: TIE)은 영업이익을 이자지급액으로 나눈 비율이다. 영업이익은 이자와 법인세전 이익으로 구성되어 있다. 정석기업의 20×6년도 이자보상비율은 아래와 같다.

$$\text{이자보상비율}=(\text{이자}+\text{법인세전 이익})/\text{이자}$$
$$=(19{,}794+11{,}061)/19{,}794=1.56 \ (\text{또는 } 1.56\text{배}) \tag{2-5}$$

이자보상비율 1.56배는 정석기업의 영업이익이 이자비용의 1.56배가 된다는 뜻이다. 이자보상비율은 기업이 부채에 대한 이자를 지급할 수 있는 능력을 판단하기 위하여 산출된다. 이 비율은 높을수록 이자지급능력이 양호하다는 것을 의미한다. 이 비율이 낮을 경우 이자지급능력은 불량하다고 판단되며 이러한 사태가 극한에 이르면 기업의 파산을 초래한다. 이자보상비율은 아무리 낮아도 1배 이상이 되어야 이자를 정상적으로 지급할 수 있다.

(3) 수익성비율

수익성비율(profitability ratios)은 일정기간 중 기업의 모든 경영정책, 의사결정, 경영활동 등의 결과를 집약한 경영성과를 측정하는 비율이다. 수익성비율은 기업의 채권자, 경영자, 주주 등 모두에게 관심이 높은 재무비율이다.

특히 이 비율은 경영자의 업적을 평가하는 데 널리 사용되고 있다. 수익성비율은 높을수록 경영성과가 좋다고 할 수 있다. 그러나 이 비율이 너무 높으면 소비자의 부담이 컸다는 뜻이 되며 결국은 경쟁기업이 많이 발생하게 된다. 따라서 수익성이 높은 기업은 소비자의 반응과 경쟁자의 움직임을 자세히 검토하고 관찰할 필요가 있다.

① 매출액순이익률

매출액순이익률(net profit to sales)은 매출마진(profit margin on sales)이라고도 하며, 당기순이익을 매출액으로 나눈 것이다. (주)정석기업의 20×6년도 매출액순이익률은 다음과 같이 산출된다.

$$\begin{aligned} \text{매출액순이익률} &= \text{당기순이익}/\text{매출액} \\ &= 9{,}561/482{,}853 = 0.02 = 2\% \end{aligned} \tag{2-6}$$

매출액순이익률 2%는 매출액 100원에 대하여 순이익이 2원이라는 것을 뜻한다.

이 비율은 경쟁기업 또는 다른 기업의 그것과 비교함으로써 그 기업의 경영합리화를 위한 문제점을 발견할 수 있다. 일반적으로 매출액순이익률은 높을수록 좋다.

② 총자본순이익률

총자본순이익률은 투자수익률(Return On Assets: ROA)이라고도 하며 당기순이익을 총자본 또는 총자산으로 나눈 비율이다. 정석기업의 20×6년 총자본순이익률은 다음과 같다.

$$\begin{aligned} \text{총자본순이익률} &= \text{당기순이익}/\text{총자산} \\ &= 9{,}561/567{,}444 = 0.02 = 2\% \end{aligned} \tag{2-7}$$

총자본 순이익률 2%는 투자액 또는 자산액 100원에 대하여 순이익이 2원이라는 것을 의미한다. 총자본순이익률은 투자액 또는 총자산의 투자효율을 평가하기 위한 비율로서 클수록 수익성이 증가된다. 이 비율이 당해 업계에 비하여 낮다는 것은 재고자산 및 고정자산의 과대투자, 마케팅 및 생산활동의 비능률 등에서 그 원인을 찾을 수 있다.

③ 자기자본순이익률

자기자본순이익률(Return On Equity: ROE)은 당기순이익을 자기자본으로 나눈 것이며 투자된 자기자본의 효율적 이용도를 측정한다. 정석기업의 자기자본순이익률은 다음과 같다.

$$\text{자기자본순이익률} = \text{당기순이익}/\text{자기자본} = 9{,}561/197{,}118 = 0.05 = 5\% \quad (2\text{–}8)$$

자기자본순이익률 5%는 자기자본 100원에 대하여 당기순이익이 5원이라는 것이다. 기업이나 주주의 입장에서는 자기자본순이익률이 가장 중요시 된다.

(4) 성장성비율

성장성비율(growth ratios)은 기업의 해당 연도 경영규모 및 기업활동의 성과가 전년도에 비하여 얼마나 증가하였는가를 나타내는 지표이다. 성장성비율을 구하기 위해서는 2개 기간의 재무상태표와 손익계산서가 필요하다.

① 순이익증가율

순이익증가율은 기업의 순이익이 해당 연도에 얼마나 증가하였는가를 표시하는 비율로서 기업의 전체적인 수익성을 측정하는 지표이다. 정석기업 순이익증가율은 다음과 같다

$$\text{순이익증가율} = (\text{당기말순이익} - \text{전기말순이익})/\text{전기말순이익} \times 100 = (9{,}561 - 11{,}014)/11{,}014 \times 100 = -13\% \quad (2\text{–}9)$$

순이익증가율 -13%는 전년도에 비하여 당해 연도에 순이익이 13% 감소하였음을 의미한다.

② 매출액증가율

매출액증가율은 매출액이 당해 연도에 얼마나 증가하였는가를 표시하는 비율

이다. 매출액은 정상적인 영업활동에서 계속적으로 발생하는 영업수익이므로 매출액증가율은 기업의 성장성을 판단하는 대표적인 비율이다. 정석기업의 매출액증가율은 다음과 같다.

$$\text{매출액증가율} = (\text{당기매출액} - \text{전기매출액})/\text{전기매출액} \times 100 = (482{,}853 - 407{,}614)/407{,}614 \times 100 = 18\% \quad (2\text{–}10)$$

(5) 활동성비율

활동성비율(activity ratios 또는 turnover)은 기업이 소유하고 있는 자산들을 얼마나 효율적으로 이용하고 있는가를 측정하는 비율이다. 이와 같은 비율들은 일정기간(보통 1년간)의 매출액을 각종 주요자산으로 나누어 산출한다. 활동성 비율은 횟수 또는 배수로 읽힌다. 즉 다른 비율과 달리 %로 표시하지 않는다.

① 재고자산회전율

재고자산회전율(inventory turnover)은 매출액을 재고자산으로 나눈 배수이다. 이 비율은 재고자산이 일정기간 동안에 몇 번이나 현금 및 외상매출금으로 전환하였는가를 측정하는 것이다. 정석기업의 20×6년도 재고자산회전율은 다음과 같다.

$$\text{재고자산회전율} = \text{매출액}/\text{재고자산} = 482{,}853/69{,}508 = 6.95\text{회} \quad (2\text{–}11)$$

[1]

재고자산회전율 6.95회(또는 6.95배)는 정석기업이 20×6년에 그 재고자산을 6.95회 이상 팔고 회전시킨다는 것을 뜻한다. 재고자산회전율이 높다는 것은 적은 재고자산으로 생산 및 판매활동을 효율적으로 수행하고 있다는 뜻이다. 이 비율이 산업표준비율이나 업종 평균 또는 연간 평균에 비해 낮다는 것은 매출액에 비하여 과다한 재고자산을 소유하고 있음을 의미한다.

재고자산평균보유기간(Day sales in inventory)은 재고가 평균 몇 일간 회사 창고나 야적장에 머무르고 있는지를 나타내는 기간이다. 이는 365일을 재고자산회전율로 나누어 계산된다. (주)정석기업의 경우 재고자산 평균 보유기간은 약 53일이다.

---

1) 회전율 관련비율은 절대로 퍼센트(%)로 나타내지 않는다. 따라서 6.95를 695%로 쓸 수 없다.

$$\text{재고자산평균보유기간} = \frac{365}{\text{재고자산회전율}} = \frac{365}{6.95} = 52.5\text{일} \quad (2\text{–}12)$$

예를 들어, S전자에서 여러 모델의 MP3를 생산하고 있다고 하자. 이 중에서 인기 있는 모델은 재고자산 평균 보유기간이 20일로 짧고, 반대로 인기 없는 모델은 100일로 길다.

재고자산회전율을 산출하여 분석하는 데에는 몇 가지 점에 유의하여야 한다. 첫째, 이 회전율의 분자인 매출액은 연간매출액을 나타내는 반면, 분모인 재고자산은 일정시점의 통계치(기말재고자산)라는 점이다. 이론적으로는 기말재고자산을 쓰는 것보다 연평균의 재고자산을 쓰는 것이 합리적일 것이다. 특히 매출액이나 재고수준의 계절적 변동이 심한 산업에 속하는 기업에서는 연간평균치를 사용하는 것이 필수적이다. 둘째, 매출액은 시장가격으로 표현된 데 비해 재고자산은 역사적 원가로 표현되어 있다는 점이다. 특히 인플레이션이 심한 경우에 분모와 분자가 서로 다른 기준에 의하여 평가되는 것은 더욱 문제시된다. 이와 같은 문제는 분자와 분모를 같은 기준으로 비교하는 것이 보다 합리적이기 때문에 양쪽의 항목을 시가나 원가로 통일시키는 것이 바람직하다. 예를 들어 매출액 대신 매출원가를 이용하면 분모가 통일될 수 있다.[2)]

② 평균회수기간

평균회수기간(Average Collection Period: ACP: 또는 day sales in receivables)은 제품이나 용역의 판매로부터 판매대금이 회수되기까지의 평균일수를 의미한다. 정석기업의 20×6년도 평균회수기간은 다음과 같이 계산한다.

$$\begin{aligned}\text{평균회수기간} &= \text{외상매출금}/1\text{일 평균매출액}\\ &= 74{,}097/(482{,}853/365) = 56(\text{일})^{3)}\end{aligned} \quad (2\text{–}13)$$

평균회수기간 56일은 (주)정석기업이 외상매출금 1원을 평균 56일 내에서 현금으로 회수한다는 뜻이다. 평균회수기간이 짧을수록 현금화의 속도가 빨라지고 기업에 유리한 것으로 평가된다. 이 비율은 외상매출금 관리의 효율성을 측정하는 지표이다.

---

2) 제조업에서는 매출원가를 사용한다. 반면 유통업체와 서비스산업은 매출액을 사용한다.
3) '평균회수기간＝365÷외상매출금회전율'로도 계산된다. 외상매출금회전율＝매출액÷외상매출금＝482,853÷74,097＝6.52회, 평균회수기간＝365÷6.52＝56일

③ 총자산(총자본)회전율

총자산회전율 또는 총자본회전율(assets turnover)은 단순히 매출액을 총 자산으로 나눈 것이다. 정석기업의 20×6년도 총자산회전율은 다음과 같다.

$$\begin{aligned}\text{총자산회전율} &= \text{매출액}/\text{총자산} \\ &= 482{,}853/567{,}444 = 0.85(\text{회})\end{aligned} \qquad (2\text{–}14)$$

총자산회전율 0.85회는 (주)정석기업이 총자산 매 1원당 0.85원 상당의 제품과 용역을 팔았다는 것을 뜻한다. 총자산회전율은 자산의 효율적 이용도 또는 기업의 종합적 활동능력을 표시한다. 이 비율이 클수록 적은 금액의 자산을 투입하여 매출액을 크게 올릴 수 있기 때문에 유리하게 생각된다.

3) 표준비율

표준비율(standard ratio)이란 한 기업의 재무상태와 경영성과를 평가하기 위해서 재무비율을 사용할 때 그 재무비율을 비교 평가할 기준이 되는 비율을 말한다. 이러한 재무비율은 대체로 다음과 같은 세 가지 유형으로 나누어진다.

첫째, 동종산업의 전체평균비율을 표준비율로 삼는 것으로서 이 비율이 표준비율로서 가장 널리 사용되고 있다. 현재 우리나라의 경우 한국은행의 "기업경영분석" 또는 산업은행의 "재무분석"이 그 대표적인 것들이다. 어느 기업의 특정비율을 이러한 동일업종의 평균비율과 비교하기 위해서는 업종, 기업규모, 회계처리기준, 소재지역 등에 있어서 동일 또는 유사한 기업들의 평균비율을 이용하는 것이 중요하다.

둘째, 한 기업의 과거 평균비율을 표준비율로 이용하는 것인데 이것은 분석대상기업의 과거 수년간의 재무자료를 이용하여 산출한 평균비율을 비교, 검토하여 통제의 수단으로 또는 예측의 수단으로 이용하는 것이다. 예를 들어 정석기업의 20×6년도 비율을 과거의 평균비율과 비교함으로써 재무상태와 경영성과를 측정하는 것이다.

셋째, 한국은행의 "기업경영분석"과 산업은행의 "재무분석"에 발표되는 산업별 평균비율은 표본이 너무 크기 때문에 특정한 기업의 경영전략을 세울 때에 부적당한 경우가 있다. 이 경우에 경영전략의 수립에 관계되는 기업들만 별도로 선택하여 이들의 평균비율을 표본비율로 삼을 수 있다. 이론적인 면에서 이 방법이 제일 좋다고 하겠으나 실제로는 자료모집과 계산에서 여러 가지 문제점이 있다.

4) 공통형 재무상태표와 공통형 손익계산서

〈표 2-7〉 (주)공통형 재무상태표 20×6.12.31(단위: 백만원)

자 산	20×5	20×6	부채 · 자본	20×5	20×6
Ⅰ. 유동자산	33.60	35.63	Ⅰ. 유동부채	28.39	26.72
1. 재고자산	13.48	12.25	1. 단기차입금	9.15	7.66
2. 유동금융자산	1.33	2.11	2. 유동성장기부채	2.78	3.20
3. 매출채권	12.91	13.06	3. 매입채무	8.25	9.10
4. 기타유동채권	1.16	1.35	4. 당기법인세부채	3.12	1.76
5. 기타유동자산	1.20	2.21	5. 기타유동부채	5.09	4.98
6. 현금 · 예금	3.50	4.65	Ⅱ. 비유동부채	36.51	38.55
Ⅱ. 비유동자산	66.40	64.37	1. 사채	6.89	7.50
1. 유형자산	52.19	40.68	2. 장기차입금	24.42	24.89
2. 무형자산	0.06	0.06	3. 장기충당부채	3.38	3.28
3. 장기금융자산	2.08	3.52	4. 이연법인세	0.79	0.60
4. 투자자산	6.74	6.69	5. 기타비유동부채	1.02	2.28
5. 기타비유동자산	5.34	7.40	부채총계	64.89	65.26
			Ⅰ.지배기업주주지분	35.08	34.71
			1. 자본금	4.16	4.93
			2. 자본잉여금	24.94	23.61
			3. 이익잉여금	6.00	6.18
			Ⅱ. 비지배주주지분	0.02	0.02
			자본총계	35.08	34.71
자 산 총 계	100.00	100.00	부채 · 자본 총계	100.00	100.00

〈표 2-8〉 공통형 손익계산서 20×6.1.1~12.31(단위: 백만원)

	20×5	20×6
Ⅰ. 매출액	100.00	100.00
Ⅱ. 매출원가	86.12	87.82
Ⅲ. 매출총이익	13.88	12.18
Ⅳ. 판매비와 관리비	5.49	6.10
Ⅴ. 영업이익	8.39	6.08
Ⅵ. 금융수익	2.51	3.77
Ⅶ. 금융원가	3.93	4.10
Ⅷ. 기타수익	0.25	0.23
Ⅸ. 기타비용	3.30	4.10
Ⅹ. 종속기업공동지배기업관련손익	0.49	0.42
Ⅺ. 법인세전 이익	3.43	2.29
Ⅻ. 법인세	0.72	0.30
XIII. 당기순이익	2.70	1.98

공통형 재무상태표는 자산총액을 100%로 하여 각종항목의 구성관계를 백분율로 나타낸다. 공통형 손익계산서는 매출액을 100%로 정하고 각종 항목의 구성관계를 백분율로 표시한다. 분석의 초점은 구성비중이 지난해에 비해 크게 높거나 낮아진 항목을 발견하여 그 원인을 파악한다. 특히 부채 항목 중 사채와 장기차입금 중에서 만기가 1년 이하로 짧아짐에 따라 유동성장기부채 항목으로 구성비중이 바뀐 것에 주목해야 한다. 공통형 손익계산서에서도 주요 비용항목의 변화와 영업이익, 순이익의 비중 변화에 초점을 맞추어 원인을 분석한다.

5) 추세형 재무상태표와 추세형 손익계산서

추세형 재무제표는 지수형 재무제표라고도 하는데 기준연도의 각 항목을 100%로 정하고 그 후년도의 같은 항목을 지수로 표시하여 그 항목을 평가기준으로 사용한다. 예를 들면, 특정연도의 어느 항목이 100% 이하이면 그 항목이 감소했음을 뜻한다. 추세형(지수법)에 의한 재무분석은 변동추이를 분명히 표시하고,

〈표 2-9〉 추세형 재무상태표 20×6.12.31(단위: 백만원)

자 산	20×5	20×6	부채 · 자본	20×5	20×6
Ⅰ. 유동자산	100	125	Ⅰ. 유동부채	100	111
1. 재고자산	100	107	1. 단기차입금	100	99
2. 유동금융자산	100	187	2. 유동성장기부채	100	136
3. 매출채권	100	119	3. 매입채무	100	130
4. 기타유동채권	100	138	4. 당기법인세부채	100	67
5. 기타유동자산	100	218	5. 기타유동부채	100	115
6. 현금 · 예금	100	157	Ⅱ. 비유동부채	100	125
Ⅱ. 비유동자산	100	114	1. 사채	100	128
1. 유형자산	100	105	2. 장기차입금	100	120
2. 무형자산	100	130	3. 장기충당부채	100	115
3. 장기금융자산	100	208	4. 이연법인세	100	89
4. 투자자산	100	117	5. 기타비유동부채	100	263
5. 기타비유동자산	100	164	부채총계	100	119
			Ⅰ. 지배기업주주지분	100	117
			1. 자본금	100	140
			2. 자본잉여금	100	112
			3. 이익잉여금	100	121
			Ⅱ. 비지배주주지분	100	100
			자본총계	100	117
자 산 총 계	100	118	부채·자본 총계	100	118

〈표 2-10〉 추세형 손익계산서 20×6.1.1~12.31(단위: 백만원)

	20×5	20×6
Ⅰ. 매출액	100	118
Ⅱ. 매출원가	100	121
Ⅲ. 매출총이익	100	104
Ⅳ. 판매비와 관리비	100	132
Ⅴ. 영업이익	100	86
Ⅵ. 금융수익	100	178
Ⅶ. 금융원가	100	117
Ⅷ. 기타수익	100	110
Ⅸ. 기타비용	100	147
Ⅹ. 종속기업공동지배기업관련손익	100	101
XI. 세전이익	100	79
XⅡ. 법인세비용	100	51
XⅢ. 당기순이익	100	87

분석결과에 나타난 숫자를 이해하기가 쉽다는 장점이 있다. 그러나 기준이 되는 초년도의 금액이 이상적 표준금액인 것 같이 오해할 우려가 있다. 따라서 기준연도는 반드시 초년도가 될 필요가 없다. 위의 예에서 오히려 최근연도가 기준연도가 될 수 있다. 분석의 초점은 기준연도에 비해 급격히 증가하거나 감소한 항목이다.

6) 비율분석의 한계

이상에서는 재무분석의 대표적인 재무비율, 표준비율, 공통형 재무제표, 그리고 추세형 재무제표 등을 설명하였다. 이러한 비율분석은 재무제표의 입수가 용이하고 계산방법이 간단하며 산출된 비율의 해석이 쉽다는 장점이 있다. 그러나 다른 한편으로는 비율분석이 몇 가지의 단점을 내포하고 있기 때문에 이 분석방법에 지나치게 의존하여 기계적으로 재무분석을 하지 않아야 한다.

첫째, 재무제표가 재무 및 경영상태를 100% 정확히 표시하고 있다고 할 수는 없다. 즉 재무제표가 선의 또는 악의로 분실 또는 가감되는 경우가 있다.

둘째, 재무분석의 근본목적은 미래에 대한 기업의 방향을 설정하는 데 필요한 기초정보를 획득하는 것인데, 비율분석은 과거의 회계자료에 의존하고 있다.

셋째, 오늘날 많은 회사들이 여러 가지 다른 업종에 분산투자하고 있기 때문에 산업평균비율을 평가기준으로 사용하기가 어렵게 되었다. 비율분석은 비교, 분석할 객관적인 표준비율이 있을 때 보다 큰 의의를 갖게 된다.

넷째, 같은 업종에 속해 있는 기업 사이에도 회계기준이나 경영방식에 따라 비율이 달라질 수 있다. 부채 대신 리스를 주로 사용하는 기업 평가, 재고자산, 고정자산의 평가방법이라든지 감가상각비, 보험료 대손액의 측정방법에는 여러 가지가 있는데, 그 중에서 어떤 방법을 택하느냐에 따라서 그 기업의 손익이 변동될 수 있다.

마지막으로 재무분석의 대상에는 비율로 표시하기 곤란한 것도 있다. 예컨대 기업의 신용, 설비의 우세, 경영자의 성격이나 능력, 기술 또는 종업원의 사기 등은 숫자로 정확하게 표시하기는 어렵다.

제 3 절 재무비율분석의 확장

1) BCG matrix 분석

보스턴컨설팅그룹(Boston Consulting Group: 약어 BCG)은 수익성과 성장성에 의해서 어떤 산업이나 제품의 상태나 진화과정을 2×2 matrix로 분류하였다. 2×2 매트릭스는 수익성을 높고 낮음, 그리고 성장성을 높고 낮음 이렇게 2분법으로 분류하여 어떤 산업이나 제품을 4가지 형태로 설명한다.

수익성이 낮고 성장성도 낮은 산업이나 제품은 개(dog) 같은 형태 또는 단계로서 퇴출 위기에 있거나, red ocean 상태에 있다. 수익성이 높으나 성장성이 낮은 산업이나 제품은 암소(cow)와 같은 형태 또는 단계로서 지속적으로 현금(cash)을 제공해 주고, 효자 같은 상태인데, 다만 성장성이 한계에 달하여 현상 유지 상태에 있다. 수익성이 낮고, 성장성이 높은 의문(?)의 단계에 있는 산업이나 제품은 앞으로의 전망은 좋으나 현재 수익성이 매우 낮은 상태에 있고, blue ocean 단계에 있다. 마지막으로 수익성이 높고, 성장성이 높은 산업이나 제품은 현재 가장 뜨고 있고(rising), 지속적으로 업계를 선도하고 꾸준히 수익력을 높여 가고 있다.

[그림 2-2] BCG matrix

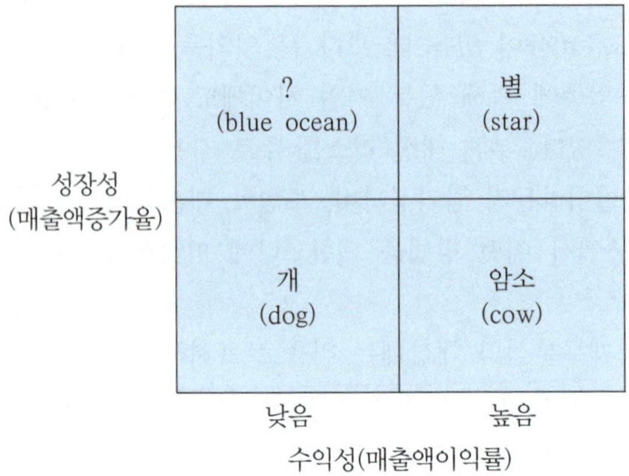

여기서 수익성은 일반적으로 매출액 영업이익률이나 매출액순이익률로 측정하고, 성장성은 매출액증가율로 측정한다. 비율의 높고 낮음은 절대적이 아니라 상대적으로 업계 전체의 평균이나 과거의 평균을 중심으로 비교하여 측정한다.

2) 듀퐁시스템

오래 전 미국 듀퐁사에서 개발되어 이름이 붙여진 듀퐁시스템(Du Pong System)은 ROI(return on investment: 투자수익률)의 변동원인을 분석하여 내부통제에 활용하는 기법으로서 경영분석에 활용되고 있다. 듀퐁시스템은 ROI 또는 ROA(return on assets: 총자본순이익률)[4]의 변동원인을 분석하는 것뿐 아니라 ROI 또는 ROA의 구성요인과 경영정책 변수와의 관계분석에 활용하여 경영전략 수립에 중요한 재무기법으로 이용되고 있다.

듀퐁시스템의 기본 분석체계에서 총자본순이익률(ROA)은 매출액순이익률과 총자본회전율의 곱으로 표시된다.

---

4) 자산수익률, 총자산수익률, 총자산순이익률이라고도 한다. 여기서는 ROI와 동일한 개념으로 본다.

$$
\begin{aligned}
\text{총자본순이익률} &= \frac{\text{순이익}}{\text{총자본}} = \frac{\text{순이익}}{\text{매출액}} \times \frac{\text{매출액}}{\text{총자본}} \\
&= \text{매출액순이익률} \times \text{총자본회전율} \qquad (2\text{–}15)
\end{aligned}
$$

위 식에서 총자본순이익률은 제품의 마진을 나타내는 매출액순이익률과 총자본의 효율적 이용도를 나타내는 총자본회전율의 곱으로 구성됨을 볼 수 있다. 예를 들어 A, B 두 기업의 총자본순이익률이 똑같이 20%라고 하면 외형적으로 총괄적인 경영성과는 같다고 할 수 있다. 그러나 A기업은 매출액순이익률 10%, 총자본회전율 2회로 총자본순이익률이 20%(=10%×2회)가 된 반면, B기업은 매출액순이익률 1%, 총자본회전율 20회로 총자본순이익률이 20%(=1% × 20회)가 되었다고 하자.

이 경우 수익성 구성요소별로 본 의미는 크게 다르다. A기업상의 특징은 고(高)마진 · 저(低)회전에 있다고 할 수 있고, B기업은 저마진 · 고회전에 그 특징이 있다. 따라서 원천적으로 ROA의 구성 요인별로 나누어 보면 A, B 두 기업이 크게 다른 경영패턴을 보이고 있다. 이와 같은 경영패턴은 기업뿐 아니라 산업별 특성으로도 이해할 수 있는데 장치산업은 고마진 · 저회전의 수익률구조를 보이고 유통산업은 저마진 · 고회전의 특징을 보인다.

이러한 분석체계는 특정기업의 수년간에 걸친 ROA의 변동원인 분석에도 그대로 이용되기 때문에 그 기업 수익성의 악화 또는 개선의 원인을 알 수 있게 된다. 앞의 예의 A기업의 2020년의 총자본순이익률이 20%(매출액순이익률 10%, 총자본회전율 2회)였는데 2021년에는 14%로 하락하였을 경우, 그 구성원천이 매출액순이익률 7%, 총자본회전율 2회였다면 수익성 하락의 원인이 마진의 축소에 있다고 판단할 수 있다. 따라서 이 기업의 수익성 악화의 원인은 제반 비용의 통제나 판매가격정책에 문제가 있음을 암시하는 것이다.

이러한 듀퐁분석체계는 자기자본순이익률(return on equity: ROE)의 변동원인 분석에도 확장, 적용할 수 있다. 자기자본순이익률은 다음의 식처럼 매출액순이익률, 총자본회전율 그리고 자기자본승수의 곱으로 표시된다.

$$
\begin{aligned}
\text{자기자본순이익률} &= \frac{\text{순이익}}{\text{자기자본}} = \frac{\text{순이익}}{\text{매출액}} \times \frac{\text{매출액}}{\text{총자본}} \times \frac{\text{총자본}}{\text{자기자본}} \\
&= \frac{\text{순이익}}{\text{매출액}} \times \frac{\text{매출액}}{\text{총자본}} \times (1 + \text{부채비율}) \\
&= \text{총자본이익률} \times (1+\text{부채비율})
\end{aligned}
$$

$$=\text{매출액순이익률}\times\text{총자본회전율}\times\text{자기자본승수} \quad (2\text{–}16)$$

예를 들어 앞에서 예를 든 A기업의 부채비율이 100%, B기업의 부채비율이 50%이면 자기자본순이익률은 각각 40%와 30%이다.

$$\text{A기업의 자기자본순이익률}=10\%\times 2\text{회}\times(1+1)=40\%$$
$$\text{B기업의 자기자본순이익률}=1\%\times 20\text{회}\times(1+0.5)=30\%$$

이와 같은 분석은 타기업의 자기자본순이익률 구성요인과 비교하여 경영패턴의 특징을 평가할 수 있다. 또한 수년간의 자기자본순이익률 변동원인이 마진(margin), 활동성 또는 부채의존도 중 어디에 기인하는지를 분석할 수 있다.

듀퐁시스템은 ROI 또는 ROA와 ROE 변동원인이 마진, 활동성, 그리고 부채비율 중 어느 경영정책변수에 있는지를 짐작하게 해준다. 자기자본순이익(ROE) 구성요인과 경영정책 변수와는 다음과 같이 연결되므로 경영정책 수립에 이용될 수 있다.

첫째, 매출액순이익률(순마진 net margin이라고도 한다)은 기업의 매출액 수준에 영향을 주는 가격정책, 인건비 수준에 영향을 주는 임금정책, 재료비 수준에 영향을 주는 구매정책, 그리고 지급이자 수준에 영향을 주는 자본조달정책 등에 관련되어 있다.

둘째, 총자본회전율(활동성)은 현금보유량 · 매출채권 수준을 결정하는 신용정책, 재고자산(원자재, 재공품, 완제품) 수준을 결정하는 재고관리정책, 그리고 유형고정자산 수준을 결정하는 투자정책 등과 관련되어 있다.

셋째, 부채비율은 부채의존도를 결정하는 자본조달정책, 특히 장 · 단기자본조달에 관한 의사결정과 관련되어 있다.

이와 같이 ROE 구성요인과 경영정책변수를 연관시켜 보면 미래 경영정책의 변화가 수익성에 미치는 영향을 어느 정도 평가할 수 있게 된다. 그런데 두 관계를 고찰하는 데 유의해야 할 점은 ROE를 구성하는 세 가지 요인인 매출액순이익률, 총자본회전율, 그리고 부채비율 사이에는 서로 상충관계가 있다는 점이다. 한 가지 예를 들면, 부채비율이 증가했을 경우, 다른 두 구성요인에 변함이 없다면 자기자본순이익률은 증가하겠지만 실제로는 그렇지 않다. 부채비율이 증가하게 되면 지급이자가 증가하므로 매출액순이익률이 하락할 뿐만 아니라 자본규모가 커지게 되므로 총자본회전율이 하락하게 된다.

매출액순이익률과 총자본회전율과의 관계도 마찬가지이다. 고가격정책을 사용하며 마진이 높아지면 활동성(회전율)은 저하되게 된다. 반대로 저가격정책을 사용하게 되면 마진은 낮아지지만 활동성은 높아진다. 그러나 원가절감의 결과 매출액순이익률이 높아지는 경우에는 동시에 총자본회전율도 높아질 수 있으므로 ROA 증가에 두 가지 요인 모두가 긍정적인 영향을 미칠 수도 있다.

제 4 절 연결재무제표와 결합재무제표

(1) 연결재무제표

연결재무제표(consolidated financial statements)는 법률적으로 독립적인 회사들이라 하더라도 실질적으로 지배 · 종속 관계에 있는 회사들을 단일의 경제실체로 간주하여 작성되는 재무제표이다.[5] 지배 · 종속 관계의 유무를 판단하는 기준으로는 지분율 기준과 경영지배력 기준이 있다. 지분율 기준에서는 투자회사가 피투자회사 주식의 50%를 초과하여 보유하면 피투자회사를 지배하는 것으로 본다. 경영지배력 기준에서는 투자회사가 피투자회사의 주요 경영의사결정을 장악하고 있으면 실질적인 지배 · 종속 관계에 있는 것으로 간주된다. 현재 우리나라에서는 지분율 기준과 경영지배력 기준을 모두 적용하여 연결범위를 정하고 있다.

연결재무제표는 연결재무상태표, 연결손익계산서, 연결자본변동표 그리고 연결현금흐름표로 구성된다. 연결재무제표를 작성하기 위해서는 지배회사의 투자계정과 종속회사의 자본계정을 상계하고 지배회사와 종속회사 간의 내부거래를 제거한 후 재무제표를 결합하여 만들게 된다. 따라서 연결재무제표에는 지배회사와 종속회사의 자산 · 부채, 수익 · 비용, 그리고 현금흐름의 총액이 나타나게 된다. 이때 연결재무상태표에서 자본 총액은 지배회사의 연결자기자본과 외부주주지분으로 구분된다. 연결손익계산서에서 순이익 총액은 지배회사의 연결순이익과 외부주주지분 순이익으로 구분되어 표시된다. 여기서 외부주주지분이란 종속회사의 발행주식 중 지배회사 외의 제3자가 보유한 지분을 말한다.

---

5) 연결재무제표는 1974년에 도입되었고 1993년부터 연결재무제표 회계감사가 의무화되었다.

(2) 결합재무제표

결합재무제표(combined financial statements)는 기업집단 전체를 하나의 경제 실체로 의제하여 작성되는 재무제표이다.[6] 결합재무제표는 기업집단에 소속된 모든 계열회사들의 재무제표를 결합하여 작성된다. 따라서 결합재무제표는 연결재무제표에 포함되지 않는 계열회사들도 전부 포함되게 된다.

결합재무제표는 결합재무상태표, 결합손익계산서, 그리고 결합현금흐름표로 구성된다. 결합재무제표의 작성은 투자계정과 자본계정을 상계하고 내부거래를 제거한 후 계열회사들의 재무제표를 결합한다는 점에서 연결재무제표의 작성방법과 비슷하다. 다만, 연결재무제표와 달리 외부주주지분이 구분 표시되지 않는다.

결합재무제표에는 기업집단 전체의 자산, 부채, 수익, 비용, 그리고 현금흐름 등이 나타나게 된다. 또한 계열회사 간의 매출 · 매입거래, 채무보증, 담보제공, 자금대차, 내부지분율 현황 등이 주석으로 공시된다. 금융업 대 비금융업 부문으로 구분된 결합재무정보도 주석으로 공시된다.

6) 결합재무제표는 1999년부터 작성하도록 되어 있다.

Financial Management

문 제 풀 이

≪객관식 문제≫

1. 운전자본관리에서 잘못된 내용은?
① 운전자본은 유동자산이다.
② 운전자본의 규모나 수준은 고정자산금액에 가장 민감하게 영향을 받는다.
③ 순운전자본은 유동자산에서 유동부채를 뺀 금액이다.
④ 운전자본관리의 목표는 수익성과 유동성의 조화이다.

2. 현금흐름표에서 틀린 내용은?
① 순이익이 많다고 지급능력이 좋은 것은 아니다.
② 전기에 비해 운전자본증가액이 많으면 영업활동 현금흐름이 증가한다.
③ 배당금은 재무현금흐름 중 유출항목이다.
④ 추세적으로 현금흐름이 증가되어야 재무건전성이 높아진다.

3. 손익계산서에서 금융원가에 포함되지 않는 것은?
① 이자비용
② 외환손실
③ 지급배당금
④ 파생상품손실

4. (주)현우의 총자산은 1,600억원이고, 비유동자산 700억원, 비유동부채 600억원, 그리고 유동부채는 200억원이다. 이 경우 순운전자본은 얼마인가?

① 300억원	② 700억원
③ 800억원	④ 900억원

5. (주)대현의 순운전자본은 800억원, 비유동부채 3,000억원, 총자산 6,000억원 그리고 비유동자산은 4,000억원이다. 이 경우 총부채는 얼마인가?

① 2,200억원	② 3,800억원
③ 4,200억원	④ 5,200억원

6. (주)태영의 전년도 매출액은 1,000억원, 현금 총비용은 700억원, 감가상각비 100억원 그리고 세율은 30%이다. 이 기업은 전혀 이자비용이 없다고 가정하면 영업현금흐름은 얼마인가?

① 140억원 ② 210억원
③ 240억원 ④ 310억원

7. 같은 성격이나 특징의 재무비율에 속하지 않는 것은?
① 유동비율 ② 부채비율
③ 레버리지비율 ④ 이자보상율

8. 다음 재무비율들 중에서 단기적인 지급 능력을 측정해 주는 것은?
① 부채비율 ② 재고자산회전율
③ 유동비율 ④ 이자보상율

9. 다음 중 기업의 유동성을 개선해 주는 조치는?
① 주가를 높이기 위하여 현금으로 자사주를 매입한다.
② 장기차입금을 조달하여 신제품 개발 프로젝트에 투자한다.
③ 증권시장을 통하여 조달된 자금으로 생산규모를 확대한다.
④ 장기매출채권을 팩토링(factoring: 채권중개기관)을 통해 처분한다.

10. 어떤 회사의 주식가격과 가장 높은 관계를 가진 재무비율은?
① 자기자본순이익률 ② 매출액순이익률
③ 총자산순이익률 ④ 총자산회전율

11. 어떤 회산의 유동부채는 200억원이고, 유동비율은 150%이며, 당좌비율은 100%이다. 이 회사의 재고자산 금액은?
① 50억원 ② 100억원 ③ 150억원 ④ 200억원

12. 매출액순이익률이 10%, 자기자본순이익률이 30%이고, 부채비율(=부채/자기자본)이 100%라면 총자본회전율은?
① 0.8 ② 1 ③ 1.5 ④ 2

13. 재무레버리지비율의 의의는?
① 자산의 효율적인 이용도 측정
② 주주가 부담하는 재무위험 정도
③ 생산에 사용되는 자원의 비율 측정
④ 단기채무 지급능력

14. 재무비율들 중에서 기업의 가격경쟁력을 알고자 할 때 가장 중요하게 고려해야 할 재무 비율은?
① 매출액순이익률 ② 재고자산회전율

③ 총자본순이익률　　④ 자기자본순이익률

15. 듀퐁시스템에 의하면, 어떤 기업의 ROA가 12%이고, ROE가 12%이면, 다음 중 맞는 내용은?
① 순운전자본은 0이다.　　② 부채비율이 1이다.
③ 자기자본승수는 1이다.　　④ 자산을 가장 효율적으로 이용한다.

16. (주)태신의 부채비율은 2이고, 총자산회전율은 2배, 그리고 매출액순이익률은 5%이다. 자기자본이 10억원이면 순이익은 얼마인가? 듀퐁시스템을 참고하라.
① 3억원　　② 5억원　　③ 6억원　　④ 8억원

≪주관식문제≫

1. 직접금융과 간접금융의 장단점을 비교하시오.

2. 현금흐름표의 중요성과 구조를 설명하시오.

3. 현금흐름의 개념, 종류 그리고 중요성에 대해 설명하시오.

4. 재무관리 측면에서 현금흐름표의 중요성과 구조를 설명하시오.

5. 연결재무제표와 결합재무제표를 비교 설명하시오.

★6. (팀 프로젝트) 같은 산업에서 경쟁관계에 있는 두 개 기업을 선택, 최근 5년간의 재무제표를 구하여, 재무분석을 한 후, 서로의 강점과 약점을 파악하라.

제 3 장 미래가치와 현재가치의 계산

제 1 절 미래가치의 계산

1) 미래가치와 복리계산

이자계산방식에는 단리이자(simple interests rate)와 복리이자(compound interests rate)방식이 있다. 단리이자는 오직 원금에 기초하여 이자가 결정된다. 예를 들면 1,000,000원을 연 6%의 이자율로 매년 단리로 계산되는 정기예금의 경우 매년의 이자금액은 1년째 60,000원, 2년째 60,000원 그리고 3년째 60,000원이다. 단리는 전환사채와 같이 특수사채에서 가끔 발견되고 그렇게 흔하게 사용되지는 않는다.

복리(compounding)는 전(前)기간의 원금과 이자 합계금액인 원리금에 기초하여 이자가 결정되는 이자계산 방식이다. 위의 예의 경우, 2년째 이자금액은 1년 말 원리금 합계액인 1,060,000(=1,000,000+60,000)원의 6%인 63,600(=1,060,000×0.06)원이다. 그리고 3년째 이자금액은 2년째 원리금 합계액인 1,123,600(=1,060,000+63,600)원의 6%인 67,416(=1,123,600×0.06)원이다. 3년째 말 원리금 합계는 1,191,016(=1,123,600+67,416)원이다.

이를 그림으로 표시하면 아래와 같다.

◈ $PV = 1,000,000 \quad k = 6\% \quad n = 3$

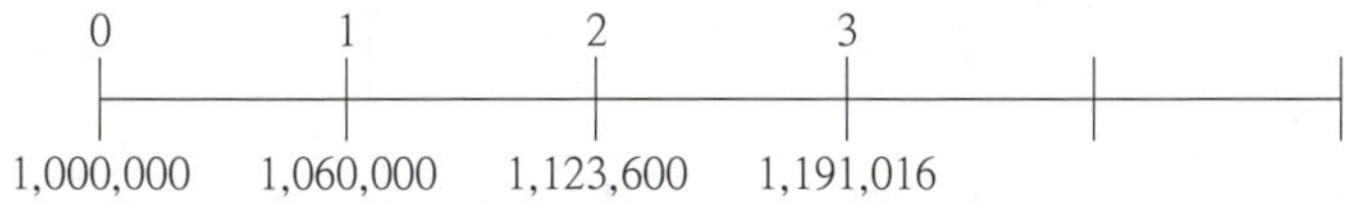

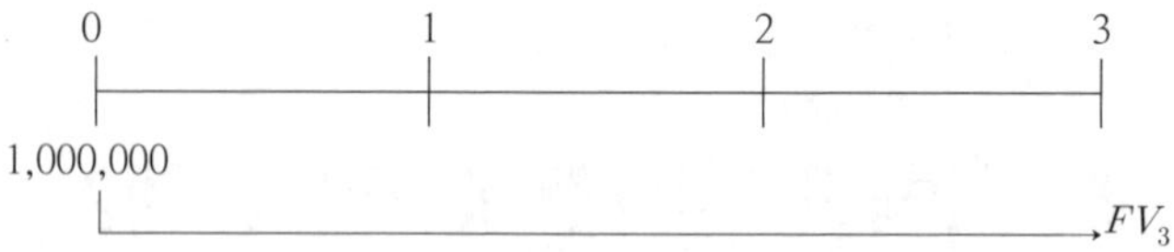

$$FV_3 = 1,000,000 \times (1+0.06)^3 = 1,191,016$$

이 그래프를 시간선(time line)이라고 한다. 여기선 시간을 나타내는 숫자는 반드시 선 위에 표시되어야 하고, 금액은 선 밑에 적는다.

복리는 은행예금이나 대출 등에서 가장 흔하게 볼 수 있다. 이 책에서는 복리를 기초로 미래가치와 현재가치를 설명한다.

돈의 시간적 가치계산의 유형에는 크게 다음 네 가지가 있다.

목돈 (single sum)
- 미래가치 ---- 유형 Ⅰ (예: 정기예금) FVIF 이용
- 현재가치 ---- 유형 Ⅱ (예: 국채의 현가) PVIF이용

연금(annuity)
- 미래가치 ---- 유형 Ⅲ (예: 정기적금) FVIFA 이용
- 현재가치 ---- 유형 Ⅳ (예: 대출금의 원리금 상환) PVIFA 이용

여기서는 이와 같은 순서로 설명한다.

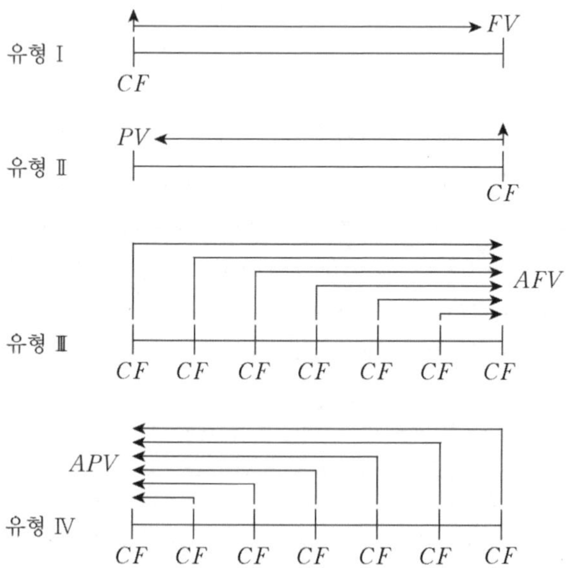

| 예제 3-1 | 1,000,000원을 연 6%의 이자율로 매년 단리로 계산되는 회사채에 투자할 경우 3년 후의 인출 가능액은 얼마인가? 또한 이를 복리와 계산한 경우와 비교하라.

풀이

년	단 리			복 리		
	원 금	이 자	기말합계	원 금	이 자	기말합계
1	1,000,000	60,000	1,060,000	1,000,000	60,000	1,060,000
2		60,000	1,120,000		63,600	1,123,600
3		60,000	1,180,000		67,400	1,191,000

위의 예에서 단리는 각 기간에 원금 1,000,000원에 대하여만 이자가 붙어서 매년 이자는 $0.06 \times 1{,}000{,}000 = 60{,}000$원이다. 여기에 반해, 복리는 각 기간의 원금과 이자에 대하여 이자가 붙는다.

1기 기말합계: $1{,}000{,}000 + 0.06 \times 1{,}000{,}000$
$= 1{,}000{,}000 \times (1+0.06)$
$= 1{,}000{,}000 \times (1.06)$
$= 1{,}060{,}000$

2기 기말합계: $1{,}060{,}000 \times 1.06$
$= (1{,}000{,}000 \times 1.06) \times 1.06$
$= 1{,}000{,}000 \times 1.06^2$
$= 1{,}123{,}000$

3기 기말합계: $1{,}123{,}000 \times 1.06$
$= = (1{,}000{,}000 \times 1.06^2) \times 1.06$
$= = (1{,}000{,}000 \times 1.06) \times 1.06 \times 1.06$
$= 1{,}000{,}000 \times 1.06^3$
$= 1{,}191{,}016$

미래가치란 현재의 일정금액을 미래의 일정시점에 평가한 금액이며, 투자기간이 여러 기간에 걸쳐 이루어지는 경우 복리로 계산된다. 그러므로 n기간 후의 미래가치는 다음과 같다.

$$FVn = PV(1+k)^n = PV \times FVIF_{(k,n)} \quad \text{(3–1)}$$

여기서, FV: 미래가치, PV: 현재 금액, k: 이자율, n: 기간수, $FVIF$: 미래가계수

미래가치를 계산하기 위해서는 1원의 $k\%$ 이자율, n기간 후 미래가치를 나타내는 미래가계수(Future Value Interest Factor: FVIF), 즉 $(1+k)^n$값을 나타내는 미래가 계수표를 활용한다. 또는 재무용계산기 또는 Excel과 같은 계산용 프로그램을 사용할 수 있다. 예를 들어 $FVIF(6\%,3)=1.91$은 1원의 6%이자율, 3년 후 미래가치가 1.19임을 나타낸다. 스마트폰의 모바일앱을 이용하면 쉽게 계산할 수 있다. 스마트 폰의 모바일앱으로 다음과 같은 모든 돈의 시간적 가치계수가 계산 가능하다. $PVIF_{(k,\ n)}$, $FVIFA_{(k,\ n)}$, $PVIFA_{(k,\ n)}$

❙예제 3-2❙ [유형 I -목돈의 미래가치] 1,000,000원을 연 6%의 이자율로 매년 복리 계산되는 저축예금에 예금할 경우 3년 후의 인출 가능액은 얼마인가?

◈ $PV=1{,}000{,}000$ $k=6\%$ $n=3$

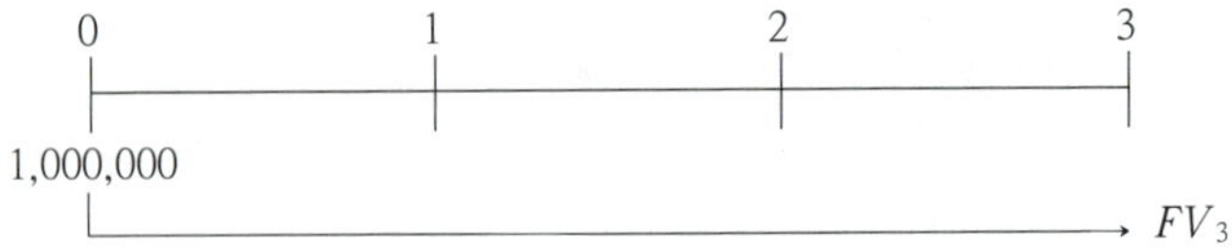

$$FV_3 = 1{,}000{,}000 \times (1+0.06)^3 = 1{,}191{,}000$$

이것을 계산하기 위한 네 가지 방법은 다음과 같다.

방법 ① 미래가계수표를 이용하여 산출할 경우

$FV_3 = 1{,}000{,}000 \times FVIF_{(6\%,\ 3)} = 1{,}000{,}000 \times 1.1910 = 1{,}191{,}000$원

〈표 3-1〉 미래가계수(FVIF)

n/k	1%	2%	3%	4%	5%	6%	7%	8%	9%	10%	12%
1	1.0100	1.0200	1.0300	1.0400	1.0500	1.0600	1.0700	1.0800	1.0900	1.1000	1.1200
2	1.0201	1.0404	1.0609	1.0816	1.1025	1.1236	1.1449	1.1664	1.1881	1.2100	1.2544
3	1.0303	1.0612	1.0927	1.1249	1.1576	1.1910	1.2250	1.2597	1.2950	1.3310	1.4049
4	1.0406	1.0824	1.1255	1.1699	1.2155	1.2625	1.3108	1.3605	1.4116	1.4641	1.5735
5	1.0510	1.1041	1.1593	1.2167	1.2763	1.3382	1.4026	1.4693	1.5386	1.6105	1.7623
6	1.0615	1.1262	1.1941	1.2630	1.3401	1.4185	1.5007	1.5869	1.6771	1.7716	1.8738

방법 ② Excel을 이용하여 산출할 경우

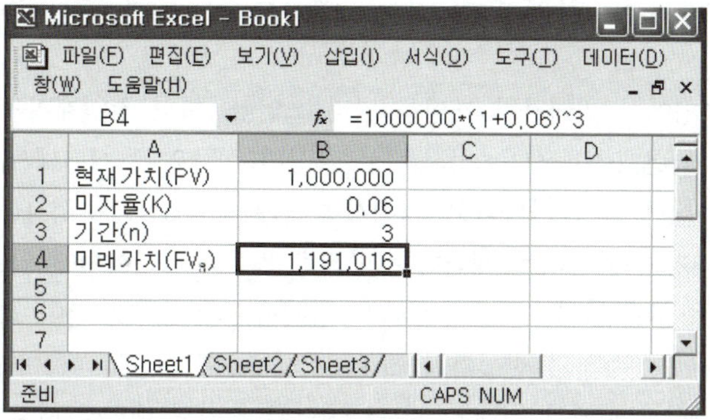

방법 ③ Excel의 재무함수를 이용할 경우

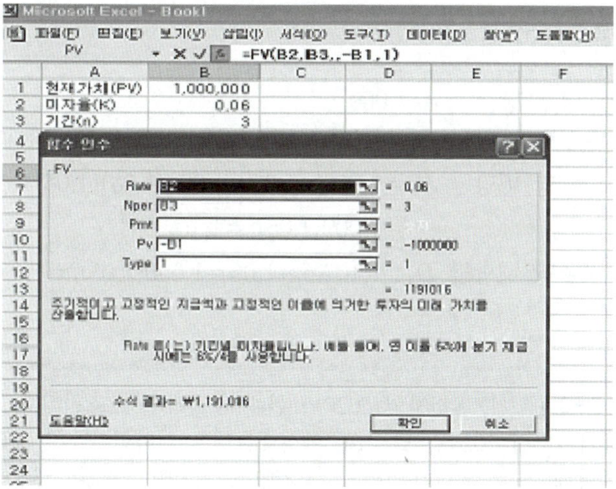

방법 ④ google app에서 FVIF calculator를 이용할 경우

googlel app에서 fvif calculator 입력, 입력창에서 기간 수 3, 이자율 6% 입력 후 calculate 명령어 선택, 선택값 1.191을 확인 후, 1,000,000×1.191=1,191,000 계산.

참고: 만약 매일 이자 자급을 할 경우 일 이자율은 6%/365=0.0164%가 되고, 기간 수는 1,095(=365×3)가 된다. app에 따라서는 퍼센트 값 입력을 0.0164로 입력하거나, 아니면 소수점 단위 0.000164로 입력한다.

2) 복리계산과 경영관리

기업경영에서 미래가치 개념은 널리 쓰인다. 특히 경영계획을 세울 때, 매출액 추정은 금년매출액×(1+성장률)로 계산하는데 2, 3, 4년째 추정매출액 모두 전년대비 일정하게 증가한다고 가정하면 금년매출액×(1+성장률)^{n}로 계산된다. 이것은 미래가치를 복리로 계산하는 방식과 똑같다. 그 이외에 인건비 추정, 재고자산증가 등 개별항목은 금년금액×(1+증가율)^{n}의 식으로 많이 계산된다.

투자론에서 주식의 진실가치(intrinsic value)를 계산할 때 미래의 1주당 배당금을 추정한다.[1)] 여기서 미래의 1주당 배당금이 현재 배당금(D_0) 대비, 일정한 성장률(g: growth rate)로 증가한다고 하면, 다음과 같이 미래의 복리가치와 같다. 일정배당성장률 $g=5\%$로 가정했다.

현재 1주당 배당금 $D_0=1{,}000$
1년 후 1주당 배당금 $D_1=1{,}000\times(1+0.05)=1{,}000(1.05)=1{,}050$원
2년 후 1주당 배당금 $D_2=1{,}050\times1.05=1{,}000(1.05)(1.05)$
$=1{,}000(1.05)^2=1{,}102.5$원
3년 후 1주당 배당금 $D_3=1{,}102.5\times1.05=1{,}000(1.05)^3=1{,}157.6$원
⋮

| 예제 3-3 | (1) S전자의 2020년 현재 매출액은 12조원이다. 매년 5%로 일정하게 증가한다면 2024년 말 기준 예상매출액은 얼마인가? (2) POSCO의 2020년 현재 주당배당금은 4,000원이다. 주당배당금이 매년 3%로 일정하게 증가한다면, 2025년 말 기준 1주당 예상배당금은 얼마인가?

풀이 (1) $12\times(1+0.05)^4=14.58$조
(2) $4{,}000\times(1+0.03)^5=4{,}637.10$원

---

1) 배당성장모형에 의한 주식가치평가에서 주가의 내재(진실)가치는 미래 배당금의 현가합계이다. 여기서 배당금 일정률을 g라고 하면 회사 보통주자본비용을 k, 현재 배당금을 D_0, 그리고 주식내재가치를 V라고 하면

$$V=\frac{D_0(1+g)}{k-g}$$

이다. 만약 $g=5\%$, $k=10\%$, $D_0=1{,}000$원이면 $V=\frac{1{,}000\times1.05}{0.10-0.05}=21{,}000$원이다.

제 2 절 현재가치의 계산

1) 현재가치와 할인율

현재가치란 미래에 발생할 일정금액을 현재의 시점에서 평가한 금액이며, 할인과정을 거쳐 계산된다.

예를 들어 현금 1,000,000원을 연 6%로 1년간 S은행에 정기예금을 한다고 하자. 1년 후에 받은 원금과 이자 합계는 1,060,000원이다.

$$\begin{aligned}1{,}000{,}000+1{,}000{,}000\times 6\% &= 1{,}000{,}000(1+0.06)\\ &= 1{,}000{,}000\times 1.06 = 1{,}060{,}000\text{원}\end{aligned}$$

이 예를 반대로 생각해 보자.

1년 후에 1,060,000원을 받기 위해서 연 6%로 이자를 주는 정기예금에 가입하려면 지금 현재 얼마의 돈을 S은행에 넣어야 하는가? 당연히 1,000,000만원이다. 그 계산과정을 추정해 보면

$$\begin{aligned}\frac{1{,}060{,}000}{1.06} &= \frac{1{,}060{,}000}{1+0.06} = 1{,}060{,}000\times\frac{1}{1.06}\\ &= 1{,}060{,}000\times 0.943396 = 1{,}000{,}000\text{원}\end{aligned}$$

이다. 여기서 $\frac{1}{1.06}=0.943396$을 현가계수라 한다.

$\frac{1}{1.06}=0.943396$은 연 6%일 때 1년 후 1원의 현재가치이다. 마찬가지로 연 6%일 때 2년 후 1원의 현재가치는 $\frac{1}{1.06^2}=0.889996$이다. 다음을 연습해 보자.

연 5%일 때 3년 후 1원의 현재가치$=\frac{1}{1.05^3}=0.8638$

연 6%일 때 3년 후 1원의 현재가치$=\frac{1}{1.06^3}=0.8396$

연 7%일 때 3년 후 1원의 현재가치$=\frac{1}{1.07^3}=0.8163$

여기서 복리이자율(compound interest rate)과 달리 분모로서의 이자율 5%, 6%, 그리고 7% 등을 할인율(discount rate)이라 한다. 위에서 보면 할인기간이 3년으로 같을 때 5%, 6%, 7%의 경우 할인가치를 비교해 보면, 할인율이 높을수록

할인가치, 즉 현재가치는 작아진다.

현재가치의 계산절차는 미래가치를 계산하는 과정의 역순으로서 $FV_n = PV(1+k)^n$ 으로부터 $PV = \frac{FV_n}{(1+k)^n}$ 으로 변한다.

$$PV = \frac{FV_n}{(1+k)^n} = FV_n \times PVIF_{(k,n)} \qquad \text{(3–2)}$$

여기서, PV: 현재가치, FV: 미래금액, k: 이자율, n: 기간수, $PVIF$: 현가계수

현재가치를 계산하기 위해서는 n기간 후 1원의 현재가치를 나타내는 현가계수(Present Value Interest Factor: PVIF), 즉 $\frac{1}{(1+k)^n}$ 의 값을 나타내는 계수표를 이용하거나 재무용계산기 또는 Excel과 같은 계산용 프로그램을 사용할 수 있다. 예를 들어, $PVIF_{(6\%,\ 3)}$은 모바일앱으로 계산하면 0.8396이다.

| 예제 3-4 | [유형Ⅱ-미래 목돈의 현재가치] 3년 후에 1,191,016원을 마련하기 위해서 6%의 이자율로 매년 복리로 계산되는 정기예금에 지금 얼마를 예금하면 되겠는가?

◈ $FV_3 = 1{,}191{,}016$ $k = 6\%$ $n = 3$

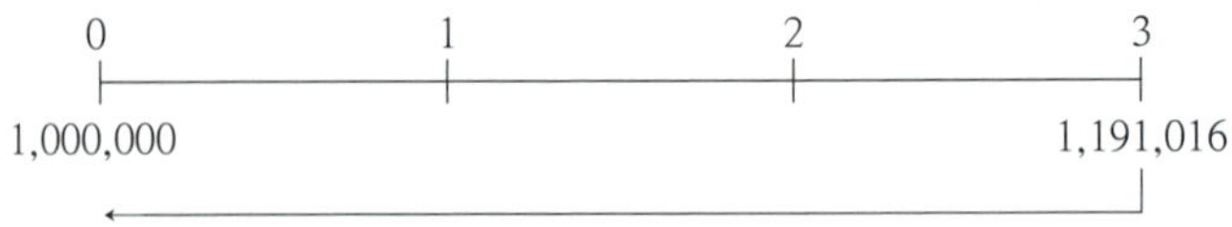

$$PV = \frac{1{,}191{,}016}{(1+0.06)^3} = 1{,}000{,}000$$

계산하는 네 가지 방법은 다음과 같다.
방법 ① 현가계수표를 이용하여 산출할 경우

〈표 3-2〉 현가계수(PVIF)

n/k	1%	2%	3%	4%	5%	6%	7%	8%	9%	10%	12%
1	.9901	.9804	.9709	.9625	.9524	.9434	.9346	.9259	.9174	.9091	.8929
2	.9803	.9612	.9426	.9246	.9070	.8900	.8734	.8573	.8417	.8264	.7972
3	.9706	.9423	.9151	.8890	.8638	.8396	.8163	.7938	.7722	.7513	.7118
4	.9610	.9238	.8885	.8548	.8227	.7911	.7629	.7350	.7084	.6830	.6355
5	.9515	.9057	.8626	.8219	.7835	.7473	.7130	.6806	.6499	.6209	.5674
6	.9420	.8880	.8375	.7903	.7462	.7050	.6663	.6302	.5963	.5645	.5056

$PV = 1{,}191{,}016 \times PVIF_{(6\%,\ 3)} = 1{,}191{,}016 \times 0.8396 = 999{,}977$원

$PV \cong$ 약 1,000,000원

방법 ② Excel을 이용하여 산출할 경우

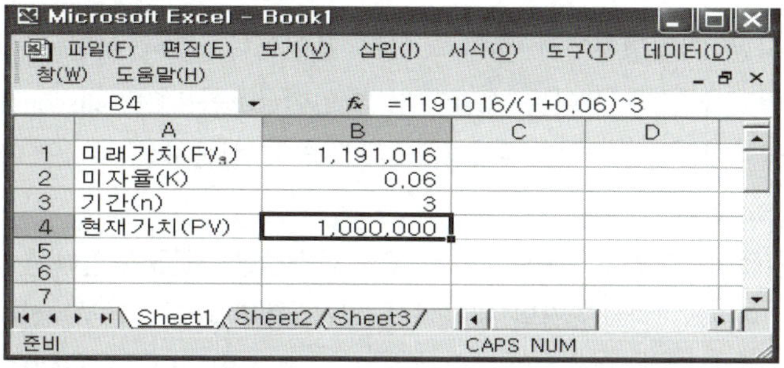

방법 ③ Excel의 재무함수를 이용할 경우

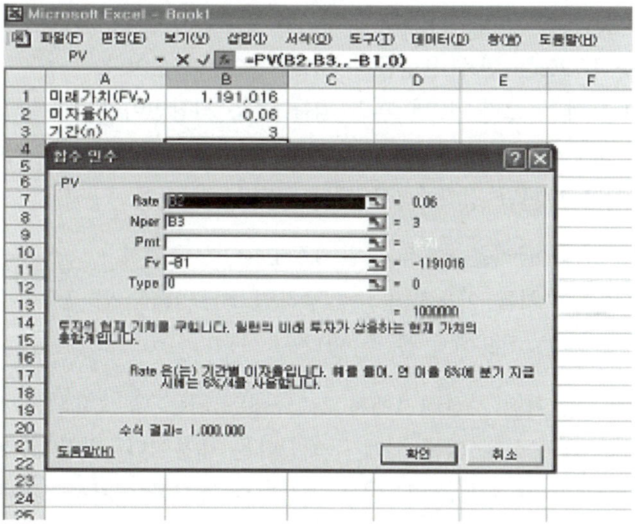

방법 ④ google app에서 PVIF calculator를 이용할 경우

googlel app에서 pvif calculator 입력, 입력창에서 기간 수 3, 이자율 6% 입력 후 calculate 명령어 선택, 선택값 0.8396을 확인 후, 1,191,016×0.8396= 1,000,000 계산.

참고: 만약 매월(month) 이자 자급을 할 경우 월 이자율은 6%/12=0.5%가 되고, 기간 수는 36이 된다. app에 따라서는 퍼센트 값 입력을 0.5로 입력하거나, 아니면 소수점 단위 0.005로 입력한다.

2) 할인율과 금융자산 가치계산

할인율은 기업경영에서 흔히 쓰이는 용어이다. 특히 어떤 자산의 가치를 평가할 때 할인율은 꼭 쓰이는 개념이다. 할인현금흐름(DCF: discounted cash flow)에서 쓰이는 할인율 개념은 주식평가, 채권평가, 실물자산 투자안 평가 등에서 중요한 역할을 한다.

예를 들어, 분양가격이 2.4억원인 오피스텔을 지금 구입하면 3년 후 완공시 3억원으로 재매입하는 조건의 광고가 나왔을 경우 과연 이 부동산 구입은 적절한가? 연 금리는 현재 10%이다. 이 경우 3년 후 3억원의 현재가치는 약 2.25억원 $\left(=\frac{3}{1.1^3}\right)$이다. 따라서 분양가격 2.4억원은 현재 금리수준에 너무 비싸므로 좋은 조건이 아니다. 또한 투자수익률을 구해보면 $2.4(1+r)^3=3$, $r=7.72\%$이다. 이러한 투자수익률 7.72%는 현재 은행금리 10%만 못한 수준이다.

또 다른 예를 보자. 10년 후 은퇴를 앞둔 직장인이 미래 은퇴시 목돈 1억원을 목표로 하고 있다. 현재 보유하고 있는 현금은 5천만원이다. 적어도 연 몇 퍼센트의 금리로 10년간 정기예금을 해야 하나?

그 정기예금 금리를 r%라 하면 $0.5(1+r)^{10}=1$에서 $r=\frac{2}{(1+r)^{10}}$가 되고, 여기서 재무용 계산기를 이용하여 r을 구하면 $r=7.18\%=$약 7.2%이다. 이 문제는 72규칙: $n=\frac{72}{r}$를 이용해서 풀 수 있다.

72규칙이란 어떤 자산이 1에서 2로 2배로 되는 데 소요되는 시간(n)과 금리(r)는 $nr=72$의 공식에 의해 쉽게 구해진다는 내용이다. 위의 문제에서 $n=10$이고, $r=\frac{72}{n}=\frac{72}{10}=$약 7.2%이다. 이는 계산기로 계산한 이자율 7.18≈7.2%와 거의 비슷하다.

목표도달기간계산에서도 할인율이 사용된다. 예를 들어 김대리가 현재 1,000만원을 가지고 있다고 하자. 2,000만원 정도의 중형차를 구입하기 위해 연 10%의 금리를 주는 신용금고에 정기예금을 할 경우 몇 년이 걸리겠는가? 만약 20%를 주는 캐피탈회사에 맡기면 목표도달기간은 얼마인가? $1000(1+0.1)^n=2{,}000$에서 $1.1^n=2$이다. 여기서 $n=7.3$년이다. $nr=72$규칙에서 $n\times10=72$이므로 $n=7.2$이다. 만약 $r=20\%$이면 $nr=72$규칙에서 $n\times20=72$이므로 $n=3.6$년이다.

다음의 소개하는 예제는 국채, CD, 할인채권, 그리고 국민주택채권의 가격계산시 할인율이 응용되는 경우를 보여준다.[2)]

| 예제 3-5 | [유형 II-미래 목돈의 현재가치] 3년 만기 국고채의 액면금액이 100,000원이다. 3년 후인 만기에 가서 액면 100,000원을 받을 경우 현재 금리가 4%라면 이 국채는 얼마로 할인되어 팔리겠는가?

풀이 $\dfrac{100{,}000}{1.04^3} = 100{,}000 \times \dfrac{1}{1.04^3}$

$= 100{,}000 \times PVIF_{(4\%,\ 3)} = 100{,}000 \times 0.8890 = 88{,}900$

| 예제 3-6 | [유형 II 미래 목돈의 현재가치] 91일물 CD의 액면금액이 100,000원이다. CD를 할인하여 매입한 투자자는 91일이 경과한 때에 은행에 이 CD를 제시하여 액면 100,000원을 받을 수 있다. 현재 이자율이 4%일 경우 이 CD의 할인가격은 얼마인가? 1년을 365일로 가정한다.

[발행조건]
- 발행일: 2004. 12. 24
- 상환일: 2005. 3. 25
- 만 기: 91일
- 이자지급방법: 할인발행
- 이자율(할인율): 4.00%

풀이 위의 내용들을 알기 쉽게 그림으로 표시하면 다음과 같다.

통화안정증권, 재정증권, 외국환 평형기금 채권 그리고 할인채 형태로 발행된 금융채의 계산방식은 다음과 같다.

할인채로서 만기시에 액면금액 100,000원을 받으므로 이 금액을 잔존일수만큼 시장수익률로 할인하면 매매단가가 된다.

$$\frac{100{,}000}{1 + 0.04 \times \dfrac{91}{365}} = 99{,}013\text{원}$$

이 예는 할인채의 가격계산 방식을 보여준다.

2) 이 부분은 강의 진도상 생략할 수 있다.

| 예제 3-7 | [유형Ⅱ 미래 몫돈의 현재가치] 위의 할인채에서 2004. 12. 24일 현재 만기가 1년 91일 경우 매매단가는 얼마인가? 현재 금리 수준은 4%이다.

[발행조건]
- 발행일: 2004. 3. 26
- 상환일: 2006. 3. 25
- 만 기: 2년
- 이자지급방법: 할인발행
- 이자율(할인율): 4.00%

풀이 이 채권은 만기시에 100,000원이 상환된다. 따라서 100,000원을 잔존기간 1년 91일만큼 시장수익률로 할인하면 매매단가가 된다.

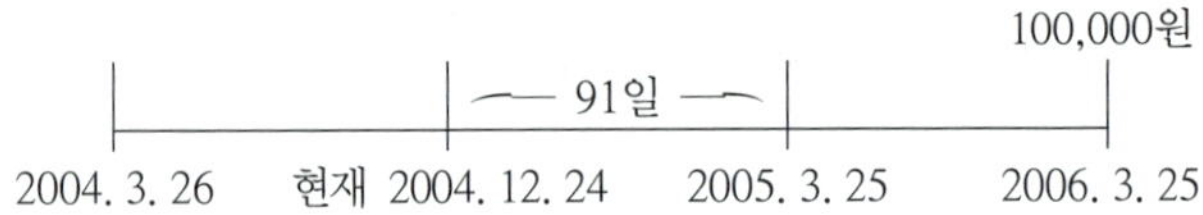

$$P=\frac{100,000}{(1+0.04)(1+0.04\times\frac{91}{365})}=95,204\text{원}$$

| 예제 3-8 | 다음과 같은 발행 조건을 가지는 국민주택채권을 2004. 12. 24일에 시장수익률 6%로 매매시키고자 한다. 매매단가를 구하여라.

[발행조건]
- 발행일: 2004. 3. 26
- 상환일: 2009. 3. 26
- 만 기: 5년
- 이자지급방법: 매년이자지급 만기후급
- 이자율: 5%(복리)

풀이 복리채권의 미래현금지급액은 몫들의 미래가치 계산원리에 의해 연리 5%로 5년간 복리로 계산하면 5년 후에 원리금 $100,000(1.05)^5=127,628$원이 된다. 따라서 원리금 127,628원을 잔존기간만큼 시장수익률 6%로 할인하면 매매단가는 99,603원이 된다.

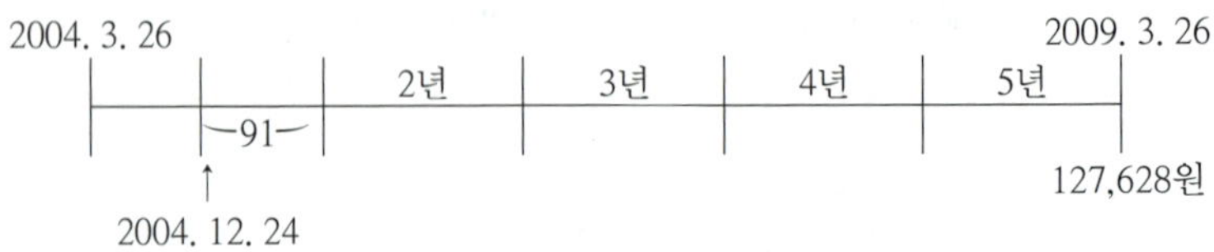

$$P = \frac{127{,}628}{(1+0.06)^4\left(1+0.06\times\frac{91}{365}\right)} = 99{,}603\text{원}$$

제 3 절 연금의 미래가치와 현재가치계산

1) 연금의 미래가치

(1) 연금의 미래가치 계산의 개념

연금(annuity)이란 특정기간 동안 일정금액이 정기적으로 계속 지급되는 형태의 현금흐름을 의미한다. 연금의 미래가치는 매 기말에 일정금액을 복리로 예금 또는 투자하여 투자기간 말에 얻게 되는 미래가치의 합계액이다.

다음의 예를 보자. S은행에 금년에 1,000,000원, 내년에 1,000,000원 2년간 연 10%로 적금을 부으면 2년째 말에 얼마를 받게 될까? 2년째 말 적금만기에 받게 될 금액은 첫해에 가입한 금액 1,000,000원이 1년간 복리로 계산된 금액 110만원과 2년째 말에 S은행에 넣었던 적금 1,000,000을 합하여 모두 1,100,000+1,000,000=2,100,000원이다. 이를 그림으로 표시하면 아래와 같다.

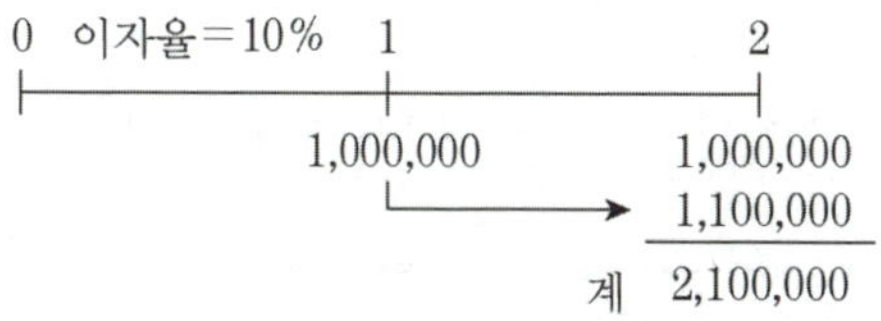

연금이 매 기말에 예금 또는 투자되는 경우를 보통연금(ordinary annuity)이라 하고 매 기초에 이루어지는 경우를 선급연금(annuity due)이라 한다. 대부분의 연금은 보통연금의 형태를 취한다. 선급연금은 리스료의 지불에서 그 예를 찾을 수 있다.

매 기말 A원 크기의 예금액을 적립한다면 n기 후의 연금의 미래가치 FVA_n는 다음과 같이 나타낼 수 있다.

$$FVA_n = A(1+k)^{n-1} + A(1+k)^{n-2} + \cdots + A(1+k)^1 + A(1+k)^0$$

$$FVA_n = A\sum_{t=0}^{n-1}(1+k)^t \qquad (3\text{–}3)$$

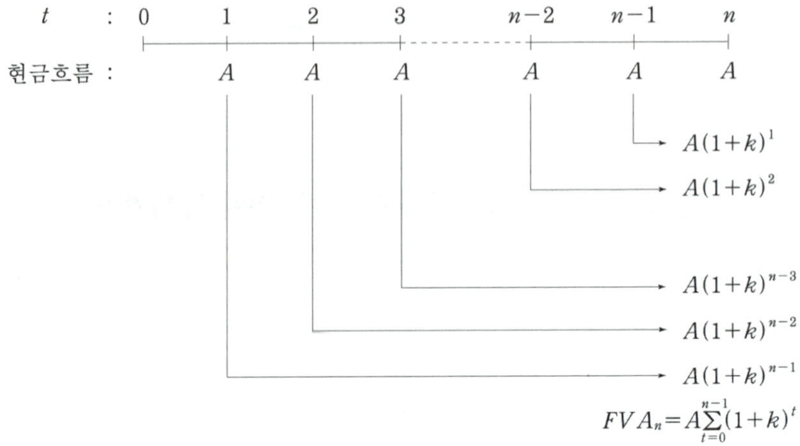

연금의 미래가치를 연금의 미래가계수(FVIFA)를 사용하여 다시 나타내면 다음과 같다.

$$FVA_n = A\sum_{t=0}^{n-1}(1+k)^t = A\left[\frac{(1+k)^n - 1}{k}\right] = A\cdot\ FVIFA_{(k,\,n)} \qquad (3\text{–}4)$$

위의 식에서 $\left[\frac{(1+k)^n - 1}{k}\right]$은 n년 동안 매년 복리계산되는 연금 1원의 미래가계수(Future Value Interest Factor Annuity: FVIFA)를 나타낸다. 여기서 선급연금은 보통연금 계산공식에 $(1+k)$를 곱하면 된다.

$$\text{선급연금의 합 } FVA_n(1+k) = A \cdot FVIFA_{(k,\,n)}(1+k) \qquad (3\text{–}5)$$

| 예제 3-9 | [유형Ⅲ-연금의 미래가치: 적금계산: 보통연금] 향후 3년 동안 매년 말에 1,000,000원씩 저축하려고 한다. 연리 6%로 복리 계산된다면 3년 후 인출액은 얼마인가?

◈ $A = 1{,}000{,}000 \quad k = 6\% \quad n = 3$

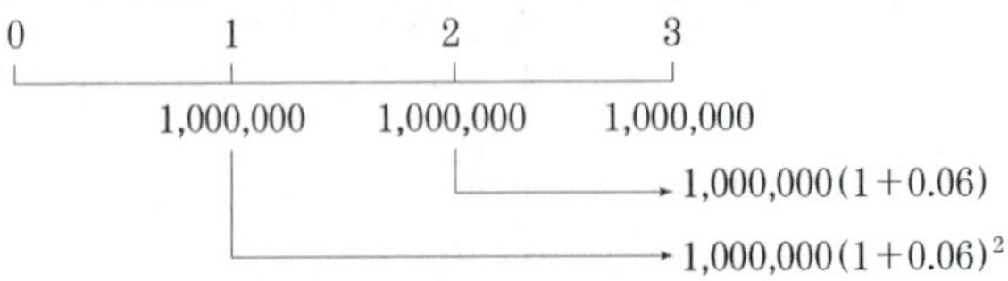

$$합\ FVA_3 = 3{,}183{,}600$$

네 가지 계산방법은 다음과 같다.
방법 ① 연금의 미래가계수표를 이용하여 산출한 경우

$$FVA_3 = 1{,}000{,}000 \times FVIFA_{(6\%,\ 3)} = 1{,}000{,}000 \times 3.1836 = 3{,}183{,}600원$$

〈표 3-3〉 연금의 미래가계수

n/k	1%	2%	3%	4%	5%	6%	7%
1	1.0000	1.0000	1.0000	1.0000	1.0000	1.0000	1.0000
2	2.0100	2.0202	2.0300	2.0400	2.0500	2.0700	2.0700
3	3.0301	3.0604	3.0909	3.1216	3.1525	3.1836	3.2149
4	4.0604	4.1216	4.1836	4.2465	4.3101	4.3746	4.4399

방법 ② Excel을 이용하여 산출할 경우

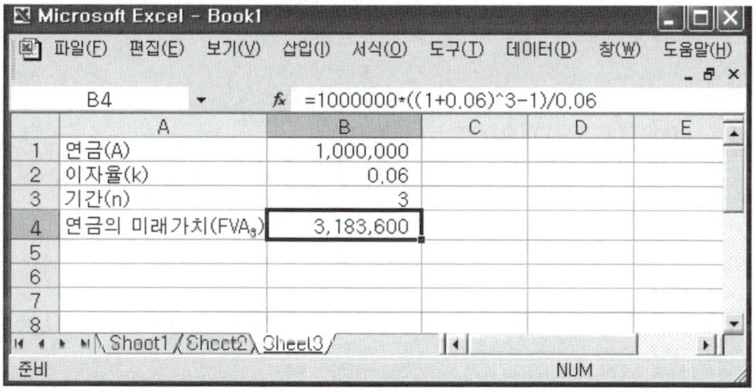

방법 ③ Excel의 재무함수를 이용하는 경우

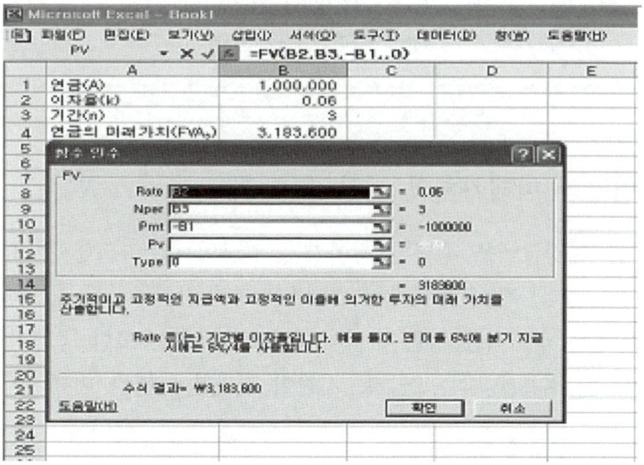

방법 ④ google app에서 FVIFA calculator를 이용할 경우
googlel app에서 fvifa calculator 입력, 입력창에서 기간 수 3, 이자율 6% 입력 후 calculate 명령어 선택, 선택값 3.1836을 확인 후, 1,000,000×3.1836= 3,183,600 계산.

참고: 만약 매 분기(quarterly) 이자 자급을 할 경우 일 이자율은 6%/4=1.5%가 되고, 기간 수는 12가 된다. app에 따라서는 퍼센트 값 입력을 1.5로 입력하거나, 아니면 소수점 단위 0.015로 입력한다.

| 예제 3-10 | [유형Ⅲ-연금의 미래가치: 적금계산: 선급연금] 향후 3년 동안 매년 초에 1,000,000원씩 적금을 하려고 한다. 연리 6%로 복리 계산된다면 3년 후의 인출액은 얼마인가?

풀이 선급연금문제이다.

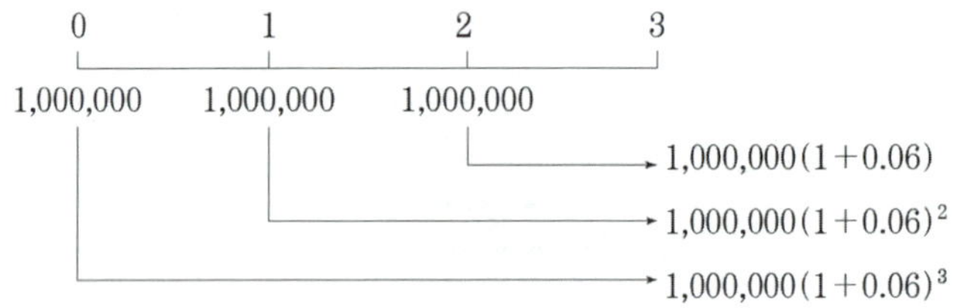

선급연금의 합=보통연금의 합×(1+이자율)=3,183,600(1+0.06)=3,374,616

선급연금(annuity due)의 미래가치는 보통연금(ordinary annuity)의 공식에 $(1+k)$만큼을 곱해주면 된다.
보통연금의 합$(1+0.06)=1{,}000{,}000\times FVIFA_{(6\%,\ 3)}(1.06)$
$=1{,}000{,}000\times 3.1836\times 1.06=3{,}374{,}616$

---

(2) 연금의 미래가치와 계산 응용 예

매 기간 일정금액을 수년간 쌓아가는 연금의 예는 은행 정기적금에서 제일 흔하게 볼 수 있다. 각 은행에서는 소액투자자의 장기투자를 유도하기 위해 매월 일정금액을 내는 정기적금 상품을 많이 개발하고 있다. 또한 공제기금이나 주택청약금 등 이자율 적용을 받는 연금은 시간이 경과함에 따라 미래가치가 증가한다.

2) 연금의 현재가치 계산

(1) 연금의 현재가치 계산의 개념

연금의 현재가치는 특정기간 동안 매기에 정기적으로 지급되는 미래의 일정 금액을 현재가치로 환산한 값이다. 구체적으로 연금에는 매 기초에 지급되는 선급연금과 매 기말에 지급되는 보통연금(=후급연금)이 있다. 일반적으로 연금의 현재가치 계산은 보통연금을 전제로 하여 전개된다.

앞에서 예를 든 연금의 미래가치 개념의 반대를 생각해 보자. 매년 말 1,000,000원씩 지급하는 연금을 3년간 계속 받기보다는 지금 당장 목돈으로 한꺼번에 받고자 한다면 일시불은 얼마인가? 현재 금리는 6%이다.

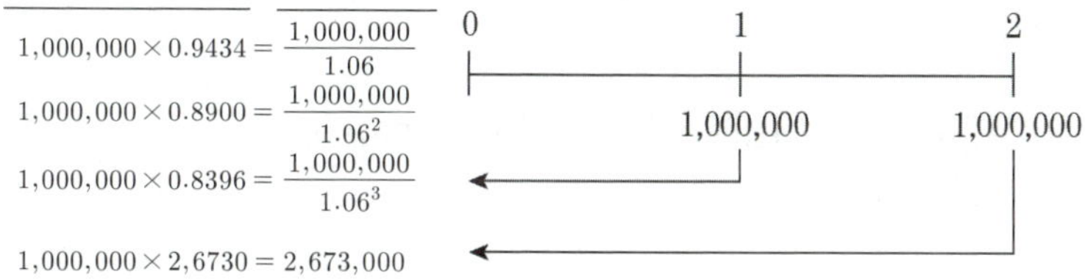

이론적으로 일시불 목돈을 계산하기 위해서는 매년 말 받는 금액을 각각 현가로 구하여 합하면 된다. 위의 시간선(time line)에서 보듯이 합계금액은 2,673,000원이다.

$$2,673,000 = \frac{1,000,000}{1.06} + \frac{1,000,000}{1.06^2} + \frac{1,000,000}{1.06^3} = 943,400 + 890,000 + 839,600$$

기간이 길 경우 이론적으로 또는 계산기로 일일이 계산하기에는 너무 시간이 많이 걸린다. 이 경우 공식을 이용하면 쉽게 답을 구할 수 있다.

매 기간 일정 연금이 PMT($payment$의 축약어이다), 기간이 n, 기간금리가 r%일 때 연금의 현가 계산공식은 다음과 같다.

$$\text{연금의 현가} = PMT \times \frac{1 - \frac{1}{(1+r)^n}}{r}$$

위의 연금 예를 이 공식으로 응용하면, $PMT = 1,000,000$, $n = 3$, $r = 6\%$이므

로 연금의 현가는 2,673,000원이다.

$$2{,}673{,}000 = 1{,}000{,}000 \times \frac{1 - \dfrac{1}{(1.06)^3}}{0.06} = 1{,}000{,}000 \times 2.6730$$

매 기말에 A크기의 연금을 n기간 동안 받을 경우 미래에 받게 되는 연금의 현재가치 PVA(present value of annuity)는 다음과 같이 나타낼 수 있다.

$$PVA = \frac{A}{(1+k)^1} + \frac{A}{(1+k)^2} + \cdots + \frac{A}{(1+k)^{n-1}} + \frac{A}{(1+k)^n}$$

$$PVA = \sum_{t=1}^{n} \frac{A}{(1+k)^t} \qquad (3\text{–}6)$$

보통연금의 현재가치를 연금의 현가계수($PVIFA$)를 사용하여 다시 나타내면 다음과 같다.

$$PVA = \sum_{t=1}^{n} \frac{A}{(1+k)^t} = A\left[\frac{1-1/(1+k)^n}{k}\right] = A \cdot PVIFA_{(k,\,n)} \qquad (3\text{–}7)$$

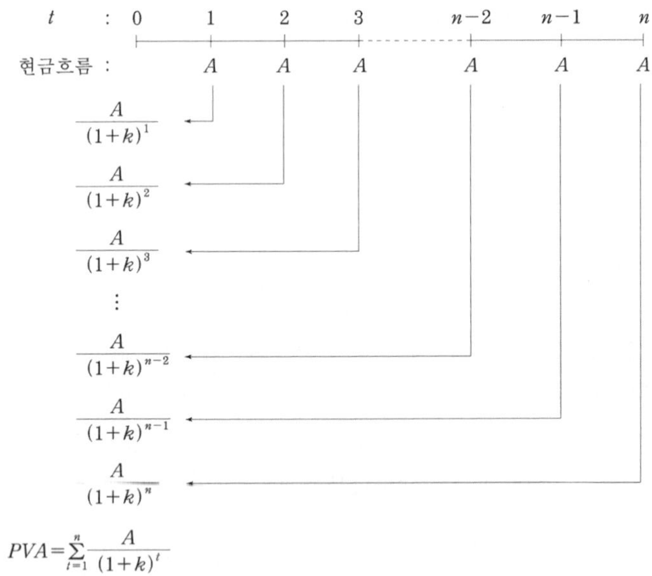

위 식에서 $\left[\frac{1-1/(1+k)^n}{k}\right]$은 보통연금 1원의 현재가치를 나타내는 연금의 현가계수(Present Value Interest Factor for an Annuity: $PVIFA$)이다.

선급연금의 현재가치는 위의 PVA식에 $(1+k)$를 곱해주면 된다.

$$\text{선급연금 } PVA = A\left[\frac{1-1/(1+k)^n}{k}\right](1+k) = A \cdot PVIFA_{(k,\,n)} \cdot (1+k)$$

| 예제 3-11 | [유형Ⅳ-연금의 현재가치: 연금계산: 보통연금] 향후 3년 동안 매년 말에 1,000,000원의 이자수입을 얻기 위해서는 현재 얼마를 예금하여야 하는가? 이자율은 연 6%이다.

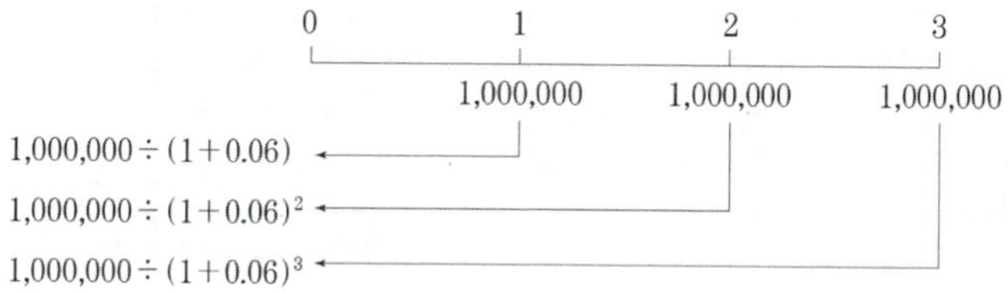

합 $PVA_3 = 2{,}673{,}000$

네 가지 계산방법은 다음과 같다.

방법 ① 연금현가계수표를 이용하여 산출한 경우

$PVA_3 = 1{,}000{,}000 \times PVIFA_{(6\%,\ 3)} = 1{,}000{,}000 \times 2.6730 = 2{,}673{,}000$원

〈표 3-4〉 연금의 현가계수(PVIFA)

n/k	1%	2%	3%	4%	5%	6%	7%	8%	9%	10%
1	0.9901	0.9804	0.9709	0.9615	0.9524	0.9346	0.9346	0.9259	0.9174	0.9091
2	1.9704	1.9416	1.9135	1.8861	1.8594	1.8334	1.8080	1.7833	1.7591	1.7355
3	2.9410	2.8839	2.8286	2.7751	2.7232	2.6730	2.6243	2.5771	2.5313	2.4868
4	3.9020	3.8077	3.7171	3.6299	3.5460	3.4651	3.3872	3.3121	3.2397	3.1699
5	5.7955	5.6014	5.4172	5.2421	5.0757	4.9173	4.7665	3.9927	3.8897	3.7908
6	6.7282	6.4720	6.2303	6.0021	5.7864	5.5824	5.3893	4.6229	4.4859	4.3553

방법 ② Excel을 이용하여 산출할 경우

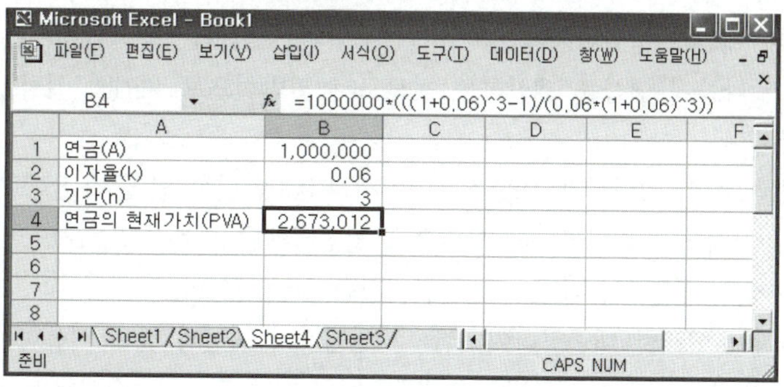

방법 ③ Excel의 재무함수를 이용할 경우

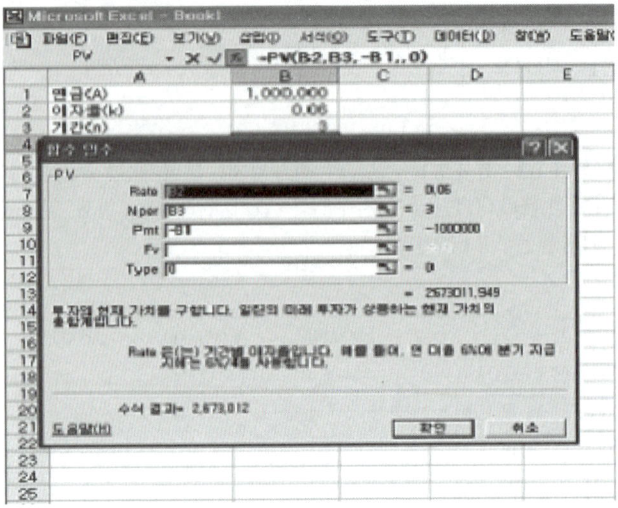

방법 ④ google app에서 $PVIFA$ calculator를 이용할 경우
googlel app에서 pvifa calculator 입력, 입력창에서 기간 수 3, 이자율 6% 입력 후 calculate 명령어 선택, 선택값 2.6730을 확인 후, 1,000,000×2.6730=2,673,000 계산.

참고: 만약 매월(month) 이자 자급을 할 경우 월 이자율은 6%/12=0.5%가 되고, 기간 수는 36(=12×3)이 된다. app에 따라서는 퍼센트 값 입력을 0.5로 입력하거나, 아니면 소수점 단위 0.005로 입력한다.

(2) 연금의 현재가치와 대출금 상환

은행에서 돈을 대출받아 몇 년간 매월 일정금액을 상환하는 방법은 연금의 현재가치 개념과 똑같다. 다만, 거기에 투입되는 변수들 중 연금의 현재가치를 미리 알고, 나중에 연금을 계산하는 것으로서 일반적으로 위에서 설명한 순서가 바뀐 것뿐이다.

예를 들어, 김대리가 오늘 S은행에서 1,000만원을 연 금리 8%로 3년간 빌리고 매월 급여에서 원리금 균등상환으로 일정금액을 갚는다고 하자. 현실적으로 매월 급여에서 상환금이 나가므로 상환기간은 36개월이다.

여기서 이러한 대출상환이 연금의 현재가치 개념과 같은 이유는 우선 연금의 현재가치가 바로 오늘 대출받는 1,000만원이고, 원리금균등상환금액이 연금(PMT)

이며, 나머지 기간(n)과 이자율(r)은 동일하다. 연금의 현재가치(PV), 기간, 그리고 이자율이 주어진 상태에서 연금(A)을 구하므로 다만 개념 설명상 순서가 바뀐 것뿐이다.

연금의 현가계산 공식을 이용, 매월 균등상환금액(PMT)을 계산해 보자. 편의상 연 8% 이자이지만, 매월 이자는 8%÷12개월=0.667%=0.00667로 한다. 또한 $n=36$이며, $PV=10{,}000{,}000$원이다.

$$PV = PMT \times \frac{1-\dfrac{1}{(1+r)^n}}{r}$$

$$10{,}000{,}000 = PMT \times \frac{1-\dfrac{1}{(1+0.00667)^{36}}}{0.00667}$$

$$10{,}000{,}000 = PMT \times 31.9099$$

$$\therefore PMT = 313{,}382\text{원}$$

전통적으로 연금의 현재가치를 계산하는 예를 보자. 자동차를 할부로 구입하면 할부금리는 은행금리보다 훨씬 비싸다. 따라서 할부금을 장기간 내게 되면 비싼 이자를 내는 셈이다.

다음의 예를 보자. 이대리는 새로운 차를 구입, 할부금으로 매월 50만원씩 36개월을 내야 한다. 마침 은행에서 월 1%로 할부금 총액에 해당하는 돈을 대출해 준다고 한다면, 대출받을 돈 총액은 얼마인가? 이 예는 전통적으로 연금의 현재가치를 계산하는 문제이다. 앞서 설명한 간편한 공식을 이용, $PMT=50$만원, $n=36$, $r=1\%=0.01$일 때 할부금 총액을 구하면 다음과 같다.

$$PMT \times \frac{1-\dfrac{1}{(1+r)^n}}{r} = 50 \times \frac{1-\dfrac{1}{1.01^{36}}}{0.01}$$

$$= 50 \times 30.1075 = 1{,}505\text{만원}$$

연금의 현가를 계산하는 구성요소는 PV, PMT, r, 그리고 n이다. 다음 예에서 n을 구하는 계산 예를 보자.

학자금 대출로 오늘 현재 2,000,000원을 받았다. 매월 갚아야 할 최소금액이 10만원이고, 적용금리가 월 1%이면, 몇 개월이면 다 갚을 수 있는가?

연금의 현가를 계산하는 공식의 구성요소를 확인해 보면, $PV=2{,}000{,}000$, $PMT=100{,}000$, $r=1\%=0.01$이고 n은 모른다. 공식을 이용하면 $n=22.5$이다. 약 22~23개월이 소요된다.

$$2{,}000{,}000 = 100{,}000 \times \frac{1 - \dfrac{1}{(1.01)^n}}{0.01}$$

마지막으로 연금의 현가공식을 이용, r을 구하는 예를 보자. 당신이 상호신용금고에 2천만원을 예금하면, 상호신용금고가 당신에게 월 40만원씩 60개월 동안 지급한다면, 월 수익률은 약 몇 %인가? 이 예를 풀기 위해 연금의 현가공식을 이용한다. 구성요소를 보면, $PV=$2천만원, $PMT=$40만원, $n=60$ 그리고 i는 모른다. 공식을 이용하면, $i=0.062\%$, 월 0.62%이다.

$$2{,}000 = 40 \times \frac{1 - \dfrac{1}{(1+r)^{60}}}{r}$$

| 예제 3-12 | [유형Ⅳ-연금의 현재가치: 대출금 상환] K은행에서 오늘 2,673,000원을 연리 6%로 3년 만기로 대출받았다. 매년 말 원리금을 포함하여 3년간 균등 상환할 경우 연 상환금액은 얼마인가?

풀이 이 문제는 대출금의 균등분할 상환금(이를 amortization이라 한다)을 계산하는 문제이다. 매년 균등분할 상환하는 금액을 x원이라 하면 이 x원의 현재가치의 합계는 연금의 현재가치로서 2,673,000원이다.

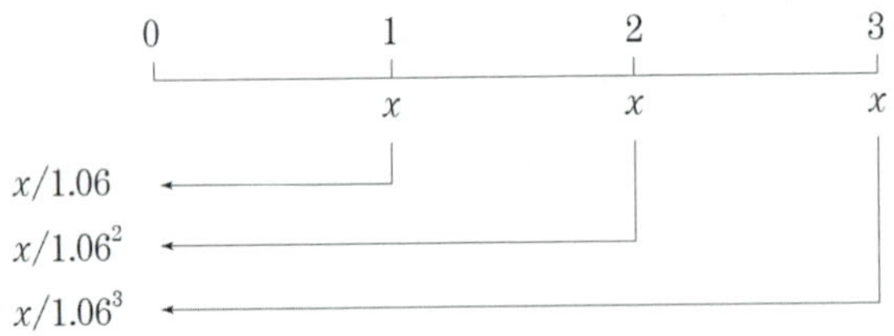

$$PVA_3 = \frac{x}{1.06} + \frac{x}{1.06^2} + \frac{x}{1.06^3} = x\left\{\frac{1}{1.06} + \frac{1}{1.06^2} + \frac{1}{1.06^3}\right\}$$

$$= x \times PVIFA_{(6\%,\ 3)} = x \times 2.673 = 2{,}673{,}000$$

$$x = 1{,}000{,}000$$

〈표 3-5〉 amortization 계획

년	대출금	상환금	이자부분	원금부분	산여원금
0	2,673,000				2,673,000
1		1,000,000	160,380	839,620	1,833,380
2		1,000,000	110,003	889,997	943,383
3		1,000,000	56,603	943,383	0
계		3,000,000	327,000	2,673,000	

대출금 균등분할상환의 경우, 기간이 지날수록 이자는 점점 줄고, 상환해야 할 원금은 점점 늘어난다. 이러한 상환방법은 학자금대출, 자동차 할부금대출, 그리고 소액 은행대출과 같이 소비자금융에서 특히 많이 발견된다.

참고로, 대출금 2,673,000원을 3년간 매년 대출금 원금(principal)을 균등하게 상환할 경우, 상환(이 역시 amortization이라 한다.)계획을 보자. 매년 대출상환 원금은 2,673,000÷3=891,000원이다. 연이자율은 6%이다. 매년 891,000원씩 원금을 상환할 경우, 매년 이자를 계산해 보자.

1년째 이자=2,673,000×6%=160,380원
2년째 이자=1,782,000×6%=106,920원
3년째 이자=891,000×6%=53,460원

〈표 3-6〉 원금균등상환 amortization 계획

년	대출금	상환금	이자부분	원금부분	잔여원금
0	2,673,000				2,673,000
1		1,051,380	160,380	891,000	1,782,000
2		997,920	106,920	891,000	891,000
3		944,460	53,460	891,000	0
계		2,993,760	320,760	2,673,000	

위 표에서 보듯이 원금균등상환은 매 기간 동일한 원금을 상환하고 그에 따라 이자 또한 점점 줄어든다.

| 예제 3-13 | [내부수익률 IRR: Internal Rate of Return 계산] 오늘 현재 3년의 잔존기간을 가진 기계장치에 2,673,000원을 투자할 경우 매년 1,000,000원씩 3년간 현금흐름이 발생한다면 이 투자안의 내부수익률은 몇 %인가?

풀이 이 문제는 연금과 연금의 현재가치 그리고 기간이 주어지고 이자율(정확하게는 내부수익률 IRR)을 계산하는 문제이다.
내부수익률을 x라 하자.

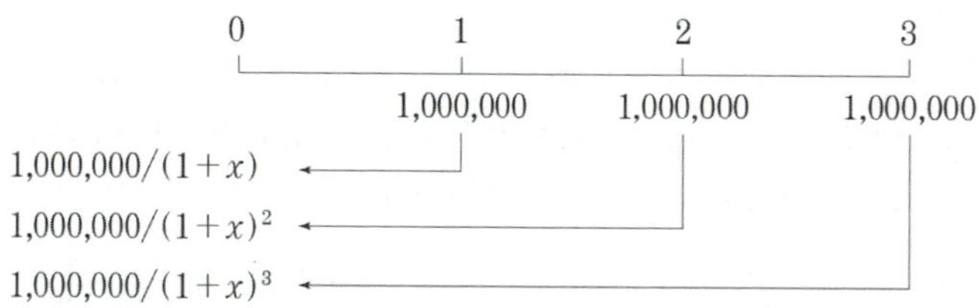

합 $PVA_3=2,763,000$

$$\frac{1,000,000}{1+x}+\frac{1,000,000}{(1+x)^2}+\frac{1,000,000}{(1+x)^3}$$

$$= 1,000,000\left\{\frac{1}{1+x} + \frac{1}{(1+x)^2} + \frac{1}{(1+x)^3}\right\}$$
$$= 2,673,000$$

여기서 방정식을 풀면 $x = 6\%$이다. 이러한 개념을 내부수익률(IRR)이라 한다.

3) 영구연금과 성장성 연금의 현재가치계산

(1) 일반적인 영구연금

영구연금(perpetuity)은 일정금액이 정기적으로 영원히 지급되는 형태의 현금흐름이다.[3] 영구연금 형태의 현금흐름은 일정액의 배당이 영구히 지급되는 우선주 배당 지급이나 영구히 이자지급이 이루어지는 영구사채의 이자지급에서 그 예를 찾을 수 있다. 영구연금의 현재가치는 다음과 같이 나타낸다.

$$PVA = \sum_{t=1}^{\infty} \frac{A}{(1+k)^t} = \frac{A}{k} \qquad (3\text{-}8)$$

① $X = \dfrac{A}{1+k} + \dfrac{A}{(1+k)^2} \cdots$

② $\dfrac{1}{1+k}X = \dfrac{A}{(1+k)^2} + \dfrac{A}{(1+k)^3} \cdots$

① − ②

$$X\left(1 - \frac{1}{1+k}\right) = \frac{A}{1+k}$$

$$X = \frac{A}{1+k} \cdot \frac{1+k}{k}$$
$$= \frac{A}{k}$$

| 예제 3-14 | 할인율이 10%인 경우 매년 80,000원씩의 이자가 영원히 지급되는 영구사채(perpetuity bond)의 현재가치는 얼마인가?

풀이 $PVA = \dfrac{A}{k} = \dfrac{80,000}{0.1} = 800,000$원

3) 영구연금을 영어로 콘솔(consols)이라고도 한다.

영구연금의 현재가치 계산식인 $\frac{A}{k}$를 이용하면 일정기간 동안 연금의 현재가치를 쉽게 계산할 수 있다. 영구연금의 현가, n년 후 영구연금의 현가 그리고 일정기간 동안 연금의 현가와의 관계는 다음과 같다.

영구연금의 현가 $\quad \frac{A}{k}$

n년 후 영구연금의 현가 $\quad \frac{A}{k}\frac{1}{(1+k)^n}$

n년간 일정연금의 현가 (n년) $\quad \frac{A}{k}-\frac{A}{k}\frac{1}{(1+k)^n} \qquad$ (3–9)

다음의 예를 보자. 매년 말 1,000,000원의 이자를 지급하는 영구연금의 현가, 3년 후 매년 말 1,000,000원의 이자를 지급하는 영구연금의 현가, 그리고 3년간 매년 말 1,000,000원을 지급하는 연금의 현가와의 관계는 다음과 같다. 현재 이자율을 6%로 가정한다.

영구연금의 현가 $\quad \frac{1,000,000}{0.06}=16,666,667$

3년 후 영구연금의 현가 $\quad \frac{1,000,000}{0.06}\times\frac{1}{1.06^3}=13,993,655$

3년간 일정연금의 현가 (3년) $\quad 16,666,667-13,993,655=2,673,012$

(2) 성장성이 있는 영구연금

만약 영구연금이라고 하더라도 매년 일정한 성장률 g%로 증가할 경우 영구연금의 현가는 다음과 같다.4)

4) 할인율이 k일 때 일정성장률 g로 성장하는 영구연금 A의 현가가 $\frac{A(1+g)}{k-g}$와 동일하다는 것을 증명하면 다음과 같다.

$$V_0=\frac{A(1+g)}{(1+k)}+\frac{A(1+g)^2}{(1+k)^2}+\frac{A(1+g)^3}{(1+k)^3}+\cdots \text{①}$$

양변에 $\frac{(1+k)}{(1+g)}$를 곱하면

$$\frac{(1+k)}{(1+g)}V_0=A+\frac{A(1+g)}{(1+k)}+\frac{A(1+g)^2}{(1+k)^2}+\cdots \text{②}$$

여기서 ②-①을 하면

$$\frac{(1+k)}{(1+g)}V_0-V_0=A$$

왼쪽 항을 V_0로 정리하면

$$V_0 = \frac{A(1+g)}{k-g} \tag{3-10}$$

여기서 A: 영구연금, k: 할인율(이자율), g: 일정성장률

이러한 형식은 주식의 평가라든지 계속기업의 가치평가시 많이 사용된다. 다음의 예를 보자.

| 예제 3-15 | 주식회사 삼정은 자금조달을 위해 우선주 발행을 검토 중이다. 주식발행가격은 투자은행과 협의한 결과 우선주 1주당 10,000원으로 결정하였다. 우선주는 주주에게 배당만 영원히 지급하므로 1주당 배당금 지급결정이 매우 중요하다. 현재 금리수준 2.5%로 우선주배당률을 결정한다면, 1주당 우선주 배당금은 얼마인가?

풀이 이 문제는 우선주 가격, 즉 영구연금의 현재가치(PVA)를 알고, 이자율도 알고 있는데 매년의 현금흐름(A)을 계산해야 한다. $PVA=10,000$원, $k=2.5\%$이므로 A는 250원이다. 삼정은 우선주주에게 매년 250원을 영원히 지급해야 한다.

$$PVA = \frac{A}{k}$$

$$10,000 = \frac{250}{0.025}$$

| 예제 3-16 | 매년 600원의 주당 배당금을 지급해온 (주)대영은 새로운 CEO가 취임하면서 주주 가치증대를 위해 매년 배당성장률(g)을 5%로 책정, 영구히 주당 배당금을 증가시키기로 결정하였다. 이 기업의 주주들이 요구하는 최저수익률(k)이 10%일 때 이 주식의 가치를 평가하라.

풀이 $\frac{A(1+g)}{k-g} = \frac{600(1+0.05)}{0.10-0.05} = 12,600$원

$$V_0 = \frac{(k-g)}{(1+g)} = A \cdots ③$$

양변에 $\frac{(1+g)}{(k-g)}$를 곱하면

$$V_0 = \frac{A(1+g)}{(k-g)} \cdots ④$$

위와 같이 증명된다. 여기서 A를 초기배당금 D_0로 바꾸면 다음과 같다.

$$V_0 = \frac{D_0(1+g)}{k-g} \cdots ⑤$$

위의 ⑤식을 고든(Gordon)의 일정성장배당모형이라 한다.

(3) 성장성이 있는 기간연금의 현가

성장성이 있는 기간연금이란 일정기간만 지급되는 일반연금에 매 기간 일정한 성장성이 추가되는 성격의 연금이다. 예를 들면, 상조회에서는 회원으로 하여금 처음 납입한 회비를 기준으로 하여 매년 물가인상률만큼을 반영하여 회비를 올려 받는다. 이 경우 영구히 내기보다는 대개 일정기간이 정해져 있다. 만약 매년 상조회비를 증가시켜 내기를 원치 않는 회원들에게는 일시불로 한꺼번에 낼 수 있도록 한다. 이 개념이 바로 성장성 있는 기간연금의 현가이다. 다음의 예를 보자.

S상조회에서는 모든 신규회원은 가입 당시 1,000,000원을 내고 20년간 매년 5%씩 증액하여 회비를 내도록 하고 있다. 20년간 매년 회비 납부를 원치 않는 회원은 당시 이자율을 기준으로 한꺼번에 일시불로 낼 수 있다. 만약 현재 이자율이 10%이면 일시불은 다음 공식에 의거 12,112,084원으로 계산된다.

$$\text{성장성 있는 기간연금의 현가} = A \times \frac{1-\left(\dfrac{1+g}{1+k}\right)^t}{k-g}$$ [5)]

여기서 A: 1회지급액, g: 지급액성장률, k: 이자율

$$\text{S상조회 상조회비 현가} = 1{,}000{,}000 \times \frac{1-\left(\dfrac{1.05}{1.10}\right)^{20}}{0.10-0.05} = 12{,}112{,}084\text{원}$$

4) 불규칙한 현금흐름의 미래가치와 현재가치

특정기간 동안 매 기 발생되는 현금흐름의 크기가 일정하지 않은 경우의 현재가치는 개별 현금흐름의 현재가치를 합산하여 구한다.

| 예제 3-17 | 향후 3년간 매년 말에 다음과 같은 현금흐름을 얻을 수 있는 기회가 있다. 할인율이 6%이다. ① 이 투자기회의 현재가치는 얼마인가? ② 4년 후의 미래가치는 얼마인가?

---

5) 이 공식에서 $t \to \infty$이면 괄호 안의 값이 1보다 작으므로 괄호항은 0이 된다. 이 경우가 바로 영구연금의 현가 $A \times \frac{1}{k-g}$이다.

연 도	0	1	2	3
현금흐름		1,000,000	2,000,000	500,000

① 현재가치계산

연 도	0	1	2	3
현 금 흐 름		1,000,000	2,000,000	500,000
	943,000 ←	(1,000,000)		
	1,780,000 ←		(2,000,000)	
	420,000 ←			(500,000)
합 계	3,143,000			

$$PV = \frac{1,000,000}{(1+0.06)} + \frac{2,000,000}{(1+0.06)^2} + \frac{500,000}{(1+0.06)^3}$$

$$= 1,000,000 \times PVIF_{(6\%,1)} + 2,000,000 \times PVIF_{(6\%,2)} + 500,000 \times PVIF_{(6\%,3)}$$

$$= 1,000,000 \times 0.9434 + 2,000,000 \times 0.8900 + 500,000 \times 0.8396$$

$$= 3,143,000\text{원}$$

② 미래가치계산

현금흐름의 향후 4년 미래가치는 다음과 같다.

연 도	0	1	2	3	4
현 금 흐 름		1,000,000	2,000,000	500,000	
				(500,000) →	530,000
			(2,000,000) →		2,247,200
		(1,000,000) →			1,191,000
				합 계	3,968,200

$$FV_4 = 1,000,000(1+0.06)^3 + 2,000,000(1+0.06)^2 + 500,000(1+0.06)$$

$$= 1,000,000 \times FVIF_{(6\%,3)} + 2,000,000 \times FVIF_{(6\%,2)} + 500,000 \times FVIF_{(6\%,1)}$$

$$= 1,000,000 \times 1.1910 + 2,000,000 \times 1.1236 + 500,000 \times 1.0600$$

$$= 3,968,200\text{원}$$

5) 복리계산기간이 연 2회 이상인 경우의 가치계산

지금까지 이자계산은 1년 단위로 이루어지는 것으로 가정하였으나 실제로는 은행 또는 채권의 이자계산처럼 6개월, 3개월, 또는 1개월 단위로 이루어진다. 만일 1년에 m번 복리계산 된다면 n년 후 미래가치는 다음과 같이 나타낸다.

$$FV_n = PV\left(1+\frac{k}{m}\right)^{nm} \tag{3-11}$$

| 예제 3-18 | 연 12%에 10,000,000원을 저축할 경우 복리계산기간이 각각 1년, 6개월, 3개월, 1개월 단위로 계산되는 경우의 1년 후 미래가치는 각각 얼마인가?

풀이 복리계산 단위

1년 $(m=1)$ $FV_1 = 10,000,000(1+0.12)^1 = 11,200,000$원

6개월$(m=2)$ $FV_1 = 10,000,000\left(1+\frac{0.12}{2}\right)^{1\times 2} = 11,236,000$원

3개월$(m=4)$ $FV_1 = 10,000,000\left(1+\frac{0.12}{4}\right)^{1\times 4} = 11,255,090$원

1개월$(m=12)$ $FV_1 = 10,000,000\left(1+\frac{0.12}{12}\right)^{1\times 12} = 11,268,250$원

복리계산되는 기간단위가 무한히 작을 때 복리계산은 연속복리계산(continous compounding)이 된다. 이 경우 m은 무한대에 접근하므로 $(1+\frac{k}{m})^{n\times m}$의 값은 $e^{k\times n}$에 접근하고 연속 복리 계산되는 n년 후의 미래가치는 다음과 같다.

$$FV_n = PV \cdot e^{kn} \tag{3-12}$$

여기서 e는 자연대수의 밑(base)으로서 보통 $e=2.71828$을 많이 쓴다. 주의할 점은 n은 반드시 연(year)으로 표시되어야 한다는 점이다.

| 예제 3-19 | 예제 3-17에서 10,000,000원이 연 12%로 이자계산이 연속 복리로 계산될 경우 1년, 6개월, 3개월, 1개월 후의 미래가치는 얼마인가? $(e=2.71828)$

풀이 1년 후 $n=1$ $FV_1 = 10,000,000 \times (2.71828)^{0.12\times 1} = 11,274,969$원

6개월 후 $n=0.5$ $FV_{0.5} = 10,000,000 \times (2.71828)^{0.12\times 0.5} = 10,618,365$원

3개월 후 $n=0.25$ $FV_{0.25} = 10,000,000 \times (2.71828)^{0.12\times 0.25} = 10,304,545$원

1개월 후 $n=\frac{1}{12}$ $FV_{\frac{1}{12}} = 10,000,000 \times (2.71828)^{0.12\times \frac{1}{12}} = 10,100,502$원

6) 유효이자율

투자대상에 따라 복리기간이 서로 다른 투자대상을 비교하기 위해서는 동일한 기준이 필요하다. 이러한 목적을 위해 유효연이자율(effective annual rate: EAR: 실효이자율이라고도 함)이 사용된다.[6)]

예를 들어, 6개월에 6%씩 이자를 지급하는 정기예금은 1년에 한번 12%로 이자를 지급하는 것과 같은가? 1원을 6개월에 6%로 1년간 이자를 지급하면 1.1236원이다.

$$1 \times (1.06)^2 = 1.1236$$

이는 1년에 한번 연 12%로 이자를 지급할 경우의 원리금 1.12원보다 0.0036원 많다. 이는 6개월 만에 발생하는 이자금액 0.06원에 6%의 이자가 두 번째 6개월에 붙었기 때문이다(0.06×6%=0.06×0.06=0.0036).

정리하면, 이 경우 6개월에 6%씩 이자를 지급하는 정기예금은 1년에 한번 12.36% 이자를 지급한다는 것과 같은 표현이다. 이 개념이 바로 유효이자율(또는 실효이자율)이다. 여기서 유효이자율은 12.36%이다.

유효연이자율은 복리계산이 1년 동안에 여러 번 이루어지는 경우 계산결과와 복리계산이 연단위로 이루어지는 경우의 결과가 같아지도록 환산한 연간이자율이다. 위의 예에서 6개월에 6%씩이라든지, 연 12%라든지 하는 표현은 설정이자율(stated 또는 quoted interest rate)이다. 6개월에 6%의 이자율은 연으로 단순환산하면 연 12%이다. APR(Annual Percentage Rate)은 기간별 이자율에 기간수를 곱한 것이다. 즉 6%×2=12%가 APR이다. 물론 APR은 EAR과 다르다. 유효연이자율은 다음과 같이 산출된다.

$$EAR = (1 + \frac{k}{m})^m - 1 \qquad (3\text{–}13)$$

여기서, EAR: 유효연이자율, k: 연이자율, m: 연간복리계산회수[7)]

위의 예에서 EAR 12.36%는 다음과 같이 계산되었다.

---

6) 어떤 금융기관은 APY란 명칭을 사용한다. APY는 Annual Percentage Yield의 약자이다.

7) 연속복리의 경우 EAR은 다음과 같다.

$EAR = e^k - 1$

$$12.36=\left(1+\frac{0.12}{2}\right)^{2}-1$$

$$EAR=12.36\%,\ APR=12\%,\ m=2$$

다른 예를 들어보자. 연 12%를 월별로 복리계산을 한다면 *EAR*은 얼마인가? 공식을 이용하면 *EAR*은 12.6825%이다.

$$12.6825=\left(1+\frac{0.12}{12}\right)^{12}-1$$

여기서 $EAR=12.6825\%,\ APR=12\%,\ m=12$

표현방식에 따라 *EAR*과 *APR*은 혼동되므로 그 내용을 꼼꼼히 따져야 한다. 연 12%의 설정이자율로 월별로 복리를 계산하여 지급하는 정기예금은 월 1%로 1년간 지급하는 금리와 같다. 둘 다 모두 *EAR*은 12.6825%이다.

만약 유효이자율(*EAR*) 12%를 받고 있다면, 이는 월 1%로 1년간 지급하는 금리수준과 같은가? 물론 아니다. 왜냐하면 후자의 경우 *EAR*은 12.6825%이기 때문이다. 전자의 경우 실효이자율 12%를 월단위로 복리 계산할 경우 설정이자율은 11.3866%이다. 즉, *EAR* 12%보다 작은 11.3866%이다. 이를 공식으로 확인하면 다음과 같다.

$$0.12=12\%=\left(1+\frac{i}{12}\right)^{12}-1$$

여기서, $EAR=12\%,\ m=12,\ i=11.3866\%$

다시 말하면, 연 11.3866%를 월별로 복리계산하면 유효이자율(*EAR*)은 12%이다.

*EAR*과 *APR*의 구분은 매우 중요하다. 이자율 표시방식은 법률과 관습에 따라 다르다. 반드시 어떤 표시방법만을 강조할 수 없다. 문제는 금융기관의 표시방법 여하에 따라 소비자들이 피해를 보거나 잘못 생각할 수 있다.

예를 들어 신용카드회사들이 미지급 잔액에 대해 월 1.5%의 이자를 부과한다면, 이는 카드회사가 대출금에 대해 매월 복리 계산한다는 것을 나타낸다. 그럼에도 불구하고 그들은 단순히 18%(=1.5%×12)의 연이율(annual percentage rate: *APR*)을 부과한다고 광고한다. 이 경우 카드소지자가 실제로 부담하는 이자율인 유효연이자율(*EAR*)은 $(1+\frac{0.18}{12})^{12}-1=0.1956$, 19.56%로 18%보다 훨씬 높게 된다.

예제 3-20 만일 매 분기별(3개월별)로 복리 계산되는 은행대출의 명목이자율(*APR*)이 연 6%인 경우 실제 유효연이자율(*EAR*)은 얼마인가?

풀이 방법 Ⅰ: 분기별 명목이자율은 6%÷4=1.5%이다. 분기를 복리계산단위로 할 경우 1년에 네 번의 계산회수가 있다. 1년 후의 총금액은 (1+0.015)(1+0.015)(1+0.015)(1+0.015)=$(1+0.015)^4$=1.0614이다. 따라서 1.0624=(1+0.0614)이므로 유효연이자율은 6.14%이다.

방법 Ⅱ: $EAR=\left(1+\frac{0.06}{4}\right)^4-1=1.0614-1.0=0.0614$, 6.14%

따라서 은행의 광고대출금리는 *APR*기준 6%이지만 유효금리 *EAR*은 6.14%이다.

예제 3-21 K회사 김대리는 자동차 구입대금 중 1,000만원을 할부로 갚기로 하였다. 다음과 같은 세 가지 할부방안 중 할부이자율이 가장 높은 곳은 어디인가?

방안 1. 자동차회사에서 연 8%로 일부(daily)로 복리이자 계산
방안 2. 캐피털회사에서 연 8.1%로 3개월 단위(quarterly)로 복리이자 계산
방안 3. 신용카드회사에서 연 8%로 월별(monthly)로 복리이자 계산

풀이 각 방안의 유효이자율(*EAR*)을 계산하여 비교해야 한다. 각 방안의 *EAR* 계산을 공식에 의해 구하면 다음과 같다.

방안 1: $\left(1+\frac{0.08}{365}\right)^{365}-1=8.3328\%$

방안 2: $\left(1+\frac{0.081}{4}\right)^{4}-1=8.3494\%$

방안 3: $\left(1+\frac{0.08}{12}\right)^{12}-1=8.30\%$

방안 2, 캐피탈회사 할부이자율 8.3494%가 가장 높다.

7) 순 현 가

순현가(NPV: net present value)는 초기투자지출액을 초과하는 유입현금흐름의 현가이다. 즉 순현가는 [유입되는 현금흐름의 현가-초기투자지출액]이다. NPV가 0보다 크면 투자안을 채택하고, NPV가 마이너스이면 투자안을 기각한다. NPV가 0보다 크다는 것은 투자안의 최종 성과가 투자자의 재산(또는 자산)가치를 증가시키는 결과를 가져온다.

Financial Management

문제풀이

≪객관식 문제≫

1. 화폐의 시간 가치에 대한 설명 중 옳지 않은 것은?
① 수익성 있는 투자기회가 존재할 때, 같은 크기의 현재의 재화는 미래의 재화보다 더 큰 가치를 가진다.
② 대부분의 금융자산 가치는 이자율과 반대되는 움직임을 갖는다.
③ 이자율은 화폐의 구매력 하락에 대한 대가로 주어지는 것이므로 인플레이션이 없으면 화폐의 시간가치도 발생하지 않는다.
④ 일반적으로 사람들은 미래의 소비보다 현재의 소비를 더욱 선호하므로, 현재의 소비를 포기한 대가로 이자가 주어진다.

2. 원금 10,000원을 연 12%의 이자율로 은행에 예금한다면 이자 지급을 월 단위로 지급할 경우 1년 후에 찾을 수 있는 금액은?
① 12,000원 ② 11,268원 ③ 11,200원 ④ 12,140원

3. 표면 금리가 연 12%이고 분기별로 복리 계산된다면 실효이자율은 얼마인가?
① 12.12% ② 12.48% ③ 12.55% ④ 12.68%

4. 어떤 사람이 7년 전에 1,000만원을 은행에 예치해 두었으며 현재 이 예금은 2,000만원으로 늘어나 있다. 그동안 연평균 복리이자율은 어느 정도인가?
① 28.57% ② 14.28% ③ 10.41% ④ 11.04%

5. 화폐의 시간가치가 존재하는 근본적인 이유가 아닌 것은?
① 시간의 보상 ② 현재의 확실성과 미래의 불확실성
③ 현재 소비의 포기 보상 ④ 위험의 보상

6. 3년 후에 1,157,625원을 지급하기로 하고 은행으로부터 1,000,000원을 차입한 경우 부담하는 연간이자율은?
① 12% ② 11% ③ 9% ④ 5%

7. 이자율이 10%일 때 다음 현금흐름 중 현재가치가 가장 큰 것은?
① 1년 후의 250만원 ② 5년 후의 450만원
③ 10년간 매년 말에 15만원씩 발생하는 현금흐름

④ 매년 25만원씩 영구적으로 발생하는 현금흐름

8. 현재시점에서 1억원을 연간이자율이 6%인 금융상품에 예치할 경우 얼마 후면 1.5억원을 받을 수 있겠는가?

① 4~5년 사이 ② 5~6년 사이
③ 6~7년 사이 ④ 7~8년 사이

9. 연금의 가치와 관련하여 옳지 않은 설명은?

① 할인율이 낮을수록 연금의 가치는 커진다.
② 매 기간 일정금액의 원리금 포함 대출금 상환의 경우 다른 모든 조건이 일정할 때 초기보다 후반기에 갈수록 원리금 상환액 중 이자부분의 비중이 증가한다.
③ 동일한 크기의 연금이 지금보다 장기간 주어질수록 연금의 현재가치는 증가한다.
④ 단기연금과 장기연금을 비교할 때 연금의 재투자수익률도 고려하여야 한다.

10. 연간이자율이 10%라고 할 때 다음 중 틀린 것은?

① 현재 10,000원의 2년 후 가치 = 12,100원
② 2년 후 20,000원의 현재가치 = 16,529원
③ 1년에 이자를 2번 계산할 때 현재 10,000원의 5년 후 가치 = 16,289원
④ 1년에 이자를 12번 계산할 때 2년 후 10,000원의 현재가치 = 12,544원

≪주관식문제≫

1. 김대리는 현재 100만원을 5년간 정기예금에 넣어두려고 한다. A은행은 연리 4.5%로 단리로 지급하고, B은행은 연리 4%로 복리로 지급한다고 하자. 어느 은행이 더 유리한가?

2. (주)아산의 현재 매출액은 200억원이다. (주)아산은 향후 5년간 장기경영계획 수립과정에서 5년 동안 예상매출액이 매년 3%씩 증가할 것으로 예상하였다. 5년 후 예상매출액은 얼마인가?

★3. 지금 중학교에 입학한 아들이 6년 후 대학에 들어갈 때 예상되는 입학금이 2,000만원이라고 하자. 현재 정기예금금리가 6%인 경우 얼마의 금액을 지금 정기예금 구좌에 예치해 놓아야 하는가?

4. 5년 전에 1㎡에 7,130원을 주고 매입한 토지가 지금 10,000원에 거래되고 있다. 이 토지 투자의 연평균수익률은 얼마인가?

5. 이 여사는 앞으로 3년에 걸쳐 토지매각대금을 받을 예정이다. 현재 금리가 5%일 경우 매년 말마다 금년에 1억, 내년에 2억 그리고 그 다음해에 3억을 받을 경우 3년째 말에 받게 될 미래가치 총액은 얼마인가?

★6. 사회복지재단은 한 가구당 매년 말 600만원씩 향후 6년간 적립하여 사회안전망을 구축하고자 한다. 이렇게 적립된 적립금은 매년 연 4%의 이자를 지급하는 정기적금에 예치될 예정이다. 만약 이 재단이 지금 일시불로 그 적립금을 한꺼번에 예치하려면 얼마를 예치하여야 하는가?

★7. 기계구입 대신 리스회사를 통해 기계를 리스한 A기업은 매년 480만원의 리스료를 3년간 리스회사에 지급한다. 현재 시중금리가 6%일 경우 A기업은 실제로 얼마의 돈을 빌리는 셈인가? 만약 지급방식을 매년이 아니라 매월 40만원씩 3년간 지급할 경우 현재가치 금액은 얼마인가? 리스료는 언제나 기간 초에 지급된다.

★8. A은행과 B은행은 대출금리 경쟁을 하고 있다. A은행은 연 6%로 일별로 복리를 계산한다. 반면에 B은행은 연 6.1%로 반년에 한 번씩 복리계산을 한다. 어느 은행에서 대출을 받는 것이 더 유리한가?

9. H신용카드회사에서는 현금인출서비스에 대하여 연 12%의 이자를 부과한다고 광고하고 있다. 당신은 매월 이자를 납부해야 한다면 당신이 현금인출서비스에 대하여 실제로 지급하는 이자율은 몇 %인가?

★10. A은행은 연 6%의 APR로 대출해 준다고 광고하고 있다. A은행이 만약 연속복리로 이자지급방식을 바꾼다면 실제로 A은행이 적용하는 최대 대출금리는 몇 %인가?

11. S펀드는 현재 5,700만원을 선박펀드에 투자할 것이라고 신문에 보도되었다. S펀드는 향후 5년 동안 다음과 같이 매년 일정 금액을 선박펀드에 투자한다고 하자.

현 재	1년 후	2년 후	3년 후	4년 후	5년 후
5,700만원	4,000만원	4,000만원	4,000만원	4,000만원	7,000만원

선박펀드는 연 7%의 수익률을 올릴 수 있다고 한다. 이 경우 전체 기간 동안 펀드금액의 현재가치는 얼마인가?

12. 정년퇴직까지 아직 20년이 남아있는 K교수는 정년 때 받게 되는 최종 연금 적립액 총액을 2억원으로 기대하고 있다.

(1) 이자율이 8%이고 퇴직 후 15년을 더 산다고 할 때 이 저축액으로 유지될 연간 비용수준은 얼마인가?

(2) 인플레이션율을 매년 4%로 가정할 경우 퇴직 후 실질소비수준을 유지하기 위한 실질연간비용 수준은 매년 얼마인가?

13. 연간 4,000만원의 순현금흐름을 창출할 수 있는 오피스텔 구매를 고려하고 있다. 이 투자에서 보통 요구되는 수익률은 10%이다. 미래현금흐름은 연 4%로 인플레이션율과 같이 성장할 것으로 예상된다. 다음과 같은 경우에 오피스텔 구매에 얼마를 투자하겠는가?

(1) 만약 순현금흐름이 영구적으로 발생된다면 오피스텔 구매비용(=투자액)은 얼마인가?

(2) 만약 순현금흐름이 1년간 4,000만원씩 20년간 발생하고 20년 후에 철거되어야 한다면 오피스텔 구매비용은 얼마인가? 그 당시 아파트 부지는 순철거비용을 감안하여 5억원의 가치가 될 것이라고 가정하자(5억원은 20년간의 인플레이션을 포함한다).

(3) 명목 할인율 10%에 대응하는 실질할인율을 계산하라. 실질현금흐름을 이용하여 1과 2를 다시 계산하라(해답은 변하지 않아야 한다).

14. 신용카드 대출에 적용되는 이자율이 월 1%인 경우 은행에서는 연 12%의 이자율을 적용한다고 말한다. 이 경우 차입자가 부담하는 실효연이자율은 얼마인가?

15. 현시점에서의 1억원을 장기국채에 투자하면 5년도 말에 1.217억원을 지급한다고 하자. 연간 복리이자율은 얼마인가? 연속 복리이자율은 얼마인가?

16. 이자율이 5%일 때 다음 세 가지의 투자가치는 얼마인가?

(1) 100원을 연기준으로 영구적으로 매년 말에 지급하는 투자

(2) 100원을 연기준으로 영구적으로 매년 초에 지급하는 투자

(3) 100원을 연기준으로 영구적으로 매년 중에 균일하게 지급하는 투자

제 4 장 밸류에이션

제 1 절 밸류에이션 개념과 중요성

1) 밸류에이션의 개념과 기본원리

밸류에이션(valuation)은 자산의 내재가치 또는 진실가치를 추정하는 과정이다. 유가증권이든 실물자산이든 어느 자산의 가치는 이를 보유할 때 기대되는 미래현금흐름의 현재가치로 나타낼 수 있다. 예를 들어, 잔여만기가 1년인 BBB－등급 무보증 회사채의 가치를 평가한다고 하자. 회사채 액면은 100만원이고 액면이자율이 연 8%이며, 이자는 매년 말 지급되고 만기가 1년 남아 있다고 하자. 현재 시장이자율이 10%라고 하면 이 회사채의 가치는 다음과 같이 평가될 수 있다.

$$
\begin{aligned}
\text{회사채의 가치} &= \frac{\text{액면금액} + \text{이자}}{1 + \text{시장이자율}} \\
&= \frac{100+8}{1+0.10} \\
&= 98.1818\text{만원}
\end{aligned}
$$

이 회사채를 매입하면 1년 후 만기 때 108만원을 받게 되어 있으나 현재 시장이자율이 10%이므로 회사채의 현재가치는 98.1818만원으로 평가된다. 따라서 이 회사채는 지금시장에서 98.1818만원에 거래되게 된다. 채권 투자자가 이 채권을 현재 98.1818만원에 매입하게 되면, 1년 후 그는 108만원을 받게 되는데 이 경우 채권투자수익률은 108/98.1818－1＝0.10＝10%가 된다.

위의 간단한 예는 가치평가의 기본원리를 제시하고 있다. 가치평가의 기본원리는 다음과 같다.

첫째, 자산의 가치는 그로부터 창출될 것으로 기대되는 미래현금흐름에 의해 결정된다. 여기서 미래현금흐름은 108만원이다.

둘째, 그러한 미래현금흐름의 현재가치는 당해자산의 위험을 반영하는 할인율에 의해 측정된다. 여기서 할인율은 10%이다.

위에서 회사채의 할인율이 국채보다 높은 이유는 BBB^-등급 회사채가 국채보다 높은 투자 위험을 갖고 있기 때문이다. 이와 같이 할인율은 투자위험의 크기에 대응하여 결정되며, 이는 투자자가 투자의 대가로 기대하는 최저필수수익률인 자본비용이다.

실물자산의 경우에도 가치평가의 원리는 위의 예와 동일하다. 예를 들어, 기업이 보유하고 있는 설비자산의 가치는 그 자산으로 부터 창출될 것으로 기대되는 미래현금흐름의 현재가치이다. 이때 현재가치 측정에 사용될 할인율은 그러한 미래현금흐름의 위험 정도에 대응하여 결정된다. 또한 기업은 새로운 설비투자안을 평가할 경우 앞으로 발생할 것으로 예상되는 미래현금흐름을 투자안의 자본비용(=투자자금의 조달금리)으로 할인하여 투자안의 가치를 측정하게 된다. 투자안의 가치가 투자지출 예상액보다 크면, 즉 투자안의 순현가가 양의 값이면 투자안을 채택하고 반대의 경우엔 투자안을 기각하게 된다.

이러한 기본원리는 기업전체의 가치와 주주지분가치를 평가하는 데에도 적용할 수 있으며 또한 부채의 가치를 평가하는 데에도 적용할 수 있다. 부채의 가치평가는 바로 위의 예에서 살펴본 회사채의 가치평가와 개념적으로 동일하다. 부채의 가치는 채권자에게 귀속될 미래현금흐름을 이 현금흐름의 위험에 반영한 할인율, 즉 부채자본비용인 그 회사채의 만기수익률로 할인한 현재가치이다.

2) 밸류에이션의 방법

밸류에이션의 방법에는 할인현금흐름기법과 상대가치평가방법이 있다. 할인현금흐름(DCF: discounted cashflow)기법은 미래에 발생하리라고 예상되는 현금흐름을 적정한 할인율로 할인하여 그 현가를 합계한 것이다.

$$가치 = \sum_{t=1}^{n} \frac{현금흐름}{(1+할인율)^t} = \sum_{t=1}^{n} \frac{CF_t}{(1+r)^t} \qquad (4\text{–}1)$$

여기서 분자인 현금흐름을 무엇으로 보느냐에 따라 할인현금흐름기법은 배당모형과 자유현금흐름모형(또는 잉여현금흐름 FCF모형이라고도 함)으로 분류된다.

상대가치평가방법에는 대표적으로 PER모형이 있다. PER모형에 의하면, 어떤 회사의 이론적 적정 가격은 주당순이익(EPS)에 PER 배수를 곱한 만큼의 크기를 가진다.

밸류에이션은 기업인수합병(M&A)시 인수대금의 결정, 기업공개시 신주공모가격(IPO)의 책정, 그리고 포토폴리오 구성시 기업의 내재가치 평가 등에서 매우 중요하다. 과거와 달리 자본시장이 발달함에 따라 밸류에이션은 더욱 중요해지고 있다.

제 2 절 회사채의 가치평가

액면 10,000원인 회사채는 액면금리가 채권발행 당시의 이자율과 같으므로 이 액면가격으로 판매된다. 일단 10,000원이라는 가격으로 유통시장에 나온 이 회사채는 만기까지 어떻게 가격이 변하는가? 이것이 여기서 배울 내용이다.

채권평가 또는 재권가격결정이란 매일매일 이자율이 변함에 따라 채권이 어떤 내재가치 또는 진실가치를 가지는지 규명한다. 모든 증권평가가 그러하듯이 채권이 가져야 하는 내재가치가 반드시 그날의 시가와 일치하는 건 아니다. 어쨌든 내재가치를 알아야만 시가와 비교하여 채권이 저평가 또는 고평가되었는지를 파악하여 매매결정을 내릴 수 있다.

채권가격결정원리에 의하면 '오늘의 채권가격은 만기까지 받게 될 매 기간 현금흐름을 오늘의 이자율로 할인한 현가의 합계이다'. 이를 일반식으로 표시하면 다음과 같다.

$$P_0 = \sum_{t=1}^{n} \frac{CF_t}{(1+i)^t} + \frac{F}{(1+i)^n} \tag{4–2}$$

여기서 $P0$: 채권가격(내재가치)

CFt : 기간 t의 현금흐름

(여기서는 액면 이자금액 = 액면금액 × 액면금리)

F : 채권의 액면금액(Face value)

i : 현재이자율
n : 이자지급 기간수

채권의 현금흐름과 가격을 시간표(time table)로 표시하면 다음과 같다.

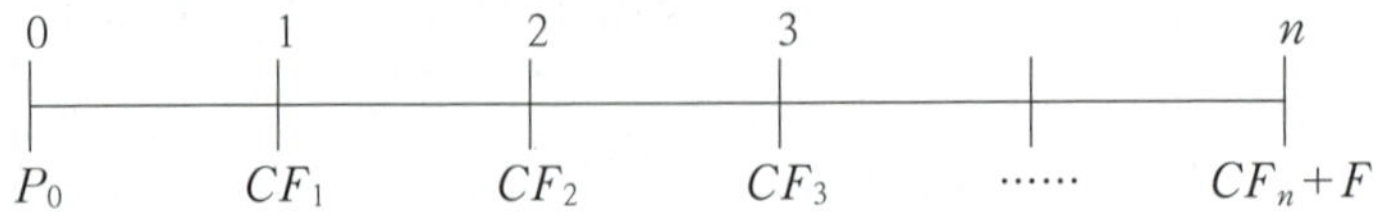

예제 4-1에서 채권가격결정원리를 확인해 보자.

| 예제 4-1 | 채권가격결정원리

현재 채권시장에서 유동되고 있는(주)동신기업의 회사채는 만기가 2년이고 액면 10,000원, 그리고 액면금리가 6%이다. 이자는 연 4회 분기별로 지급한다. 현재의 이자율이 8%일 때 이 회사채의 시장가격은 얼마인가?

풀이 이 채권투자를 검토하는 투자자라면 이 회사채 가격을 얼마로 평가할 것인가?

이것이 이 문제의 요지이다. 일단 채권자 입장에서 이 회사채에 투자한다면 수입이 어느 정도인가부터 풀이가 시작된다.

먼저 이자수입은 매 분기별로 받으므로 1년에 4회 2년간 모두 8회를 받는다. 연이자가 600원(=10,000원×6%)이므로 분기별 이자수입은 150원이다. 그리고 2년째 가서 원금 10,000을 받게 된다. 그러므로 채권투자자의 수입총액은 다음과 같다.

이자수입(150원×8회)	1,200
원금	10,000
현금흐름 합계	11,200

단순히 말하면 오늘 시장가격을 지금 투자하면 이로 인한 수입합계가 모두 11,200원이 되는 셈이다. 그러나 이자수입이나 원금은 모두 미래에 받을 금액이므로 이것들은 오늘의 이자율로 할인하여 현가로 계산해야 한다.

따라서 이를 현가계산식으로 쓰면 다음과 같다. 분기별로 복리계산을 하므로 이자율 역시 분기별 2%를 적용해야 한다.

$$
\begin{aligned}
P_0 &= \frac{150}{(1+0.02)} + \frac{150}{(1+0.02)^2} + \frac{150}{(1+0.02)^3} + \cdots\cdots \\
&\quad + \frac{150}{(1+0.02)^8} + \frac{10,000}{(1+0.02)^8} \\
&= \sum_{t=1}^{8} \frac{150}{(1+0.02)^t} + \frac{10,000}{(1+0.02)^8}
\end{aligned}
$$

$$=150PVIF_{(2\%,\ 8)}+10,000PVIF_{(2\%,\ 8)}$$
$$=9,634$$

예제 4-1에서 본 바와 같이 채권가격은 이자율 8%가 액면금리 6%보다 높으므로 9,634원으로 할인되었다. 이와 같은 채권가격과 이자율의 역(reverse)관계는 [그림 4-1]과 같이 우하향하는 곡선으로 표시된다.

[그림 4-1]에서 음의 기울기는 채권가격과 이자율이 역의 관계에 있음을 보여준다. 곡선이 아래로 볼록한 형태를 보이는 것을 채권가격의 볼록성(convexity)이라 하는데, 이는 이자율이 올라감에 따라 채권가격의 체감률이 점점 작아짐을 반영한 것이다. 이자율이 6%에서 8%로 올랐을 때 가격 감소폭은 이자율이 6%에서 4%로 내렸을 때 가격증가폭보다 작은 것도 바로 이런 볼록성 탓이다.

| 예제 4-2 | 채권가격의 볼록성 확인

예제 4-2에서 이자율이 6%에서 4%로 내릴 경우 가격증가율과 6%에서 8%로 올랐을 때의 가격 감소율을 계산하여 비교하라.

[그림 4-1] 채권가격과 이자율의 역관계

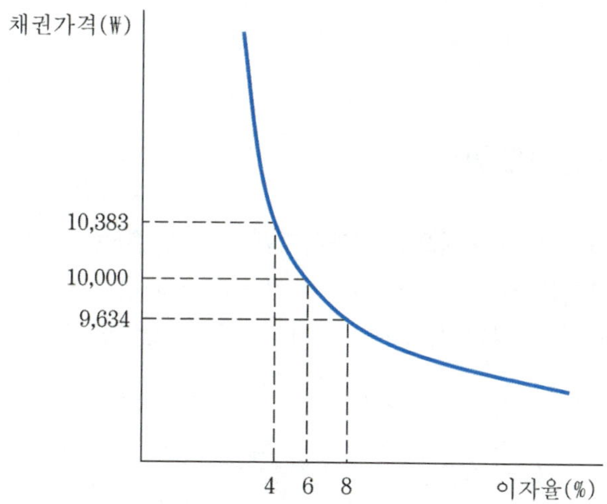

풀이

이자율(%)	4	6	8
채권가격(원)	10,383	10,000	9,634
가격변화율(%)	+3.83	0	-3.66

제 3 절 보통주의 가치평가

1) 배당할인모형

배당할인모형(dividend discount model: 이하 DDM으로 표시)은 어느 기업 주식의 진실가치가 미래배당, 즉 현금흐름을 적정한 요구수익률로 할인한 현가의 합이라고 정의한다. 여기서 기업은 계속기업으로서 영원히 존재하며, 기업의 매 기간(즉 매년)의 이익은 일정부분 배당으로 지급된다고 가정한다. 이 관계를 일반식으로 쓰면 다음과 같다.

$$P_0 = V_0 = \frac{D_1}{1+k} + \frac{D_2}{(1+k)^2} + \cdots \cdots + \frac{D_H}{(1+k)^H} + \cdots \cdots + \frac{D_\infty}{(1+k)^\infty} \quad (4\text{–}3)$$

여기서, $P_0 = V_0$: 기업 주식의 내재가치(또는 진실가치)

k: 기업의 요구수익률(또는 자기자본비용)

$D_1 \cdots D_H$: 매 기간의 예상 주당배당금

2) 일정배당성장모형

위의 식 (4-3)은 이론적으로 명쾌하지만 실제로 주식을 평가할 때 유용하지 않다. 이런 문제점을 처음 지적한 학자인 고든(Gordon)은 만약 매 기간의 배당이 일정하게 성장한다면, 앞의 식 (4-3)은 다음과 같이 간단한 식으로 만들 수 있음을 보였다.

$$P_0 = V_0 = \frac{D_0(1+g)}{k-g} = \frac{D_1}{k-g} \quad (4\text{–}4)$$

여기서, $P_0 = V_0$: 현재 주식의 내재가치
D_0 : 현재의 주당배당금
D_1 : 1년 후 주당배당금
g : 일정배당성장률
k : 주식의 요구수익률(또는 자기자본비용)

이 식이 바로 유명한 Gordon의 일정배당성장모형(constant dividend growth model)으로서 어느 기업의 진실주가 즉 내재가치는 1년 후의 배당금(D_1)을 '주식의 요구수익률－배당성장률'로 나눈 값으로 계산된다는 것이다. 고든의 일정배당성장모형은 ① 배당금이 영원히 지급되고, ② 그 배당금은 매년 일정한 성장률로 증가한다는 가정에 기인하고 있다.

| 예제 4-3 | 주가와 Gordon의 방정식

현대기업(주)의 현재 배당금(D_0)＝600원, 배당성장률(g)＝5%, 이 기업이 요구하는 요구수익률(k)＝10%일 때 이론주가(P_0)를 구하라.

풀이 Gordon의 방정식 $\frac{D_0(1+g)}{k-g}$를 이용한다.

$$P_0 = \frac{600(1+0.05)}{0.10-0.05} = \frac{630}{0.05} = 12,600\text{원}$$

Gordon의 일정배당성장모형은 주식분석에 널리 쓰이고 있으며 다음과 같은 의미를 갖는다.

첫째, 배당성장률(g)이 클수록 주가(P_0)는 높아진다.

둘째, 요구수익률(k)이 작을수록 주가(P_0)는 높아진다.

셋째, 주가(P_0)는 배당성장률(g)만큼 성장한다. 따라서 이 경우 배당성장률(g)는 매매차익률이 된다.

넷째, 사양 산업이나 쇠퇴기에 있는 기업의 성장률은 음(－)이다.

다섯째, 배당성장률은 자기자본순이익률에 이익유보율을 곱한 값이다.

만약 식 (4-3)을 이용하여 계산한 기업의 내재가치(intrinsic value)가 시가(market value)와 정확히 일치하면($V_0 = P_0$), 이 주식투자로 인한 보유기간 수익률은 다음과 같이 「배당수익률」과 「매매차익률」의 합이다.

$$E(r)=\frac{D_0(1+g)}{P_0}+\frac{P_1-P_0}{P_0}=\frac{D_1}{P_0}+\frac{P_1-P_0}{P_0}$$
$$=\text{배당수익률}+\text{매매차익률}$$
$$=\frac{D_1}{P_0}+g \qquad (4\text{–}5)$$

식 (4-4)은 자기자본비용(k)을 구할 때 흔히 이용되며 할인현금흐름공식이라고도 한다.

| 예제 4-4 | Gordon식에 의한 자기자본비용 계산

1년 후 예상배당금(D_1)=630원, 배당성장률(g)=5%, 그리고 현재 주식가격(P_0)=12,600원인 현대기업(주)의 자기자본비용을 구하라

풀이 할인현금흐름 공식인 식 (4-5)를 이용한다.

$$E(r)=k=\frac{D_1}{P_0}+g=\frac{630}{12,600}+5\%=5\%+5\%=10\%$$

자기자본비용 10%는 배당수익률 5%와 배당성장률(또는 매매차익률) 5%의 합이다.

3) 2단계 배당성장모형

2단계 배당성장모형(two-stage dividend growth model)은 일정배당성장 모형과 달리 기업이 초기 몇 년 간은 보통보다 높은 기업성장률을 기록하지만 다른 기업의 진입으로 업계 간 경쟁이 격화됨에 따라 일정기간이 지난 후 성장률이 정상상태로 유지되면서 일정한 배당성장률을 유지할 때의 주식평가모형이다.

예를 들어, 어느 기업이 초기 3년간 연 10%의 고속 배당성장률을 보이다가 4년째부터 연 5%의 배당성장률로 일정하게 성장률이 계속된다고 가정하자. 배당성장률의 단계적 변화는 [그림 4-2]와 같다.

현재 이 기업의 1주당 배당금(D_0)을 600원이라 하고 자기자본비용(k)을 9%로 가정할 때 이 기업의 주식평가 과정을 그리면 [그림 4-3]과 같다.

각 기간별 배당금을 구하면 다음과 같다.

[그림 4-2] 2단계 배당성장모형

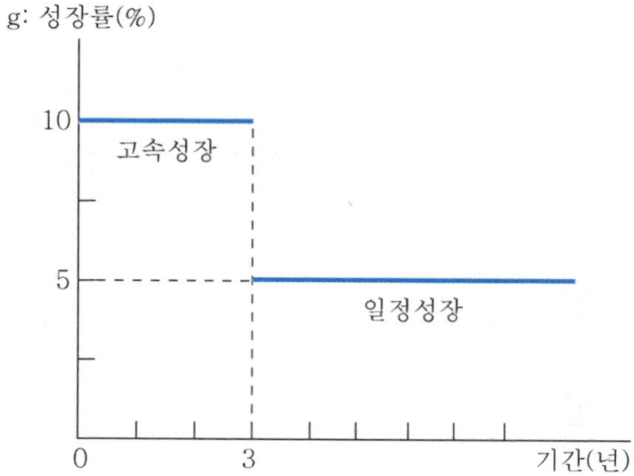

[그림 4-3] 2단계 배당성장모형과 주식평가

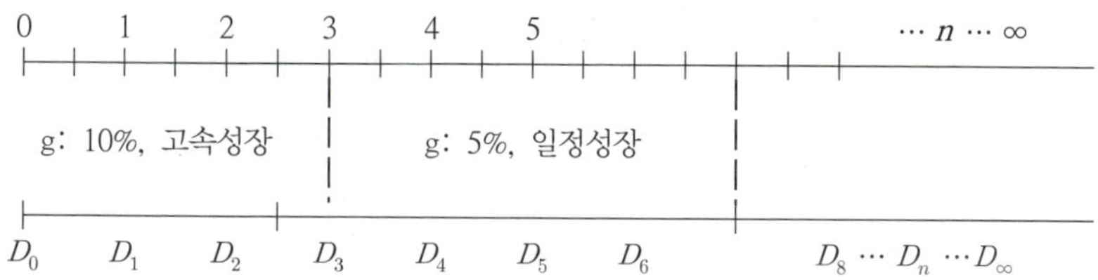

$$D_0 = 600$$
$$D_1 = D_0(1+0.1) = 600(1+0.1)^1 = 660$$
$$D_2 = D_1(1+0.1) = 600(1+0.1)^2 = 726$$
$$D_3 = D_2(1+0.1) = 600(1+0.1)^3 = 798.6$$
$$D_4 = D_3(1+0.05)^1 = 798.6(1+0.05)^1 = 838.53$$
$$D_5 = D_4(1+0.05)^2 = 798.6(1+0.05)^2 = 880.46$$

$$D_n = 798.6(1+0.05)^n$$
$$\vdots$$
$$D_\infty = 798.6(1+0.05)^\infty$$

그런데 4년 이후부터는 일정성장률 연 5%로 영구히 계속하기 때문에 일정배당성장모형에 의해 3년 이후 주가 P_3을 구할 수 있다.

$$P_3 = \frac{D_4}{k-g} = \frac{D_3(1+0.05)}{k-g}$$

$$= \frac{798.6(1+0.05)}{0.09-0.05} = 20,963$$

따라서 현재 이 회사의 주가 P_0는 미래배당금의 현가합계로서 다음과 같이 계산된다.

$$P_0 = \sum_{t=1}^{\infty} \frac{D_t}{(1+k)^t}$$

$$= \sum_{t=1}^{3} \frac{D_t}{(1+k)^t} + \sum_{t=4}^{\infty} \frac{D_t}{(1+k)^t}$$

$$= \sum_{t=1}^{3} \frac{D_t}{(1+k)^t} + \frac{P_3}{(1+k)^3}$$

$$= \frac{660}{(1+0.09)} + \frac{726}{(1+0.09)^2} + \frac{798.6}{(1+0.09)^3} + \frac{20,963}{(1+0.09)^3}$$

$$= 18,026\text{원}$$

4) 상대가치평가모형과 PER모형

PER(Price Earning Ratio: '퍼'라고 읽음)는 최근의 시가(*P*)를 가장 최근의 실제 주당순이익(EPS: Earning Per Share)으로 나눈 것이다. 예를 들면, *PER* 값 25배는 주가 25,000원을 주당순이익 1,000원으로 나눈 값이다. PER는 기업의 주가(*P*)를 주당순이익으로 나눈 값으로서 '주가이익배율', '주가수익비율', 4 '이익승수' 또는 영어로 $\frac{P}{E}$*MULTIPLE*, $\frac{P}{E}$*RATIO* 등 다양하게 불리어지고 있다.

*PER*의 측정단위는 배수이다. 어느 시점의 주가를 사용하느냐에 따라 *PER* 값에 큰 차이가 난다. 따라서 *PER*모형에 의해 예상주가를 측정할 때 그 기업의 적정 *PER*을 결정하는 것이 가장 중요하다.

*PER*모형에 의하면 주가는 예상 주당순이익에 이익승수인 *PER*을 곱하여 결정된다. 여기서 *PER*은 기업의 역사적 평균치로서 기업마다 평균 *PER*을 중심으로 일정한 범위를 가지고 있다고 가정한다. *PER*모형에 의한 예상주가(P_0)는 다음과 같은 공식으로 나타낼 수 있다.

$$P_0 = EPS \times PER \tag{4-6}$$

PER가 낮다는 것은 시장이 주당 순이익을 비교적 낮게 평가하고 있음을 의미하므로 투자자 입장에서는 오히려 좋은 투자대상이 될 수 있다. 왜냐하면 미래 언젠가 적정하게 평가될 가능성이 있기 때문이다.

만약 PER가 25배이면 1원의 현재이익을 25배로 평가한다는 의미이고, 12배이면 12배로 평가한다는 의미이다. 일반적으로 PER이 낮은 주식은 PER이 높은 주식보다 일정기간 경과 후 더 높은 투자수익률을 보인다. 이러한 현상을 PER effect라 한다. 1960년대에 매우 인기가 높았던 이 PER effect가 기존의 투자종목 선택에 비해 너무나 혁신적이었으므로 이를 "PER 혁명"으로까지 불렸다.

| 예제 4-5 | 주가와 PER모형

현대기업(주)의 예상 주당순이익은 1,000원으로 예측된다. 이 기업의 평균 PER는 대개 20배~25배 사이로 형성되고 있다. PER에 의하여 내년도 예상가격을 추정하라.

풀이 식 (4-6)의 PER모형을 이용한다.

예상가격(P_0) $= EPS \times PER$이므로

20,000원 $=$ 1,000 $\times$ 20

25,000원 $=$ 1,000 $\times$ 25

따라서 예상가격은 20,000원에서 25,000원 사이에 있다.

---

5) 우선주의 가치평가

우선주(preferred stock)는 이익의 배분에 있어 보통주에 우선하여 배당을 받을 수 있는 권리가 부여된 주식으로, 보통주와 달리 주당 배당의 크기가 발행시 미리 정해진다. 우선주 배당은 대부분의 경우 우선주 발행시 약속된 배당금이 영원히 지급되므로 우선주의 가치는 매 기 지급되는 주당 약속배당금의 현재가치이다. 따라서 우선주의 가치는 영구히 지급되는 약속배당금을 적정할인율로 할인한 값이므로 영구연금의 현재가치 계산식을 사용하면 다음과 같다.

$$P_0 = \frac{d_p}{k_p} \tag{4-7}$$

P_0: 우선주 가치

d_p: 우선주 주당배당금

k_p: 적정할인율(우선주 주주의 요구수익률)

| 예제 4-6 | 매년 700원의 주당배당금을 지급하는 우선주의 경우 투자자의 요구수익률이 8%라면 이 우선주의 가치는 얼마인가?

$$P_0 = \frac{d_p}{k_p} = \frac{700}{0.08} = 8,750\text{원}$$

제 4 절 기업의 가치평가[1]와 FCF모형

1) 자유현금흐름(FCF)모형에 의한 기업 가치평가

가치평가의 기본원리에 의하면 자산의 가치는 그로부터 창출되는 미래현금흐름을 이 현금흐름의 위험을 반영하는 할인율로 할인한 현재가치이다. 이러한 기본원리는 기업전체의 가치를 평가하는 데에도 적용될 수 있다. 기업이란 여러 자산들의 결합체이므로 기업전체의 가치는 영업활동에 투입된 모든 자산에서 창출되는 미래 현금흐름의 현재가치가 된다. 그리고 이렇게 평가된 기업전체의 가치에서 부채의 가치를 차감하면 최종적으로 주주지분가치가 평가되게 된다.

어느 한 기간에 기업 전체적으로 영업활동에서 창출된 순현금흐름은 영업활동 현금흐름에서 영업활동 투자액을 차감한 잉여현금흐름(FCF: Free Cashflow, 자유현금흐름이라고도 한다)이다. 이렇게 창출된 FCF는 당해기간 중 자본공급자에게 귀속될 수 있는 현금흐름이 된다. 잉여현금흐름은 아래의 현금흐름등식으로 나타낼 수 있다.

---

1) 이 부분은 강의 진도상 생략할 수 있다.

$$FCF = C - I \tag{4-8}$$

여기서, C : 영업활동에서 창출한 현금흐름, I : 영업활동투자

식 (4-8)에서 '$C-I$'는 영업활동에 투입된 '모든' 자산에서 창출된 순현금흐름(net cashflow)이므로 기업전체의 가치는 미래 기대되는 '$C-I$'의 현재가치로 평가할 수 있다.

$$\begin{aligned} \text{기업가치} &= \text{미래 } FCF\text{의 현재가치} \\ &= \frac{FCF_1}{(1+r_w)} + \frac{FCF_2}{(1+r_w)^2} + \cdots\cdots \\ &= \sum_{t=1}^{\infty} \frac{FCF_t}{(1+r_w)^t} \end{aligned} \tag{4-9}$$

여기서 r_w : 가중평균자본비용($WACC$)

위의 모형을 기업가치를 평가하는 현금할인모형이라 한다. FCF인 '$C-I$'는 기업의 영업활동에서 창출되는 것이므로 이의 현재가치 측정에 적용될 할인율 r_w는 기업의 가중평균자본비용($WACC$)이다. 위에서 $WACC$은 매 기간 동일한 것으로 가정되어 있다.

2) 주주지분가치의 평가

주주지분가치는 미래의 FCF의 현재가치, 즉 기업전체의 가치에서 현재 부담하고 있는 순부채의 현재가치를 차감한 것으로 평가된다. 위에서 할인율은 $WACC$인 r_w이고 현재가치를 측정하는 대상이 영업활동의 FCF이므로 r_w가 할인율로 사용된다.

$$\begin{aligned} \text{주주지분가치} &= \sum_{t=1}^{\infty} \frac{FCF_t}{(1+r_w)^t} - \text{순부채의 시장가치} \\ &= \text{기업의 가치} - \text{순부채의 시장가치} \end{aligned} \tag{4-10}$$

식 (4-10)의 모형이 주주지분가치를 평가하는데 널리 사용되는 FCF모형이다.

DDM과는 달리 DCF모형은 가치창출의 측면에 초점을 두고 있으며 기업가치와 주주지분가치는 FCF인 '$C_t - I_t$'에 의해 창출되고 있다. 투자는 지출연도의 FCF를 감소시키지만 미래의 영업활동 현금흐름을 증가시킨다. DDM은 배당을

지급하지 않는 기업의 경우에는 미래배당의 예측이 곤란하여 사용하기 어려우나 DCF모형은 그러한 기업에 대해서도 사용할 수 있다.

FCF는 '$C-I$'='세후순영업이익－⊿영업투하자본'

여기서 'C'는 세후 순영업이익($NOPAT$)이고 'I'는 ⊿영업투하자본(⊿IC)이다. 위 모형을 실행하기 위해서는 미래의 $NOPAT$과 ⊿IC가 예측되어야 한다.

이러한 예측치들은 추정재무상태표와 추전손익계산서의 작성을 통해 구체화 된다.

위와 같이 미래의 기간별 FCF는 기간별로 $NOPAT$와 ⊿IC를 예측하면 예측된 수 있다. 그러나 미래 모든 기간의 FCF를 예측하는 것은 어려우므로 DCF 모형을 실제로 사용할 때에는 명시적 예측기간 T를 설정하고 T기간 말의 계속기업가치 형태로 추정하는 방법이 사용된다. 여기서 계속기업가치란 T기간 말 시점에서 그 후의 모든 FCF의 현재가치를 말한다. 예측기간 T는 일반적으로 5년 내외의 기간으로 설정된다. 이와 같이 직접적 예측기간을 T라 하면 식 (4-9)의 DCF모형은 다음과 같이 나타낼 수 있다.

$$\text{기업가치} = T\text{기간까지 } FCF\text{의 현가합계} + T\text{기간 이후 계속기업 가치현가}$$
$$= \sum_{t=1}^{T} \frac{NOPAT_t - \Delta IC_*}{(1+r_w)^t} + \frac{CV_T}{(1+r_w)^T} \qquad (4\text{–}11)$$

계속기업가치(Continuing Value) CVT는 앞에서 설명한 Gordon모형을 이용, 하나의 값으로 표현한다. 예를 들어, T기간 후에는 FCF가 매년 g의 비율로 증가한다고 가정하면 식 (4-11)의 CVT는 다음과 같이 나타낼 수 있다.

$$CV_T = \frac{FCF_t(1+g)}{r_w - g} = \frac{(NOPAT_T - \Delta IC_T)(1+g)}{r_w - g} \qquad (4\text{–}12)$$

아래의 예제 4-8은 $NOPAT$과 ⊿IC에 의한 DCF모형을 이용하여 기업가치와 주주 지분가치를 평가하는 예를 보여주고 있다.

| 예제 4-7 | DCF모형을 이용한 기업가치와 주주 지분가치의 평가

아래의 자료는 ABC회사의 미래 5년간에 대한 $NOPAT$와 ⊿IC의 예측치이다. 미래의 6년부터는 매년 3%의 증가율로 FCF가 증가할 것으로 예상된다.

	현재	1년	2년	3년	4년	5년
$NOPAT$	•	370	400	380	430	450
ΔIC		260	300	270	310	320

ABC회사의 $WACC(=rw)$는 10%이다. 현재 ABC회사는 800억원의 차입금이 있고 금융자산은 없으며 발행주식수는 200만주이다. 위의 자료를 이용하여 ABC회사의 현재 기업가치와 주주 지분가치를 평가하라.

풀이

	현재	1년	2년	3년	4년	5년
① $FCF=NOPAT-\Delta IC$		110	100	110	120	130
② FCF의 현재가치		100	83	83	82	81
③ 기간가치 합계	429억원					
④ 계속기업가치	$130\times(1+0.03)/(0.1-0.03)=1{,}913$					
⑤ 계속기업가치현가	$1{,}187(=1{,}913/1.1^5)$					
⑥ 기업의 총가치	$1{,}616(=429+1{,}187)$					
⑦ 부채의 가치	800					
⑧ 주주지분의 가치	816억원(=1,616−800=816억원)					
⑨ 1주당 주식가치	40,800(=816억원/200만주)					

3) FCF모형의 한계점

DDM과 비교할 때 FCF모형은 기업가치의 창출에 관한 정보를 제공하는 장점을 갖고 있다. 또한 FCF모형은 배당을 하지 않는 기업에 대해서도 사용할 수 있으며, 기업의 회계방법에도 영향을 받지 않는다. 그러나 FCF모형은 다음과 같은 한계점을 갖고 있다.

첫째, FCF는 영업활동현금흐름에서 영업활동투자액을 차감한 잉여액(C−I)이므로 상당한 규모의 투자를 계속하는 기업의 경우에는 미래의 FCF 예측치가 음의 값이 될 수 있다. 그러나 영업활동에 대한 투자는 기업의 가치를 창출하는 원천이다.

둘째, DDM의 경우처럼 DCF모형은 사용할 때도 계속기업가치 부분이 큰 비중을 차지하고 있다. 일반적으로 계속 기업가치 추정치가 주주지불가치 추정가치에서 차지하는 비중은 평균적으로 80% 내외이다.

제 5 절 EVA[2)]

종래 기업의 평가지표로 중요시 되던 주당순이익(EPS), 자기자본이익률(ROE) 등은 주로 당기순이익과 같은 회계적 이익을 기초로 산출되었다. 그러나 기업의 주된 목적은 주주 부의 극대화에 있기 때문에 주가를 고려한 성과척도가 요구된다. 분석가들은 주가를 고려한 성과지표로 경제적 부가가치와 시장부가가치 개념을 개발하였다.

1) 경제적 부가가치의 개념

경제적 부가가치(EVA: Economic Value Added)는 세후 순영업이익에서 투하자본의 기회비용을 차감한 금액이다. EVA 금액이 플러스이면 기업가치가 증대되고 마이너스이면 기업가치가 감소하게 된다.

EVA는 투하자본이익률에서 자본비용을 차감한 수치에 투하자본을 곱해서 계산할 수도 있다. 여기서 투하자본(IC: Invested Capital)이란 기업 고유의 영업활동에 투자된 금액을 말하고, 투하자본이익률($ROIC$: Return On Invested Capital)은 세후순영업이익을 투하자본으로 나눈 수익률이며, 자본비용은 부채자본비용과 자기자본비용을 가중평균한 가중평균자본비용($WACC$: Weighted Average Capital Cost)이다.

$$\begin{aligned} \text{경제적 부가가치}(EVA) &= \text{세후 순영업이익} - \text{투하자본의 기회비용} \\ &= \text{투하자본} \times (\text{투하자본수익률} - \text{자본비용}) \\ &= IC \times (ROIC - WACC) \end{aligned} \qquad (4\text{–}13)$$

여기서, 투하자본수익률($ROIC$): $\dfrac{NOPAT}{IC}$

자본비용($WACC$): 가중평균자본비용

2) 이 부분은 강의 진도상 생략할 수 있다.

2) 경제적 부가가치의 계산과정

(1) 세후 순영업이익

세후 순영업이익(*NOPAT*: Net Operating Profit After Tax)은 영업활동과 관련한 현금흐름에서 실효법인세를 차감한 금액이다. 이는 손익계산서상의 영업이익과는 다소 다른 개념으로 영업관련 현금흐름에 따라 금융수익/금융원가 과목의 조정이 필요하다. 간편하게 세후순영업이익 다음과 같은 공식으로 계산된다.

$$\text{세후 순영업이익}(NOPAT) = \text{영업이익} \times (1 - \text{법인세율}) \qquad (4\text{–}14)$$

(2) 영업투하자본

영업투하자본(*IC*: Invested Capital)은 영업활동과 관련된 투자자산으로 재무상태표에서 순운전자본, 순고정자산 그리고 기타순자산을 합한 금액이다.

$$\text{영업용 투하자본}(IC) = ①\ \text{순운전자본} + ②\ \text{순고정자산} + ③\ \text{기타순자산} \qquad (4\text{–}15)$$

① 순운전자본은 영업관련 유동자산(꺾기관련 금융자산과 현금, 유가증권 등 초과시재를 차감)에서 비이자발생 유동부채(외상매입금, 지급어음 등)를 차감한다.
② 순고정자산은 고정자산에서 감가상각충당금을 차감한다.
③ 기타 순자산은 투자와 기타자산에서 꺾기관련 금융자산, 비이자발생 고정부채를 차감한다.

(3) 자본비용

부채자본비용 계산은 세전 차입금리에 (1－한계법인세율)을 곱해서 구한다. 자기자본비용의 계산방법에는 CAPM을 이용하는 방법과 Gordon의 일정배당성장모형을 이용하는 방법이 있다.

$$\text{자본비용}(WACC) = \left[(\text{부채자본비용} \times \left(\frac{\text{부채자본}}{\text{총자본}}\right) + (\text{자기자본비용}) \times \left(\frac{\text{자기자본}}{\text{총자본}}\right)\right] \qquad (4\text{–}16)$$

① 부채자본비용 산출방법

부채자본비용=차입이자율 × (1－법인세율)

$$k_d = k_i(1-T)$$

여기서 k_d: 부채자본비용
k_i: 차입이자율
T: 법인세율

② 자기자본비용 산출방법

자기자본비용 산출시에는 기본적으로 두 가지 방법이 있다.

• CAPM모형을 이용하는 방법

$$k_e = r_f + \beta(r_m - r_f) \quad (4\text{–}17)$$

• 주식가격 평가모형(Gordon 모형)을 이용하는 방법

$$k_e = \frac{D_1}{P_0} + g \quad (4\text{–}18)$$

| 예제 4-8 | [*EVA* 계산] (주)이테크의 200×년도의 재무상태표와 손익계산서는 다음과 같다.

재무상태표

유동자산	40	유동부채	17
순고정자산	50	장기부채	50
기타순자산	10	자기자본	33
자　　산	100	자　　본	100

손익계산서

매 출 액	200
매출원가	100
영업비용	50
영업이익	50
금융원가	40
세전이익	10
세금(t=40%)	4
순 이 익	6

부채의 평균차입금리(k_i)가 8%, 자기자본비용(k_e)이 12%, 그리고 한계법인세율

(T)이 40%일 때 (주)이테크의 경제적 부가가치(EVA)를 계산하라.

풀이 (1) 세후 영업이익($NOPAT$) = 영업이익(1 − 세율) = 50(1 − 0.4) = 30

(2) 투하자본(IC)
= 순운전자본 + 비유동자산 + 기타순자산 = (40 − 17) + 50 + 10 = 83

(3) 자본비용(WACC) $= 8(1-0.4)\left(\frac{67}{100}\right)+12\left(\frac{33}{100}\right)=7.2\%$

(4) EVA = 세후 영업이익 − 투하자본 × $WACC$ = 30 − (83)(7.2%) = 24.02

Financial Management

문제풀이

≪객관식 문제≫

1. 모든 조건이 일정할 때, 채권은 당시 이자율이 액면금리보다 _______ 책정될 때, _______발행된다. 각 부분에 맞게 된 것은?
   ① 낮게, 할인 ② 낮게, 할증 ③ 높게, 할증 ④ 높게, 액면

2. 회사채 채권가격은 다음 _______의 현재가치이다. 빈칸에 맞게 된 것은?
   ① 액면가격 ② 액면이자금액
   ③ 액면가격＋액면이자금액 ④ 액면가격－액면이자금액

3. 앞으로 이자율이 내려갈 것이라는 전망이 지배적이라고 하자. 채권투자자로서 채권가격 변화에 따라 자본이득(매매차액)을 최대화하려면 다음 중 어느 채권을 매입해야 하는가?
   ① 단기, 저액면금리(coupon rate)채권 ② 단기, 고액면금리채권
   ③ 장기, 저액면금리채권 ④ 장기, 고액면금리채권

4. (주)성진의 주식가격은 현재 21,000원이다. 작년의 1주당 배당금은 2,000원이고 이 회사의 시장수익률은 15%이다. 배당의 평균성장률은 몇 %인가?
   ① 3% ② 5% ③ 8% ④ 10%

5. (주)영신의 현재 주식가격은 증권시장에서 77,250원이다. 이 회사의 투자수익률은 7%이고 배당의 일정성장률은 3%이다. 최근 지급한 1주당 배당금은 얼마인가?
   ① 2,000원 ② 3,000원 ③ 4,000원 ④ 7,000원

6. 잉여현금흐름(Free Cashflow)모형에 의해 기업가치를 평가할 경우 다음 중 틀린 내용은?
   ① 잉여현금흐름(FCF)은 영업현금흐름(C)에서 자산구입현금흐름(I)을 뺀 금액이다.
   ② 잉여현금흐름은 가중평균자본비용(WACC)을 할인율로 하여 현가화해야 한다.
   ③ 이 모형에서 자산구입현금흐름(I)이 클수록 기업가치는 커진다.
   ④ 주주지분가치는 기업전체가치에서 부채를 뺀 금액이다.

7. FCF모형에 의해 기업가치를 계산할 때 잘못된 내용은?
   ① FCF은 세후순영이익에서 순투자액을 뺀 금액이다.

② FCF은 자본비용(WACC)을 할인율로 하여 현가화해야 한다.
③ 이 모형에서 총자본순이익률(ROA)가 클수록 기업가치는 커진다.
④ 주주지분가치는 기업가치에서 부채금액을 뺀 금액이다.

8. [2004년 CPA 1차 유사문제] 고정성장배당모형(constant growth dividend discount model)에 관한 다음 설명 중 옳은 것은?
① 고정성장배당모형이 적용되기 위해서는 주식의 요구수익률이 배당의 성장률보다 같거나 낮아야 한다.
② 다른 모든 조건이 동일한 경우, 기본적으로 배당 상승에 대한 기대와 주식가치의 변동은 관계가 없다.
③ 고정성장배당모형에 의해 주식가치를 평가하는 경우, 할인율로 무위험이자율을 이용한다.
④ 다른 모든 조건이 동일한 경우, 배당성장률의 상승은 주식가치를 상승시킨다.

9. [2004년 CPA 1차 유사문제] 수년간 적자를 보아 온 제약회사 (주)다나는 최근 암치료에 획기적인 성과가 있는 신약을 개발해 국제특허를 획득했다. (주)다나가 신약을 대량으로 생산하기 위해서는 거액의 시설투자를 해야 한다. (주)다나의 지분 60%를 보유하고 있는 전자회사 (주)파라는 업종전문화 차원에서 (주)다나를 매각하려고 한다.
이에 의료기기를 생산하는 (주)사라가 레버리지를 통해 (주)다나를 차입매수(LBO)하려는 계획을 세웠다. 인수 후 (주)다나는 향후 몇 년간 배당을 지급하지 않을 것이고 부채비율은 심하게 변동할 것으로 예상된다. 주당순자산이 미미한 (주)다나의 인수가격을 결정하기 위해 사용할 기업가치평가모형 중 가장 적절한 것은?
① 안정성장 주주잉여현금흐름모형(FCFE)
② 3단계성장 주주잉여현금흐름모형(FCFE)
③ 안정성장 기업잉여현금흐름모형(FCFF)
④ 3단계성장 기업잉여현금흐름모형(FCFF)

10. [2005년 CPA 1차 유사문제] (주)한국의 발행주식수는 100,000주이고 배당성향이 30%이며 자기자본이익률이 10%이다. (주)한국의 주식베타값은 1.2이고 올해 초 주당 배당금으로 2,000원을 지불하였다. 또한 무위험이자율이 5%이고 시장포트폴리오의 기대수익률이 15%이라고 한다. 이러한 현상이 지속된다고 가정할 때, (주)한국의 2년 말 시점의 주가는 약 얼마가 되는가?
① 20,000원 ② 21,400원 ③ 22,898원 ④ 24,500원

≪주관식 문제≫

1. 만기까지의 기간이 2년 남은 채권의 액면가가 10,000만원이고 표면이자율이 6%이다. 이자는 매년 지급되고 시장이자율이 9%라면 이 채권의 시장가격은 얼마인가?

2. 지난해 말에 보통주 1주당 600원 배당금을 지급하였다. 이익, 배당 그리고 주가는 매년 5%의 성장이 기대된다. 요구수익률이 9%인 경우 이 주식의 가치는 얼마인가? 이 주식이 시장에서 14,000원에 팔리고 있다면 이 주식을 매입하는 것이 좋은가?

★3. 액면가격이 1,000,000원, 만기가 3년, 표면이자율이 6%인 사채를 발행하였다. 이자지급은 매년 말에 이루어지고 시장이자율이 10%라면, 투자자는 이 사채에 대해 얼마를 지불하여야 하는가?

★4. 작년에 주당 2,000원의 배당금을 지불한 회사의 향후 3년간 배당성장률은 연 16%로 추정되고 그 이후에는 매년 4%의 성장률이 예상된다. 투자자의 요구수익률이 10%인 경우 이 주식의 이론가치는 얼마인가?

5. 주당이익이 5,000원이고 이익성장률이 20%인 기업의 정상 PER는 7배로 추정된다. 이 주식의 이론주가는 얼마인가?

6. 어느 기업의 향후 5년간에 걸쳐 발생되는 기대현금흐름의 현재가치는 185,100,000원 그리고 6년째의 기대현금흐름 수준은 74,800,000원이다. 이 기업의 향후 5년 동안의 성장률은 연 9%이고 그 이후에는 매년 6%의 성장이 예상된다. 적정할인율이 12%인 경우 이 기업의 총가치는 얼마인가?

7. (주)이테크는 현재 이익의 40%를 재투자하여 이 투자에서 20%의 수익을 내고 있다. 주당 배당수익률은 4%이고 PER는 15배이다.

(1) (주)이테크가 지속적으로 주식의 40%를 재투자하고 투자에 대해 20%의 수익을 달성할 수 있다고 가정할 때 수익과 배당이 얼마나 빠르게 성장하겠는가? 성장률을 구하라. 또한 (주)이테크 주식의 기대수익률은 얼마인가?

(2) 경영진에서 미래의 투자기회가 소멸되었다고 갑자기 발표한다고 가정할 때 (주)이테크는 이익의 전부를 배당하려 한다. 주가는 이론적으로 어떻게 변할까?

8. 다음 세 종류의 주식을 생각해 보자.

(1) A주식은 주당 1,000원의 배당이 영구적으로 제공될 것으로 기대된다.

(2) B주식은 내년도에 주당 500원의 배당이 기대되고 이후 배당성장률은 영구적으로 연 4%로 기대된다.

(3) C주식은 내년도에 주당 500원의 배당이 기대되고 이후 5년간(6년도까지) 배당성장률은 연 20%, 그 후에는 6년째의 배당이 영구적으로 제공될 것으로 예상된다.

각 주식의 자본환원율이 10%일 때와 7%일 때 가장 가치 있는 주식은?

9. D사는 현재 주당 200원의 배당을 지급하고 있는데, 이 배당은 3년 동안 매년 15%의 성장이 기대되고 있으며, 그 다음 3년 동안은 10%, 그리고 그 후에는 영구히 5%의 성장을 기대하고 있다.

(1) 만약 당신이 18% 이익률을 요구한다면 주식에 대한 가치는 얼마인가?

(2) 만약 당신이 단지 3년 동안만 주식을 소유한다면, 그 주식의 가치는 어떻게 변하겠는가?

10. 3월 10일, 주식시장에서 인기주의 하나인 인컴(주)의 주식은 주당 30,000원이다. 이 가격은 장래 어떤 시점에 대하여 적어도 20%의 연간 기대성장률에 기초를 두고 있다. 7월에 경제지표가 하락하자, 투자자들은 인컴(주)의 성장률에 대한 그들의 평가를 15% 하향 조정했다. 이 주식의 가격은 어떻게 변하겠는가? 다음을 가정하라.

(1) 일정배당성장모델(Gordon모형이라고도 함)은 인컴(주)의 주가를 합리적으로 평가할 수 있는 방법이다.

(2) 회사의 자기자본비용이 주식평가에 사용되는 실제비용이다.

(3) 회사는 배당, 자산에 대한 위험의 유형, 재무 레버리지의 정도를 변화시키지 않는다.

(4) 다음 해 배당은 주당 300원이 될 것이다.

11. (주)대영은 (주)이테크를 인수하기 위해 보통주 10,000주의 매입을 검토하고 있다. (주)이테크의 보통주 발행수는 10만주이고, (주)이테크가 안고 있는 부채의 시장가치는 5억원이며 (주)이테크의 가중평균자본비용은 10%이다. (주)이테크의 예측가능한 향후 5년간의 이자 및 세전이익(EBIT)과 감가상각비 그리고 운전자본 투자액은 연도말을 기준으로 다음과 같이 추정되었다.

(단위: 백만원)

연도	EBIT	감가상가액	투자액
1	100	150	50
2	95	160	50
3	95	160	60
4	90	150	70
5	90	140	90

또한 6년째부터 (주)이테크의 운전자본 투자액은 연간 감가상각비와 같을 것으로 예상되었고 이때부터 세후 기대현금흐름이 영구적으로 매년 2%로 성장할 것으로 추정되었다. (주)이테크의 법인세율은 40%이다. (주)이테크를 인수하기 위해 동방산업이 지불해야 할 보통주 10,000주의 매입가격은 얼마가 적정한가?

제 5 장 자본예산

제 1 절 자본예산의 의의

1) 자본예산의 의의

자본예산(capital budgeting)은 상대적으로 큰 규모의 장기 투자안에 대한 의사결정을 위한 분석과정이다. 이러한 투자는 대개 장기간 지속적으로 기업의 성과에 영향을 미치게 된다. 자본예산은 기업의 전략적 의사결정인 경영전략에서 필요한 분석과정과 본질적으로 큰 차이가 없다. 현실적으로 자본예산은 경영전략의 하나이다. 따라서 경영전략 속에는 여러 가지 구체적인 자본예산이 포함된다. 예를 들어, 어떤 회사가 항공업에 진출할 것인가 말 것인가는 전략적 의사결정이지만, 특정 형태의 항공기의 구입 또는 리스는 자본예산 수준의 의사결정이다. 자본예산이나 경영전략이나 본질적으로 어떤 사업을 하거나 자산을 구입 · 취득할 경우 그 순현가(NPV)는 양의 값을 가지고 있어야 한다. 모든 사업의 시작 동기는 순현가가 0보다 클 것으로 예상되기 때문이다. 그러나 시장에서 경쟁이 격화되면 장기적으로 모든 사업의 순현가는 0으로 수렴하게 된다. 따라서 실제 시장에서 순현가가 지속적으로 0보다 큰 사업을 영위하기는 쉽지 않은 일이다.

자본예산은 사업성 평가(feasibility study)와 비슷한 의미로 사용될 수 있으나, 사실 그보다 좁은 개념이다. 사업성 평가는 일반적으로 생산 측면에서의 기술성 분석, 마케팅 측면의 시장성 분석, 수익확보 가능성 측면의 수익성 분석, 그리고 자금과부족 측면에서의 자금수지 분석으로 구성된다. 여기서 자본예산은 수익성 분석과 자금수지 분석을 구체화 시킨 것으로 볼 수 있다. 기술성 분석은 주로 입지 · 시설 · 원재료 · 노동력 조달 · 생산공정 · 생산공법 그리고 기술수준 검토를 그 내용으로 한다. 시장성 분석의 내용은 사업환경 검토 · 수급현황 · 동업계 분석 · 판매가능성 검토 그리고 매출액 추정이다. 수익성 분석은 수익 추정 · 각종비용 추정 · 각종이익 추정 그리고 NPV와 IRR 계산이 중요한 내용이다. 마지막으로 자금수지 분석의 중요한 내용은 자금원천추정 · 영업자금유입 · 외부자금조달 · 시설투자 그리고 운전자금투자의 추정이다.

2) 투자안의 종류

투자안은 그 성격에 따라 대체투자, 확장투자, 그리고 신규투자로 나누어 볼 수 있다. 대체투자는 비용절감을 위해 기존시설을 대체하기 위한 것이고, 확장투자는 기존설비의 규모를 늘리기 위한 투자이며, 그리고 신규투자는 전혀 새로운 투자이다.

또 투자안은 투자안들의 상호관계를 고려하여 상호배타적인 투자안과 독립적인 투자안으로 분류할 수 있다. 상호배타적인 투자안이란 어떤 투자안을 선택하면 다른 투자안들은 자동적으로 포기할 수밖에 없는 경우의 프로젝트를 말한다. 독립적인 투자안이란 어떤 투자안을 선택하고 안 하고는 다른 투자안의 채택 여부와 아무런 상관이 없는 경우를 말한다.

제 2 절 투자안의 현금흐름의 추정

1) 편익 · 비용 추정의 원칙

앞으로 계속될 투자안 평가와 관련하여 언급할 예로서 (주)일신의 경우를 들어보자. 일신은 KOSDAQ 등록기업으로서 총자산 1,000억, 매출액 1,200억원의 컴퓨터 부품 생산업체이다. 일신은 새로운 부품 생산을 위한 신규설비 투자에 30억을 투자하는 신규프로젝트를 검토 중이다. 5년의 수명연수를 가진 새로운 설비는 잔존가치 없이 정액법의 감가상각 적용 자산이다. 투자성과로서 매년 순이익 3억원이 5년간 예상된다.

투자안이 검토될 경우 예상되는 편익과 비용(benefit and cost)을 추정할 때 추정의 원칙은 다음과 같다.

첫째, 투자안 평가는 회계적 이익이 아닌 현금흐름 기준으로 추정하여야 한다. 현금흐름은 경제적 이익 개념으로서 당기순이익에 감가상각비를 합한 금액이다. 현금흐름은 투자안에 발생하는 성과개념을 보다 폭넓게 포괄하는 개념이다. 위 ㈜일신의 예에서 영업상 현금흐름은 회계적 이익 3억원에 매년 발생하는 감가상각비 6억원을 포함하는 9억원이다.

둘째, 현금흐름은 증분기준(incremental basis)으로 측정되어야 한다. 증분흐름이란 투자를 수행함에 따라 추가적으로 새로 발생하는 수익 또는 비용의 증가분이다. 신규투자일 경우 모든 현금흐름은 증분흐름이기 때문에 별 문제는 없다. 그러나 교체투자의 경우 증분현금흐름이란 교체되어 설치될 기계장비의 구입가격의 증가분 또는 교체됨으로서 추가적으로 발생되는 매출액의 증가분이다. (주)일신의 예에서 증분비용 편익은 기준의 자산과 매출이 아니라 신규로 설치되는 기계설비 비용 30억원과 새로 창출되는 편익이다.

셋째, 투자안들의 편익 · 비용은 "세금 납부 후 증분의 현금흐름 기준"으로 측정하여야 한다. 투자안에서 발생하는 현금흐름은 최종적으로 주주가치 그리고 기업가치와 관련되므로 법인세 납부 후 기준으로 측정되어야 한다. (주)일신의 예에서 검토대상은 영업이익이 아니라 세후 영업이익이다.

2) 현금흐름의 구성

투자안의 현금흐름은 초기자본지출액과 기간 중 영업현금흐름 그리고 최종현금흐름으로 구성되어 있다.

초기투자비용, 기간 중 영업현금흐름(현금흐름) 그리고 최종현금흐름을 설명하

[그림 5-1] 현금흐름의 구성

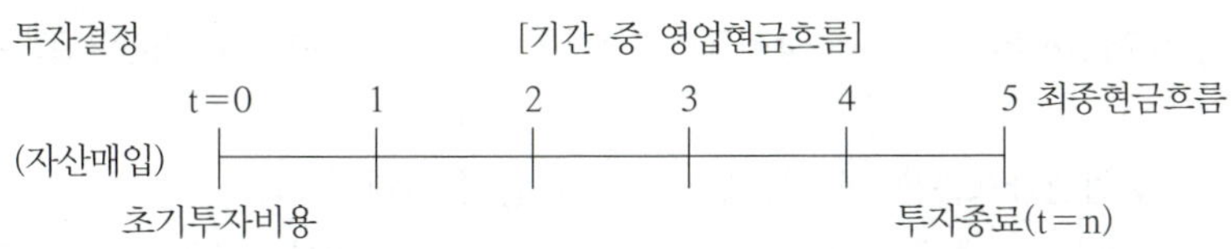

면 [그림 5-1]과 같다. 여기서 +부호는 기업입장에서 현금유입을 나타내고, −부호는 현금유출을 나타낸다.

(1) 초기투자비용

초기투자비용(Initial expenditure 또는 initial cash flow, 보통 I로 표시한다)은 기본적으로 투자안에 지출되는 고정자산 투자금액이다. 신규 고정자산 구입에 소요되는 투자지출액으로서 여기에는 반드시 설치비용이 포함된다.

예를 들어 (주)일신이 새로운 컴퓨터부품 생산을 위해 설치하는 기계의 구입대금이 28억원이고, 설치비용이 2억원이면 신규 고정자산 지출액은 30억원이다. 이 합계금액 30억원은 감가상각비 계산의 기본(base)금액이다.

또한 신규 고정자산 투자와 함께 요구되는 원재료의 구입 등과 같은 순운전자본(NWC)도 초기투자비용이다. 물론 순운전자본금액은 감가상각 대상이 아니다. 순운전자본은 투자안 종료시에 전액 회수된다고 가정한다. 그러나 재고자산의 분실, 매출채권의 미회수 등을 고려하여 초기순운전자본이 예를 들어 90%가 회수될 것으로 가정할 수도 있다. 일반적으로 초기순운전자본은 음(−)의 금액이고 투자안 종료연도의 순운전자본은 양(+)의 금액이다.

초기투자비용은 언제나 지출금액(분석시에 마이너스 금액)이 아니다. 자산 교체투자안의 경우 기존 노후자산 처분에 따라 현금유입이 생기면 초기투자비용은 양의 금액이 될 수도 있다.

초기투자비용은 일반적으로 CF_0 또는 I_0라고 표시되는데 $t=0$ 시점에서의 금액을 나타낸다. 투자안에 따라서는 초기투자비용이 1년 후, 2년 후에 계속 지출될 수 있다. 이때 CF_1, CF_2는 계속 음(−)이 될 것이다. 만약 신규 투자에 따라 정부가 세제 혜택을 줄 경우 투자세액 공제를 계산, 이를 초기투자비용에 포함시키는데 그 액수만큼 초기투자지출액이 감소된다.

(2) 기간 중 영업현금흐름

추정손익계산서와 추정재무상태표에 의거하여 작성하는데 각 기간별로 계산한다.

기간별 영업현금흐름을 구하는 일반식은 다음과 같다.

기간 중 영업현금흐름(OCF: operating cash flow)은 증분현금의 입금과 출금

〈표 5-1〉 추정손익계산서

(주)일신 (단위: 억원)

매출액	50
원 가	39
감가상각비	6
영업이익(EBIT)	5
세금	2
순이익	3

액의 차이이다. OCF의 계산방법은 학자마다 약간씩 다른데 내용은 같다. 예를 들어, 설명해본다.

(주)일신은 30억원을 초기에 투자하여 앞으로 5년간 매년 50억원 매출을 올릴 계획이다. 이러한 매출을 달성하기 위한 매출원가는 39억원이고, 잔존가치가 없는 직선법 감가상각 계획에서 매년 감가상각비는 6억원이다. (주)일신의 법인세율은 계산의 편의상 40%라 가정한다. (주)일신의 영업현금흐름을 계산하기 위해 먼저 추정손익계산서를 작성한다.

영업현금흐름은 다음과 같이 두 가지 방법에 의해 계산한다. 어떤 방법에서 든지 영업현금흐름은 9억으로 같다.

① 전통적 방법에 의한 OCF 계산

일반적으로 영업현금흐름은 순이익에 감가상각비를 더한 금액이다.

$$\text{OCF} = \text{순이익} + \text{감가상각비}$$
$$9 = 3 + 6$$

② 세금절약액 방법

이 방법에 의한 OCF는 감가상각비를 고려하지 않을 경우의 세후 현금유입액에 세금절약액을 더한 금액이다. 세금절약액(tax shield)은 감가상각비에 법인세율을 곱한 것이다.

$$\begin{aligned}\text{OCF} &= (\text{매출액} - \text{원가})(1 - \text{법인세율}) + \text{세금절약액} \\ &= (\text{매출액} - \text{원가})(1 - \text{법인세율}) + \text{감가상각비} \times \text{법인세율}\end{aligned}$$
$$\begin{aligned}9 &= (50 - 39)(1 - 0.4) + 6 \times 0.4 \\ &= 6.6 + 2.4\end{aligned}$$

(3) 최종현금흐름

최종현금흐름(Terminal cash flow)에는 앞서 초기투자비용에서 언급한 순운전자본의 회수액과 신규 고정자산을 투자안 종료연도에 매각할 경우 예상되는 잔존가액이 대표적이다. 순운전자본 회수액이 초기투자금액과 같은 액수일 경우가 대부분이지만 투자안의 성격에 따라 90% 또는 50% 회수가 될 수도 있다. 예상 잔존가액은 분석의 편의상 없다(0)고 가정하는 경우가 많다. 그러나 최종연도에 중고시세로 팔 수 있을 경우가 확실하다면, 예상 잔존가치를 계상해야 한다. 이 경우, 엄밀하게 분석을 하려면 중고가격과 장부가격 차이에 따라 발생하는 매매차액에 대해 세금을 계상해야 한다.

| 예제 5-1 | (주)일신은 새로운 사업기회를 맞이하여 신규투자를 계획하고 있다. 새 기계의 구입가격은 2,8억원, 설치 및 시운전비는 2억원, 그리고 투자세액공제는 1억원이다. 새 기계의 운전을 위하여 원재료 재고 등의 구입을 위해 순운전자본은 1억원이 필요할 것으로 예상되었다. 새 기계의 수명연수는 5년이고 5년 후 잔존가치는 없을 것이다. 새로운 사업으로 인하여 사업개시 1년 후부터 매년 3억원의 순이익이 발생할 것으로 예상되었다. 이 신규사업의 사업성을 평가하기 위하여 현금흐름표를 작성하라.

풀이 (1) 초기투자비용(initial expenditure or initial cash flow)

자산의 구입대금 28억원(−), 설치비용 2억원(−), 순운전자본의 요구액 1억원(−), 투자세액공제 1억원(+), 계 30억원(−)

(2) 기간 중 영업현금흐름(dperating cash flow)

추정손익계산서와 추정재무상태표에 의거하여 작성하는데 각 기간별로 계산한다. 새 기계의 구입대금은 28억원이나 설치비용 2억원으로 포함하여 고정자산구입가격이 30억원이 된다. 이 금액은 감가상각비 기초(base) 금액이 되며 따라서 매년의 감가상각비는 30억원/5년=6억원이다.

연도별 영업현금흐름=순이익+감가상각비
−3억원+6억원
=9억원

(3) 최종현금흐름(terminal cash flow)

순운전자본의 회수액 1억원(+)

이와 같은 현금흐름을 표로 나타내면 다음과 같다.

〈표 5-2〉 신규투자안의 현금흐름표 (단위: 억원)

연 도	0	1	2	3	4	5
새 기계 구입가격 설치 및 시운전비 순운전자본 투자액 투자세액 공제	-28 -2 -1 +1	추정손익계산서				
순 이 익		3	3	3	3	3
감가상각비		6	6	6	6	6
순운전자본 회수액						1
현금흐름	-30	9	9	9	9	10

3) 현금흐름의 예측과정

(1) 현금흐름 예측기간

향후 투자안의 수익 및 비용의 추정연도를 어떻게 결정할 것인가도 현금흐름 계산시 중요한 문제이다. 물론 사업이 계속되는 전 기간을 추정하는 것이 최선이나 일반적으로 주요설비의 내용연수가 5~10년 이상의 장기간이므로 전체 기간 추정은 사실상 불가능하다. 따라서 실무적으로는 투자사업이 정상적으로 가동되는 연도까지만 개별적으로 추정하고 그 이후는 정상가동 초년도의 효과를 준용하되 부분적인 조정(보완투자 및 감가상각, 법인세, 잔존가액 회수 등)을 하여 계산하고 있다.

(2) 현금유입의 예측

투자계획 기간 중에 발생하는 중요한 현금유입 부분은 매출액, 수주액, 또는 대체설비에 의한 비용절감액이다. 자본예산 편성시 매출수량과 판매단가 예측이 가장 중요하고, 재무계획의 핵심이 된다.

운전자금 회수액의 경우 사업기간이 종료되는 연도에 회수되는 것으로 보아 최종연도의 현금유입으로 계상한다. 시설자금 회수액의 경우 실제로 사업기간이 종료되는 시점에서의 처분가치를 계상해야 하나 5~7년 이후의 시설에 대한 처분가치를 추산하기는 사실상 불가능하다. 시설자금의 회수액은 시설투자총액에서 사업기간 동안의 감가상각액의 합계액을 차감한 잔존가액을 사업종료연도의 현금유입으로 계상한다.

(3) 현금유출의 예측

자본예산 편성시 현금유출액의 예측부분은 시설투자비와 각종 생산비용과 일반관리비 및 판매비이다. 이 중에서 고정자산투자액은 초기에 이루어지고 비교적 정확히 예측된다. 영업기간 중 발생하는 재료비, 노무비, 경비, 관리비, 판매비는 매출액과 연동되어 예측되는 경우가 많다.

금융비용은 가중평균자본비용(구체적으로는 부채자본비용) 내에 포함되므로 이중계산을 피하기 위해 고려하지 않아야 한다. 영업과 관련된 영업외 비용은 운영비용 항목으로 가산해야 하나 실무상 이를 무시하고 있다. 배당금의 경우에는 자기자본비용 계산시에 고려되므로 금융비용과 마찬가지로 현금유출이 아니다.

시설투자의 경우에는 자금수지 예산표의 고정자산 투자액에서 금융비용 성격인 건설기간 중 이자를 차감해야 한다. 또한 기타투자 및 이연자산 투자액 중에서 영업과 관련된 부분만을 고려해야 한다.

법인세 등 세금은 영업을 위해 필수적인 성격의 비용이므로 이를 현금유출 항목에 포함시켜야 한다. 특히 법인세를 계산할 때 법인세의 귀속연도와 실제 납입시기가 다름에 따른 조정이 필요하다.

(4) 순운전자본의 증감에 따른 현금흐름 조정

영업으로부터의 수익, 즉 매출액은 추정손익계산서상의 매출액에서 매출채권 증감액을 가감한 순현금 유입분을 계상하여야 한다. 이때 매출채권 증가액은 운전자금 투자로서 현금유출 항목에 계상한다. 매입채무의 증가 및 재고자산의 증가는 기간 중의 현금유출로 계상해야 한다.

다음의 예로서 순운전자본의 증감과 현금흐름과의 관계를 보자. 컴퓨터 부품 제조업체인 (주)일신은 신제품개발투자를 통하여 매년 50억원의 매출액을 올릴 계획이다. 이러한 매출을 달성하기 위한 매출원가(cost)는 39억원이다. 여기서 모든 매출액과 매출원가는 현금으로 결제된다면 매출총이익은 11억이다. 손의의 편의상 감가상각비와 세금이 없다고 가정하면 11억은 영업이익으로 간주된다.

현실적으로 모든 상거래는 신용(외상)으로 이루어지므로 영업이익 11억은 모두 현금은 아니다. 따라서 신용부분을 고려하여, 현금흐름을 계산해야 한다.

당기와 전기의 재무상태표에서 매출채권과 매입채무의 잔액이 다음과 같다고 하자.

	전기잔액	당기잔액	차 이
매출채권 매입채무	20 14	25 17	+5 +3
순운전자본	6	8	+2

당기에 매출채권은 5억원이 늘고, 매입채무 역시 3억원이 증가했으며 따라서 순운전자본의 증가는 2억원이다. 당기에 이루어진 50억원의 매출액 중 5억원이 신용이고, 39억원의 매출원가 중 3억원이 외상이다. 따라서 현금기준 매출액은 50－5＝45억원이고, 현금기준 매출원가는 39－3＝36억원이며 현금기준 영업현금흐름은 45－36＝9억원이다.

현금기준 매출액－현금기준 매출원가＝현금기준 영업현금흐름
45－36＝9

다른 방법으로 현금기준 영업현금흐름을 계산하여도 같은 결과가 나온다.

장부상 영업이익－순운전자본의 증가＝현금기준 영업현금흐름
11－2＝9

순운전자본 2억원의 증가는 운전자본에 대한 투자가 2억원이므로 그만큼 현금유출의 많음을 의미한다. 따라서 장부상 영업이익 11억원에서 현금유출액 증가 2억원을 공제해야 영업현금흐름 9억원을 계산할 수 있다.

조금 더 위의 논의를 확대하여 유동자산의 주요항목인 재고자산을 포함시켜 보자. 전기재고자산 27억, 당기재고자산 31억이라고 하자.

	전기잔액	당기잔액	차 이
매출채권 재고자산 매입채무	20 27 14	25 31 17	+5 +4 +3
순운전자본	33	39	+6

여기서 주의해야 할 점은 재고자산의 처리이다. 재고자산의 증감은 매출원가와 관련된다. 재고자산이 전기에 비해 당기에 ＋4만큼 늘어났으므로 현금기준 매출원가는 39＋4－3＝40이다. 즉, 재고자산 금액이 4억원 늘어난 만큼, 현금으로

지급한 매출원가는 4억원이 더 증가한 셈이다. 따라서 현금기준 영업현금흐름은 45－40＝5억원이다. 이는 장부상의 영업이익 11억에서 순운전자본의 증가 6억원을 뺀 금액인 5억원(＝11－6)과 일치한다.

4) 현금흐름 예측시 유의사항

(1) 감가상각비는 현금지출항목이 아니므로 기간 중 영업현금흐름 계산시 순이익＋감가상각비와 같이 유입현금흐름 계산에 포함되어야 한다. 감가상각비는 법인세 감세효과(tax shield)가 존재하므로 현금흐름에 영향을 준다.

(2) 기회비용(opportunity costs)은 비용에 포함시킨다. 기회비용의 예로는 자기회사 소유토지에 새 공장을 건설할 경우 매각으로부터 얻을 수 있는 현금유입을 포기하는 결과가 되므로 토지시장가격이 기회비용이 된다. 자영업자의 경우 자기 자신의 임금도 기회비용의 예가 된다. 이 금액은 투자지출액에 포함시켜야 한다.

(3) 부수효과(side effects)는 비용 또는 수익에 반영한다. 예를 들면, 국내 화장품회사가 외국 화장품 수입을 수입하면서 백화점에 새로운 점포를 개설할 경우 기존에 있던 국내 자사 화장품 매출에 마이너스의 영향을 미칠 수 있다면 그 금액을 비용에 반영시켜야 한다.

반대로 양의 부수효과도 있다. 프린터 가격의 하락으로 프린터신제품 개발에 나쁜 영향을 미치지만 토너, 카트리지 등 소모품의 증가가 있다면, 이는 양의 부수효과이다.

(4) 순운전자본의 증가분은 현금의 지출로, 감소분은 현금의 유입으로 계산한다. 운전자본의 수요는 매출액과 비용의 성장패턴에 따른다. 순운전자본 투자는 투자수명과 함께 더 이상 필요하지 않게 되므로 투자수명 종료시 현금화시켜 현금유입으로 전환한다.

(5) 잔존가치(salvage value)는 자산종료연도 말의 장부가치로서, 만기시 현금유입으로 계산한다. 한정된 수명연수를 갖는 자산의 잔존가치는 취득원가에 일정비율을 곱해서 결정한다. 고정자산을 장부상의 가치와 다르게 처분하였을 때 처분손실 혹은 처분이익이 발생한다. 이는 세금의 차이를 가져오므로 현금흐름의 변화에 고려하여야 한다.

(6) 세금은 기간 중에 현금지출항목으로 처리한다. 그러나 지급이자는 현금지출항목에 포함되지 않는다. 지급이자는 부채자본비용(조달금리) 계산시 고려되기

때문이다.

(7) 인플레이션 효과(inflation effects)를 반영할 경우 명목기준인지 실질기준인지 일관성을 가지고 현금흐름을 계산해야 한다. 즉 명목현금흐름은 명목할인율로 할인하고, 실질현금흐름은 실질할인율로 할인한다.

실질현금흐름＝명목현금흐름/(1＋기대물가상승률)
실질할인율＝명목할인율－기대물가상승률

(8) 매몰원가(sunk costs, 예 타당성 조사비, 용역비, 시장조사비)는 초기비용에 포함되지 않는다. 매몰원가는 과거에 발생한 비용으로서 현시점의 투자안을 채택하거나 기각하기 위한 의사결정에 의해 변경될 성질의 것이 아니기 때문이다. 타당성조사에 의하여 프로젝트에 투자하기로 결정했다고 하여 이미 그 이전에 발생했던 타당성 조사비를 투자지출액에 포함시키면 안 된다. 예를 들면 (주)일신이 30억원의 투자안 검토를 위한 컨설팅비용으로 1억원을 지출하였더라도 이는 매몰원가이므로 본 투자안 평가시 포함하지 않아야 한다.

5) 감가상각비 계산방법

감가상각비는 시설투자 등으로 사업초기에 거액의 자본적 지출이 이루어지고 향후 수명연수 기간 동안 그 지출금액이 배분되는 비용 개념이다. 회사가 선택할 수 있는 감가상각방법에는 여러 가지가 있다. 감가상각비 계산방법에는 크게 정액법, 정률법 그리고 생산량 비례법이 있다.

(1) 정 액 법

정액법(straght line method 또는 직선상각법이라고도 함)은 모든 종류의 고정자산에 적용할 수 있는 방법으로 고정자산의 감가가 매년 동일하게 일어난다고 보는 방법이다. 예를 들어 어떤 장비의 구입가격이 100만원이고(법정 잔존가치는 10만원) 법정 수명연수가 5년일 때 감가기저 (base)는 100만원－10만원＝90만원이므로 매년 감가상각액은 90만원/5＝18만원이 된다. 이 예에서 매년 감가상각액과 장부가격이 〈표 5-3〉에 나와 있다.

정액법에서는 감가base를 법정 수명연수로 나누어 동일액 연차분납의 형식으

〈표 5-3〉 정액법 (단위: 만원, 상각률=₩18만)

연 도	감가상각비	상각누계	장부가격
0	0	0	100
1	18	18	82
2	18	36	64
3	18	54	46
4	18	72	28
5	18	90	10
계	90		10

로 세금계산시 익금총액에서 공제한다. 그러나 많은 수의 고정자산이 사용초기에 더 빨리 상각되는 현실에서 정액법은 이런 현상을 정확히 나타내지 못한다. 그러나 계산상의 편의 때문에 많은 회사들이 정액법을 실제로 쓰고 있고, 자본예산의 평가시 유형고정자산의 현금흐름 계산을 할 때에도 주로 이 방법이 사용된다.

(2) 정 률 법

정률법(declining balance method)은 고정자산의 감가가 사용 말기에 비해서 사용 초기에 더 빨리 일어난다고 보는 방법이다. 이 방법에서는 사업연도 초의 장부가격에 주어진 상각률을 곱한 것을 그해의 감가상각액으로 한다. 그래서 장부가격이 매년 감소하는 것과 동시에 감가상각액도 매년 감소한다. 예를 들어, 구입가격이 100만원이고, 잔존가치가 그 10%인 10만원, 법정 수명연수가 5년인 장비에 매년 36.9%의 상각률을 적용했을 때의 매년 감가상각액과 장부가격이 〈표 5-4〉에 나와 있다. 매년의 상각률은 다음 공식에 의해 구한다.

$$\text{상각률} = 1 - (\text{잔존가치}/\text{취득원가})^{1/n} \tag{5-1}$$

이 예에서 상각률 36.9%는 다음과 같이 계산되어 나온 결과이다.

$$\text{상각률} = .369 = 36.9\% = 1 - (10/100)1/5 = 1 - 0.631$$

세무상 유형고정자산에 대하여 정률법이나 정액법 중 한 가지를 택할 수 있다. 법정잔존가치가 0일 경우 정률법을 사용할 수 없다. 세법상 유형고정자산은 원칙적으로 정액법으로 상각하도록 규정하고 있다. 일단 채택된 감가상각방법은

〈표 5-4〉 정률법 (단위: 10만원, 상각률=36.9%)

연 도	감가상각비	상각누계	장부가격
0	0	0	100만
1	100×0.369=36.9	36.9	63.1
2	63.1×0.369=23.28	60.18	39.82
3	39.82×0.369=14.69	74.87	25.13
4	25.13×0.369=9.27	84.14	15.86
5	15.86×0.369=5.86	90	10

① 상각방법이 다른 법인과의 합병, ② 주식 40% 이상이 외국투자자에게 인수된 때, ③ 해외시장 여건 변동으로 필요한 경우 등 특별한 경우가 있을 때에 한하여 세무서장의 승인을 받아서 상각방법을 변경할 수 있으나 그 외에는 변경 불가능하며, 계속 동일한 상각방법을 적용해야 한다.

정률법과 같은 논리의 감가상각방법으로서 연수합계법과 이중체감법이 있다. 연수합계법(Sum of year digit)에서 연 상각률은 특정 연도의 잔존 수명연수를 수명연수의 합계로 나눈다. 각 연도의 감가상각비는 취득원가에서 잔존가치를 차감한 값에 연 상각률을 곱하여 구한다. 위의 예에서 1차 연도의 감가상각률은 5/(1+2+3+4+5)=5/15=1/3이고 2차 연도의 감가상각률은 4/15, 그리고 계속하여 3/15, 2/15 마지막으로 5차 연도는 1/15가 된다. 따라서 1차 연도의 감가상각비는 90만원×$\frac{5}{15}$=30만원이고 2차 연도는 90만원×$\frac{4}{15}$=24만원, 3차 연도 18만원, 4차 연도 12만원 그리고 5차 연도는 6만원이다. 감가상각비 총계는 90만원으로서 정률법에서의 감가상각비 총계와 같다.

이중체감법(double declining method 또는 배수체감법이라고도 함)은 정액법에서 계산된 매년의 정액 감가상각비가 1차 연도에 2배가 되고 계속하여 장부가격의 정액 감가상각비가 연이어 2배로 되는 감가상각방법이다. 위의 예에서 1차 연도의 감가상각비는 18만원의 2배인 36만원이 된다. 2차 연도 역시 감가상각비는 장부가격을 4년으로 나눈 정액금액의 2배가 된다.

(3) 생산량 비례법

생산량 비례법(unit of production method)은 광업권이나 광업용 고정자산과 같은 경우 자산의 노후화가 사용량에 좌우된다고 보고 생산량에 의해서 감가상각비를 계산한다. 생산량 비례법에서는 취득원가에서 법정잔존가치를 공제한 차액을 산업자원부 장관이 결제한 채굴 예정량으로 나눈 생산품 단위당의 고정자산 상각액을 사용한다. 그래서 매 사업연도의 감가상각비는 다음과 같다.

매년 감가상각비 = 생산단위당 상각액 × 실제생산량
= {(취득원가 − 잔존가치)/채굴예정량} × 당해사업연도의 채굴량 (5–2)

제 3 절 투자목적에 따른 현금흐름계산 예시[1)]

1) 대체투자 예시 I

| 예제 5-2 | (주)중앙산업에서는 기존인쇄기를 새로운 인쇄기로 대체하려고 하고 있다. 8년의 수명연수를 가진 기존 인쇄기는 8,000원에 구입되었다. 이 기존 인쇄기의 잔존가치는 0이고, (주)중앙산업은 이 인쇄기를 지난 4년간 정액법에 의하여 감가상각하여 왔다.

새로운 인쇄기는 투자액이 10,000원이며, 수명연수는 4년이고, 잔존가치는 0으로 추정된다. (주)중앙산업은 인쇄기를 연수합계법에 의해서 감가상각하기로 결정하였다. (주)중앙산업은 기존 인쇄기를 새로운 인쇄기로 대체할 경우 (주)중앙산업의 매출액은 연간 현재의 15,000원에서 17,500원으로 증가할 것이며, 영업비용은 매년 현재의 7,500원에서 6,000원으로 감소할 것이 기대된다. (주)중앙산업의 법인세율이 20%라면 앞으로 4년간에 걸쳐서 인쇄기의 대체로부터 기대되는 연간 순현금흐름은 얼마인가?

풀이

항 목 \ 년	1	2	3	4
매출액의 증가분	2,500원	2,500원	2,500원	2,500원
영업비용의 감소분	1,500	1,500	1,500	1,500
수익의 증가분	4,000	4,000	4,000	4,000
감가상각비의 증가분	3,000	2,000	1,000	0
세전이익	1,000	2,000	3,000	4,000
법인세(20%)	200	400	600	800
세후순이익	800	1,200	2,400	3,200

1) 이 부분은 강의 진도상 생략할 수 있다.

감가상각비의 증가분	3,000	2,000	1,000	0
순현금흐름	3,800원	3,600원	3,400원	3,200원
(참고) 감가상각비 증가분 계산				
신 감가상각비	4,000	3,000	2,000	1,000
과거 감가상각비	1,000	1,000	1,000	1,000

2) 대체투자 예시 II

| 예제 5-3 | E사는 5년 전에 취득원가 2,500,000원짜리 컴퓨터를 구입하여 사용하여 왔다. 이 컴퓨터의 현재 시장가치는 500,000원이다. 이 컴퓨터는 수명연수 10년, 잔존가치 0, 그리고 정액법으로 감가상각하여 왔다.

지금 경영진은 기존컴퓨터를 구입가격 5,000,000원이고, 추정잔존가치가 100,000원으로 예상되는 새 컴퓨터로 대체하는 방안을 검토중이다. 이 새 컴퓨터의 수명연수는 5년으로 추정되며, 정액법으로 상각하기로 한다.

만일 새 컴퓨터를 사용하게 되면 매년 500,000원의 경비절감과 1%의 매출액 증가를 기대할 수 있다. 당기말의 매출 총액은 50,000,000원, 총 제조 및 영업비용은 35,000,000원 그리고 감가상각비는 5,000,000원이다. E사의 법인세율은 20%이다. 이 대체안의 현금흐름을 계산하라.

풀이 (1) 시작연도(t=0) 현금흐름

신 컴퓨터 구입가격	-5,000,000
구 컴퓨터 처분가격	+500,000
매각손실에 따른 세금절약액	+600,000*
시작연도 순현금흐름	-3,900,000

*(보충설명) 세금절약액 계산:

구 컴퓨터 장부가격	1,250,000
구 컴퓨터 처분가격	500,000
처분손실	750,000
세율(20%)	-150,000
세금절감액	600,000

(2) (t_1~t_5) 기간 매년 현금흐름의 변화

$\triangle CF=(500,000+500,000-730,000^{**})(1-0.2)+730,000=946,000$

** (보충설명)

감가상각비 변화분의 계산 $=980,000-250,000=730,000$

신 컴퓨터 감가상각비 (5,000,000−100,000)/5=980,000
구 컴퓨터 감가상각비 2,500,000/10=250,000

(3) 5년 후 기말의 현금흐름
ΔCFn=신 기계 처분대금=100,000

Financial Management

문제풀이

≪객관식 문제≫

1. 다음 중 현금흐름 측정의 기본원칙이 아닌 것은?
① 투자안의 현금흐름은 증분 현금흐름기준에 따라 측정한다.
② 현금흐름은 법인세 지급 전 기준으로 측정한다.
③ 이자비용과 배당금은 현금유출에 포함시키면 안 된다.
④ 현금흐름은 인플레이션을 고려하여 측정하여야 한다.

2. 이미 지출되었으나 회수할 수 없는 비용으로서 새로운 투자안의 선택과 아무런 관계가 없는 비용은?
① 매몰원가 ② 기회원가
③ 부수적 효과 ④ 간접비용

3. 어느 고정자산의 가치가 5,000만원이고 그 자산의 내용연수가 5년이며 잔존가치는 1,000만원이다. 법인세율이 25%이고 정액법을 사용할 경우 감가상각의 법인세 절세효과는 매년 어느 정도인가?
① 100만원 ② 200만원 ③ 250만원 ④ 500만원

4. 자본예산에 대한 다음 설명 중 옳지 않은 것은?
① 장기성 자산에 대한 투자의사 결정을 말한다.
② 투자결정을 통하여 주주 부의 극대화를 실현시키고자 하는 것이다.
③ 기업은 사업시행 초기에 많은 감가상각비가 계상되는 가속상각법보다는 직선상각법을 더 좋아한다.
④ 투자안의 전략적 가치를 분석하는 것이 핵심이다.

5. 다음 중 현금흐름을 추정할 때 지켜야 할 기본원칙으로 볼 수 없는 것은?
① 인플레이션을 일관성 있게 고려해야 한다.
② 모든 현금흐름은 증분기준으로 측정하여야 한다.
③ 이자비용과 배당금은 현금유출에 포함시켜야 한다.
④ 감가상각비는 현금유출에 포함시켜서는 안 된다.

6. 다음 보기의 예에서 현금흐름에 영향을 미치는 사항이 아닌 것은?
① 기회비용 ② 법인세

③ 감가상각비 ④ 매몰원가

7. 다음에 열거한 항목 중 현금흐름에 영향을 미치는 것은?
① 투자안의 마케팅 분석을 위한 시장조사 비용
② 신 모델 시판으로 인한 기존 모델의 판매액 감소
③ 주주에 대한 배당금 지급
④ 투자에 소요될 자금 차입액에 대한 이자비용

8. 감가상각에 대한 설명으로 옳지 않은 것은?
① 감가상각비 그 자체는 투자안의 현금흐름에 포함되지 않지만 감가상각의 법인세 절약효과는 현금유입으로 간주된다.
② 가능한 조기에 감가상각을 많이 계상하는 것은 기업이 보다 많은 비용을 지출하도록 하기 때문에 투자안의 가치를 감소하도록 만든다.
③ 감가상각 방법에 따라 감가상각액이 달라지므로 이로 인한 법인세 절약효과도 달라진다.
④ 다른 조건이 같다면 정률법에 의한 감가상각액이 정액법보다 유리하다.

9. 신규투자시 최초에 투자되었던 순운전자본 2억원은 투자안 종료시 어떻게 처리되는가?
① 회사가 2억원은 갚아준다.
② 현금유입으로 2억원이 환입된다.
③ 회사는 2억원만큼의 단기자본은 조달한다.
④ 아무 조치도 취하지 않는다.

10. [2004년 CPA 1차 유사문제] 증분현금흐름(incremental cash flow)을 고려해 투자의사결정을 해야 하는 다음의 상황에서 가장 적절하지 못한 주장은?
① 은행이 부실기업에 대한 추가 자금지원 여부를 검토할 때, 추가로 지원할 자금과 함께 이미 부도처리된 대출금에 대해서도 원금과 이자를 회수할 수 있는지 고려해야 한다.
② 100억원에 구입한 토지에 30억원을 들인 주차장 시설을 철거하고 상가건물을 신축할지 여부를 검토할 때, 장부가치인 120억원이 아니라 토지와 주차장시설을 매각하면 받을 수 있는 150억원(세후기준)을 비용으로 고려해야 한다.
③ 제주도의 한 호텔이 인근 골프장 인수 여부를 검토할 때, 골프장 예약이 수월해짐에 따라 증가하는 투숙객으로부터 예상되는 수입과 호텔 예약이 수월해짐에 따라 증가하는 골프장 이용객으로부터 예상되는 수입도 고려해야 한다.
④ 신제품발매 여부를 검토할 때, 원자재 추가구입에 따른 외상매입금의 증가와 재고자산 및 보관창고 비용의 증가 그리고 현금보유액의 증가도 고려해야 한다.

≪주관식 문제≫

★**1.** [신규투자의 경우 현금흐름 계산] Z기업(주)은 신제품 생산에 필요한 기계를 구입하고자 한다. 이 신제품으로 인하여 5년 동안 매년 5,000,000원의 매출액 증가가 예상된다. 한편 생산에 소요되는 재료비와 노무비는 매년 3,000,000원이고, 기타경비는 500,000원이다.

이 기계의 구입가격은 2,500,000원이고, 수명연수는 5년이고 정액법으로 감가상각하기로 하며, 5년후 잔존가치는 없다. Z기업의 법인세율은 40%이다. 이 기계구입에 따른 현금흐름을 계산하라.

2. [대체투자의 경우 현금흐름 계산] (주)중앙산업에서는 새로운 기계로 대체하려하고 있다. (주)중앙산업은 5년 전에 현재의 기계를 20,000원에 구입하였으며, 구입당시에는 그 기계의 수명연수는 10년이었으며 그 기계의 잔존가치는 0으로 평가되었다. 동일목적의 새로운 기계의 출현정보를 입수한 (주)중앙산업은 현재의 기계대신 새로운 기계를 구입하여 생산에 사용하려고 한다. 새로운 기계의 매입가격은 15,000원이고, 수명연수는 5년이며 그리고 잔존가치는 0으로 평가되고 있다. (주)중앙산업은 현재의 기계를 정액법으로 감가상각하여 왔으며, 새로운 기계의 자본지출에 대한 감가상각비의 계산에도 정액법을 적용하기로 결정하였다.

(주)중앙산업에서 새로운 기계로 대체할 경우, (주)중앙산업의 매출액에는 변동이 없으나 영업비는 연간 현재의 10,000원에서 5,000원으로 인하될 것으로 추정하고 있다. 만일 (주)중앙산업의 법인세율이 40%라면 앞으로 5년간에 걸쳐서 새로운 기계로부터 기대되는 연간 순현금흐름은 얼마인가?

3. [교체투자의 경우 현금흐름 계산] 계명기업은 기존의 노후화된 기계를 성능이 좋은 새 기계로 교체하려고 한다. 과거 기계는 2년 전에 2,800만원에 구입하였다. 이 과거기계의 수명연수는 5년이며 잔존가치는 300만원으로 추정하였다. 그리고 현재 이 기계는 2,000만원에 매각할 수 있다. 한편 새 기계의 구입가격은 9,800만원이며 설치 및 시운전에 드는 비용은 200만원이다. 이 새 기계의 수명연수는 5년이고 잔존가치는 없다. 새 기계로 교체할 경우 매년 2,000만원의 영업비용을 절감할 수 있다. 그리고 교체시 순운전자본에 대한 추가투자는 발생되는 않으며 법인세율은 40%이다. 이 투자안의 0~5년까지의 매년 현금흐름을 추정하시오.

4. K영농(주)은 트랙터의 구입을 검토하고 있다. 트랙터의 구입가격은 3,500만원이고, 예상수명은 6년, 잔존가격은 400만원으로 예상된다. 트랙터 구입에 의한 수입은 하루 평균 40만원 정도이고 연 작업일수는 다음과 같다.

1년 후 50일, 2년 후 40일, 3년 후 30일
4년 후 25일, 5년 후 20일, 6년 후 10일

트랙터 구입으로 인한 부대비용은 트랙터 기사 일당 인건비와 연간 유지비 및 유류비인데, 기사 일당 인건비는 6만원이고 유지비와 유류비는 연 100만원으로 예상되었다. 트랙터 구입 자금은 자기자본 500만원, 은행융자 1,500만원으로 연리 10%, 그리고 농협융자 1,500만원으로 연리 6%의 특별금리를 적용받을 예정이다. 감가상각은 고속상각을 적용받을 예정인데 다음과 같은 계획에 따른다.

연 도	1년	2년	3년	4년	5년	6년
감가상각비	1,000	700	500	400	300	200

이 투자안의 연간 현금흐름을 추정하시오(한계세율 20%).

5. K기업은 기존의 노후화된 기계를 성능이 좋은 새 기계로 교체하려고 한다. 기존 기계는 3년 전에 3,300만원에 구입하였다. 이 기계의 내용연수는 8년이며 잔존가치는 100만원으로 추정하였다. 그리고 현재 이 기계는 2,500만원에 매각할 수 있다. 한편 새 기계의 구입가격은 9,800만원이며 설치 및 시운전에 드는 비용은 200만원이다. 이 기계의 내용연수는 5년이고 잔존가치는 없다.

새 기계로 교체할 경우 매년 3,000만원의 영업비용을 절감할 수 있다. 그리고 교체시 순운전자본에 대한 추가투자는 발생되지 않으며 법인세율은 46%이다. 이 투자안으로부터의 현금흐름을 추정하시오.

★6. (주)이테크는 보온밥통을 현재 1년에 200,000개를 생산한다. (주)이테크의 기획이사는 다른 외부공급자에게서 한 개당 200원의 가격으로 뚜껑을 구입하는 것이 회사로서 유리하다고 주장한다. 그러나 생산이사는 구입하는 것보다 만드는 것이 더 싸다고 주장한다. 뚜껑을 제조하는 직접 비용은 한 개에 150원으로 추정된다. 제조하는데 필요한 기계의 비용은 2억원이다. 잔존가치 없이 매년 5년간 균등하게 기계를 감가상각할 수 있다. 생산이사는 공장운영에 5천만원의 추가적인 운전자본이 필요할 것으로 추정하고 있고 운전자본투자는 5년째 연도 말에 회수가 가능하므로 무시해도 된다고 주장하고 있다. 만약 회사가 25%의 법인세를 납부하고 자본의 기회비용이 10%라면, 기획이사와 생산이사의 주장 중 누구의 제안을 지지하겠는가?

7. 미국 오레곤 주의 T삼림회사는 500에이커의 삼림(timber)을 소유하고 있고, 이 삼림에서 매년 1,000m^3의 목재를 창출해 낸다. 현재 목재 1m^3당 가격은 원화로 40천원이다. 삼림은 계속 성장하는데 그 성장속도는 향후 4년째까지 매년 16%이며 구체적인 성장예측은 아래 표와 같다.

연　　　도	삼림의 연 성장률
1－4	16%
5－8	11
9－13	4
14 및 이후 연도	1

- 한편 1㎥당 목재 가격은 현재 원화로 40천원에서 영원히 매년 4%씩 코드당 가격이 인상될 것을 기대한다.
- 자본비용은 9%다. 세금은 무시한다.
- 올해 그 목재를 베어 옮긴다면 이 땅의 에이커당 시장가치가 100천원일 것으로 예상된다. 이 벌목한 땅의 가치도 영원히 매년 4%씩 증가할 것이다.

한국의 (주)S제지는 원재료의 안정적 확보를 위해 오레곤 주 T삼림회사를 매입할 계획이다. 지금부터 몇 년째 매입하면 가장 매입비용을 최소화시킬 수 있을까?

제 6 장 투자안의 평가방법

각 평가대상 투자안들의 미래현금흐름이 측정되면 이들 현금흐름이 기업의 목표달성을 위하여 어느 정도 공헌할 수 있는가를 평가하여야 한다. 이러한 공헌도는 계산된 수익률이 상대적으로 기업이 설정한 기준을 넘어서는지 또는 계산된 유입현금흐름의 현가가 초기투자 지출현금흐름보다 큰지 등에 따라 판단한다.

투자안의 경제성 평가방법에는 크게 전통적 방법과 현금흐름할인법이 있다. 두 기법의 구분 기준은 현금흐름을 할인하는지의 여부에 달려 있다. 전통적 방법은 연도별 현금흐름을 할인율로 할인하지 않는다. 전통적 방법에는 ① 회수기간법 ② 회계적 평균이익률법이 있다. 현금흐름할인(DCF: discounted cash flow)법에는 ① 순현가법, ② 내부수익률법 그리고 ③ 수익성지수법이 있다.

제 1 절 전통적 방법

1) 회수기간법

회수기간법(payback period method: PB)은 투자안에 투입될 총비용을 완전히 회수하는데 소용되는 기간을 기준으로 투자결정을 하는 기법이다. 단일 투자안에 대한 평가기준으로서는 기업내부에서 수용할 수 있는 최대기간과 계산된 회수기간의 비교에 의해 투자안의 채택/기각 여부를 판단한다. 예를 들어, 만약 기업이 수용할 수 있는 최대기간이 3년이고 계산된 회수기간이 3.64년이면, 그 투자안은 기각된다. 복수 투자안의 평가시에는 각 투자안의 회수기간을 상호비교하여 회수기간이 가장 짧은 투자안을 선정한다. 회수기간법은 가장 간편하고 투자자금의 회수 가능성과 기간에 중점을 둔다. 이 방법은 투자의사결정의 보조적 기법으로서 유용성이 있다.

| 예제 6-1 | 초기투자지출액은 4,000만원이고 5년간의 투자수명을 가진 투자안의 유입현금흐름은 매년 1,100만원이다. 이 투자안의 회수기간을 구하라.

풀이

년	투자지출금액	유입현금흐름	누적유입현금흐름
0	-4,000		
1		1,100	
2		1,100	2,200
3		1,100	3,300
4		1,100	4,400
5		1,100	5,500

3년 동안 3,300만원을 회수하고 4년째 가서 700만원을 더 회수해야 투자금액 4,000만원과 일치한다. 따라서 회수기간은 회수기간 = 3년 + 700/1,100 ≒ 3.64년이다.

회수기간법은 그 계산의 간편함과 분명한 의사결정 기준으로 장기투자의사결정에서 비교적 많이 쓰이고 있다. 이 방법에 의하면 회수기간이 짧은 투자안은 일단 채택의 영역에 들어온다. 그러나 이 방법은 돈의 시간적 가치를 고려하지 않고 회수기간 이후의 현금흐름을 고려하지 못하는 약점을 가진다. 따라서 회수기간이 짧다고 해서 반드시 최선의 선택이라고 말할 수 없다. 다음의 예를 보자.

투자안 A와 B는 각각 초기투자지출액이 1,000원이고, 투자수명은 모두 5년이다. 아래와 같은 유입현금흐름이 예상된다고 할 때 각 투자안의 회수기간은 A안은 3.33년, B안은 3년이다.

〈표 6-1〉 회수기간 계산 예

	A	B
0	−1,000	−1,000
1	300	200
2	300	300
3	300	500
4	300	0
5	300	0

회수기간법에 의한 투자결정기준에 의하면 B안이 채택될 것이다. 그러나 할인현금기법(DCF)에 의해 유입현금흐름의 현가와 초기투자지출액을 비교해 보면 A안이 더 우수하다. 할인율은 10%로 가정했다.

$$\text{A투자안: } \left(\frac{300}{1.1}+\frac{300}{1.1^2}+\frac{300}{1.1^3}+\frac{300}{1.1^4}+\frac{300}{1.1^5}\right)-1,000=137.23$$

$$\text{B투자안: } \left(\frac{200}{1.1}+\frac{300}{1.1^2}+\frac{500}{1.1^3}\right)-1,000=-194.59$$

위의 예에서 확인한 바와 같이 할인현금흐름을 계산해 보면 B안은 전혀 고려할 만한 투자안이 못된다. 또한 A안은 비록 회수기간이 3.33년이지만 그 이후에도 현금흐름이 지속되므로 이를 고려하면 정반대의 결과가 나타난다.

2) 할인회수기간법

할인회수기간(discounted payback)은 유입현금흐름을 적절한 할인율로 할인한 현가합계금액이 초기투자지출액과 일치할 때의 시점 또는 기간을 말한다. 이는 위에서 예를 든 A와 B투자안에서 보듯이 일반적인 회수기간법에 의한 문제점을 해결하기 위해서 나온 투자결정기법이다. 의사결정기준은 할인회수기간이 짧을수록 더 나은 투자안이고, 만약 회사가 정한 목표투자회수기간과 비교하여 할인회수기간이 짧은 투자안은 채택된다.

위에서 예를 든 A안과 B안의 할인회수기간을 계산해 보면 A안은 4.26년, B안은 회수기간 자체가 없다. 즉, B안은 초기투자지출액은 회수하지 못한다는 뜻이다.

할인회수기간은 뒤에서 설명할 NPV(순현가)와 같은 계산과정을 거친다. 특징

〈표 6-2〉 할인회수기간 계산 예(할인율 10%)

기간	A안(4.26년)			B안(회수 못함)		
	정상현금흐름	할인현금흐름	누 적	정상현금흐름	할인현금흐름	누 적
0	−1,000	−1,000		−1,000	−1,000	
1	300	272.73		200	181.82	
2	300	247.93	526.66	300	247.93	429.75
3	300	225.39	746.05	500	375.66	805.41
4	300	204.90	950.95			
5	300	186.28	1,137.23			

적인 면을 보면 A투자안은 할인회수기간을 지나면 양의 NPV가 발생한다. 할인회수기간은 NPV가 0이 되는 시점이다. 따라서 B투자안과 같이 할인회수기간이 계산되지 못하는 투자안은 NPV가 마이너스(음)라는 의미가 된다.

이론적으로 할인회수기간은 보통의 회수기간의 단점을 보안하는 나은 기법으로 보인다. 그러나 실무적으로 할인회수기간은 그렇게 많이 쓰이지 않는다. 왜냐하면, 할인회수기간을 계산하느니 차라리 순현가(NPV)를 계산하는 것이 훨씬 명백하고 우월한 투자의사결정의 방법이기 때문이다. 두 방법의 이론적 근거가 할인현금흐름(DCF)에 기인하므로 이용면에서 상호 · 보관적으로 결과를 확인하는 것으로 만족해야 할 것 같다.

3) 평균회계적 이익률법

평균회계적 이익률법(또는 회계적 평균이익률법이라고도 함: average accounting rate of return: AAR)은 연평균 순이익을 연평균 투자액으로 나눈 평균이익률을 기준으로 투자의사결정을 하는 방법이다. 이 방법은 사용이 간편하며 회계장부상의 자료를 직접 사용할 수 있는 장점을 가진다. 반면 현금의 흐름이나 화폐의 시간가치를 무시하는 점, 투자판단의 기준이 되는 기업내부설정이익률이 자의적이고 확실한 근거가 없다는 점 그리고 감가상각방법의 차이에 따른 평균이익률의 변동 등의 문제점이 있다. 따라서 이 방법은 투자의사결정의 보조수단으로서 유용성을 갖는다.

투자의사결정 판단기준은 단일 투자안의 경우, 각 투자안의 기업내부에서 설정한 기준 평균이익률과 계산한 평균회계이익률을 비교하여 판단한다. 두 개 이상의 투자안을 평가할 경우에는 각 투자안의 평균이익률을 상호 비교함으로서 투자안의 타당성 및 우선순위를 결정한다.

$$\text{평균회계적 이익률} = \frac{\text{연평균 순이익}}{\text{연평균 투자액}} = \frac{\text{연평균 순이익}}{\text{총 투자액}/2} \tag{6-1}$$

$$= \frac{\text{연평균 순이익}}{(\text{기초장부가치} + \text{기말장부가치})/2}$$

$$\text{연평균 순이익} = \frac{\text{순이익의 합}}{\text{투자수명}}$$

$$\text{연평균 투자액} = \frac{\text{매년 말 장부가치의 합}}{\text{투자수명} + 1}$$

| 예제 6-2 | 초기투자지출액은 4,000만원이고 5년간의 투자수명을 가진 투자안의 유입현금흐름은 매년 1,100만원이다. 초기고정자산투자의 5년 후 잔존가치는 0이고 감가상각방법은 직선법이다. 현금유입흐름 중 순이익은 매년 600만원이다. 이 투자안의 회계적 평균이익률을 구하라.

풀이

년	투자지출금액	유입현금흐름	감가상각비	순이익
0	-4,000			
1		1,100	800	300
2		1,100	800	300
3		1,100	800	300
4		1,100	800	300
5		1,100	800	300

초기고정자산투자의 5년 후 잔존가치가 0이므로, 직선법의 감가상각법에 의하면, 매년의 감가상각비는 4,000÷5=800원이다. 유입현금흐름=감가상각비+순이익이므로 1,100=800+300이다. 따라서 매년의 순이익은 300원이다. 한편, 고정자산의 장부가격은 매년의 감가상각비 800원을 고려하면, 매년 각각 4,000, 3,200, 2,400, 1,600, 800 그리고 0이다. 따라서 연평균투자액은 (4,000+3,200+2,400+1,600+800+0)/6=2,000원이다. 간편하게 하면, (초기장부가치+기말장부가치)/2=(4,000+0)/2=2,000원이다.

연평균 투자액은 4,000만원/2=2,000만원이고 연평균 순이익은 300만원이다. 따라서 회계적 평균이익률은 연 15%이다.

$$\text{회계적 평균이익률} = \frac{300}{4,000/2} = 15\%$$

제 2 절 현금흐름할인법

1) 순현가(NPV)법

순현가(NPV: Net Present Value)법은 투자안에 대한 미래 현금흐름을 기업의 최저필수수익률로 할인한 순현가를 기준으로 투자안의 의사결정을 하는 기법이다.

순현가는 유입현금흐름의 현가에서 지출현금흐름의 현가를 뺀 순(net)금액이다.

예를 들어, 김대리가 현재 중고차 시세로 1,000만원으로 평가되고 있는 자가용을 처분하려 한다고 하자 그는 현재 소유하고 있는 자가용을 보다 나은 가격으로 중고시장에 팔기 위해 흠이 간 부분을 고치고, 낡고 오래된 시트를 바꾸며 부품을 신품으로 교체하는 등 총수리비용으로 300만원을 지출했다고 하자.

그 결과, 일반적으로 평가된 시세보다 더 높은 1,500만원으로 판매할 수 있었다고 하자. 그는 결과적으로 1,000만원 가치의 차를 1,500만원으로 판 셈이다. 이 경우 총수리비용 300만원을 투자하여 500만원을 더 받을 수 있었으므로 그의 재산가치는 200만원으로 늘어났다. 즉, 그가 중고자동차에 투자한 비용은 300만원이지만 증가된 판매가격은 500만원이므로 그 차액 200만원은 차 수리에 투자한 결과 발생한 부가가치이다. 투자로 인하여 발생하는 부가가치가 바로 순현가이다. 이 부가가치가 양이면 그 투자는 투자가치가 있고, 반대로 음이면 투자가치가 없다. 이 예에서 보듯이 순현가는 증가된 가치에서 투입된 지출금액을 뺀 금액이다.

여기서 김대리는 투자위험을 안고 있다. 즉, 과연 수리에 투자한 비용보다 높게 차값을 받을 수 있는가이다.

이 중고차 투자안에서 지출한 원가는 분명히 알 수 있으나 중고차 가격은 불확실하다. 특히 중고차 시장 자체가 형성되지 않는 지방이나 소도시에서 차값은 더욱 불확실하다.

이 논리를 자동차 제조회사로 확대하여 보자. 자동차 제조 · 생산에는 몇 년의 투자기간이 필요하고 투자금액은 천문학적으로 크며 또한 생산된 자동차가 과연 팔릴지는 더욱 불확실하다. 이러한 불확실성하에서 오늘도 자동차회사들은 매년 새로운 모델의 신형차를 생산하고 있다.

투자지출기간이 한 기간이 아니라 여러 해이고, 그 결과 발생하는 유입현금흐름 발생기간이 여러 해인 경우 투자지출액과 유입현금흐름 모두 현재가치로 환산한 후 순현가를 계산해야 한다.

$$NPV = \text{현금유입흐름의 현가합계} - \text{투자지출액}$$

$$= \sum_{t=0}^{n} \frac{CI_t}{(1+K)^t} - \sum_{t=0}^{n} \frac{CO_t}{(1+K)^t} \qquad (6\text{–}2)$$

여기서, CI: 현금유입흐름, CO: 현금지출흐름, K: 최저필수수익률, t: 투자기간

단일투자안의 경우에는 순현가가 양인 투자안은 경제적 타당성을 인정하게 된다. 두개 이상 투자안의 경우에는 순현가가 큰 투자안을 선택하게 된다. 상호배타

적 투자안에 대해서는 $NPV > 0$이면서 보다 높은 NPV를 가진 투자안을 택한다.

| 예제 6-3 | 초기투자지출액은 4,000만원이고 5년간의 투자수명을 가진 투자안의 유입현금흐름은 매년 1,100만원이다. 이 투자안의 순현가를 구하라. 연도별 금액은 영업현금흐름(=순이익+감가상각비)이고 할인율은 10%이다.

CF	-4,000	+1,100	+1,100	+1,100	+1,100	+1,100
년	0	1	2	3	4	5

풀이 순현가 $NPV = \sum_{t=1}^{5} \frac{1,100}{(1.1)^t} - 4,000$

$= 1,100(3.791) - 4,000$

$= 170$(만원)

결론: NPV > 0이므로 투자안은 투자가치가 있다.

NPV 170만원의 의미: 170만원의 NPV는 위의 투자안을 수락함으로써 이 기업의 주주의 자산가치가 170만원만큼 증가됨을 뜻한다. 또한 이것은 투자결정이 이루어짐과 동시에 발생될 수 있는 부가가치라고 할 수 있다.

투자안의 NPV가 0보다 큰 170만원이라면 그 투자계획은 투자할 만한 가치가 있다. 그러나 최종적으로 투자를 결정하기 전에 다시 한 번, NPV계산에 필요한 투입요소인 현금유입흐름(CF)과 할인율(r)에 대한 검증이 필요하다.

또한 이 NPV는 향후 미래 전망에 대한 여러 검토안 중 가장 보편적이고 발생가능성이 높은 경우의 결과물임을 확인해야 한다. 즉, 이러한 NPV가 나오기 위해 무수한 가정을 세우고, 최악의 경우는 물론 가장 낙관적인 경우 까지를 검토해 보았으나 가장 가능성이(most likely) 높은 경우에 이러한 결과가 나온 것이라는 것을 인정해야 한다. 그런 인정 후에야 투자안을 채택할 수 있다.

어떤 기업에서 여러 투자안을 집행한 결과 각 투자안에서 양의 NPV가 발생한 경우 NPV의 합계만큼 주주 가치가 증가한다고 볼 수 있다. 이와 같이 여러 투자안의 경우 각 투자안의 NPV 합계는 각 투자안의 가치의 합계라고 볼 수 있는데 이를 가치합산의 원칙(principle of value additivity)이라고 한다. 예를 들면, A 투자안의 NPV가 170만원, B 투자안의 NPV가 100만원이면 가치합산의 원칙에 의해 A와 B 두 투자안을 모두 집행하는 회사의 가치 증분은 170+100=270만원이 된다.

2) 내부수익률법

(1) 내부수익률법의 개념과 의사결정

순현가법에서 예를 든 김대리의 중고자동차 수리비용 투자와 관련, 내부수익률의 개념을 설명해 보자. 김대리는 현재 타고 다니는 중고자동차에 300만원을 투자, 외부 흠난 곳을 고치고, 내부 카시트(car seat)를 바꾸며, 엔진부품을 교체하려고 한다. 현재 그의 중고자동차는 1,000만원으로 평가되고 있다. 그는 이렇게 하여 고친 자동차를 1년 더 타고 다닌 후 1,350만원에 판매할 예정이다. 이와 같이 그가 300만원의 수리비용을 투자하여 1년 후 350만원을 더 받을 수 있다면 그의 수익률은 $300(1+r)=350$에서 $r=16.67\%$이다.

만약 그 당시의 금리가 10%라면 김대리는 대출을 받아서라도 자동차를 수리하는 게 낫다.

여기서 수익률 16.67%는 내부수익률과 같다. 내부수익률은 수리비용과 증분가치를 일치시키는 할인율이다. 이 경우 순현가(NPV)는 0이 된다. 내부수익률을 IRR이라고 하면, IRR은 다음 식에서 16.67%이다.

$$NPV=-300+\frac{350}{1+IRR}=0$$

$$300=\frac{350}{1+IRR}$$

$$300(1+IRR)=350$$

$$\therefore\ IRR=16.67\%$$

내부수익률(IRR: Internal Rate of Return)법은 투자로 인해 유입된 미래의 기대 현금유입의 현가와 투자에 지출되는 예상 현금지출의 현가를 동일하게 하는 할인율인 내부수익률을 기준으로 투자안의 경제성을 평가하는 기법이다.

NPV계산에서와 마찬가지로 투자지출기간이 여러 해이고, 그 결과 발생하는 유입현금흐름 빌생기간이 여러 해인 경우 투지지출액과 유입현금흐름 모두 현재가치로 환산한 후 IRR을 계산해야 한다.

$$\sum_{t=0}^{n}\frac{CO_t}{(1+r)^t}=\sum_{t=1}^{n}\frac{CI_t}{(1+r)^t} \qquad (6\text{–}3)$$

현금지출의 현가=현금유입의 현가

여기서, CO: 지출현금흐름, CI: 유입현금흐름, r: 내부수익률(IRR), t: 투자기간

내부수익률을 수작업(manual)으로 정확히 계산하기에는 상당한 시간과 노력이 필요하다. 투자안의 수익률 개념인 내부수익률은 투자기간이 두 기간에 걸쳐 이루어질 경우에는 쉽게 이해되고 계산도 간단하다. 그러나 투자기간이 세 기간 이상에 걸쳐 이루어질 경우에는 화폐의 시간가치를 고려해야 하므로 계산이 어려울 뿐 아니라 이해가 쉽지 않다. 간단한 예로 두 투자안 A와 B의 내부수익률을 계산해 보자.

투자안 A와 B는 현재 똑같이 1,000,000원의 투자액이 소요되나 이로부터 발생하는 수익, 즉 현금흐름은 다음과 같이 다르다.

투자안 A	t=0	t=1	투자안 B	t=0	t=1	t=2
현금유출	-3,000,000		현금유출	-1,000,000		
현금유입		3,500,000	현금유입		600,000	700,000

투자안 A와 B의 IRR은 다음과 같이 투자안이 갖는 현금흐름의 순현재가치를 '0'으로 만드는 할인율이다.

투자안 A: 순현재가치: $NPV = -3,000,000 + \frac{3,500,000}{1+IRR} = 0$

여기서, $IRR = 16.67\%$

투자안 B: 순현재가치: $NPV = -1,000,000 + \left\{ \frac{600,000}{1+IRR} + \frac{700,000}{(1+IRR)^2} \right\} = 0$

여기서, $IRR = 18.88\%$

투자안 B의 내부수익률 계산은 두 기간에 걸쳐 현금유입이 발생하므로 암산이나 단순한 계산기로는 어렵다. 이 경우에는 2차 방정식 또는 그 이상의 고차 방정식에 의해 풀 수 있다. 그러나 최근에는 재무금융 전용계산기(예를 들면, HP 12C)나 EXCEL 그리고 스마트폰 모바일 앱(app)에 의해 신속 정확히 IRR을 계산해 낼 수 있게 되었다. 따라서 IRR 계산 그 자체는 아무런 어려움이 없다(google에서 검색어 irr calculator으로 검색, app.을 선택하여 투입변수입력).

내부수익률(IRR) 계산에서 예를 든 투자안 B에서 NPV과 할인율과의 관계를 다시 한 번 나타내보자. 자본비용은 10%라고 가정한다. 투자안 B에서 IRR은 18.88%이다. IRR이 자본비용 10%보다 클 경우 $NPV > 0$이고, 그 반대도 성립한다.

NPV의 크기와 할인율과의 관계를 그래프로 표시한 도표를 NPV 프로파일(profile)이라 한다. [그림 6-1]은 NPV 프로파일을 나타낸다.

〈표 6-3〉 NPV와 할인율(투자안 B의 경우)

할 인 율(%)	NPV(원)	비 고
0	300,000	
10	129,940	NPV〉0
18	11,240	
18.88	0	IRR
19	−1,480	NPV〈0
20	−13,940	

[그림 6-1] NPV 프로파일

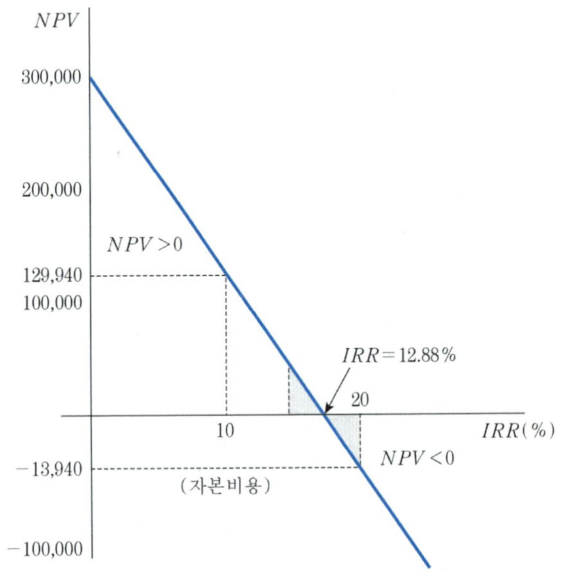

IRR에 의한 투자안의 의사결정기준은 단일 투자안의 경우에는 내부수익률을 최저필수수익률과의 비교하여 내부수익률이 최저필수수익률보다 클 경우 그 투자안을 선택한다. 두 개 이상 투자안의 경우에는 각 투자안의 내부수익률 간의 상호 비교에 의해 투자안의 타당성 및 우선순위를 결정한다.

| 예제 6-4 | 초기투자지출액은 4,000만원이고 5년간의 투자수명을 가진 투자안의 유입현금흐름은 매년 1,100만원이다. 이 투자안의 내부수익률을 구하라. 연도별 유입금액은 현금흐름(=순이익+감가상각비)이다.

CF	-4,000	+1,100	+1,100	+1,100	+1,100	+1,100
년	0	1	2	3	4	5

풀이 $4,000 = \frac{1,100}{(1+r)} + \frac{1,100}{(1+r)^2} + \cdots\cdots + \frac{1,100}{(1+r)^5}$

EXCEL을 이용해서 *IRR*을 구하거나 또는 Hewlett-Packard(HP) 12C 재무용 계산기 그리고 google 모바일 앱(app)으로 *IRR*을 구하면 *IRR*은 약 11.65%이다. 이는 투자안의 최저필수수익률 10%보다 높으므로 채택 가능하다.

참고: google에서 검색어 irr calculator으로 검색, app.을 선택하여 투입 변수입력.

(2) 수정내부수익률법

수정내부수익률(modified internal rate of return: MIRR)은 투자안의 투자지출액의 현가와 현금유입액의 투자종료시 가치(terminal value)의 현가를 일치시키는 할인율이다. 수정내부수익률법은 투자기간에 발생한 현금흐름이 자본비용으로 재투자된다고 가정하므로 내부수익률로 재투자된다고 가정하는 내부수익률법보다는 타당한 결과를 나타낸다. 그러나 투자규모가 현저히 다른 상호배타적인 투자안이 경우에는 순현재가치법과 상충되는 결과를 나타낼 수 있다. 수정내부수익률 개념은 다음과 같이 나타낼 수 있다.

투자지출액의 현가=투자종료시 가치의 현가

$$\sum_{t=0}^{n} \frac{I_t}{(1+k)^t} = \frac{\sum_{t=1}^{n} CF_t (1+k)^{n-t}}{(1+MIRR)^n} \tag{6-4}$$

MIRR: 수정내부수익률

투자종료시 가치는 투자기간 동안에 발생하는 현금유입액을 투자기간 말에 평가한 미래가치이다. 이때 투자기간 중에 발생한 현금유입액은 자본비용으로 재투자된다. 따라서 계산된 수정 내부수익률이 자본비용보다 크면 그 투자안은 수락되는 것이다.

기본적으로 *MIRR*을 *IRR*과 똑같은 개념, 즉 투자지출액과 현금흐름의 미래가치를 일치시키는 할인율에서 도출되었다. 그러나 해석과 유용성은 전혀 다르다.

우선 현금흐름을 자본비용으로 기말까지 복리계산(compounding)하는 것은 IRR의 원리개념과 다르다. 엄밀히 말해서 *MIRR*은 *IRR*이 아니다. 그리고 굳이 현금흐름을 자본비용이든 특정한 수익률로 재투자할 이유가 없다. 즉, 현금흐름을 변형할 이유가 없는 것이다. 또한 *MIRR*은 가장 큰 장점으로서 복수의 *IRR*이 발생하는 문제점을 해결한다고 하였다. 그러나 복수의 *IRR*이 발생하는 투자안이 있으면 *MIRR*로서 해결책을 찾기보다는 *NPV*방법을 써서 투자안의 기각 또는 채택을 판단해야 한다.

| 예제 6-5 | ABC회사의 현금흐름은 다음과 같고 자본비용은 10%이다. *MIRR*을 계산하고 투자가치를 평가하라(단위: 천원).

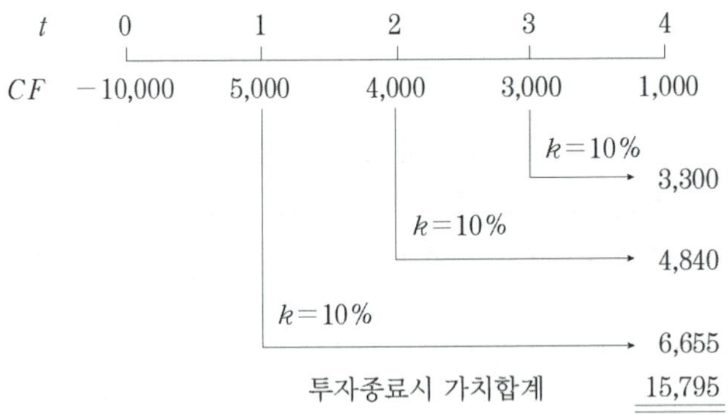

$$10{,}000=\frac{15{,}795}{(1+MIRR)^4}$$

$$MIRR=\left(\frac{15{,}795}{10{,}000}\right)^{\frac{1}{4}}-1=12.1\%$$

$MIRR=12.1\% > k=10\%$이므로 이 투자안은 수락될 수 있다.

이를 재무함수를 이용하여 산출하면 다음과 같다.

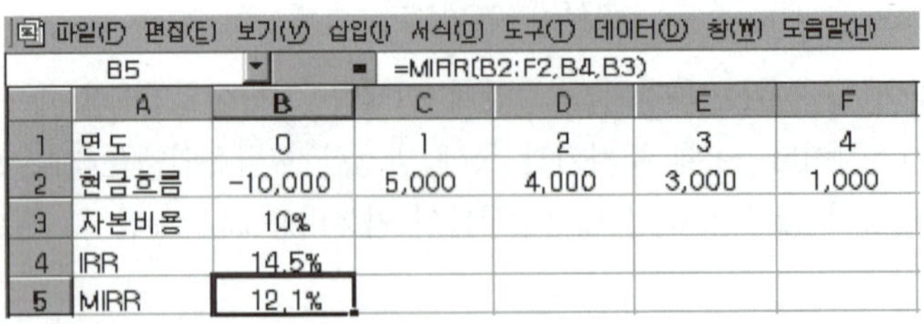

파일(F) 편집(E) 보기(V) 삽입(I) 서식(O) 도구(T) 데이터(D) 창(W) 도움말(H)

B5 =MIRR(B2:F2,B4,B3)

	A	B	C	D	E	F
1	연도	0	1	2	3	4
2	현금흐름	-10,000	5,000	4,000	3,000	1,000
3	자본비용	10%				
4	IRR	14.5%				
5	MIRR	12.1%				

3) 수익성지수법

수익성지수(profitability index: PI)법은 총 투자규모가 다른 두 개 이상의 투자안을 비교할 경우에는 순현가 절대액 간의 비교는 무의미하므로 이를 보완하기 위해 사용하게 된다. 수익성지수는 기본적으로 *NPV* 방법과 비슷한데 순현금유입의 현가를 총투자지출액의 현가로 나눈 값이다. 수익성지수가 1보다 큰 경우 그 투자안은 선택 가능하다. 수익성지수가 1보다 크다는 것은 순현금유입의 현가가 총투자지출액보다 크다는 의미이고 이는 곧 순현가(*NPV*)가 0보다 크다는 뜻이다. *NPV* 방법은 절대 금액으로 표시되므로 투자안의 규모가 클수록 크게 되는 소위 규모 바이어스(size bias)를 가져오지만, 수익성지수법에서는 투자규모가 투자가치의 평가에 영향을 미치지 않는 장점을 가지고 있다.

【 전통적 자본예산기법 】

<table>
<tr><th colspan="2">분 류</th><th>의 의</th><th>의사결정기준</th><th>장 점</th><th>단 점</th></tr>
<tr><td rowspan="2">전통적 기법</td><td>회수기간법
(PB: payback period)</td><td>회수기간= $\frac{\text{기간별 현금유입흐름}}{\text{현금유출흐름}}$
투자에 소요되는 모든 비용이 회수되는데 걸리는 시간</td><td>채택:
회사가 설정한 기간 > PB
거부:
회사가 설정한 기간 < PB</td><td>1. 간단, 이해가 쉽다.
2. PB가 짧을수록 위험이 작다.
3. 유동성 중심의 분석
4. 진부화, 위험 측정
5. PB의 역수=내부수익률</td><td>1. 수익성 보다는 시간성 중시
⇨ 돈의 시간적 가치 무시
2. 회수기간 이후 현금흐름무시
3. 설정기간이 주관적임</td></tr>
<tr><td>회계적 평균 이익률법
(ARR: accounting rate of return)</td><td>회계적 평균이익률
$\frac{\text{연평균순이익}}{\text{연평균투자액}}$
$\frac{\text{연평균순이익}}{\text{총투자액/2}}$
$\frac{\text{연평균순이익}}{\text{(초기비용+잔존가치)/2}}$</td><td>채택:
회사설정 이익률 < ARR
거부:
회사설정 이익률 > ARR</td><td>1. 간단, 이해하기 쉽다.
2. 회계장부자료 이용</td><td>1. 돈의 시간적 가치무시
2. 현금흐름을 무시 ⇨ 장부상(회계상) 이익만을 고려</td></tr>
</table>

$$PI = \frac{\text{순현금유입의 현가}}{\text{총투자액의 현가}} \tag{6-5}$$

수익성지수는 건설업이나 공공사업에서 널리 쓰이는 BC비율(Benefit/Cost)과 비슷한 개념이다.

【 DCF자본예산기법 】

<table>
<tr><th colspan="2">분 류</th><th>의 의</th><th>의사결정 기준</th><th>장 점</th><th>단 점</th></tr>
<tr><td rowspan="3">현금흐름할인법
-DCF법-</td><td>순현가법
(NPV)</td><td>순현가=
현금유입의 현가−
현금유출의 현가
$\sum_{t=1}^{n}[\text{현금유입}/(1+k)^t]-$
$\sum_{t=1}^{n}[\text{현금유출}/(1+k)^t]$</td><td>채택:
$NPV > 0$
거부:
$NPV < 0$</td><td>1. 돈의 시간적 가치고려
2. 순이익보다는 현금흐름을 중시
3. 기업목표에 적합
4. (IRR)복수의 IRR존재
5. 자본비용으로 재투자된다고 가정
6. 가치부가의 원칙가능</td><td>1. 자본비용 (K: 할인율)이 정확해야 함
2. 상대적 우선 순위 고려가 불가능</td></tr>
<tr><td>내부
수익률법
(IRR)</td><td>내부수익률=현금유입의 현가와 현금유출의 현가를 같게 해주는 할인율
$\sum\frac{\text{현금유입}_t}{(1+IRR)^t}=$
$\sum\frac{\text{현금유출}_t}{(1+IRR)^t}$</td><td>채택:
$IRR > k$
거부:
$IRR < k$
(k: 자본비용)</td><td>1.2.는 NPV법과 동일
3. 채권의 만기수익률과 유사함⇨자본비용과 비교가 가능
4. 미리 자본비용을 결정해야 할 필요가 없음
5. 자본비용계산 시간절약</td><td>1. 두개 이상의 IRR 존재
2. 재투자비율 가정의 비현실성 (IRR로 재투자)
3. 가치부가원칙이 불가능
4. 자본배분시 사용 불가능</td></tr>
<tr><td>수익성
지수법
(PI)</td><td>수익성지수=
$\frac{\text{현금유입흐름의현가}}{\text{현금유출흐름의현가}}$
$\frac{\sum[\text{현금유입}/(1+K)^t]}{\sum[\text{현금유출}/(1+K)^t]}$</td><td>채택:
$PI > 1$
거부:
$PI < 1$</td><td>1.2.는 NPV법과 동일
3. 투자안의 우선순위를 상대적으로 표시 (NPV법은 절대적으로 표시)</td><td>1. 자본비용(k: 할인율)이 정확해야 함
2. 투자규모가 큰 투자안을 기각시킬 가능성이 있음(상대적 우선순위만을 고려하기 때문임)</td></tr>
</table>

| 예제 6-6 | 다음과 같은 투자안의 수익성지수를 구하라. 연도별 금액은 현금흐름(=순이익+감가상각비)이고 할인율은 10%이다.

CF	-4,000	+1,100	+1,100	+1,100	+1,100	+1,100
년	0	1	2	3	4	5

풀이 유입현금흐름 현가 $PV = \sum_{t=1}^{5} \frac{1,100}{(1.1)^t}$

$= 1,100 \times 3.791 = 4,170$(천원)

$$\text{수익성지수} = \frac{\text{현금유입 현가}}{\text{투자액 현가}} = \frac{4,170}{4,000} = 1.0425$$

결론: PI〉1이므로 투자안은 투자가치가 있다.

제 3 절 NPV법과 IRR법의 비교

1) NPV법과 IRR법의 관계

IRR은 NPV법의 관점에서 보면 순현가를 0으로 하는 할인율이 된다. 아래 식에서 r은 IRR이다. 이때 NPV값은 0이 된다.

$$NPV = \sum_{t=1}^{n} \frac{CI_t}{(1+r)^t} - \sum_{t=0}^{n} \frac{CO_t}{(1+r)^t}$$
$$= \text{현금유입의 현가} - \text{현금지출의 현가} = 0 \qquad (6\text{–}6)$$

순현가는 할인율(k 또는 자본비용이라고 함)이 증가할수록 줄어드는데 $NPV=0$이 되는 할인율이 IRR(또는 r로 표시)이 되는 셈이다. 따라서 어떤 투자안의 IRR이 자본비용(k)보다 클 때 이 투자안의 NPV를 구하면 이는 반드시 양(+)의 값이 된다. 따라서 이 같은 투자결정에 있어서는 경영자는 두 방법 중 어느 방법을 택하여도 괜찮다.

2) 양 방법의 비교

*NPV*법이나 *IRR*법은 독립적 투자안을 심사할 때 모두 동일한 투자결정결과가 나오므로 서로 반대되는 결과가 나오는 경우가 없다. 그러나 둘 중 반드시 한 개만 선택하는 상호배타적인 투자안을 비교 평가할 때는 서로 반대되는 결과가 나오는 경우가 있다.

구체적인 예를 들어 보면, A와 B 두 투자안 중 어느 하나를 선택할 경우 *NPV*법으로는 A투자안이 선택되지만, *IRR*법으로는 B투자안이 선택될 수 있다.

이처럼 두 방법이 서로 반대인 결론을 도출시키는 이유는, *IRR*은 평균치인 비율(%)인 데 반하여 *NPV*는 절대치 금액으로 나타나기 때문이다. 비율과 절대치는 경우에 따라 매우 큰 차이가 있다. 예를 들어 오늘 100원이 내년에 200원이 된다고 할 때 이 투자안의 *IRR*은 100%라는 높은 수익률이 되지만, *NPV*는 100원에 불과하다. 구체적으로 투자 우선순위 결정에 있어 두 방법이 서로 반대인 결론을 가져오는 경우는 지금 얘기한 투자 규모가 다른 경우 말고도 현금흐름의 양상이 다른 경우, 그리고 투자의 수명이 서로 다른 경우이다.

(1) 투자규모가 서로 크게 다른 경우

여기서는 투자의 수명은 같고 다만 투자규모가 서로 크게 다른 경우 두 방법에 의한 투자 우선순위가 서로 달라지는 경우를 본다. 예를 들어, A, B 투자안은 투자 수명이 3년으로 같고 할인율도 10%로 같은데 다만 초기투자액이 각각 100만원과 200만원이다. 물론 이에 따라 3년간 매년 유입현금흐름은 틀리다. 이와 같은 경우 두 투자안의 *NPV*와 *IRR*을 각각 계산하면 아래 표와 같다.

A와 B 두 투자안의 *NPV*를 보면 둘 다 양(+)이고 또 IRR의 경우 둘 다 할인율인 자본비용 10%보다 높다. 따라서 만약 두 투자안이 각각 독립적이라고 가정하면 둘 모두 적절한 투자안으로 채택될 수 있다.

그러나 두 투자안 중 어느 한 투자안을 선택하게 될 경우 *NPV* 기준으로는 B투자안을 선택하고, *IRR* 기준으로는 A투자안을 선택하게 된다. 왜냐하면, A투자안이 B투자안보다 *IRR* 값이 더 크고, B투자안의 *NPV*가 A투자안의 *NPV*보다 크기 때문이다.

투자안의 할인율과 *NPV* 관계를 x와 y의 좌표축에 나타낼 수 있다. 할인율

〈표 6-4〉 투자규모가 서로 다른 두 투자안의 NPV와 IRR 비교(자본비용 10%)

(단위: 백만원)

투자안	0	1	2	3	*NPV*	*IRR*
A	-100	30	50	60	13.67	16.79%
B	-200	70	90	100	20.66	15.35%

을 x축에 두고, *NPV*를 y축으로 하여 할인율의 크기에 따라 *NPV*값을 도표화한 그림을 *NPV* 곡선이라 한다. *NPV* 곡선은 할인율이 작을수록 *NPV* 값이 크고, 할인율이 클수록 *NPV* 값이 작으므로 우하향하는 곡선이 된다. 이들 두 투자안에 대해 적용되는 할인율(자본비용)이 10%, 12%, 13.78% 15.35%, 그리고 16.79%로 달라질 때의 *NPV*를 구해보면 다음과 같다.

	k	10%	12%	13.78%	15.35%	16.79%
A투자안	*NPV*	13.67	9.35	5.72	2.68	0
B투자안	*NPV*	20.66	12.54	5.72	0	-5.03

위의 예에서 A와 B 투자안의 *NPV* 곡선을 그리면 아래 [그림 6-2]와 같다. 두 투자안의 *NPV* 곡선이 교차하는 점을 피셔의 점(Fisher's point)이라고 하는데 이 점은 두 투자안의 *NPV*를 같게 하는 할인율이다. 이 할인율을 계산하는

[그림 6-2] 투자규모가 서로 다른 Ⓐ와 Ⓑ 상호배타적 투자안의 순현가곡선

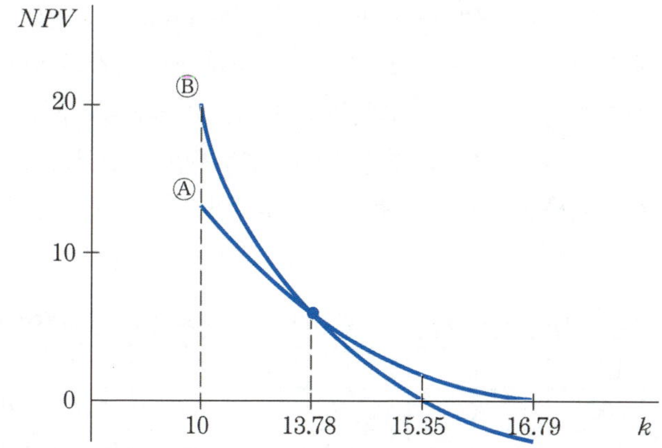

〈표 6-5〉 투자규모가 서로 다른 두 투자안의 현금흐름 차이(자본비용 10%)

현금흐름 차이(B-A)	0	1	2	3	*NPV*	*IRR*
	-100	40	40	50	6.93백만원	13.78%

방법은 같은 기간별로 두 현금흐름의 차이를 구하여 제로(0) 시점의 최초투자금액과 이후 현금흐름의 차이를 같게 해주는 내부수익률을 구하면 된다. 〈표 6-5〉은 A와 B 두 투자안의 현금흐름의 차이를 같은 기간별로 계산한 것이다.

〈표 6-5〉의 식에서 0 시점에서의 최초 투자액을 음의 값으로 하는 것이 현금유출의 의미를 가지기 때문에 B투자안의 현금흐름에서 A투자안의 현금흐름을 차감하였다. 그러나 그 반대로 해도 결과는 마찬가지지만 해석상 혼란스러울 수 있다.

두 투자안의 현금흐름 차이로 *NPV*와 *IRR*을 계산한 결과는 각각 6.93백만원과 13.78%이다. 피셔의 점 13.78%는 두 투자안의 *NPV*를 같게 하는 할인율이다. 따라서 *NPV*법에 의하면 할인율이 13.78% 이하이면 B투자안이 유리하고 할인율이 13.78% 이상이면 A투자안이 유리하다.

(2) 미래 현금흐름의 양상이 다른 경우

앞의 경우와 달리 두 투자안의 투자규모가 같고 또한 투자수명이 같더라도 미래 유입현금흐름의 양상이 매우 다를 경우 *NPV*법과 *IRR*법에 의한 투자 우선순위는 서로 다르게 나타날 수 있다. 투자지출액이 각각 100만원으로 같고 유입현금흐름이 다음과 같이 발생하는 두 투자안의 *NPV*와 *IRR*은 〈표 6-6〉과 같다.

A와 C 두 투자안의 *NPV*를 보면 둘 다 양(+)이고 또 *IRR*의 경우 둘 다 할인율인 자본비용 10%보다 높으므로 만약 두 투자안이 각각 독립적이라고 가정하면 둘 모두 적절한 투자안으로 채택될 수 있다. 그러나 두 투자안 중 어느 한 투자안을 선택하게 될 경우 *NPV* 기준으로는 C투자안을 선택하고, *IRR* 기준으로는 A투자안을 신댁하게 된다. 왜냐하면, A투자인의 *IRR*이 C투자인의 *IRR*보

〈표 6-6〉 현금흐름 양상이 서로 다른 두 투자안의 NPV와 IRR 비교(자본비용 10%)

투자안	0	1	2	3	*NPV*	*IRR*
A	-100	30	50	60	13.67백만원	16.79%
C	-100	0	0	155	16.45백만원	15.73%

다 더 크고, C투자안의 NPV가 A투자안의 NPV보다 크기 때문이다.

이 같은 상충되는 결론이 제시되는 근본이유는 NPV법과 IRR법의 재투자 수익의 가정(reinvestment assumption)이 다르기 때문이다. NPV법은 자본비용 수준으로 기간 중 현금유입액을 재투자할 수 있음을 가정한 것이고 IRR법은 내부 수익률 수준으로 재투자할 수 있음을 가정한 것이다.

3) NPV법의 우위성

이상의 예에서처럼 서로 반대되는 결론이 제시될 경우 NPV법과 IRR법 중에서 어느 방법에 따라 투자를 결정하여야 할 것인가? NPV법이 다음과 같은 근거에서 우수하므로 NPV법에 의한 투자결정이 바람직하다.

첫째, 기업가치의 극대화가 투자결정의 목표인데, NPV법에 의하여 측정되는 순현가는 바로 투자로부터 발생될 플러서(plus +) 부(富)의 증감액을 나타내므로 가장 적절한 평가방법이다. IRR이 높다고 해서 반드시 좋은 투자안이 아니다.

(1) NPV와 IRR 비교

| 예제 6-7 | 배타적 투자안 선택

둘 중 하나가 선택되는 투자안 A, B가 다음과 같은 현금흐름을 갖고 있다.

(단위: 만원)

기 간	0	1	2	3	4
A	-10,000	4,000	4,000	4,000	4,000
B	-10,000	0	0	0	20,000

(1) 각 투자안의 내부수익률을 계산하라

(2) 요구수익률을 10%로 가정할 때, 각 투자안의 순현재가치 NPV를 결정하라.

(3) 당신은 어느 계획안을 선택하겠는가? 당신의 의사결정에 어떠한 가정들이 적용되는가?

풀이 (1) A=21.86% B=18.92%(참고 google에서 irr calculator 이용)

(2) A투자안: $PVIFA(10\%,4) \times 4{,}000 = 3.17 \times 4{,}000 = 12{,}680$

A의 $NPV = 2{,}680$(참고 google에서 npv calculator 이용)

B투자안: $PVIFA(10\%,4) \times 20{,}000 = 0.683 \times 20{,}000 = 13{,}660$

B의 $NPV = 3{,}660$(참고 google에서 npv calculator 이용)

(3) B가 더 선호된다. 왜냐하면 B투자안은 A투자안보다 더 큰 순현재가치를 제공하기 때문이다. 상호배타적 투자안에서 선택기준은 내부수익률이 아니라 순현재가치이다.

둘째, *IRR*법에서는 두 개 이상의 *IRR*이 구해지는 경우와 *IRR*이 허수(-)인 경우가 있어서 기술적인 문제점이 많다. 이 경우 어느 *IRR*을 진정한 *IRR*로 볼 것인가에 대한 문제점이 발생한다.[1] 이러한 투자안을 평가할 때는 굳이 *IRR*법을 쓰기보다는 *NPV*법을 쓰면 된다. 두 개 이상의 *IRR*과 허수(-)의 *IRR*이 발생하는 투자안의 예를 들면 아래와 같다.

	CF_0	CF_1	CF_2
• 두 개의 *IRR*:	(-1,600	+10,000	-10,000)

IRR=25% 또는 400%

	CF_0	CF_1	CF_2
• 허수의 *IRR*:	(-1,000	+3,000	-2,500)

$$IRR=\frac{1\pm\sqrt{-1}}{2}$$

셋째, *NPV*법은 가치합산원칙(value additivity principle)이 적용되지만, *IRR*법은 적용되지 않는다. 예를 들어 A투자안의 *NPV*가 100원, *IRR*이 10%, B투자안의 *NPV*가 200원, *IRR*이 20%라고 하자. A, B 두 투자안을 선택하면 전체 *NPV*의 합은 300원이지만 *IRR*의 합은 30%가 아니다.

$$NPV(\text{A})+NPV(\text{B})=NPV(\text{A}+\text{B}):100\text{원}+200\text{원}=300\text{원}$$
$$IRR(\text{A})+IRR(\text{B})\neq IRR(\text{A}+\text{B}):10\%+20\%\neq 30\%$$

제 4 절 특별한 경우의 투자안 평가

투자안의 경제성 평가기법에 있어서 현금흐름 할인법이 가장 우수한 기법이

1) 여러 개의 *IRR*이 발생하는 투자안은 기간 중 현금흐름이 음(-)인 경우 많이 나타난다. 이 경우 하나의 *IRR*을 구하는 방법이 *MIRR* 계산방법이다. *MIRR*은 어느 경우에나 한 개만 존재한다.

라고 할 수 있다. 그러나 기업이 처해 있는 상황이나 개별투자안의 특성 때문에 투자평가시 특별히 고려되어야 할 문제들이 있다. 본 절에서는 이 가운데 투자기간이 서로 다른 경우, 자본제약 하의 투자결정문제, 인플레이션하의 투자결정문제 그리고 조정순현가법(*APV*: Adjusted Present Value)을 살펴본다.

1) 투자기간이 서로 다른 경우

*NPV*법에 의해 서로 다른 투자기간을 가진 투자안들을 평가할 경우 *NPV* 값을 비교해서는 안 된다. 왜냐하면, 투자기간이 서로 다르기 때문이다. 이 문제를 해결하기 위해서는 최소공배수법과 연간균등순현가법을 이용해야 한다. 최소공배수법은 두 기간의 최소공배수를 기준 기간으로 한 후 *NPV* 값을 비교한다. 연간균등순현가법은 투자 기간 중 일정하게 발생하리라 예상되는 순현가(*NPV*)의 크기를 비교하여 투자안의 채택, 기각 여부를 결정한다. 다음의 예제를 보자.

예제 6-8

(년)	투자안 A	투자안 B
0	-10,000	-2,000
1	4,000	2,700
2	4,000	2,700
3	4,000	
4	4,000	

먼저 단순히 각 투자안의 *NPV*를 구해 보자.
(참고 google에서 npv calculator 이용)
A투자안, 투자지출액 10,000만원, 향후 4년간 기중현금흐름 매년 4,000만원

$$NPV = 4{,}000 \times PVIFA(10\%,\ 4) - 10{,}000$$
$$= 4{,}000 \times 3.1699 - 10{,}000 = 2{,}680\text{만원}$$

B투자안, 투자지출액 1,000만원, 향후 2년간 기중현금흐름 매년 2,700만원

$$NPV = 2{,}700 \times PVIFA(10\%,\ 2) - 2{,}000$$
$$= 2{,}700 \times 1.7355 - 2{,}000 = 2{,}686\text{만원}$$

NPV 크기만을 비교해 보면, A투자안과 B투자안에 별 차이가 없는 것으로 보인다. 그러나 투자기간이 틀리기 때문에 단순히 *NPV* 크기만으로 두 투자안을

비교할 수 없다. 먼저 두 투자안의 최소공배수는 4년이므로 B투자안이 2년 더 복제되어 투자된다고 가정하면 B투자안의 NPV는 다음과 같이 최초 2년간의 NPV 2,686원과 그 다음 2년간 투자했을 때 2년 후 NPV 2,686원의 현가 $2{,}686 \times PVIF(10\%,\ 2) = 2{,}219$원의 합이다. 즉 4년간 B투자안의 현가는 $2{,}686 + 2{,}219 = 4{,}905$원이므로 A투자안의 현가 2,680원 보다 훨씬 크다. 따라서 B투자안이 채택된다.

연간균등순현가(AEA: Annual Equivalent Annuity)법은 투자기간 동안의 매년 균등한 금액의 순현가를 비교하는 것이다. 연간균등순현가는 다음과 같이 계산된다.

$$\text{연간균등순현가} = \text{순현가} \div \text{연금의 현가계수}$$

이와 같은 공식으로 각 투자안의 연간균등순현가를 계산하면 다음과 같다.

A투자안: $2{,}680 \div PVIFA(10\%,\ 4) = 2{,}680 \div 3.1699 = 845$만원
B투자안: $2{,}686 \div PVIFA(10\%,\ 2) = 2{,}686 \div 1.7355 = 1{,}548$만원

연간균등순현가의 크기를 비교해 보면, B투자안이 A투자안보다 훨씬 크다. 따라서 B투자안이 선택된다.

이와 같은 분석방법은 자산구입시에도 적용된다. 기계를 구입할 경우 최초 구입가격은 작지만 운영비가 많이 드는 기계가 있는가 하면 반대로 최초구입가격은 비싸지만 운영비가 적게 드는 기계도 있다. 여기에 두 기계의 수명이 틀린 경우에는 어느 기계가 더 나은 기계인지 판단하기 어렵다. 이 경우에 각 기계의 연간균등비용(AEC: Annual Equivalent Cost)을 계산하여 그 비용이 더 작은 기계를 선택한다.

다음의 예를 보자. 대규모 택배회사에서 포장용 기계 도입을 검토중이다. 여러 메이커(maker)들의 기계를 검토한 결과 C기계와 D기계가 최종적으로 선택대상이 되었다. C기계는 구입가격이 1,000만원이고 운영비가 매년 100만원이며 수명은 3년이다. D기계는 구입가격이 1,300만원이고, 운영비가 매년 50만원이며 수명은 4년이다. 이 두 기계 중 어느 기계를 구입하는 것이 비용을 줄이는 것인가? 아래에서 그 과정을 설명하겠지만, 두 기계의 연간균등비용(AEC)을 구해보면, C기계는 −502만원, D기계는 −460만원이다. 따라서 D기계 구입이 더 저렴하다.

C기계: 구입가격 1,000만원, 운영비 매년 100만원, 수명 3년
D기계: 구입가격 1,300만원, 운영비 매년 50만원, 수명 4년

각 기계의 지출 및 비용의 현가를 계산한다. 숫자에서 마이너스(−) 표시는 비용임을 나타낸다.

C기계: $-1,000+(-100)/1.1+(-100)/1.1^2+(-100)/1.1^3$
$=-1,248.7$만원

D기계: $-1,300+(-50)/1.1+(-50)/1.1^2+(-50)/1.1^3+(-50)/1.1^4$
$=-1,458.5$만원

각 기계의 연금의 순현가계수 $PVIFA_{D,i}$를 부록의 계수표에서 찾는다.

C기계: $PVIFA(3,\ 10\%)=2.4869$
D기계: $PVIFA(4,\ 10\%)=3.1699$

각 기계의 연간균등비용을 계산한다. 연간균등비용은 지출 및 비용의 현가를 각 기계의 연금의 순현가계수로 나눈 값이다. C기계의 연간균등비용 502만원, D기계의 연간균등비용은 460만원이다. D기계가 비용면에서 C기계보다 더 유리하다.

C기계: $AEC=-1,248.7\div 2.4869=-502.1\sim -502$만원
D기계: $AEC=-1,458.5\div 3.1699=-460.1\sim -460$만원

2) 자본제약 하의 투자안 평가

투자할 투자 대상은 많고 투자할 자본은 적을 때 투자의 우선순위를 결정해야 한다. 이러한 투자우선순위 결정과정을 자본할당(capital rationing)이라 한다. 자본제약 하의 투자결정방법으로는 수익성지수법 또는 선형계획법이 사용된다.

수익성지수법을 이용할 경우 투자결정과정은 우선 개별투자안의 수익성지수를 산출하여 우선순위를 정한다. 그리고 수익성지수가 1보다 큰 투자안을 대상으로 수익성지수가 높은 투자안부터 시작하여 투자자본의 한도에 이를 때까지 투자안을 조합하여 가장 큰 순현재가치를 제공하는 투자안을 선택한다. 다시 말하면, 수익성 지수를 이용하여 수익성 지수가 큰 순서대로 일단 투자안의 우선순위를 정한 후 NPV가 가장 큰 투자안의 조합을 선택한다.

각 투자안의 수익성지수를 투자비중에 따라 가중평균한 수익성지수가 가중평균수익성지수이다. 가중평균수익성지수($WAPI$: Weighted Average Profitability Index) 계산시 주의할 점은 구성된 투자안조합에 투자하고 남는 여유자금이 있는

경우에는 기회자본비용으로 자본시장에 투자할 수 있기 때문에 여유자금의 수익성 지수는 1이다. 따라서 가중평균자본비용 계산시 여유자금의 비중과 수익성지수를 고려하여야 한다. 각 투자안조합의 가중평균수익성지수를 구하여 가장 높은 가중평균수익성지수를 제공하는 투자안 조합을 선택하면 그 결과는 가장 큰 순현재가치를 제공하는 투자안의 조합이 된다.

| 예제 6-9 | 자본할당

스포츠 시설업체 (주)대림은 여섯 개의 투자안을 검토중이다. 이 목적을 위해 총 1,000,000천원의 자금이 할당되었다. 각 투자안의 투자금액과 수익성 지수는 다음과 같이 계산되었다. Project는 서로 독립적이다.

투자안 Project	투자금액(천원)	수익성 지수
1. 스키 lift #3의 확장	500,000	1.21
2. 스키 lift #4의 확장	150,000	0.95
3. 새로운 운동구점의 건설	350,000	1.20
4. 새로운 음식점의 개설	450,000	1.18
5. 주택시설의 추가	200,000	1.20
6. 실내 스케이트장의 건설	400,000	1.05

(1) 자본제약 조건 아래서, 어느 투자안이 채택되어야 하나? 예상 가능한 조합의 가중평균수익성지수를 계산해 보라.

(2) 그것이 최적전략인가?

풀이 (1) 가장 높은 수익성지수와 NPV의 합을 갖는 프로젝트조합을 선택하려면 프로젝트 1과 3을 조합한다. 이 경우 예산총액은 850,000천원 그리고 순현재가치의 합은 175,000천원이다.

Project	투자금액(천원)	수익성지수	순현재가치(천원)
1	500,000	1.21	105,000
3	350,000	1.20	70,000
합계	850,000		175,000

$$\text{가중평균수익성지수} = 1.21 \times \frac{500,000}{1,000,000} + 1.20 \times \frac{350,000}{1,000,000} + 1.00 \times \frac{150,000}{1,000,000} = 1.175$$

여기서 주의할 점은 분모가 반드시 예산총액 1,000,000천원이 되어야 하고, 또한 여유자금 150,000천원의 수익성 지수 1을 가중평균수익성지수 계산에 포함시켜야 한다는 점이다.

위와 다른 대안으로서 예산총액을 모두 이용하는 투자안 조합을 검토해 보자. 이 경우 가장 좋은 계획안인 프로젝트 1이 제외될 수 있다. 여기서는 프로젝트 3, 5 그리고 4를 조합하면 예산총액은 1,000,000천원 그리고 순현재가치의 합은 191,000천원이다.

Project	투자금액(천원)	수익성지수	순현재가치(천원)
3	350,000	1.20	70,000
5	200,000	1.20	40,000
4	450,000	1.18	81,000
합계	1,000,000		191,000

$$\text{가중평균수익성지수} = 1.20 \times \frac{350,000}{1,000,000} + 1.20 \times \frac{200,000}{1,000,000} + 1.18 \times \frac{450,000}{1,000,000} = 1.19$$

가중평균수익성지수가 1.19로서 더 큰 투자안 3, 4, 5의 조합이 바람직하다.

(2) 아니다. 자본할당 제약조건이 없다면 양의 NPV를 갖는 모든 프로젝트를 채택해야 한다.

3) 인플레이션 하의 투자안 평가

현금흐름할인법에서의 현가계산 원칙은 실질현금흐름은 실질할인율로 할인한다는 점이다. 마찬가지로 명목현금흐름은 명목할인율로 할인한다. 다음의 예를 보자.

| 예제 6-10 | (주)이테크 기업은 200만원의 투자 지출로 3년간 새로운 사업을 구상 중이다. 이 사업을 시작한 이후 현금흐름의 명목성장율은 8.15%로 예상되었고 기간 중 기대인플레이션은 3%로 예상되었다. (주)이테크 기업의 명목 자본비용은 12%이다. 다음과 같이 현금흐름이 예상되었을 때, 순현가를 계산하라.

기 간	현금흐름	실질(real)기준	명목(nominal)기준
		실질성장률=5%	명목성장률=8.15%
0	초기투자액	-200	-200
1	유입현금흐름	105	108
2	유입현금흐름	110	117
3	유입현금흐름	116	126

풀이 먼저 실질성장률과 실질기준 현금흐름을 계산한 후 각각의 기준에 맞게 순현가를 계산해야 한다.

실질성장률 = (1 + 0.0815)/1.03 − 1 = 5%

K기업의 실질할인율 = 1.12/1.03 − 1 = 8.74%

실질기준 순현가

$$= \frac{105}{1.0874} + \frac{110}{1.0874^2} + \frac{116}{1.0874^3} - 200 = 79.8$$

명목기준 순현가

$$= \frac{108}{1.12} + \frac{117}{1.12^2} + \frac{126}{1.12^3} - 200 = 79.8$$

위의 예에서 본 바와 같이 실질기준과 명목기준의 관계는 다음과 같다.

(1) 명목현금흐름, 실질현금흐름 그리고 실질성장률과의 관계
실질성장률
= (1 + 명목성장률)/(1 + 기대물가상승률) − 1
예 5% = (1 + 0.0815)/(1 + 0.03) − 1

(2) 명목할인율, 실질할인율 그리고 실질성장률과의 관계
실질할인율 = (1 + 명목할인율)/(1 + 기대물가상승률) − 1
예 8.74% = 1.12/1.03 − 1

---

4) APV방법

조정현가법(*APV*: Adjusted Present Value method)은 투자와 관련하여 발생하는 현금흐름을 그 발생 원천별로 분류하고 각 원천별 현금흐름의 *NPV*를 합해서 투자안의 가치를 평가한다. 부채를 사용하는 투자안의 *NPV*는 자기자본만을 사용할 경우의 *NPV*(base case *NPV*)에서 부채를 사용함으로써 발생하는 각종 효과의 *NPV*를 모두 합한 값이다.

부채사용 투자안의 가치(*APV*) =
100% 자기자본구조에서의 *NPV* + 부채사용으로 인한 *NPV*

조정현가법에서는 순현가법(*NPV*법)에 적용되는 가치합산의 원칙에 따라 부채사용으로 발생하는 모든 효과들의 NPV를 합해서 투자안의 가치를 평가한다. 이러한 가치들의 합을 조정현가(*APV*)라고 한다. 구체적으로 부채사용으로 인한 효과는 이자의 법인세 감세효과, 부채발행비용효과, 파산비용과 대리인비용의 효

과, 그리고 특혜금융효과 등으로 구성된다.

부채사용 투자안의 APV = 100% 자기자본 사용의 경우 *NPV*
+ 법인세 감세효과 *NPV*
+ 부채발행비용 효과 *NPV*
+ 파산비용과 대리인 비용효과 *NPV*
+ 특혜금융효과 *NPV*

이들 구성요소에 대한 간략한 설명은 다음과 같다. 먼저 법인세 감세효과는 부채사용에 따라 이자금액만큼 절세효과(tax shield)로 인하여 발생하는 효과이다. 그 크기는 부채규모에 한계법인세를 곱한 금액 DT(여기서 D는 부채금액, T는 한계법인세)이다.

부채발행비용효과는 부채발행으로 발생하는 발행비용이 부채 상환일까지 매년 일정액씩 비용으로 상각될 경우 발생하는 법인세 감세효과이다. 구체적으로 부채발행비용 효과 *NPV*는 부채발행시점의 현금유출에서 부채상환기간까지 부채발행비용 상각에서 발생하는 법인세절세효과를 뺀 금액이다.

파산비용과 대리인 비용 효과 *NPV*는 부채사용으로 인하여 파산가능성이 높아질 경우 발생되리라 예상되는 유형, 무형의 기대파산비용이다. 이는 다른 *NPV*와 달리 *APV* 크기를 감소시키는 음의 NPV이다.

특혜금융은 정부로부터 낮은 이자율이나 상환조건으로 금융을 받거나 시장금리보다 낮은 특혜금리로 대출을 받을 경우 발생하는 효과이다. 특혜금융 효과 *NPV*는 특혜금융으로 인한 이자절약액에다 이자절약에 따른 법인세감세효과만큼을 차감한 금액이다.

5) 실물옵션에 의한 투자안의 평가

(1) 옵션의 기본개념

옵션(option)은 기초자산에 대하여 팔 권리 또는 살 권리가 부여된 상품이다. 옵션에는 금융옵션과 실물옵션(real option)이 있는데 일반적으로 옵션은 금융상품에 더 많이 있다. 그 이유는 기초자산인 주식, 채권, 주가지수, 그리고 통화(currency)가 금융시장에서 활발히 매매되고 있기 때문이다. 우리가 여기서 소개하려고 하는 옵션은 실물옵션(real option)이다. 이것을 여기서 공부하는 이유는 고정자산 투자안의 기각 또는 채택이 일반적인 옵션의 성과구조(payoff)와 비슷하기 때문이다.

고정자산 투자안에서 $NPV>0$이면 채택, $NPV<0$이면 기각인데, 일반 콜옵션에서도 기초자산이 행사가격보다 ($S>X$이면)옵션을 행사하고, 작으면 ($S<X$이면)옵션행사를 포기한다.

뒤의 옵션에 관한 별도의 장(chapter)에서 옵션에 대하여 자세히 배우므로, 여기서는 실물옵션을 이해하는 데 필요한 옵션의 기본개념을 간략히 설명한다. 옵션에는 기본적으로 콜옵션과 풋옵션이 있다. 기초자산을 특정가격에 살 수 있는 권리는 콜옵션(call option)이고 반대로 풋옵션(put option)은 팔 수 있는 권리이다. 여기서 특정가격을 행사가격(exercise price 또는 strike)이라 하고, 기초자산(underlying asset)의 가격은 옵션의 대상이 되는 본원적 자산의 가치이다. 옵션을 사기 위해 지불하는 가격이 옵션프리미엄(option premium)인데 이 옵션가격은 무엇보다도 기초자산과 행사가격에 가장 큰 영향을 받는다.[2)]

일반적으로 옵션은 1년 미만의 단기금융상품으로서 대개 6개월 미만의 수명, 즉 만기를 가진 상품이 대부분이다. 옵션금융상품을 매입하는 투자자는 옵션구입에 돈을 지불하고, 옵션 설정자(option writer)는 옵션을 원론적으로 설계하고 기초자산을 상품화한다.

대부분의 옵션은 옵션투자자가 만기에 가서 그 권리를 행사하는 유럽형 옵션이지만, 만기 이전 언제라도 행사할 수 있는 미국형 옵션도 있다. 옵션은 옵션투자자가 반드시 팔 권리 또는 살 권리를 행사해야 하는 것은 아닌 그야말로 옵션(선택)권리이다. 만약 끝까지 옵션투자자가 권리를 행사하지 않으면, 옵션은 그냥 소멸된다. 이 경우 옵션투자자는 옵션 가격만큼 손해를 보고, 옵션 설정자는 그만큼 이익을 얻는다. 이런 의미에서 옵션은 제로섬(zero sum)게임이다.

(2) 옵션원리의 재무관리적 운용과 실물옵션

① 투자안을 검토하기 전 파일럿 조사와 전략옵션

해안매립이나 댐건설 같은 대규모 사회간접자본투자는 공사 기간이 오래 걸리고, 생태계에 미치는 영향도 크며, 여러 이해관계자의 이해에 부딪힌다. 따라서

2) 옵션가격에 영향을 미치는 다섯 가지 요인은 기초자산가격, 행사가격, 만기, 변동성 그리고 이자율이다.

정부나 지방자치단체는 사업시행 전 사업타당성검토 사전조사를 한다. 이것을 파일럿 조사(pilot study)라 한다.

기업에서도 전략적으로 중요한 사업전환이나 새로운 산업에 진출할 경우 파일럿 조사를 한다. 예를 들면, (주)대한항공에서 비행기를 한 대 더 구입할 것인가 리스할 것인가의 문제는 자본예산이지만 비행기조립산업 진출은 이보다 훨씬 근본적인 전략적 판단이다. 이러한 판단을 위해 용역비를 지출하여 미리 사업성을 검토하여 향후 의사결정의 기초로 삼는다. 이러한 경우는 전략적 옵션(strategic option)의 예이다. 여기서 사업타당성조사비용, 즉 용역비는 옵션가격(C)으로서 회사가 지불하는 비용이다. 회사는 비록 비용을 지불하지만 이러한 지불을 통해서 항공기조립사업계획을 위한 많은 정보와 지식을 얻는다. 또한 이 옵션의 구성요소인 투자지출액(X)과 사업에서 얻게 될 현금흐름의 현가(PV of cash flow), 즉 기초자산(S)의 예측을 통해 성과구조(payoff)를 알게 된다.

② 연기옵션

옵션원리로서 재무관리를 설명할 수 있는 분야는 고정자산투자안 평가, 즉 실물옵션, 경영진소유 주식옵션, 그리고 주식가치 평가이다. 구체적으로 옵션원리는 이러한 세 분야에서 그 재무행위의 가치를 금전적으로 평가하거나 그 행위를 구성하는 요소를 파악함으로서 재무의사결정에 도움을 준다.

경영진소유 주식옵션과 주식가치평가에 관한 설명은 옵션을 설명하는 별도의 장(chapter)에서 소개하고, 여기서는 실물옵션에 관해서만 설명하기로 한다.

앞에서 설명한 NPV에 의한 투자안평가의 기준은 만약 NPV가 0보다 크면 그 투자안을 채택하고, 만약 NPV가 0보다 작다면 기각하는 것이다. 채택된 투자안을 지금 당장 시작하는지 아니면 1~2년 연기한 후 시작하는지에 대한 검토가 필요할 수 있다. 시기적으로 불경기라든지 회사가 미처 생각지도 못한 변수가 생겨 지금 당장 시작하기가 어려울 경우, 오히려 1~2년 연기하여 시작하는 것이 더 나을 수 있다. 이러한 투자시기 조정의 문제도 하나의 옵션으로서 그 성과(payoff)를 계산할 수 있는데, 이러한 옵션을 연기옵션이라 한다.

예를 들어 A투자안의 평가결과 NPV가 1억이라고 하자. 지금 당장 시작하면 10억의 초기투자비용이 소용된다. 그런데 경기가 안 좋아서 예상한 대로 NPV가 달성될지 의문시된다.

따라서 만약 1년 후로 연기한다면 비록 초기투자비용이 11억으로 늘어나지만 NPV가 1.5억이라고 하자. 적절한 할인율이 10%라고 하면, 1년 후 NPV 1.5억원의 현재가치는 1.5÷1.1=1.36억원이다. 분명 1년을 기다리면 NPV 1.36억원은 지금 시행할 때의 NPV 1억원보다 크다. 이 회사는 프로젝트 시행을 1년 연기함으로서 1.36−1=0.36억원의 연 성과(가치)를 얻게 된다. 이 0.36억원은 연기옵션의 가치이다.

연기옵션이 언제나 양(+)의 가치를 갖는 것은 아니다. 만약 1년 후 NPV가 1억원보다 작다면 오히려 투자안 시행을 1년 연기하는 것이 손해이다.[3)]

③ 투자안 시행 후 발생하는 문제점과 옵션적 재무의사결정

자본예산에서 NPV가 0보다 큰 투자안을 시행할 경우, 예상대로 될 수도 있고, 그 반대로 예기치 못한 변수가 발생하여 현금흐름이 작아질 수도 있다. 구체적으로 최소한 손익분기(BEP)가 되는 판매를 훨씬 뛰어넘는 매출을 올리는가 하면, 거기에 못 미칠 수 있다.

만약, 예상 밖으로 호황을 맞게 되면 회사는 설비투자나 영업망을 확장할 수 있다. 확장을 함으로서 NPV가 더 커지고 따라서 기업가치가 더 높아진다면 그 확장은 추가 투자를 넘어서는 성과를 가진다. 이것이 확장옵션(the option to expand)의 성과 또는 가치이다.

이와는 반대로, 투자안 시행 후 불황을 맞이하든가 아니면 제품 자체의 결함, 소비자의 취향에 안 맞는 제품컨셉, 그리고 강력한 경쟁회사 제품의 출현 때문에 판매가 저조할 수 있다. 이럴 경우 계속 그 제품에 매달리고 생산을 고집하기보다는 공장 조업중단 후 매각 또는 타 공정으로의 전환을 고려하는 게 낫다. 차라리 현재의 투자를 포기하는 것이 다가올 더 큰 손실누적을 방지하는 것이다. 이럴 경우 포기를 따르는 비용은 일종의 옵션행사가격(X)이고 다가올 손실누적방지액은 기초자산의 가치(S)이다. 이러한 경우가 바로 포기옵션(the option to abandon)의 예이다.

위에서 예를 든 확장옵션이나 포기옵션과 같이 극단적인 경우가 아니라 잠시 생산을 중단하는 경우도 있다. 비록 애당초 예상했던 것보다 판매가 저조하고 재고가 쌓이는 것이 근본적인 수요부족이기보다 일시적으로 불경기의 영향이라면 잠시 조업을 중단하는 것도 하나의 방법이다. 굳이 이런 경우의 옵션에 이름을 붙인다면 중단옵션(the option to suspend)이다. 이런 경우는 원유생산국 또는 원유생산회사에서 흔히 본다. 그들은 수요가 감소하여 원유재고가 늘어나면 생산을 중단

3) 연기옵션의 가치= $\frac{1.1}{1.1}-1$억 $=0$ 그래서, 만약 1년 후 연기할 경우 NPV가 1.1억원보다 작으면, 지금 당장 시작할 때의 NPV 1억원보다 작다.

하고, 반대로 수요가 늘어나고 재고가 없어지면 생산을 재개한다.4) 이것은 확장옵션과는 반대의 의미를 가지고 있다.

| 예제 6-11 | [2005 CPA 2차 유사문제] (주)에어테크는 (주)스카이항공으로부터 다음과 같은 제안을 받았다.

"비행기용 특수부품의 성능이 보통이면 연간 70개를 개당 20억원에 매입하고, 성능이 우수하면 연간 100개를 개당 30억원에 매입하겠다."

(주)에어테크가 특수부품을 개발하는데 1년이 소요되며 500억원을 즉시 지출해야 한다(단, 개발비용 500억원에 대해서는 세금을 고려하지 않는다). 개발된 부품의 성능이 보통일 확률은 70%이고 우수할 확률은 30%이다. 부품개발 완료 즉시 부품생산을 위해 1,500억원을 투자해야 하며 잔존가치 없이 정액법으로 3년간 감가상각된다. 부품의 성능에 관계없이 변동비용은 개당 10억원, 감가상각비를 제외한 고정비용은 연간 200억원이 들 것으로 예상된다. 이를 정리하면 다음과 같다(t는 시점을 나타냄).

부품 성능	확률	투자금액 (t=1)	3년간(t=2, 3, 4)				
			판매수량	판매단가	개당 변동비용	총고정 비용	감가 상각비
보통	70%	1,500억원	70개	20억원	10억원	200억원	500억원
우수	30%	1,500억원	100개	30억원	10억원	200억원	500억원

자기자본만으로 구성된 (주)에어테크의 적절한 할인율은 10%이고, 법인세율은 34%이다. 3년의 연금현가요소는 다음과 같다(모든 금액은 억원 단위로 소수점 둘째자리까지만 표시한다).

할 인 율	6%	7%	8%	9%	10%
연금현가요소	2.6730	2.6243	2.5771	2.5313	2.4869

(1) 부품의 성능이 보통일 경우와 우수할 경우의 연간 영업현금흐름(OCF)은 각각 얼마인가?

(2) 부품의 성능이 보통일 경우와 우수할 경우의 개발완료 시점($t=1$)에서의 순현가(NPV)는 각각 얼마인가?

(3) (주)에어테크가 (주)스카이항공이 제안한 내용대로 부품개발 전에 계약을 체결한다면 현재 시점($t=0$)에서 이 계약의 순현가(NPV)는 얼마인가?

(4) 당장 계약을 체결하는 대신 부품개발 완료 시점($t=1$)에서 (주)스카이항공이 제시한 내용대로 계약을 체결할 수 있는 권한이 (주)에어테크에게 주어진다면 현재 시점($t=0$)에서의 프로젝트 순현가(NPV)는 얼마인가?

---

4) 이런 경우의 옵션을 축소옵션(the option to contract)이라고도 한다. contract는 명사로 계약의 뜻이지만 동사는 축소하다, 줄이다의 뜻이 있다.

(5) 당장 계약을 체결하지 않고 부품개발 완료시점에서 계약의 체결여부를 결정할 수 있는 프로젝트의 순현가(NPV)는 부품을 개발 · 생산 · 판매하기로 하는 계약을 체결하는 프로젝트의 순현가(NPV)보다 얼마나 차이가 나는가? 이 차이를 무엇의 가치라고 하는가?

(6) 부품개발이 완료된 시점($t=1$)에서 (주)에어테크가 자기자본만으로 부품을 생산하면 순현가는 1,877.21억원이다. 만일 1,500억원의 투자액 중 1,000억원을 채권발행으로 조달한다면 부품완료 시점($t=1$)에서의 조정순현가(APV)는 얼마인가? 채권의 연이율은 6%이고 원금은 3년 후에 전액 지급된다.

풀이 (1) 보통인 경우: OCF = 세후 $EBIT$ + 감가상각비
= (1,400 − 700 − 200 − 500)(1 − 0.34) + 500
= 500억원

우수한 경우: OCF = 세후 $EBIT$ + 감가상각비
= (3,000 − 1,000 − 200 − 500)(1 − 0.34) + 500
= 1,358억원

(2) 보통인 경우: -1,500 + 500 × $PVAF$(3,10%) = -256.55억원
우수한 경우: -1,500 + 1,358 × $PVAF$(3,10%) = 1,877.21억원

(3) 기대 이익 = (0.70 × -256.55) + (0.30 × 1,877.21)
= -179.58 + 563.16 = 383.58
순현가 = -500 + 383.58/1.1 = -151.29억원

(4) 기대 이익 = (0.70 × 0) + (0.30 × 1,877.21) = 563.16
순현가 = -500 + 563.16/1.1 = 11.96억원

(5) NPV의 차이 = 11.96억원 − (-151.29억원) = 163.25억원
포기옵션(실물옵션이라고 하는 경우 1점)

(6) 부채의 순현가 = 1,000억 − 60억(1 − 0.34)PVAF(6%,3) − 1,000억/1.063
= 1,000억 − 60억(1 − 0.34)(2.6730) − 839.62억
= 54.53억원
조정순현가 = 1,877.21억 + 54.53억 = 1,931.74억원

Financial Management

문제풀이

≪객관식 문제≫

1. 화폐의 시간 가치를 고려한 투자방법은?
① 내부수익률법과 순현가법
② 순현가법와 회수기간법
③ 순현가법와 회계적 평균이익률법
④ 내부수익률법과 회계적 평균이익률법

2. 투자안의 경제성을 평가하기 위하여 사용하는 기준으로서 회계적 평균이익률법의 장점이라고 할 수 있는 것은?
① 예산편성을 위해 작성한 회계장부의 자료를 그대로 이용하기 때문에 적용과 이해가 쉽다.
② 기업이 미리 설정한 목표 이익률과 비교하여 채택 여부를 결정한다.
③ 회계적 평균이익률은 현금흐름에 기초하지 않고 회계적 이익에 기초하여 계산된다.
④ 회계적 평균이익률법은 기업의 감가상각방법에 따라 달리 산출가능하다.

3. 회수기간법의 장점으로 볼 수 없는 것은?
① 계산과 해석이 간단하다.
② 기업의 유동성을 고려한다.
③ 현금흐름의 시간가치를 고려한다.
④ 가능한 빨리 회수하고자 하는 방법이므로 미래의 예측불가능한 상황 변화에 대비하는 의미를 갖는다.

4. 단기적 투자안의 평가에 사용하기 위한 것으로 일정시점 이후의 현금흐름과 화폐의 시간가치를 무시하는 투자가치 평가기준은?
① 회수기간 ② 순현재가치
③ 회계적 평균이익률 ④ 내부수익률

5. 다음의 투자가치 평가 방법들 중 현금흐름에 기초하지 않고 있는 것은?
① 순현재가치 ② 내부수익률
③ 수익성지수 ④ 회계적 평균이익률

6. NPV를 이용한 투자결정이 적절하게 설명된 것은?
① NPV가 0보다 크면 채택
② NPV가 회계적 이익보다 크면 채택
③ NPV가 최초투자액보다 크면 채택
④ NPV가 목표NPV보다 크면 채택

7. 수익성지수에 대한 설명으로 틀린 것은?
① PI는 투자안의 상대적 수익성을 나타내는 지수로서 현금유입의 현가를 현금유출의 현가로 나누어 구한다.
② NPV와 PI에 의한 투자가치 평가결과가 서로 다른 결론을 가져다주는 경우에는 PI에 의해 투자가치를 평가해야 한다.
③ 투자규모가 동일한 상호 배타적 투자안을 평가할 경우, 투자의 우선순위는 PI에 의하여 결정하여도 좋다.
④ NPV가 0보다 큰 투자안의 PI는 어느 경우에나 1보다 크다.

8. 내부수익률(IRR)에 대한 설명으로 올바른 것은?
① 기업의 이해관계자들이 원하는 기대수익률
② 기업내부에서 임의로 정한 기대수익률
③ 투자로부터 기대되는 현금흐름의 복리평균수익률
④ 투자로부터 기대되는 현금흐름의 단순평균수익률

9. 투자가치 평가기준으로서 IRR방법보다 NPV방법이 보다 나은 점이라고 할 수 없는 것은?
① IRR방법은 내부수익률로 재투자된다고 가정하지만 NPV방법은 자본비용으로 재투자된다고 가정한다.
② IRR방법은 계산과정에서 복수의 내부수익률이 발생하지만 NPV방법은 그런 가능성이 없다.
③ IRR방법에 복수의 투자안을 동시에 고려할 경우 가치합산의 원칙이 지켜지지 않으나 NPV방법에서는 이 원칙이 가능하다.
④ IRR방법은 인플레이션위험을 통제할 수 없으나 NPV방법은 이를 통제할 수 있다.

10. [2004년 CPA 1차 유사문제] 자본예산에서 순현가법과 내부수익률법의 평가결과가 다른 경우, 순현가법을 따르는 것이 바람직하다고 한다. 다음 중 순현가법의 우위를 설명하는 이유로 옳지 않은 것은?
① 순현가법에서는 할인율로 재투자한다고 가정하고 있으나, 내부수익률법에서는 내부수익률로 재투자한다고 가정하고 있다.
② 내부수익률법에 의할 경우, 내부수익률이 존재하지 않거나 또는 내부수익률이

복수로 존재하는 경우가 있을 수 있다.
③ 할인율이 매기 변동하는 경우, 내부수익률법에 이를 반영하는 것은 곤란하지만, 순현가법에서는 비교적 용이하게 이를 반영할 수 있다.
④ 투자규모가 다른 투자안을 비교하는 경우, 순현가는 각 투자안의 투자규모에 대비한 상대적 성과에 대한 정보를 제공하지만, 내부수익률은 절대적 성과에 대한 정보만 제공한다.

11. [2005년 CPA 1차 유사문제] 자본예산의 투자안 경제성 평가방법에 대한 다음의 설명 중 가장 옳지 않은 것은?
① 내부수익률(IRR)법의 재투자수익률에 대한 가정을 자본비용으로 수정한 수정내부수익률(MIRR)법에서는 2개 이상의 IRR이 나오지 않는다.
② 내부수익률(IRR)이 자본비용보다 큰 경우, IRR값은 MIRR값보다 큰 값을 가진다.
③ 현금유입의 양상이 다르거나 투자수명이 다른 상호배타적인 두 개의 투자안은 투자규모가 동일하다면, MIRR법과 수익성지수(PI)법의 평가결과는 NPV법의 평가결과와 같다.
④ 순현재가치(NPV)법은 재투자수익률로 자본비용을 가정하고, 가치의 가산원리가 성립하며, 투자액의 효율성을 고려한 방법이다.

12. [2005년 CPA 1차 유사문제] (주)한국은 기존의 생산라인 제어시스템을 교체하는 것을 고려하고 있다. 시스템이 교체되는 경우 (주)한국은 연간 약 50억원의 비용을 절감할 수 있을 것으로 예상된다. 신규 시스템의 구입비용은 총 200억원이며 내용연수는 5년이다. 이 시스템은 정액법으로 감가상각되며 5년 사용 후 잔존 가치는 없을 것으로 예상된다. 현재의 시스템도 전액 감가상각되었고 시장가치는 없다. 한편, 신규 시스템을 가동하기 위하여 순운전자본이 약 10억원 가량 추가로 필요하다. (주)한국의 법인세율은 20%이고 이 투자안에 대한 할인율은 15%라면 이 투자안의 순현가는 약 얼마인가?

(n=5)	현재가치계수	연금의 현재가치계수
15%	0.4972	3.3522
20%	0.4019	2.9906

① 66억원 ② 49억원 ③ -44억원 ④ -49억원

≪주관식문제≫

★**1.** [투자안의 평가방법] L사는 다음과 같은 특징을 가지고 있는 두 가지 투자안을 고려중이다.

기간	프로젝트 A 세금공제 후			프로젝트 B 세금공제 후		
	비 용	이 익	순현금흐름	비 용	이 익	순현금흐름
0	9,000	-	-	12,000	-	-
1		1,000	5,000		1,000	5,000
2		1,000	4,000		1,000	5,000
3		1,000	3,000		4,000	8,000

A, B 각 투자안의 평균 수익률, 회수기간, 그리고 순현재가치를 계산하라. 할인율은 15%이다.

2. [투자수명이 다른 기계구입 의사결정] 태림삼사(주)는 전동발전기 구입을 위해 B기계와 W기계를 비교하고 있다. B기계는 경제수명이 2년이고, 유지비용이 매년 1,000천원, 그리고 구입가격은 5,000천원이다. W기계는 구입가격이 8,000천원 수명 3년이며, 유지비용은 매년 500천원이다.

만약 이 회사의 요구수익률이 15%이면, 어느 기계를 구입해야 하는가?(성능차이, 인플레이션 그리고 세금은 무시하라)

3. [인플레이션과 자본예산] (주)보성산업는 투자비용이 100,000천원이고 5년의 수명주기를 가진 투자안에 투자할 예정이다. 투자안으로부터 기대되는 세전 유입현금흐름은 다음과 같다.

년 도	1	2	3	4	5
세전 현금흐름(천원)	20,000	40,000	40,000	30,000	20,000

회사의 세율은 50%이며, 현재의 상황에서 자본시장에서의 자본비용은 12%이다. 회사는 직선상각법을 사용하고 프로젝트는 5년 동안 상각될 것이며 잔존가치는 없다.

(1) 인플레이션을 고려하지 않고 투자안의 순현재가치를 계산하라.

(2) 만약 프로젝트의 수명기간에 기대되는 인플레이션이 매년 7%이고, 현금흐름이 인플레션을 반영하여 상향 조정된다면, 프로젝트의 순현재가치는 일마인가?

★**4.** [증권발행비용과 NPV] 태광산업(주)은 세 개의 서로 다른 사업부문을 갖고 있는 회사이다. 첫째는 신소재부문, 둘째는 컴퓨터 graphic부문, 그리고 셋째는 가정용 페인트 부문이다. 이 회사는 주식이 한국증권거래소에서 거래되고 있는데 이들 사업부문을 취급하는 다른 회사들도 증권거래소에서 주식이 거래되고 있다. 태광산업(주)는 이들 세 부문의 체계적 위험을 다음과 같이 평가하고 있다.

사업부문	신소재	Graphic	페인트
β	1.16	1.64	0.70

예측할 수 있는 장래에 KOSPI에 대한 기대수익률은 13%이고, 무위험이자율은 현재 7%이다. 태광산업(주)는 다음과 같은 기대수익률을 갖는 여러 사업부문 프로젝트를 평가 중이다.

프로젝트번호	사업부문	기대수익률
#1	Graphics	18%
#2	페인트	12%
#3	페인트	10%
#4	신소재	26%
#5	신소재	13%
#6	Graphics	21%
#7	페인트	14%
#8	Graphics	16%

(1) 어느 프로젝트가 채택되고, 어느 프로젝트가 기각 되겠는가?
(2) 채택기준에는 어떠한 가정들이 포함되는가?

5. [리스의 사업성검토] 풍림산업은 인천항 dock 시설을 임차하여 운송화물 하역작업 사업을 시작할 예정이다. 따라서 풍림산업은 이 도크를 4년 동안 리스하여 이용할 예정이다. 풍림산업은 인천항 지자체에 리스료를 지불해야 한다. 구체적으로 리스료는 200,000천원이고 4년 동안 매년 초에 지급한다. 인천항 지자체가 리스계약에 적용하는 내재이자율은 약 9%가 될 것으로 알려져 있다.

풍림산업은 항구의 dock 시설을 이용하여 운송화물 하역작업을 추진할 예정인데, 그 사업의 순현금흐름은 4년에 걸쳐서 발생하며 첫해에 180,000, 둘째 해에 250,000, 셋째 해에 320,000 그리고 마지막 해에 240,000이 발생할 것으로 기대하고 있다(단순히 하기 위해, 이들 현금흐름은 각 연도 말에 발생된다고 가정하라). 이 하역작업 사업은 매우 위험하므로 풍림산업(주)은 사업성 검토를 위해 18%의 세금공제 후 요구수익률을 적용할 예정이다. 풍림산업은 시설을 리스해서 그 사업에 착수해야 하는가? 아니면 포기해야 하는가?

★6. 경민기업(주)은 200X년도 투자안에 대하여 그 사업성을 검토하고 있다. 고려중인 세 투자안 X, Y, Z의 연도별 현금흐름에 대한 정보는 다음과 같다. 경민기업의 투자자들이 요구하는 요구수익률은 10%이다. (단위: 만원)

	0(년)	1-10(년)	NPV	IRR	PI
X투자안	-20,000	4,770	9,310	20%	1.47배
Y 〃	-45,000	9,3101	12,206	16%	1.27배
Z 〃	-25,000	4,640	3,511	13.2%	1.19배

(1) 투자예산에 제한이 없고, X, Y 두 투자안이 상호배타적인 경우 어느 투자안이 보다 나은 투자안이며 그 이유는 무엇인가?
(2) X, Y, Z 세 투자안이 독립적인 투자안이고, 투자예산 45,000만원으로 한정되어 있다면 이 경우 어떤 투자안을 채택하여야 할 것인가?
(3) X투자안과 Z투자안의 가중평균수익성지수(WAPI)를 계산하라.

7. [상호배타적 투자안의 선택] 지금 자본비용이 8%인 (주)우영은 1차 연도에 ₩800,000씩의 투자를 요하는 상호배타적인 A, B 두 project의 경제성을 비교 검토하고자 한다. 이 project들의 현금흐름을 다음과 같다.

년	A	B
1	₩400,000	₩50,000
2	400,000	150,000
3	100,000	200,000
4	100,000	250,000
5	50,000	300,000
6	50,000	400,000

각 투자안의 NPV와 IRR을 계산하고 둘 중 어떤 투자안을 선택할 것인지에 대하여 논하라.

8. (주)이테크는 새로운 diet음료를 생산하는 계획을 고려하고 있다. 이 신규계획은 새로운 공장부지로 현존 창고를 사용할 예정이다. 그 창고는 현재 이웃회사에게 임대하고 있다. 창고의 다음 연도 임대료는 1,000만원인데, 그 이후 임대료는 매년 4%의 인플레이션과 같은 비율로 계속 상승할 것으로 기대하고 있다. 창고를 이용하는 것 외에 이 신규계획은 기계장치와 설비에 6,000만원의 투자를 꾀하고 있다. 이 투자는 5년에 걸쳐 정액법으로 감가상각을 할 수 있고 잔존가치는 없다. 그런데 (주)이테크는 4년째 말에 이 프로젝트에서 철수하려고 하는데, 4년째 말에 1,500만원에 장치와 설비를 다시 팔 것으로 예상한다. 이 프로젝트는 2,000만원에 해당하는 운전자본의 초기투자를 필요로 한다. 그 이후 운전자본은 연도 1부터 4년 동안 매년 매출액의 5%로 예측되고 있다.

첫해에 매출액은 4,200만원으로 기대된다. 그 이후 매출액은 매년 5% 정도씩 성장할 것인데, 이는 인플레이션율보다 조금 더 높은 수준이다. 제조원가는 매출액의 90%를 차지할 것으로 기대되는데, 영업이익은 25%로 과세된다. 자본비용은 10%이다. 소수점은 사사오입하여 모든 계산은 정수로 계산된다. 이 투자안의 NPV는 얼마인가?

9. (주)대영은 성능은 같지만 수명이 다르고 또한 구입비용과 매년 운영비용이 다른 두 기계 중 한 대를 선택할 예정이다. 두 기계는 다음과 같은 구입비용과 운영비

용을 갖고 있다. A기계의 수명은 3년이고 B기계의 수명은 4년이다.

연 도	기계 A	기계 B
0	4억원	5억원
1	1억원	0.9억원
2	1억원	0.9억원
3	1억원	0.9억원
4	교체	0.9억원
5		교체

(1) 구입비용과 운영비용을 함께 고려하여 (주)대영의 입장에서 연간 비용이 더 저렴한 기계는 어떤 기계인가? 위의 비용은 실질가치 기준이고 6%의 실질할인율을 가정하며 세금은 무시한다.

(2) 매년 8%의 꾸준한 인플레이션을 보상하기 위해 임대료를 올려야만 한다면 실제로 미래 각 연도의 총비용은 얼마인가?

★10. K대학의 교무실에서는 고성능의 컬러복사기를 오직 교수들에게만 독점적으로 사용하게 하고 있다. 그만큼 복사기가 고가이고 고장이 자주 나기 때문이다. 이 복사기의 수명은 6년이고 새 기계는 대략 1,000만원이다.

이 복사기를 사용할 수 없는 직원들이 컬러복사기를 이용할 경우 학교 앞 복사가게를 이용해야 하는데, 만약 교수전용 복사기를 이용할 경우 통상적인 컬러복사비 100만원을 절약할 수 있다. 이 경우 컬러복사비 증분비용은 20만원이다. 그러나 컬러복사기는 잦은 사용으로 인하여 4년째 말이 아니라 3년째 말에 가서 교체해야 한다.

K대학 전체의 입장에서 예산 절감을 위해 직원들에게 교수 전용복사기를 사용하게 해야 할까 아니면 현재대로 해야 할까? 실질자본비용을 8%로 가정한다.

11. (주)이테크는 지금(t=0) 1,000만원의 투자 기회를 갖고 있다. 이 투자안은 t=1에서 600만원 그리고 t=2에서 700만원의 세후 증분 수익을 기대한다. 이 투자안의 내용연수는 단지 2년만 지속된다. 전액 자기자본으로 조달하였을 경우 적절한 자본비용은 12%이다. 만약 투자대금 일부를 차입으로 조달할 경우 차입 이자율은 8%이고 차입금액은 300만원 그리고 상환조건은 1년 후 150만원, 2년 후 150만원으로 상환되어야 한다. 부채 절세 금액이 지급이자 1달러당 0.30달러의 순가치를 갖는다고 가정하자. 이 투자안의 APV를 계산하라.

12. [2004년 CPA 2차 유사문제] 다음과 같은 투자계획이 주어졌다. 총투자액은 10,000으로 투자시작시점에서 모두 투자되며, 10년에 걸쳐 사업이 진행된다. 투자액은 10년에 걸쳐 정액법으로 감가상각되며 투자종료시점에서의 잔존가치 및 매각가치는 없다. 또한 매년 동일한 연간 판매대수를 가정한다. 제품생산과 판매에

관하여 다음의 사항이 주어졌다.

대당 판매가격(sales price per unit)	70
대당 변동비(variable cost per unit)	30
연간 총고정비(total fixed cost) (감가상각비 제외)	1,500
세 율	40%
자본비용	12%

1년 후부터 10년 동안 매년 1의 현금흐름을 제공하는 연금을 연 12%의 할인율로 할인했을 때의 현금가는 5.65임(즉 $\sum_{t=1}^{10} \frac{1}{1.12^t} = 5.65$)

(1) 연간 예상 판매대수가 120일 경우 이러한 투자계획의 순현가(NPA)는 3,447임을 보여라. 답안에는 연간 순이익과 연간 영업현금흐름을 분명히 밝혀야 한다.

(2) 순현가를 0으로 만드는 연간 판매대수는 몇 대인가? 반올림하여 소수점 둘째 자리까지 나타낼 것.

★13. 다음 각 경우에 실물 옵션을 묘사하라.

(1) (주)이테크는 대기 오염방지 장비 생산업체로서 늘어나는 수요에 대응하기 위해 확장투자를 고려중이다. 판매팀에서는 당장 확장 투자를 서두르자고 주장한다. 그러나 사장은 이 확장은 할인 현금흐름 기준으로 양의 NPV를 갖지만, 좀 더 시간을 갖고 제품 수요에 대한 더 나은 예측을 얻기 원한다.

(2) (주)이테크는 특별히 러시아 시장에 맞도록 디자인된 난방 장비를 생산할 계획이다. 이 투자안은 음(-)의 NPV를 갖지만 급속히 성장하고 잠재적으로 매우 수익성 있는 시장에서 장기적으로 전망이 좋을 것으로 예상된다.

(3) (주)대영은 자동차 부품 생산업체로서 현재 기존 기계장비를 대체하고 새로운 자동 시스템으로 교체할 것을 검토하고 있다. 이 회사는 수작업 부분에 많이 의존하는 덜 비싼 장비를 사용중이다. 공장기획팀에 의하면 자동화된 생산라인은 전반적으로 비효율적이라고 주장하며 오히려 기존생산라인을 계속 유지하는 것이 더 유리하다고 판단한다.

14. 건설하는 데 50억원이 드는 신약 공장은, 성공적일 때 60억원의, 성공적이 아닐 때 30억원의 현재가치가 있는 현금흐름을 얻을 수 있는 새로운 약품계열을 생산할 수 있다. 증권분석가들은 이 신약생산의 성공 가능성이 약 60%라고 예상한다.

(1) 당신은 이 공장을 건설하겠는가?

(2) 이 라인이 성공적이지 않은 경우 공장이 다른 회사에 40억원에 팔릴 수 있다고 가정하자. 이제 당신은 공장을 건설하겠는가?

(3) 이 의사결정은 실물옵션 중 포기옵션인가 또는 확장옵션인가?

제 7 장 포트폴리오이론과 CAPM

제 1 절 포트폴리오 이론

1) 위험의 정의

투자안의 위험이란 여러 가지 상황 하에서 투자안으로 얻게 될 미래현금흐름의 변동성(volatility)으로 정의되고 있다. 통계학적으로 위험은 기댓값의 표준편차로 정의되는데 이로서 위험은 그 크기가 계량화된다.

(1) 기대수익률

투자대상들이 지니고 있는 수익성의 정도는 수익률의 확률분포에서 평균적인 수익률을 계산하여 평가한다. 이를 기대수익률(expected rate of return) 이라고 하는데, 이는 각 상황별로 발생가능한 수익률에 그 상황이 발생할 확률을 구한 다음 그 합을 구하여 계산한다. 이를 식으로 표시하면 다음과 같다.

$$E(R) = \sum_{i=1}^{m} P_i \cdot r_i \qquad (7\text{–}1)$$

여기서, $E(R)$: 기대 수익률.

r_i: I상황 하에서 발생가능한 수익률

P_i: i상황이 일어날 확률(m개의 상황)

(2) 투자위험의 측정

어느 투자안이 지니고 있는 위험의 정도는 미래투자수익률의 변동성으로 측정한다. 이 변동성(volatility)의 크기는 미래수익률의 확률분포를 작성하여 그 확률분포의 분산도(dispersion)로써 위험을 측정하고 있다. 미래수익률의 확률분포를 작성하는 방법은 이상적으로는 미래수익률에 영향을 미치는 모든 요인에 대한 자료를 분석하여 미래상황을 추정하는 것이다.

그러나 이 작업은 매우 어렵기 때문에 일반적으로 사후적으로 이용 가능한 과거의 자료를 이용한다. 즉 특정 투자대상의 과거 수익률 동향을 관찰하여 확률분포를 작성하고 이로부터 분산을 계산하여 위험을 평가한다.

확률분포의 분산도를 측정하는 방법으로써 가장 많이 사용되는 것은 분산(variance)과 표준편차(standard deviation)이다.

$$\sigma^2 = \sum [r_i - E(R)]^2 \cdot P_i \tag{7-2}$$

$$\sigma = \sqrt{\sigma^2} \tag{7-3}$$

여기서, σ^2: 수익률의 분산, σ: 수익률의 표준편차

r_i: 발생가능한 수익률, $E(R)$: 기대수익률

| 예제 7-1 | M사는 지금 상호배타적인 두 가지 투자안을 심사 중이다. 사업 시작 이후의 연간 투자수익률은 다음과 같은 확률분포를 가지고 발생한다.

	확 률	연간 투자수익률
사업 A	0.2	7%
	0.6	9%
	0.2	12%
	확 률	연간 투자수익률
사업 B	0.2	3%
	0.7	12%
	0.1	15%

(1) 각각의 사업으로부터 기대되는 연간 투자수익률의 기대치(expected value)를 구하라.

(2) 각각의 사업에 대해서 분산과 표준편차를 구하여 두 사업의 위험을 비교하라.

풀이 (1) A안의 기대수익률 $0.2 \times 7\% + 0.6 \times 9\% + 0.2 \times 12\% = 9.2\%$,

B안의 기대수익률 $0.2 \times 3\% + 0.7 \times 12\% + 0.1 \times 15\% = 10.5\%$

(2) A안의 표준편차

$$[0.2(7-9.2)^2+0.6(9-9.2)^2+0.2(12-9.2)^2]^{\frac{1}{2}}=1.61\%$$

B안의 표준편차

$$[0.2(3-10.5)^2+0.7(12-10.5)^2+0.1(15-10.5)^2]^{\frac{1}{2}}=3.85\%$$

A안은 B안에 비하여 기대수익률이 낮고 표준편차 또한 낮다. B안은 A안에 비해 기대수익률과 표준편차가 모두 크다.

2) 포트폴리오 위험과 위험분산

포트폴리오(portfolio)는 두 자산 이상의 조합을 말한다. 가장 흔한 예로서 주식분산투자는 하나의 주식에 투자하기보다는 두 개 이상의 주식에 투자하여 포트폴리오를 구성하는 것이다. 제품 포트폴리오는 하나의 제품을 생산 및 판매하기보다는 두 개 이상의 제품 또는 업종에 투자함으로써 투자위험을 분산한다. 포트폴리오는 투자이익의 극대화가 아니라 위험의 분산이라는 측면에서 그 의의를 찾을 수 있다.

자산투자의 대상을 편의상 S자산과 B자산의 두 자산으로 제한하여 포트폴리오 위험을 설명해 보자. S자산과 B자산의 기대수익률 $E(r_B)$, $E(r_S)$, 위험 σ_B, σ_S 그리고 투자비중 W_B, W_S로 표시된다고 하자. 그리고 두 자산 간의 상관계수는 ρ_{BS}이고 공분산은 $\text{Cov}(r_B, r_S)$이라 하자.

이 두 자산으로 구성한 포트폴리오 기대수익률 $E(r_p)$와 포트폴리오 위험 σ_p는 다음과 같다.

포트폴리오 기대수익률 $E(r_p)=W_BE(r_B)+W_SE(r_S)$

포트폴리오 위험

$$\sigma_p=\sqrt{W_B{}^2\sigma_B{}^2+W_S{}^2\sigma_S{}^2+2W_BW_S\text{Cov}(r_B, r_S)} \quad \text{(공분산 이용)} \qquad (7\text{–}4)$$

$$=\sqrt{W_B{}^2\sigma_B{}^2+W_S{}^2\sigma_S{}^2+2W_BW_S\sigma_B\sigma_S\rho_{BS}} \quad \text{(상관계수 이용)}$$

(왜냐하면 $\text{Cov}(r_B, r_S)=\sigma_B\sigma_S\rho_{BS}$이다)

여기서 공분산(covariance)은 두 확률 변수가 어느 정도 서로 같이 움직이려는 경향을 가지느냐에 대한 척도이다. 양(+)의 공분산은 두 변수가 서로 같은 방향으로 움직이는 경향이 있음을 나타내고, 음(−)의 공분산은 두 변수가 서로 반대로 움직인다는 것을 의미한다. 공분산이 아주 작거나 '0'이면 두 확률 변수의 움직임은 서로 별다른 관련이 없다는 뜻이다.

B자산과 S자산의 수익률간의 공분산 $\text{Cov}(r_B, r_S)$는 다음과 같이 정의된다.

$$\text{Cov}(r_B, r_S) = \sigma_{r_B r_S} = E[\{r_B - E(r_B)\}\{r_S - E(r_S)\}] \tag{7–5}$$

여기서 r_B, r_S : B자산과 S자산의 실제수익률

$E(r_B)$, $E(r_S)$: B자산과 S자산의 기대수익률

만약 두 주식간의 공분산을 알 수 있으면 두 개의 주식으로 구성된 포트폴리오의 수익률은 물론 위험을 계산할 수 있다.

상관계수(ρ_{BS}: 로(rho)라고 읽음)는 두 확률 변수간의 공분산을 각각 표준편차의 곱으로 나누어 계산한다. 상관계수의 계산식은 다음과 같다.

$$\rho_{BS} = \frac{\text{Cov}(r_B, r_S)}{\sigma_{r_B}\sigma_{r_S}} = \frac{\sigma_{r_B r_S}}{\sigma_{r_B}\sigma_{r_S}} \tag{7–6}$$

이렇게 계산된 상관계수 ρ_{BS}는 B자산과 S자산이 서로 함께 움직이는 정도를 나타내는 통계치로서 최저 -1, 최고 1의 값을 갖는다. $\rho_{BS}=-1$이면 두 자산이 완전히 반대로 움직이고, $\rho_{BS}=0$이면 두 자산은 서로 전혀 관계가 없이 별개로 움직이며, 마지막으로 $\rho_{BS}=1$이면 두 자산이 완전히 같은 방향으로 움직인다.

[그림 7-1] 상관계수

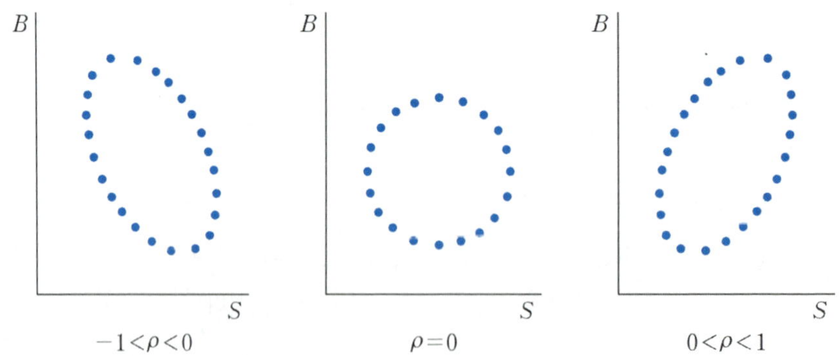

3) 포트폴리오 기대수익률과 위험계산 예제

| 예제 7-2 | 투자 대상으로서 B자산과 S자산의 기대수익률 위험, 공분산, 그리고 상관관계는 다음과 같다. 두 자산에 대한 투자비중은 각각 W_B와 W_S이다.

	B		S
$E(r)$	8%		13%
σ	12%		20%
$Cov(r_B, r_S)$		0.0072(=0.72%)	
ρ_{BS}		0.30	

[물음] 두 자산에 대한 투자비중, W_B와 W_S가 다음과 같을 때 포트폴리오 위험 σ_p를 구하라.

W_B	W_S
0	1.00
0.75	0.25
1.00	0

$W_B = 0.75,\ \ W_S = 0.25$

$$E(r_p) = 8 \times 0.75 + 13 \times 0.25 = 9.25\%$$

$$\sigma_p = \sqrt{0.12^2(0.75)^2 + 0.20^2(0.25)^2 + 2 \times 0.0072 \times 0.75 \times 0.25}$$

$= 11.53\%$이다.

마찬가지로 위 식에 W_B와 W_S값을 각각 대입하면 $E(r_p)$와 σ_p는 다음과 같다.

W_B	W_S	$E(r_p)$	σ_p
0	1.00	13%	20%
0.75	0.25	9.25	11.53
1.00	0	8	12

위에서 두 번째 포트폴리오의 경우 W_B 0.75 그리고 W_S 0.25의 비중을 둔 포트폴리오의 구성으로 포트폴리오 σ_p은 개별위험보다 작아졌다.

4) 서로 다른 상관계수와 포트폴리오 위험

위의 예제 7-2에서는 두 자산 간의 상관계수 ρ_{BS}가 0.75로 가정하였다(이는

[그림 7-2] 상관계수별 포트폴리오 기대수익률과 위험

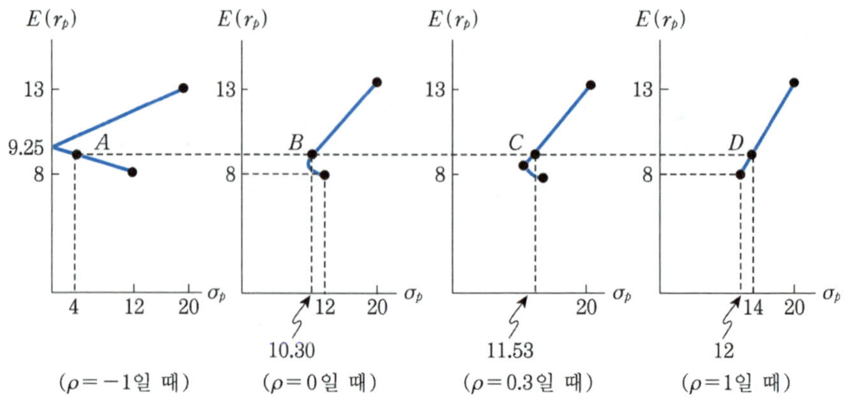

공분산 $Cov(r_B, r_S)$가 0.018 이라는 것과 같은 얘기이다).[1] 그러나 사실 두 자산 간의 상관계수는 극단적인 -1과 1 사이에 무수히 다양하게 존재할 것이다. 이러한 가능성을 모두 다 고려했을 때 생기는 포트폴리오 기대수익률 $E(r_p)$ 와 위험 σ_p를 xy좌표축에 그려보자. 여기에서 고려할 또 한 가지 요인은 각 자산에 대한 투자비중 또한 100%에서부터 0%까지 너무도 다양하다는 점이다.

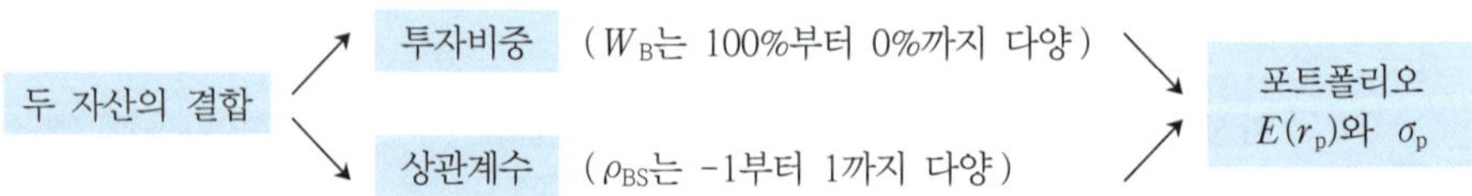

계산과 설명의 편의상 B자산투자비중은 W_B=0, 0.75, 1의 세 가지 경우와 상관계수는 ρ_{BS}=-1, 0, 0.3, 1의 네 가지 경우를 가정하면 모두 12개의 $E(r_p)$와 σ_p를 계산할 수 있다. 계산값은 〈표 7-1〉과 〈표 7-2〉와 같다.

$E(r_p)$를 y축, σ_p를 x축으로 하고 상관계수별로 좌표를 표시하면 [그림 7-2]와 같고 위의 4가지의 상관계수 경우를 모두 합성한 그래프는 [그림 7-3]이다.

점 A, B, C 그리고 D는 투자비중 W_B가 0.75일 때 상관계수의 크기에 따른 포트폴리오 기대수익률 $E(r_p)$와 위험 σ_p를 나타낸다.

1) $\rho_{BS} = Cov(r_B, r_S) \div \sigma_B \sigma_S = 0.018 \div (0.12 \times 0.20) = 0.75$

〈표 8-1〉 포트폴리오 기대수익률과 위험(W_B=0.75일 때)

투자비중 \ 상관계수	-1	0	0.3	1
기대수익률	9.25	9.25	9.25	9.25
위 험	4.00	10.30	11.53	14.00

[그림 7-3] 포트폴리오 기대수익률과 위험

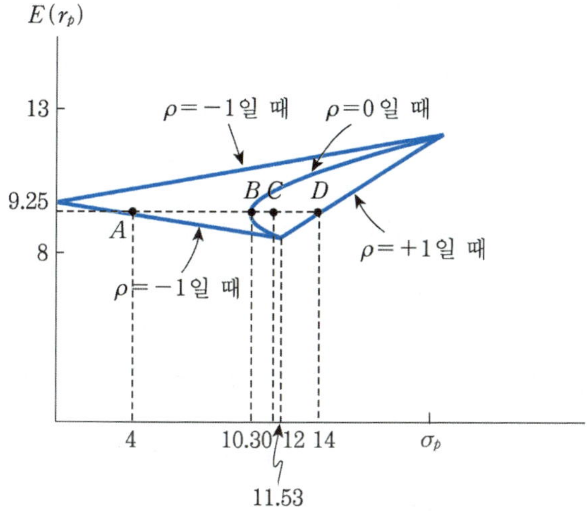

[그림 7-2]와 [그림 7-3]에서 점 *A*, *B*, *C* 그리고 *D*를 중심으로 포트폴리오 위험과 두 자산의 상관관계를 설명해 보자.

첫째, 같은 포트폴리오 기대수익률에서 두 자산의 상관관계가 작을수록 포트폴리오 위험은 작다. 예를 들면 [그림 7-2]에서 보는 바와 같이 포트폴리오위험은 같은 기대수익률 수준 9.25%에서 *A*(위험 $\sigma_p=4$)는 *D*(위험 $\sigma_p=14$)보다 위험이 작다. 따라서 두 자산의 상관관계가 작을수록 위험분산효과는 커진다.

둘째, 투자비중이 아무리 다양하더라도, 또한 상관계수가 아무리 극단적이라도 투자자에게 주어진 투자기회는 둔각 삼각형 형태를 보인다. 이 형태 안에 존재하는 모든 투자기회를 기회집단(opportunity set)이라 한다.

셋째, 두 자산 간의 상관계수가 -1 또는 1과 같은 극단적인 경우 투자기회집단은 직선이다.

넷째, 두 자산 간의 수익률 상관관계의 정도가 대부분 미약한 양의 상관계수인

[그림 7-4] 투자기회 집단

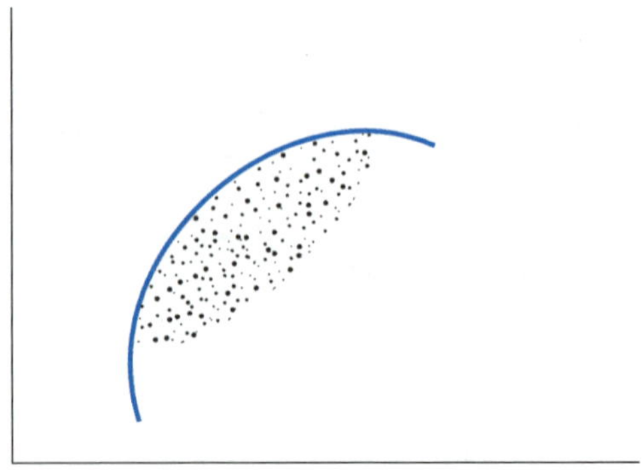

현실을 감안할 때 기회집단은 [그림 7-4]와 같이 대개 반 타원의 모습을 보인다.

5) n개의 자산으로 구성된 포트폴리오의 기대수익률과 위험

3개 이상의 자산으로 구성된 포트폴리오의 기대수익률과 위험 역시 앞에서 설명한 두 자산으로 구성된 포트폴리오의 경우와 같은 논리로 계산된다. n개 자산으로 구성된 포트폴리오 수익률은 개별 자산수익률을 투자비율로 가중 평균한 값이다. n개 자산으로 구성된 포트폴리오 위험은 개별자산의 표준편차와 두 자산 간의 공분산 또는 상관계수 그리고 투자비중에 의해 계산할 수 있다. 이론적으로 n개 이상으로 구성된 자산의 경우 개별자산의 분산보다는 개별자산의 공분산에 의해 포트폴리오 위험이 결정된다. n개 자산으로 구성된 포트폴리오에서 개별자산의 투자 비중이 각각 $1/n$로 동일할 경우 포트폴리오 위험은 다음과 같다.

$$\sigma_p{}^2 = \frac{1}{n} \cdot \overline{\sigma}_i{}^2 + \frac{n-1}{n} \cdot \overline{\mathrm{Cov}}(r_i, r_j) \tag{7-7}$$

| 예제 7-3 | 개별주식 i의 수익률의 평균분산($\overline{\sigma}_i{}^2$)이 50%이고, 평균공분산($\overline{Cov}(r_i,\ r_j)$)이 10%라 하자. $n=2$, $n=10$, $n=30$ 그리고 $n=50$개의 주식으로 이루어진 포트폴리오의 위험 $\sigma_p{}^2$은 얼마인가? 또 $n=\infty$(무한대)이면 위험 $\sigma_p{}^2$은 얼마인가?

풀이 공식 $\sigma_p^{\ 2} = \frac{1}{n} \cdot \bar{\sigma}_i^{\ 2} + \frac{n-1}{n} \cdot \overline{\text{Cov}}(r_i,\ r_j)$을 이용한다.

$n=2$일 때 $\sigma_p^{\ 2} = \frac{1}{2} \cdot 50 + \frac{2-1}{2} \cdot 10 = 30\%$

$n=10$일 때 $\sigma_p^{\ 2} = \frac{1}{10} \cdot 50 + \frac{10-1}{10} \cdot 10 = 14\%$

$n=30$일 때 $\sigma_p^{\ 2} = \frac{1}{30} \cdot 50 + \frac{30-1}{30} \cdot 10 = 11.33\%$

$n=50$일 때 $\sigma_p^{\ 2} = \frac{1}{50} \cdot 50 + \frac{50-1}{50} \cdot 10 = 10.80\%$

$n=\infty$일 때 $\sigma_p^{\ 2} = 10\%$

n이 커질수록 $\sigma_p^{\ 2}$은 작아지고 극단적으로 평균 공분산 10%에 가까워진다.

6) 효율적 포트폴리오

지금까지는 두 위험자산인 S자산과 B자산의 경우만을 가정하여 위험 포트폴리오를 구성하였다. 앞으로는 이 논리를 확대, 수많은 위험자산을 고려하여 효율적 포트폴리오(efficient portfolio)를 구성하는 경우를 설명한다.

증권선택의 첫 단계는 위험－기대이익률로 표시된 선택가능한 투자기회집단(investment opportunity set) 중에서 목표기대이익에서 최소의 위험을 제공하거나, 또는 주어진 위험 아래에서 최대의 기대이익률을 제공하는 효율적 포트폴리오를 구하는데 있다. 이런 투자원리를 흔히 지배원리(dominance theory)라 한다. 증권시장에 존재하는 수십, 수백 개의 주식들 중에서 두 개 혹은 세 개 아니면 그보다 많은 주식을 선택하고, 또 각각에 대한 투자비중을 달리 했을 때 우리는 어떤 투자기회집단을 갖게 될까? 아무리 포트폴리오 구성종목수가 많고 투자비중이 다양하더라도 투자기회집단 계산의 기본이 되는 것은 두 자산 간의 공분산(또는 상관관계)이다. 그런데 두 자산은 대부분 미약한 양의 상관관계를 가지므로 효율적 경계선은 직선이 아니라(즉 상관계수가 -1이나 1의 극단적인 경우가 아니라) 우상향의 반타원이 된다. 한편 어떻게 포트폴리오를 구성하더라도 목표 투자 비중이 확정될 경우 최소 분산 포트폴리오(MVP: minimum variance portfolio)를 구성할 수 있으므로, 투자자들은 목표기대이익률 수준에서 이 최소 위험 포트폴리오에만 투자할 것이다. 따라서 투자기회집단은 우상향의 반타원에서 오직 위쪽 경계선만 될 뿐이지 반타원안(inner circle)은 되지 않는다. 이를 그림으로 표시하면 [그림 7-5]와 같다.

[그림 7-5] 효율적 포트폴리오

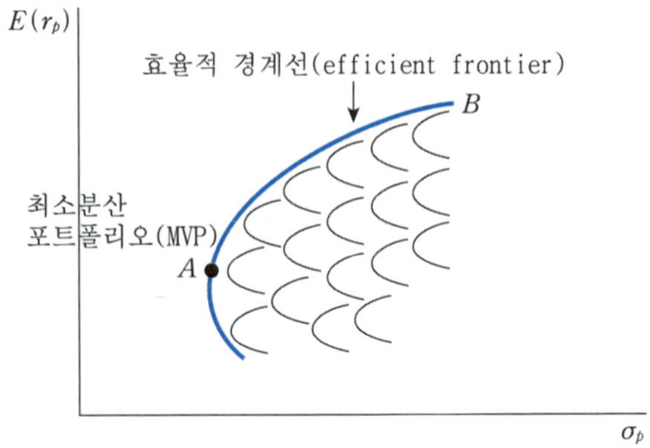

효율적 포트폴리오로 구성된 AB선상의 모든 포트폴리오는 주어진 위험수준이나 기대수익률 아래에서 다른 모든 포트폴리오를 지배하게 된다. AB곡선을 효율적 곡선 또는 효율적 경계선(efficient frontier)이라 한다. 따라서 투자자들은 AB곡선상에 있는 포트폴리오 중 하나를 선택하게 된다.

| 예제 7-4 | [지배원리와 투자안 선택] 다음과 같은 투자기회집단인 우상향의 반타원에 있는 포트폴리오 A, B, C, D, E, F에서 왜 A, C, E 투자안이 선택되는지 그 이유를 밝혀라.

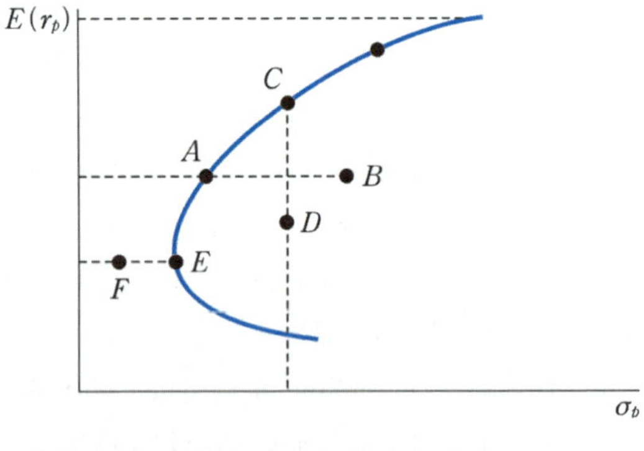

풀이 A : 같은 기대이익수준에서 B보다 위험이 작다. A는 B를 지배한다.
C : 같은 위험수준에서 D보다 기대이익이 크다. C는 D를 지배한다.
E : F는 투자기회집단에 포함되지 않는다.

제 2 절 CAPM

자본자산가격결정모형(Capital Asset Pricing Model)은 흔히 CAPM으로 불리는데, 현대 금융경제학과 투자론의 핵심주제이다. CAPM은 기대이익률과 위험과의 관계를 정립시킨 균형 모델이다.

1) CAPM의 내용과 증권시장선

CAPM은 다음의 핵심내용으로 귀결된다. 개별증권의 위험프리미엄 $E(r_i)-r_f$은 시장포트폴리오 위험프리미엄 $E(r_m)-r_f$과 그 개별증권 베타 β에 비례한다. 이를 식으로 표시하면 다음과 같다.

$$E(r_i)-r_f=[E(r_m)-r_f]\beta \tag{7-8}$$

여기서, 개별증권의 위험프리미엄: $E(r_i)-r_f$
시장포트폴리오 위험프리미엄: $E(r_m)-r_f$
개별증권 베타: β

CAPM에 의하면 개별주식의 기대수익률 $E(r_i)$는 무위험자산 수익률에 β로 측정되는 개별기업의 위험프리미엄을 더한 값이다. CAPM의 일반식은 다음과 같다.

$$E(r_i)=r_f+\beta_i[E(r_m)-r_f] \tag{7-9}$$

| 예제 7-5 | S전자의 베타계수(β)가 0.88이고 KOSPI(=시장포트폴리오) 기대수익률이 10% 그리고 정기예금금리(=무위험수익률)가 5%일 때 S전자의 균형 기대수익률은 얼마인가?

풀이 $\beta=0.88,\ E(r_m)=10\%,\ r_f=5\%$

$$CAPM:\ E(r_i)=r_f+\beta[E(r_m)-r_f]$$
$$=5\%+0.88(10\%-5\%)=9.40\%$$

[그림 7-6] 증권시장선

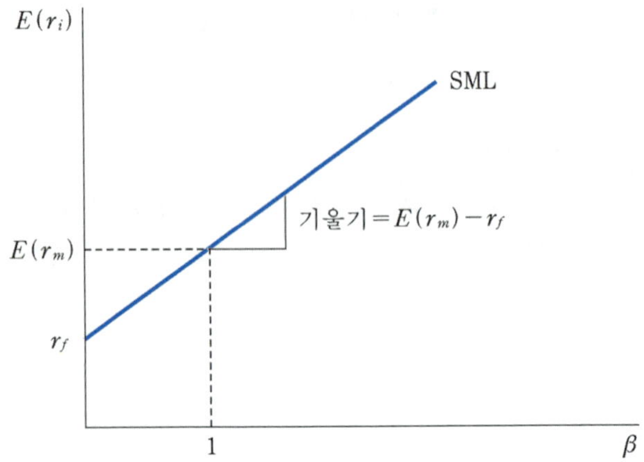

이 식에서 β를 X축으로 하고 기대수익률 $E(r_i)$를 Y축으로 하여 그린 직선을 증권시장선(SML: Security Market Line)이라 하며, [그림 7-6]에 나타나 있다.

증권시장선의 특징 및 중요한 의의는 다음과 같다.

첫째, 시장포트폴리오 자체의 β값은 1이므로 이때의 기대수익률은 $E(r_m)$ 이다.

둘째, 어느 개별자산의 β값에 대응한 균형기대수익률 $E(r_i)$는 반드시 SML 상에 있다. 이때의 주식가격은 적정가격(fair price)으로서 기업의 내재가치(intrinsic

[그림 7-7] SML과 α값

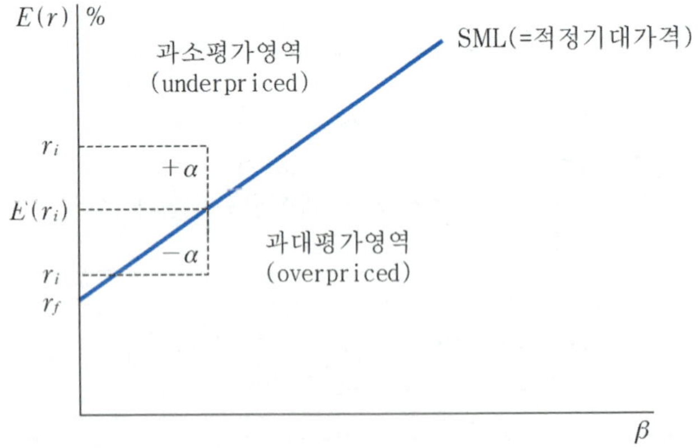

value, 진실가치(true value)라고도 함)를 반영한다.

셋째, 어느 주식의 예상수익률이 그에 상응하는 β에서 SML상에 있지 않으면 그 주식가격은 균형상태에 있지 않고, 소위 잘못 책정된(mispriced) 상태이다. 이 때 예상수익률이 SML 위쪽(upper)에 있으면 주식의 예상수익률 r_i이 균형기대수익률 $E(r_i)$보다 크므로 가격은 저평가(under priced)되어 있다(왜냐하면 수익률과 가격은 서로 반대이므로 수익률이 클수록 가격은 낮은 상태이다).

따라서 이 주식을 사려는 투자자가 많게 되어 가격은 상승할 것이다. 가격이 상승할수록 오히려 기대수익률은 낮아져서 결국 SML에까지 오면 가격이 적정하게 되어 균형상태에 있게 된다. 이때 예상수익률 r_i과 균형기대수익률 $E(r_i)$과의 차이를 α라 한다. 통계학에서는 이를 잔차 e_i라 하며 $Y-\hat{Y}$과 같다.2)

$$\begin{aligned}\alpha &= \text{예상수익률} - \text{균형기대수익률} \\ &= r_i - E(r_i) \\ &= r_i - \{r_f + \beta[E(r_m) - r_f]\} \qquad (7\text{–}10)\end{aligned}$$

α는 증권의 가격이 균형상태로부터 얼마나 벗어나 있는가를 나타내는 척도로써 α의 값이 0이면 증권의 가격은 SML상에 위치하고 균형상태에 있음을 의미한다. α의 값이 양(+)이면 그 증권은 SML상의 위쪽(upper)에 위치하고 과소평가된 상태에 있다. 반대로 α의 값이 음(−)인 증권은 SML상의 아래(lower)에 있고 과대평가되어 있음을 나타낸다.

| 예제 7-6 | S전자의 베타계수(β)는 0.88로 측정되었다. 당시의 KOSPI 수익률은 10%, 정기예금금리는 5%이며 S전자의 예상수익률이 11%라면 S전자 주식이 과대평가되었는가?

풀이 CAPM을 이용하여 S전자의 알파(α)값을 구해본다.

$\alpha = r_i - E(r_i)$이고 이 때 $E(r_i) = r_f + \beta[E(r_m) - r_f]$이다.

S전자: $E(r_i) = 5 + 0.88(10-5) = 9.40\%$

알파$\alpha = 11\% - 9.40\% = 1.60\%$

S전자의 알파값이 양(+)이므로 SML상의 위에 있고 과소평가되어 있다. 따라서 S전자 주식을 살려는 투자자가 많게 되어 가격은 상승할 것이다. 가격이 상승할수록 예상수익률은 낮아져서 결국 균형상태에 도달하게

2) 초과수익률(excess return)이란 무위험자산수익률(r_f)을 초과하는 수익률로서 비정상수익률(abnormal return)과는 다르다. 즉 초과수익률은 $r_i - r_f$이고, 비정상수익률은 $r_i - E(r_i)$이다.

되면 S전자의 예상수익률은 SML선상에 존재하게 된다.

2) 베타의 의미와 응용

증권특성선(SCL: security characteristic line)은 개별주식의 수익률을 종속(y)변수로 하고 시장수익률을 독립(x)변수로 하여 도출되는 회귀직선이다. β는 증권특성선의 기울기로서 초과수익률을 이용하거나 실제수익률을 이용하여도 회귀분석에서 같은 값이 계산된다. 베타는 어떤 주식이 시장 포트폴리오의 영향을 받는 민감도를 측정한다. 예를 들면, KOSPI가 앞으로 10% 오를 것으로 예상되면 β값이 0.88인 삼성전자(주) 주식은 그 0.88배인 8.8% 상승할 것으로 예상되고, 반대로 KOSPI가 20% 떨어질 것으로 예상되면 삼성전자(주) 주식은 그 0.88배인 17.6% 하락할 것으로 예상된다. 따라서 베타는 시장의 움직임에 대한 상대적 변동성을 측정한다고 볼 수 있다. KOSPI의 베타는 1이다. 일반적으로 베타값이 1보다 크면 공격적 주식이라 하고, 베타값이 1보다 작으면 방어적 주식이라고 한다.

제 3 절 시장효율성

1) 시장효율성의 의의

주식시장의 효율성이란 주가가 정보를 신속 · 정확하게 반영함으로써 어떤 정보를 이용하여 투자이익을 얻으려는 사람들이 고정관념을 가지고 주가를 예측하려는 시도가 거의 불가능함을 암시한다. 이런 의미에서 주가는 어떤 정보로써 주가의 움직임을 예측하려는 사람들에게 거의 무작위적(random walk)인 것으로 보인다. 따라서 이렇게 무작위적으로 움직이는 주가는 예측이 불가능하며, 바로 이런 점은 역설적으로 모든 정보에 신속 · 정확하게 반응하려는 주가 움직임의 자연스러운 결과이다. 반대로 얘기해서 주가가 어떤 정보에 의해 늘 예측 가능하다면 그런 예측에 의거해서 주식시장 어디에선가 일부 투자자는 늘 기적 같은 수익을 올릴 수 있다는 것인데, 이 점은 바로 증권시장이 비효율적임을 반증하는 예이다.

이와 같은 시장효율성 개념을 가설(hypothesis)로서 처음 발표한 학자는 시카고 대학의 교수인 파마(Eugene Fama)이다. 그는 1970년 이 효율적 시장가설(Efficient Market Hypothesis: 이하 EMH라 칭함)을 발표하면서 증권시장에서 기적과 같은 수익률을 얻는 환상(fantasy)은 있을 수 없다는 메시지를 전달하고자 하였다.[3] 사실 그 당시의 증권시장에서는 남보다 더 나은 증권분석이나 정보로써 엄청난 비정상이익률(abnormal return)을 얻을 수 있을 것이라는 기대가 팽배했었다. 그러나 파마의 EMH에 의하면 증권시장은 그러한 정보를 신속·정확히 반영하기 때문에 투자자들은 다만 위험에 상응하는 "정상이익률(normal return)"만 얻을 뿐이라는 것이다.

2) EMH의 종류

파마는 1970년 주가가 어느 정도의 정보를 반영하는가에 따라 효율적 시장을 약형, 준강형, 그리고 강형의 세 가지 형태의 가설로 분류하였다. 지금은 거의 고전이 되다시피 한 이러한 분류는 20년이 지난 1991년 파마 자신에 의해 새로운 형태로 재분류되었다.[4] 왜냐하면 파마가 가설의 형태로 제시한 세 가지 EMH가 그 후 수많은 실증분석결과 연관성면에서 서로 합리적이지 못했기 때문이다.

우선 고전적인 EMH의 세 가지 형태를 먼저 설명해 보자. 약형(weak form) EMH는 주가가 과거 정보(past information)를 신속·정확하게 반영함으로써 기술적 분석(technical analysis)과 같은 추세분석으로 비정상수익률을 올릴 수 없다는 내용이다. 과거 주가움직임 또는 과거 주식거래량과 같은 과거정보는 누구에게나 입수 가능하고 아무 비용 없이 입수할 수 있다. 만약 이러한 정보가 미래 주가움직임을 예측하게 해주는 신호를 가진다면, 이미 그 순간 많은 투자자들이 이 정보를 이용하려고 사자 또는 팔자는 행동을 취할 것이고, 따라서 주가는 여기에 따라 반응할 것이다. 이 결과 이 정보로써 투자한 투자자들이 얻는 수익률이란 정상수익률에 불과할 것이다.

---

3) Fama, Eugene, "Efficient Capital Markets: A Review of Theory and Empirical Work," *Journal of Finance* 25, (May 1970).

4) Fama, Eugene, "Efficient Capital Markets II," *Journal of Finance* 46, 1991, pp. 1575~1617.

준강형(semi-strong form) EMH는 주가는 공시정보(public information)에 신속·정확하게 반영함으로써 효율적이 된다는 내용이다. 공시정보에는 재무제표 공시, 경영진 교체, 특허권 보유수, 전문가의 이익예측, 그리고 주식재매입공지 등이 있다. 만약 준강형 EMH가 맞는다면 기업내용에 대한 기본적 분석(fundamental analysis)은 정상이익률(ordinary return)을 보상해 주는 데 그칠 뿐이다.

강형(strong form) EMH는 주가는 모든 정보(all information), 심지어는 기업 내부정보(inside information)까지 신속·정확하게 반영함으로써 이 정보로 인한 비정상이익률 획득이 불가능하다는 내용이다. 내부정보는 기업의 최고경영자나 대주주, 정부정책 입안자, 경제신문 기자 등이 공시 전에 입수하거나 미리 알게 되는 정보이다. 강형 EMH는 매우 극단적인 시장 효율성으로서, 사실 극비의 내부정보를 입수한 사람마저도 엄청난 수익률을 얻지 못한다는 것은 이 가설이 비현실적임을 말해준다. 즉 내부자(insider)의 거래는 우리가 확인을 못해서 그렇지, 기적 같은 수익을 올리리라고 상식적으로도 알 수 있기 때문이다.

3) 재무관리 측면에서 시장효율성의 의의

증권시장이 효율적이라면 특히 이 중에서 기업공시정보의 시장효율성이 입증된다면 기업의 재무의사결정 정보는 매우 신속·정확하게 증권시장에 반영된다. 예를 들어, 많은 부채를 사용하는 어느 기업이 이자금액을 제때에 납부하지 못했다는 소문이 나면 그 나쁜 뉴스는 곧바로 증권시장에 반영되어 그 기업 주가는 급격히 떨어진다. 특히 증권시장은 호재(good news)보다는 악재(bad news)에 더 민감하게 반응하는 현실을 감안할 때, 기업재무 관리자는 재무의사결정에 신중해야 한다. 대표적으로 재무의사결정과 관련된 악재는 경쟁이 심하고 사업전망이 불투명한 신규사업 진출 결정, 전년에 비해 배당금의 감소, 회사채의 신용등급 하강, 기존 부채의 만기 연장 실패, 침체가 계속되는 증권시장에서 유상증자 결정, 원리금 지급 불능상태에서 회사채 워크아웃(workout) 시작, 그리고 파산에 따른 회사정리절차 개시 등이다. 대표적으로 증권시장이 민감하게 반응하는 재무의사결정은 기업의 인수합병(M&A)이다. 인수합병은 합병회사는 물론 비합병회사에게도 호재로 작용한다. 합병인수의 성격과 형태에 따라 증권시장에 미치는 영향은 매우 다양하지만 일반적으로 합병인수는 대규모 자금이 투입되고, 그 효과가 장기적이고 전략적이므로 그 어떤 재무의사결정보다도 기업주가에 큰 영향을 미친다.

최근에 사업내용이 더 전문화, 세분화됨에 따라 기존기업이 분할되는 재무의사결정이 자주 공시되는데 주가에 미치는 영향은 호재인지 악재인지 분명치 않다. 회사분할에는 인적 분할과 물적 분할이 있는데 각 분할의 내용과 형태, 지분구조 변화에 따라 주가에 매우 혼합된 영향을 미친다.

회사에서 공시하는 자사주 취득(stock repurchase)은 일반적으로 좋은 뉴스로 인식되는데 자사주 취득에 따른 현금 보유량 감소와 매입한 자사주 처리방안에 따라서 회사내부에서는 재무구조적으로 많은 변화를 가져 온다. 증권시장이 효율적이라면 위에서 언급한 재무의사결정 정보는 매우 신속하고 정확하게 그 기업주가에 반영되므로 재무관리자는 언제나 재무의사결정의 중요성과 심각성을 의식하여야 한다.

Financial Management

문제풀이

≪객관식 문제≫

1. 포트폴리오를 구성하는 주식의 수가 많아질수록 포트폴리오 위험이 감소하는 이유는 무엇인가?
   ① 주식의 수가 많을수록 낮은 위험을 갖는 주식이 포함될 가능성이 많아지기 때문이다.
   ② 여러 주식의 위험이 모두 낮기 때문이다.
   ③ 여러 주식으로부터 예상되는 수익률이 불완전한 상관성을 갖고 있기 때문이다.
   ④ 분산투자로 포트폴리오의 기대수익률을 줄어들기 때문이다.

2. 동일한 투자비율로 매우 많은 자산에 분산 투자된 포트폴리오의 분산의 크기는 다음 중 어느 것과 같은가?
   ① 개별자산의 잔차 분산의 평균
   ② 개별자산의 분산의 평균
   ③ 개별자산의 표준편차의 평균의 제곱
   ④ 개별자산의 공분산의 평균

3. 주식 A와 B의 표준편차가 각각 0.6과 0.8이고 두 자산의 수익률이 –1의 상관관계를 갖고 있다고 하자. 포트폴리오의 분산을 최소화할 수 있는 주식 A의 투자비율은?
   ① 0.29 ② 0.47 ③ 0.57 ④ 0.64

4. 양(+)의 분산을 갖고 있는 두 자산을 결합하여 얻어지는 투자기회선이 직선으로 이뤄지는 경우는 어떤 것인가?
   ① 두 자산의 상관계수가 0인 경우
   ② 두 자산의 공분산이 0인 경우
   ③ 두 자산의 상관계수가 +1이거나 -1인 경우
   ④ 두 자산의 상관계수가 +1, 0 또는 -1인 경우

5. 포트폴리오의 기대수익률과 분산의 계산과 관련하여 옳지 않은 설명은?
   ① 포트폴리오의 기대수익률은 각 개별자산의 기대수익률을 투자비율로 가중 평균한 값이다.
   ② 포트폴리오의 분산은 개별자산의 분산을 투자비율로 가중 평균한 값이다.
   ③ 다른 조건이 동일하다면 각 개별자산 수익률 사이의 상관계수가 낮을수록 포트

폴리오의 분산은 보다 작아진다.

④ 포트폴리오의 기대수익률과 분산은 미래상태가 발생할 확률에 의해 영향을 받는다.

6. 개별주식 수익률의 분산의 평균이 0.50이고 공분산의 평균이 0.10이다. 10개의 주식을 무작위적으로 선택하여 각 개별주식에 동일한 금액을 투자하여 포트폴리오를 구성할 경우, 이 포트폴리오의 분산은 얼마인가?

① 0.51 ② 0.1 ③ 0.5 ④ 0.14

7. 포트폴리오의 위험에 대한 설명으로 잘못된 것은?

① 포트폴리오 구성자산들의 수익률 사이의 상관계수가 낮을수록, 또 구성자산의 수가 증가함에 따라 포트폴리오 위험은 점점 감소한다.

② 경제여건의 변화에 따라 어떤 두 가지 자산의 수익률이 함께 변동함을 나타내는 척도로서 상관계수와 공분산이 있다.

③ 분산투자에 의하여 위험이 감소하는 이유는 포트폴리오의 구성자산들 사이의 상관계수가 0보다 작기 때문이다.

④ 상관계수는 어느 한 변수의 값이 변화할 때 다른 변수의 값이 어느 정도 변화하는가를 나타내는 상대적 척도로서 -1과 1 사이의 값을 갖는다.

8. 효율적 포트폴리오의 선택에 대한 설명 중 잘못된 것은?

① 효율적 투자기회선이 우상향으로 볼록한 이유는 각 자산들 수익률 사이의 상관계수가 1보다 작기 때문이다.

② 위험을 줄이는 유일한 방법은 가능한 많은 수의 주식에 고르게 나누어 투자하는 것이다.

③ 최소분산포트폴리오(MVP)라고 해서 최대 수익률 포트폴리오는 아니다.

④ 가장 효율적인 포트폴리오는 모든 자산의 집합인 시장(market) 포트폴리오이다.

9. 투자대상을 포트폴리오의 관점에서 분석하는 것이 개별주식으로 분석하는 것과 차이가 나는 이유는?

① 개별 증권들 간의 상관관계가 다르기 때문이다.

② 포트폴리오의 체계적 위험이 개별증권보다 낮기 때문이다.

③ 투자자마다 효용의 정도가 다르기 때문이다.

④ 포트폴리오로 투자하는 것의 기대수익률이 높기 때문이다.

10. 포트폴리오의 분산투자 효과에 대한 설명 중 타당한 것은?

① 완전한 분산 투자는 모든 위험을 제거한다.

② 양(+)의 상관관계를 가지는 주식들 사이에는 분산투자 효과가 없다.

③ 포트폴리오에 포함된 주식의 수가 많을수록 총위험이 줄어든다.

④ 10~20종류의 주식을 구입하기 전에는 분산투자 효과가 없다.

11. CAPM의 내용 중 틀린 것은?
① 균형상태의 기대수익률은 SML선 위(on the line)에 있다.
② 증권의 기대 수익률은 β의 함수이다,
③ 과소평가된 주식은 SML선 아래에 있다.
④ β가 큰 주식일수록 변동성이 크기 때문에 위험과 기회가 함께 존재한다.

12. SML에 관하여 틀린 내용은?
① 균형상태에서 개별자산의 수익률은 SML선 위(on the line)에 있다.
② SML선 아래(below)에 있는 자산은 저평가(undervalued)되어 있다.
③ SML선의 기울기는 $(R_m - R_f)$이다.
④ β가 0일 때 수익률은 무위험수익률(R_f)이다.

13. 베타(β)의 의미에서 틀린 내용은?
① 개별주식의 시장민감도 지수이다.
② 베타가 클수록 우량기업주식이다.
③ 시장자체의 베타는 1이다.
④ Merill Lynch사의 수정베타는 {(2/3)×전기추정베타+(1/3)×1}이다.

14. 단기국채 증권의 금리가 3%, KOSPI 수익률이 8%일 때 β값이 1.2인 주식의 기대수익률을 CAPM에 의하여 구하면 ( )%이다. ( )안에 숫자를 넣으시오.
① 6.0 ② 6.6 ③ 9.0 ④ 12.6

15. CAPM에 의하면 투자자가 기대하는 위험프리미엄에 대한 설명 중 옳은 것은?
① 알파(α)에 비례한다. ② 알파(α)에 반비례한다.
③ 베타(β)에 비례한다. ④ 베타(β)에 반비례한다.

16. 다음에서 CAPM에 대한 내용 중 가장 틀린 것은?
① 시장위험프리미엄($r_m - r_f$)은 보통 5~7% 사이에서 유지된다.
② β는 체계적 위험의 측정치이다.
③ β값이 작은 주식은 비정상수익률도 작다.
④ KOSP2(=시장지수)의 베타값은 언제나 1이다.

17. 자본시장이 효율적일 경우, 다음 중 옳지 않은 것은?
① 과거의 주가를 관찰하여 가까운 미래의 주가 변동을 예측할 수 없다.
② 공개적으로 이용가능한 정보로부터 규칙적으로 이익을 얻어낼 수 없다.
③ 주가는 새로운 정보를 정확히 반영하기 위하여 신속하게 조정된다.

④ 어느 투자자도 비정상수익률을 얻을 수 없으므로 증권시장은 침체되거나 지루한 장세를 보인다.

18. 효율적 시장가설에 대한 내용 중 틀린 것은?

① 증권 투자의 기적과 같은 수익률은 불가능하다는 의의를 갖는다.
② 이 가설이 맞다면 증권 투자시 얻는 이익은 정상이익에 불과하다.
③ 강형시장 효율성은 모든 정보에 대한 정보효율성이다.
④ 증권시장이 효율적이라면 여러 가지 분산 투자기법은 무의미할 뿐이다.

≪주관식문제≫

1. (1) 100개 주식의 포트폴리오의 위험을 계산하기 위해 몇 개의 분산과 공분산이 필요한가?

(2) 모든 주식이 30%의 표준편차와 0.4의 상관관계를 갖는다고 가정하자. 동일하게 보유하는 서로 다른 50개 주식의 포트폴리오의 표준편차는?

(3) 이와 같이 완전히 분산된 포트폴리오의 표준편차를 계산하라.

2. 일반적인 주식 수익률의 표준편차가 연 0.4(또는 40%)라 가정하자. 각각의 주식의 한 쌍의 상관관계는 약 0.3이다.

(1) 포트폴리오 내에 2개, 3개, … 10개의 주식을 가지고 동일 비중으로 투자하고 있는 경우의 수익률의 분산과 표준편차를 구하라.

(2) 위의 결과를 가지고 그래프를 그려라. 제거될 수 없는 시장위험의 크기는 얼마인가?

★3.

	A주식	B주식
β(베타)	2.21	1.81
수익률의 연간 표준편차(%)	62.7	50.7

시장 수익률의 표준 편차가 15%라고 가정한다.

(1) A주식의 수익률과 B주식의 상관계수는 0.66이다. A주식에 반, 나머지를 B주식에 투자한 포트폴리오의 표준편차는 얼마인가?

(2) 1/3을 A에, 1/3을 B에, 1/3을 Treasury Bill에 투자한 포트폴리오의 표준편차는 얼마인가?

(3) 만약 포트폴리오가 A주식과 B주식에 동등하게 나누어지고 50%의 자금을 차입했다면, 즉 투자자가 총액수의 50%만을 내고 나머지를 브로커에게 빌렸다면 이 포트폴리오의 표준편차는 얼마인가?

(4) A주식과 같이, 베타값 2.21인 주식 100개로 구성된 포트폴리오의 대략의 표준편차는 얼마인가? B주식의 경우는 어떠한가?(힌트: 문제 (4)는 매우 간단한 계산만을 필요로 한다)

4. 투자자인 김과장은 A와 B 두 주식에 투자할 것을 고려하고 있다. 그는 A로부터 12%와 B로부터 8%의 수익을 기대한다. A의 수익률 표준편차는 8%이고 B는 5%이다. 두 수익률 간의 상관계수는 0.2이다.

(1) 각 주식에 대한 투자비중이 다음과 같을 때 그 포트폴리오들의 기대수익률과 표준편차를 계산하라.

포트폴리오	A에 대한 비율	B에 대한 비율
1	50	50
2	25	75
3	75	25

(2) A와 B로 구성된 포트폴리오 1, 2, 3을 그려라.

(3) 김과장이 5% 이자율에서 차입과 대출을 할 수 있다고 가정하자. 그의 투자기회가 어떻게 바뀌는지 그림에서 보여라. 그가 같은 5%의 이자율로 차입과 대출을 할 수 있게 되었다면, A와 B에 어떤 비율로 투자되어야 하는가?

5. 마이너스 베타를 갖는 회사는 드물다. 그러나 $\beta=-0.3$을 갖는 회사가 있다고 가정하자.

(1) 만일 전체 시장이 4% 상승하였다면 이 주식의 수익률이 어떻게 변할 것으로 예상하는가? 만일 5% 하락하였다면 어떠한가?

(2) 당신이 10억원을 충분히 분산된 주식 포트폴리오에 투자하였다. 지금 당신은 추가적으로 5천만원 유산을 상속받았다. 다음의 어떤 투자가 포트폴리오의 수익률에 안전성을 주는가?

① 5천만원을 국공채에 투자($\beta=0$)

② 5천만원을 $\beta=1$인 주식들에 투자

③ 5천만원을 $\beta=-0.3$인 위 주식에 투자

이유를 설명하라.

★6. 펀드매니저 이팀장은 그의 자금을 주식 A에 60%를, 그리고 나머지를 주식 B에 투자했다. 그는 주식들의 전망에 대해 다음과 같이 평가한다.

	A	B
기대수익률(%)	15	20
표준편차(%)	20	22
수익률간의 상관계수	0.5	

(1) 그의 포트폴리오의 기대수익률과 수익률의 표준편차를 구하라.

(2) 만일 상관계수가 0이나 -0.5였다면 위의 답은 어떻게 변할 것인가?

(3) 이 팀장의 포트폴리오는 주식 A에만 투자했을 경우보다 성과가 더 좋은가 아니면 더 나쁜가, 혹은 그렇게 말하는 것이 불가능한가?

7. 퀀텀펀드(주)의 펀드매니저 김이사는 10억원의 투자자금을 회사채에 투자할 예정이다. 검토 중인 회사채 포트폴리오의 연 기대수익률은 9%이고, 연 표준편차는 10%이다. 김이사는 채권 분산 투자의 대상으로서 지수펀드에 투자하는 것을 고려하고 있다. 이 지수펀드는 14%의 기대수익률과 16%의 표준편차를 갖는다.

(1) 김이사가 그의 모든 자금을 지수펀드와 국공채의 조합에 투자한다고 가정하자. 그렇게 하여 그가 포트폴리오 위험 변화 없이 기대수익률을 향상시킬 수 있는가? 국공채의 평균 이자율은 6%이다.

(2) 김이사가 회사채 포트폴리오와 지수 펀드에 동일하게 투자함으로써 더 좋은 성과를 보일 수 있었는가? 회사채 포트폴리오와 지수 펀드의 상관관계는 +0.1이다.

8. 다음 자본시장에서 주식의 기대수익률에 영향을 미치는 두 개의 거시경제 요인이 있다고 가정하자. 세 펀드 A, B, C는 이 두 요인에 다음과 같은 민감도를 갖고 있다.

펀 드	b_1	b_2
A	1.75	0.25
B	-1.00	2.00
C	2.00	1.00

시장에서는 요인 1에 대해서 기대위험보상률 4%를 그리고 요인 2에 대해서는 8%를 요구한다. 국공채는 분명한 위험보상률이 없다.

(1) APT에 따르면, 세 펀드의 위험보상률은 각각 어떻게 되는가?

(2) 당신이 A펀드를 20억원에 매수하고 B펀드를 5억원에 매수하며, C펀드를 15억원에 매도한다고 가정하자. 두 요인 각각에 대한 포트폴리오의 민감도를 구하라.

(3) 당신이 A와 B펀드를 각각 16억원과 2억원을 매수하고 C를 8억원에 매도한다고 가정하자. 두 요인 각각에 대한 포트폴리오의 민감도를 구하라. 그리고 기대위험보상률은 어떻게 되는가?

★9. [CAPM과 기대수익률] 증권 J와 시장포트폴리오에 관한 과거 수익률 정보는 다음과 같다.

증권 J의 표준편차(σ_j)	0.20
시장포트폴리오의 표준편차(σ_m)	0.15
시장포트폴리오의 기대수익($E(R_m)$)	0.13
증권 J와 시장포트폴리오의 수익률 상관관계(ρ_{jm})	0.80
무위험이자률(R_f)	0.07

CAPM에 근거하여 다음 물음에 답하라.

(1) 증권 J의 기대수익은 얼마인가?
(2) 만약 증권 J의 표준편차가 높아진다면 요구된 이익은 어떻게 변하겠는가?
(3) 만약 상관계수가 작아진다면 이익은 어떻게 변하겠는가?
(4) 증권의 요구된 이익과 시장포트폴리오 사이의 함수관계를 무엇이라고 하는가?

10. [과대평가와 과소평가] 현재 무위험자산수익률(r_f) 이자률은 10%이고 시장 포트폴리오의 기대수익률(r_m)이 15%라고 할 때, 4개의 주식의 기대수익률과 예상 β는 아래와 같다.

주 식	기대수익률	예상 β	균형수익률	α
1	17.0%	1.3	16.50	0.50
2	14.5%	0.8	14.00	0.50
3	15.5%	1.1	15.50	0
4	18.0%	1.7	18.50	-0.50

(1) 이들 예상을 기초로 할 때, 어떤 주식이 과대평가되었는가? 또, 과소평가된 주식은 어느 것인가?
(2) 만약 무위험자산수익률이 12%로 상승하고, 시장포트폴리오의 기대수익이 16%로 상승하면, 어떤 주식이 과대평가되는가? 어떤 주식이 과소평가되는가? (기대수익과 β는 같다고 가정하라)

제 8 장 NPV법의 응용과 What if 분석

제1절 What if 분석

고생 끝에 기초투자지출액, 기간 중 유입현금흐름 그리고 할인율 등의 여러 요인들을 가정하여 최종투자분석안을 만들었다고 하자. 드디어 투자안의 NPV와 IRR이 구하여지면 곧 바로 투자안의 기각(reject)과 채택(accept)이 이루어지는 것일까? 즉 NPV가 양(+)이면 일을 시작할 것인가, 반대로 음(−)이면 사업을 포기할 것인가?

대부분의 경우 양의 NPV는 낙관적 예측의 결과일 뿐이다. 사실, 현실적으로 NPV가 양인 사업안은 그렇게 많지 않다. 특히 NPV가 양이면, 그것을 가능하게 한 투입요소가 분명히 있을 것이다. 꼼꼼한 재무담당자라면 이 경우 투입요소에 대해 의심해 보아야 한다.

예를 들어, 3년째 유입현금흐름(=영업현금흐름)이 1억원이라고 하자. 그 1억원이란 무수히 많은 가능성 중 평균 금액이 1억원이라는 뜻이다. 아무도 그 금액이 1억원일 것을 확신하지 못한다.

할인현금흐름(DCF) 분석에서 가장 중요한 것은 할인율의 결정과 현금흐름예측이다. 그것이 틀리면, 당연히 그에 따른 기각/채택 의사결정도 틀린다.

할인율과 현금흐름 오류에 의한 잘못된 의사결정 가능성을 예측위험이라 한다. 이러한 예측위험은 피할 수 없는 일이다. 다만 재무담당자는 그 예측위험의 편차를 작게 할 수는 있을 것이다. 또한 그는 가장 비관적인 경우와 낙관적인 경우를 상정, 적어도 진실가치가 이 사이에 있을 것이라는 점은 어느 정도 확신할 수 있다.

현명한 재무관리자는 먼저 최악의 경우를 먼저 상정, 여기서 NPV가 양이면

〈표 8-1〉 손익계산서

(주)일신 (단위: 억원)

매출액	50
변동비	35
고정비	4
감가상각비	6
영업이익	5
세금	2
순이익	3
현금흐름	9(=3+6)

투자안에 희망이 있다고 볼 것이다. 물론 최악의 경우, 음의 *NPV*가 나왔다고 하더라도 투자안을 포기할 것은 아니다. 적어도 이 경우도 발생할 수 있음을 예견하는 것만으로도 위험관리에 도움이 된다.

기본적인 경우는 최종적으로 결론을 내린 경우이다. 예를 들어 투자계획안에서 판매량이 여러 여건을 검토한 결과 50,000개라고 가정했다면 이 50,000가 기본적인 경우이고 이에 따라 최악의 경우 판매량은 40,000개, 최상의 경우는 60,000개라고 가정한다. 이렇게 하여 기본적인 경우를 중심으로 하한(lower bound)과 상한(upper bound)이 결정된다. 다른 변수에 대하여도 기본값을 최종적으로 결정하고 최악의 경우와 최상의 경우를 가정, 기본값의 하한과 상한을 결정한다. 예를 들어, 판매가격의 기본값을 100,000원, 하한을 95,000원, 상한은 105,000원으로

〈표 8-2〉 현금흐름표

(주)일신 (단위: 억원)

연 도	0	1	2	3	4	5
초기투자액	-30					
현금흐름		9	9	9	9	9
NPV	4.12					
IRR	15.24%					

〈표 8-3〉 투입변수 시나리오

	최악의 경우	기본적 경우	최상의 경우
판매가격	95,000원	100,000원	105,000원
판 매 량	40,000개	50,000개	60,000개

한다.

예를 들어 반도체부품을 생산하는 (주)일신이 30억을 투자, 새로운 부품공장 건설을 계획하고 있다고 하자. 이 설비투자의 법적 감가상각기간은 5년이고, 잔존 가치는 없으며, 감가상각방법은 직선법이다. 최종적으로 검토한 결과, 이 투자로 인하여 가능한 생산 · 판매 가능한 수량은 50,000개, 개당 판매가격은 100,000원, 개당 변동비는 70,000원, 고정비는 4억원이고, 법인세율은 40%라고 가정하자. (주)일신은 이러한 투자안에 대하여 10%의 할인율을 사용한다.

위의 경우는 (주)일신이 최종적으로 도출한 결론으로서 기본적인 경우라 할 수 있다. 이 기본적인 경우의 손익계산서와 현금흐름표 그리고 *NPV*, *IRR*은 〈표 8-3〉과 같다.

1) 시나리오 분석

시나리오 분석(scenario analysis)은 최종투자분석결과를 기본적인(base) 경우라 두고, 최악의 시나리오와 최상의 시나리오를 가정, *NPV* 또는 *IRR*을 계산하여 비교한다.

시나리오 분석(scenario analysis)은 미래의 사업여건이 낙관적일 경우, 비관적일 경우, 그리고 기본 가정대로 움직일 경우 등으로 구분하여 각 시나리오 하에서 매출액, 현금흐름, 자금수지, 그리고 내부수익률 등의 변화폭을 검토함으로써 간접적으로서 계획사업의 위험수준을 평가하는 기법이다. 시나리오 분석에서는 먼저 최악의 경우를 보아야 한다. 최악의 경우에서 양의 *NPV*가 발생하면 희망이 있기 때문이다.

시나리오 분석기법은 미래 불확실성을 낙관적, 비관적, 그리고 기본적 가정 등 세 종류의 조합으로 단순화함으로써 계획사업의 위험도를 간단히 파악할 수 있다는 장점이 있다. 그러나 실제 환경은 제반여건 변동이 동시에 같은 방향으로 움직이지 않으므로 장래여건 변수 중 어느 한 변수라도 낙관적 또는 비관적 조합과 달라질 경우에는 각 가정 하에서 산출한 현금흐름, *NPV*, 그리고 내부수익률 등의 결과 변수는 무의미하게 되어 그 유용성이 크게 저하될 수 있다.

(주)일신의 경우 기본적인 경우 판매가격과 판매량은 각각 100,000원과 50,000개이다. 기본적인 경우 결과변수는 기간 중 현금흐름 9억원, *NPV* 4.12억원 그리고 *IRR* 15.24%이다. 〈표 8-4〉에는 비관적인 경우와 낙관적인 경우 판매

〈표 8-4〉 각 시나리오에서 투자안 분석결과

	비관	기본	낙관
순이익	0	3	6.6
현금흐름	6	9	12.6
NPV	−7.26	4.12	17.76
IRR	0%	15.24%	31.19%

가격과 판매량이 예측되어 있다. 비관적인 경우는 최악의 경우를 일컫고, 낙관적인 경우는 최상의 경우를 가정한 것이다.

각 시나리오에서 투자안 분석결과를 보면, 예상한 대로 비관적인 경우 순이익은 0이고, *NPV*는 −7.26억원이며 *IRR*은 0%이다. 반대로 낙관적인 경우 순이익은 6.6억원, *NPV*는 17.76억원, 그리고 *IRR*은 31.19%이다. 비관적인 경우와 낙관적인 경우 사이의 편차가 너무 크므로, 현명한 재무관리자는 양 극단 사이에서 어떤 경우가 발생할 가능성이 더 높은지를 신중히 판단해야 한다. 궁극적으로 재무관리자는 투자안 수행시 평균적으로 기본적인 경우의 판매가격 100,000원과 판매량 50,000개를 달성가능한 목표로 생각해야 할 것이다.

2) 민감도 분석

민감도 분석(sensitivity analysis)은 장래의 불확실성으로 인해 변동가능성이 높은 어느 한 변수를 변동가능한 범위 내에서 변화시킬 경우 현금흐름, 순현가, 그리고 내부수익률 등의 결과변수들이 변화되는 정도, 즉 민감도를 분석한다. 예를 들어, 제품의 판매단가 변화가 현금흐름과 순현가에 어떤 영향을 미치는지를 분석한다. 즉, 제품의 판매단가 변화가 순현가에 미치는 영향을 분석함으로써, 투자안의 채택여부가 제품 판매단가 변화에 얼마만큼 민감한가를 알아 볼 수 있다.

민감도 분석방법은 다른 변수를 모두 통제하고 오직 한 변수가 *NPV*에 비치는 영향을 분석한다. 민감도 분석은 향후 개별 여건변수가 변화할 때 즉각적으로 결과변수를 파악할 수 있어 향후 계획사업의 관리측면에서도 유용하다. 그러나 두 개 이상 여건변수의 동시변화가능성을 고려할 수 없는 약점이 있다.

일단 초기투자가 이루어진 후 투자기간 동안의 영업현금흐름(CFt)이 다음과 같은 변수에 의해 계산된다고 하자.

[그림 8-1] 판매가격과 판매량 변화와 NPV 변화와의 관계

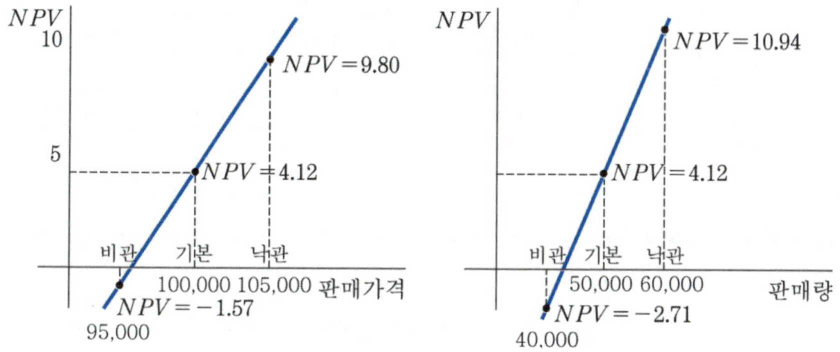

$$CF_t = [Q_t(P_t - V_t) - FC](1-T) + DEP$$
$$= \text{순이익} + \text{감가상각비} \quad (8\text{–}1)$$

여기서, CF_t: t기의 현금흐름, Q_t: t기의 판매수량

P_t: 판매가격, V_t: 단위당 변동비

FC: 총 고정비, T: 법인세율, DEP: 감가상각비

위의 계산식을 보면 기간 중의 매 기간 영업현금흐름(CF_t)은 판매수량, 판매가격, 그리고 고정비 등 여러 가지 변수에 의해 영향을 받는나. 예를 들이, 빈도체 부품을 생산하는 (주)일신의 경우 기간 중의 영업현금흐름이 위와 같은 계산과정에 의해 결정된다고 하자. 기본적으로 (주)일신은 투입변수에 대하여 〈표 8-5〉, 〈표 8-6〉과 같은 기본적인 경우를 가정한다고 하자.

중요한 변수에 대하여 기본적인 경우와 비교하여 비관적인 경우와 낙관적인 경우에 대하여 각 수치를 가정한다. 예를 들면, 단위당 판매가격이 현재 100,000원인데 시장상황이 비관적인 경우 판매가격이 어느 정도 하락할 것인지 반대로 낙관적인 경우 어느 정도 상승할 것인지를 가정해야 한다. 여기서는 비관적인 경우

〈표 8-5〉 판매가격의 민감도 분석

투입변수	비관적인 경우	기본적인 경우	낙관적인 경우
판매가격	95,000원	100,000원	105,000원
매년 현금흐름	7.5억원	9억원	10.5억원
NPV	−1.57억원	4.12억원	9.80억원
IRR	7.93%	15.24%	22.11%

〈표 8-6〉 판매량의 민감도 분석

투입변수	비관적인 경우	기본적인 경우	낙관적인 경우
판매수량	40,000개	50,000개	60,000개
매년 현금흐름	7.2억원	9억원	10.8억원
NPV	−2.71억원	4.12억원	10.94억원
IRR	6.40%	15.24%	23.24%

판매가격이 95,000원 정도로 떨어지고 낙관적인 경우 105,000원 정도에서 형성될 것으로 가정한다.

민감도분석 계산과정을 보면, 각 투입변수에 대하여 각각의 경우 순현가(*NPV*)를 계산한다. 계산과정이 지루하지만 EXCEL 등으로 셀(cell) 공식을 만들어 두면 투입변수를 바꿀 경우 곧 바로 최종결과치인 순현가를 계산할 수 있다. 여기서는 비관적인 경우의 2개의 *NPV* 값, 기본적인 경우 1개, 낙관적인 경우 2개 등 모두 5개의 *NPV* 값을 계산할 수 있다.

민감도분석 결과는 현금흐름을 구성하는 어느 한 변수의 예측치가 변함에 따라 순현가가 어떻게 변하는가를 보여 주고 있다. 예를 들어, 판매가격이 인상되면 순현가가 상당히 늘어나지만, 반대로 판매가격이 하락할 경우 순현가가 급격히 떨어지는 것을 알 수 있다. 그러나 판매량 변화에 따른 순현가 변화는 판매가격 변화에 따른 순현가 변화에 비해 더 민감하게 변화함을 알 수 있다.

〈표 8-7〉 순현가가 0이 될 때 판매가격 계산

항 목	금액(억원)	근거 또는 비고
NPV	0	유입현가합계30, 초기지출액30
매년 현금흐름 (1~5년)	7.913	30 ÷ PVIFA(10%,5) =30 ÷ 3.791=7.913
감가상각비 순이익	6 1.913	
세금(40%) 세전이익	1.275 3.188	
감가상각비 고정비	6 4	
공헌이익	13.188	3.188+6+4
개당 공헌이익 개당 변동비	26,376원 70,000원	13,188억원÷50,000개=26,376원
개당 판매가격	96,376원	약 96,380원

참고로 순현가를 0으로 하는 판매가격 수준을 알 수 있다면 의사결정자는 적어도 판매가격이 어느 정도 이하로는 떨어지지 않도록 가격정책을 세울 수 있을 것이다. 판매가격에 대한 민감도 분석에 의하면 판매가격이 96,380원일 때 순현가가 0이 된다. 따라서 판매가격이 적어도 96,380원이 되어야 투자할 가치가 있다는 판단을 하게 된다. 96,380원을 구하는 방법은 시행착오를 통해 계산할 수 있으나 EXCEL을 이용하면 쉽게 구할 수 있다.

제 2 절 손익분기 분석

대부분의 투자안 계획에서 판매량 예측이 가장 중요하다. 판매량은 회사가 통제할 수 없는 변수이다. 여기에 비해 판매가격은 회사의 통제가 가능하다. 손익분기(BEP: break even point) 분석은 몇 개를 팔 때 손익분기, 다시 말해서 손해도 이익도가 나지 않는 판매량 또는 판매금액을 찾아내는 분석이다.

손익분기점 분석을 하기 위해서 몇 가지 가정이 필요한데 1차적인 전제조건은 비용을 변동비와 고정비로 분류할 수 있어야 한다는 점이다. 변동비는 직접노무비나 원재료비와 같이 생산량에 비례하는 비용이다. 고정비는 임대료, 사무직인건비와 같이 생산량과 조업도에 관계없이 발생하는 비용이다. 고정비도 장기적으로는 변동비가 된다. 비용을 변동비와 고정비로 분해하는 방법이나 더 세세한 분류는 뒤에서 자세히 설명한다. 그 이외에 손익분기점 분석을 위한 가정은 단위당 판매가격과 변동비가 일정하다는 점, 단일품목에 적합하다는 점 그리고 기업의 생산성에 변화가 없다는 점 등이다.

여기서는 새로운 투자안의 계획과정에서 다음과 같이 두 개의 손익분기점 판매량을 산출한다. 이러한 손익분기 판매량을 계산해 봄으로써 재무관리자는 과연 이 판매량이 달성가능한지 또는 달성 못할 경우 어떤 위험이 따르는지를 예견할 수 있다. 구체적으로 손익분기점(BEP)에는 다음 두 가지가 있다.

첫 번째, 회계 손익분기점(BEP): 순이익이 0이 되는 판매량
두 번째, 재무 손익분기점(BEP): 순현가(NPV)가 0이 되는 판매량

〈표 8-8〉 손익계산서

(주)일신 (단위: 억원)

매출액	50
변동비	-35
고정비	-4
감가상각비	-6
영업이익	5
세금	-2
순이익	3

1) 회계 BEP

(주)일신의 예를 이용하여 위의 두 가지 BEP를 계산하는 과정을 보자. (주)일신은 30억원을 투입, 5년간 매년 50,000개를 개당 100,000원의 판매가격으로 컴퓨터부품을 판매할 계획이다. 생산비용은 개당 변동비가 70,000원, 고정비가 4억원이며, 잔존가치가 없는 직선법 감가상각 스케줄에서 매년 감가상각비는 6억원이다. (주)일신의 자본비용은 10%, 법인세율은 40%이다. 먼저 (주)일신의 손익계산서를 다시 한 번 작성하여 본다.

일반적으로 손익분기점일 때 매출량 Q^*는 다음과 같이 계산된다.

$$Q^* = \frac{\text{Fixed Cost}}{P-V} = \frac{\text{총고정비}}{\text{공헌이익}} = \frac{\text{순수고정비} + \text{감가상각비}}{\text{공헌이익}} \qquad (8\text{–}2)$$

여기서 회계적으로 감가상각비도 고정비의 일종이므로 순수고정비에 포함되어야 한다. 따라서 (주)일신에서 총고정비는 10억=4억+6억이 된다. 따라서 순이익이 0이 되는 회계 BEP Q^*는 33,333개이다.

$$Q^* = \frac{4\text{억} + 6\text{억}}{100{,}000 - 70{,}000} = 33{,}333\text{개}$$

이를 식으로 증명하면 다음과 같다.

$$\text{순이익} = (\text{매출액} - \text{변동비} - \text{고정비} - \text{감가상각비})(1 - \text{세율})$$
$$NI = \{Q(P-V) - F - DEP\}(1-T)$$

여기서, Q: 판매량, P: 개당 판매가격, V: 개당 변동비
VC: 변동비, FC: 고정비, DEP: 감가상각비

여기서 $NI=0$으로 하고, 양변을 $(1-T)$로 나눈다.

$$0=Q(P-V)-F-DEP$$

$$Q^{*}=\frac{F+DEP}{P-V} \tag{8-3}$$

2) 재무 BEP

재무 BEP는 순현가(NPV)가 0이 될 때 판매량이다. 순현가를 0으로 하는 판매량 수준을 알 수 있다면 의사결정자는 판매량이 어느 수준 이하로 떨어지지 않도록 판매계획을 세울 수 있을 것이다. 순현가(NPV)가 0이 되는 매출액을 찾기 위해서는 유입현금흐름의 현가합계가 초기투자지출액과 일치하는 금액수준을 알아야 한다.

(주)일신의 예에서 초기투자지출액은 30억원이다. 5년간 유입되는 현금흐름은 매 기간 같은 금액이므로 연금(annuity)과 같은 개념이다. 5년간 이자율이 10%일 때 연금의 현가계수는 3.791이다. 초기투자지출액 30억원을 3.7908로 나누면 매년의 연금은 7.913억원이다. 즉 매년의 연금은 7.913억원이다.

초기투자지출액 = 매년 현금흐름 × $PVIFA$(10%, 5년)
30억원 = 매년 현금흐름 × 3.791
∴ 매년 현금흐름 = 7.913억원

매년 현금흐름 = 순이익 + 감가상각비
7.913억원 = 순이익 + 6억원
∴ 순이익 = 1.913억원

즉, 순이익이 1.913억원일 때 판매량이 NPV를 0으로 하는 손익분기점이다. 영업이익의 60%가 순이익이므로 영업이익은 3.188(=1,913/0.6)억원이다. 감가상각비 6억원과 고정비 4억원을 영업이익에 더하면 공헌이익은 13.188(=6+4+3.188)억원이 산출된다. 개당 공헌이익은 100,000−70,000=30,000원이다. 판매량은 공헌이익을 개당 공헌이익으로 나누면 된다. 따라서 손익분기 판매량은 43,966

개이다.

$$Q = \frac{\text{공헌이익}}{\text{개당 공헌이익}} = \frac{13.188\text{억원}}{30{,}000\text{원}} = 43{,}966\text{개}$$

위의 계산과정을 종합하면 다음과 같다: 순현가(NPV)를 0으로 하는 손익분기 판매량은 43,960개로 약 44,000개이다. (주)일신의 재무담당자들이 고생끝에 예측한 최종안의 판매량은 50,000개이다. 이 기본적인 판매량 50,000개는 손익분기 판매량 약 44,000개와의 차이가 6,000개이다. 시나리오 분석에서 재무담당자들이 최악의 경우 판매량은 40,000개로 예측했다. 물론 판매량이 40,000개일 때 NPV는 음(−)이 된다.

보는 관점에 따라 40,000개, 44,000개, 그리고 50,000개의 각각의 차이는 클 수도 있고 작을 수도 있다. 보수적인 관점에서 보면, 최악의 경우 40,000개와 재무 BEP 44,000개의 차이 4,000개는 별로 크지 않아 보이므로 차라리 투자계획안을 포기 하는 게 나을 것으로 보인다. 그러나 낙관적인 관점에서 보면 BEP가 44,000개라 하더라도 기본적인 경우 50,000개는 달성 가능한 것으로 볼 수 있다. 계량적 결과와 함께 미래예측능력이 중요한 이유가 여기에 있다.

〈표 8-9〉 순현가(NPV)가 0이 될 때 손익분기 판매량 계산

항 목	금 액(억원)	계산 근거
NPV	0	초기지출액 30＝현가합계 30
매년 CF	7.913	30÷$PVIFA$(10%, 5)
감가상각비	6	
순 이 익	1.913	
세금(40%)	1.275	
영업이익	3.188	세전이익
감가상각비	6	
고 정 비	4	
공헌이익	13.188	개당 공헌이익＝100,000원－70,000원＝30,000
판 매 량	43,966개	13.188억원÷30,000원

3) 고정비와 변동비 분해방법

손익분기점 분석에서 실제 가장 어려운 문제는 총비용을 고정비와 변동비로 분해하는 것이다. 이때까지 연구된 비용분해방법으로서는 개별비용법, 비례율법, 산포도법, 그리고 최소자승법이 있다. 이 중에서 최소자승법이 가장 합리적이고 또한 널리 사용되므로 최소자승법에 대해서만 설명한다.

최소자승법은 총비용을 고정비와 변동비로 분해함에 있어서 통계학의 회귀방정식을 응용한 방법으로서 과거 여러 기간의 실제 총비용과 매출액을 각각 1차 함수의 종속변수와 독립변수의 관계로 보고, 1차 함수의 상수항(절편)을 고정비로, 회귀계수(기울기)를 변동비율로 파악하는 것이다. 그 등식은 다음과 같다.

$$\begin{aligned}\text{총비용} &= \text{고정비} + \text{변동비} \\ &= \text{고정비} + \text{변동비율} \times \text{매출액}\end{aligned} \qquad (8\text{–}4)$$

함수식으로 표시하면 다음과 같다.

$$y = a + bx$$
$$TC = F + vS$$

여기서 TC: 총비용, F: 고정비, v: 변동비율, S: 매출액

〈표 8-10〉의 계산예로서 쌍용산업(주)의 총비용을 고정비와 변동비용로 구분해보자.

여기서 총비용을 1차 함수의 종속변수(Y)로, 매출액을 독립변수(X)로 생각하고 회귀방정식을 구하면 다음과 같다.

〈표 8-10〉 계산 예: 쌍용산업(주) 총비용 분해 (단위: 백만원)

연 도	총비용(Y)*	매출액(X)
2001	1,265,255	1,351,648
2002	1,589,736	1,693,642
2003	1,849,926	1,955,950
2004	2,268,529	2,381,312
2005	2,854,198	3,028,253
2006	3,628,562	4,006,807

* 총비용 = 매출원가 + 판매관리비

$$y = 92,115 + 0.89x$$

이 식을 다시 쓰면 다음과 같다.

$$\begin{aligned} \text{총비용} &= \text{고정비} + \text{변동비} \\ &= \text{고정비} + \text{변동비율} \times \text{매출액} \\ &= 92,115\text{백만원} + 0.89 \times \text{매출액} \end{aligned}$$

이 식의 의미는 쌍용산업의 총비용 중 고정비는 연평균 92,115백만원이고 변동비는 매년 매출액의 89%로서 변동비율이 0.89임을 뜻한다. 즉 매출액이 100원이면 그 중 89%에 해당하는 89원이 변동비이고 11%인 11원은 공헌이익(contribution margin)이다. 단, 여기서 데이터의 개수는 많을수록 회귀분석 결과를 신뢰할 만하다. 최소한 30개의 자료가 있어야만 회귀분석결과를 실무에 응용할 수 있을 것이다. 연도별 자료수가 너무 적으면 분기별 또는 월별 자료를 사용한다.

4) 손익분기점 분석의 한계

손익분기점 분석은 매출량과 비용 사이의 관계를 고려하는 재무계획으로서 기업의 의사결정에 있어서 유용하게 적용된다. 그러나 손익분기점 분석은 다음과 같은 한계점을 가진다.

첫째, 총비용을 고정비와 변동비로 구분할 수 있다고 가정하였는데 실제로는 정확히 구분하기가 어렵다. 실무적인 면에서 보면 거의 모든 비용은 고정비 부분과 변동비부분이 함께 혼합되어있다.

둘째, 판매량이나 판매액에 관계없이 단위당 판매가격과 단위당 변동비가 일정하다고 가정하였다. 그러나 실제로 기업의 판매활동을 보면 판매량은 판매가격과 변동비에 영향을 미친다. 단위당 변동비도 변한다.

셋째, 하나의 기업에서 단일상품을 생산, 판매한다고 가정하였다. 그러나 대부분의 제조기업들은 여러 가지 제품을 생산, 판매하고 있기 때문에 이 경우 고정비의 배분문제가 해결되지 않는 경우에 손익분기점 분석은 불가능한다.

넷째, 기업의 효율성이나 생산성 등에 변화가 없다고 가정하였다. 그러나 시간이 경과함에 따라서 기업의 효율성이나 생산성 등이 변하기 때문에 비용, 판매가격, 생산량, 판매량의 관계도 변하기 마련이다.

제 3 절 영업레버리지와 투자안 분석

장기 투자안 분석에서 가장 많이 돈이 투입되는 분야는 유형고정자산투자이다. 장비와 시설이 많이 요구되는 사업일수록 유형고정자산투자액이 크다.

(주)일신의 경우 유형고정자산투자액은 30억원이었다. 유형고정자산투자액을 줄이기 위해 유형고정자산투자액을 20억원으로 하고 일부시설은 투자를 포기, 아웃소싱으로 할 수도 있다. 영업위험을 관리하는 방법의 하나로서 유형고정자산투자금액을 낮춘다. 물론 그 결과 영업위험은 낮추지만, 반대로 호황일 때 이익확대의 기회를 놓친다.

여기서는 유형고정자산투자액의 많고 적음이 영업이익(operating profit)에 어떤 영향을 미치는지를 알아본다.

기본적인 경우 (주)일신은 초기투자금액 30억원, 5년간 매년 50,000개를 개당 10,000원의 판매가격으로 판매할 계획이다. 생산비용은 개당 변동비가 70,000원, 고정비가 4억원이며, 잔존가치 없이 직선법 감가상각 스케줄에서 매년 감가상각비는 6억원이다.

재무담당자는 유형고정자산투자에 따른 위험을 낮추기 위해 초기투자액을 20억원으로 낮추고 일부 시설은 아웃소싱(outsourcing)하기로 하였다. 연간 판매량 50,000개와 개당 판매가격 100,000원은 변함이 없다. 다만, 생산비용은 개당 변동비가 80,000원으로 올라가고 고정비가 2억원으로 줄었으며 매년 감가상각비 또한 4억원으로 감소하였다. 원래안과 감축안을 비교하면 다음과 같다.

	원래안	감축안
초기투자비용	30억원	20억원
고정비	4억원	2억원
개당 변동비	70,000원	80,000원

원래안에서 비관, 기본, 그리고 낙관적인 경우 판매량과 영업이익은 〈표 8-11〉과 같다. 여기서 영업레버리지도(DOL)는 3이다.[1] 판매량 증감률의 3배만큼

1) 영업레버리지도(DOL) $= \frac{\text{영업이익의 변동률}}{\text{판매량의 변동률}} = \frac{60\%}{20\%} = 3$

영업이익의 증감률은 ±60%이다.

〈표 8-11〉 원래안

	비관	기본	낙관
판 매 량 판매량 증감률	40,000개 −20%	50,000개 0	60,000개 +20%
영업이익 영업이익 증감률	2억 −60%	5억 0	8억 +60%

〈표 8-12〉 감축안

	비관	기본	낙관
판 매 량 판매량 증감률	40,000개 −20%	50,000개 0	60,000개 +20%
영업이익 영업이익 증감률	2억 −50%	4억 0	6억 +50%

감축안에서 비관, 기본 그리고 낙관적인 경우 판매량과 영업이익률 그리고 증감율은 〈표 8-12〉와 같다. 여기서 영업레버리지도는 2.5이다. 판매량 증감률 ±20%의 2.5배만큼인 ±50%의 영업이익증감률을 확인할 수 있다. 유형고정자산 투자의 감축으로 인하여 위험척도인 영업레버리지도가 3에서 2.5로 낮아졌다.

또한 순이익이 0이 되는 손익분기 매출량은 30,000개로 기본안의 33,333개보다 낮아졌다.

$$Q^* = \frac{F+DEP}{P-V} = \frac{2억+4억}{100,000-80,000} = 30,000개$$

영업레버리지 분석의 초점은 매출액과 영업이익의 관계에 커다란 영향을 미치는 유형고정자산투자규모의 역할이다. 일반적으로 유형고정자산투자의 비중이 크게 차지하는 기업은 상대적으로 그 비중이 낮은 기업에 비하여 영업레버리지 효과가 확대되어 나타난다. 그 기업은 유형고정자산에 많은 투자를 했으므로 고정비의 비중이 커지게 되고 따라서 변동비는 작게 되며 영업 레버리지와 손익분기점이 높다.

영업레버리지의 정도는 영업레버리지도(DOL: Degree of Operating Leverage)에 의해서 측정한다.

$$DOL = \frac{\text{영업이익의 변동률}}{\text{매출액의 변동률}} = \frac{\triangle OP/OP}{\triangle S/S}$$

$$= \frac{\text{영업이익 변동률}}{\text{매출량 변동률}} = \frac{\triangle EBIT/EBIT}{\triangle Q/Q} \qquad (8\text{–}5)$$

제 4 절 확률분포를 고려한 NPV법 응용

1) 의사결정수 분석

의사결정수(decision tree) 분석은 순현가법의 확대선상에 있는 투자안 평가기법으로서 투자결정문제를 나무(tree)가지 모양의 현금흐름 확률분포를 고려하여 순현가를 계산하는 것이다. 의사결정수 분석은 기본적으로 다음과 같은 과정을 거친다.

첫째, NPV 계산을 위한 중요 변수를 확인하고 계산모형(formula)을 구축한다.

둘째, 나뭇가지에 해당하는 계산단계를 결정한다. 나뭇가지는 기간의 폭(time span)과 상호관련성을 갖는다. 예를 들면, 신제품의 경우에는 4년, 확장 투자의 경우에는 2년 정도의 가지를 갖는다.

셋째, 각 투입변수에 대하여 난수(random number)를 발생시키고, 발생한 난수에 대응하는 각 변수의 값을 이용하여 현금흐름을 계산한다. 현금흐름이 계산되면 각 가지에 대하여 순현가(NPV)를 계산한다.

넷째, 결합확률에 의거하여 나무(전체)의 순현가를 계산한다.

| 예제 8-1 | 다기간 확률분포와 현금흐름

자원재생공사(주)는 재생산 장비를 위한 새로운 기술을 평가중이다. 이 기술은 수명이 3년이고 초기투자비용은 1,000만원이다. 앞으로 발생할 미래 유입현금흐름은 확률변수로서 이산확률분포를 따른다. 회사는 1차 연도에 회사에 1,000만원의 수입을 가져오던가 아니면 이 기술이 아무 소용도 없을 확률을 50%로 보고 있다. 만약 1차 연도에 아무런 수입이 없다면, 2차 연도 역시 수입은 0이다. 더욱 나쁜 것은, 2차 연도에는 300만원의 지출이 원래의 초기투자비용에 추가된다는 점이다. 이와 같이 상황이 발생할 확률은 40%라고 예상되고 있다.

만약 새 기술이 성공한다면 2차 연도의 현금흐름은 각각 0.20, 0.60 그리고 0.20의 확률로 1,800만원, 1,400만원 그리고 1,000만원이 될 것이다. 뒤이어 성공할 경우의 3차 연도에는 현금흐름이 2차 연도의 현금흐름보다 200만원이 많거나 혹은 200만원이 더 적게 될 것이며 그 각각이 일어날 확률은 모두 50%로서 같다. 모든 유입현금흐름은 세금공제 후 금액이다

(1) 위의 현금흐름 확률 발생과정을 확률추리(probability tree)로 작성하라.

(2) 무위험이자율 5%를 사용하여 확률을 고려하여 3년간 순현재가치의 기대치를 계산하라

(3) 이 프로젝트의 위험, 즉 표준편차는 얼마인가?

풀이 (1)

(단위: 만원)

기간 0	기간 1		기간 2		기간 3		총 기간	
현금흐름	확률	현금흐름	조건부 확률	현금흐름	조건부 확률	현금흐름	결합[1] 확률	순현재 가치
	0.5	0	0.4	-300	1.0	0	0.2[2]	-1,272
			0.6	0	1.0	0	0.3	-1,000
-1,000	0.5	1,000	0.2	1,000	0.5	800	0.05[3]	1,550
					0.5	1,200	0.05	1,896
			0.6	1,400	0.5	1,200	0.15	2,259
					0.5	1,600	0.15	2,604
			0.2	1,800	0.5	1,600	0.05	2,967
					0.5	2,000	0.05	3,313

1) 기간 1의 확률×기간 2의 확률×기간 3의 확률

2) 0.2=0.5×0.4×1.0

3) 0.05=0.5×0.2×0.5

(2) 프로젝트의 순현재가치의 기대치는 위의 마지막 두 열을 곱하고 합하여 얻어진다.

기대치=$E(NPV)$

$=0.2\times(-1{,}272)+0.3(-1{,}000)+0.05\times1{,}550+0.05\times1{,}896+0.15\times2{,}259+0.15\times2{,}604+0.05\times2{,}967+0.05\times3{,}313=661$

(3) 표준편차는 다음과 같이 각 결합확률에 [순현재가치−순현재가치기대치]의 제곱을 곱한 후 합하면 된다.

$\{0.2(-1{,}272-661)^2+0.3(-1{,}000-661)^2+0.05(1{,}550+661)^2+0.05(1{,}896-661)^2+0.15(2{,}259-661)^2+0.15(2{,}604-661)^2+0.05(2{,}967-661)^2+0.05(3{,}313-661)^2\}1/2=1{,}805$만원

계산결과를 보면 순현재가치 기대치의 표준 편차는 1,805만원으로서 매우 크다. 이것은 수입이 0 혹은 그 이하일 확률이 50%이기 때문이다.

2) 재무시뮬레이션

재무시뮬레이션(financial simulation)은 투자안의 실행모형을 설정하고 투자변수의 확률분포를 구하여 모든 발생 가능한 변수의 값을 모형에 넣어 실제로 투자안을 시행하듯이 모의실험을 하여 그 결과를 분석하는 기법이다. 이 방법은 앞에서 설명한 시나리오 분석과 민감도 분석의 한계점을 보완한 방법이다. 즉 시나리오 분석에서는 각 변수들이 취할 수 있는 값이 비관적일 때와 낙관적일 때의 두 개 값밖에 갖지 못하였다. 민감도 분석에서는 오직 하나의 변수밖에 고려하지 못하였다. 시뮬레이션 방법은 여러 변수들을 동시에 고려하면서 각 변수들이 취할 수 있는 값의 범위가 무한하다. 시뮬레이션 분석은 기본적으로 다음과 같은 과정을 거친다.

첫째, NPV 계산을 위한 중요 변수를 확인하고 계산모형(formula)을 구축한다.

둘째, 각 투입변수에 대하여 난수(random number)를 발생시키고, 발생한 난수에 대응하는 각 변수의 값을 이용하여 현금흐름을 계산한다.

셋째, 각 투입변수와 결합된 특정조합에서 순현가를 계산한다.

넷째, 이와 같은 과정을 반복하여 계산된 순현가의 확률분포를 구한다. 이로부터 순현가의 기댓값과 분산을 계산하여 이들을 투자안의 평가에 이용한다.

그러나 시뮬레이션 방법은 다음과 같은 한계점을 지닌다.

첫째, 시뮬레이션 결과는 의사결정자가 무엇을 해야 할지 알려주는 건 아니다.
둘째, 변수들 간의 상호관련성이 서로 검토되지 않고 기계적으로 투입된다.
셋째, 모든 변수가 중요도에 관계없이 동일한 확률로 발생된다고 가정한다.

제 5 절 할인율조정과 현금흐름조정

투자안으로부터 기대되는 현금흐름은 확률변수로서 불확실한 현금흐름이기 때문에 실제 실현되는 현금흐름과는 차이가 있다. 자본예산에서 투자안으로부터 기대되는 현금흐름의 불확실성을 고려하여, 투자안을 올바르게 평가하기 위해서는 투자안의 위험을 평가과정에 반영하여야 한다.

투자안의 평가방법인 순현가법, 내부수익률법, 수익성지수법, 회수기간법, 그리고 회계적 평균이익률법 중에서 투자안의 위험을 고려하여 투자안을 평가할 수 있는 가장 적절한 방법은 순현가법이다. 그러나 순현가법의 경우 현금흐름이나 할인율에 투자안의 위험이 적절히 반영되지 못하면 올바른 순현가(NPV)를 산출할 수 없다. 위험을 고려하여 순현가를 계산할 경우 각 기간의 현금흐름을 통계학의 확률변수로 가정하여 통계적 기법으로 위험의 크기를 고려할 수 있다. 또한 위험을 고려하여 할인율을 조정할 수 있다.

1) 위험조정할인율법

위험조정할인율(risk adjusted discounted rate)법이란 투자안의 위험정도를 할인율에 반영하여 위험조정 순현가(NPV)를 구하는 방법이다. 위험조정할인율(위험가산할인율이라고도 함)이란 미래의 현금흐름을 현재가치로 환산할 때 사용하는 할인율에 현금흐름에 내재되어 있는 위험을 반영한 것이다. 따라서 위험이 큰 투자안에는 높은 할인율을, 반대로 위험이 작은 투자안에는 낮은 할인율을 적용하여 현재가치를 구한다. 위험조정할인율은 기업본래의 영업에 기초한 자본비용(*WACC*)에 위험보상프리미엄(risk premium)을 가산한 할인율이다.

위험조정할인율은 투자자의 위험회피도에 따라 투자자의 주관적 판단에 근거하여 임의로 결정될 수 있다. 그러나 위험조정할인율은 궁극적으로 시장에서 객관적으로 평가된 위험수준에 상응하는 할인율로 결정되어야 한다. 위험조정할인율을 결정하는 방법은 자본자산가격결정모형을 이용하는 방법과 주관적 방법이 있다.

자본자산가격결정모형을 이용하는 방법은 기업이 기존의 사업영역과 전혀 다른 분야에 진출할 경우 신규 투자안을 평가할 할인율을 찾을 때 쓰는 방법이다. 이를 순수접근법(pure play approach)이라 하고 CAPM을 이용한다. 구체적으로 자본자산가격결정모형(CAPM)을 이용할 경우, 신규투자안을 이미 사업영역으로 하여 운영하고 있는 다른 상장기업을 찾아서 그 기업의 투자안의 베타(β)를 구한 다음 요구수익률을 산출한다. 일반적으로 기업의 기존 투자안의 베타 값을 기업 베타라고 하고, 신규투자안의 베타 값을 프로젝트 베타라고 한다. 베타를 이용하여 프로젝트의 위험도를 측정하는 방법을 순수접근(pure play)방법이라 한다.

주관적 방법(subjective approach)은 신규 투자안의 위험조정할인율을 기업의 자본비용을 기본으로 하여 투자안의 위험수준에 따라 높이거나 낮게 하는 할인율이다. 예를 들어, 교체투자의 위험조정할인율은 기존 투자안과 위험수준이 비슷하거나 작으므로 기업의 자본비용은 같거나 작다. 그러나 확장투자는 과거 투자와는 달리 미래의 불확실성 때문에 기존의 투자안보다 위험할 수 있다. 따라서 확장투자의 위험조정할인율은 기업의 본래의 자본비용보다 크다. 그러나 신규투자는 기업이 과거의 사업영역과 다른 새로운 사업에 진출하므로 불확실이 매우 크다. 따라서 신규투자에 적용되는 위험조정할인율은 세 종류의 투자안 중에서 가장 높다. 투자안의 종류에 따라 위험조정할인율의 예를 보면 다음과 같다. 주관적 방법은 간편하고 이해하기 쉬우며 위험보상률을 정확하게 알 수 있다면 매우 논리적인 투

〈표 8-13〉 투자안의 종류에 따른 위험조정할인율의 예: 주관적 방법

위험 등급	투자안의 종류	예	위험조정할인율
기 준	기업 본래의 자본비용		8%
고 위 험	신규투자	신제품 개발, R&D 투자	13~15%
중간위험	확장투자	설비투자 확장	10~12%
저 위 험	교체투자	노후기계 대체	7~9%

자 판단방법이 될 수 있다. 그러나 이 방법은 다음과 같은 단점을 가진다. 첫째, 투자자의 위험에 대한 주관적 판단에 따라서 위험조정할인율이 달라질 수 있다. 즉 일관성이 결여되어 있다. 둘째, 현금흐름 분포에 대한 고려가 없다.

위험조정할인율을 반영하여 순현가를 구하는 계산식은 다음과 같다.

$$NPV = \sum_{t=1}^{n} \frac{CF_t}{(1+k)^t} - I_0 \qquad (8\text{–}6)$$

여기서, CF_t=t기의 기대현금흐름, I_0=투자지출액

k(위험조정할인율)=기업고유의 자본비용+ α(위험보상률)

| 예제 8-2 | 최초의 자본투자 지출액이 100,000원이고, 앞으로 3년간 매년 50,000원의 현금유입흐름이 예상되는 투자안이 있다고 가정하자. 기업고유의 자본비용이 5%이고 위험보상율이 3%일 경우 이 투자안의 순현재가치는 얼마인가?

풀이 k(위험조정할인율)=기업고유의 자본비용+ α(위험보상률)=5%+3%=8%

$$28,855 = -100,000 + \frac{50,000}{(1+0.08)} + \frac{50,000}{(1+0.08)^2} + \frac{50,000}{(1+0.08)^3}$$

투자안의 현재가치는 28,855원이다. 따라서 순현재가치가 0보다 큰 이 투자안은 채택되어야 한다.

2) 확실성 등가법과 무위험자산 수익률 할인율 이용

확실성 등가법은 불확실한 현금흐름에 대해 동일한 효용을 제공하는 확실한 현금흐름의 크기를 구한 다음 이를 무위험자산 수익률로 할인하여 순현가를 구하는 방법이다. 이때 불확실한 기대현금흐름과 동일한 효용을 제공하는 확실한 현금흐름인 확실성 등가의 비율을 확실성 등가계수(certainty equivalent: CEQ: α_t)라고 한다. 다시 말하면, 확실성 등가계수는 위험한 현금흐름을 나타내는 기대현금을 확실한 현금으로 전환하는 계수이다.

확실성 등가계수 α_t는 0과 1 사이의 값을 가진다. 확실성 등가계수는 투자안의 위험이 커질수록 작아진다. 즉 현금흐름의 위험이 거의 무시할 수 있을 정도로 작으면 확실성 등가계수는 1에 가까워지고, 위험이 클수록 0에 가까워진다.

확실성 등가법은 투자안의 위험은 현금흐름에 반영하고 할인율은 무위험자산

이자율을 이용하여 투자안의 순현재가치를 구하는 방법이다. 확실성 등가법을 이용하여 순현가를 구하는 계산식을 다음과 같다.

$$NPV = \sum_{t=1}^{n} \frac{\alpha_t \cdot CF_t}{(1+r_f)^t} - I_0 \qquad (8\text{–}7)$$

여기서, α_t =확실성 등가계수, CF_t = t 기의 기대현금흐름,
r_f =무위험자산이자율, I_0 =투자지출액.

| 예제 8-3 | 최초의 자본투자지출액이 100,000원이고, 앞으로 3년간 매년 50,000원의 유입현금흐름이 예상되는 투자안이 있다고 가정하자. 무위험할인율이 5%이고 각 연도의 확실성 등가계수가 각각 $\alpha_0=1$, $\alpha_1=0.8$, $\alpha_2=0.6$ 그리고 $\alpha_3=0.5$라고 한다면, 이 투자안의 순현재가치는 얼마인가?

풀이 $-13{,}098 = -100{,}000 + \frac{(0.8)50{,}000}{(1+0.05)} + \frac{(0.6)50{,}000}{(1+0.05)^2} + \frac{(0.5)50{,}000}{(1+0.05)^3}$

투자안의 현재가치는 -13,098원이다. 따라서 순현재가치가 0보다 작은 이 투자안은 포기되어야 한다.

Financial Management

문제풀이

≪객관식 문제≫

1. 위험조정할인율에 의한 위험투자안 평가방법의 단점이 아닌 것은?
① 위험조정 크기를 주관적으로 판단한다.
② 현금흐름분포에 대한 고려가 없다.
③ 신규투자안의 위험조정할인율이 교체투자의 그것보다 항상 크다.
④ 무위험수익률(r_f)가 클수록 이 방법은 문제점이 많아진다.

2. 현금흐름의 불확실성을 고려한 위험투자분석이 아닌 것은?
① 민감도 분석 ② 시나리오 분석
③ 위험조정할인율법 ④ 의사결정수 분석

3. 위험투자안의 평가방법 중 민감도 분석을 잘못 설명한 것은?
① 중요변수에 대해 기본수치를 비교하여 낙관적 · 비관적 경우의 각 수치를 미리 정해두어야 한다.
② 모든 투입변수 변화를 동시에 고려할 수 없다는 점이 큰 약점이다.
③ x축에 투입변수, y축에 NPV를 그린 평면에서 직선의 기울기가 클수록 투입변수의 영향력이 크다.
④ 민감도분석은 변수의 IRR에 미치는 영향을 베타(β)크기로 판단한다.

4. 투자안 평가방법 중 시나리오 분석을 설명한 것 중 틀린 내용은?
① 최악의 시나리오에서 양의 NPV가 발생하면 희망적 견해를 가질 수 있다.
② 최악, 기본, 최상의 시나리오에서 NPV의 변화를 분석하는 기법이다.
③ 투입된 변수들을 동시에 고려할 수 있는 장점을 가진다.
④ 투입된 변수들이 동시에 같은 방향으로 움직인다는 가정은 매우 현실적이다.

5. 시나리오 분석과 민감도 분석의 한계점을 보완하기 위해 고안된 투자안 평가방법은?
① 재무 예측 ② 손익분기점 분석
③ 재무시뮬레이션 분석 ④ 현금흐름 분석

6. 다음 중 순이익을 “0”으로 하는 판매량을 계산하는 손익분기점(BEP)은 무엇인가?
① 경제 BEP ② 회계 BEP
③ 재무 BEP ④ 레버리지 BEP

7. 영업레버리지란 무엇인가?
① 변동비를 충당(cover)할 수 있을 정도의 매출액
② 공헌이익/매출액
③ 기업에서 유형고정자산투자에 의존하는 정도
④ 고정비용과 변동비용의 상대적 비율

8. 판매량의 변화에 따른 영업이익의 변화 정도를 나타내는 지표는?
① 공헌이익 ② 이자보상률
③ DOL ④ 한계이익

9. 시나리오 분석이나 민감도 분석에서 기본적인 경우란 다음 중 어떤 것인가?
① 가장 낙관적인 경우 ② 경영진이 가장 희망하는 경우
③ 가장 발생가능성이 높은 상태 ④ NPV가 0을 넘어서는 상태

10. 프로젝트의 NPV가 0이면, 그 프로젝트는 어떤 상태에 있는가?
① 최적조업상태 ② 최소조업상태
③ 현금 BEP ④ 재무 BEP

11. 손익분기점 분석에 대하여 잘못 설명된 것은?
① 일반적으로 고정비 부담이 클수록 높은 BEP를 가진다.
② 공헌이익 총액이 고정비보다 적으면 손실이 발생한다.
③ 고정비는 매출액 증가에 관계없이 일정하게 발생하는 비용이다.
④ 손익분기분석은 기업의 원가관리계획을 수립하기 위한 수단이다.

12. 영업레버리지에 관하여 틀린 내용은?
① 유형고정자산의 투자비중이 높을수록 영업위험이 크다.
② 영업레버리지도(DOL) = 영업이익변동률/매출액변동률
③ 영업레버리지도가 큰 기업일수록 우수한 기업이다.
④ 영업레버리지도가 높은 기업일수록 손익분기점이 높다.

13. 손익분기분석이 지니고 있는 문제점이 아닌 것은?
① 모든 비용을 고정비와 변동비로 구분하기가 어렵다.
② 손익분기 분석에 의하여 목표이익을 달성하도록 하는 매출액을 알 수 없다.
③ 다품종 기업에서 손익분기 분석을 적용하기가 쉽지 않다.
④ 총수익과 총비용이 매출액과 비선형적 관계를 갖는 경우가 많다.

14. 다음 중 변동비의 성격이 강한 비용항목은?
① 감가상각비 ② 생산직 임금

③ 임대료　　　　　　　　　　④ 지급이자

15. 투자위험이 매우 높은 프로젝트 투자를 검토하고 있다고 하자. 이러한 위험투자안이 위험을 감소시키기 위하여 고려해야 될 사항으로 적절한 것은?
① 투자안의 영업현금흐름을 낮춘다.
② 투자안의 공헌이익을 낮춘다.
③ 투자안의 영업레버리지를 낮춘다.
④ 투자안의 초기투자금액을 늘린다.

16. 다음 중 영업레버리지도를 낮추는 의사결정은?
① 제품 판매가격을 낮춘다.
② 자동화설비를 추가하여 생산방식을 바꾼다.
③ 모든 설비를 구매하기보다는 일부를 아웃소싱 생산한다.
④ 정규 직원보다는 계약직 임시직원을 더 고용한다.

≪주관식문제≫

1. 대한석유공사는 울산 앞 K1공구에서 새로운 유정을 개발하려고 한다. 새로운 유정에서 원유가 나올 확률은 70%, 나오지 않을 확률은 30%이다. 만약 새로운 유정에서 원유가 생산된다 하더라도, 생산량에 대한 불확실성이 남아 있다. 새로운 유정에서 1일간 1,000배럴(barrel)밖에 생산되지 않을 확률은 40%이고 5,000배럴을 생산할 확률은 60%이다.
(1) 새로운 지역에서 발생할 수 있는 1년간 현금 수익을 추정하라. 미래 원유 가격은 배럴당 60달러이고 1년은 365일로 가정한다.
(2) 은행권에서는 원유가 생산되지 않을 확률을 상쇄하기 위해 현금흐름을 30%의 할인율로 할인할 것을 권유하였다. 석유회사의 일반적인 자본 비용은 10%이다. 이 제안은 받아들여질 수 있는가? 왜 받아들여질 수 있고, 왜 받아들여질 수 없는지 간단히 설명하라.

2. (주)이테크는 새로운 MP3모델을 시장에 내놓으려 하고 있다. 제품은 처음 2년간 인터넷상으로만 시험판매될 것이며, 그 초기비용은 5천만원이다. 이 시험 출시는 아무런 수익도 얻지 못할 것으로 예상되지만, 소비자 선호를 알 수 있게 될 것이다. 판매기획팀은 이 제품에 대한 수요가 충분할 확률은 60%로 보고 있다. 이 경우 (주)이테크는 5억원을 투자하여 본격 생산에 들어가고 유통망을 확충할 계획이다. (주)이테크는 새 MP3모형에서 영구적으로 연간 7천만원의 증분현금흐름을 기대할 수 있다. 만약 수요가 충분하지 않을 경우에는 출시 계획은 취소될 것이다.
(주)이테크의 주주가 요구하는 투자수익률은 12%이다. 그러나 초기 시험 출시 단계에서는 더욱 위험한 투자일 것으로 생각되므로, 주주들은 초기 투자에 대해

40%의 요구수익률을 기대하고 있다.
새 MP3모델 투자안의 NPV는 얼마인가?

3. (주)대현은 새로운 친환경 부품생산을 검토하고 있다. 설비투자규모는 1,000,000원으로 예상되어 있고, 감가상각기간은 5년이며 잔존가치는 없다고 예상한다. 감가상각방법은 직선상각이고, 세율은 25%이며, (주)대현의 자본비용은 12%이다. (주)대현의 목표판매량은 기본적으로 20,000개이고 최고 · 최저 ± 5%의 변동을 예상하고 개당 판매가격은 1,000원이고 변동율 ± 6%이다. 개당 변동비는 600원이고 고정비는 5,000,000원이며 공통적으로 변동폭은 ±4%이다.
(1) 예측변수의 최저 · 최고값을 계산하라.
(2) 기대 NPV, 최저 NPV 그리고 최대 NPV를 계산하라.
(3) NPV를 0으로 하는 재무 손익분기점을 계산하라.

4. 최초설비투자규모가 I이고, 감가상각기간이 n년이며 잔존가치 없는 투자안이 있다고 하자. 감가상각방법은 직선법이고 프로젝트의 할인율은 r%이며 세금은 없다고 가정할 때 다음 물음에 답하라.
(1) 회계 손익분기점에서의 IRR, 회수기간 그리고 NPV를 계산하라.
(2) 현금 손익분기점에서의 IRR, 회수기간 그리고 NPV를 계산하라.
(3) 재무 손익분기점에서의 IRR, 회수기간 그리고 NPV를 계산하라.

★5. (주)대현은 신제품생산을 검토 중이다. 목표판매량은 기본적으로 20,000개이고 5%의 증감폭을 예상한다. 개당 가격은 1,000원이고 6%의 증감폭을 기대한다. 개당 변동비는 600원이고 고정비는 5,000,000원이며 공동적으로 4%의 증감폭을 예상한다. 감가상각비는 200,000원이고 법인세율은 25%이다.
(1) 기본적 시나리오에서 영업이익은 얼마인가?
(2) 비관적 시나리오에서 영업이익은 얼마인가?
(3) 낙관적 시나리오에서 순이익은 얼마인가?
(4) 기본적 시나리오에서 영업현금흐름은 얼마인가?
(5) 기본적 시나리오에서 공헌이익은 얼마인가?
(6) 기본적 시나리오에서 회계 손익분기점(BEP)은 얼마인가?
(7) 기본적 시나리오에서 현금 손익분기점은 얼마인가?
(8) 비관적 시나리오에서 회계 손익분기점은 얼마인가?
(9) 기본적 시나리오에서 영업레버리지도(DOL)는 얼마인가?

★6. 단일제품을 판매하고 있는 데이터퀘스트사(주)의 판매부는 내년도 매출액과 비용에 대해 아래와 같이 예측하였다.

〈원래의 계획안〉

예상매출액	100,000,000원
단 가	100원
매 출 량	1,000,000개
단위당 변동비	80원
고정비 총액	21,000,000원

그러나 사장은 목표이익 9,000,000원을 달성할 수 있도록 계획을 다시 수립하도록 지시하였다. 그러므로 판매부장은 목표이익 달성을 위해 (1) 단위당 변동비를 줄이는 안과 (2) 고정비총액을 줄이는 안을 세웠다. 이 경우 개별안의 비용을 구하고 손익분기점에서의 매출액을 구하시오.

7. 단일제품을 판매하고 있는 D사의 판매부는 내년도 매출액과 비용에 대해 아래와 같이 예측하였다. 그러나 사장은 목표이익 900만원을 달성할 수 있도록 계획을 다시 수립하도록 지시하였다. 그러므로 판매부장은 목표이익 달성을 위해 단위당 변동비를 줄이는 안과 고정비총액을 줄이는 안을 세웠다. 이 경우 개별안의 비용을 구하고 손익분기점에서의 매출액을 구하시오.

예상매출액	10,000만원
단 가	100원
매 출 량	1,000,000개
단위당 변동비	80원
고정비 총액	2,100만원

8. [손익분기점 분석] 미로상사(주)는 월 88,000만원의 매출액에 대해서 2,400만원의 세금공제 후 월별순이익을 벌어들인다. 이 기업의 평균세율은 40%이다. 미로상사는 오직 한 품목만 생산하고 있는데, 이 제품은 20만원에 팔리고 있으며, 제품당 변동비는 15만원이다.

(1) 미로상사의 월간 고정비용은 얼마인가?

(2) 제품의 손익분기점 수준의 수량과 그 당시의 매출액은 얼마인가?

제 9 장 자본비용

제 1 절 자본비용의 의의와 역할

자본비용(cost of capital)은 투자사업에 자본을 제공하는 여러 자본제공자들이 요구하는 기회투자수익률이다. 자본비용은 비용이라는 말뜻에서 보듯이 금액으로 표시되는 듯한 의미를 가지지만 반드시 퍼센트(%)로 표시된다. 좀 더 구체적으로 자본비용은 조달금리로 통용될 수 있다. 기업에 자본을 제공하는 당사자는 채권자와 주주이다. 따라서 자본비용에는 부채자본비용(cost of debt)과 자기자본비용(cost of equity)이 있다. 그러나 일반적으로 자본비용이라고 할 때는 이 두 비용을 평균한 평균자본비용(overall cost of capital)을 일컫는다.

투자안의 경제성 평가에 있어서 순현가법(NPV법)이나 내부수익률법(IRR법)은 화폐의 시간가치를 고려한 현금흐름할인법(DCF법)이었다. NPV법에서는 순현금흐름을 투자자가 원하는 요구수익률(RRR: required rate of return)인 k%로 할인한 순현가로 투자안 채택 여부를 결정하였다. IRR법에서는 투자안의 내부수익률과 요구수익률 k%의 크기를 비교하여 투자안 채택 여부를 결정하였다. 여기서 요구수익률은 손익분기점의 의미가 있는 최소한도를 벌어들여야 하는 투자수익률로 쓰여지고 있다. 이처럼 양 방법에서 요구수익률은 투자결정에 긴요하게 이용되고 있는 것이다. 여기서 자본비용은 조달된 자본액에 대해서 최소한도로 벌어들여야 하는 요구수익률이다.

자본비용은 또한 최저필수수익률로 이해될 수 있다. 최저필수수익률은 투자에 대한 최소한의 기대수익률을 의미한다. 따라서 이 비율은 투자로 인한 내부수익률이 이보다 낮게 되면 투자를 거부해야 하는 기준이 되므로 이를 거부율(cutoff rate)이라고 한다.

최저필수수익률의 개념은 간단하나 실제 이 비율의 측정은 많은 논란이 있어 실무상 어려움이 많다. 이 비율은 일반적으로 가중평균자본비용으로 측정된다. 가중평균자본비용(weighed average cost of capital: WACC)이란 계획사업 추진을 위해 조달되는 각종 개별자본(보통주, 우선주, 그리고 부채)의 개별자본비용을 자본구성 비중으로 가중한 평균자본비용이다. 따라서 가중평균자본비용을 계산하기 위해 개별자본비용이 계산되어야 하나 이에 대해서는 아직 의견의 일치를 못 보고 있다. 특히 자기자본비용에 있어서는 재무관리론의 가장 큰 논란거리가 되고 있다.

가중평균자본비용은 다음과 같이 계산된다.

$$\text{가중평균자본비용} = \text{세후부채자본비용} \times \frac{\text{부채}}{\text{부채}+\text{자기자본}} + \text{자기자본비용} \times \frac{\text{자기자본}}{\text{부채}+\text{자기자본}}$$

이 경우 자본구성은 투자 최초연도의 자본구성에 의하기도 하고 정상가동 초기연도의 자본구성에 의해 계산되기도 한다.

가중평균자본비용 계산의 어려움은 기업의 재무구조가 매년 일정하지 않으므로 개별자본비용이 확정된다 하더라도 그 가중치를 임의적으로 결정할 수가 없어 실무상 이를 계산하기가 무척 곤란하다. 또 기업의 경영위험에 따라서 필수수익률도 다르기 때문에 경영위험이 고려된 가중평균자본비용의 계산은 더욱 어렵게 된다.

제 2 절 자본비용 계산방법

1) 세후 부채자본비용

(1) 차입금의 자본비용

부채(debt)는 각종 금융기관으로부터의 차입이나 회사채 발행을 통하여 조달된 자본이다. 기업의 부채에 대한 이자지급액은 비용으로 간주되어 세전이익을 축소시킨다. 이것은 납부세액을 줄이는 효과를 가져다준다. 이것을 이자의 감세효과라고 하는데 이자비용이 발생하는 데 대해서 기업이 세금을 덜 내는 혜택이 생기기 때문에 기업이 부채로 인하여 생기는 순이자비용은 이자지급액에서 감세액을 차감한 것이다.

$$순이자비용 = 이자지급액 - 이자지급액 \times 한계세율$$
$$= 이자지급액(1 - 한계세율)$$

따라서 부채이자율을 k_i, 한계세율을 T라고 하면 부채의 세후 자본비용(k_d)은 $k_i(1-T)$가 된다. 예를 들면, $k_i = 8\%$, $T = 30\%$이면 부채의 세후자본비용은 $8(1-0.3) = 5.6\%$이다.

$$세후\ 부채비용(k_d) = k_i(1 - 한계세율) \quad (9\text{–}1)$$

여기서, k_d: 세후 부채비용,

k_i: 기업의 부채이자율, 차입금리 또는 회사채만기수익률

(2) 회사채의 자본비용

회사채의 자본비용은 그 회사채의 만기수익률(YTM: yield to maturity)이다. 만기수익률은 이자지급액과 원금의 현재가치 합과 현재의 사채가격을 일치시켜 주는 할인율이다. 만기수익률은 위험이 큰 회사채는 채권가격이 낮은 만큼 만기수익률이 높고, 반대로 삼성전자와 같이 우량한 기업의 회사채 가격은 높으므로 만기수익률이 낮다. 만기수익률을 식으로 나타내면 다음과 같다.

$$P = \sum_{t=1}^{n} \frac{I_t}{(1+k_d)^t} + \frac{F}{(1+k_d)^n} \quad (9\text{–}2)$$

여기서 P: 채권가격

F: 원금(액면가) I_t: 기간별 이자금액

n: 만기까지의 기간 k_d:회사채 자본비용(만기수익률)

회사채의 자본비용을 계산하려면 만기수익률에 (1 − 법인세율)을 곱해주면 된다.

| 예제 9-1 | 액면 10,000원인 (주)통신기업의 회사채는 매년 6%의 표면이자율로 지급하는데 현재 채권가격은 9,634원이다. 만기가 2년이고 연 4회 사채이자를 지급하며 법인세율이 30%인 경우 (주)동신기업의 회사채 만기수익률은 얼마인가?

풀이 채권가격: P=9,634원

매년 이자금액 $I_t = 10,000 \times 0.06 = 600$원, 분기별 이자금액 $= 600/4 = 150$

이자지급기간수＝8회

$$9,634=\sum_{t=1}^{8}\frac{150}{(1+k_d)^t}+\frac{10,000}{(1+k_d)^8}$$

재무용 계산기(예: HP12C)나 google app을 이용하여 k_d 계산

k_d＝2%, 연 이자율(APR기준)＝2%×4×8%

참고: investopia 앱 선택, 입력요소, 액면 face 10,000, 시장가격 price 9,634, 액면금리 coupon 6%, 만기 maturity 2년, 이자지급방법 분기 quarterly. 입력 마친 후 calculate 선택

(3) 단기부채의 자본비용

매입채무와 같은 유동부채의 자본비용은 신용거래에 의하여 생기는 무이자 부채이므로 자본비용이 0%라고 할 수 있다. 단기차입금은 이자가 지급되는 부채이므로 이러한 단기차입금의 부채비용은 시장이자율을 채무기간으로 조정하여 계산한다. 장기차입금 및 회사채와 같은 장기부채비용과 단기차입금과 같은 단기부채비용을 함께 고려하여 부채자본비용을 계산할 경우 두 가지 부채의 자본비용을 각 부채의 규모를 가중치로 하여 가중평균함으로써 산출할 수 있다.

그러나 기업의 장기자산 투자에 필요한 자금은 장기자본에 의해 조달하는 것을 원칙으로 하므로, 기업의 유형고정자산 투자시 고려되는 부채는 장기부채에 한정된다. 따라서 장기자산에 대한 투자안 평가시 사용되는 부채자본비용은 장기부채의 자본비용이다.

2) 자기자본의 자본비용

자기자본은 법정자본금과 유보이익, 즉 잉여금으로 구성된다. 따라서 자기자본비용은 보통주자본비용과 유보이익자본비용으로 구성된다. 일반적으로 자기자본비용은 유보이익의 자본비용을 의미한다. 왜냐하면, 기업의 신주 발행은 늘 있는 것이 아니고 또한 신주발행규모는 기존의 자기자본금액에 비해 그 비중이 매우 작기 때문이다. 유보이익의 자본비용(k_e)은 두 가지 방법을 이용하여 추정한다. 하나는 일정배당성장률모형을 이용하는 것이고, 다른 하나의 방법은 자본자산가격결정모형(CAPM)을 활용하는 것이다.

(1) 일정배당성장률모형을 이용한 자기자본비용 계산

일정배당성장률모형을 이용할 때는 우선 미래의 기대배당금이 동일한 성장률로 매년 성장할 것이라는 상당한 근거를 가져야 하며 이를 바탕으로 미래의 배당금과 그 성장률 등을 추정해야 한다. 현재 주식시장가격이 존재하고 미래의 배당금과 그 성장률 등을 적절하게 추정할 수 있다면 보통주의 자본비용은 다음과 같이 구할 수 있다.

k_e = 예상배당수익률 + 배당성장률
= 보통주 1주당 예상배당금/현재주가 + 배당성장률

이를 일반식으로 쓰면 다음과 같다.

$$K_e = \frac{D_0(1+g)}{P_0} + g = \frac{D_1}{P_0} + g \qquad (9\text{–}3)$$

여기서 k_e: 보통주자본비용, $\frac{D_1}{P_0}$: 1기간 후 배당금, g: 배당성장률

이 방법은 간단하고 이해하기 쉬우며 사용하기가 편리하다. 일정배당성장률(g)만 정확하다면 나머지 투입변수들은 크게 예측오차가 생기지 않는다.

| 예제 9-2 | 삼성전자의 1주당 배당금 현재($t=0$) 4,000원, 현재 주가 200,000원, 그리고 배당성장률 연 5%일 때, 보통주자본비용은 다음과 같이 7.1%이다.

$$k_e = \frac{4{,}000(1.05)}{200{,}000} + 0.05 = 0.0710 = 7.1\%$$

이 일정성장률모형은 벤처기업들의 보통주자본비용을 추정하는 데는 곤란하다. 왜냐하면, 많은 벤처기업들은 창업초기 상당기간 동안 배당 자체가 어렵기 때문이다. 이 모형은 어느 정도 정상적으로 기업을 운영하고 또 설립된 지가 오래된 기업의 경우 사용된다.

또한 이 방법의 한계점 중의 하나는 일정배당성장률(g)에 의한 오차가 최종 결과차인 자기자본비용에 너무 큰 영향을 미친다는 점이다. 현실적으로 기업의 배당을 매년 올리지 못하는 점을 감안하면 이 방법에 의해 계산된 자기자본비용은 적정수준보다 높게 될 가능성이 많다.

마지막으로 이 방법에 의한 자기자본비용은 투자안의 위험도를 반영하지 못하는 문제점을 갖는다. 이 공식의 어디에도 투자안의 위험도를 고려하는 투입변수가 없다. 물론 위험 투자안이면 낮은 주가가 위험을 반영한다고 볼 수도 있다. 그러나 신규투자안일 경우, 기존에 있는 위험정도만이 주가에 반영될 뿐, 신규투자안의 위험이 반영되는 건 아니다.

(2) CAPM을 이용한 자기자본비용 계산

배당이 일정한 성장률로 꾸준히 성장하지 않아도, 그리고 배당금 자체가 일정기간 없더라도 보다 광범위하게 사용할 수 있는 것이 바로 CAPM이다. 만약 보통주의 베타를 적당한 방법에 의하여 구할 수 있다면 CAPM을 이용한 보통주의 자본비용은 다음과 같다.

$$k_e = r_f + \beta(k_m - r_f) = r_f + \beta \times \text{시장위험프리미엄} \quad (9\text{–}4)$$

여기서, r_f: 단기국채수익률(주로, 90일 만기 CD금리)

β: 베타, k_m: 시장지수수익률(주로, KOSPI 수익률)

$k_m - r_f$: 시장위험프리미엄

| 예제 9-3 | 삼성전자의 베타(β)=0.88, r_f=4% 그리고 k_m=8%일 때 삼성전자의 자기자본비용을 계산하라.

풀이 $k_e = 4 + 0.88(8-4) = 7.52\%$

이 방법의 장점은 위에서 설명한 일정배당성장모형의 한계점을 극복한다.

첫째, 이 방법은 설립초기 배당금이 없는 기업이나, 당기순손실이 발생, 배당을 지급할 수 없는 기업에도 적용할 수 있다.

둘째, 이 방법은 투자안의 위험도를 반영할 수 있다. 즉, 높은 위험을 가진 투자안일 경우 위험측정계수인 베타가 크고, 반대로 낮은 위험도의 투자안은 베타가 작다.

이 방법 또한 다음과 같은 한계점을 갖는다.

첫 번째 한계점은 역시 투입변수의 정확성과 적정성에 기인한다. 시장변수인

베타(β), 시장지수수익률(k_m) 그리고 시장위험프리미엄($k_m - r_f$)은 시장상황에 따라 달라지고, 또 그 값을 계산하는 시점과 기간에 따라 매우 큰 차이를 보인다.

두 번째 한계점은 투입변수가 모두 과거자료에서 구하여진 자료이므로 미래상황을 반영하지 못한다는 점이다. 특히 미래투자안의 사업성을 평가할 때 사용되는 자기자본비용의 경우, 과거와는 다른 시장상황이 전개될 수 있는데, 과거자료만 반영한 투입변수로 계산한 자기자본비용은 적절치 못할 수 있다.

(3) 재무레버리지가 주식베타에 미치는 영향

재무레버리지도의 증가는 주식베타 β를 증가시킨다. 다른 말로 표현하면 기업이 현재보다 부채를 더 많이 사용하면 주식투자자들이 느끼는 위험이 더 커져 그 기업에 대한 기대수익률을 더 높게 요구한다. 구체적으로 이러한 요구수익률의 증가는 주식베타의 증가에 기인한 것이다.

부채비율의 증가, 즉 재무레버리지의 증가가 정확하게 어느 정도의 자기자본비용 증가로 나타나는지에 대한 정확한 측정 도구나 모형은 없다. 학계에서 이론적으로 측정모형을 개발하였는데 부채 사용에 따른 법인세 효과를 감안한다면 부채 사용기업의 베타 β_L은 다음과 같다. 이를 하마다(Hamada)모형이라고 한다.

$$\beta_L = \beta_U\{1+(1-T)D/E\} \tag{9–5}$$

여기서, β_L: 부채사용이 있는 기업의 주식베타

β_U: 부채사용이 없는 기업의 주식베타

T: 법인세율

D/E: 부채비율(부채/자기자본)

| 예제 9-4 | 삼성전자의 주식베타는 0.88이고 부채비율(부채 대 자기자본비율)은 200%이며, 법인세율은 40%이었다. 만약 삼성전자의 부채비율이 300%로 증가한다면 삼성전자의 주식베타는 얼마로 증가하는가?

풀이 먼저 공식을 이용하여 삼성전자가 부채를 사용하지 않을 경우의 베타 β_U를 구한다.

$$\beta_L = \beta_U\{1+(1-T)D/E\}$$
$$0.88 = \beta_U\{1+(1-0.4)*2\}$$

여기서 $\beta_U = 0.40$

부채비율이 바뀔 경우의 베타 β_L을 공식을 이용하여 구한다.

$$\beta_L = 0.40\{1+(1-0.4)*3\} = 1.12$$

(4) 신주발행에 따른 보통주 자본비용

기업의 입장에서 새로운 주식을 발행하여 자본을 조달하는 경우에는 발행비용(flotation cost)이 발생되므로 발행비용만큼 적은 금액의 자본이 조달된다. 구체적으로 발행비용에는 인수주간사비, 광고비, 등록비 그리고 제세금 등이 있다. 예를 들어, (주)일신이 30억원의 신규자금을 주식발행으로 조달한다고 하자. 신주발행비용이 발행예정금액의 4%이면 실제로 이 회사가 발행 후 받는 금액은 28.8억원이다. 30억원의 자금을 확보하기 위해서는 발행금액 자체가 30억÷0.96=31.25억원이어야 한다.

보통주의 자본비용은 유보이익의 자본비용에서 발행비용만큼 조정되어야 한다. 신주발행에 따른 보통주의 자본비용 계산은 일정성장모형을 이용하는 경우 다음과 같이 측정된다.

$$k_e = \frac{D_1}{P_0(1-F_c)} + g \qquad (9\text{–}6)$$

여기서, k_e: 보통주의 자본비용, F_c: 보통주 주당 발행비용

❙ 예제 9-5 ❙ (주)대영의 보통주의 시장가격은 10,000원이다. 당기말의 배당금이 주당 800원으로 예상되고 연간 기대성장률은 4%이다. 신주발행에 따른 발행비용이 현재 시가의 2%라면 신주발행에 따른 보통주 비용은 얼마인가?

풀이 $k_e = \frac{800}{10,000(1-0.02)} + 0.04 = 0.1216 = 12.16\%$

(5) 우선주의 자본비용

우선주자본비용은 우선주 주당 배당금에서 발행비용을 차감한 순발행가격으로 나눈 값이다. 만약 신규로 발행된 우선주가 없을 경우 주당 배당금을 우선주가격으로 나누면 된다. 배당은 세후 이익으로 지불되므로 세금효과를 고려할 필요가 없다. 우선주비용을 식으로 나타내면 다음과 같다.

$$k_p = \frac{D_p}{P_n(1-F_p)} \quad \text{또는} \quad k_p = \frac{D_p}{P_n} \tag{9-7}$$

k_p: 우선주 비용
D_p: 우선주 주당 배당금
P_n: 우선주 가격
F_p: 우선주 발행비용

| 예제 9-6 | 주당 1,300원의 배당금을 지급하는 우선주를 10,000원에 발행한다. 주당 발행비용이 3%이면 우선주 비용은 얼마인가?

풀이 $k_p = \frac{1,300}{10,000(1-0.03)} = 0.134 = 13.4\%$

3) 가중평균자본비용

재무상태표에서 오른쪽인 자본은 부채와 자기자본으로 구성되어 있다. 이 각각의 개별 자본에 대한 비용계산은 위에서 설명하였다. 총체적으로 자본이라 할 때는 부채와 자기자본을 모두 합한 개념이다. 그러므로 기업의 자본비용은 부채자본비용과 자기자본비용을 모두 고려한 비용개념이다. 특히 주의해야 할 점은 세금을 납부한 후의 세후 자본비용이라는 점이다. 왜냐하면, 기업의 주인인 주주는 세후 이익에 관심을 가지고, 또한 자본예산에서 투자안 평가 대상은 세후 현금흐름(after-tex cashflow)이기 때문이다.

가중평균자본비용(k, k_0, k_a, WACC 등으로 표시)은 일반적으로 자본비용이라고 한다. 투자자금의 조달이 부채(D)와 자기자본(E) 두 가지 원천으로만 되어진다면 다음과 같이 개별 자본구성에 따라 가중한 평균자본비용(WACC)을 구할 수 있다.

$$k = WACC = k_i(1-T)\left(\frac{D}{D+E}\right) + k_e\left(\frac{E}{D+E}\right) \tag{9-8}$$

$$= \text{세후부채비용} \times \frac{\text{부채}}{\text{총자본}} + \text{자기자본비용} \times \frac{\text{자기자본}}{\text{총자본}}$$

여기서, k: 가중평균자본비용, k_i: 세전 부채비용,
T: 한계세율, D: 타인자본금액, E: 자기자본금액

가중치에는 장부가치와 시장가치 기준이 있다. 장부가치는 재무상태표에 나타난 일정시점의 부채와 자기자본금액이다. 장부가치 사용 이유는 장부가치가 객관적이고 어느 시점에서나 일정한 일관성이 있기 때문이다. 이는 비상장기업에 적당하다. 시장가치 기준 각 가중치계산은 합리점이지만 어느 시점의 증권가격을 사용할 것인가에 따라 논란이 발생한다. 자기자본의 시장가치는 주식의 경우 회사발행주식수×주식의 시가이다. 주식수 산정시 유통주식수가 아니라 발행주식수라는 점에 특히 유의해야 한다. 만약 우선주가 있다면 이 역시 위와 같은 방법으로 우선주 시장가치금액을 계산해야 한다. 그러나 일반적으로 우선주의 규모는 보통주 주식의 시장가치 규모에 비해 무시될 수 있을 만큼 미미하다.

부채 중에서 회사채(사채: corporate bond)의 경우 회사채수×회사채 시가이다. 회사채 시가는 채권자본시장에서 거래되는 회사채의 시장가격이다. 장기대출금의 잔액은 시가와 장부가가 같으므로 평가상의 문제는 없다. 엄격하게 부채의 장부가치 또는 시장가치를 계산할 때 단기부채인 유동부채를 부채 총계에 포함시키지 않는 경우도 있다.

| 예제 9-7 | S기업은 재무상태표에서 다음과 같은 자본구성과 원천별 자본비용을 보이고 있다. 가중평균자본비용(WACC)은 얼마인가? 한계법인세율은 40%이다.

자본원천	금액	구성비율	자본비용
부채	60억	60%	10%
보통주	40억	40%	20%
합계	100억	100%	

풀이 $K = WACC = 10\%(1-0.4)(\frac{60}{100}) + 20\%(\frac{40}{100}) = 11.6\%$

| 예제 9-8 | 위의 예에서 S기업은 상장회사로서 KRX에서 거래되고 있는 평균 주가는 40,000원이고, 보통주 시가 총액은 80억으로 평가되었다. 시장가치기준에 의해 WACC를 계산하라. 나머지 투입변수들은 모두 동일하다.

풀이 보통주의 시장가치로 인하여 자본 합계와 종전의 100억원에서 140억원으로 증가되었다. 따라서 부채의 가중치는 $0.4286\left(=\frac{60}{140}\right)$, 보통주의 가중치는 $1-0.4286=0.5714$로 바뀐다.

$$WACC = 10\%(1-0.4)\left(\frac{60}{140}\right) + 20\%\left(\frac{80}{140}\right) = 14.00\%$$

위의 계산 예제에서 보듯이 WACC계산에서 부채와 보통주의 가중치로 장부가치를 사용할 경우 WACC는 11.6%, 시장가치를 사용할 경우 WACC는 14.0%이다. 이와 같이 어떤 가중치를 사용할 것인지는 WACC계산 결과에 매우 큰 차이를 보이고, 투자의사결정상 정반대의 결정을 내리게 할 수도 있다.

이런 경우 어떤 가중치를 사용하는 것이 가장 합리적인가? 결론부터 얘기하면 장기목표 자본구조 하에서 부채와 보통주의 가중치를 사용한다. 예를 들어, S기업이 부채비율(=D/E) 100 %를 장기목표로 유지한다고 하자. 이 경우 부채의 가중치는 0.5(=50%) 그리고 보통주의 가중치 역시 0.5이다. 이때 S기업의 WACC를 계산하면 13%이다.

시장가치에 의한 가중치는 주가가 계속 변하므로 가중치가 안정적이지 못한 한계점을 갖는다. 장부가에 의한 가중치는 시장현실을 너무 반영하지 못하므로 적절치 않다.

장기목표자본구조에 의한 가중치는 기업이 자금을 조달할 때 늘 의식하는 기본구조라는 점에서 바람직하다. 예를 들어, 기업이 신규투자안을 위해 10억을 조달한다고 하자. 만약 그 당시 주식시장이 호황이면 전액 주식으로 조달할 수 있다. 반대로 주식시장이 침체라면 전액 부채로 조달하든지 아니면 부채와 유보자금을 적절히 조합하여 조달할 수 있다. 단기적으로 기업이 자금조달을 위해 시장상황에 적절히 대응하는 것은 당연하다.

그러나 장기적으로 기업은 자금조달이 어느 한쪽으로 쏠리지 않고 적절한 구조를 유지하려고 한다. 이것은 자본구조의 문제인데, 왜냐하면 적절한 자본구조는 자본이용의 효율성(부채 사용에 의한 레버리지효과)과 재무구조의 안전성(유동성유지 및 도산방지)을 지켜주기 때문이다.

S기업의 가중평균자본비용이 13%라고 하자. 기본적으로 자본비용개념은 자본사용의 대가요, 자본제공자가 요구하는 최소한의 필수기대수익률이라는 점은 앞에서도 설명하였다. 이런 점에서 S기업의 투자 자본이 장부상 100억원이면 적어도 이 기업이 매년 창출한 현금흐름은 13억=(100억×13%) 이상이어야 한다. 만약 S기업의 투자안이 현금흐름 13억원을 창출하지 못하면 이는 기업의 가치를 그만큼 훼손시킨다. 반대로 현금흐름이 13억 이상이면 그만큼 기업의 가치를 증가시킨다.

WACC는 기업의 성과를 평가하는 지표로서 중요하다. 어떤 투자안이나 기업의 자금을 사용하는 부서의 투자대비 수익률이 13%를 넘지 못하면 투자성과가 나쁘다는 뜻이다. 성과평가의 최저기준으로서 WACC가 이용되는 것이다. WACC는 전력회사나 통신회사의 투자보수율로도 이용된다. 투자보수율은 투자수익률과 유사한 개념으로서 투자안프로젝트에 투자되는 금액에서 최소한 확보해야 하는 수익률이다. 예를 들어 전력회사에서 태양광 발전소 투자안에 100억원을 투자할 경우, 13%의 WACC에서 필수수익은 매년 13억원이다. 여기에 비용을 조정한 후 전체 이용가구수나 전체 전력량을 나누면 가구당 전력비나 전기 1단위당 비용이 산출된다.

4) 프로젝트 자본비용

(1) 투자위험을 고려한 자본비용

일반적으로 우리가 어떤 기업의 자본비용을 계산할 경우 그 과정을 보면, 부채와 자기자본의 개별자본비용을 구하고, 적절한 가중치를 정한 다음, 가중하여 평균자본을 계산한다. 이 가중평균자본비용(WACC)은 그 기업이 현재 하고 있는 사업의 위험을 반영하여 계산되었다.

그러나 그 기업이 기존의 사업과 다른 위험의 투자안을 평가한다고 하자. 이 경우에는 그 기업의 WACC를 사용하면 안 되고 그 위험 투자안의 위험을 반영한 자본비용을 사용해야 한다. 이러한 자본비용을 프로젝트 자본비용이라 한다.

예를 들어, (주)G타이어 회사의 자본비용(WACC)이 10%라고 하자. G타이어의 주력사업은 타이어 관련제품 생산이다. G타이어가 주력사업과는 다른 고위험의 나노메탈사업에 진출한다고 가정하자. 이 경우 나노메탈 투자안의 현금흐름에 대한 할인율은 10%보다 커야 할 것이다. 왜냐하면, 나노메탈 사업은 수익성이 높을 것으로 예상되지만 그만큼 위험하다. 분명히 타이어사업을 계속하는 것보다 위험이 크기 때문이다. 그렇다면 나노메탈사업을 평가할 때 자본비용, 즉 할인율을 어떻게 결정할 것인가? 일반적으로 자본예산투자안을 평가할 경우, 자본조달은 100% 자기자본으로 충당한다고 가정한다. 따라서 투자안의 위험도는 그 위험사업을 주력으로 하는 기업 또는 업종의 체계적 위험(β 베타)으로 측정한다. 일단 이 체계적 위험, 즉 베타계수가 측정되면, 자본비용은 자본자산가격결정모형(CAPM)에 의한 기대수익률 계산식 $E(r)=r_f+\beta(r_m-r_f)$로 계산된다.

[그림 9-1] 나노메탈사업의 자본비용

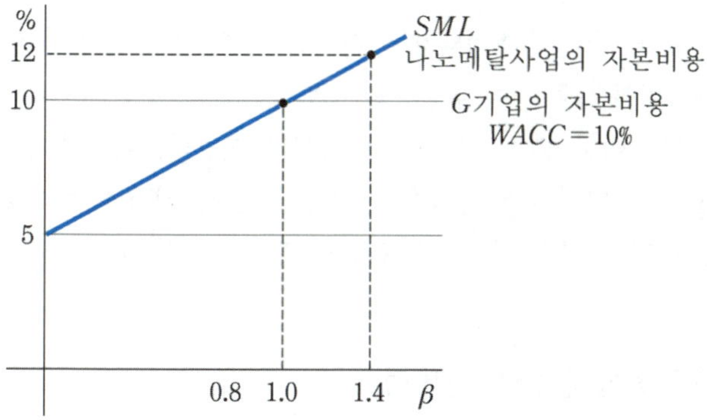

앞에서 예를 든 나노메탈사업의 베타계수가 1.4라고 가정하자. 그 외 CAPM에 의한 기대수익률 계산에 필요한 당사의 투입요소로서 $r_f=5\%$, r_m-r_f(시장위험프리미엄)=5%라고 하면, 나노메탈사업의 자본비용은 12%이다.

$$\text{CAPM에 의한 기대수익률 계산식 } E(r)=r_f+\beta(r_m-r_f)$$
$$=5+1.4\times5=12\%$$

β를 x축으로 하고, 기대수익률을 y축으로 하는 좌표면에서 증권시장선(SML)을 그리면 [그림 9-1]과 같다.

투자안의 위험도를 감안하여 프로젝트 자본비용을 계산하는 방법에는 두 가지가 있다. 첫째는 순수영업접근법이고, 다른 하나는 주관적 접근법이다.

순수영업접근법(pure play approach)은 투자안의 사업성격과 같은 사업을 하는 다른 기업의 체계적 위험을 이용하여 자본비용을 계산하는 방법이다. 물론 여기에 약간의 제약조건, 예를 들면 부채비율이 100% 이하라든지 회사채 등급이 AAA 이상일 것 등을 추가할 수 있다. 그러나 이러한 조건들을 갖춘 회사를 찾기 어렵다는 점이 이 접근법을 실제로 이용하는 데 가장 큰 어려움이다.

주관적 접근법(subjective approach)은 그 기업의 WACC를 기본으로 하고 위험의 정도에 따라 프로젝트 자본비용을 정형화하는 방법이다. 예를 들어, 기업의 기본 자본비용인 WACC가 10%이면 고위험 프로젝트에는 4%의 위험프리미엄을 추가하여 14%로 하고, 저위험프로젝트는 3%를 빼서 7%로 한다. 다시 말하면 위험정도에 따라 프로젝트를 고위험군, 보통(기본), 그리고 저위험군으로 나누어 각각 14%, 10%(기본), 그리고 7%로 자본비용을 배정한다. 여기서 프로젝트 자본비용은 위험조정할인율이 된다. 일반적으로 신제품 관련 투자는 고위험군, 확장투자는 기본위험군, 그리고 시설대체투자는 저위험군 프로젝트로 분류된다. 제목 그대로 이 방법에서 위험군에 따른 위험프리미엄의 크기와 증감은 주관적으로 결정되는데, 여기서 어떤 이론적 정당성을 부여하기가 어렵다. 이러한 접근법은 회사내부의 전략적 판단과 다년간의 경험에 크게 의존한다. 위험을 전혀 고려하지 않는 경우보다는 한 단계 세련된 방법이라고 말할 수 있을 것이다.

(2) 위험조정할인율의 문제점

투자위험을 고려하여 프로젝트자본비용을 계산하는 위의 두 접근법에도 문제가 없는 건 아니다. 특히 자본예산에서 투자안 평가결과 내부수익률(IRR)이 계산될 경우, WACC 및 프로젝트 자본비용과 관련하여 혼란스러운 문제가 발생한다. 앞에서 예로 든, G타이어 경우를 다시 한 번 검토해 보자.

G타이어의 투자안 평가결과 IRR이 13%일 경우 투자안은 기각해야 할까? 나노메탈 프로젝트의 자본비용은 순수영업접근법에서 12%(베타크기 1.4)로 결정되지만 주관적 접근법에서 14%로 결정되었다. 나노메탈 프로젝트의 IRR 13%는 순수영업접근법에서는 채택되지만, 주관적 접근법으로는 기각된다.

다른 예로서 저위험 프로젝트의 경우를 보자. G타이어는 타이어 유통센터를 확장하여 자동차부품을 판매하는 사업을 검토중이다. G타이어 입장은 이 프로젝트가 사업의 성격상 유통업 관련업이라고 할 수 있지만 이미 기존에 있는 유통센터를 확장하므로 저위험군 사업이라고 판단하였다. 위에서 설명한 순수영업접근법으로 타이어유통센터 프로젝트자본비용은 8%(베타크기 0.6)가 나오지만 주관적 접근법으로는 7%이다. G타이어의 유통센터 투자안 평가결과 IRR이 7.5%로 판명되었다고 하자. 순수영업접근법에서는 기각되지만 주관적 접근법에서는 채택되는 경우이다.

[그림 9-2]에서 N점은 나노메탈 프로젝트의 IRR이고, D점은 유통센터 IRR이다. 위의 설명을 정리하면 〈표 9-1〉와 같다.

[그림 9-2] 프로젝트 자본비용과 내부수익률(IRR)

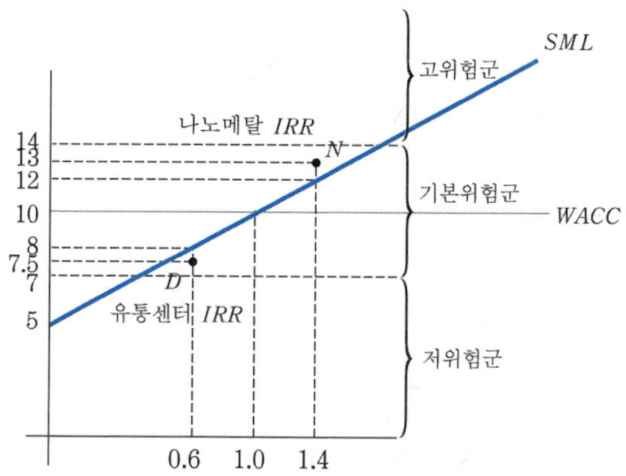

〈표 9-1〉 (주)G타이어 위험프로젝트 자본비용과 내부수익률

	순수영업접근법 자본비용	내부수익률 IRR	주관적 접근법 자본비용	비 고
나노메탈 프로젝트	12%	13%	14%	고위험군
	채택	N 점	기각	$\beta=1.4$
유통센터 프로젝트	8%	7.5%	7%	저위험군
	기각	D 점	채택	$\beta=0.6$

마지막으로 기업의 자본비용인 가중평균자본비용(WACC)은 위험을 고려한 투자안의 평가시 적절한 자본비용이 될 수 없음을 강조하면서 이 부분을 마친다. 위험 투자안의 프로젝트 자본비용은 WACC가 아니라 그 위험에 맞는 자본비용이 되어야 한다. 구체적으로 그 자본비용은 체계적 위험인 β의 크기를 고려, CAPM에 의한 기대수익률 공식으로 결정된다.[1)]

앞에서 설명한 G타이어의 경우를 다시 한 번 예를 들자. 현재 G타이어는 고위험투자안인 O프로젝트와 저위험투자안인 U프로젝트를 평가하려고 한다. 현재 G타이어의 자본비용(WACC)은 10%이다. 증권시장에서 조사한 결과 O프로젝트의 위험크기는 $\beta=1.4$, U프로젝트의 위험크기는 $\beta=0.6$으로 밝혀졌다. 따라서 증권시장선(SML)에 의한 기대수익률 공식으로 각 투자안의 자본비용을 계산한 결과 각각 12%와 8%로 나타났다.[2)]

---

1) $E(r)=r_f+\beta(r_m-r_f)$
2) $12\%=5+1.4\times5,\ 8\%=5+0.6\times5$

[그림 9-3] WACC와 내부수익률(IRR)

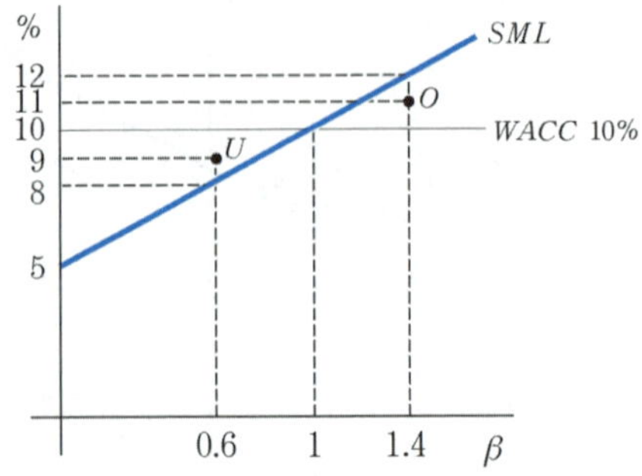

〈표 9-2〉 WACC, 위험프로젝트 자본비용, IRR

	WACC	IRR	프로젝트 자본비용
O프로젝트	10%	11%	12%
	채택	O 표시	기각
U프로젝트	10%	9%	8%
	기각	U 표시	채택

현금흐름을 예측, 각 투자안의 평가결과 내부수익률(IRR)은 O투자안 11%, U투자안은 9%였다. 만약 G타이어가 투자안의 자본비용을 WACC인 10%로 한다면 O투자안은 채택, U투자안은 기각된다. 그러나 G타이어가 투자안의 자본비용을 위험조정할인율로 할 경우 O투자안은 기각, U투자안은 채택된다.

5) 발행비용을 고려한 가중평균자본비용

새로운 투자안을 위한 자본조달은 먼저 회사 내부에서 가용할 수 있는 유보이익을 조달하고 다음에 은행권을 통한 차입이 일반적이다. 그러나 기업이나 증권시장의 상황에 따라 자본조달은 너무나 다양하게 나타나므로 일반화하기 어렵다. 예를 들어, 증권시장이 호황인 경우 주식발행을 통하여 자금을 조달하는 것이 효율적일 수 있고, 또는 저금리인 시기이고 회사의 신용등급이 우량한 경우 회사채 발행을 통하여 자금을 조달할 수 있을 것이다.

증권시장을 포함한 자본조달은 직접금융방식으로서 차입보다 조달금리가 저렴하고 탄력적인 재무정책을 구사할 수 있는 장점을 가진다. 그러나 필연적으로 발행비용이라는 금전적 부담이 따른다. 여기서는 신주나 신규회사채 발행시 발행비용이 가중평균자본비용(WACC)에 어떤 영향을 미치는지를 알아본다.

발행비용(flotation cost)은 앞에서 신주발행에 따른 보통주자본비용 설명시 언급한 것과 마찬가지로 신규증권 발행시 발생하는 비용으로서 인수주간사비, 광고비, 등록비 그리고 제세금 등이 대표적이다. 보통주 발행비용은 사채의 발행비용보다 훨씬 비싸다. 일반적으로 보통주의 발행비용은 발행예정금액의 6~8%, 사채의 경우 2~4%이다.

발행비용을 WACC에 반영하는 방법은 요소자본비용 계산에 반영하는 것이다. 즉, 보통주의 경우, 신주발행에 따라 발행비용이 발생하면 신주발행예정가격은 발행비용만큼 작아지므로 보통주의 자본비용이 증가된다.[3] 또한 회사채의 발행의 경우도 역시 회사채 시장가격에서 발행비용만큼 회사채 가격이 낮아지면 회사채의 자본비용이 높아지는 결과가 나타난다.

그러나 자본예산에서 투자안 평가시 신규증권 발행에 따른 발행비용은 할인율(즉 자본비용) 조정보다는 초기 현금지출액(CF_0)이 그만큼 커지게 한다. 즉, 발행비용 때문에 초기 현금지출액이 커지고 이에 따라 순현가(NPV)가 작아지는 결과를 초래한다. 다음의 예를 보자.

(주)일신에서 30억원을 투자하여 연 9억원의 현금흐름이 영원히 창출된다고 하자. 이 회사의 자본비용은 10%이다. 그런데 30억원의 자금을 주식시장에서 신주발행으로 조달하면 발행비용은 발행예정금액의 10%라고 한다. 위의 예에서 (주)일신이 발행비용을 고려할 경우 실제로 30억원을 확보하기 위해서는 발행예정금액은 30억÷0.9=33.33억원을 해야 한다. 이 경우 NPV는 57.67억원이다.

$$\text{NPV} = \text{영구현금흐름의 현가} - \text{초기 현금지출액} = \frac{9}{0.1} - 33.33 = 56.67\text{억원}$$

만약, (주)일신이 발행비용이 전혀 없는 내부유보로 30억원을 조달하였다면 NPV=90−30=60억원이었을 것이다. 또한 (주)일신이 발행예정금액 30억원 중 절반은 사채로 나머지 절반은 신주발행으로 조달한다고 하자.[4] 발행비용이 신규사채는 발행예정금액의 2%, 신주발행은 8%라고 하면, 가중평균발행비용은 5%이다.

---

3) 이 책 앞 절에서 신주발행에 따른 보통주의 자본비용을 설명하였다. 발행예정가격에서 발행비용을 공제하면, 배당모형에 의한 자기자본비용 계산 공식에서 보통주 자본비용이 상승하였다.

4) 이 경우는 암묵적으로 (주)일신의 장기목표부채비율(부채/자기자본)이 100%임을 반영한 것이다.

$$\text{가중평균발행비용} = 2 \times \frac{15}{30} + 8 \times \frac{15}{30} = 5\%$$

따라서 (주)일신이 실제로 발행해야 할 총발행금액은 31.58억이고, 이때 NPV는 58.42억원이다.

$$\text{(주)일신의 총발행금액(회사채, 주식 포함)} = 30 \div (1-0.05) = 31.58\text{억원}$$

$$\text{(주)일신의 NPV} = \frac{9}{0.1} - 31.58 = 58.42\text{억원}$$

제 3 절 한계자본비용과 최적자본예산

1) 한계자본비용의 개념과 계산

한계자본비용(MCC: marginal cost of capital)은 자본 한 단위를 추가 조달할 경우에 발생하는 자본비용이다. 실질적으로 한계자본비용은 가중한계자본비용(weighted MCC: WMCC)이다. 부채든 자기자본이든 기업에서 자금을 조달할 때마다 한계자본비용은 증가한다. 이는 한계비용체증의 법칙이 적용된 결과이다. 즉 자본을 추가적으로 조달할 때마다 자본제공자가 느끼는 위험부담은 더 커지고 이를 보상하기 위한 프리미엄은 더 커지므로 한계자본비용은 체증하게 되는 것이다.

기업이 추가로 자본을 조달할 경우 발생되는 한계자본비용은 기업이 이미 조달한 자본에 대한 평균자본비용(averaged cost of capital)과 항상 일치하는 것은 아니다. 일정기간 동안 자본의 조달규모가 증가하면 할수록 원천별 한계자본비용이 증가하고 따라서 신규로 조달하는 자본의 가중한계자본비용도 증가한다.

구체적으로 보면, 기업에서 부채를 신규로 조달할 때마다 일정금액을 넘어서면 차입이자율이 증가한다. 한편 기업이 내부 유보된 자금으로 신규자금을 조달할 경우에는 유보이익의 자기자본비용을 고려하면 된다. 그러나 기업이 유보된 자금을 다 소진하여 신규로 외부로부터 유상증자를 실시하게 되면, 보통주 발행비용 때문에 자기자본비용이 증가하게 된다. 따라서 가중한계자본비용은 점차 상승하게 된다. 다음의 예를 보자.

| 예제 9-9 | (주)대영은 부채 5억, 자기자본 5억 등 모두 10억원의 부채 및 자기자본을 가지고 있다. 자기자본은 보통주 납입액이 4억원 그리고 유보이익이 1억원으로 구성되어 있다. (주)대영은 부채와 자기자본의 구성비를 50 : 50으로 유지하고 있는데 앞으로 추가 자본조달시 이러한 구성비로 조달할 예정이다. 보통주는 증권시장에서 현재 50,000원으로 거래되고 있고, 내년도 배당금은 1주당 2,000원이며 배당 성장률은 매년 5%로 예상된다.

(주)대영의 자본비용을 보면, 평균 세전부채비용은 8%이다. 그러나 신규자본조달에서 유보이익 1억원을 다 소진한 후 2억원까지 자본을 조달할 경우 기업의 위험이 높아져 금융권에서는 10%의 대출이자율을 부과할 것으로 예상되고, 자본조달 규모가 2억원을 넘어설 경우에는 12%의 부채이자율을 부담해야 한다. 한편 신규 자본조달 규모가 1억원을 넘어서면 신주를 발행해야 하는데 2억원까지 보통주 1주당 신규발행비용(F: floatation cost)은 보통주 1주당 가격 50,000원의 10% 수준을 부담해야 한다. 그러나 신규자본조달 규모가 2억원을 넘어서면 보통주 1주당 신규발행비용은 보통주 1주당 평균가격의 20% 수준이 된다. 신규자본조달 규모별 부채자본비용, 자기자본비용 그리고 한계가중평균자본비용을 계산하라. (주)대영의 한계법인세율은 40%이다.

풀이 부채자본비용계산: 세후부채비용(k_d)$=k_i(1-$한계세율$)$

자본조달규모 1억원까지: 세후부채비용$=8(1-0.4)=4.8\%$

자본조달규모 1억원에서 2억원까지: 세후부채비용$=10(1-0.4)=6.0\%$

자본조달규모 2억원 이상: 세후부채비용$=12(1-0.4)=7.2\%$

자기자본비용계산

자본조달규모 1억원까지 유보이익:

$$K_e = \frac{D_1}{P_0} + g = \frac{2,000}{50,000} + 5\% = 9\%$$

자본조달규모 1억원에서 2억원까지 신규보통주:

$$K_e = \frac{D_1}{P_0(1-F)} + g = \frac{2,000}{50,000(1-0.1)} + 5\% = 9.44\%$$

자본조달규모 2억원 이상 신규보통주:

$$K_e = \frac{2,000}{50,000(1-0.2)} + 5\% = 10\%$$

이상의 자료를 활용하여 새로이 조달되는 자본이 추가됨에 따라 발생되는 가중한계자본비용을 산출해 보면 〈표 9-3〉과 같다.

〈표 9-3〉을 그림으로 나타내 보면 [그림 9-4]과 같다.

가중한계자본비용은 조달자본액이 증가함에 따라 각각의 단계에서 자본비용이 가장 낮도록 자본원천을 구성하는 것이 최적자본조달정책이 된다는 것을 보여준다.

〈표 9-3〉 추가자본조달에 따른 가중한계자본비용

조달자본	1억원까지	1억원-2억원	2억원 초과
부　　채	0.5 × 4.8%=2.4%	0.5 × 6%=3%	0.5 × 7.2%=3.6%
자기자본	0.5 × 9%=4.5%	0.5 × 9.44%=4.72%	0.5 × 10%=5%
가중한계	———	———	———
자본비용: WACC	6.9%	7.72%	8.6%

[그림 9-4] 가중한계자본비용

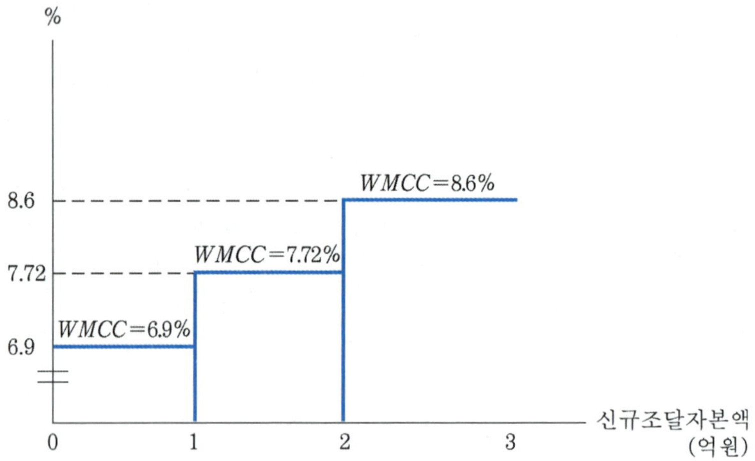

2) 투자기회선

투자기회선(IOS: investment opportunity schedule)이란 잠재적 투자기회로 기대되는 수익률 즉 내부수익률을 연결한 선이다. 투자기회선은 투자가 늘어남에 따라 추가투자에 따른 투자수익률이 체감하므로 오른쪽으로 점점 낮아진다(우하향한다). 일반적으로 투자 자금이 늘어남에 따라 투자 1단위당 투자수익은 점차 떨어진다. 왜냐하면, 초기에 수익성이 높았던 산업도 경쟁기업이 자꾸 그 산업에 진입하게 되고 이에 따라 초기 진입의 프리미엄이 감소됨에 따라 투자수익률은 체감하기 마련이다. 경제학의 한계수익체감의 법칙과 마찬가지로 투자기회선은 투자자금이 늘어남에 따라 체감한다.

3) 최적자본예산

최적자본예산(optimal capital budget)은 한계자본비용선과 투자기회선이 교차하는 곳에서 투자수준이 결정된다는 논리이다. 즉 자본의 한계비용과 자본의 한계수익이 일치하는 곳에서 자본의 효율성이 가장 높아진다는 경제학의 이론이 여기에 적용된 경우이다.

한계자본비용은 신규자본 조달규모가 증가함에 따라서 변화한다. 당해연도의 신규조달자본의 규모가 증가함에 따른 가중한계자본비용의 변화를 나타내는 선을 한계자본비용선(marginal cost of capital schedule: MCC)이라 한다. 이 경우 기업가치를 극대화하는 투자안과 투자규모의 결정을 의미하는 최적자본예산은 한계자본비용선(MCC)과 투자기회선(IOS)이 만나는 점에서 결정된다.

예를 들어 〈표 9-3〉과 같은 한계자본비용을 지닌 기업의 잠재적 투자기회가 〈표 9-4〉와 같다고 하자.

〈표 9-4〉 잠재적 투자기회 (단위: 억원)

투자안	A	B	C	D
내부수익률(%)	9.1	8.3	7.9	7.0
투자액	0.8	0.6	0.4	0.5

[그림 9-5] 한계자본비용선과 투자기회선

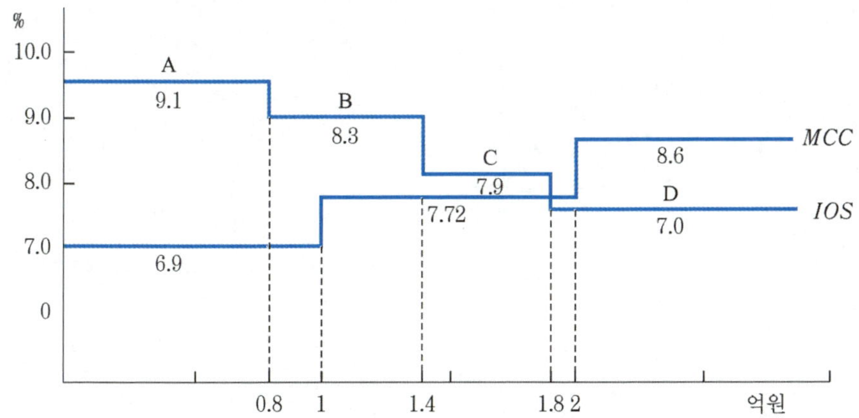

이 경우 선택되는 투자안과 최적투자규모는 [그림 9-5]에서 보는 바와 같이 한계자본비용선(MCC)과 투자기회선(IOS)이 만나는 점에서 결정된다. 그러므로 잠재적 투자기회 가운데 내부수익률이 가중한계자본비용을 초과하는 투자기회인 투자안 A, B, C가 선택되고 투자안 D는 기각된다. 따라서 IOS와 MCC가 만나는 점에서의 기준한계자본비용이 기업의 한계자본비용을 반영하는 기업자본비용(corporate cost of capital)이 된다.

Financial Management

문제풀이

≪객관식 문제≫

1. 자본비용은 일반적으로 어떻게 나타낼 수 있는가?

① 차입이자율 ② 지급이자금액
③ 금융비용 ④ 무위험이자율+위험프리미엄

2. 다음 중 자본비용의 개념을 적절하게 설명한 것이 아닌 것은?

① 기업의 청구권자들이 요구하는 최소의 기대수익률이다.
② 같은 기업에서 각 사업부는 서로 다른 자본비용을 가질 수 없다.
③ 기업의 총자본비용은 자본조달 원천별 자본비용을 가중평균하여 구할 수 있다.
④ 요구 수익률과 동일한 의미를 갖는다.

3. 부채의 자본비용에 관한 설명으로 옳지 않은 것은?

① 일반적으로 자기자본비용보다 계산하기 쉽다.
② 회사채의 자본비용은 회사채의 만기수익률에 (1-법인세율)을 곱하여 구한다.
③ 금융시장에서 직접 또는 간접적으로 관찰할 수 있다.
④ 차입금의 자본비용과 회사채의 자본비용은 같다.

4. 우선주의 자본비용에 대한 설명으로 잘못된 것은?

① 우선주는 확정 소득증권과 비슷하므로 자본비용은 부채의 자본비용과 같은 수준이다.
② 우선주의 자본비용은 기업은 발행한 우선주에 대해 투자자들이 요구하는 요구수익률이다.
③ 우선주의 자본비용은 우선주 배당액을 우선주의 시장가치로 나누어 구할 수 있다.
④ 우선주 배당은 법인세 절약효과가 없으므로 우선주의 자본비용은 납세 후 부채 자본비용보다 일반적으로 높다.

5. 유보이익의 자본비용에 대한 설명으로 잘못된 것은?

① 비록 이익을 현금배당으로 지급하지 않고 기업내부에 재투자한다 할지라도 그 결과 얻어진 미래의 이익은 그 기업의 소유주인 보통주주에게 속한다.
② 유보이익은 미래의 현금배당이나 원리금 지급을 약속하지 않고 이용하는 자본조달의 원천이므로 유보이익의 자본비용은 0이다.

③ 주주들은 유보이익에 대해서도 보통주에 대해 요구하고 있는 기대수익률과 같은 수준의 기대수익률을 요구한다.
④ 주주들이 현금배당을 포기하고 이익을 내부 재투자하도록 한 것에 대한 기회비용이다.

6. 자기자본비용에 대한 설명으로 옳지 않은 것은?
① 기업이 조달한 자기자본에 대하여 얻어져야 하는 최소요구수익률이다.
② 자기자본의 청구권자들이 기대하는 최소의 대가이므로 대개 이자비용보다 낮다.
③ 자기자본에 대하여 자기자본비용 이상의 기대수익률이 얻어질 것으로 예상되면 자기자본의 시장가치는 상승한다.
④ 자기자본 비용은 흔히 CAPM을 이용하여 계산한다.

7. 다음 중 가중평균자본비용을 계산할 때 가중치로 사용되지 않는 것은?
① 역사적 가중치 ② 장부가치기준
③ 산업평균기준 ④ 목표가치기준

8. 어떤 회사의 우선주는 1주당 1,000원의 우선주 배당을 영속적으로 지급하는 조건으로 발행되었다. 이 우선주는 1주당 5,000원의 발행가격으로 발행되었지만 현재는 8,000원의 주가로 거래되고 있다. 이 회사 우선주의 자본비용은 어느 정도인가? 이 회사의 법인세율은 25%이다.
① 20% ② 12.5% ③ 15.0% ④ 9.375%

9. 부채와 자기자본만으로 자본이 조달된 어떤 회사가 있다. 자기자본의 시장가치는 300억원이고 기업가치는 500억원이다. 자기자본비용이 12%이고 부채에 대하여 매기 16억원의 이자를 지급하여야 한다. 이 회사의 법인세율은 25%이다. 이 회사의 가중평균자본비용은 어느 정도인가?
① 10.4% ② 9.6% ③ 8% ④ 5.6%

10. 자본비용과 관련된 다음 서술 중 가장 옳은 것은?
① 자기자본비용은 부채의존도와는 무관하다.
② 부채자본비용이 자기자본비용보다 더 크다.
③ 신규투자안 평가시 기존의 WACC을 사용한다.
④ WACC이 최소가 되는 자본구성이 최적 자본구조이다.

11. [2002년 CPA 1차 유사문제] 대리비용(agency costs)과 관련된 다음 서술 중 옳은 것은?
① 위험유인(risk incentive)이란 소유경영자와 외부주주 간에 발생하는 이해 상충에서 파생하는 대리비용이다.

② 위험유인은 소유경영자의 지분율이 높을수록 위험한 투자안을 선택하려는 유인이다.
③ 과소투자유인(under-investment incentive)은 부채의 대리비용으로, 수익성투자 포기유인이라고도 한다.
④ 특권적 소비(perquisite consumption)는 주주와 채권자간에 발생하는 대리비용으로, 타인자본의존도에 비례하여 증가하는 경향이 있다.

12. [2002년 CPA 1차 유사문제] (주)벤처의 총자산은 부채 5,000만원과 보통주 5,000만원으로 이루어져 있다. 총자산 규모가 2억원이 되도록 사업을 확장하려고 한다. 현재 최적인 자본구조를 계속 유지할 것이며, 사업확장에 필요한 자본은 지급이자율이 5%인 회사채와 보통주를 발행하여 조달하기로 결정하였다. 보통주의 시장가격은 20,000원이고, 배당금은 주당 1,000원을 지급하고 있으며 향후 5%로 계속 성장할 것으로 예상하고 있다. 신주의 발행비용은 주당 2,500원이 소요되고 법인세가 40%일 때 (주)벤처의 자본조달비용은 얼마인가?(부채의 발행비용은 없으며 조달된 자본으로 시작하는 사업은 현행과 동일한 것이고 위험변화는 없다고 가정함)
① 6% ② 7% ③ 9% ④ 10%

13. [2004년 CPA 1차 유사문제] 법인세가 있는 MM이론이 성립된다고 가정하자. 현재 어느 기업의 발행주식수는 100만주로 부채는 전혀 없으나 10%에 차입할 수 있고 가중평균자본비용(WACC)은 16%이다. 순영업이익(EBIT)은 매년 100억원일 것으로 예상되고 법인세율은 30%로 고정되어 있다. 이 기업이 부채로 자금을 조달하여 자사주를 매입함으로써 부채의 시장가치가 기업가치의 40%가 되도록 하려고 한다. 다음의 내용 중 옳지 않은 것은?
① 부채로 자금을 조달하기 전 자기자본비용은 16%이다.
② 부채로 자금을 조달해 자본구조를 재구성한 후에는 자기자본비용이 18.8%로 증가한다.
③ 부채로 자금을 조달해 자본구조를 재구성한 후의 가중평균자본비용은 14.08%로 감소한다.
④ 자사주를 매입한 이후의 발행주식수는 근사치로 545,463주이다.

14. [2005년 CPA 1차 유사문제] 다음의 설명 중 가장 옳지 않은 것은?
① 약 1,000 종목의 주식에 적절히 분산투자한 투자자가 새로운 주식을 포트폴리오에 편입할 때 요구하는 수익률은 비체계적 위험보다는 체계적 위험에 의하여 더 큰 영향을 받는다.
② 경제가 불경기에 처하여 수익성이 높은 투자기회가 축소되면 자금의 수요가 줄어들면서 전반적으로 시장이자율이 하락한다.
③ 물가가 큰 폭으로 상승할 것으로 예상되는 경우, 채권이나 주식 등 금융자산에 대한 요구수익률도 상승한다.

④ 어떤 무부채기업이 1억원 상당의 투자안에 대하여 자금을 조달하고자 할 때, 회사내부의 현금을 사용하는 경우의 자본비용은 외부로부터 자금을 차입할 때의 자본비용보다 대체적으로 낮다.

≪주관식 문제≫

★1. 〈표 1〉은 (주)대영의 장부 가치기준 재무상태표를 보여준다. 이 회사의 장기 부채는 부동산으로 담보되어 있고 은행 차입에 대해 10%, 그리고 장기 부채에 대해 9%의 이자를 지급한다. (주)대영은 10만주의 발행 주식을 갖고 있고 주당 9천원에 거래되고 있다. (주)대영 보통주에 대한 기대수익률은 18%이다. (주)대영의 WACC를 계산하라. (주)대영 부채의 장부가치와 시장가치가 같다고 가정하라. 한계 세율은 25%이다.

〈표 1〉 (주)대영의 재무상태표 (단위: 백만원)

현금, 유가증권	100	매입채무	120
재고자산	50	은행차입	280
매출채권	200	유동부채	400
유동자산	350		
고정자산	2,100	장기부채	1,800
기타자산	150	자기자본	400
총 계	2,600	총 계	2,600

★2. J사는 다음 4개의 투자안을 고려하고 있다.

투자안	투자지출액	IRR(%)
A	250,000,000원	16
B	300,000,000	10
C	100,000,000	12
D	150,000,000	13

J사는 부채 30%, 자기자본 70%인 자본구조를 가지고 있으며, 지난해 J사의 주당이익은 4,000원이었다. J사는 이익의 50%를 배당으로 지급하며 투자목적을 위해 사용할 수 있는 유보이익은 210,000,000원이다. 부채에 의해 자본을 조달할 경우 처음 180,000,000원까지의 세전부채비용은 10%이고 이를 초과할 경우에는 14%이다. 현재 J사의 보통주 주당가격은 43,000원이고 발행비용은 발행가격의 15%이다. 이익과 배당의 기대성장률이 8%이고 법인세율이 40%인 경우 다음 물음에 답하시오.

(1) MCC선에서 분기점은 몇 개이며 분기점이 발생하는 자금조달규모는 얼마인가?
(2) 각 구간별 가중평균자본비용은 얼마인가?
(3) MCC, IOS선을 도시하라.

(4) J사가 채택하여야 할 투자안은 무엇이고 최적자본예산 규모는 얼마인가?

3. R사는 세 가지 투자계획을 고려하고 있는데 이의 투자액과 내부수익률은 다음과 같다.

투자안	투자액	내부수익률(%)
A	100,000,000원	19
B	125,000,000	15
C	225,000,000	12

이 기업의 투자를 위한 모든 자금조달은 항상 부채 40%, 자기자본 60% 비율로 조달할 것이며, 처음 100,000,000원까지의 금액에 대한 세후비용은 8%, 이를 초과하는 경우에는 10%의 세후비용이 적용된다. 이 기업은 150,000,000원의 유보이익을 투자자금으로 이용할 수 있으며, 보통주의 요구수익률은 18%이고, 만약 신주를 발행한다면 발행비용은 22%가 된다.

(1) 자본비용이 달라지는 분기점(break point)이 생기는 금액을 계산하시오.
(2) 분기점 사이의 각 구간 내에서의 가중평균자본비용을 계산하시오.
(3) 최적투자안을 선택하고 필요한 총자금조달액을 계산하시오.
(4) 가중한계자본비용선(MCC)과 투자기회선(IOS)을 도식하시오.

4. J사는 다음 4개의 투자안을 고려하고 있다.

(단위: 만원)

투자안	투자지출액	IRR(%)
A	25,000	11
B	30,000	8.2
C	10,000	9.5
D	15,000	10

J사는 부채 30%, 자기자본 70%인 자본구조를 가지고 있으며, 지난해 J사의 주당순이익은 4,000원이었다. J사는 이익의 50%를 배당으로 지급하며 투자목적을 위해 사용할 수 있는 유보이익은 21,000만원이다. 부채에 의해 자본을 조달할 경우 처음 18,000만원까지의 세전부채비용은 6%이고 이를 초과할 경우에는 8%이다. 현재 J사의 보통주 주당가격은 40,000원이고 발행비용은 발행가격의 10%이다.

이익과 배당의 기대성장률이 5%이고 법인세율이 40%인 경우 다음 물음에 답하시오.

(1) MCC선에서 분기점은 몇 개이며 분기점이 발생하는 자금조달규모는 얼마인가?
(2) 각 구간별 가중평균자본비용은 얼마인가?
(3) MCC, IOS선을 도출하라.
(4) J사가 채택해야 할 투자안은 무엇이고 최적예산의 규모는 얼마인가?

5. [가중평균자본비용계산] 고려제강(주) 회사는 시장가치기준으로 다음과 같은 자본 구조를 가지고 있다.

2005 만기 13% 무담보사채	6,000,000
12% 배당률 우선주	2,000,000
보통주	8,000,000
	16,000,000

보통주는 주당 25,000원에 거래되고, 회사는 50%의 한계세율을 갖는다. 이런 종류의 기업을 위해 요구되는 자기자본 자본이익률은 약 17%라는 것이 업계의 공통된 의견이다. CAPM 접근방법이 요구수익률을 결정하는 데 사용됐다.

(1) 회사의 현재 가중평균자본비용을 산출하라.

(2) 고려제강(주)의 위와 같은 자본비용으로 미래의 투사안을 평가하기 위해서 어떤 조건이나 가정이 필요한가?

6. (1) 〈표 2〉는 (주)이테크 재무상태표이다. 이 회사의 가중평균자본비용을 계산하라. 단기 부채는 6%로 그리고 장기부채는 8%의 이자율로 방금 재조달되었다. 이 회사 주식에 대한 기대수익률은 15%이다. 발행주식 총수는 74.600주이고 1주당 4,600원에 거래되고 있다. 세율은 25%이다.

〈표 2〉 (주)이테크의 단순장부가치 재무상태표 (단위: 천원)

현금과 유가증권	1,500	단기부채	75,600
매출채권	120,000	매입채무	62,000
재고자산	125,000	유동부채	137,600
유동자산	246,500		
		장기부채	208,600
고정자산	302,000	이연세금	45,000
기타 자산	89,000	자기자본	246,300
총 계	637,500	총 계	637,500

(2) (주)이테크가 신주 5천만원을 발행하고 그 돈으로 장기부채를 상환하면 이 회사의 WACC와 자기자본비용은 어떻게 변하는가? 이 회사의 차입 이자율은 변하지 않는다고 가정하라.

7. (주)대영의 경우 전통적인 방법에 의해 가중평균자본비용(WACC)을 계산하면 다음과 같다.

$$WACC = (1-T_c)r_D\frac{D}{V} + r_E\frac{E}{V}$$
$$= (1-0.35)(0.103)(0.55) + 0.183(0.45)$$
$$= 0.1192, \text{ 즉 약 } 12\%$$

이 값이 자본자산가격결정모형(CAPM)과 MM의 이론에 의해서도 똑같은 지를 확인하라. 주어진 시장자료는 아래와 같다.

Betas(부채베타와 주식베타)	$\beta_D=0.15$, $\beta_E=1.09$
시장프리미엄(r_m-r_f)	8.5%
무위험자산수익률(r_f)	9%

참고로 개인 소득세를 무시하고 부채의 약속된 이자율과 기대수익률이 같다고 가정한다.

8. (주)이테크는 자본구조상 총자본의 40%는 부채로 조달되었고 부채의 세전 자본비용은 8.5%, 자기자본비용은 12%이며, 법인세율은 35%이다. 따라서 자본비용(WACC)은 다음 식에서와 같이 9.7%이다.

$$WACC=(1-T_c)r_D\frac{D}{V}+r_E\frac{E}{V}$$
$$=(1-0.35)(0.085)(0.40)+0.125(0.60)=0.097$$

K컨설팅 회사는 (주)이테크에게 9%의 배당 수익률로 8억원의 우선주를 발행할 것을 권고하고 있다. 그 돈은 보통주를 재매입하여 소각하는 데 사용될 것이다. 우선주 발행은 발행 전 회사 시장가치의 10%에 달한다.

K컨설팅 회사는 이 거래가 (주)이테크의 WACC를 9.4%로 줄일 것이라고 주장한다.

$$WACC=(1-0.35)(0.085)(0.40)+0.09(0.10)+0.125(0.50)=0.094,$$
즉 9.4%

당신은 이 견해에 동의하는가? 어떤 점에 문제가 있는가?

★9. (주)이테크의 WACC를 계산하라. 자본자산 가격결정 모형(CAPM)과 위에 주어진 자료를 이용하라. 시가기준에 의하고 부채비율 계산시 부채의 경우 장기부채만 이용하라. 장기부채의 장부가치는 시장가치와 같다고 가정한다.

〈표 3〉 (주)이테크의 장부가치 재무상태표, 200×년 12월 (단위: 백만원)

유동자산	2,202	유동부채	2,780
고정자산	15,124		
		장기부채	6,268
투자와 기타 자산	3,428	이연세금	2,144
		기타부채	2,510
		주주지분	7,052
총 계	20,754	총 계	20,754

(주)이테크에 관한 기타 정보는 다음과 같다.

발행주식수(N)	2,562,000주
주가(P)	59,000원

주식수익률베타(β_E)	$\beta=0.66$
r_m-r_f	8%
90일 만기 국고채권 금리(r_f)	4%
신규 장기부채발행 이자율(r_D)	7.4%
한계세율	25%

제10장 자본구조

제1절 자본구조의 의의와 중요성

기업이 영업활동을 위해 필요한 자본을 어떻게 조달하고 벌어들인 이익 중에서 얼마나 배당으로 지급할 것인지에 관련된 정책을 재무정책이라고 한다. 재무정책의 핵심은 자본구조(capital structure), 즉 총자본에서 차지하는 부채와 자기자본의 비중을 결정하는 문제이다. 기업의 총가치는 부채의 시장가치와 자기자본의 시장가치의 합으로 정의되므로 자본구조 문제는 기업가치와의 관계에서 다루어진다. 기업가치는 기업활동으로부터 발생되는 현금흐름을 가중평균자본비용으로 할인한 값이므로, 기업가치를 극대화하는 자본구조는 가중평균자본비용을 최소화하는 자본구조를 의미한다.

그러므로 자본구조를 변경함으로써 가중평균자본비용을 최소화시킬 수 있다면 자본구조는 기업가치의 극대화에 공헌한다. 따라서 자본구조의 과제는 자본구조가 기업의 시장가치에 영향을 미치는가 하는 점이다. 즉 기업가치를 극대화하는 최적자본구조(optimal capital structure)가 존재하는가 하는 문제이다. 이와 관련된 이론적 접근을 자본구조이론(capital structure theory)이라고 한다. 자본구조에 따라 기업의 가치가 과연 어떻게 달라지는가를 분명히 이해해야 한다.

1) 재무레버리지

일반적으로 부채사용으로 인하여 기업의 가치가 영향을 받는다고 말한다. 이 점은 이론적으로 논쟁이 많은 부분이다. 현실적으로 많은 기업들이 부채를 사용하고 있는 점은 자금조달의 쉬움, 편리성을 넘어서서 분명히 궁극적으로 기업가치에 영향을 미치는 것으로 판단된다. 그러나 부채사용이 기업가치에 영향을 미친다고 해서 꼭 양(+)의 방향으로 가치를 증가시키는 건 아니다. 부채사용으로 인하여 부도 · 파산한 기업은 그렇다 하더라도, 부채 때문에 오히려 기업가치가 떨어진 기업도 많다. 다음의 예에서 부채사용이 기업가치에 어떤 영향을 미치는지를 보자.

(주)하나산업은 100% 자기자본기업이다. 현재 자기자본은 6,000,000원이다. 하나산업은 자본구조조정을 단행 3,000,000원을 연 8%로 차입하여, 주식을 매입, 모두 특별배당으로 주주에게 지급할 예정이다. 이 부채차입 결과 기업가치는 올라갈 수 있고 변함이 없거나 아니면 감소할 수 있다. 다음과 같이 기업가치가 7,000,000원으로 증가, 불변 그리고 5,000,000원으로 감소한다고 하자.

주주입장에서 볼 때 소유자의 재산은 자기자본가치 변화금액과 배당금으로 구성된다. 따라서 부채사용으로 인하여 주주는 1,000,000원만큼 가치가 증가하거나 불변, 아니면 1,000,000원만큼 감소한다. 이 예는 부채사용으로 기업과 자기자본의 가치는 반드시 어느 한 방향으로 결론이 나지 않음을 보여준다. 즉, 부채사용으로 인하여 기업가치는 증가, 불변 그리고 감소할 수도 있다.

100% 자기자본 사용일 때보다 부채사용은 기업의 주당순이익(EPS)과 자기자본이익률(ROE)의 변화를 더 크게 한다. 이는 부채레버리지 또는 재무레버리지라 한다. 재무레버리지(financial leverage)는 부채사용으로 인한 손실과 이익 확대효과를 말한다. 구체적으로 부채사용으로 인하여 기업의 주당순이익과 자기자본순이익률은 많은 변동성을 보인다. 다음의 예로서 이를 확인해 보자. 분석의 편의상 법인세금은 없다고 가정한다.

〈표 10-1〉 부채사용과 기업가치변화

	부채없음	부채사용		
		가치증가	불변	가치감소
부채	0	3,000,000	3,000,000	3,000,000
자기자본	6,000,000	4,000,000	3,000,000	2,000,000
기업가치	6,000,000	7,000,000	6,000,000	5,000,000

〈표 10-2〉 부채사용과 주주가치변화

부채없음	부채사용		
	가치증가	불변	가치감소
자기자본 가치변화	-2,000,000	-3,000,000	-4,000,000
배당금	3,000,000	3,000,000	3,000,000
주주가치변화	1,000,000	0	-1,000,000

(주)하나산업은 100% 자기자본기업으로서 그 금액은 6,000,000원이다. 상장된 이 회사의 주식수는 10,000주 1주당 가격은 600원이라고 하자. (주)하나산업은 자본구조조정을 단행, 3,000,000원을 연 8%로 차입, 주식을 재매입하여 부채 : 자기자본 비율은 1 : 1로 유지할 계획이다. 앞으로 예상될 경기변화를 감안하면 기대영업이익은 600,000원, 만약 불황이면 400,000원, 호황이면 800,000원으로 예측된다.

여기서 (주)하나산업의 부채사용전후 EPS와 ROE를 각각 구하여 부채사용이 두 재무성과변수에 어떤 확대효과를 초래했는지 확인해 보자. (주)하나산업의 부채사용 전후 재무상태표는 〈표 10-3〉과 같다.

부채사용 전 주당순이익과 자기자본순이익률(ROE)은 〈표 10-4〉와 같다.

부채사용 후 주당순이익과 자기자본순이익률을 계산하면 〈표 10-4〉의 경우보다 그 변동성이 훨씬 크다. 즉, 주당순이익은 40~80원에서 32~112원으로 확대되었고, 자기자본순이익률은 6.67~13.33%에서 5.33~18.67%로 확대되었다.

〈표 10-3〉 재무상태표

(주)하나산업

부채사용 전		부채사용 후	
자산 6,000,000	자기자본 6,000,000	자산 6,000,000	부채 3,000,000 자기자본 3,000,000
(주식수 10,000주, 주당가격 600원)		(주식수 5,000주, 주당가격 600원)	

〈표 10-4〉 부채사용 전 주당순이익과 자기자본순이익률

시나리오	불황	보통	호황
EBIT	400,000	600,000	800,000
순이익	400,000	600,000	800,000
주당순이익	40	60	80
자기자본순이익률	6.67%	10%	13.33%

〈표 10-5〉 부채사용 후 주당순이익과 자기자본순이익률

시나리오	불황	보통	호황
EBIT	400,000	600,000	800,000
이자	240,000	240,000	240,000
순이익	160,000	360,000	560,000
주당순이익	32	72	112
자기자본순이익률	5.33%	12%	18.67%

[그림 10-1] EBIT-EPS 재무레버리지

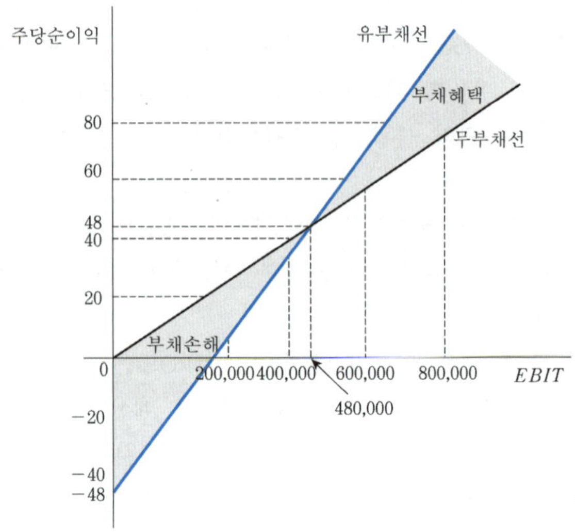

위의 예에서 본 바와 같이 부채사용은 주당순이익과 자기자본순이익률을 확대하여 변동시킨다. 다시 말하면 부채사용은 기업에게 기회도 되지만 또한 위기도 된다.1)

주당순이익과 영업이익(EBIT)과의 관계를 그래프로 나타내보자. 횡축(X축)은 영업이익, 종축(y축)은 주당순이익으로 하여 부채사용 전과 부채사용 후의 관계를 직선으로 표시하면 [그림 10-1]과 같다.

그림에서 보면, 무부채선은 유부채선보다 기울기가 완만하다. 무부채선은 EBIT가 0이면, 주당순이익 역시 0이다. EBIT가 400,000 → 600,000 → 800,000원으로 200,000원씩 늘 때마다 주당순이익은 40 → 60 → 80원으로 20원씩 증가하였다.

한편, 유부채선은 EBIT가 0이면 주당순이익은 −48원(=240,000원÷5,000주)이고, EBIT가 240,000원이면 주당순이익은 0이다. 유부채선은 EBIT가 400,000 → 600,000 → 800,000원으로 200,000원 증가함에 따라 주당순이익이 32원 → 72원 → 112원으로 40원씩 늘어났다. 따라서 유부채선의 기울기는 무부채선의 기울기보다 두 배 가파르다.

---

1) 재무레버리지도(DFL: degree of financial leverage는 부채사용으로 인한 손익의 확대효과 정도를 측정한다.

무부채선과 유부채선이 만나는 교점은 두 방안에서 주당순이익이 같게 되는 영업이익 수준으로서 손익분기점(BEP)이다. 아래 계산에서와 같이 주당순이익은 영업이익에서 이자 및 세금을 공제한 순이익을 발행주식수로 나눈 값이다.

> 자본조달 손익분기점:
> 무부채에서의 주당순이익＝유부채에서의 주당순이익
> EBIT/10,000＝(EBIT－240,000)/5,000
> ∴EBIT＝240,000원
> EPS＝48원
> ROE＝240,000÷300,000=8%

자본조달 손익분기점에서는 기업의 영업에서 얻는 수익률 8%는 이자율 8%와 정확히 일치한다. 즉, 기업이 영업하여 빚 갚는 데만 썼을 뿐이라는 점을 시사한다.

2) 홈메이드 레버리지

위의 예에서 본 바와 같이 기업은 부채를 사용함으로써 부채를 늘리고 줄임에 따라 그 기업의 주주는 어떤 위치에 놓일까? 다시 말해서 기업이 부채를 늘리고 또한 줄임에 따라 그 기업의 주주재산가치 또한 똑같은 영향을 받는 것일까? 뒤에서 모딜리아니와 밀러(Modigliani & Miller: 이하 M&M)의 이론에서 증명하겠지만, 그들의 주장은 이와 같은 경우 주주 재산가치는 전혀 변함이 없다는 것이다. 즉 기업이 부채를 늘리든 줄이든 주주 재산가치는 영향을 받지 않는다는 것이다. 이러한 주장을 뒷받침하기 위해 고안된 주주의 재무 행동이 바로 홈메이드 레버리지이다.

홈메이드 레버리지(homemade leverage)란 주주는 기업의 자본조달 방법을 그대로 복제함으로서 부채를 조달하기 전과 후의 재산가치에 변함이 없게끔 한다는 재무행위이다. 다시 말하면 주주는 기업이 부채를 빌리면 본인도 부채를 스스로 빌리고, 반대로 기업이 부채를 줄이면, 본인도 부채를 스스로 줄여서 자기 자신 지분율을 기업의 자기자본 지분율과 동일하게 하는 한 재산가치를 일정하게 유지한다.

〈표 10-6〉 부채사용 전 김대리의 재산가치

	불황	보통	호황
EBIT	400,000	600,000	800,000
NI	400,000	600,000	800,000
주당순이익	40	60	80
김대리 재산가치	4,000	6,000	8,000

〈표 10-7〉 홈메이드 부채사용(homemade leverage) 후 김대리의 재산가치

	불황	보통	호황
영업이익	400,000	600,000	800,000
이자	240,000	240,000	240,000
순이익	160,000	360,000	560,000
주당순이익	32	72	112
50주 가치	1,600	3,600	5,600
이자수입	2,400	2,400	2,400
김대리 재산가치	4,000	6,000	8,000

앞에서 설명한 (주)하나산업의 예를 들어, 홈메이드 레버리지를 설명해 보자.

(주)하나산업은 발행주식총수가 10,000주인 100% 자기자본기업이다. 현재 KOSDAQ에서 시가는 600원이다. 현재 김대리는 (주)하나산업의 주식 100주를 보유하고 있다. (주)하나산업은 최근 자본구조조정을 단행 연 8%로 3,000,000원을 차입, 주식을 매입함으로써 부채 : 자기자본 비율은 1 : 1로 유지할 계획이다. 김대리가 바뀌어진 (주)하나산업의 자본구조에서도 전과 같이 재산가치를 유지하려면 어떤 재무 행동을 해야 하나? 앞으로 예상될 영업이익은 600,000원이고, 불황이면 400,000원, 호황이면 800,000원으로 예상된다. 김대리는 연 8%로 본인의 자금을 타인에게 빌려줄 수 있다고 가정한다.

먼저 무부채기업일 때 주당순이익과 김대리의 재산가치를 계산해 본다.

김대리의 100주 재산가치는 보통의 경우를 예를 들면 100주×60원=6,000원이고, 100주의 시장가치 역시 100주에 시가 600원을 곱하면 60,000원이다.

(주)하나산업이 3,000,000원을 차입, 부채 : 자기자본=1 : 1로 지본구조 조정을 할 경우, 각 시나리오에서 주당순이익은 불황 32원, 보통 72원 그리고 호황 112원이다. 홈메이드 레버리지 원리에 의거 현재 100주를 보유한 김대리가 50주 가치만큼인 30,000원을 타인에게 연 8%의 금리로 빌려주어 의도적으로 대출 : 자기자본=30,000원 : 30,000원으로 바꾼다고 하자. 이 경우 보유주식 50주의 순이익가치는 보통의 경우를 예를 들면 50주×72원=3,600원이다. 또한 연 8% 금리

로 대출해 준 30,000원의 연간 이자수입액은 30,000원×8%=2,400원이다. 따라서 김대리의 의도적 대출 후 장부가치는 3,600+2,400=6,000원으로 부채사용 전과 똑같다. 마찬가지로 불황이나 호황에서도 김대리의 재산가치는 각각 4,000원과 8,000원으로 부채사용전과 같다.

위의 예는 기업이 100% 자기자본 상태에서 부채 : 자기자본=1 : 1로 자본구조를 바꿀 경우, 주주는 기업의 자본구조를 그대로 복제함으로써 재산가치에 변함이 없음을 보여준다. 이와 같은 홈메이드 레버리지(home made leverage)는 어떤 경우든지 적용이 가능하다.

제 2 절 자본구조이론

이론적으로 법인세금이 없고, 정보가 완전히 공개되고 대칭적(symmetric)이며, 그리고 증권거래에 수수료가 없다면, 즉 완전자본시장이라면, 기업이 어떠한 자본구조를 갖는다 할지라도 이는 기업의 가치에 영향을 미치지 않는다. 소위 이깃이 유명한 MM(Miller-Modigliani)의 자본구조이론의 출발점이다. 그들의 주장은 기업가치는 수익성 있는 자산 투자에 있지 그 투자를 위한 자본구조와는 무관하다는 견해이다.

이러한 논의의 발상은 현실적인 불완전시장 아래서 자본구조가 어떻게 변화되는가를 가늠할 수 있는 계기가 되었다. 현실적으로 자본구조에 영향을 미치는 불완전시장요소에는 법인세금의 존재, 파산비용의 존재, 대리인 비용의 존재, 그리고 정보비대칭(information asymmetry)이 있다.

1) 전통적 견해

자본구조에 대한 전통적 견해는 다음과 같은 가정을 전제로 하고 있다.

첫째, 법인세금, 파산비용, 그리고 거래비용이 존재하지 않는다.

둘째, 순이익은 모두 배당으로 지급되므로 순영업이익은 이자와 배당으로 나누어진다.

셋째, 순영업이익은 항상 일정하다.

자본구조에 관한 전통적 견해(traditional view)는 부채비율이 변함에 따라 가중평균자본비용과 기업가치도 변화하므로, 기업가치를 극대화시킬 수 있는 최적자본구조가 존재한다는 견해이다. 즉 부채비율이 증가함에 따라 재무위험이 증가하므로 자기자본제공자는 보다 높은 수익률을 요구하게 된다.

따라서 자기자본비용(k_e)이 증가하게 된다. 그리고 타인자본제공자도 부채비율이 일정수준을 넘어서면 재무위험을 느끼게 되어 이에 대한 보상을 요구하게 되므로 타인자본비용(k_d)도 함께 증가한다.

따라서 가중평균자본비용(k_w)은 일정수준의 부채비율까지는 감소하나 그 수준을 넘어서면 오히려 증가된다. 그러므로 가중평균자본비용이 최저가 되는 최적자본구조가 존재하게 된다. 이러한 관계를 그림으로 나타내면 [그림 10-2]와 같다.

[그림 10-2]에서 보는 바와 같이 부채비율이 x%인 경우 가중평균자본비용이 최저가 되고 기업가치는 최대가 된다. 이러한 현상은 부채비율이 x%보다 낮은 수준에서는 비용이 저렴한 부채의 사용에 따른 이점(benefit)이 재무위험의 증대에 따른 불리(risk)한 점보다 크므로 가중평균자본비용(k_w)은 감소한다. 그러나 x%보다 높은 수준에서는 부채사용의 이점이 재무위험의 증대에 따른 불리한 점을 능가하지 못하므로 가중평균자본비용이 증가한다.

따라서 전통적 견해에 의하면 기업가치를 극대화시킬 수 있는 최적자본구조가 존재하므로 최적자본구조를 이루도록 자본을 조달해야 한다. 그러나 이러한 경우에도 최적자본구조를 이루는 부채비율이 어떤 수준에서 결정되어야 하는가 하는 것은 명확히 제시하지 못하고 있다.

[그림 10-2] 전통적 견해

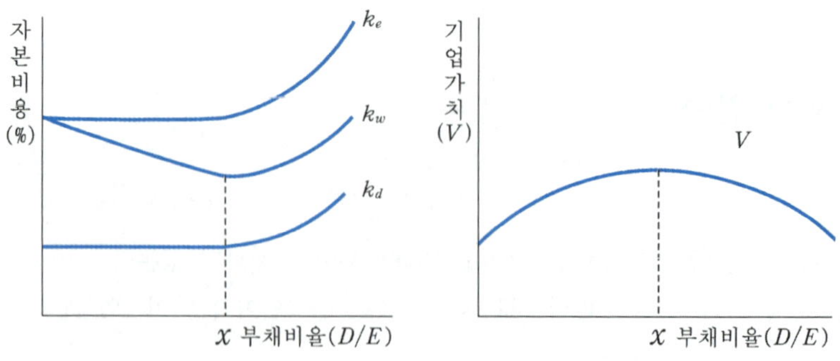

현실적으로 최적자본구조는 반드시 어느 한 점, 하나의 부채비율 x%로 존재하지 않는다. 오히려 x%보다는 x%를 중심으로 한 일정한 구간(interval) 또는 레인지(range)라고 보아야 한다. 현명한 최고경영자들은 이러한 구간을 늘 의식하여 너무 낮은 부채비율도 그리고 너무 높은 부채비율도 경계한다. 장기적으로 추구하는 목표자본구조는 이러한 구간 또는 레인지에에서 추구된다. 최적자본구조에 영향을 미치는 하나의 중요한 요소는 CEO, 즉 최고경영자 본인의 성향(attitude 또는 philosophy)이다. 즉 타인의 돈, 즉 은행 돈을 최대한 쓰는 것이 최적이라고 생각하는 CEO가 있는가 하면, 남의 돈은 어떤 경우든 안 쓰려는 경영자도 있다. 후진국적 경영환경에에서는 조달금리(자본비용)에 기초한 자본구조 결정에 대한 합리적 판단보다는 오히려 이러한 최고경영자의 성향이 자본구조 결정에서 더 우선되는 경향이 있다.

2) MM의 자본구조이론

(1) MM이론의 가정

종래의 전통적 견해에 대해 모딜리아니와 밀러(Modigliani and Miller: MM)는 기업가치와 가중평균자본비용은 그 기업의 자본구조와 무관하다는 주장을 자본시장에서의 차익거래를 통하여 설명하였다.[2] 차익거래(arbitrage transaction)는 동일증권 또는 대체가능한 증권 사이에 일시적으로 생기는 가격차이로부터 이익을 얻기 위해 증권을 동시에 매매하는 것을 말한다.

MM의 주장은 전통적 견해와는 달리 일정한 방법론적 절차에 따라 엄격한 이론적 구조 아래 도출됨으로써 자본구조이론의 새로운 장을 열었다. 이들은 자신들의 명제를 도출하기 위해 다음과 같은 가정을 전제로 하였다.

첫째, 완전자본시장(perfect capital market)이 존재한다. 완전자본시장(perfect capital market)은 현실의 자본시장을 단순화시킨 비현실적 시장으로 다음 조건을 만족시키는 시장이다.

① 완전경쟁이 존재한다. 즉 시장참여자들의 행동이 이자율에 영향을 미치지

---

2) F. Modigliani and M. H. Miller, "The Cost of Capital, Corporate Finance and the Theory of Investment," *American Economic Review*, 48, no. 3(June 1958) pp. 261-297.

않는다.

② 법인세금(tax)이 존재하지 않는다.

③ 파산비용이 존재하지 않는다.

④ 차입과 대출에 따른 거래비용(transaction cost)이 존재하지 않는다.

⑤ 정보는 모든 자본시장참여자가 비용 없이 이용할 수 있다.

⑥ 금융자산은 무한히 분산가능(infinitely divisible)하다.

⑦ 거래에 대한 규제나 제한이 없다

⑧ 자금의 잠재적 수요자와 공급자 사이에 진입장벽(barriers to entry)이 없다. 거래에 대한 규제나 제한이 없다.

둘째, 경영위험의 크기에 따라 기업을 동일한 위험집단으로 분류할 수 있다(이 가정은 같은 업종에 있는 기업들을 비교 대상으로 한다는 점이다. 즉, 제약업계에 있는 기업들은 같은 경영환경을 맞이하고, 영업위험 또한 같다. 또한 건설업계에 있는 기업들은 그들 특유의 경영환경과 영업위험에 노출되어 있다.).

셋째, 법인세금은 고려하지 않는다(이 가정은 1963년 MM의 논문에서 철회되었다. 편의상 법인세금 없는 MM의 이론은 MM(1958), 법인세금이 있는 경우의 MM이론을 MM(1963)으로 구분한다.).

(2) 세금이 없는 경우 MM이론의 명제(1958년에 빌표됨)

[명제 I] 기업의 총시장가치는 그 기업의 자본구조에 의해 영향을 받지 않는다.

해설: [명제 I]은 기업의 총시장가치는 그 기업의 미래 기대영업이익을 적정할인율로 할인한 값이다. 그런데 업종마다 위험에 따라 동일한 위험집단으로 분류할 수 있기 때문에 같은 업종에 있는 기업들은 모두 가중평균자본비용(WACC)이 똑같다고 가정한다. 따라서 같은 업종에 속한 기업들의 가치를 결정하는 것은 기업의 영업이익의 수준일 뿐 자본구조는 아무런 영향을 주지 않는다.

이 명제는 그 유명한 파이(pie) 이론이다. 기업가치라는 파이는 부채와 자기자본이라는 조각으로 이루어져 있는데 조각을 어떠한 크기로 자르던 기업의 가치는 변함이 없다. 아래 그림에서 보는 바와 같이 부채비율(D/E) 100%의 A기업이나 부채비율(D/E) 50%의 B기업이나 기업가치는 같다. 여기서 중요한 점은 비교대상인 기업들은 같은 경영환경과 영업위험을 공유한다는 점이다. 예를 들면, 이 두 기업은 제약업계에 있는 두 기업, 동아제약㈜와 ㈜한미약품이다. 제약업종에 속한 기업이면 동아제약이든 한미약품이든 가정에 의하여 WACC이 똑같다. 그래서 각 기업의 부채수준과는 상관없이 각 기업의 기대영업이익을 WACC으로 할인한 현재가치가 동아제약과 한미약품의 기업가치이다. 우리는 동아제약과 ㈜현대건설을 비교하는 것이 아니다.

만약 두 기업의 재무담당자가 자기 기업의 가치를 극대화하기 위하여 자기회사의 주식과 채권의 최적 조합을 알아내려고 한다면 어떻게 해야 할까? 완전시장하에서는 주식과 채권의 서로 다른 조합은 상호 무차별하다.

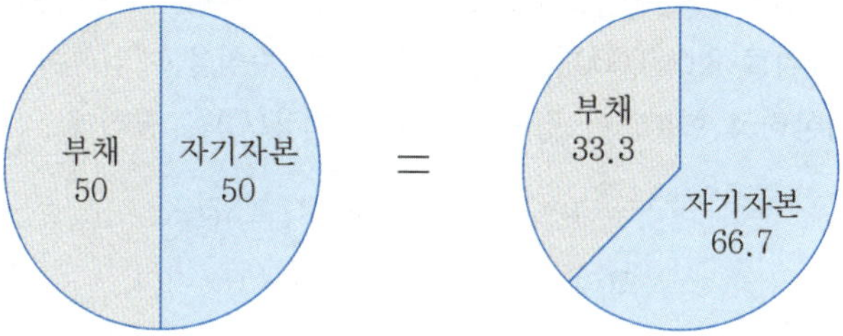

A기업가치 파이(D/E 100%)　　B기업가치 파이(D/E 50%)

[명제 II] 부채비율이 증가함에 따라 자기자본비용이 비례적으로 증가되나 자기자본비용의 증가분은 저렴한 부채의 이용으로 완전히 상쇄된다.[3)]

해설: [명제 II]는 [명제 I]을 부채와 주식자본의 자본비용의 측면에서 설명하는 것이라고 할 수 있다. 먼저 가중평균자본비용은 부채자본비용과 주식자본비용의 가중평균치이다.

$$k_w = k_e(E/V) + k_d(D/V)$$

여기서 부채사업기업의 자기자본비용은 다음과 같이 나타낼 수 있다.[4)]

$$k_e = k_w + (k_w - k_d) \times (D/E) \qquad \textbf{(10–1)}$$

여기서, k_e: 자기자본비용
k_d: 부채자본비용
k_w: 가중평균자본비용(WACC):주어진 상수.
D/E: 부채비율

따라서 자기자본비용(k_e)은 가중평균자본비용(k_w), 부채자본비용(k_d) 그리고

---

3) 이러한 방법을 순영업이익접근법(NOI: Net Operating Income 접근법)이라 한다.
4) $k_w = k_e(E/V) + k_d(D/V)$에서 양변에 V를 곱해준다. $V_{kw} =K_e \times E + kdD$ 양변을 E로 나누면 $\frac{V}{E}kw = k_e + kd\frac{D}{E}$이다. $V = E + D$이므로 $k_e = \frac{(E+D)}{E} - k_w - k_d \times \frac{D}{E}$

$$= k_w + (k_w - k_d)(D/E)$$

기업의 부채비율(D/E)에 달려 있다. 자본구조상 부채비율이 증가하면 재무위험이 증대되고 재무위험은 결국 자기자본제공자(주주)가 부담해야 하기 때문에 자기자본비용(k_e)을 증가시킨다.

그러나 자기자본비용의 증가는 저렴한 부채비용에 의해 정확히 상쇄된다. 따라서 가중평균자본비용(k_w)은 항상 일정하다.

다음의 예를 보자. (주)하나산업은 자본금 규모가 6,000,000원인 100% 자기자본 기업이다. 현재 자본비용(k_a)은 12%이다. (주)하나산업은 자본구조 조정을 단행, 연 8%의 금리로 3,000,000원의 부채를 조달, 주식을 매입하여 부채 : 자기자본 =1 : 1로 유지하려고 한다. 이 경우 자기자본 비용(k_e)은 공식에 의거 16%이다.

$$k_e = 12 + (12 - 8) \times 1 = 16\%$$

그리고 $k_w = 8 \times \frac{1}{2} + 16 \times \frac{1}{2} = 12\%$ 이다.

만약 부채 : 자기자본=2 : 1로 하면 자기자본비용은 16%이다.

$$k_e = 12 + (12 - 8) \times 2 = 20\%$$

이 경우 평균비용 $k_w = 8 \times \frac{2}{3} + 20 \times \frac{1}{3} = 12\%$ 이다.

k_d, k_e, k_w 그리고 부채비율(D/E)의 관계는 다음과 같다.

이를 그림으로 나타내면 [그림 10-3]와 같다.

[그림 10-3] 세금이 없는 경우 명제 II: (주)하나산업

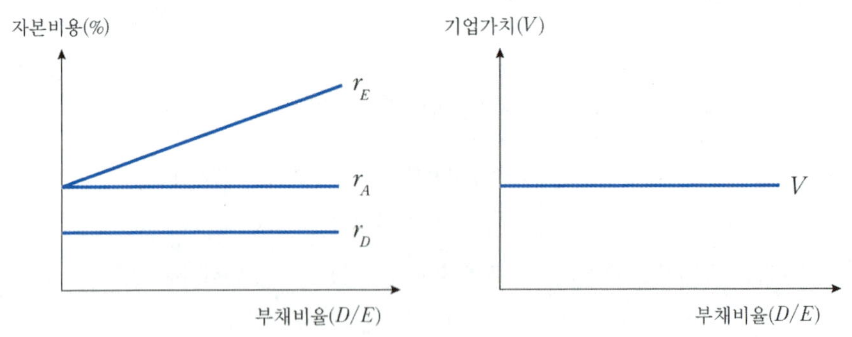

D/E	0	1(=100%)	2(=200%)
타인k_d	8	8	8
자기k_e	12	16	20
평균k_w	12	12	12

[명제 Ⅲ] 신규투자안의 거부율(cut-off rate)은 투자안에 필요한 소요자금 조달방법과는 무관하다.

해설: [명제 Ⅲ]은 [명제 Ⅰ]을 투자안에 적용하는 것이다. 앞에서 설명한 바와 같이 투자안의 가치평가와 기업가치의 산출은 그 성격과 과정이 동일하다. 그리고 [명제 Ⅰ]은 업종마다 기대현금흐름의 할인에 적용할 할인율이 정해져 있으며 그 할인율은 자본구조와 무관하다는 것이다. 따라서 어떠한 투자안을 평가할 때 적용하는 할인율은 그 투자안이 속한 업종마다 주어져 있는 것이고 이 역시 자금조달 방법과는 무관하다. 할인율이 곧 자본비용이므로 그 투자안이 채택되기 위한 최저 수익률, 즉 거부율(cut-off rate)은 이 할인율과 같다.

(3) 세금이 있는 경우 MM이론의 명제(1963년에 발표됨)

현실세계에서는 완전 자본시장은 존재하지 않고, 시장을 불완전하게 만드는 요인들이 존재한다. 이 중 법인세만을 고려하여 MM의 기본명제(1958)를 수정한 것이 Modigliani & Miller의 자본구조이론Ⅱ(1963)이다.

[수정명제 Ⅰ] 세금이 있을 경우, 부채 있는 기업의 가치는 부채 없는 기업(=100% 자기자본기업) 가치에 부채의 절세효과를 더한 값이다.

현실적으로 모든 기업은 많든 적든 부채를 사용하게 된다. 무차입 경영을 주장하는 기업이 있기는 하지만 모든 기업은 어떤 형태로든지 부채를 사용한다. 이와 같이 부채를 사용하는 기업의 가치는 100% 자기자본으로 구성된 기업의 가치에 절세금액(tax shield)를 합한 금액이다. 부채사용으로 인한 절세금액은 부채금액에 기업의 한계법인소득세율을 곱한 값이다.

이를 식으로 표시하면 다음과 같다.

$$V_L = V_U + DT \qquad (10\text{–}2)$$

여기서, V_L: 부채 있는 기업의 가치(levered firm value)
V_U: 부채 없는 기업의 가치(unlevered firm value)

T: 한계법인세율, D: 부채금액

이를 다음의 예에서 확인하여 보자.

| 예제 10-1 | 이자와 세금 전 이익(EBIT)이 똑같이 10,000원인 두 기업 U기업과 L기업이 있다고 하자. U기업은 100% 자기자본기업으로서 전혀 부채를 사용하고 있지 않다. L기업은 80,000원의 부채를 사용하고 있는데 부채의 이자율은 연 10%이다. 두 기업 모두 기업소득에 대한 한계 세율은 30% 이다. 두 기업의 순이익을 구하고 채권자와 주식투자자의 가치의 합계, 즉 기업의 총가치를 비교하라.

풀이 〈표 10-8〉 100% 자기자본기업과 부채사용기업의 가치비교

	100% 자기자본기업(U)	부채사용기업(L)
이자와 세금 전 이익(EBIT)	10,000	10,000
이자	0	8,000
세전이익	10,000	2,000
세금(30%)	3,000	600
순이익	7,000	1,400
이자의 세금절약액(tax shield)	0	8,000×30%=2,400
채권자와 주주 총가치	0+7,000=7,000	7,000+2,400=9,400

부채사용기업의 총가치는 9,400원이다. 이는 100% 자기자본기업의 가치+이자의 세금절약액=7,000+2,400=9,400원의 합이다. 이는 또한 채권자가 받는 이자금액+주주가 받는 순이익(순배당)=8,000+1,400=9,400원과 같다.

기업에서 부채를 사용하게 되면 반드시 이자를 내야 한다. 그런데 이자지급액은 법인세 절세효과를 가져온다. 이를 이자절세효과(interest tax shield)라 한다. 한편 기업에서의 부채사용은 최악(worst)의 경우 기업을 파산에 이르게 한다. 대부분의 기업은 부채사용에 따라 법인세 절세효과를 누린다. 그러나 부채사용에 따르는 파산위험은 절세효과보다 훨씬 비싼 대가를 지불한다.

(주)하나산업의 예로서 부채사용에 따른 법인세 절세효과와 기업가치를 분석해 본다. (주)하나산업은 자본금 규모가 6,000,000원인 100% 자기자본기업이다. 현재 자본비용은 12%이다. (주)하나산업은 자본구조조정을 단행, 연 8%의 금리로 3,000,000원의 부채를 조달, 주식을 매입하여 부채 : 자기자본=1 : 1로 유지하려고

한다. 부채조달 전후 기업의 가치를 계산해 보자. 법인세율은 30%이다. 현재 (주)하나산업의 예상영업이익(EBIT)은 연 600,000원이라고 가정한다.

먼저 부채조달 전후 순이익을 계산해 보자. 편의상 100% 자기자본 기업가치를 V_U, 부채사용 기업가치를 V_L이라고 하자.

앞의 여러 장에서 설명한 바와 같이 기업가치에 영향을 미치는 재무변수는 순이익이 아니라 현금흐름이다.

현금흐름등가식은 '자산의 현금흐름=채권자귀속 현금흐름+주주귀속 현금흐름'의 관계이다. 부채사용 전인 100% 자기자본기업에서는 주주귀속 현금흐름 420,000원이다. 부채사용 후 현금흐름 492,000원은 채권자귀속 현금흐름 240,000원과 주주귀속 현금흐름 252,000원의 합이다. 또한 부채사용 후 현금흐름 492,000원은 부채사용 전 현금흐름 420,000원에 72,000원을 합한 금액이다. 그런데 72,000원은 이자 240,000원에 세율 30%를 곱한 금액이다. 이와 같이 이자에 세율을 곱한 금액을 이자의 절세효과(interest tax shield)라 한다.

구체적으로 말하면 (주)하나산업이 부채금액 3,000,000원 사용에 대한 대가로 240,000원을 이자로 지급하였지만, 실제 지급액은 70%인 168,000원이고 나머지 30%인 72,000원만큼을 절약하였다. 이와 같이 절약된 금액의 현가는 72,000÷0.08=900,000원이다. 이 금액은 (주)하나산업이 조달한 부채금액 3,000,000원에 세율 30%를 곱한 금액이다.

부채사용 전 기업가치는 매년 현금흐름 420,000원에 자본비용 12%를 나눈 3,500,000원(=420,000÷0.12)이다.[5] 부채사용 후 기업가치는 부채사용 전 기업가치에 세금×부채금액을 더한 것이므로 3,500,000+30%×3,000,000=4,400,000원이다.

〈표 10-9〉 부채사용 전후의 손익계산서

	부채사용 전	부채사용 후
영업이익	600,000	600,000
이자	0	-240,000
세전이익	6,00,000	360,000
세금(30%)	-180,000	-108,000
순이익	420,000	252,000

5) 매년 현금흐름이 영원히 지속된다고 가정한다. 따라서 영구연금의 현가는 매년 현금흐름÷할인율이다.

[그림 10-4] 세금이 있는 경우 MM의 명제 I : (주)하나산업

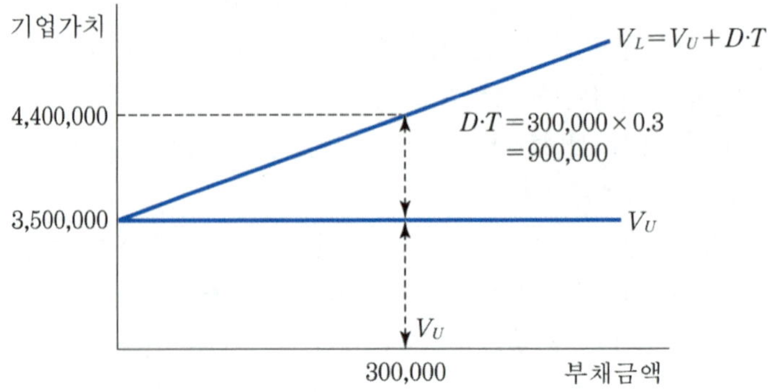

〈표 10-10〉 부채사용 전후의 자산의 현금흐름

	부채사용 전	부채사용 후
영업이익	6,00,000	600,000
순이익	420,000	252,000
현금흐름	420,000	492,000

MM은 1963년에 발표한 그들의 논문에서 법인세를 고려할 경우에는 이자지급에 대한 법인세감세효과 때문에 부채비율이 증가하면 기업가치가 증대된다는 것을 제시함으로써 이전의 입장을 수정하였다.6) 기업이 지급하는 이자비용은 손비로 처리되기 때문에 과세대상에서 제외되어 세금감세효과(tax shield effect)가 발생한다.

감세효과는 궁극적으로 주주의 소득을 그만큼 증대시킨다. 법인세율을 T, 부채를 D, 이자율을 i라 하고 이자율과 부채의 요구수익률이 같다면 매년 발생되는 부채의 법인세감세액은 $D \cdot I \cdot T$가 되고 부채를 영원히 사용할 경우 법인세감세액의 현재가치는 다음과 같이 나타낼 수 있다.

$$\text{법인세감세액의 현재가치} = \frac{D \cdot i \cdot T}{i} = D \cdot T \qquad (10\text{–}3)$$

따라서 자본구조상 부채가 증가함에 따라 감세효과만큼 기업가치가 증가한다. 이를 그림으로 나타내면 [그림 10-4]와 같다. 이러한 결과는 기업가치를 극대화시키기 위해서는 자본구조가 모두 부채가 될 때까지 부채를 증가시켜야 한다는 것을

6) F. Modigliani and M. H. Miller, "Corporate Income Taxes and the Cost of Capital: A Correction," *American Economic Review*, LIII (June 1963), pp.433-442.

의미한다. 그러나 이러한 불합리한 결과는 법인세 이외의 다른 불완전요인을 고려하지 않기 때문에 생긴 결과이다.

[수정명제 II] : 법인세가 있는 경우에도 부채가 있는 기업의 자기자본비용(k_e)은 부채비율이 증가함에 따라 증가하지만, 법인세가 없을 경우에 비하여 완만하게 상승한다.

부채가 있는 기업의 자기자본비용(k_e)과 부채가 없는 기업의 자기자본비용(k_{e^*}), 부채자본비용, 부채비율, 그리고 세금과의 관계는 다음과 같다.7)

$$k_e = k_{e^*} + (k_{e^*} - k_d)(1-T)(D/E) \quad (10\text{–}4)$$

$$k_w = k_d(1-T)\frac{D}{V} + k_e\frac{E}{V} \quad (10\text{–}5)$$

여기서, k_{e^*}: 부채가 없는 기업의 자기자본비용
k_e: 부채가 있는 기업의 자기자본비용
T: 한계법인세율

한편, 앞에서 보았듯이 MM의 1958년 [명제 2]의 식은 아래와 같이 산출되었다.

$$k_e = k_{e^*} + (k_{e^*} - k_d)(D/E) \quad (10\text{–}6)$$

이제 법인세가 없는 경우의 1958년 식(위의 식 번호 10-6)과 법인세가 존재하는 1963년 식(식 번호 10-4)을 비교하면 공통점은 부채비율이 증가함에 따라 두 식 모두 자기자본비용이 선형적으로 증가한다는 것이다. 그러나 기울기를 보면 법인세가 있는 경우가 법인세가 없는 경우보다 완만함을 알 수 있다.

(주)하나산업의 예를 다시 들어보자. (주)하나산업은 현재 자본금 규모가 6,000,00원인 100% 자기자본기업이다. 이때 자본비용은 12%이다.8) (주)하나산업은 연 8%의 금리로 3,000,000원 규모의 부채를 조달, 주식을 매입하여 부채 : 자기자본=1 : 1(부채비율100%)로 자본구조조정을 하려고 한다. 법인세율은 30%이다.

이 경우 MM의 명제 II에 의해 부채 있는 기업의 자기자본비용(k_e)은 14.8%이고 가중평균자본비용(k_w)은 10.2%이다.

---

7) 이를 순이익접근법(NI: Net Income 접근법)이라 한다.
8) 이 경우 부채 없는 기업의 자본비용은 자기자본비용이자 가중평균자본비용이기도 하다.

[그림 10-5] 법인세가 있는 경우 MM 명제 II: (주)하나산업

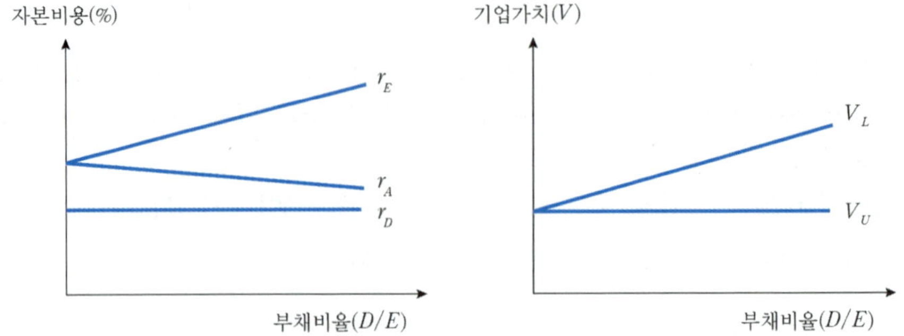

〈표 10-11〉 법인세가 있을 경우 MM 명제 II에 의한 자본비용: (주)하나산업

D/E	0	1(=100%)	2(=200%)	3(=300%)
타인k_d	8	8	8	8
자기k_e	12	14.8	17.6	20.4
평균k_a	12	10.2	9.6	9.3

$$k_e = 12 + (12-8)1(1-0.3) = 14.8\%$$

$$k_w = 8 \times \frac{1}{2}(1-0.3) + 14.8 \times \frac{1}{2} = 10.2\%$$

만약 부채 : 자기자본=2 : 1(부채비율 200%)인 경우 k_e=17.6%이고, k_w= 9.60이다. 부채를 자기자본보다 더 많이 사용함에 자기자본비용은 17.6%로 전보다 높아졌다. 그러나 가중평균자본비용은 오히려 9.60%로 그 이전 10.2%보다 낮아졌다. 참고로 부채 : 자기자본=3 : 1(부채비율 300%)이면 k_e=20.4%이고, k_a= 9.3%이다.

| 예제 10-2 | (1) (주)정석기업은 100% 자기자본기업으로서 자기자본규모는 10,000,000원이고 자본비용은 12%이다. (주)정석기업은 연 9%의 금리로 4,000,000을 차입하여 주식을 매입, 부채 : 자기자본=4,000,000 : 6,000,000= 2 : 3으로 하는 자본구조조정을 검토 중이다. 법인세금이 없음을 가정하여 M&M(1958) 명제 Ⅱ에 의하여 자기자본비용(k_e)과 평균비용(k_w)을 계산하라.

(2) 위의 예에 법인세율 30%조건을 추가하여, MM(1963) 명제 Ⅰ에 의해 (주)정석기업의 가치를 계산하라. 이 회사의 영업이익은 매년 6,000,000원이고 영구히 창출된다고 가정한다.

(3) 이와 같은 조건에서 MM(1963) 명제 Ⅱ에 의해 (주)정석기업의 자기자본비용(k_e)과 평균비용(k_w)을 계산하라.

풀이 (1) 세금이 없을 경우 MM 명제 Ⅱ

$$k_e = k_a + (k_a - k_d)\frac{D}{E} = 12 + (12-9)\frac{2}{3} = 14\%$$

$$k_w = 9 \times \frac{2}{5} + 14 \times \frac{3}{5} = 12\%$$

(2) 세금이 있을 경우 MM 명제 Ⅰ

$$V_U = EBIT(1-T)/k_a$$
$$= 6,000,000(1-0.3)/0.12 = 35,000,000$$
$$V_L = V_U + TD$$
$$= 35,000,000 + 0.3 \times 4,000,000 = 36,200,000$$

(3) 세금이 있을 경우 MM 명제 Ⅱ

$$k_e = k_a + (k_a - k_d)\frac{D}{E}(1-T) = 12 + (12-9)\frac{2}{3}(1-0.3) = 13.4\%$$

$$k_w = 9 \times (1-0.3) \times \frac{2}{5} + 13.4 \times \frac{3}{5} = 10.56\%$$

[수정명제 Ⅲ]: 신규투자안을 수행하기 위하여서는 모두 타인자본으로 조달하는 것이 유리하다.

신규투자안에 대한 거부율(cut-off rate)은 가중평균자본비용이다. 따라서 가중평균자본비용이 작을수록 투자안이 더 큰 투자가치를 갖게 된다. 그리고 투자안의 현금흐름이 일정할 경우 가중평균자본비용이 작을수록 가치는 커지게 된다,

위에서 보았듯이 법인세가 있는 경우 부채를 사용할수록 가중평균자본비용은 작아지게 되고, 극단적으로 투자자금을 모두 타인자금으로 조달하면 가중평균자본비용이 가장 작게 된다. 따라서 신규투자안을 수행하기 위하여는 투자자금을 모두 타인자본으로 조달하는 것이 유리하다.

3) 균형부채이론[9)]

1977년 M. H. Miller는 그의 논문 "Debt and Taxes"에서 시장 불완전요인으로서 법인세 이외에 개인소득세까지 함께 고려하여 보다 현실적으로 자본구조이론을 수정하였다.[10)] 이 논문의 내용을 요약하면 아래와 같다. 첫째, 법인세 이외에

---

9) 강의 진도상 생략할 수 있음.

개인소득세를 고려하더라도 부채기업의 가치는 무부채기업의 가치보다 크다. 따라서 영업이익이 동일하더라도 단순히 부채를 사용함으로써 기업가치를 높일 수 있다. 둘째, 경제 전체적으로 볼 때 부채에 대한 수요와 공급이 일치하는 균형상태에서는 레버리지이득(부채사용에 따른 기업가치 증대 효과)이 0이 되므로 부채를 사용함으로써 기업가치를 높일 수 없다.

(1) 무부채기업의 가치(V_U)와 부채사용기업의 가치(V_L)

무부채기업의 가치는 주주에게 귀속되는 현금흐름을 현재가치로 계산한 자기자본의 가치이다. 여기서 법인세뿐만 아니라 개인소득세까지 감안할 경우 영업현금흐름에서 법인세와 주식소득세까지 차감하여야 주주의 현금흐름이 된다. 여기서 주식소득세라 함은 주식투자를 통하여 얻게 되는 배당소득(dividend)과 매매차익(capital gain)에 부과되는 세금이라고 하자.

법인세율을 T_C, 주식소득세율을 T_{PE}할 때 1원의 영업이익에 대하여 주주의 현금흐름은 다음과 같이 측정된다.

$$\begin{aligned}&(1-T_C)-T_{PE}(1-T_C)\\&=(1-T_{PE})(1-T_C)\end{aligned}$$

따라서 1원의 영업이익에 대하여 법인세와 개인소득세를 감안할 경우 무부채기업의 가치는 다음과 같다.

$$V_U=\frac{(1-T_{PE})(1-T_C)}{r_E^U} \tag{10–7}$$

한편 부채사용기업의 가치는 채권자와 주주에게 귀속되는 현금흐름을 현재가치로 계산한 값이다. 이때 주주에게는 주식소득에 대하여 주식소득세가 부과되고, 채권자에게는 이자소득에 대하여 이자소득세가 부과된다.

이자소득세율을 T_{PD}라 하고, 1원의 영업이익에 대하여 채권자와 주주의 현금흐름을 측정하여 보자. 영업이익에서 지급이자(I)를 차감한 금액에 대하여 법인세가 부과될 것이므로 법인세는 $(1-I)T_C$가 된다. 주주에게 부담되는 주식소득세는 $(1-I)(1-T_C)T_{PE}$가 되고, 채권자에 대한 이자소득세는 $I\times T_{PD}$가 된다. 따라서

10) M.H. Miller(1977), "Debt and Taxes'," *The Journal of Finance*, vol.32 (2), pp. 261-275.

채권자와 주주에게 귀속되는 현금흐름의 합계는 영업이익에서 세 가지 세금유출액을 차감한 값이고 아래와 같이 쓸 수 있다.

$$\begin{aligned} CF_L &= 1-[(1-I)T_C+(1-I)(1-T_C)T_{PE}+I\times T_{PD})] \\ &= (1-T_C)(1-T_{PE})+I[(1-T_{PD})-(1-T_C)(1-T_{PE})] \end{aligned}$$

위 식에서 첫 번째 항은 무부채기업의 주주에 대한 현금흐름과 같으므로 무부채기업의 자기자본비용으로 할인하여 현재가치를 구하고, 두 번째 항은 부채사용기업의 채권자에 대한 현금흐름이므로 부채비용으로 할인하여 현재가치를 구한다. 그러면 부채사용기업의 가치는 다음과 같이 산출된다.

$$V_L = \frac{(1-T_C)(1-T_{PE})}{r_E^U} + \frac{I[(1-T_{PD})-(1-T_C)(1-T_{PE})]}{r_D}$$

그런데 부채의 시장가치(D)는 이자소득세를 납부한 후 채권자의 현금흐름을 부채비용으로 할인한 현재가치이므로 다음 식이 성립한다.

$$D = \frac{I(1-T_{PD})}{r_D}$$

위의 식을 이용하여, 부채사용기업의 가치를 나타내는 식을 정리하면 다음과 같다.

$$V_L = V_U + \left[1-\frac{(1-T_{PE})(1-T_C)}{1-T_{PD}}\right]\cdot D \qquad (10\text{–}8)$$

위의 식은 법인세와 개인소득세를 고려하더라도 레버리지이득은 존재하기 때문에 부채기업의 가치는 무부채기업의 가치보다 크다는 것을 증명하고 있다.

(2) 소득세율에 따른 레버리지이득

① 개인소득세가 없는 경우($T_{PE}=T_{PD}=0$)

이자소득세와 주식소득세가 없는 경우에도 법인세에 대한 이자비용의 절세효과로 부채사용기업의 가치는 무부채기업의 가치보다 크다. 이는 식으로 다음과 같이 표현되고, MM모형(1963)의 [수정명제 I]과 동일한 결과를 보여준다.

$$V_L = V_U + \left[1 - \frac{(1-0)(1-T_C)}{1-0}\right] \cdot D \qquad (10\text{-}9)$$
$$= V_U + T_C \cdot D$$

② 이자소득세율과와 주식소득세율이 같은 경우($T_{PE} = T_{PD}$)

일반적으로 이자소득세율과 주식소득세율은 다르다. 그러나 이자소득세율과 주식소득세율이 같을 경우를 가정해 보면 부채사용기업의 가치는 무부채기업의 가치보다 크다. 이 경우 또한 MM모형(1963)의 [수정명제 I]과 동일한 결과를 보여준다.

$$V_L = V_U + [1 - 1 \times (1 - T_C)] \cdot D \qquad (10\text{-}10)$$
$$= V_U + T_C \cdot D$$

③ 법인소득세율이 이자소득세율보다 작고($T_C < T_{PD}$), 주식소득세가 매우 작을 경우

이런 경우에 $(1-T_{PD}) = (1-T_{PE})(1-T_C)$인 시장의 균형상태가 성립될 수 있다. 이렇게 균형상태가 성립되면 부채사용기업의 가치는 무부채기업의 가치와 같게 되어 부채전략이 효과가 없게 된다. 즉, 법인세와 개인소득세가 존재하더라도 부채발행에 대한 레버리지이득이 없고 MM이론(1958)의 [명제 I]과 같은 결과를 가져온다.

$$V_L = V_U + \left[1 - \frac{1}{1}\right] \cdot D = V_U \qquad (10\text{-}11)$$

4) 파산비용의 존재와 적정부채비율

법인소득세가 존재하는 불완전시장에서는 이자의 세금효과(interests tax shield)를 극대화하기 위해 부채가 많을수록 극단적으로 100% 부채비율이 바람직하다고 할 것이다. 한편 파산비용이 존재하는 한 부채를 거의 안 쓰는 것이 바람직하고 극단적으로 0%의 부채비율이 최적이다. 법인세와 파산비용을 함께 고려하면, 최적자본구조는 0~100% 사이의 어딘가에 존재한다. 현실세계에 존재하는 불완전요인 중에서 법인세와 파산비용을 고려하여 최적자본구조를 설명하는 이론이 Kraus & Litzenberger(1973)의 파산비용이론(bankruptcy cost theory)이다.[11]

파산비용(bankruptcy costs)이란 기업의 과다한 부채사용으로 인하여 기업이

[그림 10-6] 파산비용을 고려한 기업가치와 적정부채비율

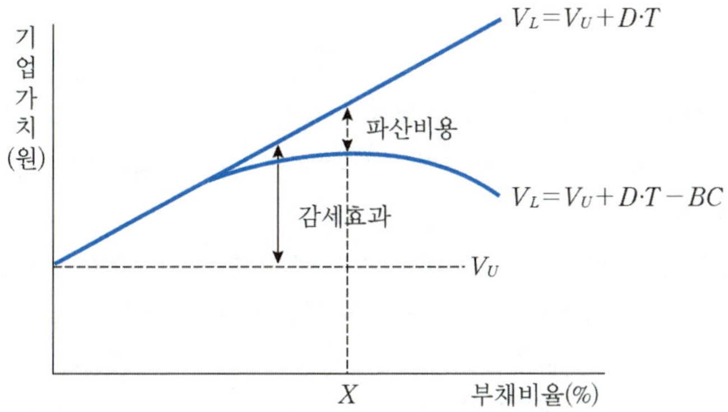

부담해야 하는 유형, 무형의 비용이다. 구체적으로 예를 들면, 파산비용은 파산으로 인해 야기된 법적 비용, 변호사 수수료, 그리고 파산시 선임되는 파산관리인에 대한 인건비 등 관리비용이다. 이러한 비용을 파산의 직접비용이라 한다. 기업 파산에 따른 간접비용은 충성고객의 이탈, 공급업자의 공급 기피 또는 현금결제 요구, 그리고 종업원의 이직이나 근무의욕 저하 등이다. 그러나 부채 사용이 곧 바로 파산으로 이어지는 것은 아니다. 파산은 부채 사용에서 극단적으로 가장 마지막 단계의 위험이다. 어쨌든 기업이 적정 이상으로 과다하게 부채를 사용하게 되면, 그만큼 재무적 곤경(financial stress)에 직면할 가능성이 큰 것은 사실이다. 바로 이러한 점은 증권시장에서 주가하락이나 또는 새로운 부채 조달시 조달금리 인상 가능성으로 연결되는데 바로 이러한 모든 불리한 요소가 바로 부채 사용으로 인한 파산비용으로 볼 수 있다.

부채사용으로 인한 파산비용 발생 가능성은 기업의 가치를 떨어뜨린다. 따라서 기업의 가치는 위의 두 부분 외에 파산비용을 고려해야 한다.

부채사용 기업의 가치=
100% 자기자본기업가치+절세금액의 현가−파산비용의 현가

이러한 파산비용으로 인하여 기업은 한없이 부채를 사용할 수 없고 적정한 부채비율을 유지해야 한다. 이를 그림으로 나타내면 [그림 10-6]과 같다.

---

11) Kraus & Litzenberger (1973), "A State-preference model of optimal financial leverages," *The Journal of Finance.* vol. 28, pp. 911-922.

5) 대리인비용이론

대리인비용이론(agency cost theory)은 Jensen & Meckling이 1976년에 제시한 자본구조이론이다.[12] 이들은 기업을 소유자 또는 경영자와 외부주주, 그리고 채권자 등 이해관계자들 사이의 계약관계로 보고 이들 이해관계자 사이의 관계를 대리인관계로 파악하였다.

대리인관계란 위임자(principal)가 의사결정권한을 대리인(agent)에게 위임한 계약관계를 말하는데 주주와 경영자 사이의 관계를 보면 주주가 위임자가 되고 경영자가 대리인이 된다. 채권자와 경영자사이에도 채권자가 위임자가 되고 경영자가 대리인이 된다. 이때 대리인이 전적으로 위임자의 효용을 극대화하도록 의사결정을 한다면 바람직하겠으나 현실적으로는 위임자와 대리인 사이에는 이해상충(conflict of interest)이 발생하여 대리인이 항상 위임자의 효용극대화를 위한 방향으로 의사결정을 하는 것은 아니다.

이와 같이 위임자와 대리인 사이의 이해상충으로 인하여 발생하는 비용을 대리인비용이라 한다. Jensen & Meckling은 대리인비용을 발생유형에 따라서 감시비용, 확증비용 그리고 잔여비용으로 구분하였다. 감시비용(monitoring cost)은 대리인이 위임자의 효용을 극대화하기 위한 의사결정을 하는지를 감시하기 위하여 부수적으로 드는 비용으로써 감사 및 이사회의 운영 등에 드는 비용이 대표적이다. 확증비용(bonding cost)은 이와는 반대로 대리인이 자신의 의사결정 등의 행위가 위임자의 목적에 부합한다는 것을 알리기 위해 부수적으로 지출되는 비용을 말한다. 경비, 의전 및 출장기준 등 규정의 제정과 집행을 위하여 부수적으로 드는 비용이다. 잔여비용(residual cost)은 대리인 스스로 감독하고 제한하더라도 발생하는 비용으로 이같이 언급된 유형 이외의 형태로 발생하는 비용을 일컫는다.

Barnea, Haugen & Senbet(1985)는 대리인비용을 그 발생원천에 따라 특권적 소비, 과대위험부담유인, 과소투자유인으로 구분하였다.[13] 그들은 이를 자본구조이론과 관련하여 자기자본의 대리인비용과 부채의 대리인비용으로 구분하였다.

특권적 소비(perquisite consumption)란 경영자의 복리후생이나 경비기준 등이

12) M.C. Jensen and W.H.Meckling (1976), "The theory of firm : managerial behavior, agency cost and ownership structure," *The Journal of Finance*, vol. 3. nr. 4.. pp. 305-360

13) A. Barnea, R.A. Haugen and L.W. Senbet (1981), "Market imperfections, agency problems and capital structure," *Financial Management*, 10.3 Summer, 7-22

[그림 10-7] 대리인비용과 최적자본구조

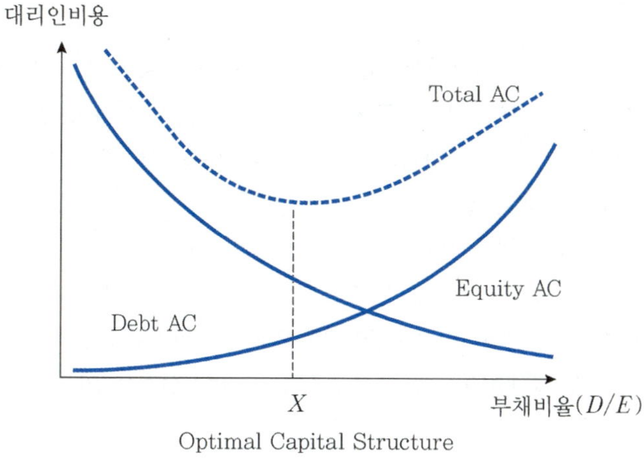

지나치게 과도하게 책정되는 경우를 말한다. 대체로 100% 지분을 소유하고 있는 경영자보다는 일부 지분만을 소유하고 있는 경영자가 더 많이 소비하는 경향이 있기 때문에 이를 자기자본의 대리인비용(equity agency cost)으로 분류한다.

과대위험유인(risk incentive)과 과소투자유인(underinvestment incentive)은 부채의 대리인 비용(debt agency cost)으로 분류한다. 이는 부채를 많이 사용하는 기업의 경영자일수록 위험성 있는 투자안을 선호하는 경향이 있고, 수익성 있는 투자안이라도 포기하는 경향이 있음을 말한다. 또한 부채가 많은 기업의 소유경영자는 자산을 빼돌리려는 유인(milking the property)을 가지고 있는데, 이것도 역시 부채의 대리인 비용에 포함된다.

기업이 어떠한 투자안을 수행할 때 필요한 자금을 자기자본으로 조달하면 자기자본의 대리인비용이 발생하게 된다. 그리고 자기자본 대신 부채로 자금을 조달하면 부채의 대리인 비용이 발생하게 된다. 그런데 기업의 가치를 감소시키는 것은 이 두 가지 대리인비용의 합인 총대리인비용(total agency cost)이다. [그림 10-7]에서 보는 바와 같이 총 대리인비용이 최소가 되는 수준 X에서 부채를 조달하면 최적자본구조가 달성된다는 것을 알 수 있다.

6) 신호이론

현실적인 자본시장에서는 모든 투자자가 동일한 정보를 가지고 있지 않기 때문에 정보우월자와 정보열위자가 공존하는 정보비대칭(information asymmetry)이 존재한다. 특히 기업의 내부경영자와 외부의 투자자들 사이에는 기업에 대한 정보비대칭성이 존재할 수밖에 없다.

정보비대칭성을 전제로 Ross는 1977년 신호이론(signalling theory)을 주장하였다.[14] 좋은 투자안을 가진 기업은 정보가 부족한 투자자에게 이를 알려 기업의 가치를 더 높게 평가받고 싶을 것이다. Ross는 이러한 정보전달수단을 신호(signal)라고 했는데 부채비율, 즉 자본구조가 이러한 신호로 이용될 수 있다고 하였다.

좋은 투자안을 가진 기업은 투자안으로부터의 현금흐름으로 부채를 상환할 능력이 충분하므로 많은 부채를 사용할 수 있다. 그러나 부실한 기업이나 좋은 투자안이 없는 기업은 이처럼 부채를 많이 사용할 수 없다. 따라서 높은 부채비율은 정보비대칭 상황 하에서 높은 기업가치로 평가 받을 수 있는 신호가 된다는 주장이다.

7) 자금조달순위이론

Myers & Majluf(1983)는 정보비대칭 상황이 기업의 자금조달 순위에 영향을 미친다는 자본조달순위이론(pecking order theory)을 제시하였다.[15] 기업이 수익성이 좋은 투자안이 있을 경우 기업의 유보이익으로 투자안에 투자하는 내부자본조달을 가장 선호한다. 왜냐하면 내부자본조달을 해야지만 투자안에서 오는 수익이 기존주주들에게 돌아가기 때문이다. 만약 내부자본조달로 투자자금이 부족한 경우라도 수익을 외부주주에게 나누어주게 되는 신주발행보다는 부채를 선호할 것이고, 그래도 투자자금이 부족하다면 주식발행을 통하여 외부주주들로부터 자금을 조달하게 되는 것이다.

---

14) S. A. Ross (1977), "The determinansts of financial structure: The incentive-signalling approach," *The Bell Journal of Economics*; Spring, pp. 23-40.

15) S. C. Myers & N. C. Majluf (1984), "Corporate financing and investment decisions when firms have informations that investors do not have," *The Journal of Financial Ecomomics*, vol. 13. 2. pp. 13-22.

Myers & Majluf가 주장한 정보비대칭 하의 자본조달 순위를 정리해 보면, 우선적으로 내부자본조달을 가장 선호하고, 만약 외부조달이 필요한 경우 채권발행으로 시작하며, 다음으로 전환사채 같은 하이브리드 증권, 그리고 마지막으로 주식발행을 통하여 자금을 조달하게 된다는 주장이다.

정보비대칭으로 인한 자본구조의 결정요인을 보자. 정보비대칭(information asymmetry)이란 정보이용자에게 정보가 균형되게 제공되지 않는 상태를 의미한다. 이는 기업 환경에서 기업의 내부에 있는 경영자와 기업 외부에 있는 주주나 채권자 사이에 정보가 균형있게 제공되지 않는 상태 또는 환경을 말한다.

자본시장에서 경영자와 주주 및 채권자 사이에 정보비대칭이 있다고 가정해 보자. 어떤 기업의 경영자가 이익유보금이나 부채를 이용하여 새로운 투자안에 투자한다고 발표하면 그것이 그 투자안의 순현가나 기업의 미래 전망에 대하여 무엇을 의미하는지 외부의 투자자들은 짐작하기가 쉽지 않다.

그러나 신주를 발행하여 자금을 조달한다고 하면 그 사실로부터 기업의 속사정을 두 가지 정도로 추론하는 것이 가능해진다. 첫째, 그 기업은 순현가가 매우 큰 투자안에 투자하기 위해 자금이 필요한데 신주발행 이외에 적절한 조달수단이 없을 것이라는 점이다. 왜냐하면, 내부 유보자금이나 부채 등 다른 조달수단이 있다면 새 투자안의 성과를 현재의 주주들이 독식할 수 있는데 굳이 신주를 발행하여 새로운 주주들과 함께 그 성과를 나누어 가질 필요가 없다. 둘째, 현재의 주가가 과대평가되어 있기 때문에 신주를 발행하여 투자안에 투자하려고 하는 것으로 추론할 수 있다. 그 이유로서 현재의 주가가 과대평가되어 있지 않은 이상 신주발행은 이해할 수 없는 것이기 때문이다.

따라서 그 어느 경우에나 신주발행은 자본시장애서 바람직하지 못한 뉴스로 받아들일 수밖에 없는데 실제로 주식시장에서 신주발행 소식이 들리면 주가는 평균적으로 떨어진다. 그러므로 신주발행이라는 자본조달 방법은 경영자로서는 가능하면 피하고 싶은 마지막 자본조달 수단이 된다.

순위이론은 연역적으로 기업이 어떠한 자금을 먼저 선호해야 한다거나 또는 부채-자기자본의 최적구성을 목표로 하는 이론이 아니다. 이 이론은 성숙단계에 있는 기업들의 자본조달 행태를 설명해 주는 논리이다. 즉 성숙단계에 있고 내부 잉여금이 많이 유보된 기업은 투자자금 조달을 위해서 자본조달 금리가 저렴한 부채를 제1순위로 조달하기보다는 내부유보자금을 제1순위로 조달한다. 사실 기업의 행태를 보면 이익이 많이 나는 기업은 부채를 덜 사용한다.

모든 기업이 다 순위이론에 의해 자본을 조달하는 것은 아니다. 예를 들면,

벤처기업이나 창업초기단계 기업 또는 만성적 자금 부족에 직면하고 있는 고성장 기업은 유보자금이 없고 또한 부채조달의 어려움 및 한도소진으로 주식을 발행할 수밖에 없을 것이다. 이러한 기업들은 내부자금이 적어 더 많이 차입하거나 또는 보통주를 발행할 수밖에 없다. 이러한 기업들의 자본조달행태는 순위이론으로 설명이 안 된다.

8) 최적자본구조와 목표부채비율

기업의 가치를 최대로 만들어 주는 자본구조를 최적자본구조(optimal capital structure)라고 하는데 학계 또는 실무계에서 오랫동안 최적자본구조가 존재한다고 믿고 이것을 찾으려고 노력해 왔다. 자본구조의 선택의 목적이 기업가치의 극대화에 있다면 이것은 자본비용을 최소화시킴으로써 달성될 수 있다. 자본구조의 변동에 따른 자기자본비용과 부채자본비용을 알 수 있다면 최적자본구조를 측정할 수 있다.

이론적으로 최적자본구조는 장기적으로 추구해야 할 목표로 보인다. 그러나 현실적으로 최적자본구조를 찾기는 매우 어렵다. 비록 경영자와 CFO가 본인의 회사에 맞는 최적자본구조를 발견했다 하더라도 이 구조 역시 기업환경변화에 따라 늘 바뀌므로 거기에 맞춰 의사결정을 할 수가 없다. 그 대신 경영자들은 기업환경변화, 경쟁기업의 자본구조 그리고 금융기관의 권고 및 규제기관의 규정에 의해 장기적으로 추구해야 할 자본구조를 염두에 두고 있다. 이를 목표자본구조라 한다. 예를 들면, 목표부채비율 100%이면 경영자들은 이 비율을 의식하면서 단기적으로는 그때그때 시장상황, 자금의 확보가능성에 따라 100% 차입이나 100% 유상증자를 결정한다. 즉 단기적으로는 반드시 목표자본구조를 추구하지 않고 또한 그럴 필요도 없다. 최적자본구조가 기업가치를 극대화시키거나 또는 기업 요구수익률을 최소화시켜 주는 자본구조이므로 이와 유사한 목표자본구조를 유지하는 것은 매우 중요하다. 이와 같이 목표자본구조를 유지할 경우 새로운 자본을 조달할 때 목표자본구조를 유지시켜 줄 수 있도록 새로운 자기자본과 타인자본의 규모를 결정해야 한다.

자본구조는 기업마다 또 시기마다 너무나 많은 편차를 보이므로 어느 자본구조가 최적이라거나 목표라고 말할 수 없다. 다만, 귀납적으로 기업들이 현재 유지하고 있는 자본구조에서 몇 가지 특징을 발견할 수는 있다. 예를 들면, 삼성전자와 같이 거액의 순이익이 매년 누적되는 초우량기업에서는 부채를 거의 사용하지 않는다. 산업적 특성을 보면, 항공산업이나 전력사업 관련기업들은 부채를 많이 쓰고, 제약업이나 컴퓨터소프트산업 관련기업들은 부채를 덜 쓰는 편이다. 마지막으로, 대규모 신규사업투자나 M&A와 같이 거액을 투자한 기업들은 일시적으로 추세적 평균부채비용보다 훨씬 높은 부채비율을 보인다.

제 3 절 자본구조관리

1) 자본조달분기점 분석

자본조달계획의 목적은 기업가치를 극대화시키는 방향으로 자본구조를 선택하는 것이다. 그러나 적정자본구조의 선택에는 여러 가지 요인들이 영향을 미치는 반면, 이들 요인들이 기업가치에 미치는 영향을 정확히 측정하는 것은 거의 불가능하다. 그러므로 재무관리자들은 주로 실행가능한 자본조달계획안들을 실행했을 경우 그 결과가 주주의 부에 미치는 영향을 추정하는 방법으로 자본구조가 기업의 수익과 위험에 미치는 영향을 간접적으로 살피게 된다.

대체가능한 자본구조안(alternative capital structure)의 수익성을 비교하기 위한 하나의 수단이 자본조달분기점분석(financial break-even point analysis) 또는 EBIT−EPS 분석이다. 이 분석방법은 일정한 영업이익(Earnings before interest and taxes: EBIT)의 범위 내에서 자본조달계획안이 주당이익(earning per share: EPS)에 미치는 효과를 검토함으로써 대체가능한 자본조달계획안을 평가하는 실용적인 기법이다. 이 기법의 주된 목적은 가능한 영업이익수준에서 가장 높은 주당이익을 제공하는 자본구조를 결정하는 것이다.

주당이익은 영업이익에서 이자 및 세금을 차감한 순이익에서 우선주 배당금을 차감한 값을 발행주식수로 나눈 값이므로 다음과 같이 나타낸다.

$$EPS = \frac{(EBIT - I)(1 - T) - P}{N} \tag{10-12}$$

여기서, EPS: 보통주 주당 순이익

$EBIT$: 영업이익(이자 및 세전이익)

I: 이자지급액, P: 우선주 주당 배당금
T: 법인세율, N: 보통주 발행주식수

자본조달분기점은 자본구조에 관계없이 동일한 주당이익을 가져다주는 영업이익 수준이다. 자본조달분기점(무차별점)을 초과하는 영업이익수준에서는 레버리지가 높은 자본조달계획안일수록 더 높은 주당이익을 나타내고, 자본조달분기점보다 낮은 영업이익 수준에서는 레버리지가 낮은 자본조달계획안이 더 높은 주당이익을 나타낸다. 자본조달분기점은 다음 식에서 EBIT*를 구함으로써 결정된다.

$$\frac{\text{순이익} - \text{우선주 배당금}}{\text{주식수}} = \frac{(\text{영업이익} - \text{이자})(1 - \text{세율}) - \text{우선주 배당금}}{\text{주식수}}$$

또는

$$\frac{(EBIT^* - I_1)(1 - T) - P_1}{N_1} = \frac{(EBIT^* - I_2)(1 - T) - P_2}{N_2} \qquad (10\text{–}13)$$

여기서, $EBIT^*$: 자본조달분기점에서의 영업이익
I_1, I_2: 자본조달계획 1, 2의 이자지급액
P_1, P_2: 자본조달계획 1, 2의 우선주 배당액
N_1, N_2: 자본조달계획 1, 2의 보통주 발행주식수

| 예제 10-3 | 자본조달방법과 EBIT-EPS 계산

하나산업(주)의 현재 자본구조는 시장가격이 6,000원인 보통주 10,000주와 액면이자율이 6%인 2천만원의 사채로 구성되어 있다. 회사는 3천만원의 확장계획을 고려 중인데, 회사는 다음과 같이 자금조달을 할 수 있다.

①안: 주당 6,000원으로 모두 보통주로 조달,
②안: 8% 이자율의 사채로 모두 조달,
③안: 반은 주당 6,000원의 보통주로, 반은 8% 사채로 조달

(1) 확장계획 후 5백만원의 EBIT 수준을 가정할 때, 자금조달의 방법 각각에 대해 주당순이익을 계산하라. 25%의 법인세를 가정하라.
(2) EBIT－EPS도표를 작성하라. 대체안들 사이의 무차별점(분기점)은 얼마인가? 분기점의 의미를 설명하라.

풀이 (1)

	① 모두 보통주	② 모두 사채	③ 보통주 반+사채 반
EBIT	5,000,000	5,000,000	5,000,000
이자	1,200,000	3,600,000	2,400,000
세금전이익	3,800,000	1,400,000	2,600,000

세금	950,000	350,000	650,000
순이익	2,850,000	1,050,000	1,950,000
주식수	15,000	10,000	12,500
EPS	190	105	156

(2) 계산시 주의할 점은 기존의 사채이자 1,200,000원을 포함시키는 것이다. EBIT−EPS도표에서 수평축(x축)에는 EBIT, 수직축(y축)에는 EPS값을 지정한다. 각각의 자금조달방법에서 EPS를 같게 하는 EBIT를 계산해야 한다. 여기서는 이를 EBIT*로 표시하였다.

① 모두 보통주에 의한 방법과 모두 사채에 의한 자금조달 방법을 비교하면 다음과 같다

$$\frac{(EBIT^{*}-1,200,000)(0.75)}{15,000}=\frac{(EBIT^{*}-3,600,000)(0.75)}{10,000}$$

$$\therefore\ EBIT^{*}=8,400,000\text{원, 이때 } EPS=360\text{원}$$

8,400,000원 이상에서는 사채가 유리하고, 그 이하에서는 보통주가 유리하다.

② 모두 보통주를 보통주 반+사채 반과 비교하면 다음과 같다.

$$\frac{(EBIT^{*}-1,200,000)(0.75)}{15,000}=\frac{(EBIT^{*}-2,400,000)(0.75)}{12,500}$$

$$\therefore\ EBIT^{*}=840,000\text{원, 이때 } EPS=360\text{원}$$

840,000원 이상에서는 보통주 반+사채 반의 조달 안이 유리하고, 그 이하에서는 모두 보통주가 유리하다

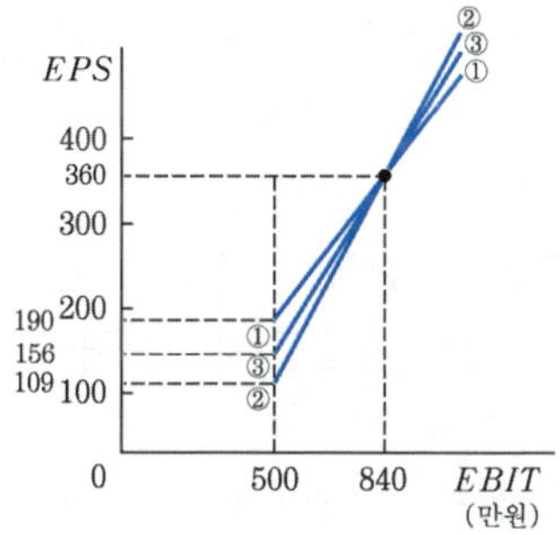

2) 자본구조정책에 영향을 미치는 요인

개별기업들이 자본구조정책을 수립하기 위하여 고려해야 할 주요 요인은 다음과 같다.

(1) 부채부담능력, (2) 자산의 현금화에 의한 부채상환능력, (3) 세금감세효과의 활용능력, (4) 자본시장접근의 용이성, (5) 증권의 발행비용

이들 요인을 설명하면 다음과 같다.

(1) 부채부담능력 기업은 부채조달에 따른 이자지급과 원금상환의무를 위해 필요한 현금흐름을 충분히 창출할 수 없는 경우가 예상된다면 결코 부채에 의해 추가자본을 조달하지 않아야 한다. 부채부담능력을 측정할 이 비율들이 최소한 1배(=100%) 이상이어야 부채부담능력이 있다고 판단된다. 그 척도로서 이자보상비율(TIE), 고정금융비용보상률, 그리고 부채부담능력비율이 있다.

① 이자보상비율=이자 및 세전이익/지급이자

② 고정금융비용보상률=(이자 및 세전이익+기타금융비용)/(지급이자+기타금융비용)

③ 부채부담능력비율=(이자 및 세전이익+기타금융비용)/{지급이자+기타금융비용+원금상환액/(1-세율)}

(2) 자산의 현금화에 의한 부채상환능력 유사시 기업 자산의 현금화가 쉬울수록 보다 높은 부채비율을 유지할 수 있다.

(3) 세금감세효과의 활용능력 부채를 이용하는 이점(benefit)의 하나는 이자지급의 세금감세효과(tax shield effect)이다. 따라서 법인세를 내지 않는 기업은 부채에 의한 추가 자금 조달의 이점(benefit)이 줄어든다. 세금감세효과를 충분히 얻을 수 없는 기업의 경우에는 부채에 의한 추가 자본조달은 오히려 파산비용을 증대시키고 주주에게 손실을 끼치게 될 수 있다.

(4) 자본시장접근의 용이성 양호한 신용상태를 유지함으로써 보다 쉽게 자본시장에 접근할 수 있는 기업일수록 부채에 의한 대규모자본을 조달이 가능하다.

(5) 증권의 발행비용 증권발행시 한 번의 대규모 발행은 여러 번에 걸친 소규모 발행보다 발행비용이 적게 되므로 상대적으로 적은 규모의 자본조달은 차입에 의존하는 것이 유리하다. 채권이나 주식 발행에 의한 자본조달의 경우 증권발행비용은 일반적으로 부채가 가장 싸고, 보통주가 가장 비싸다. 증권발행비용 측면에서 보면, 보통주보다는 부채에 의해 자본을 조달하려는 경향이 있다.

Financial Management

문제풀이

≪객관식 문제≫

1. 기업이 자본구조를 선택할 때 의사결정의 목표는 무엇이어야 하는가?
   ① 현재의 주가를 극대화한다.
   ② 기업의 가치를 업계 최고 수준으로 한다.
   ③ 기업의 WACC를 적정하게 유지하도록 한다.
   ④ 법인세 절약효과를 극대화한다.

2. 기업가치 평가에 대한 설명으로 잘못된 것은?
   ① MM의 자본구조이론에서 순이익접근법은 부채비율에 관계없이 자기자본비용이 일정하며 부채에 대한 이자율도 일정하다고 가정한다.
   ② MM의 자본구조이론에서 순영업이익접근법에서 부채비율이 증가하더라도 기업의 총자본비용이 일정한 것으로 가정하고 있는 것은 기업의 경영 위험이 부채비율과 무관하다는 사실을 반영하고 있는 것이다.
   ③ 전통적 접근법은 자본구조가 기업가치에 영향을 미치며 따라서 기업가치를 극대화하는 자본구조가 존재한다고 주장한다.
   ④ 순이익접근법에 의하면 부채비율이 증가하면 재무위험의 증가 때문에 평균자본비용이 증가한다.

3. 전통적 자본구조이론에서 레버리지 증가가 미치는 영향을 바르게 설명한 것은?
   ① 부채의 자본비용이 일정하다.
   ② WACC가 U형의 모습을 갖는다.
   ③ 자기자본비용이 일정하다.
   ④ 총자본비용이 계속 증가한다.

4. 이자의 법인세 절약효과에 대한 설명으로 올바른 것은?
   ① 부채의 시장가치는 부채의 법인세 절약효과만큼 증가한다.
   ② 법인세율이 높을수록 이자의 법인세 절약효과는 증가한다.
   ③ 매년 부채 사용액에 법인세율을 곱하여 얻어진 금액만큼 법인세 절약효과가 발생한다.
   ④ 이표이율에 법인세율을 곱하여 얻어진 금액만큼 법인세 절약효과가 발생한다.

5. 자본조달순위이론에서 유리한 투자기회를 갖고 있는 기업이 선호하는 자본조달 원

천의 우선순위를 적절하게 나열한 것은?
① 부채 – 신주발행 – 유보이익
② 부채 – 유보이익 – 신주발행
③ 유보이익 – 부채 – 신주발행
④ 신주발행 – 부채 – 유보이익

6. 다음 요인들 중에서 기업에게 부채사용을 억제하도록 유인하는 요인은?
① 채권자의 감시비용의 존재
② 경영자와 주주 사이의 정보비대칭
③ 부채의 법인세 절약효과
④ 개인과 기업의 차입이자율의 차이

7. 전혀 부채를 사용하지 않는 기업의 납세 전 영업이익이 8,000만원이다. 이 회사의 자기자본비용이 10%이고 법인세율이 25%라면 이 회사의 기업가치는 어떻게 평가되는가?
① 2억원 ② 4억원 ③ 6억원 ④ 8억원

8. 파산비용에 대한 설명으로 옳은 것은?
① 파산이 확정된 후에도 기업자산에 대한 지배권은 기존 주주가 갖는다.
② 기업이 파산상태에 빠질 경우 채권자들은 자신의 채권의 일부만을 변제 받게 될 수도 있다.
③ 기업의 파산가능성이 증가할수록 자기자본 조달액은 증가한다.
④ 기업자산 가치가 부채의 가치보다 낮아지면 기업은 곧바로 파산하게 된다.

9. 다음 중 바르게 설명한 것은?
① 주식에 의한 자본조달(유상증자)은 부채보다 자본비용이 높다.
② 부채 발행으로 인한 법인세 절약효과는 부채 발행을 최대로 할 필요가 있음을 합리화시킨다.
③ 재무위험은 과도하게 많은 부채를 사용함으로써 파산가능성이 증가할 때 주주들이 부담하는 위험이다.
④ 재무적 곤경(financial stress)의 비용이 존재하기 때문에 부채조달의 매력이 증가한다.

10. 전통적 자본구조이론, MM의 자본구조이론, 정보비대칭이론, 자본조달순위이론에 관한 설명 중 틀린 것은?
① 신주발행 공시(유상증자)는 기업의 미래 현금흐름에 대한 불리한 신호로 작용한다.
② 자본조달순위이론에 의하면 가장 1차적인 자본조달수단은 차입이다.
③ MM의 자본조달이론의 의의는 기업가치는 자본조달방법보다는 자산가치에 의

존함을 보여준다.
④ 경영자와 주주 사이의 정보비대칭 환경조건에서 최적자본구조가 존재한다.

11. [2002년 CPA 1차 유사문제] 자본구조와 기업가치의 무관련성을 주장한 Miller와 Modigliani는 시장 불완전요인 중 법인세를 고려할 경우 기업가치는 레버리지(leverage)에 따라 변화한다고 수정하였다. 만일 부채를 사용하고 있지 않은 어떤 기업이 위험의 변화 없이 8%의 금리로 100억원을 영구히 차입하여 자기자본을 대체한다면 Miller와 Modigliani의 수정 명제에 따라 이 기업의 가치는 얼마나 변화하게 될까? 단, 법인세율은 40%, 주주의 요구수익률은 10%이다.

① 40억원 증가　　② 10억원 증가
③ 30억원 감소　　④ 70억원 감소

12. [2003년 CPA 1차 유사문제] 갑을기업의 전년도 자기자본순이익률(ROE)은 6%로 업계 평균 10%에 비해 상대적으로 저조하다. 내부 검토결과, 매출액순이익률(profit margin)은 1%, 총자산회전율은 2.0으로 업계 평균과 비슷한 것으로 나타나 이 부분에서의 개선보다는 자본구조의 변경을 통해 현재 자기자본순이익률을 업계 평균 수준으로 끌어 올리려고 한다. 이 목표를 달성하기 위한 갑을기업의 적정 부채비율은 얼마인가?

① 200%　　② 300%　　③ 400%　　④ 500%

13. [2005년 CPA 1차 유사문제] 여러 가지 자본구조이론에 대한 다음의 설명 중 가장 옳지 않은 것은?

① Modigliani & Miller(1958)에 의하면 레버리지와 기업가치는 무관하고, 자기자본가치를 먼저 구한 후 이것과 부채가치를 합쳐 기업가치를 구한다.
② Modigliani & Miller(1963)에서는 레버리지가 많을수록 기업가치는 상승하는데, 이는 순이익접근법의 결과와 동일하다.
③ Modigliani & Miller(1963)에서는 다른 조건이 일정하다면, 법인세율이 상승할수록 기업가치와 가중평균자본비용은 하락하지만 자기자본비용은 변함이 없다.
④ Miller(1977)는 개인수준의 이자소득세 때문에 레버리지 이득이 감소된다고 하였다.

≪주관식≫

★1. [자본조달수단과 기업가치] (주)이테크는 1,000,000원의 이자 및 세금 차감 전 이익(EBIT)을 갖고 있다. 현재 이 회사는 100% 자기자본구조이다. 회사는 주식을 재매입하기 위해서 15%의 이자를 갖는 3,000,000원의 영구부채 발행을 계획 중이다. 이에 따라서 회사의 자본구조는 바뀌게 된다. 어떠한 개인세도 없다고 가정하라.

(1) 만약 법인세율이 25%이고, 회사가 100% 자기자본구조 그대로 남아있다면 순이익은 얼마인가? 또한 주식재매입결과 자기자본비중이 70%일 때 얼마인가?

(2) 부채의 세금효과의 현재가치는 얼마인가?

(3) 회사가 100%자기자본구조를 유지하는 동안에 주식에 대한 자기자본비용이 20%이라면 기업의 가치는 얼마인가? 만약 부채조달로 주식을 재매입한 자본구조가 되면 그것은 얼마인가?

★2. 부채와 자기자본으로 자본을 조달하는 (주)대영의 영업이익(EBIT)이 8,000,000원이고 부채를 사용하지 않는 경우의 자기자본비용(k_e^u)은 12.5%이다. 세후부채비용(k_d)이 9%, 세율이 25%이고 부채의 시장가격은 40,000,000원이다. MM의 자본구조이론에 따르면 이 회사의 가치와 자기자본비용(k_e)은 얼마인가?

3. (주)이테크는 부채를 사용하지 않는 기업으로 매년 200백만원씩의 영업이익이 영구히 기대된다. 법인세는 40%이고 기업의 시장가치는 1,200백만원이다. 현재 B사의 경영자는 여러 가지 부채자본의 사용을 고려하고 있는데 부채에 의해 조달된 자본은 회사주식을 회수하기 위하여 사용되므로 기업의 가치는 변하지 않는다.

이자비용은 세금공제 대상이 되므로 부채가 증가할수록 회사의 가치는 증가하는 경향이 있지만 파산위험의 발생으로 상쇄된다. B사의 재무관리자는 미래파산비용의 현재가치를 800백만원으로 추정하고, 파산위험 발생가능성은 다음과 같이 레버리지 증가에 따라 증가한다.

(1) 현시점에서 B사의 자기자본비용과 WACC는 얼마인가?

(2) 세금효과를 고려한 MM의 수정이론에서 부채자본의 최적수준은 얼마인가?

(3) 파산비용을 고려할 때 최적자본구조는 어떻게 변화되는가?

부채수준(백만원)	파산위험의 가능성(%)
250	0.00
500	1.25
750	2.50
1,000	6.25
1,250	12.50
1,500	31.25
2,000	75.00

4. (주)대영과 (주)이테크는 자본구조를 제외한 다른 조건은 동일하다. (주)대영은 총자본 중에서 50%의 타인자본과 50%의 자기자본을 가지는 반면, Z사는 20%의 타인자본과 80%의 자기자본을 가지고 있다. 두 회사 모두 타인자본비용은 5%이다. 세금은 존재하지 않는 완전자본시장이라 가정하고 문제를 푼다.

(1) (주)대영의 작년 순영업이익은 40백만원이고, 가중평균자본비용(k_w)이 10%일 때 (주)대영의 주식을 1% 소유하고 있는 투자자의 순이익은 얼마인가? 또 자기자본의 요구수익률은 얼마인가?

(2) (주)이테크와 (주)대영의 순영업이익과 같이 40백만원으로 같다면, (주)이테크의 자기자본 요구수익률은 얼마인가? 부채사용 정도에 따라 자기자본순이익률에 차이가 나는 다른 이유는 무엇인가?

5. C사와 D사는 C사가 자기자본에만 의존하는 반면, D사는 이자율 8%에 6,000천원의 부채를 사용하고 있다는 점 이외에는 거의 유사하다. 두 회사 모두 2,000천원의 순영업이익(EBIT)을 나타내고 법인세율은 25%의 적용을 받는다. C사의 자기자본비용은 12%이다. MM에 의하면 이러한 조건 아래서 각 기업의 가치는 얼마로 추정되는가? 그리고 D사의 자기자본비용과 기업가치는 얼마인가?

6. [2005 CPA 2차 유사문제] 한별소프트(주)는 자기자본만으로 자금을 조달하여 운영하는 회사인데 매년 2억원의 기대영업이익이 영구적으로 예상되며 현재 자기자본비용은 15%이다. 이 회사는 자본구조를 바꾸기 위하여 8억원의 부채를 10%의 이자율로 조달하여 주식의 일부를 재매입하고자 한다. 부채 만기 후 부채는 동일한 조건으로 재조달할 수 있다고 가정한다. 법인세율은 25%이며 법인세가 존재하는 것 이외에 자본시장은 완전하다고 가정한다.

(1) 자본구조 변경 후의 기업가치는 얼마인가?

(2) 자본구조 변경 후 이 기업의 자기자본비용과 가중평균자본비용을 각각 구하라(퍼센트 기준으로 반올림하여 소수점 첫째자리까지만 표시한다).

(3) 만약 기업의 부채비율을 400%로 조정하고자 한다면 지문에서 제시된 8억원 대신 얼마의 부채를 조달하여 주식의 일부를 재매입해야 하는가? 부채의 조달조건은 금액에 관계없이 동일하다고 가정하라.

7. [최적자본구조와 부채규모] 배제산업(주)은 1,000백만원의 자기자본을 갖고 있으며, 언제나 이 장부가격을 유지하고 있다. 현재 주식수는 1,000,000주로 1주당 가격은 액면가격은 1,000원이다. 배제산업(주)는 현재 50%의 한계세율을 가지고 있고 이자와 세금공제 전 이익(EBIT)을 매년 250백만원 벌어들인다. 이 회사는 주식을 회수하기 위하여 부채 자본조달을 계획 중이다. 다양한 부채수준에서 부채비용과 주식가격은 아래에 주어졌다. 현재가격으로 주식을 매입함으로써 자기자본과 타인자본으로 구성된 자본구조가 달라진다.

다음 표는 다양한 부채조달금액 수준에서 평균부채비용(=이자율)과 주식가격이다.

부채조달금액(백만원)	평균부채비용(%)	주식가격(시가)
0	-	1,000원
100	10.0	1,050원
200	10.0	1,080원
300	10.5	1,100원
400	11.0	1,115원

500	12.0	1,050원
600	14.0	950원

(1) 부채조달금액수준과 주식가격을 대비해 볼 때 최적자본구조는 어느 정도의 부채수준에서 이루어지는가?
(2) 위의 자료를 기초로 해서 자기자본비용(k_e), 세후부채자본비용(k_i), 그리고 평균자본비용(k_o)를 계산하라.
(3) 자신있게 당신의 결론을 내릴 수 있는가?

★**8.** 새로운 투자계획에 필요한 소요자금 1,200백만원을 조달하기 위한 방법으로 다음 세 가지 안을 검토중이다. 제1안은 주당 12,000원에 보통주 발행을 통하여 조달하는 방안, 제2안은 소요자금의 1/2은 주당 12,000원에 보통주 발행에 의해 조달하고 나머지 1/2은 이자율 연 14%의 장기부채에 의해 조달하는 방안, 제3안은 소요자금의 1/2은 연 14%의 장기부채에 의해 조달하고 나머지는 배당률 10%인 우선주 발행에 의해 조달하는 방안이다. 투자안으로부터 기대되는 이자 및 세전이익(EBIT)은 2,000백만원이고, 기존의 이자비용은 198백만원, 기존의 우선주에 대한 배당금은 40백만원이다. 그리고 보통주의 발행주식수는 800,000주이고 법인세율은 50%이다.
(1) 영업이익이 1,000백만원 증가할 경우 자본조달방법에 따른 EPS를 구하시오.
(2) 자본분기점(EBIT－EPS break point)을 구하시오.

9. [부채조달과 EPS변화] 태진철강(주)은 현재 다음과 같은 장기자본구조를 갖고 있다.

부채와 자기자본	금 액(백만원)	세금 전 평균자본비용(%)
부채	80	9.50
우선주	10	8.00
보통주(1,000주)	50	
유보이익	65	
	160	

이자와 세금 전 이익(EBIT)은 현재 16백만원이다. 그러나 회사의 수익은 유동적이다.

회사는 수요가 증가함에 따라 20백만원의 공장확장계획은 준비 중이다. 회사는 확장계획이 착수되면 가까운 장래에 발생할 EBIT 수준과 그 확률은 다음과 같이 예상한다.

EBIT(백만원)	17	19	21
일어날 확률(%)	20	50	30

태진철강(주)의 회사채는 현재 사채등급에서 A를 판정받고 있으며, 법인세율은 50%이다. 확장계획에 대한 자본조달을 위해 보통주를 발행할 경우 신규 발행주식

은 600주, 주당 33,333.33원으로 발행할 수 있다. 만약 부채로 자금조달을 한다면, 회사의 사채 등급은 Baa로 떨어지며, 새로운 부채에 대한 이자율은 10.5%로 상승할 것이다.

(1) 현재 주당순이익은 얼마인가?

(2) 확장계획을 위한 자금조달 수단으로 보통주를 사용할 경우 여러 가지 가능한 EBIT 수준에서 주당순이익은 얼마인가?

(3) 만약 부채를 사용한다면, 주당순이익은 얼마인가?

(4) 당신은 어떤 자금조달 방법을 권하겠는가? 적절한 정보가 있는가? 부채를 이용하는 것은 기존의 부채와 주식의 가치에 어떤 영향을 미치는가?

10. [2003년 CPA 2차 유사문제] 신설법인인 삼환기업은 유아완구업에 투자할 예정이다. 삼환기업이 부채를 조달하지 않고 투자하면 자본비용이 20%가 된다. 삼환기업은 최대한 부채를 사용하려 하지만 정부의 정책에 적극 부응하기 위해 시장가격으로 환산한 부채비율(=부채/자기자본)을 100%로 맞출 예정이다. 이 경우 주주와 채권자에게 귀속되는 현금흐름은 이자비용으로 인한 법인세 절감효과를 포함하여 9억원씩 매년 무한히 발생할 것으로 기대된다. 부채에 대한 이자율이 10%이며 법인세율은 40%이다. 또한 무위험 수익률은 10%이다. MM의 명제가 성립함을 가정한다.

(1) 삼환기업의 현금흐름 9억원에 대한 할인율은 얼마인가?

(2) 삼환기업의 주주가 이 투자를 통해 얻게 되는 가치의 증가분은 10억원이다. 이 기업의 장부가격 기준 부채비율(=장부상 부채/장부상 자기자본)은 얼마인가?

제11장 배당정책

제 1 절 배당정책의 의의

배당금(dividends)은 기업이 벌어들인 순이익 중에서 재투자를 위해 사내에 유보하는 유보이익을 제외한 나머지를 주주들에게 당기의 성과금으로서 지급하는 금액이다. 배당금은 우리나라에서는 보통 1년에 1회 정기적으로 지급하는데 미국에서는 많은 기업들이 1년에 네 번 지급하고 있다. 배당정책의 핵심은 기업이 벌어들인 순이익 중에서 얼마를 재투자를 위해 유보하고, 주주들에게 얼마를 배당으로서 지불해야 하는지를 결정하는 것이다. 배당금을 순이익으로 나눈 것을 배당성향(dividend payout ratio)이라고 하는데, 배당정책은 사실 배당성향을 얼마로 해야 할 것이냐의 의사결정이다. 구체적으로 말하면, 기업의 가치를 극대화시키는 최적 배당정책을 결정하는 것이다.[1)]

배당정책은 다음과 같이 세 가지 점에서 중요성을 지닌다. 첫째, 배당정책은 투자자들의 기업에 대한 태도에 영향을 미친다. 따라서 기업은 배당정책 수립시 주주 등 기업 투자와 관련된 여러 이해관계자들의 입장을 고려해야 한다. 둘째, 배당정책은 기업의 투자결정에 영향을 미친다. 배당규모를 먼저 결정하는 경우 그에 따른 유보의 규모가 감소하여 기업이 투자하기를 원하는 곳에 투자를 포기할 수도 있게 된다. 반대로 유보의 규모가 너무 커서 순현가가 마이너스(−)인 투자안에 투자하는 경우도 발생한다. 셋째, 배당정책은 자본구조에 영향을 미치게 된다. 일반적으로 배당이 많이 지급되면 유보의 규모가 줄어들게 되고 새로운 주식과 채권발행 규모가 달라지므로 자본구조가 달라지게 된다.

1) 배당관련 재무용어를 정의하면 다음과 같다. 배당성향(또는 배당지급률) = 배당금/순이익, 배당률 = 배당금/액면금액, 배당수익률(또는 시가배당률) = 배당금/주가.

제 2 절 배당이론

배당이론에는 크게 세 가지 견해가 있다. 첫째는 배당무관론, 둘째는 저배당 선호설, 그리고 셋째는 고배당 선호설이다.

1) 배당무관론

(1) MM의 배당무관련론

밀러와 모딜리아니(M. Miller & F. Modigliani: MM)는 세금, 거래비용 등이 존재하지 않는 완전자본시장에서는 자본투자액이 정해진 경우 기업의 배당정책과 기업가치와는 아무런 관련이 없다고 주장한다.[2)] MM의 가정은 다음과 같다. ① 개인투자자의 세금과 거래비용이 없다. ② 완전자본시장의 가정. ③ 투자자들은 시장정보를 공유하며 배당지급시기에 대하여 동질적 기대를 갖고 있다. ④ 투자자금을 외부에서 조달할 수 있다.

MM에 의하면, 기업의 가치는 투자의 수익성에 의하여 결정되는 것이며 이익을 배당과 유보로 구분하는 것은 단순히 기술적인 문제이므로 배당정책과 기업의 가치는 무관하다는 것이다. 주어진 투자결정 아래서 배당지급 후 필요한 투자자금을 신주발행에 의해 조달한다면 배당지급은 신주발행이 있기 전의 주주인 기존주주(existing shareholders)의 부(wealth)에 영향을 미치지 못한다. 왜냐하면 배당지급이 있기 전 발행주식의 총가치는 배당지급 후에는 정확히 배당지급액만큼 감소하기 때문이다.

즉 1원의 필요한 자금을 조달하기 위한 신주의 발행은 보통주의 예상 자본이득을 정확히 1원 감소시킨다. 그러므로 주어진 투자결정 아래서 배당의 증가는 자본이득의 감소에 의해 정확히 상쇄된다는 것이다.

배당과 기업가치 무관론은 MM(Miller & Modigliani)이 1960년대 초에 주장한 이론인데 그들은 배당의 많고 적음은 기업의 주가와 관련이 없는 이유로서 다

---

2) Merton H. Miller and Franco Modigliani, "Dividend Policy, Growth, and the Valuation of Shares," *Journal of Business*(Oct. 1961), pp.411-433.

음 세 가지를 내세웠다.

첫째, 기업의 주가는 기업의 영업성과와 관련이 있을 뿐이지 일단 만들어진 기업성과, 즉 파이(pie)를 어떻게 배분하는지와 관련이 없다.

둘째, 주주들은 배당의 선호도에 따라 주식을 선호한다. 즉 주주들은 자신의 처한 처지에 따라 배당을 많이 주는 주식이나 또는 적은 주식을 선택한다. 따라서 주식에 대한 수요는 배당지급의 많고 적음에 관계없이 일정하다.

셋째, 주주들은 그들 스스로 홈메이드 배당(homemade dividend)을 창조한다. 즉 그들은 일정한 주식투자 수입을 유지하기 위하여 배당을 적게 주는 주식을 매도하고 대신 높은 매매차익을 제공해 주는 주식을 매수하고, 반대로 높은 배당을 제공하는 주식을 매입하기 위해 낮은 매매차익을 가져오는 주식을 매도하는 등 진실한 배당 또는 유사 배당 수입을 얻기 위해 노력한다.

예를 들어 어떤 기업의 새로운 투자안의 투자지출액이 1,000만원이고 투자안의 순현재가치가 2,000만원이라고 가정하자. 그리고 이 투자안에 투자가능한 사내유보자금이 1,000만원이다. 이 기업의 현재 주가가 주당 24,000원이고 발행주식수가 10,000주라고 하면 기업의 현재 총시장가치는 2억4천만원이 된다. 그러나 투자안 발표와 함께 기업가치는 2억6천만원(총시장가치 2억4천만원+순현재가치 2천만원)으로 증가하게 된다. 이 경우 만일 배당을 지급하지 않는다면 발행주식수가 10,000주이므로 주당가치는 26,000원(=2억6천만원/10,000주)이 된다.

그러나 만일 주당 1,000원의 배당을 하고 투자지출액 1,000만원을 모두 신주발행에 의해 조달한다면, 배당지급 후 주당가치는 배당 전 주가 26,000원에서 주당 배당금 1,000원을 차감한 25,000원이 된다.

신주발행에 의해 1,000만원을 조달하기 위해서는 주당 25,000원에 400주를 발행하게 된다. 그러므로 신주발행 후 총발행주식수는 10,400주가 되고 총시장가치는 2억6천만원(=25,000원×10,400주)이 된다. 이는 배당이 이루어지기 전의 총시장가치와 정확히 일치한다. 이와 같이 배당결정은 기업의 총가치 또는 주주의 부에 영향을 미치지 않는다.

(2) 홈메이드 배당(homemade dividend)

(주)정석기업은 내년에 주당 100원을 배당하고 2년 후에 주당 1,100원을 청산배당하여 사업을 종료한다고 공시하였다. 김대리는 (주)정석기업의 주식 10주를 보유한 주주이다. 그가 앞으로 2년간 매년 같은 금액을 배당으로 받으려 한다면,

어떤 재무적 조치를 취해야 하나? 현재 시중 이자율은 10%이다.

여기서 (주)정석기업의 현재가치, 즉 주가를 구하여 보자.

$$\text{(주)정석기업의 주가} = \frac{100}{1.1} + \frac{1,100}{1.1^2} = 1,000\text{원}$$

김대리가 매년 받아야 할 배당금은 현재 1,000원을 2년에 걸쳐 동일한 금액을 받는 연금과 같다. 따라서 연금의 현가 등식을 이용하면, 김대리가 받아야 하는 동일한 배당금은 주당 576.19원이다.

$$1,000 = \frac{D}{1.1} + \frac{D}{1.1^2}$$

$$\text{여기서 } D = 576.19\text{원}$$

그런데 1년째 배당금은 100원밖에 안 되므로 주당 476.19원의 현금이 필요하고 총액으로는 476.19원×10주=4,761.9원이다. 이 부족분 4,761.9원은 현재 주가가 1,000원이므로 4.7619주만큼 주식을 매각함으로써 확보할 수 있다.

종합하면 김대리는 1년 후 현금흐름 5,761.9(=576.19×10주)원은 배당금 1,000원+주식매도 4,761.9원으로 확보가능하다. 즉 김대리는 보유주식 10주 중 4.7619주를 처분해야 한다.

2년째 현금흐름은 보유주식 5.2381(=10−4.7619)주에 대하여, 1,100원의 배당을 받으면 된다.

2년째 김대리의 현금흐름=1,100원×5.2381 주=5,761.9원

| 예제 11-1 | 위의 예에서 김대리가 1년 후에 500원의 배당금을 확보하려면 어떤 재무적 행동을 해야 하나?

풀이 김대리는 현재 10주를 보유하고 있는데 (주)정석기업이 주당 100원을 배당하면 배당금 총액은 1,000원이다. 따라서 500원(=1,000−500)이 남는다. 이 남는 돈 500원으로서 1주당 1,000원의 주식을 사면 0.5주를 매입할 수 있다.

2년째 김대리의 보유주식수는 모두 10.5주이고 주당 1,100원의 배당을 받으면 배당금 총액은 11,550(=10.5주×1,100)원이 된다.

종합하면, 김대리는 1년 후 500원, 2년째에 11,550원의 배당을 받는다. 원래, 이 회사의 방침에 따라 배당을 받으면 1년 후 1,000(=10주×100)원, 2년째에 11,000(10주×1,100)원의 배당을 받는다.

어떻게 배당을 받던지 김대리의 재산가치는 10,000원으로 변함이 없다.

원래 회사의 배당정책 $\frac{1,000}{1.1}+\frac{11,000}{1.1^2}=10,000$원

1년째 500원 배당, 2년째 11,550원 배당 $\frac{500}{1.1}+\frac{11,550}{1.1^2}=10,000$원

2) 저배당 선호설

주주들이 주식을 거래하여 획득한 자본이득(capital gain)에 대해 내는 소득세율이 지급받은 배당금에 대한 소득세율보다 낮은 현실에서, 배당금 지급은 오히려 주주의 세금 납부의무만 증가시켜 투자가치를 감소시킨다. 그러므로 이 경우 최적 배당정책은 저배당 또는 무배당 정책이다.

이러한 저배당 선호설에 의하면, 일반적으로 자본이득은 배당소득에 비해 훨씬 낮은 세율로 과세되기 때문에 같은 세전소득이라도 납세 후 소득은 배당보다는 자본이득이 훨씬 유리하다. 따라서 유보이익에 의한 자본이득이 배당소득보다 선호된다는 것이다.

뿐만 아니라 기업입장에서 볼 때 유보이익에 의해 자금을 조달할 경우에는 신주발행에 수반되는 발행비용을 피할 수 있고, 자본이득에 대한 과세는 주식의 매각에 의해 자본이득이 실현될 때 부과되므로 배당과세에 비해 세금의 지급시기를 지연시키는 이점이 있다. 이와 같은 상황 아래서는 높은 배당을 주는 주식은 주가에 부의 영향을 미쳐 주가가 낮아질 가능성이 높다.

현실적으로 볼 때 배당소득은 자본이득에 비해 높은 세율로 과세되기 때문에 배당을 하지 않는 것이 주주가치를 높이는 것처럼 보인다. 그러나 아예 배당을 하지 않는 것이 언제나 유리할까? 꼭 그렇지는 않다. 기업이라는 법인과 개인이라는 주주의 관점에서 볼 때, 기업에서 언제나 이익을 유보하는 것이 주주를 위한 의사결정은 아니다. 그 이유는 법인세율이 주주개인소득세율보다 높기 때문이다. 기업의 법인세율이 주주개인소득세율보다 높은 한 배당을 했을 경우의 주주가치는 100% 유보했을 경우의 주주가치보다 높다.

예를 들어 (주)하나산업의 순이익이 10,000원이라고 하자. 그 당시 법인세율 33%, 주주개인소득세율 15%, 은행이자율이 10%라고 하자. 편의상 3년이라는 투자기간을 가정한다. (주)하나산업이 당기순이익을 처분할 수 있는 방법은 두 가지

이다. 첫째, 100% 유보하여 은행금리로 3년간 예치한 후 4년째 초에 주주에게 배당하는 방법과 둘째, 주주에게 모두 배당으로 지급, 주주가 개인소득세율에 의거 소득세를 납부한 후 은행에 3년간 정기예금한다고 가정하자. 3년이 경과한 후 4년째 각 방법에 의한 주주가치를 계산해 본다.

첫째 방법에 의한 주주가치(100%유보):
3년 후 세후 유보이익: $10{,}000 \times (1+0.067)^3 = 12{,}147.68$원
4년째 주주의 세후 배당금: $12{,}147.68 \times (1-0.15) = 10{,}324.95$원

둘째 방법에 의한 주주가치(100%배당):
세후 배당금: $10{,}000 \times (1-0.15) = 8{,}500$원
3년간 은행예치 후 세후 금액: $8{,}500 \times (1+0.085)^3 = 10{,}856.96$원

수식 예에서 확인된 바와 같이 둘째 방법으로서 현재 배당을 하는 것이 전혀 배당을 하지 않는 것보다는 주주에게 귀속되는 현금흐름의 크기가 더 크다. 그 이유는 근본적으로 법인세율과 개인소득세율의 차이에 기인한다.

우리나라의 경우 배당소득은 대주주의 경우 다른 소득과 합산하여 종합과세 대상이 되는 반면, 개인주주의 경우에는 원천징수된다. 그리고 개인주주의 경우 자본이득은 비과세 대상이다.

참고로, 현실적으로 기업이 저배당을 할 수밖에 없는 이유 중의 하나는 거액의 장기부채를 사용하고 있는 기업의 경우, 사채계약서상 배당제한 때문에 배당을 높게 지급할 수 없다. 이러한 기업들은 저배당정책을 유지할 수밖에 없다.

3) 고배당 선호설

기업이 고배당을 지급하는 이유는 먼저 투자자들은 미래불확실한 매매차액(capital gain)보다는 현재의 확실한 현금을 선호한다는 현금선호설로 설명될 수 있다. 현금선호설에 의하면, 손안에 든 새(a bird in the hand: 즉, 현금배당)가 덤불 속에 있는 새(two birds in the bush: 유보금)보다 낫다(better)는 격언으로 현금배당은 유보금이 가져올 미래의 매매차익보다 확실하다는 주장이다. 이 설은 투자자들이 배당을 선호하는 이유를 심리적인 면에서 설명하였다. 투자자들이 배당을 선호하는 이유는 불확실한 매매차익보다는 확실한 현금수입을 선호하고, 기업을 자

세히 판단할 수 없는 개인 투자자의 입장에서는 기업건전성 판단기준이 안정적인 배당지급이기 때문이다.

기업의 입장에서 배당을 꾸준히 지급하는 이유는 배당 지급이 외부로부터의 평판을 좋게 하고, 주주들의 감시와 압력을 피할 수 있으며 그리고 배당을 계속해 온 관습을 유지하려고 하기 때문이다.

또한 이론적으로 홈메이드 배당(home made dividend) 정책 하에서 저배당주식일 경우 이 주식을 처분하여 매매차익이 많은 주식을 매입, 마치 고배당 주식 보유와 같은 효과를 가질 수 있다고 하자. 그러나 현실적으로 주식매매에 따른 거래비용 발생과 매매차손 발생 가능성을 고려하면 홈메이드 배당이 반드시 가능한 건 아니다.

이런 현실적 이유 때문에 투자자들은 고배당 주식을 선호한다. 또한 개인 투자자의 주식 거래비용을 절약시켜주는 배당주 펀드의 목적자체가 고배당 주식을 선호하므로 고배당 선호설을 옹호하는 근거가 되기도 한다.

마지막으로, 배당에 대한 높은 세율에도 불구하고 전혀 이러한 세율에 영향을 받지 않고 고배당 주식을 선호하는 투자자 계층과 기관이 존재한다. 예를 들면, 연기금이나 신탁, 교회재단, 대학펀드 등은 면세투자자로서 배당금에 대한 세금에 대한 영향을 안 받는다. 또한 원금을 확보해 놓고 그 배당으로서 경상자금, 유영자금을 확보하려는 이들 기관투자자들은 고배당 주식을 선호할 수밖에 없다. 기업 또한 다른 기업에 대한 투자자로서, 주주로서 배당을 받게 된다. 이 경우 법인주주는 개인보다 훨씬 유리한 세금혜택을 받는다.3)

제 3 절 현실적인 배당행태

1) 배당의 정보효과

지금까지 배당과 기업가치와의 관계에 대해, 배당무관련성, 저배당 선호견해 그리고 고배당 견해에 대하여 검토하였다. MM의 배당무관련설은 자본구조 무관련

3) 미국의 경우 기업이 다른 기업의 주주로서 배당을 받게 되면 그 배당금의 70%가 세금감면(tax exclusion)된다.

설과 같은 논리로서, 순이익을 내부유보와 배당으로 어떻게 배분하든 기업가치의 파이는 변함이 없다는 이론이다. 주주들은 기업의 배당을 적게 또는 많이 함에 따라 스스로 배당을 창조(homemade dividend)하여 현금흐름의 크기를 일정하게 한다.

저배당선호 견해는 배당소득세가 자본이득세(capital gain tax)에 비해 훨씬 높은 현실에서 저배당이 주주의 실질소득을 높게 함으로서 그 정당성이 뒷받침된다. 또한 현실적으로 신주발행비용이 비싸므로 기업이 유보를 선호(저배당을 선호)하고 사채계약서상 배당제한규정 때문에 배당이 작아진다.

고배당선호 견해는 배당은 주주들의 미래에 대한 불확실성을 없애주므로 주주들은 고배당을 선호한다는 것이다. 또한 배당에 대한 높은 세율에 전혀 영향을 받지 않는 연 · 기금 등 면세투자자들은 고배당 주식을 특히 선호하고, 기업가 자신들이 다른 회사의 주주가 될 경우 세금면세 혜택이 있으므로 고배당 주식을 선호한다.

이러한 상반된 견해들은 나름대로 논리가 분명하므로 기업의 배당지급행위를 부분적으로 설명해 준다. 그러나 어느 한 견해가 절대적이거나 상대 견해를 압도하지는 못한다.

기업은 필요와 상황에 따라 탄력적으로 배당을 늘리거나 줄인다. 그렇다고 하더라도 이러한 기업의 배당지급행위는 어느 정도 주가와 기업가치를 의식하면서 이루어진다. 배당을 줄일 경우, 갑자기 줄이기보다는 점진적으로 줄이거나 그전에 이미 배당을 줄이게 될 것이라는 점을 여러 가지 경로로 신호를 보낸다. 반대로 배당을 늘리게 될 경우, 급격한 증가보다는 점진적 증가를 통해 주주로 하여금 과도한 기대를 주지 않고, 예측가능하게 기대를 갖도록 한다. 이와 같이 기업들은 배당을 늘리고 줄임에 대하여 어느 정도의 신호를 미리 주고 기대 가능한 범위 내에서 배당을 지급한다. 기업외부의 주주와 투자자들은 이러한 배당변화를 기업의 재무 및 영업상태에 대한 정보의 하나로서 이해하려 한다. 이를 배당의 정보효과라 한다.

배당의 정보효과(information content of dividend)에 의하면, 기업은 전기간 대비 배당감소에 대하여 신중할 수밖에 없다. 왜냐하면 이미 예고된 배당감소가 아니라 뜻밖의 전기간 대비 배당감소는 기업의 저조한 재무성과 때문이라는 의구심을 불러일으키고 미래에 부정적 견해를 가지게 하며 주가를 떨어지게 하기 때문이다.

그렇다고 정보효과가 반드시 고배당견해를 지지하는 건 아니다. 예측 밖의 고배당은 주주로 하여금 기업의 투자기회가 소진되어 고배당을 하였으므로 미래전망에 대해 비관적 견해를 갖게 하거나 1회성 이벤트(event)가 아닌가 하는 의구심

을 갖게 한다. 이러한 고배당이 반드시 주가에 긍정적인 영향을 끼친다는 보장도 없다.4)

2) MM의 고객효과

일반적으로 주식회사는 수많은 주주를 두고 있기 때문에 한 가지 배당정책을 가지고 모든 주주들의 기호를 맞추기 어렵다. 이런 경우에는 기업이 배당정책으로 주주들의 기호를 맞추려 하기 보다는 투자자들이 자기들의 필요에 따라 적합한 배당정책을 하는 기업을 선택할 수 있도록 기업들이 제각기 고유한 배당정책을 펴는 것이 유리하다. 기업이 고배당정책을 쓰던, 저배당정책을 쓰던 항상 일정한 배당정책을 쓰게 되면 투자자들은 자기들의 필요에 알맞은 배당정책을 구사하는 주식을 선택하려 투자할 것이다. 이처럼 투자자들의 필요에 염두에 두고 배당정책을 펴야 한다는 주장을 고객효과(clientele effects)라 한다.

MM은 배당정책의 변화에 수반되는 주가의 변화를 고객효과(clientele effect)에 의해 설명함으로써도 배당의 무관련론을 주장하였다. 증권시장에서는 배당성향이 다른 주식들이 동시에 거래되고 있으며 투자자들은 자신들의 기호에 따라 배당성향이 다른 주식들을 선호하게 된다. 자본이득을 선호하는 투자자는 배당성향이 낮은 기업의 주식을 선호하는 반면 배당소득에 의존하는 투자자는 배당성향이 높은 기업의 주식을 선택함으로써 배당소득에 대한 선호를 충족시킨다.

예를 들면, 대부분의 기관투자가들은 다른 법인 주주에 비해 상대적으로 높은 배당을 선호한다. 또 연금생활자와 같은 고령자가 지분을 많이 소유하고 있는 회사의 주식에는 높은 배당이 요구될 것이다. 한편 개인 대주주가 지배하고 있는 회사는 대주주 개인에 대한 높은 소득세율 때문에 낮은 배당을 선호할 것이다. 따라서 배당정책을 변경하는 경우에는 서로 다른 선호를 가진 주주들이 잠재적으로 존재하기 때문에, 거래비용의 부담을 무시하는 배당정책의 변경은 장기적으로는 의미를 잃게 된다. 그러므로 배당성향에 따른 수요와 공급이 일치하는 균형상태에서는 배당정책이 주가에 영향을 미치지 않는다는 것이 MM의 고객이론(clientele theory)이다.

---

4) 왜냐하면, 일시적인 고배당은 청산의 신호일 수 있고, 경영진의 불화 등을 일시적 우호그룹을 만들기 위한 1회성 이벤트로 비추어져서 불안정한 경영의 상태를 반영했다고 볼 수 있기 때문이다.

제 4 절 배당정책의 종류와 배당정책 결정시 고려해야 할 사항

1) 안정배당정책과 잔여배당정책

현실적으로 기업들은 배당을 어느 한 기간 끊기보다는 꾸준히 얼마라도 배당하는 경향을 보인다. 특히 오래된 기업, 성숙된 기업들은 더욱 그렇다. 고배당을 지급하는 회사라도 정기배당은 꾸준히 일정한데 비해, 특별배당은 그야말로 기간별로 매우 불규칙하게 변화한다. 실제로 고배당을 유지하기 위해 신주를 발행하는 경우는 매우 드물다.

일반적으로 기업의 배당정책은 정기적이고 안정적으로 배당을 지급하는 안정배당정책과 배당에서 신규투자에 필요한 자금을 우선적으로 유보하고 잔여현금흐름이 있는 경우 이를 배당으로 지급하는 잔여배당정책으로 크게 구분한다. 기업이 안정배당정책을 고수하는 이유는 배당의 안정성이 주주들의 신뢰를 높이고 기업에 대한 불확실성을 배제시키며 안정적인 배당선호 주주층을 확보할 수 있기 때문이다. 우리나라 기업들은 대개 이와 같은 배당정책을 고수해 왔다. 그것도 주당 배당금 개념이었지 배당성향 개념은 아니었다. 안정배당정책이라 하더라도 매 기간 똑같은 액수의 주당배당금이 지급되는 건 아니다. 계절별 매출액과 순이익의 변화가 크듯이 순이익도 분기별로 편차를 보일 수 있다. 일반적으로 연초보다 연말에 주당배당금이 더 큰 경향을 보인다. 장기추세적으로 안정적인 주당 배당증가 경향을 보인다면 이는 안정배당정책이라 말할 수 있다.[5)]

잔여배당정책에 의하면, 배당금은 투자정책과 자본조달정책에 따른 유보 수준에 따라 결정되는 한 일종의 잔여현금흐름(residual cashflow)의 성격을 갖는다. 잔여배당금이란 당기순이익 중에서 내부유보를 우선하여 적립하고 그 나머지로 지급한 배당금이다. 내부유보는 향후 신규 유형고정자산투자의 자본조달수단으로 이용된다. 따라서 배당금은 신규투자규모와 음(마이너스)의 관계를 보인다. 이러한 잔여배당금은 성격상 매 기간 불규칙하고 편차가 커질 수밖에 없다. 따라서 현실적으로 많이 이용되지는 않는다.

---

5) 안정배당정책은 주당배당금 기준이지 배당성향 기준은 아니다. 기간별로 순이익금액이 일정치 않으므로 일정배당성향에 의해 일정한 주당배당금이 산출되지 않는다.

〈표 11-1〉 순이익, 신규투자액, 유보금액, 그리고 배당금

	부채비율	신규투자규모	신규부채	순이익	유보금액	배당금
A기업	100%	2,000,000	1,000,000	2,500,000	1,000,000	1,500,000
B기업	50%	1,500,000	500,000	2,000,000	1,000,000	1,000,000
C기업	100%	2,000,000	1,000,000	1,000,000	1,000,000	0

다음의 예로서 신규투자액, 유보금액, 그리고 잔여배당금의 관계를 살펴보자. 신규투자에 필요한 자본조달은 철저하게 부채 : 자기자본의 비율로 개별 자본을 조달한다.

A기업은 부채비율이 100%이므로 신규투자액 2,000,000원을 신규부채액 : 유보금액 = 1,000,000 : 1,000,000의 비율로 조달한다. 따라서 배당금은 순이익 - 유보금액 = 2,500,000 - 1,000,000 = 1,500,000원이다. B기업은 부채비율이 50%이므로 신규투자액 1,500,000원을 신규부채액 : 유보금액 = 500,000 : 1,000,000의 비율로 조달한다. 따라서 배당금액은 순이익 - 유보금액 = 2,000,000 - 1,000,000 = 1,000,000원이다. C기업은 부채비율이 100%이므로 신규투자액 2,000,000원을 신규부채액 : 유보금액 = 1,000,000 : 1,000,000의 비율로 조달한다. 따라서 배당금은 순이익 - 유보금액 = 1,000,000 - 1,000,000 = 0원이다.

2) 배당정책 결정시 고려해야 할 사항

현실적으로 기업이 배당정책 결정시 고려해야 할 요소들에는 ① 현금유동성, ② 신주발행의 경우 신주발행비용, ③ 투자기회, ④ 유보자금 부족에 의한 신주발행시 경영지배권 유지, ⑤ 법적규제, 그리고 ⑥ 배당의 정보효과가 있다. 배당정책에 영향을 미치는 위의 요인들을 정리해 보면 [그림 11-1]과 같다.

① 현금유동성의 경우 유동성 부족은 배당지급능력을 약화시키다. 배당지급을 위해 충분한 현금이 확보되어야 하는 것이 필수적이지만, 차입을 해서라도 배당을 지급하는 회사도 있고, 또 무리하게 이런 방법을 강구하는 회사도 있다. 그러나 배당지급을 위해 유동성이 부족한 경우, 신규차입이나 신주발행은 그렇게 효율적이지 않다. 그 대신 유동성이 부족할 경우, 주식배당을 검토할 만하다.

② 신주발행비용의 경우 이 비용이 너무 높으면 신주발행보다는 유보에 의해 자본을 조달할 유인이 높아지고, 이는 곧 배당이 적어지는 결과를 초래한다. 그러

[그림 11-1] 배당정책 결정시 고려해야 할 사항

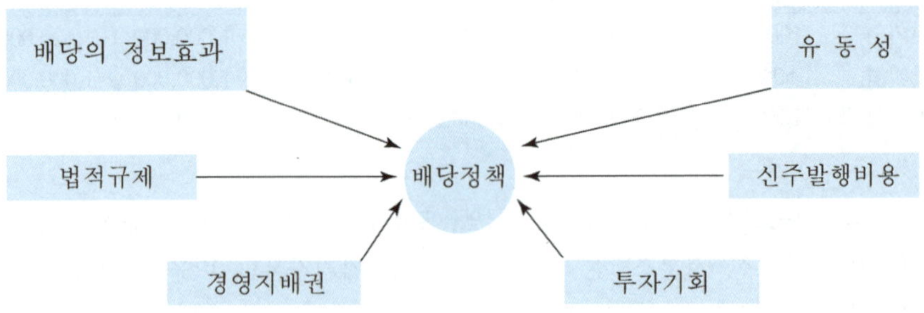

므로 대기업에 비해 발행비용이 높은 중소기업의 경우 일반적으로 배당성향(dividend payout ratio)이 낮은 경향이 있다.

③ 수익성이 높은 투자기회가 존재하는 경우 장래의 자금수요에 대비하여 유보이익을 확대시키게 된다. 따라서 수익성이 높은 투자기회가 존재하는 경우 배당 지급이 억제된다.

④ 배당정책은 경영지배권의 유지와 관련된다. 경영지배권이 주요한 고려대상이 되는 경우에는 배당보다 유보이익이 선호된다. 유보이익에 의해 자기자본을 조달하는 경우에는 기존주주의 지배권에 변화가 없다. 그러나 배당을 지급하고 보통주의 발행에 의해 자기자본을 조달하는 경우에는 기존주주가 경영지배권을 유지하기 위해서는 일정비율의 신주를 구입하여야 한다.

⑤ 주주는 법적으로 배당청구권을 가지는 반면 채권자는 기업으로부터 유출되는 현금이 적은 것을 바라므로 이익배당을 중심으로 대립된다. 채권자의 이익을 보호하기 위해서는 자본유지정책이 필요하고 주주의 이익을 보호하기 위해서는 배당확보정책이 필요하다. 따라서 이에 대한 법적규제의 범위 내에서 배당정책이 이루어진다.[6)]

⑥ 배당의 정보효과는 전기 대비 주당배당금의 증가 또는 감소가 주가에 어떤 영향을 미칠 것인지 또는 투자자들이 이러한 배당변화를 어떻게 이해할 것인지에 대한 고려이다. 일반적으로 증권시장이 기대하고 있는 배당증감은 주가에 그렇게 큰 영향을 미치지 못한다. 반대로 예기치 못한 배당금변화(특히 감소)는 주가에 아주 나쁜 영향을 미친다. 따라서 재무관리자는 배당변화와 관련, 정보를 정확히 공시하고, 증권시장에 미리 그 내용을 전달하도록 애써야 한다.

6) 상법 제458조, 제459조, 제462조, 제449조 참조.

결론적으로 기업은 일정한 배당지급을 늘 염두에 두면서 현금을 확보해야 하고 신주발행보다는 유보에 의한 자금조달을 우선해야 한다. 일정한 부채비율을 추구하는 재무정책은 적어도 주가폭락을 막는 최소한의 장치이다. 급격히 이익이 늘어나더라도 아니면 그 반대라도 급격한 배당변화는 바람직하지 못하다.

❙예제 11-2❙ 내부유보 대 배당지급

대규모 제조업체인 (주)대림은 급속히 성장하고 있는 기업이다. 회사는 자산투자에 대해서 20%의 수익을 계속 올리고 있으며, 장래에도 똑같이 좋을 것으로 기대한다. 과거에 회사는 순이익의 약 30%를 유보하고 70%를 배당으로 지급했다. 회사의 경영자는 두 가지 기초에 근거하여 이러한 지급정책을 정당화했다.

첫째, 회사는 주주들에게 배당을 지급할 목적으로 존재한다. 둘째, 회사에 의해서 지급되는 배당은 회사의 주식가격에 유리한 영향을 준다.

(1) 대부분의 주식 소유자들이 높은 한계소득 납세계층에 속하는 중상류층의 주주라는 점에서 볼 때 회사의 배당정책을 평가하라.

(2) 당신이 재무담당자로서 ㈜대림의 현재 배당정책에 추가하여 고려할 다른 요인들은 무엇인가?

풀이 (1) 이 정책은 주주들이 기업보다 더 높은 수익률을 획득할 수 있다고 가정할 때만 정당화된다. 비록 기업이 배당지급을 목적으로 존재한다고 할지라도, 회사가 주주보다 더 많은 수익을 벌어들일 수 있다면, 유보이익의 수준이 높아야 할 것이다. 따라서 (주)대림은 아마도 너무 많은 배당을 지급하고 있다. 주주들은 비교적 높은 한계소득 납세계층에 속하는 중상류층이다. 그들은 아마도 더 많은 유보이익을 선호할 것이다(그것은 장래 자본이득을 얻게 되는 결과가 된다).

(2) 고려될 수 있는 다른 요인들

① 법률상의 고려

i) 순이익을 포함한 유보이익이 배당지급에 이용되어야 한다.

ii) 배당금지급은 자본을 손상시키지 않는다.

iii) 배당금지급은 채권계약(indenture)의 제한 범위 내에서 이루어져야 한다.

iv) 배당금지급으로 인하여 파산을 초래하지 않아야 한다.

② 기업의 필요

i) 이익의 유보는 기업을 유지하기 위해 요구된다.

ii) 배당을 지급하기 위해 현금을 이용하지 않을 수 있다. 즉 주식배당을 고려한다.

③ 자본비용의 고려

i) 이익의 유보는 최적자본구조를 유지하기 위해 필요하다.

ii) 이익의 유보는 신규 보통주보다 조달금리가 더 저렴한 자본조달수단이다.

④ 기타 고려할 사항

i) 주주들은 미래 불확실성의 해결을 위해 현재의 배당을 더 선호할는지 모른다.

ii) 배당이 미래기업의 성과를 나타내는 정보로 작용하는 정보효과를 고려해야 한다.

제 5 절 현금배당의 대체수단

현금배당의 대체수단으로서 주식배당, 자사주매입, 그리고 주식분할이 있다.

1) 주식배당

주식배당(stock dividend)은 배당의 일부 또는 전부를 현금 대신 새로이 발행된 주식으로 배당하는 경우를 말한다. 다시 말하면, 주식배당은 이익잉여금을 현금으로 배당하지 않고 자본금으로 전입함으로써 신주를 발행하여 지분비율에 따라 무상으로 주주에게 배분하는 제도이다. 이와 같은 주식배당의 목적은 배당에 따른 현금의 유출을 방지하여 자금사정을 개선시키고 간단한 절차로 자본을 증가시키며, 주식의 시장성을 증대시키는 데 있다. 한편, 자금부족으로 인해 현금배당 대신 주식배당을 실시할 경우에 주식배당은 투자자들에게 부정적인 신호로 해석된다.

주식배당과 현금배당은 다같이 이익잉여금으로부터 지급된다는 점에서는 같다. 그러나 주식배당의 회계적 효과는 이익잉여금이 보통주로 대체된다는 것뿐이다. 그리고 주식배당은 현금배당과는 달리 기업의 성과를 직접 주주에게 배분하는 것이 아니므로 기업의 시장가치에 영향을 미치지 않는다. 100%의 주식배당이 이루어진 경우 회계처리는 〈표 11-2〉와 같다.[7]

---

7) 주식배당의 경우 발행주식수는 액면주의에 의하면 이익배당 총액을 액면가액으로 나누어 구하고, 시장가격주의에 의하면 이익배당 총액을 기발행주식의 공정한 시장가격으로 나누어

〈표 11-2〉 주식배당의 회계처리 (단위: 만원)

주식배당 전		주식배당 후	
보통주(주당 5,000원)	10,000	보통주(주당 5,000원)	20,000
자본잉여금	20,000	자본잉여금	20,000
이익잉여금	70,000	이익잉여금	60,000
자본총계	100,000	자본총계	100,000
발행주식수	20,000주	발행주식수	40,000주

〈표 11-2〉에서 100% 주식배당에 해당하는 10,000만원이 이익잉여금으로부터 자본금으로 전입된다. 따라서 자본총계에는 아무런 영향을 미치지 않는다. 주식배당의 경우 기업이 발행한 주식의 총수가 늘어나지만, 주주들의 투자가치가 증가하는 것은 아니기 때문에 새로 발행되어 배당으로 지급된 주식수에 반비례하여 주가가 떨어지게 된다.

| 예제 11-3 | 주식배당과 재무재표

(주)대영 자본구조	(단위: 천원)
보통주(액면 500원, 2,000,000주)	1,000,000
사본잉여금	300,000
유보이익	1,700,000
자본총계	3,000,000

(주)대영은 20×4년에 세금공제 후 300,000천원의 순이익을 벌었으며, 이 중에서 50%를 배당으로 지급했다. 20×4년 12월 30일자 주식의 가격은 2,000원이다.

(1) 만약 회사가 12월 31일에 3% 주식배당을 선언했다면, 자본구조는 어떻게 다시 바뀌게 되겠는가?
(2) 회사가 어떠한 주식배당도 하지 않는다고 가정하면, 20×4년도 주당순이익은 얼마나 될까? 주당배당금(DPS)은?
(3) 3%의 주식배당을 가정할 경우 20×4년도 EPS와 DPS는 어떻게 될까?
(4) 3%의 주식배당 후, 주식의 가격은 이론적으로 얼마나 될까? 배당부가격을 참고하라.

풀이 (1) 3%×2,000,000주=60,000주

구한다. 우리나라의 경우 주식에 의한 배당은 이익배당 총액의 1/2에 상당하는 금액을 초과하지 못한다. 배당은 주식의 액면액으로 한다.

60,000주×2,000원=120,000천원

주식배당으로 인하여 60,000주의 신주가 발행되지만, 유상이 아니라 유보이익에서 그 발행대금 120,000천원이 공제된다. 그런데 주당 발행가격은 2,000원 중에서 액면가 부분은 500원으로 보통주이고 나머지 1,500원은 주식발행초과금으로서 자본잉여금 계정으로 분류된다. 따라서 보통주 계정에 추가되는 금액은 60,000주×500원=30,000천원, 자본잉여금 60,000주×1,500원=90,000천원이 추가된다. 바뀌는 자본구조는 다음과 같다.

주식배당 후 자본구조	(단위: 천원)
보통주(액면 500원, 2,060,000주)	1,030,000
자본잉여금	390,000
유보이익	1,580,000
자본총계	3,000,000

(2) $EPS=\dfrac{300,000,000}{2,000,000}=150$원 $DPS=\dfrac{150,000,000}{2,000,000}=75$원

(3) $EPS=\dfrac{300,000,000}{2,060,000}=145.6$원 $DPS=\dfrac{150,000,000}{2,060,000}=72.8$원

(4) 주식배당 그 자체는 기업가치에, 즉 주가에 영향을 미치지 않는다. 주식배당으로 인하여 1(=100%)이던 주식수가 1.03(103%)으로 늘어났으므로 주식배당 전 가치와 주식배당 후 가치는 같게 두면 된다. 주식배당 후 주가를 P라 하자.

$$2,000\times1=P\times1.03 \qquad \therefore\ P=1,941.7\text{원}$$

2) 자사주 매입

자사주 매입(stock repurchase)은 기업이 일정수의 주식을 주주들로부터 현금으로 사들이는 것이다. 따라서 기업에서 현금이 유출되어 주주들에게 흘러 들어간다는 점에서는 현금배당과 같다. 현금배당은 주주들의 의사와는 상관없이 주식가치의 일부가 현금으로 유동화되어 모든 주주들에게 유입되지만, 자사주매입은 원하는 주주들만 일부주식을 현금으로 교환한다는 점에서 차이가 있다. 또한 현금배당의 경우에는 주주가 배당소득세를 지급할 소득으로 인정되지만, 자사주매입의 경우에는 매입가보다 매도가가 높은 경우에만 그 차액이 자본이득(capital gain)이 된다.

〈표 11-3〉 재무상태표

(주)하나산업

현 금	1,000,000	부 채	0
비현금	5,000,000	자기자본	6,000,000
자 산	6,000,000	자 본	6,000,000

	주식수	주당가격	순이익	주당순이익	PER
배당전	10,000주	600원	600,000원	60원	10배

〈표 11-4〉 배당 후 재무상태표

(주)하나산업

현 금	0	부 채	0
비현금	5,000,000	자기자본	5,000,000
자 산	5,000,000	자 본	5,000,000

	주식수	주당가격	순이익	주당순이익	PER
배당후	10,000주	500원	600,000원	60원	8.33배

자본이득에 대한 세금은 우리나라와 다른 나라 모두 배당소득에 대한 세금보다 작으므로 주주들에게 유리하다.

우리나라에서 최근 우량한 대기업을 중심으로 자사주 매입 열풍이 있었다. 특히 주식시장 침체기에 대기업들은 그동안 쌓아둔 풍부한 현금으로 자사주를 매입하였다. 주된 목적은 너무 낮은 주가를 끌어 올리고 주주들에 대한 보상이었다. 자사주 매입이 과연 주가를 끌어 올리는지에 대해서는 찬반양론이 있다. 과거 예에서 보면 같은 기업이 여러 번 자사주 매입을 했을 경우 그 효과는 일방적으로 주가를 끌어 올린 것이 아니었고 비록 주가가 올랐다 해도 매우 미미한 수준이었다.

이론적으로 보면 배당이나 자사주 매입 모두 재무상태표에 미치는 영향은 같다. 주주개인의 입장에서 보면, 두 방법 모두 개인재산 가치에 변동을 주지 않는다.

다음의 예를 보자. (주)하나산업은 풍부한 현금으로 배당 또는 자사주 매입을 검토 중이다. 200×년 말 현재 (주)하나산업의 재무상태표는 다음과 같다. 참고로 부채, 세금, 그리고 주식거래수수료는 없다고 가정한다.

〈표 11-5〉 주식재매입 후 재무상태표

(주)하나산업

현 금	0	부 채	0
비현금	5,000,000	자기자본	5,000,000
자 산	5,000,000	자 본	5,000,000

	주식수	주당가격	순이익	주당순이익	PER
재매입후	8,333.3주	600원	600,000원	72원	8.33배

(1) 배당을 하는 경우

현금 1,000,000원을 배당을 지급하면, 그만큼 자기자본 금액이 줄어든다. 주식수는 여전히 10,000주이고, 따라서 주당가격은 500원의 가치를 가진다.

순이익은 여전히 600,000원이므로 주당순이익은 600원이다. 그러나 주가가 낮아졌으므로 PER은 500/600=8.33배 이다.

이 경우 개인주주의 재산가치는 증감이 있었을까? 세금이 없음을 가정하였으므로 주주재산가치의 변화는 없다. 만약 100주를 가진 김대리의 경우를 예를 들면 그의 배당금 시장가치는 100주×600원=60,000원이다. 배당 후 그의 시장가치는 배당가치와 주식가치의 합으로서 100주×100원+100주×500원=60,000원이다.

(2) 주식재매입을 하는 경우

현금 1,000,000원으로 시장가격 600원으로 1,666.7주만큼 주식을 매입소각하면 그만큼 자기자본금액이 줄어든다. 주식수는 8,333.3주이고 주당가격은 600원으로 변함이 없다.

순이익은 여전히 600,000원이나 주식수가 줄었으므로 주당순이익은 72(=600,000/8,333.3주)원으로 상승하였다. 주당가격은 전과 같이 600원이므로 PER는 600/72=8.33배이다. 100주를 가진 김대리가 모두 주식재매입에 응한다면 그의 재산가치는 100주×600원=60,000원이다. 이는 그의 재매입전 시장가치와 같다.[8)]

8) 만약 김대리가 보유주식 100주 모두가 아니라 50주에 대하여서만 재매입에 응하고 나머지 절반인 50주를 보유한다고 해도 그의 재산가치는 여전히 60,000원으로 변함이 없다. 이는 재매입주식가치와 보유주식가치의 합이다.

60,000원=50주×600원+50주×600원

(3) 자사주 매입의 긍정적 측면과 부정적 측면

자사주 매입에 대해서는 긍정적 측면과 부정적 측면이 있다. 자사주 매입에는 다음과 같은 긍정적 측면이 있다.

첫째, 자사주 매입은 경영권 안정의 수단이 될 수 있다. 기업이 적대적인 기업매수의 위험을 받을 경우 자사주 매입은 현 경영진에 대한 우호적인 주주의 의결권 비율을 상대적으로 높일 수 있다.

둘째, 자사주 매입은 기업금융의 수단이 된다. 기업은 자사주 매입으로 일단 주가를 올려놓은 다음 유상증자를 실시할 수 있다. 또한 매입한 주식이 나중에 올라가면 다시 매각하여 차익을 얻을 수도 있다.

셋째, 자사주 매입은 종업원 지주제도의 활성화 수단이 된다. 종업원들의 주식 매입능력이 취약할 경우 기업이 일단 자사주 매입을 한 다음 이 매입한 자사주로써 종업원들에게 재취득 기회를 주거나, 종업원들에게 상여금으로 지급할 수 있다.

한편, 자사주 매입의 부정적 측면은 다음과 같다.

첫째, 자사주 매입은 매입회사에서 주가조작과 내부자 거래를 유발할 수 있다. 자사주 매입 공시 이후 주가가 상승하게 되면, 경영자들은 공시한 양만큼 취득하지 않기도 한다. 또한 자사주 매입 공시 전에 내부정보를 이용해서 주식을 사들이고 공시 후에 주가가 상승하면 다시 되파는 내부자 거래를 유발할 수 있다.

둘째, 자사주 매입은 지배권의 공정성을 해칠 수 있다. 경영자나 대주주가 자신의 지배권을 강화하거나 지배권의 교체를 저지하기 위하여 자사주 매입을 이용한다면 기업의 지배권에 대한 공정성을 해칠 수 있다. 참고로 법적으로 자사주는 의결권이 없다.

셋째, 자사주 매입은 기업이 자본을 충실하게 보유하고 유지하는 것을 어렵게 한다. 회사가 내부유보자금을 유용해 자사주를 매입한다면 출자금을 줄이게 되는 셈이고, 채권자의 입장에서는 담보 감소를 의미하므로 채권자 보호의 관점에서도 바람직하지 못하다. 또 부채를 이용하여 자사주 매입을 하게 되면, 부채비율이 당연히 높아지므로 재무상태가 악화될 수 있다.

넷째, 자사주 매입은 주주평등의 원칙에 위배될 수 있다. 자사주 매입방법에 따라 또는 정보의 불공정성으로 인해 특정주주만이 이익을 볼 수 있다. 기업이 고정가격을 통한 공개매수로 자사주 매입을 할 경우 사전에 정보를 입수한 특정주주가 주식을 매도함으로 시세보다 높은 이익을 볼 수 있다.

(4) 자사주 취득방법

자사주 취득에는 다음과 같은 네 가지 방법이 있다. 우리나라는 이 중 첫 번째 방법을 이용하고 있다.

① open market share repurchase(우리나라에서 이용되고 있음) 일정기간 동안 일정량의 자사주를 매입하겠다는 것을 공시하고 공시한 수량만큼 그때그때 변동하는 시세에 따라 매입하는 방법. 그러나 자사주 매입 결과를 끝까지 공시하지 않아서 공시한 수량을 전부 취득하였는지를 알 수 없다.
② fixed price tender offer 위의 방법에서 다만 매입가격이 고정된다는 차이만 있다.
③ dutch auction 기업이 매입희망 주식의 최대 수량과 가능한 매입가격대를 발표한 후 여기에 응하는 주주에 대하여 경매방식으로 주식을 매입
④ private negotiation share repurchase 기업이 주주와 개별적으로 협상

3) 주식분할과 주식병합

주식분할(stock split)은 1주를 적당한 비율로 분할하여 발행주식의 수를 일정한 비율로 증가시키는 것이다. 이 경우 개별주주의 주식지분의 크기는 전혀 변하지 않고 주식수가 비례적으로 증가할 뿐이다. 주식분할은 자본전입이 수반되지 않는 단순한 주식수의 증가만을 의미한다. 대표적인 높은 주가였던 SK텔레콤은 과거에 5,000원 액면가인 1주당 주가가 3백만원대에서 거래되어 거래 자체가 원활하지 않았으므로 1 : 10으로 500원 액면 10주로 주식분할을 하였으며 따라서 주가는 30만원대에서 거래되었다.

주식분할의 경우 주당이익, 주당배당, 그리고 주당순자산 등이 적어지므로 높은 주가를 낮추고 시장에서 거래가 활발하게 되는 효과가 있다. 주식분할의 경우에도 기업의 성과를 주주에게 배분하는 것이 아니므로 기업의 시장가치에는 영향을 미치지 않는다. 그러나 코스닥 기업들의 예에서 알 수 있듯이 주식분할은 미래 성과에 대한 기업의 자신감을 반영하므로 이 정보는 주식시장에서 일반적으로 호재(good news)로 작용한다.

주식병합(stock consolidation)은 기존의 발행주식수를 줄여 주당 액면가를 높이는 것을 말하며 주식분할과 정반대의 경우이다. 예를 들어 2 : 1의 주식병합이

이루어진다면 액면 5,000원인 주식 2주를 보유하고 있는 기존 주주는 새로이 발행된 액면 10,000원인 주식 1주를 갖게 된다. 일반적으로 기업은 주가가 낮게 형성되는 것을 회피하므로 주가가 아주 낮은 경우 주가를 적정수준까지 올리기 위해 주식병합을 실시한다.

Financial Management 문제풀이

≪객관식 문제≫

1. 배당정책의 내용이 잘못된 것은?

① 기업의 당기순이익을 배당금과 유보이익으로 나누는 재무결정이다.

② 배당결정의 결과 기업내부에 재투자되는 유보이익은 내부금융의 중요한 원천이 된다.

③ 배당소득세율과 자본이득세율이 다를 경우 배당정책은 주가에 영향을 미칠 수 있다.

④ 배당정책의 변화가 주주들에게 기업의 미래의 성과에 대한 정보를 제공하는 것은 아니다.

2. 배당정책과 관련한 MM이론의 가정이나 내용에 속하지 않는 것은?

① 배당의 신호효과

② homemade 배당의 존재

③ 투자자들은 같은 크기의 소득이 배당소득의 형태로 얻어지든, 자본이득의 형태로 얻어지든 양자에 대하여 무차별하다.

④ 배당의 고객이론

3. 일반적으로 배당정책을 결정할 때 고려하는 사항이 아닌 것은?

① 현금 보유 정도

② 신규 보통주 발행시 발행비용

③ 경영지배권 유지 목적

④ 재무레버리지 위험

4. 배당에 관한 MM이론의 설명 중 틀린 것은?

① 주주는 기업의 소유자이기 때문에 기업의 이익을 내부 유보하는 것과 배당으로 지급하는 것에 무차별하다.

② 투자자는 기업의 배당정책 변화에 대응하여 homemade 배당을 통하여 재산가치를 유지한다.

③ 투자에 필요한 자금은 얼마든지 새로운 주식을 발행하여 조달할 수 있다.

④ 투자자들은 현금 배당 1원과 자본이득 1원을 다르게 생각한다.

5. 기업가치와 배당정책 관련설을 지지해 주는 현실적인 요인이 아닌 것은?

① 배당소득세율보다 낮은 자본이득세율
② 배당의 정보효과 (information contents)
③ 이자소득세가 면제되는 채권의 존재
④ 개인투자자의 주식 거래비용을 절약시켜 주는 배당주 펀드의 존재

6. 다음 중 주식배당의 결과가 아닌 것은?
① 회계적으로 자기자본의 장부가치의 증가가 발생한다.
② 주당이익을 감소시킨다.
③ 효율적 시장에서 주주의 부는 주식배당에 대한 배당소득세만큼 하락한다.
④ 주식배당은 현금배당을 실시할 수 없을 정도로 기업의 자금사정이 어렵다는 것을 투자자에게 알려주는 신호로 작용할 수도 있다.

7. 자사주 매입에 대한 설명으로 잘못된 것은?
① 일반적으로 자사주의 매입가격이 시장가격보다 높으므로 주주들은 현금 배당 대신에 자본이득을 얻을 수 있다.
② 기업의 자사주 매입정책은 기존주주의 개인소득세를 절약시켜 주는 역할을 한다.
③ 자사주 매입이 일부의 주주들만을 대상으로 이루어지면 주주들 서로 사이에 부의 이전이 발생할 수도 있다.
④ 자사주 매입은 부채의 시장가치가 증가하도록 할 수 있다.

8. 다음 중 현실적으로 주주들이 내부유보보다 배당을 더 선호하는 이유로 볼 수 없는 것은?
① 배당주 펀드의 활성화
② 배당의 신호효과
③ 확실한 현재소득의 선호
④ 기업의 유리한 투자 기회에 대한 정보의 비대칭

9. 불완전자본시장에서의 배당과 관련된 투자자의 태도로 옳지 않은 것은?
① 정보의 비대칭이 존재하는 경우 높은 배당성향은 그 기업이 수익성이나 기대현금흐름이 높을 것이라는 정보를 전달해 주므로 배당성향이 높은 주식을 선호한다.
② 주식을 거래하는 데 거래비용이 존재하는 경우에는 배당보다 유보를 선호한다.
③ 세금이 존재하는 경우 일반적으로 자본이득세가 배당소득세 보다 낮기 때문에 배당보다 유보를 선호한다.
④ 신주발행비용이 존재하는 경우 유보이익을 통한 자본조달이 신주발행을 통한 자본조달보다 유리하므로 유보를 선호한다.

10. 기업의 낮은 배당성향 배당정책을 옹호하거나 합리화하는 논리가 아닌 것은?
① 자본이득세는 배당소득세보다 낮다.
② 유보이익에 의한 자본조달이 신주발행에 따른 발행비용을 절약한다.
③ 대부분의 주주는 적은 현금배당보다는 높은 자본이득을 좋아한다.
④ 채권자와의 계약 때문에 배당이 제한된다.

11. [2001년 CPA 1차 유사문제] 현금배당과 자사주 매입(stock repurchase)을 비교한 다음의 서술 중 옳지 않은 것은?
① 현금배당 직후에는 주당순이익(EPS)의 변화가 없으나, 자사주 매입 직후에는 EPS가 증가한다.
② 시장의 불완전성(imperfections)이 없다면 투자자나 기업 모두 두 방식에 대해 무차별하다.
③ 세금을 고려하는 경우 자사주 매입이 현금배당보다 투자자에게 유리하다.
④ 향후 자사의 이익이 많이 증가할 것으로 예상할 때, 기업은 현금배당을 선호한다.

12. [2003년 CPA 1차 유사문제] 다음은 10 : 1 주식분할(stock split)에 대한 설명이다. 이 중 가장 옳지 않은 것은? (단, 주식분할과 관련된 모든 비용은 무시한다)
① 장부상 자본잉여금이 보통주 자본금으로 전입될 뿐 자기자본 총액에는 변동이 없다.
② 주주의 지분권(기업지배권)에는 변동이 없다.
③ 발행주식수가 10배 증가한다.
④ 주당순이익(EPS)이 1/10로 하락하고, 이론적인 주가는 1/10 수준으로 하락한다.

13. [2004년 CPA 1차 유사문제] 당기순이익에서 배당금으로 지급되는 비율을 나타내는 배당성향을 장기적으로 일정하게 유지하면서 안정된 배당금을 지급하는 배당정책을 채택하고 있는 무차입 기업에서 단기적으로 배당성향을 가장 많이 증가시킬 것으로 예상되는 경우는? (배당정책이론의 관점에서 답하시오)
① 자본이득에 대한 세율에 비해 상대적으로 개인소득세율이 높아졌다.
② 자금수급의 불균형으로 인해 시장금리가 상승했다.
③ 예상치 못한 이상기후로 매출이 급감해 기업이익이 감소했다.
④ 칠레와 자유무역협정이 체결됨에 따라 투자기회가 증가했다.

≪주관식 문제≫

★1. [일정 배당정책과 기업가치] A사와 B사는 지난 5년에 걸쳐서 매우 유사한 수익 패턴을 갖고 있는 회사들이다. 실제로 두 회사는 동일한 주당순이익(EPS)을 갖는다. 더욱이 두 회사는 동종산업이며, 동일제품을 생산하고, 동일한 경영 및 재무 위험을 갖고 있다. 간단히 말해서, 이들 회사는 배당정책을 제외하고 모든 면에서

동일하다. A사는 매년 이익의 50%를 배당(DIV)으로 지급한다. 반면에 B사는 매년 일정한 금액을 배당으로 지급한다. A사의 재무담당자는 비록 어떤 해는 A사의 배당이 B사보다 더 많지만, A사 주식가격이 일반적으로 B사 주식가격보다 낮다는 사실에 무척 당황하고 있다.

(1) 이러한 상황을 어떻게 설명할 수 있겠는가?

(2) 두 회사는 그들 주식가격을 올리기 위해 무엇을 해야 하는가?

	A사			B사		
연 도	EPS	DIV	시장가격	EPS	DIV	시장가격
2001	1,000	500	6,000	1,000	230	4,800
2002	500	250	4,000	500	230	4,400
2003	-250	0	2,000	-250	230	4,000
2004	300	150	3,000	300	230	4,250
2005	500	250	3,500	500	230	4,500
평 균	410	230	3,700	410	230	4,390

★2. 다음에 나오는 두 문장을 생각해 보라. "배당정책은 주가와 무관련하다"와 "주가는 장래 기대 배당의 현재가치이다" 이들은 모순되게 들린다. 이 문제는 이들이 완전히 일관성 있다는 것을 보이려고 고안되었다.

(주)대영의 현재 주가는 50,000원이다. 내년도의 주당이익은 4,000원이고 배당은 2,000원으로 예상된다. 투자자들은 해마다 8%의 영구적인 성장을 기대한다. 투자자들은 $r = 12\%$의 기대수익률을 요구한다.

주가를 계산하기 위해 Gordon의 일정성장모형을 사용하여 (주)대영의 예상주가를 계산한다.

$$P_0 = \frac{DIV}{r-g} = \frac{2,000}{0.12-0.08} = 50,000\text{원}$$

만약 (주)대영이 100% 배당성향 정책으로 주식을 발행하여 성장에 필요한 자금을 조달한다고 가정하자. 현재 주가가 변하지 않는다는 것을 Gordon의 일정성장모형을 사용하여 보여라.

★3. [배당정책과 주당배당금] 벽산기업(주)은 다음 5년 동안 다음과 같이 순이익과 투자액을 예상한다.

연 도	순이익(원)	자본투자(원)
1	2,000,000	1,000,000
2	1,500,000	1,500,000
3	2,500,000	2,000,000

4	2,300,000	1,500,000
5	1,800,000	2,000,000

회사는 현재 1,000주의 보통주를 갖고 있으며, 주당 1,000원의 배당을 지급하고 있다. 참고로 배당 가능금액은 순이익에서 자본 투자액을 뺀 금액이다.

(1) 배당정책이 자본투자 후 잔여의사결정으로서 될 경우, 주당배당금과 외부자금조달 규모를 결정하라

(2) 현재의 주당배당금이 유지될 경우, 외부자본조달금액은 얼마나 필요로 하는가?

(3) 만약 50%의 배당지급률이 유지될 경우, 주당배당금과 외부자본조달 금액을 결정하라.

(4) 세 가지 배당정책 중 어느 것이 총배당금을 최대로 하겠는가? 세 가지 배당정책 중 어느 것이 외부자금조달을 최소로 하겠는가?

4. (주)대영은 10년 이상 해마다 주당 400원의 정규 현금배당을 지급해오고 있었다. 이 기업은 이익을 모두 배당으로 지급해오고 있으며 성장을 기대하지 않는다. (주)대영의 주가는 현재 주당 8,000원이고 발행주식이 100만 주이다. 이 회사는 다음 회사에 연간 배당을 지급할 충분한 현금을 가지고 있다.

(주)대영이 현금 배당을 0으로 하고 대신 주식을 재매입한다고 가정하자.

(1) 세금을 무시하고 재매입이 경영 수익성이나 경영 위험에 관한 정보를 전달하지 않는다고 가정할 때 재매입 후 주가는 당장 어느 수준인가?

(2) (주)대영은 몇 주를 재매입할 수 있는가?

(3) 신, 구 배당정책에 따른 미래 주가를 예측하고 비교해 보자. 최소한 첫째, 둘째, 그리고 셋째 해에 미래 주가를 예측해 보라.

5. R사는 엄격한 잔여배당정책을 실행하고 있다. 총자본은 40%의 부채와 60%의 자기자본으로 구성되어 있는데 R사는 이 구성비율을 철저히 지키고 있다. 작년도 말 기준 순이익은 2,500,000원이다. (1) 신주를 발행하지 않고도 가능한 자본지출의 최대금액은 얼마인가? (2) 그리고 R사가 이번 연도에 3,000,000원의 투자지출을 필요로 하는 투자안을 계획하고 있다면 R사는 배당금을 지불할 것인가? 만약 배당금을 지불한다면 얼마를 지불해야 하는가?

6. B사는 향후 5년 동안의 순이익과 자본지출을 다음과 같이 예측하고 있다.

(단위: 백만원)

연 도	1	2	3	4	5
순 이 익	200	150	250	230	180
자본지출	100	150	200	150	200

B사의 현재 발행주식수는 100만주이며 매년 주당 100원을 배당금으로 지불하고 있다.

(1) 만약 B사가 잔여배당정책을 시행하고 있다면 매년 주당배당금과 필요로 하는 외부조달자본금액은 얼마인가?

(2) 만약 현재의 주당배당금이 유지되어야 한다면 이를 위해 필수적으로 조달하여야 할 외부조달자본금액은 얼마인가?

(3) 만약 50%의 배당성향이 유지되려면 필수적으로 조달하여야 할 외부조달자본금액과 주당배당금은 얼마인가?

(4) 위의 세 가지 배당정책 중 배당금이 최대인 배당정책은 어느 것인가? 또 외부자본조달을 최소로 하는 배당정책은 무엇인가?

7. [주식분할의 경우 자본구조 변화] M사의 금년 12월 30일 현재 자본구조는 다음과 같다.

보통주(액면가 5,000원, 400,000주)	2,000백만원
자본잉여금	1,600백만원
유보이익	8,400백만원
총주주지분	12,000백만원

M사의 금년도 순이익은 150,000,000원이며 이익의 40%는 배당의 형태로 지불되며, 12월 30일 현재 주식의 주당시장가치는 9,000원이다. 만약 M사가 금년 12월 31일 5%의 시장가치에 의한 주식배당을 선언한다면, 1 : 10으로 주식분할을 하는 경우 12월 31일 새로운 자본구조는 어떻게 변화되겠는가?

8. (주)대영의 자기자본 지분계정은 다음과 같다. (주)대영의 현재 주식의 1주당 액면가는 1,000원이고, 시가는 6,000원이다.

보통주(액면가 1,000원, 10만주)	100,000천원
자본잉여금	20,000천원
유보이익	680,000천원
총주주지분	800,000천원

(1) 10%의 주식배당을 1주당 배정가격을 시가로 하는 경우 주주의 지분계정과 발행주식수는 어떻게 되는가?

(2) 정보효과 혹은 신호효과가 없다면, 10%의 주식배당 후의 주식의 주당가격은 얼마인가? 또 정보효과가 있다면 주식가격에 어떤 영향을 미치는가?

9. (주)대영은 현금 300,000원을 추가배당 혹은 자사주매입 형태로 지출할 것을 고려하고 있다. 현재 주당이익은 1,500원이고 주당가격은 15,000원이다. 잉여현금 300,000원을 지출하기 전 재무상태표의 시장가치는 다음과 같다.

(단위: 원)

현 금	300,000	부 채	400,000
기타자산	1,600,000	보 통 주	1,500,000
총 자 산	1,900,000	총 자 본	1,900,000

위의 사항을 고려하여 주식의 주당가격, EPS, PER의 측면에서 두 가지 대체안을 평가하시오.

제12장 장기자본의 조달

기업들은 금융시장을 통해서 고정자산 투자를 위한 장기자본을 조달한다. 장기자본의 조달 원천은 내부유보금액, 사채, 보통주, 우선주, 그리고 장기차입금이 있다. 회사채와 보통주는 발행시장에서 발행되어 유통시장에서 거래된다. 또 다른 형태의 장기자본 조달의 수단에는 리스금융이 있다. 본 장에서는 이러한 순서로 설명한다.

제 1 절 금융시장과 장기자본의 조달

1) 금융시장의 의의

금융시장(financial market)은 금융자산의 수요과 공급이 이루어지는 포괄적, 추상적인 시장이다. 금융시장은 전통적으로 은행을 중심으로 한 간접금융방식에 의해 장단기 자금이 대출되고 증권시장을 중심으로 직접금융방식에 의해 장기자본의 수급이 이루어진다. 금융시장구조는 [그림 12-1]과 같다.

증권시장(security market)은 채권, 주식 등 장기증권이 매매, 거래되는 시장이다. 구체적으로 증권의 발행시장(primary market)에서는 증권이 발행주체로부터 발행되어 최초의 투자자에게 이전된 후 증권의 유통시장(secondary market)에서 기존 증권이 투자자 간에 유통된다.

증권시장은 기업이 주식과 사채와 같은 직접증권의 발행을 통하여 소요자금을 조달할 수 있는 장을 제공한다. 따라서 증권시장은 기업의 자본조달원이 될 뿐

[그림 12-1] 금융시장의 구조

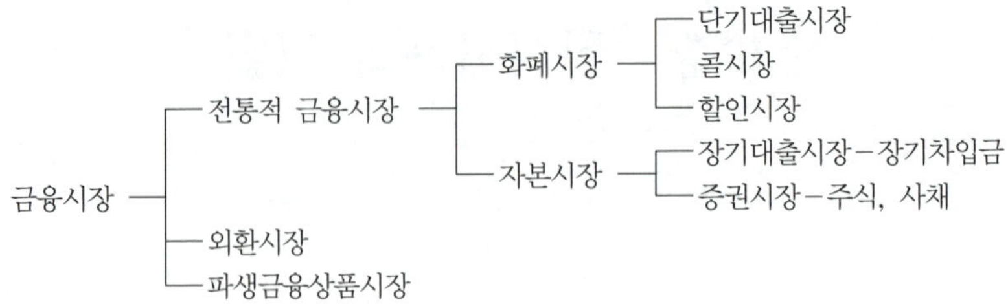

아니라 일반 투자자의 소액 유휴자금을 산업자본화함으로써 기업의 유지 · 발전과 경쟁력을 증진시키는 기능을 지닌다.

기업은 경쟁력 강화와 기술혁신을 위해 필요한 설비투자를 위해 끊임없이 장기자본을 필요로 한다. 기업이 필요로 하는 자본을 조달하는 방식으로는 기업 내부에서 조성되는 유보이익에 의하여 조달하는 내부금융과 기업외부로부터 자금을 조달하는 외부금융으로 나누어 볼 수 있다. 그리고 외부금융은 자금의 수요자인 기업과 공급자인 투자자 사이에 제3의 기관이 존재하느냐의 여부에 따라 직접금융과 간접금융으로 구별된다.

직접금융은 기업이 증권시장에서 주식 또는 사채를 발행하여 자금을 조달하는 방법이고, 간접금융은 기업이 은행으로부터 차입에 의해 자금을 조달하는 방법이다. 간접금융의 경우 은행이 투자자와 기업 사이에 위치하여 자금의 이전과정에서 중개역할을 한다.

2) 발행시장과 유통시장

증권시장에서 거래대상이 되는 증권이 신규로 발행되는 증권이냐 또는 이미 발행된 증권이냐에 따라 증권시장은 발행시장과 유통시장으로 나누어진다.

발행시장(issuing market)은 신규로 발행되는 주식이나 채권 등이 발행자로부터 인수, 분매기관을 통하여 최초의 투자자에게 매도되는 추상적 시장을 말한다. 즉, 자금수요자인 발행자(기업 또는 은행)가 주식 또는 채권을 새로이 발행하여 자금제공자인 투자자(개인, 기관, 외국인, 펀드)에게 제공함으로써 자금을 조달하는 일련의 과정을 말하며 제1차적 시장(primary market)이라고도 한다.

[그림 12-2] 발행시장과 유통시장의 관계

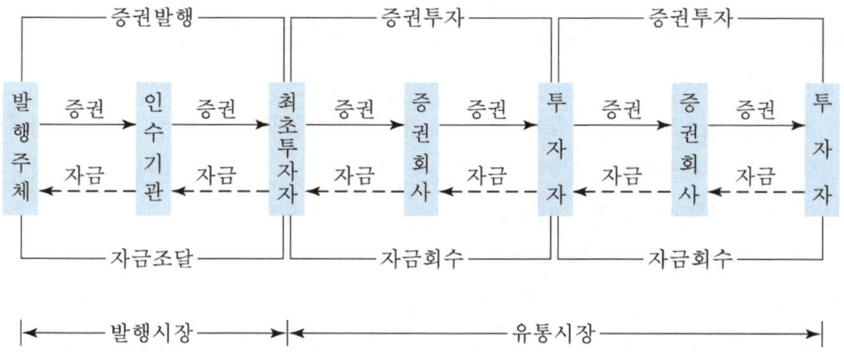

유통시장(circulating market)은 이미 발행된 기존의 증권이 투자자와 투자자 사이에 거래되는 시장을 말한다. 즉 기업으로부터 최초로 증권을 구입한 투자자가 보유증권을 매각할 경우 이 증권을 매입하는 투자자가 새로운 증권소유자가 된다. 이와 같이 투자자와 투자자 사이에 증권거래가 형성되는 시장을 유통시장이라 하고 제2차적 시장(secondary market)이라고도 한다.

증권의 발행이 효율적으로 이루어지고 발행된 증권의 원활한 매매거래가 성립되려면 발행시장과 유통시장의 기능이 함께 충분히 발휘되어야 한다. 유통시장에서의 매매거래 가능성이 발행시장의 전제조건이고, 발행시장에서 발행된 증권은 곧이어 유통시장에서 매매거래가 행해지는 관계에 있으므로 발행시장과 유통시장은 수레의 양 바퀴와 같은 역할을 한다. 발행시장과 유통시장의 관계를 그림으로 나타내면 [그림 12-2]와 같다.

제 2 절 부채 자본조달

1) 차입금에 의한 자본조달

차입금에 의한 자본조달은 전통적인 자본조달 방법으로서 주로 은행을 통한 장기자금차입이다. 이는 간접금융의 방법으로서 담보중심이고 은행과 기업의 관계

중심의 금융관행이다. 이러한 관계 중심의 금융관행은 회사가 도산할 경우 은행 또한 부실 동반으로 인하여 금융시스템의 붕괴로 이어질 가능성이 있다. 간접금융 방식은 후진국일수록 일반적이고 또한 정경유착과 특혜금융의 악순환이 심화될 가능성이 있다. 선진국일수록 직접금융방식의 자금조달 관행이 뚜렷하다.

장기차입금 조달은 사채계약서(indenture)에서 채권자보호를 위해 차입자인 기업의 재무의사결정에 일정한 제약조건을 규정한다. 이러한 제약에서는 일정유동비율의 유지, 배당의 제한, 그리고 재차입금지 등이 있다.

차입금에 의한 장기자본조달은 은행 차입이외에도 보험회사차입, 그리고 관계회사차입이 있다. 보험회사는 운용자금 중 일부를 대출금, 사채인수 등에 운용함으로써 여신업무를 수행한다. 보험회사의 장기자금 원천은 부동산담보대출과 지급보증대출이 있다. 부동산담보대출은 가장 전형적인 대출방식으로서 부동산을 담보로 하여 행하는 대출이다. 지급보증 대출은 정부 또는 금융기관의 지급보증서, 신용보증기금의 신용보증서, 그리고 단기금융 회사가 발행한 어음 또는 보증한 어음 등을 담보로 한 대출이다.

2) 회사채 발행에 의한 자본조달

(1) 회사채 발행의 의의와 장단점

회사채(corporate bond 또는 사채라고도 함)는 회사가 불특정 일반 투자자로부터 비교적 장기의 자금을 집단적, 대량적으로 조달하기 위하여 발행하는 유가증권이다. 오직 우량 등록기업 만이 회사채를 발행할 수 있고 일단 발행된 회사채는 신용평가회사에 의해 신용등급이 AAA부터 D등급까지 등급이 매겨져 유통된다.

우리나라의 회사채는 미국과 달리 만기가 3년 내외인 장기채권이 중심이고 이자는 연 4회 지급하는 액면 사채이다. 채권은 일반적으로 '상법'상의 주식회사만이 채권을 발행할 수 있다. 회사채의 액면금리는 회사채 발행 당시의 실세 금리를 반영한다. 채권은 어음, 수표 등의 유가증권과는 달리 유가증권시장에서 자유롭게 매매될 수 있는 편리성을 가지고 있다.

주식회사는 기본적으로 설비투자 증설 등 비교적 장기의 안정된 자금을 일시에 조달할 필요가 있는 경우에 사채를 발행한다. 또한 회사는 거액의 운영자금이 필요한 경우나 과거에 이미 발행된 사채의 상환을 위해서도 사채를 발행한다.

회사채 발행의 장점은 주식 발행에 비해 상대적으로 지급이자가 세법상 손비로 처리되어 조달금리, 즉 자본비용이 저렴하고, 신속하며 발행관련 비용이 저렴하다. 또한 회사채는 차입에 비해 기간적으로 안정된 자금으로서 조달금리가 저렴하고 발행의 자율성이 있다. 같은 장기자본조달이라도 사채발행은 유상증자에 따른 배당압력이 없다.

회사채 발행의 단점은 만기에 원금 상환 부담이 있고, 기간별 이자 지급 압력이 있으며 이를 지키지 못할 경우 극단적으로 부도와 파산 위기에 몰릴 수 있다. 또한 이미 발행된 회사채의 신용등급이 BB등급 이하일 경우 추가 차입에 어려움을 겪을 뿐 아니라 회사전체의 이미지에 나쁜 영향을 미친다.

(2) 회사채의 종류

① 보통사채

대부분의 사채는 무보증 무담보사채이다. 무보증 무담보사채를 특히 영어로 debenture bond라 한다. 대부분의 회사채는 이표부 사채이다. 이표를 영어로 쿠폰(coupon)이라 한다. 여기에는 두 가지 종류가 있는데 발행시 이자율이 확정되는 금리 확정부 사채와 일정기간은 확정 이자율에 의하여 이자를 지급하고 나머지 기간은 정기예금 금리에 연동시킨 이자율에 의한 이자를 지급하는 금리 연동부 사채가 있다.

이표(coupon)에 의한 이자 지급은 나라에 따라 다른데 우리나라는 현재 3개월에 한 번씩 이자를 지급한다. 이때 쿠폰 금리는 연기준 액면 금리를 4로 나눈 값이다. 예를 들면, 연 8%의 이표 금리는 3개월 기준으로 2%의 이표 금리이고 이러한 기준으로 분기별 이자를 지급한다. 미국의 회사채는 6개월 단위로 연 2회 이자를 지급한다.

대부분의 회사채는 차입이자만 분기별로 내다가 만기에 투자원금 전액을 일시에 상환한다.[1] 현재 대부분 회사채가 이러한 형태를 취하고 있다. 이자는 매 기간 표면이자율(coupon interest rate)에 의해 지급한다.

임의상환사채(callable bond, 또는 수의상환사채라고도 함)는 만기 전에 발행자

1) 장기차입 대출은 대출기간 중 원금이 일부 상환된다고 하여 아모타이즈드론(amortized loan)이라 한다. 이러한 방식의 대출은 미국의 경우 소비자 금융, 사모사채(private placement) 그리고 우리나라의 은행대출 등이 있다. 감채기금부 사채는 사채의 상환을 위하여 일정율의 금액을 적립한다. 감채기금에 대한 적립금은 발행회사 또는 수탁회사에 적립되며 이 자금으로 상환하거나 또는 사채시장에서 사채를 매입한다.

(=회사) 임의로 상환할 수 있는 사채를 말한다. 이때 발행회사는 사채권자의 의사에 관계없이 상환을 할 수도 있고 발행회사의 사정에 따라서는 중도에서 상환하지 않아도 무관하다. 발행회사 측면에서는 자금조달에 탄력성을 가지게 되나 투자자에게는 불리한 사채이므로 발행할 때 임의 상환조건 등을 명시하여야 한다.

② 전환사채

전환사채(CB: convertible bond)는 사채로 발행되나 채권자(=투자자)의 청구에 의하여 정해진 조건에 따라 주식으로 전환할 수 있는 채권을 말한다. 전환사채는 본질적으로 사채이나 장래에 주식으로 전환할 수 있다는 점에서 잠재적인 주식의 성질을 가진다. 전환사채는 발행회사의 측면에서 저리의 장기자금을 조달할 수 있으며 주식전환 시에는 고정부채의 자기자본화로 재무구조 개선효과를 얻을 수 있다. 투자자 측면에서는 사채로서의 안정성과 주식으로서의 수익성을 동시에 추구할 수 있다는 이점이 있다.

③ 신주인수권부 사채

신주인수권부 사채(BW: bond with warrant)란 사채발행 후 일정기간 내에 미리 약정한 가격(행사가격)으로 당해 발행 회사의 일정한 수 또는 금액에 해당하는 신주의 교부를 청구할 수 있는 권리가 부여된 사채를 말한다. 신주인수권부 사채는 신주인수권의 분리 · 유통성 여부에 따라 분리형과 비분리형으로 나뉘고 신주인수권의 행사 청구방법에 따라 현금 납입형과 대용 납입형으로 나누어진다.

신주인수권부 사채는 주주가 될 수 있는 권리를 부여한다는 점에서 전환사채와 같다. 그러나 전환사채는 사채 자체가 소멸되고 주식으로 바뀌게 되므로 별도의 신주의 대금을 납입할 필요가 없다. 신주인수권부 사채는 만기시 사채의 원금은 상환받고, 이와 별도로 신주인수권이 주어지므로 신주의 인수를 위해서는 주금을 납입하여야 한다.

④ 교환사채

교환사채(EB: exchangeable bond)란 사채발행 후 사채권자의 청구에 의해 보유한 상장유가증권과 교환할 수 있는 권리가 주어진 사채이다. 교환사채 발행회사는 정해진 교환비율에 따라 교부할 주식을 제3자(금융기관)에 보관시켜 두었다가 사채권자가 청구하면 그 주식으로 교환해 준다. 이때 교환해 주는 유가증권은 상장유가증권으로서 반드시 자사의 신주일 필요는 없고 회사가 보유하는 타사주식 또는 채권도 가능하다. 교환사채는 추가적 자금유입이 없다는 점에서 신주인수권부 사채와 다르며, 자본금 증가가 수반되지 않는다는 점에서 전환사채와 다르다.[2)]

제 3 절 주식 자금조달

1) 신규상장과 IPO 자본조달

벤처기업은 기술중심의 기업으로서 창업 과정에서 벤처 캐피탈이나 벤처조합의 벤처자금 지원으로 설립된 회사이다. 벤처기업이 진화. 성장하면 거래소에서 상장 절차를 밟아 상장기업 또는 등록기업이 되어. 기술을 제품화하고 본격적인 마케팅과 영업활동을 할 수 있는 자금을 지원받게 된다. 벤처기업의 신규 주식 상장을 IPO(initial public offer)라 한다. IPO 과정에서 투자은행(IB: investment banker)은 벤처기업이 성공적으로 주식을 공개하여 자금을 조달할 수 있도록, 벤처기업의 가치평가(valuation), 판매촉진 활동, 그리고 공개 후 적정한 주가 유지에 도움을 준다. 벤처기업은 IPO 자본조달을 통하여 주식회사로서 주주소유의 분산, 지배구조의 확립 그리고 기업의 사회적 책임을 수행할 수 있는 기반을 갖게 된다.

2) 유상증자에 의한 자본조달

(1) 유상증자의 의의와 장단점

유상증자란 자금조달을 목적으로 신주를 발행함으로써 주식의 증가와 동시에 회사의 재산이 증가하는 실질적인 증자를 말한다. 유상증자에서 신주를 우선적으로 인수, 취득할 수 있는 권리를 신주인수권(rights)이라 한다. 유상증자는 신주인

---

2) 이익참가부 사채란 사채권자가 사채의 이자율에 따른 이자를 받는 외에 이익배당에도 참가할 수 있는 사채를 말한다. 이는 사채에 주식의 성격을 가미한 것으로 이익분배사채라고도 하는데 이익의 배당에만 참가할 뿐이고 의결권은 갖지 못하며 그 기간도 사채의 존속기간에 한한다. 이와 같이 사채의 성격과 주식의 성격을 동시에 갖는 사채는 주주가 회사의 해산을 대비하여 청산, 세제 등과 관련하여 유리한 점을 확보하기 위한 수단으로 활용된다.

수권을 주주에게 주는가, 또는 주주 이외의 제3자(연고자)에게 주는가, 또는 널리 일반대중으로부터 공모하는가에 따라 각기 구 주주할당, 연고자(제3자) 배정, 일반 공모로 구분된다.

주식(share 또는 stock)은 일반적으로 보통주(common stock)를 말하는데 출자의 기본단위이고 주식회사의 법정자본금(capital in stock)의 기초이다. 1주당 액면 가격은 100원, 200원, 500원, 1,000원, 2,500원, 5,000원, 그리고 10,000원 등 다양하다. 최근 한국에서도 미국처럼 무액면(no par value) 주식 발행이 허용되었다. 한국거래소(KRX)시장에서 상장되면 상장주식이 되고 코스닥(KOSDAQ)에서 등록되면 등록주식이 된다.

주주는 의결권, 이익배당청구권, 잔여재산분배청구권 그리고 대표소송제도 청구권을 갖는데 대주주와 소액주주에 따라 실질적인 권리가 달라진다. 즉 소액주주는 1주 1의결권 제도 하에서 거의 의결권을 행사하지 않거나 그 실질적인 효력이 없다.

주식발행의 장점은 상대적으로 채권발행과 비교하여 주식발행금액의 원금만기일이 없고, 배당금 지급은 의무가 아니라 임의적이다. 그리고 주식시장 호황시 저렴한 자본비용으로 유상증자를 할 수 있다.

주식발행의 단점은 채권에 비해 조달 금리, 즉 자본비용이 높고, 배당금은 지급이자와 달리 감세효과가 없다. 주식발행으로 의결권이 확대되고, 배당해야 할 주식수가 늘어나며, 이익청구권이 증가하여 기업의 부담이 높아진다. 또한 주식발행은 사채발행에 비해 발행관련 비용이 더 높다.

(2) 유상증자와 주가움직임

유상증자 발표가 주가는 미치는 영향은 펀드 매니저와 학자들의 주요한 관심과 연구대상이 되어왔다. 현실적으로 나타난 현상을 보면 유상증자 발표 후 주가는 떨어졌다. 신주발행 소식은 물론 예외가 없는 것은 아니지만 그 기업 주가에 대한 나쁜 뉴스(bad news)로 판명됨을 보여주는 증거이다

몇 가지 이유를 들자면 첫째, 주식의 조달 금리는 부채보다 높은데 주식을 발행하는 것은 부채 발행한도가 넘어섰거나 부채등급이 낮아 투자자들이 인수하기를 꺼려해서일 거라는 이유에서이다. 둘째, 주식의 발행관련비용은 부채보다 높으므로 조달예정 금액은 부채 발행 때보다 더 많아져야 하고 그만큼 배당압력이 높거나 경영권 희석 가능성이 높다. 셋째, 경영진이 이런 불리한 여건들에도 불구하

고 주식발행을 강행하는 이유는 발행가격이 주가의 진실가치보다 높으므로 이런 비정상적 상태를 일시적으로 이용하여 주식을 발행한다.

(3) 유상증자와 발행관련 비용

주식 발행관련 비용은 등록비, 법률자문비, 세금 등 발행 직접비와 발행주간사 증권회사(IB: investment banker)에 대한 적정 마진 보장, 신주발행에 따른 주가의 하락, 경영진들의 소모적 관리비용 등 매우 다양하다. 이러한 발행관련 비용을 발행예정금액의 5~10% 정도를 차지한다. 특히 주식발행규모가 작거나, 기업평판이 높지 않은 기업일수록 발행관련 비용이 높다. 또한 IPO 발행기업은 유상증자 기업보다 발행관련 비용이 많다.

3) 신주인수권

(1) 구주주 할당

유상증자를 위한 전통적인 주식발행 형태인 구주주 할당(또는 배정: rights offering)은 종전의 주주에게 그가 소유하는 주식의 수에 비례하여 우선적으로 신주를 할당하는 방법이다.[3] 주주의 의결권과 재산적인 권리의 비례적 지분 보호가 이 제도의 취지이다. 다만 상장법인의 경우에는 "자본시장 육성에 관한 법률"상의 규정에 의해 유상증자시 신규발행 주식과 기발행 주식의 합계의 20% 범위 내에서 우리사주 조합에 우선 배정되도록 되어 있으므로 그 부분만큼 주주의 신주인수권이 제약된다.

① 신주인수권의 이론적 가치

회사가 신주를 발행하는 경우 구주주가 우선적으로 신주를 인수할 수 있는 권리를 신주인수권(preemptive rights)이라 한다. 이러한 신주인수권은 하나의 재산가치로서 양도되기도 하고 또한 신주인수권시장에서 매매되기도 한다. 신주인수권의 가격을 R, 신주인수권이 부여된 구주 1주의 시장가격을 M_0, 신주 1주의 인수

3) offer(주식배정)에는 right offering(구주주 할당)과 general cash offer(인수기관에 의한 일반 공모)가 있다. 회사 정관에는 어떻게 신주를 배정할 것인지를 정하게 되어 있다.

가액을 S, 그리고 신주 1주를 인수하는 데 필요한 구주의 주식수를 N이라고 하면 신주인수권의 이론적 가치는 다음과 같다.

$$R = \frac{M_0 - S}{N+1} \tag{12-1}$$

예를 들어 구주의 권리부 시세 $M_0 = 20{,}000$원, 신주 1주의 인수가액이 $S = 10{,}000$원이고, 구주 20주에 대하여 신주 1이 배정되는 경우($N=20$)의 신주인수권의 가치는 다음과 같다.

$$R = \frac{20{,}000 - 10{,}000}{20+1} = 476.2\text{원}$$

② 권리락가격

권리부주가에서 신주인수권 가치를 빼면 권리락(ex-right) 가격(또는 권리락 주가)이 이론적으로 계산된다. 위의 예에서 권리락 가격은 20,000－476.2＝19,523.8원이 된다.

(2) 권리부주가와 권리락

상장회사규정에 의하면, 유상증자를 하는 상장기업의 경우 주식은 기산일 이전 2 영업일 이전에 권리락(ex-right)주가가 된다. 이 권리락일(ex-right date) 이전에 주식을 매입하면 권리부주가(영어로는 right on, with right 또는 cum- right이라는 용어를 사용)가 된다. 이 권리락일 이후에 주식을 매입하면 신주인수권을 받지 못한다. 권리락주가는 기존 시가에 신주인수권의 가치만큼 뺀 금액이 된다. (주)정석기업의 경우 이론적 권리락주가는 20,000－476.2＝19,523.8원이다.

(주) 정석기업의 예를 들어 유상증자발표일, 기산일, 권리락일 그리고 권리락주가를 그림으로 표시하면 [그림 12-3]과 같다.

기산일(holder of the record date)은 주주가 법적 소유권을 확인받는 마지막 날이다. 이날 현재 주주명부에 주주로 기록되어야 신주인수권을 받는다. (주)정석기업의 경우 기산일은 ××년 4월 21일 화요일이다. 권리락일(ex-right date)은 기산일 이틀 전 영업일이다. 권리락일 이전에 주식을 매입해야 신주인수권을 받는다. 현실적으로 주식시장에서 주식을 매입하고 결제되기까지 2 영업일이 필요하기 때문에 이런 조치가 필요하다. 권리락일은 달력일(calendar day)이 아니라 영업일

[그림 12-3] (주)정석기업의 권리락과 권리락일

유상증자 결정 발표일	××년 3월 15일
권리락일	××년 4월 17일 금요일
기산일	××년 4월 21일 화요일
권리부주가	20,000원
신주인수권가치	476.2원
권리락주가(이론적)	19,523.8원

발표일	권리락일	기산일
3월 15일	4. 17. 금	4. 21. 화
권리부주가	권리락주가	
20,000원	19,523.8원	

(business day)로 계산한다. (주)정석기업의 경우 기산일이 ××년 4월 21일 화요일이므로 2 영업일 이전은 ××년 4월 17일 금요일이다. 이날 아침 증권시장이 개장하면 그 주식은 권리락 표시가 되어 있다. 이때 (주)정석기업의 권리락주가는 19,523.8원이다. 17일 금요일날 주식을 매입한다고 해도 신주인수권을 받지 못한다. 신주인수권을 받으려면 ××년 4월 16일 목요일 오후 3시 30분 증권시장이 장을 마감하기 전까지 (주)정석기업의 주식을 시가로 (여기서는 2만원으로 예상했음) 매입해야 한다. 이러한 상태의 주식가격을 권리부 주가라고 한다.

정석기업은 영업확장을 위해 신규자금 5억원이 필요하다고 가정하자. 그 자본조달방법으로서 신주인수권방법(right offering)을 이용하고자 한다. 당시의 재무상황은 〈표 12-1〉과 같다.

이와 같은 상황에서 신규자금 5억원을 조달하기 위해서 재무담당자는 신주가격, 주식수, 1주당 신주 1주를 배정받기 위한 구주식수 그리고 기존주가에 미치는

〈표 12-1〉 신주인수권 매입 전 재무상황

(주)정석기업

순이익	2,000,000,000(20억)
발행 주식수	1,000,000
EPS	2,000원
주가	20,000원
시가 총액	20,000,000,000(200억)

순이익	주식수	EPS	주가	P/E
20억원	1백만주	2,000원	20,000원	10배

영향을 검토해야 한다.

구주주는 배정의향서 서식에 신주를 인수하겠다는 서명과 인수대금을 해당 증권회사로 보낸다. 현실적으로는 거래 브로커(=증권회사)의 본인계좌에 지정기일까지 인수대금을 예치해야 한다. 구주주의 선택은 첫째, 신주권을 행사하여 신주를 배정받거나, 둘째, 신주인수권 권리자체를 판매, 그리고 셋째, 아무런 조치를 취하지 않는 것 중의 하나이다. 만약 배정가격이 시가 20,000원보다 저렴한 1주당 10,000원이라고 하자. 이 신주발행예정가격으로 5억원을 조달하기 위해 발행해야 할 신규주식수는 50,000주이다.

$$\text{신주발행 주식수} = \frac{\text{발행예정금액}}{\text{1주당 신주발행예정가격}} = \frac{500{,}000{,}000}{10{,}000} = 50{,}000\text{주}$$

기존 주주들은 그들이 이미 소유한 주식수만큼 신주인수권이 주어져야 한다. 이미 기존 주식수가 1,000,000주이므로 1,000,000개의 신주인수권이 발행된다고 본다. 새 주식 1주를 얻기 위해 필요한 신주인수권은 기존 발행주식수만큼의 신주인수권을 신주발행주식수로 나누어 주어야 한다.

$$\text{신주1주 매입에 필요한 신주인수권수} = \frac{\text{구주식수}}{\text{신주발행주식수}} = \frac{1{,}000{,}000}{50{,}000} = 20\text{개 신주인수권}$$

따라서 구주주는 신주 1주를 매입하기 위해 20개의 신주인수권을 포기하고 신주 1주당 10,000원을 지불해야 한다. 만약, (주)정석기업의 모든 주주가 이렇게 한다면, 정석기업은 5억원을 조달할 수 있다.

만약 신주배정가를 5,000원으로 낮추면 새로 발행한 주식수는 100,000주가 되고, 이 신주 1주 매입에 필요한 신주인수권수는 10개가 된다.[4] 신주배정가격을 낮출수록 새로 발행할 주식수는 많아지고 이 신주매입에 필요한 신주인수권수는 감소한다. 물론 그 반대 경우도 성립한다.

---

4) 신주발행 주식수 500,000,000/5,000 = 100,000주
신주 1주 매입에 필요한 신주인수권수 1,000,000/100,000 = 10개

(3) 신주인수권의 가치

신주인수권은 분명히 가치가 있다. 위의 정석기업의 예에서 본 바와 같이 시가 20,000원에 매매되는 주식을 그보다 싼 10,000원에 살 수 있기 때문이다. 이런 점에서 신주인수권은 콜옵션과 비슷한 성격을 가진다. 다만 그 신주인수권이 회사에 의해 발행되는 점이 다르다.

정석기업의 경우 모든 구주주가 신주인수권을 행사한다고 가정하면 구주주배정 후 총주식수는 [기존주식수 1,000,000주＋신주발행주식수 50,000주＝1,050,000주]가 되고, 구주주배정 후 시가총액(＝기업가치)은 [기존 시장가치 200억＋신주발행금액 5억＝205억원]이 된다. 따라서 새로운 1주당 시장가치는 205억원÷1,050,000주＝19,523.8원이 된다.

김대리가 구주 20주를 가지고 있다고 가정하자. 구주주 할당배정방식에 의해 그는 20매의 신주인수권을 갖는다. 신주 1주를 얻기 위해 20개의 신주인수권을 행사하여 신주 1주를 10,000원으로 매입하였다고 하자. 신주매입 전후 그의 주식가치를 비교해보자. 신주매입 전 그의 주식가치는 20주×20,000원＝400,000원이다. 10,000원으로 신주 1주를 매입한 후 그의 주식가치는 총보유주식수 21주에 주식가치는 400,000＋10,000원＝410,000원이다. 그의 1주당 이론주식가치는 410,000원÷21주＝19,523.8원이나. 이를 표로 나타내면 〈표 12-2〉와 같다.

만약, 정석기업의 주식을 전혀 가지고 있지 않은 투자자라고 할지라도 신주인수권을 증권시장에서 매입하면, 신주를 매입할 수 있다. 위의 정석기업의 경우,

〈표 12-2〉 정석기업의 신주인수권 행사 후 주식가치와 신주인수권가치

기존의 주식가치	
주식수	1,000,000주
주가	20,000원
기업가치	20,000,000,000원
신주인수권 행사	
신주배정가격	10,000원
발행된 신주인수권수	1,050,000매
신주 1주에 요구되는 인수권수	20
신주인수권 행사 후 주식가치	
주식수	1,050,000주
기업가치	20,500,000,000원
이론주가	19,523.8원
신주인수권가치	20,000-19,523.81=476.2원

〈표 12-3〉 정석기업의 주식 20주를 보유한 주주 김대리의 주식가치

기존의 주식가치	
기존보유주식수 1주당 시가 주식가치	20주 20,000원 400,000원
신주인수권배정조건	
신주배정가격 배정된 신주인수권수 신주 1주 매입에 필요한 신주인수권수	10,000원 20개 20개
신주인수권 배정 후 주식가치	
주식수 주식보유가치 1주당 이론가치 신주인수권가치	21주 410,000원 19,523.8원 20,000-19,523.81=476.2원

그가 정석기업 주식 1주를 매입하기 위해 20개의 신주인수권이 요구된다. 그의 투자금액은 신주인수권수 20개×476.19원=9,523.8원이다. 이때 신주 1주를 10,000에 매입하면 그의 총비용은 9,523.8원+10,000원=19,523.8원이 된다. 이 금액은 정확히 1주당 이론가치와 19,523.8원과 일치한다.

(4) 신주인수권이 주주 재산가치에 미치는 영향

유상증자의 경우, 구주주는 신주인수권을 행사하거나, 타인에게 신주인수권을 판매하거나 마지막으로 아무런 조치도 취하지 않을 수 있다고 앞에서 이미 얘기했다.[5] 구주주가 신주행사권을 행사하든, 타인에게 양도하든 주주입장에서는 재산가치에 아무 변함이 없다. (주)정석기업의 예를 들어 각각의 경우가 주주의 재산가치에 미치는 영향을 보자. 기존의 구주주 김대리가 20주를 보유하고 있다고 가정한다.

첫째, 신주인수권을 행사할 경우, 그는 20개(20주)의 신주인수권을 행사하여 신주 1주를 10,000원에 배정받는다. 그의 재산가치는 410,000원이다. 그러나 10,000원을 지불했으므로 순재산가치는 400,000원이다.

5) 현실적으로 구주주에게 신주인수권이 주어지는 유상증자에서 아무런 반응을 나타내지 않는 주주는 별로 많지 않을 것이다. 왜냐하면 돈을 벌 수 있는 기회이기 때문이다. 통계적으로 주주의 약 10%는 아무런 조치를 취하지 않는다고 한다. 그 이유는 장기여행 중이거나 유상증자 자체를 몰랐거나 실수로 배정청약일을 놓쳤기 때문이다.

20주×20,000원= 400,000원
1주×10,000원= 10,000원
410,000원
순재산가치 400,000원

둘째, 타인에게 신주인수권 20개를 개당 476.19원으로 판매한다. 신주인수권 1개당 476.19원이므로 구주주할당 유상증자는 기존 주가를 낮추는 것은 사실이다. 그러나 기존 주주가 신주인수권을 행사하든 아니면 타인에게 매도하든 구주주의 재산가치는 아무런 변동이 없다. 구주주는 구주주 할당으로 인한 기존 주가의 하락분 만큼 신주인수권을 받으므로, 신주인수권에 의한 유상증자(right offering)는 기존 주주의 재산가치에 영향을 주지 않는다.[6)]

신주인수권 수입 20개×476.19원=	9,523.80원
기존 주식가치 20주×19,523.81원=	390,476.20원
계	400,000원

(5) 증자와 소유권희석

기업의 신주발행에 의해 자금 조달은 기존 주주의 비례적 소유권에 변화를 가져오고, 주당순이익(EPS) 그리고 기존 주가에 영향을 미친다. 앞에서 (주)정석기업의 경우 주식인수권 증자(right offering)에 의해 신주인수권을 행사하면 기존 주주의 비례적 소유권이 유지된다. 그러나 현금증자(cash offer)를 하면 비례적 소유권이 떨어지게 된다.

예를 들어, (주)정석기업의 주주인 김영석 씨가 현재 100,000주를 보유, 10%의 소유권을 유지하고 있다고 하자. (주)정석기업의 현재 발행주식수는 1,000,000주이다. 새로운 자금조달을 위해 신규자금 5억을 1주당 10,000원씩 50,000주를 전액 현금공모(public cash offer)로 한다고 한다. 만약 김영식 씨가 신주를 못 받으면 그의 소유권은 전체주식수 1,050,000주 중 100,000주에 불과하여 소유권의 비중은 9.52%(=100,000/1,050,000)로 떨어진다.

신주발행이 주당순이익(EPS)와 주가(P)에 미치는 영향은 이론적으로는 주식수 증가에 따라 주당순이익을 낮추고, 일정한 주가수익비율(PER)을 가정하면 주가

6) 이런 점에서 신주인수권 유상증자는 주식분할(stocksplit)과 비슷하다.

〈표 12-4〉 (주)정석기업의 증자가 EPS와 주가에 미치는 영향

	증자 전	증자 후	
		NPV 감소	NPS 증가
주식수	1,000,000주	1,050,000주	1,050,000주
NPV 증감		-1억원	+1억원
주가	20,000원	19,905원	20,095원
EPS	2,000원	1,991원	2,010원
PER	10배	10배	10배

를 낮춘다. 그러나 증자자금이 투입된 투자안의 NPV가 음(-)인지 양(+)인지에 따라 주당순이익과 주가에 미치는 영향이 달라진다.

(주)정석기업의 예를 다시 들어보자. (주)정석기업은 5억원을 신규투자안에 투자하여 EPS의 향상은 물론 주가를 올릴 것으로 계획하고 있다. 예를 들어, 신규 투자결과 1억원의 음(-)의 NPV가 발생되었다고 가정하자. 현재 주가수준은 20,000원이고 신규주식발행 후 총주식수는 1,050,000주로 늘어난다. 1억원의 음(-)의 NPV가 발생하면 기업가치는 주당 95원(=1억원/1,050,000)만큼 떨어지고 이는 이만큼의 주가하락을 초래, 주가는 19,905원이 된다. 따라서 평균 PER 비율 10배를 유지할 것으로 가정하면 주당순이익은 1,991원(19,905÷10배)으로 떨어진다.

반대로 1억원의 양의 NPV가 발생하면 기업가치는 주당 95원(=1억원/1,050,000주)만큼 증가하고, 주가상승을 불러일으켜 주가는 20,095원이 된다. 평균 PER비율 10배를 유지할 경우, 주당순이익은 2,010원(20,095/10배)으로 늘어난다.

4) 무상증자를 통한 자금조달

(1) 무상증자의 의의

자금조달을 목적으로 하지 않고 자본구성을 변동하거나 기타의 목적으로 재무제표상의 항목변경을 통하여 신주식을 발행하는 형태로서 총자산에는 변화가 없는 형식적 증자이다.

(2) 유 · 무상증자

① 유상 · 무상 포괄 증자

이것은 주주총회의 결의로서 재평가 적립금을 자본전입, 신주를 발행하여 주주에게 할당함과 동시에 유상증자에 해당하는 부분에 대해서는 구주주로 하여금 주금을 납입토록 해서 충당하는 방법이다. 단, 포괄 증자의 경우에 있어서는 유상분에 대한 납입이 행하여지지 않으면 주주는 유 · 무상분 모두에 대한 신주인수권을 상실하게 된다.

② 유상 · 무상 병행 증자

이것은 유상증자와 무상증자를 동시에 행하는 방법이다. 그러나 이 경우에는 유상분과 무상분을 별개 처리하여도 무방하다.

(3) 주식배당

주식배당은 주식회사가 주주에 대하여 이익배당을 하는 경우, 보통 행하는 현금배당 대신에 그에 상당하는 신주식을 발행하여 배당으로 대신하는 것이다. 이러한 주식배당은 회사의 입장에서는 미처분이익잉여금으로 일컬어지는 이익이 사내 유보되어 자본금으로 전입되는 것이므로 실질적 증자의 효과를 갖는 것이다. 주식배당은 주주에 대해서는 현금 배당과 동일한 효과를 주고, 배당이 액면금액에 의하여 행하여지므로 주식시가가 액면을 상회하는 때에는 사실상 증자와 같은 효과가 있다. 이와 같은 주식배당의 목적은 배당에 따른 현금의 유출을 방지하여 자금사정을 개선시키고 간단한 절차로 자본을 증가시키며, 주식의 시장성을 증대시키는 데 있다.

5) 주식관련 사채로부터의 증자

(1) 전환사채에 의한 증자

전환사채의 소유자가 전환권을 행사하여 사채를 주식으로 전환시켜 신주를 발행하는 경우이다. 이 경우에는 전환액에 상당하는 부채가 감소하고 자본이 증가하여 부채자본의 자기자본화가 이루어지게 된다. 따라서 부채는 감소되나 자산의 변화는 없이 증자가 이뤄지게 된다.

(2) 신주인수권부 사채의 신주인수권에 의한 증자

신주인수권부 사채의 소유자가 신주인수권을 행사하여 사채액 상당 금액을 별도 불입하여 신주를 반행하는 것이다. 이 경우에는 사채액에 상당하는 부채가 존속하고 자기자본만 증가하게 된다. 따라서 부채는 변동 없이 자산만 증가하여 증자가 이루어지게 된다.

6) 사채와 주식의 비교

(1) 차 이 점

① 주식은 회사에 대한 자본구성의 단위로서 주식투자자는 주주 지위를 가지나, 사채는 채무로서 채권투자자는 채권자 지위를 가진다.

② 주식은 자기자본을 구성하여 회사의 존속 중에는 원칙상 반환을 요하지 않으며 이익이 없으면 배당할 필요가 없으나, 사채는 타인자본인 부채이기 때문에 원금상환을 요하며 이익이 없어도 일정한 이자를 지급해야 한다.

③ 주주는 주주총회에 참석하여 의결권을 행사하는 등 회사경영에 참여 할 수 있으나, 사채권자는 경영에 참여할 수 없다.

④ 주주는 해산시에 잔여재산 분배청구권이 있을 뿐이나, 사채권자는 주주에 우선하여 원리금의 지급을 받을 수 있다. 그러나 최근 무의결권주식 및 상환주식 등과 같이 사채와 유사한 주식의 발행이 인정되고 있으며, 전환사채, 신주인수권부 사채와 같이 주식과 사채의 중간적 제도가 마련됨으로써 주식과 사채는 상호 접근하는 경향을 보인다.

(2) 유 사 점

① 소유와 경영의 분리로 주주는 의결권 행사에 무관심하고 주가상승에 따른 시세차익 획득의 목적으로 주식을 취득하는 경우가 대부분으로 주주의 경영권 참가권이 사실상 무의미해졌다.

② 기업의 안정된 배당정책으로 주주는 사채이자처럼 일정액의 배당금을 수

령한다.

③ 주식의 채권화 경향(무의결권 주식, 상환주식, 우선주식) 및 채권의 주식화 경향(전환사채, 신주인수권부 사채)이 있다.

④ 점차 장기사채발행이 증가하는 추세에 있어 사채의 준자본화 현상이 나타나고 있다.

제 4 절 리스회사를 통한 자금조달

1) 리스의 정의와 리스료 계산

(1) 리스의 정의

리스란 시설이용자가 선정한 설비를 시설대여회사(이를 리스회사라 함)가 대신 구입하여 시설 이용자에게 사용토록 하고 그 대가를 리스료로 받는 금융거래이다. 즉 기업이 필요로 하여 직접 선정한 기계 설비를 장기간 대여하는 제도로 형식적으로는 임대차 방식을 취하나, 실질적으로는 시설조달의 장기금융인 설비금융으로서 물적 자본조달 방식의 하나이다. 여기서 시설장비이용자는 임차인(leasee)이고 시설대여회사, 즉 리스회사는 임대인(leasor)이다. 리스는 장기자금의 대체수단으로서 담보력이 약한 중소기업의 경우 장기자본 조달의 대체수단이 된다.

(2) 리스료 계산

리스료는 리스금액을 리스기간 동안 동일금액을 분할하여 지급하는데 이자지급과 달리 매 기간 선급(annuity due)되는 특징을 가진다. 리스료 계산을 위해서는 매 기간 선급되는 연금의 현가계산 공식을 이용한다.

| 예제 12-1 | [리스료 계산문제] 다음과 같은 정보가 주어졌을 때, 임대인이 요구할 연간 리스 지불액을 계산하라(리스료 지불은 선불이다).

(1) 구입가격 260,000,000원, 이자율 13%, 리스기간 5년, 잔존가치 없음

(2) 구입가격 138,000,000원, 이자율 6%, 리스기간 9년, 잔존가치 20,000,000원

풀이 리스료를 X원이라 하자. 리스료는 선지급이므로 리스기간에 1년을 뺀 기간 동안의 연금의 현가합계 공식을 이용한다.

구입가격=X+PVIFA(리스기간−1, 이자율)* X

(1) 260,000,000=X+PVIFA(4,13%)X

=(1+2.9745)X

X=65,417,034원

(2) 138,000,000=X+PVIFA(8,6%)X+PVIF(9,6%)잔존가치

=(1+6.2098)X+20,000,000(0.5919)

X=17,498,682원

2) 분　류

(1) 금융리스

금융리스(financial lease)는 리스계약기간이 자산의 경제적 수명에 가깝고, 리스 대상 자산인 기계 및 장비의 유지·보수는 리스이용자가 부담하며, 리스료가 비싸다. 금융리스는 원칙적으로 중도해약이 불가능하거나 까다롭다. 이는 항공기나 선박 등 높은 가격의 기계나 장비 리스에 많이 이용되며 자본리스(capital lease)라고도 한다.

금융리스는 다음과 같은 경우 여러 가지 까다로운 법적 계약을 검토해야 한다.

① 리스기간 종료 후 소유권을 이전하기로 약정한 경우

② 염가구매선택권이 리스이용자에게 있는 경우

〈표 12-5〉 금융리스와 운용리스의 비교

	금융리스	운용리스
계약기간	자산의 경제적 수명에 가까운 기간	자산의 경제적 수명보다 짧은 기간
보수·유지 및 서비스료	원칙적으로 리스이용자가 부담	리스회사가 부담하고 리스료에 포함
리스료	원가를 충당한다. 구입가격과 적정이익 포함	원가를 충당하지 못한다. 구입가격회수에는 불충분
중도해약 여부	원칙적으로 중도해약 불가	중도해약 가능

③ 리스기간이 법적 내용연수를 초과하는 경우

(2) 운용리스

금융리스 이외의 리스는 모두 운용리스(operating lease)인데 리스계약 기간이 자산의 경제적 수명보다 짧고, 리스 자산의 유지 및 보수는 리스회사가 부담하며 리스료가 비교적 저렴하다. 흔히 렌탈(rental)이라고 한다. 운용리스는 중도해약이 가능하다.

3) 리스의 장 · 단점

(1) 리스의 장점

① 100% 설비 금융효과

기계 및 시설을 리스회사가 직접 구입하여 장기 대여하여 주는 것이므로 자기자금 부담이 전혀 없을 뿐만 아니라 기계 및 도입에 따른 일체의 부대비용까지 리스회사가 지급하므로 100% 설비금융 효과가 있다.

② 자금운용 효과

리스를 이용하는 경우 금융기관으로부터의 차입한도가 그대로 남아 있게 되므로 자금조달력을 증대시킬 수 있다. 또한 고가의 기계 설비를 구입할 만한 자금의 여유가 없거나, 여유가 있더라도 이를 다른 수익성이 있는 대상에 투자함으로써 수익을 극대화하고자 하거나 또는 기업자금에 애로가 있을 경우 고려해 볼 수 있다.

③ 건전한 재무구조 유지(운용리스의 경우)

리스한 기계설비나 리스료 지급채무는 이용자의 재무상태표에 계상되지 않으므로 부채비율의 약화를 초래하지 않는다. 따라서 재무구조를 건전하게 유지할 수 있다.

④ 절세 효과

세법상 자산의 임차료로서 전액 손비로 인정되고, 금융리스는 투자세액 공제 등으로 절세효과가 있다.

⑤ 조기상각 효과(금융리스의 경우)

리스기간이 당해 시설의 법정 내용연수의 60%에 상당하는 기간으로서 리스기간 중 원금잔액에 대한 조기상각과 같은 효과가 있어 실질자금 유출액은 명목리스료보다 훨씬 감소된다.

⑥ 자금의 장기 고정화 방지 및 운전자금의 조성 촉진

매월 또는 매 3개월마다 정액의 리스료(계약조건에 따라 달라질 수 있음)를 지불하면 필요로 하는 기계 설비를 원하는 기간까지 이용할 수 있기 때문에 시설조달에 자금을 투입할 필요가 없으며 그 자금을 운전자금으로 전용할 수 있다. 또한, 일반금융기관의 융자와는 달리 별도의 예금 또는 적금의 가입을 필요로 하지 않는다.

(2) 리스의 단점

① 높은 조달비용

리스금액에는 취득원가, 보험료, 운송료, 제세공과금 및 리스회사의 마진(margin)이 포함되어 있으므로 다른 금융상품에 비해 비용이 다소 높다.

② 잔존가치의 상실

리스기간이 종료된 후에 리스이용자는 리스물건을 반환해야 한다. 구매 또는 재리스하는 경우 감가상각이 끝난 자산에 대해 리스료를 지급하거나 구매대금을 지급해야 하는데 리스이용자의 입장에서 볼 때 이는 불리하며, 반환하는 경우에는 리스물건에 대한 모든 잔존가치 등이 리스회사에 귀속된다.

③ 소유의 부재

리스자산의 사용권만을 이전하므로 소유욕망을 충족할 수 없다.

④ 인플레이션 이득의 상실

인플레이션이 극심한 경우 자산의 소유에 따르는 자본이득의 획득기회를 상실한다.

⑤ 중도해약 불가능

우리나라의 경우 리스회사들이 리스 계약시에 일률적으로 적용하는 보통거래 약관에는 리스기간 중에 리스이용자가 리스계약을 해지할 수 없도록 규정하고 있다. 리스이용자가 리스기간 중에 리스계약을 해지할 경우에는 위약금을 지급해야 한다. 따라서 리스기간 종료 전에는 리스물건이 진부화되더라도 처분할 수 없어서 탄력성이 적다.

4) 리스의 경제성 평가

(1) 리스 또는 차입의 비교

리스의 비용과 직접 구입시의 비용을 비교해야 하는데 직접 구입시 여러 자금조달방법 중 어느 조달방법의 비용과 리스의 비용을 비교해야 하는가? 일반적으로 많이 사용되고 있는 접근방법은 전액 차입을 통해 자금을 조달할 때의 비용과 비교하는 방법이다(lease or borrow?). 그 이유는 리스를 할 경우 리스 임차자가 매기마다 지급해야 하는 일정금액의 리스료가 고정비용으로서 부채에 대해 지급하는 이자와 같은 성격을 띠기 때문이다.

(2) 리스의 평가

리스의 평가시 리스를 통해 자산을 사용할 때 발생하는 비용과 차입하여 자산을 구입할 때의 비용을 각각 현가로 계산하여 그 값이 작은 것이 더 유리하다는 결론을 내리게 된다. 자산의 관리비, 보수비용, 그리고 보험료 등과 같이 구입시나 리스시에 공통적으로 발생하는 비용에 대해서는 고려할 필요 없이 서로 다르게 발생하는 현금흐름만을 비교, 분석한다.

리스의 경우 현금유출은 리스료인데 리스료의 감세효과를 감안하면 실제로 지급하는 현금은 이보다 작다. 이러한 현금유출흐름을 현가로 할인함에 있어서 할인율은 세후 부채비용이다. 왜냐하면, 리스는 재무위험에 있어 부채자본과 같은 효과를 가지지 때문이다.

차입의 경우 현금유출은 매년의 원리금지급액인데 현금흐름의 계산에서 이자지급액과 감가상각비의 감세효과를 감안하면 실제 현금유출액은 이보다 작을 것이다. 여기에 구매한 자산의 잔존가치가 있을 경우 이를 감안하면 현금유출액은 더 작을 것이다. 현가계산시 할인율은 당연히 세후 타인자본비용이다.

| 예제 12-2 | (주)이테크는 100,000천원 상당의 새로운 기계를 구입할 것인지 아니면 리스할 것인지를 검토 중이다. 구입할 경우 이 기계의 법적 수명연수는 8년이고 잔존가치는 8,000천원이다. 감가상각방법으로서 이 기계는 6년 가속상각 대상에 속하며 상각률은 1차 연도에 20%, 2차 연도에 32%, 3차 연도에 19.20%, 4차 연도에 11.52%, 5차 연도에 11.52%, 그리고 6차 연도에 5.76%가 적용된다. (주)이테크는 기계를 리스를 통하여 임차하거나 부채로 자본을 차입하여 직접 조달할 수 있다.

리스를 통하여 이 기계를 임차하는 경우 8년 동안 연초에 16,000천원의 리스료를 지불해야 한다. 만약 부채로 자금을 차입하여 직접 구입한다면 이자율은 연 14%로 8년 동안 원리금을 연초에 상환해야 한다. 한계법인세율이 40%이다. 리스와 차입에 의한 기계구입 중 더 유리한 방법은 어느 것인가?

풀이 리스에 의한 현금지출의 현가와 차입하여 구입할 경우의 현금지출의 현가를 비교하여 더 작은 것을 선택한다. 연 리스료는 16,000천원이고 연 부채상환액은 18,910천원이다. 계산과정은 아래와 같다.

$$100,000 = A(1 + PVIFA_{(14\%,\,7)})$$

$$100,000 = A(1 + 4.2883) = A(5.2883)$$

$$A = 100,000/5.2883 = 18,910$$

(1) 현금흐름표: (리스 채택의 경우) (단위: 천원)

연 말	(a) 리스료	(b) 세금효과 $(a)_{t-1} \times (.40)$	(c) 세금효과 차감 후 현금유출 (a) − (b)	(d) 현금유출의 현가(8.4%)
0	16,000	–	16,000	16,000
1	16,000	6,400	9,600	8,856
2	16,000	6,400	9,600	8,170
3	16,000	6,400	9,600	7,537
4	16,000	6,400	9,600	6,953
5	16,000	6,400	9,600	6,414
6	16,000	6,400	9,600	5,917
7	16,000	6,400	9,600	5,458
8	–	6,400	(6,400)	(3,357)
				61,946

(2) 현금흐름표: (차입 후 구입의 경우) (단위: 천원)

연말	(1) 상환액	(2) 이자액	(3) 감가상각비	(4) 세금효과 (2+3)×0.4	(5) 현금유출 (1)−(4)	(6) 현금유출 현가 (8.4%)
0	18,910	0	0	0	18,910	18,910
1	18,910	11,353	20,000	12,541	6,369	5,875
2	18,910	10,295	32,000	16,918	1,992	1,695
3	18,910	9,088	19,200	11,315	7,693	5,962
4	18,910	7,713	11,520	7,693	11,217	6,040
5	18,910	6,146	11,520	7,066	11,844	7,913
6	18,910	4,359	5,760	4,048	14,862	9,930
7	18,906	2,322		929	17,977	10,221
8	(8,000)			(3,200)	(4,800)	(2,518)
						66,546

부채상환표

연 말	(a) 상환액	(b) 원금미상환잔액 $(b)_{t-1}$ - (a−c)	(c) 연이자 $(b)_{t-1}$ × (14%)
0	18,910	81,090	0
1	18,910	73,533	11,353
2	18,910	64,918	10,295
3	18,910	55,096	9,088
4	18,910	43,899	7,713
5	18,910	31,135	6,146
6	18,910	16,584	4,359
7	18,906	0	2,322

결론:

(1) 리스에 의한 현금지출원가: 61,946천원

(2) 차입 후 구매에 의한 현금지출현가: 66,546천원

리스의 경우 더 낮으므로 리스 채택.

Financial Management 문제풀이

≪객관식 문제≫

1. 무이표채(zero coupon bond) 채권에 관한 설명으로 틀린 것은?

① 만기에만 현금흐름이 사채권자에게 주어진다.
② 액면가치보다 낮은 가격으로 거래된다.
③ 이자가 지급되지 않으므로 채권의 수익률은 0이다.
④ 할인채권이라고도 불린다.

2. 기업이 청산할 때 잔여재산에 대한 청구권의 우선순위를 적절하게 표시한 것은?

① 미지급임금－회사채－보통주－우선주
② 회사채－미지급임금－우선주－보통주
③ 우선주－회사채－보통주－미지급임금
④ 미지급임금－회사채－우선주－보통주

3. 부채와 자기자본의 차이를 적절하게 설명하지 못한 것은?

① 부채 원리금을 지급하지 않는 것은 파산이 사유가 될 수 있지만 배당을 지급하지 않는 것은 그렇지 않다.
② 주주들은 의결권을 갖지만 채권자들은 그렇지 않다.
③ 부채에 대한 이자지급액은 법인세 계산에서 손금으로 처리되지만 주식에 대한 배당 지급액은 그렇지 않다.
④ 주주들은 기업의 위험을 부담하지만 채권자들은 그렇지 않다.

4. 우리나라 증권시장에 대한 설명으로 틀린 것은?

① 많은 예비벤처기업들이 IPO를 통해 증권시장에 진입한다.
② 장외시장은 거래소시장과 경쟁관계도 되고 보완관계도 된다.
③ 증권시장을 통한 자금조달은 직접금융에 속한다.
④ 회사채 거래는 주식거래와 마찬가지로 정규유통시장에서 대부분 거래된다.

5. 상장 예정 신규기업의 첫 주식 공모를 무엇이라고 하는가?

① 주식 재매입 제도 ② private placement
③ IPO ④ 유상증자

6. S회사는 유상증자를 결정하고 4주의 구주에 대하여 1주의 신주를 10,000원에 인수

할 수 있는 권리를 구주주들에게 부여하였다. 아직 신주인수권이 행사되지 않고 있는 상태에서 S회사 주식의 현재 주가는 12,000원이다. 구주주가 갖고 있는 신주인수권의 이론적인 가치를 구하시오.

① 500원 ② 400원 ③ 2,000원 ④ 6,400원

7. 보통주 발행의 단점에 해당하지 않는 것은?
① 정보비대칭 하에서 투자자들에게 부정적인 신호로 해석될 우려가 있다.
② 기업의 소유구조와 지배구조에 영향을 준다.
③ 주식투자자들은 회사채 투자자보다 개인소득세율이 높다.
④ 인수 및 분배에 따른 발행비용이 우선주보다 높다.

8. 증권시장에서 신주인수권(right)이 없는 상태에서 거래되는 첫 거래일은 무엇이라고 하는가?
① 선언일 ② 권리락일
③ 기록일 ④ 예비공모일

9. 증권 유통시장을 적절하게 설명하지 않고 있는 것은?
① 증권이 다른 금융자산에 비하여 유리한 점은 유통시장에서 자유롭게 거래될 수 있다는 점이다.
② 거래소 시장과 장외시장으로 나누어진다.
③ 거래에 따른 마찰적 요인(수수료나 규제)이 적을수록 유통시장은 효율적 시장이 된다.
④ 우리나라는 외국기업의 상장과 유통거래를 금지하고 있다.

10. 기업에서 신규 증권을 발행할 경우 밟아야 하는 첫 단계는?
① 인수단의 선정 ② 금융감독원의 승인
③ 이사회의 승인을 얻는 것 ④ 등록서류 준비

11. 금융리스에 대해 틀린 내용은?
① 자본리스라고도 한다.
② 리스 대상 장비는 대부분 완전히 상각된다.
③ 리스회사가 유지 · 보수 책임을 진다.
④ 원칙적으로 중도해지를 할 수 없다.

12. 리스의 장점이 아닌 것은?
① 세제상 이점(리스료손비처리) ② 진부화위험 감소
③ 저렴한 리스료 ④ 부채비율 증가 방지

≪주관식 문제≫

★1. (주)대영은 이미 발행한 주식 4주마다 신주 1주당 5,000원에 발행하는 유상증자를 실시했다. 그 발행이 있기 전의 기존발행 주식수는 4백만주였고 1주당 시가는 6,000원이었다.

(1) 유상증자가 100% 완료될 경우 신규로 조성된 자금 총액은 얼마인가?
(2) 신주 한 주를 살 수 있는 권리의 가치는 얼마인가?
(3) 유상증자 발행이 완료된 후의 예상주가는 얼마인가?

2. [2002년 CPA 2차 유사문제] 상장기업인 (주)상암레저의 대표이사는 우량기업이 되기 위해서는 무차입 경영을 추구해야 한다고 판단했다. 이를 실행에 옮기기 위해 (주)상암레저는 이사회를 열어 주주배정(right offering) 방식에 의한 유상증자를 실시하기로 하고 주당 발행가액은 20,000원으로 정했다.

유상증자로 조달한 자금은 전액 (주)상암레저의 모든 부채를 즉시 상환하는데 사용하기로 결의한 후 이 모든 내용을 시장에 공시했다. 공시직전 (주)상암레저의 총 시장가치는 400억원이며 이 중 부채의 시장가치는 100억원이다. 기발행 주식수는 100만주이다. 자기자본 장부가치는 200억원이고 부채의 장부가치는 100억원이다.

공시직전 (주)상암레저 주주의 요구수익률은 20%이며, 부채의 요구수익률은 10%이다. 법인세가 있는 MM이론과 준강형의 효율적 시장이 성립한다고 가정한다. (주)상암레저의 이자 및 법인세 차감 전 순수익(EBIT)의 기대치는 동일하게 영구히 발생한다. 법인세율은 40%로 일정하게 인정된다.

(1) (주)상암레저의 시장공시에 따라 주가가 얼마나 변동하는지를 구하고 주가가 변동하는 이유를 간단하게 쓰시오.
(2) (주)상암레저의 유상증자 실시 이전과 유상증자 및 부채상환실시 이후에 다음의 값이 얼마나 변동하는지를 구하고 변동하는 이유를 간단히 설명하오.
   ① 가중평균 자본비용(WACC)
   ② 자기자본이익률(ROE)
   ③ 경제적 부가가치(EVA)
(3) (주)상암레저의 유상증자에서 권리락(ex-right)주가와 신주인수권의 가치를 구하시오.
(4) 만일 (주)상암레저가 유상증자를 실시하여 조달한 100억원의 자금을 부채상환에 사용하지 않고 전액 유상증자 후의 모든 주식에 대해 현금배당으로 지급한다면 다른 것이 모두 동일하다고 할 때 배당락(ex-dividend)주가는 얼마가 되겠는가? 배당금에 대한 세금은 없다고 가정한다. (소수점 둘째자리까지 계산할 것)
(5) 다른 가정은 그대로 유지하면서 배당금 및 자본이득에 대해 개인소득세를 부과한다고 하자. 자본시장이 균형상태에 있다고 가정할 때 유상증자를 통해 조달한 자금으로 배당금을 지급하는 경우에 주주에게 미치는 영향에 대해 각각 200자 이내로 설명하시오.

3. [2002년 CPA 2차 유사문제] CAPM이 성립하는 세계에서 두 주식 A와 B의 수익률을 분석한 결과는 다음 표와 같다고 하자, 법인세율은 40%이다.

주 식	기대수익률	베 타
A	0.10	0.8
B	0.12	1.2

다음 물음에 답하시오.

(1) 투자자 '종국'은 10억원의 투자자금으로 시장포트폴리오를 따라가는 지수펀드와 주식 B에 5 : 5로 투자하였다. '종국'이 이 투자로부터 얻기로 기대하는 수익률은 얼마인가?

(2) A주식의 현재 주가가 10,000원이고, 직전 배당금이 주당 500원이었다. A기업은 순이익의 25%를 내부유보화하여 재투자하고, 재투자로부터 얻어지는 투자수익률(ROE)이 20%이며, A기업의 배당 성향과 ROE가 앞으로도 일정하게 유지된다고 가정하자. 투자대상으로 이 주식을 어떻게 평가할 수 있는가?

(3) A기업은 무부채 기업(unlevered firm)으로 여러 개의 사업부를 가지고 있는데, 그 중 성과가 좋지 않은 하나의 사업부 X를 매각하려고 한다. 사업부 X의 장부가치는 기업전체 장부가치의 50%로, 사업부 X의 시장가치는 기업전체 시장가치의 20%로 평가되고, 베타는 기업전체 베타의 두 배이다. 사업부 X를 매각한 다음의 A기업의 베타는 얼마인가?

(4) 한편, B기업은 현재 100억원의 자기자본과 50억원의 무위험 부채를 가지고 있는데, 50억원 규모의 신주를 발행하여 기존의 부채를 상환한 다음 신규 투자안을 고려하고 있다. 이 신규 투자안을 채택할 경우 영구적으로 매년 10억원의 영업이익(EBIT)을 벌어들일 수 있을 것으로 기대한다. 이 투자안의 현재 투자 소요액이 60억원이라고 할 때 이 투자안을 평가하라.

(5) 실무적으로 베타를 추정하는 방법은 과거수익률 자료로부터 시장 모형을 이용하는 것이 보통이지만 증권 거래소 등에 상장되지 않은 기업의 베타를 추정하는 경우에는 수익률 자료 대신에 회계 이익을 사용할 수도 있다. 이런 경우에 발생할 수 있는 문제점들을 설명하라.

★4. [리스료 계산] 리스료는 매년 초에 지불되며 잔존가치는 없다고 가정할 때 다음의 물음에 답하시오.

(1) 구입가격 46,000,000원의 기계를 연간 11%의 비용으로 6년간 리스계약을 할 경우 매년 리스료는 얼마인가?

(2) 구입가격 210,000,000원의 기계를 5년 리스기간 동안 연간 47,030,000원의 리스료를 지불할 때 이자비용은 얼마인가?

(3) 8%의 이자율로 7년 리스기간 동안 연간 16,000,000원의 리스료를 지불할 때 기계의 구입가격은 얼마인가?

(4) 구입가격 165,000,000원의 기계를 이자율 10%로 매년 24,412,000원의 리스료를 지불하고자 할 때 리스기간은 얼마인가?

★5. S사는 액면가 40,000,000원 이자율 10%, 만기까지의 기간이 8년인 사채를 보유하고 있다. 이자율이 하락하였으므로 S사는 액면가 40,000,000원, 기간 8년짜리 사채를 이자율 6%로 새로 발행하여 구사채를 상환하려고 한다. 이 경우 새로운 사채발행에 대한 발행비용은 1,000,000원이고 구사채 조기상환에 따른 페널티(penalty)는 액면금액의 8%이다. S사는 구사채를 상환해야 하나?

6. (주)대영은 새 트럭의 구입을 검토 중이다. 구입방법에는 리스를 통한 방법과 은행에서 현금을 차입하여 직접 구입하는 방법의 두 가지 선택방법이 있다. 리스를 이용할 경우에는 리스료를 10,000천원씩 연초에 지불하여야 되며 이 리스료에는 유지비용이 포함되어 있다.

은행에서 40,000천원을 차입하여 트럭을 직접 구입할 경우 연 10%의 이자율로 4년 동안 차입금을 연초에 지급하여야 한다. 이 경우 매년 1,000천원의 유지비용이 발생되며 이것은 연말에 지급하여야 한다. 트럭의 상각기간은 4년이고 상각률은 1차 연도에 33%, 2차 연도에 45%, 3차 연도에 15%, 그리고 4차 연도에 7%가 적용된다. 4년 후의 기대잔존가치는 10,000천원이고 4년 후에는 리스하든 직접 구입하든 상관없이 트럭을 교체할 예정이다. 세율이 40%일 때 다음 물음에 답하시오.

(1) (주)대영의 리스비용의 현재가치는 얼마인가?
(2) (주)대영의 직접구입비용의 현재가치는 얼마인가? 따라서 트럭은 리스해야 하나, 직접 구입해야 하나?
(3) (주)대영의 트럭구입의 경제성 분석에서 적절한 할인율로 회사의 세후 부채비용을 사용하는데 그 이유는 무엇인가?

7. [리스와 차입비교] 쌍용기계는 투자의 경제성이 있는 시가 100백만원의 기계설비의 도입을 고려한다. 이 기계설비를 리스하게 되면 앞으로 4년간 매년 말에 29백만원의 리스료를 지급해야 한다. 이 기계설비의 내용연수는 4년이며 잔존가치는 없다. 정액법으로 감가상각을 하고 세율은 40%이다. 리스의 경제성을 차입과 비교하여 평가하라. 차입금리는 10%(세전기준)이다.

8. [리스와 차입비교] C사는 10년의 사용수명을 갖고 있는 펄프 품질관리기구를 300,000원으로 구입할 것인지를 검토중이다. 잔존가치는 없으며 직선법에 의하여 감가상각된다. 투자세액공제는 10%의 공제가 적용된다.

회사는 차입에 의한 자금조달과 리스계약에 의한 자금조달 중 더 나은 방안을 결정하려고 한다. 만약 차입에 의하면, 이자율은 10%이며, 이자지급은 10년 동안 각 연도 초에 지급될 것이다. 회사의 한계법인세율은 50%이다. 만약 리스에 의해 자금조달을 한다면, 33,000의 리스료 지급이 매년 초에 요구될 것이다. 이들 자금조달 대체안 각각에 대해서 현금지출의 현재가치는 얼마인가? 할인율로서 세금공제 후 부채자본비용을 사용하라. 어느 안이 선호되겠는가?

제13장 단기자본의 조달과 유동부채관리

제 1 절 단기자금조달

운전자본투자에 필요한 소요자금 중 상당부분은 단기자본에 의해 조달된다. 구체적으로 단기자본의 형태는 당좌차월, 어음할인, 팩토링, 은행 단기차입금 그리고 기업어음(CP)으로 나타난다.

1) 단기자금 조달원천

(1) 당좌차월

당좌차월은 당좌예금 거래자가 은행과 당좌차월 계약을 체결하고 당좌 계정 차월약정서에 의해 당좌예금을 잔액을 초과하여 발행한 수표 및 어음에 대하여 일정금액을 한도로 하여 은행이 추가로 지급하는 것을 말한다.[1] 은행입장으로는 당좌차월은 거래처에게 일상거래에 필요한 단기간의 운전자금을 대출해 주는 것이다.

(2) 어음할인

어음할인은 기업이 상거래와 관련하여 발행한 어음을 지급기일이 도래하기 전에 금융기관이 할인하여 매입함으로써 자금을 공급하는 형식의 대출제도이다.[2] 이는 사업등록증을 가지고 있는 사업자(법인)가 상거래에 수반하여 발행(양도배서

1) 마이너스(-) 통장을 생각하면 쉽게 이해할 수 있다.
2) 흔히 사채(私債)시장에서 "깡"으로 불리어졌다.

및 인수포함)한 약속어음으로서 지급장소가 은행으로 지정되어 있는 어음을 대상으로 한다. 토지, 건물, 공장, 집기, 그리고 비품 등을 매각처분하고 그 대가로 받은 어음은 금융기관의 할인대상이 될 수 없다.

(3) 팩 토 링

팩토링(factoring)은 단기자금조달수단인데 일반 제조기업이 신용판매 거래에 수반하여 취득한 외상매출채권을 팩토링회사로 하여금 매입토록 하면, 팩토링회사는 만기일에 외상매출채권의 약 70~80%를 지급하고 또한 기업이 요청하면 매입채권 범위 내에서 일반 우대금리보다 2~3% 높은 금리로 만기일 이전에 대출한다. 즉, 팩토링회사는 어음이나 매출채권을 매입하고 자금을 대주는 업무를 한다. 팩토링회사가 기존 금융기관과 다른 점은 주로 중소기업이 발행한 물품채권을 할인 또는 인수하여 취급대상으로 한다.

팩토링은 중소 의류업이나 완구류업과 같이 수많은 소규모의 제조업자와 소매 및 고객을 대상으로 신용매출을 하는 경우 많이 이용된다. 소규모의 제조업자는 체계적인 신용분석 업무나 매출채권 업무를 하는 부서를 가질 수 없을 경우 팩토링 회사를 이용하는 것이 더 경제적이다. 제조업자는 기업 내에 신용관련 부서를 유지하지 않아도 되므로 인건비와 신용조사비용을 절감할 수 있다.

대부분의 팩토링은 상환이 가능하다. 팩토링회사나 은행은 어음채권 또는 비어음 외상매출이 기일에 결제 되지 않을 경우 그 매출채권을 양도한 거래기업에게 상환청구권을 행사할 수 있다.

| 예제 13-1 | 팩토링과 은행단기대출 비교

B회사는 지난 5년 동안 매출채권에 대하여 팩토링(factoring)을 이용해 왔다. 팩토링 전문회사는 매출채권 잔액에 대하여 2%의 수수료를 요구하며, 추가적으로 만약 B사가 요구하면 월1.5%의 금리로 100,000천원을 대출해 줄 수 있다.

B회사는 전통적으로 매달 500,000천원의 매출이 발생하며, 그중 70%가 신용거래이다. 팩토링을 이용함으로써 B회사는 두 가지의 비용절감효과를 갖는다.

첫째, 신용부문을 유지하기 위해 요구되는 경비 매달 2,000천원이 절감된다.

둘째, 신용판매 금액의 1%에 해당하는 대손비용이 절감된다.

한편, B회사가 거래하는 한미은행은 원금 100,000천원을 월 1.25%의 이자율로 대출해 주겠다고 제안해 왔다. 은행은 또한 대출자금당 2%의 프로세싱(processing) 비용 추가를 요구한다.

B회사는 net 30의 조건으로 신용정책을 결정해 오고 있다. 모든 고객들은 채무 발생일로부터 30일째 되는 날에 채무를 지급한다.

만약 B회사가 매출채권계정에서 한 달에 평균적으로 100,000천원의 현금을 조달하려고 하면 팩토링을 이용할 것인가 아니면 은행단기대출을 이용할 것인가?

풀이 월 기준으로 팩토링 비용과 은행대출의 비용을 비교하여 작은 쪽을 선택한다.

먼저 100,000천원을 조달하려고 할 때 팩토링 비용을 월 기준으로 계산한다.

팩토링수수료: 신용매출금액의 2%=2%×70%×500,000천원
=7,000천원

팩토링 대출 비용: 대출금액의 월 1.5% 금리
=1.5%×100,000천원=1,500천원

합 계: 8,500천원

은행자금조달 비용을 월 기준으로 계산하면 다음과 같다. 은행 자금을 조달할 경우 회사의 신용부문을 유지하는 유지비용과 대손비용을 기회비용으로 추가해야 한다.

대출이자: 대출금액의 월 1.25%=1.25%×100,000천원
=1,250천원

프로세싱 비용: 대출금액의 2%=2%×100,000천원=2,000천원

신용부문경비 발생: 기회비용=2,000천원

대손비용: 신용매출금액의 월 1%=1%×70%×500,000천원
=3,500천원

합 계: 8,750천원

결론: 팩토링을 이용할 경우 비용 8,500천원이 은행대출로 인한 비용 8,750천원보다 작으므로 B회사는 팩토링을 계속 이용해야 한다.

(4) 은행을 통한 단기차입금

은행단기차입은 기업의 원자재 구매, 일상적 영업경비 등 운전자금의 충당을 위하여 조달되는 자금으로서 통상 1년 이내 기한의 대출금이다. 은행을 통한 단기차입의 경우 은행에서는 보상예금(compensation balance)을 요구하는 경우가 종종 있다. 이 경우 기업이 부담하는 실질금리는 명목금리보다 더 높으므로 다른 단기자금 조달 원천과 비교해 보아야 한다.

예를 들면, B사가 한미은행으로부터 1년간 연 5%의 금리로 1억원을 대출받을 경우 은행측이 대출금의 10%에 해당하는 1천만원의 정기예금을 요구한다면,

실질적으로 B사가 대출받은 금액은 9천만원이 된다. 이는 9천만원을 사용하고 5백만원의 이자를 내는 셈이다. 따라서 실질금리는 500만원/9,000만원=5.56%이다. 이 경우 명목금리는 5%이지만 실질금리는 5.56%이다. 따라서 5%의 보상예금 비율을 감안하면 1억원을 확보하기 위해서는 1억÷0.9=1.11억원을 빌려야 한다.

| 예제 13-2 | 단기자금조달방안과 실질금리

B사는 1년 동안 100,000천원을 단기자금으로 확보하려고 한다. 단기금융 방안으로서 다음 세 가지 안이 검토되었다.

(1) 20% 잔액보상이 요구되며 금리가 8%인 대출

(2) 10% 잔액보상이 요구되며 금리가 8.5%인 대출

(3) 잔액보상이 요구되지 않으면서 금리가 10.5%인 대출

유효 이자율을 감안한다면, B사는 어느 대체안을 선택해야 하는가?

풀이 (1) 8,000/(100,000−20,0000)=10.00%

(2) 8,500/(100,000−10,000)=9.44%

(3) 10,500/100,000=10.50%

실질금리가 가장 낮은 (2)안을 선택한다.

(5) 기업어음(CP)

CP(commercial paper)는 신용도가 높은 우량기업이 자금조달을 목적으로 발행하는 단기의 무담보(無擔保) 융통어음(financing bill)이다. 우리나라에서는 기업어음이라 하여 국내 우량기업이 금융시장 실세금리 수준으로 어음을 발행하고 금융회사가 이를 인수하여 일반고객에게 매출하고 있다. 최근에는 ABCP가 널리 활용되고 있다.[3)]

어음기간은 1년 이내이며, 최저액면금액은 1억원 이상이다. 발행기일은 1일부터 365일까지 있지만 30일, 90일 그리고 180일 등으로 끊어지는 경우가 많다. 이자율은 투자기간의 구분 없이 발행기업의 신용도 및 실세금리의 변동에 따른 변동금리가 적용되나, 중도해약의 경우 양도성예금증서(CD)보다 높은 해지(解止)수수료를 내야 한다. 기업어음은 개별기업이 발행하는 어음이고 보통 무담보로 팔지만

3) ABCP(Asset backed CP)는 일반적인 CP에 자산을 단보로 하여 유동성과 안정성을 더 높인 CP이다. 이는 ABS(Asset backed securities)의 하나로서, 일반적인 CP를 증권화하여 금융파생상품화한 것이다.

개인투자자가 매입한 경우 발행기업이 부도가 나더라도 투자금융회사에서 대납하여 위험부담이 없다.

우량기업이 CP를 발행하면 은행이나 증권회사 등이 이자를 먼저 뗀 다음 매입(할인)하거나 중개수수료를 받고 개인 또는 기관투자가들에게 매출하게 된다. 보통 무보증어음으로 거래되지만 중개금융기관이 지급보증하기도 한다.

CP를 발행하려면 증권회사가 할인 · 중개하고자 하는 경우 발행기업의 조건은 채권이나 주식의 거래소 상장법인 또는 협회 등록법인이어야 하고, 한국기업평가, 한국신용평가, 한국신용정보, 그리고 서울신용정보 등의 4개 신용평가기관 중 2개 이상의 기관으로부터 B등급 이상의 신용등급을 얻어야 한다. 그러나 보통 시장에서는 A급 이상 우량기업어음만이 유통된다. 발행기업은 일반적으로 증권회사와 CP 할인에 관한 약정을 맺으며 증권회사는 약정을 맺을 당시 업체별 한도를 설정하고 그 한도 내에서 할인하고 있다.

CP 할인 및 매출은 주로 증권회사가 담당하고 있다. 증권회사는 수신기능이 없기 때문에 CP를 할인하여 무담보형식으로 매출한다.

CP 발행단위가 거액이고 CP가 예금자 보호 대상에 포함되지 않기 때문에 개인은 CP 매수에 적극적이지 않다. 주로 투자신탁회사와 은행신탁이 신탁자산 편입용으로 CP를 매수한다. 투자신탁회사는 주로 증권회사가 중개한 CP를 매수하고, 은행신탁은 중개기관이 중개한 CP 외에도 직접 할인하여 매입하기도 한다.

우리나라 신용평가기관의 CP 신용평가등급은 최우량등급으로 A1, 그 다음은 A2, A3, B, C, D순으로 분류된다. 이 중 투자등급은 A1~A3 등급이고, 투기등급은 B 등급 이하이다. 그리고 A2~A3 등급에 대해서는 동일등급 내에서 우열을 나타내기 위하여 +, −부호를 부가하고 있다.

제 2 절 유동부채관리

(1) 매입채무의 의의

매입채무(accounts payable)는 물품 매입시 인도(delivery)와 동시에 물품대금을 지불하지 아니하고 일정기간 동안 지불을 유예하는 상거래 관행에서 발생하는 채무금액이다. 이를 거래신용(trade credit)이라고도 한다. 구체적으로 매입채무(acounts payable)는 외상매입금과 지급어음으로 구성되어 있다. 지급어음은 진성어음(real bill)이라고 하는데 상품이나 원재료 구입에 의한 대가로 발생하는 약속어음이다. 이는 순전히 자금의 융통만을 목적으로 발행되는 융통어음(financing bill)과 대비된다. 매입채무는 매출액의 증가와 함께 자연적으로 발생하는 경우가 많은 자금조달 수단이라고 해서 영어로 spontaneous financing(자동금융)이라고도 한다.

(2) 거래신용의 비용

구매자의 입장에서는 가능한 자금 지급시기를 늦추고자 한다. 이는 돈의 시간적 가치상 당연히 생각할 수 있는 일이다. 그러나 현금할인 조건이 제시되는데도 불구하고 할인을 받지 않을 경우 기회비용이 발생하므로 시중금리와 현금할인을 받음에 따르는 편익을 비교하여야 한다.

일반적인 현금할인 조건의 예를 보면, [1/10, net 30]의 의미는 신용기간이 30일이고 만약 10일 이내에 현금으로 외상 대금을 지불하면 총 외상대금의 1%를 현금 할인해 준다는 뜻이다. 외상을 이용하는 구매자의 입장에서 이 할인조건을 수락할 것인지의 여부는 할인을 받을 때의 편익과 할인을 받지 않을 때의 비용에 달려 있다.

할인을 이용하지 않을 경우의 기회비용은 다음과 같다.

$$r = \frac{1}{100-1} * \frac{365}{30-10} = 18.43\%$$

만약 구매자가 마지막 10일째 1%를 할인받고 99%를 지불한다면 20일간에 약1%(정확히는 1/99%)만큼 편익을 제공받을 셈이다. 이를 연율화하려면 365/20=18.25만큼을 곱하여 연율화 요인을 조정해 주어야 한다. 연율화된 기회비용은 18.43%이다.[4] 만약 시중의 대출금리가 18.43% 이하이면, 예를 들면, 12%이면 외상매입대금이 100만원일 경우 99만원 대출을 해서라도 할인을 받는 것이 구매자의 입장에서 유리하다.

---

4) 책에 따라서 다음과 같이 계산방식이 다르다.

$1\% \times 18.25 = 18.25\%$

$(1+0.01)^{18.25} - 1 = 19.91\%$

$(1+(1/99))^{18.25} - 1 = 20.13\%$

| 예제 13-3 | 매입할인 조건이용 여부

(주)대진기업은 2/10, net 30의 조건으로 원료를 구입한다. CEO 김사장은 회사의 기록을 검토해 본 결과 지불은 구입한 후 보통 15일이 걸린다는 사실을 알았다. 김사장은 회계담당자인 박과장에게 왜 회사가 할인의 유리한 점을 취하지 않는지를 묻자, 박과장은 할인을 이용할 경우 혜택을 받는 자금에 대한 금리는 단지 2%인데, 반면에 은행대출금리는 12%의 비용이 든다고 대답했다(1년을 360일로 가정하라).

(1) 박과장은 어떤 실수를 저지르고 있는가?

(2) 할인혜택을 취하지 않음으로써 생기는 실제 비용은 얼마인가?

(3) 만약 회사가 은행으로부터 차입할 수 없고, 거래신용자금을 사용할 수밖에 없다면, 연이자율을 감소시킬 수 있는 어떤 제안을 박과장에게 할 수 있는가?

풀이 (1) 박과장은 1년 동안 사용하는 자금의 조달 비용과 5일(=외상기간 15일 −할인마감기간 10일) 동안 사용하는 자금의 조달비용을 혼동하고 있다. 이들 비용은 같은 기간을 근거로 하지 않기 때문에 명확히 비교될 수 없다. 시간의 길이를 조정해야 한다.

(2) $r = \frac{2}{98} * \frac{360}{5} = 146.9\%$

대진기업이 할인혜택을 포기함으로써 부담하는 실제 기회비용은 146.9%이다.

(3) 만약 회사가 현금할인을 취하지 않는 의사결정을 한다고 가정하면, 회사는 만기 전에 지급할 필요가 없다.

Financial Management

문제풀이

≪객관식 문제≫

1. 기업의 자금 조달방법에는 여러 가지가 있는데 단기 금융방법에 속하지 않는 것은?
① 외상매입 ② 기업어음 ③ 팩토링 ④ 회사채

2. 다음 중 팩토링의 설명으로 가장 적합한 것은?
① 외상매출금의 매각
② 제품구입자의 할부금융
③ 구입자에 대한 금융리스 제공
④ 외상매입금과 외상매출금의 상쇄

3. 어음할인에 관해 틀린 설명은?
① 고의적 부도율이 높아지는 등 문제점이 많으므로 거래는 점차 감소하고 있다.
② 결제기간이 1년 이상인 어음도 존재한다.
③ 진성어음(real bill)은 물품거래에서 발생한다.
④ 융통어음(financing bill)은 자금차입과정에서 발생한다.

4. 은행단기차입에서 틀린 내용은?
① 보상예금(compensation balance)은 실질차입금리를 낮춘다.
② 은행간의 단기거래금리를 call금리라 한다.
③ 은행과 우량기업 간 거래금리를 prime금리라 한다.
④ 명목금리는 언제나 실질금리보다 높다.

5. 대진기업(주)은 2/10 net 30의 조건으로 1월 1일 1,000만원의 원재료를 신용으로 구입했다. 1월 9일 원재료 대금을 지급한다면 그 금액은 얼마인가?
① 900만원 ② 980만원 ③ 990만원 ④ 1,000만원

6. 재무적으로 어려움이 발생한 기업에게 가장 먼저 제시되는 해결방안은 무엇인가?
① 기업정리절차 시작 ② 청산
③ 워크아웃(workout) ④ 파산절차 시작

7. 중소기업이 이용하는 단기자본조달 수단이 아닌 것은?
① 팩토링 ② 당좌차월 ③ CP ④ CD

≪주관식 문제≫

★**1.** [단기자본조달방안의 비교] 세일산업(주)은 100,000천원까지 운전자본을 증가시킬 필요를 느끼고 있다. 회사는 다음과 같이 세 가지의 대체안을 검토했다.

(1) 1/10, net 60에 기초로 한 현금할인(1년 360일로 가정)

(2) 6%로 은행으로부터의 차입, 이 대체안은 5%의 보상잔액을 유지하는 것이 필수적이다.

(3) 액면 100,000원이고 표면금리 5%로 기업어음(CP)을 발행, 발행비용은 매 6개월마다 1,000원이 될 것이다.

세일산업은 어느 대체안을 선택해야 하는가?

2. [단기자금방안의 비교] B사는 75,000천원의 추가적인 운전자금이 시급히 필요하다. B사는 다음의 세 가지 실행 가능한 방안을 검토 중이다.

(1) 거래신용: 회사는 2/30, net 90의 신용조건으로, 매달 50,000천원 정도의 원재료를 구입한다. 할인을 받을 수 있다.

(2) 은행대출: 은행에서 100,000천원을 9%로 대출받을 수 있다. 20%의 보상잔액계정이 요구된다.

(3) 60일간의 회수기간을 가지고 있는 회사의 매출채권(매월 100,000천원)을 팩토링 회사에 매도한다. 이 경우 factoring 전문회사가 매출채권 액면가의 75%에 해당하는 금액을 B회사에 선불하고 모든 구매된 매출채권 액면금액에 대해서 2%의 팩토링 수수료를 요구한다.

B사는 어느 대체안을 선택해야 하는가?

3. (주)대영의 회계담당자는 다음 분기에 현금부족을 예상하고 있다. 회계담당자의 추정에 따르면 1백만원의 현금부족이 실제로 발생할 확률은 50%이고 현금 부족이 없을 확률은 20%이며 실제로 2백만원의 단기 현금조달이 필요할 확률은 30%이다. (주)대영은 이를 위해 첫째 90일 만기 무담보 대출 2백만원을 월 1%에 빌려올 수 있다. 또한 (주)대영은 두 번째 방안으로 신용한도 수수료 2만원과 차입금에 월 1% 금리를 적용하는 신용한도를 설정할 수 있다. 잉여 현금을 9%에 재투자할 수 있다면 무담보대출과 신용한도 설정 중 어느 자금조달원의 기대비용이 더 낮은가?

★**4.** (주)현우는 단기부족자금 4억원을 A은행에서 1년간 대출받기로 하였다. A은행에서는 대출금의 3%를 보상예금으로 하여 무이자계좌에 예치해 둘 것을 요구한다. 현재 금리 수준은 6%이다. (주)현우가 실질적으로 4억원을 확보하기 위해 빌려야 할 대출요구액과 실질적으로 부담하는 금리를 계산하라.

제14장 운전자본관리

제 1 절 운전자본과 운전자본조달정책

1) 운전자본의 의의

운전자본(working capital)은 일시적인 유동성을 유지하면서 수익성을 위해 단기적으로 활용되는 자본을 의미하며 총운전자본과 순운전자본의 두 가지로 구분될 수 있다. 총운전자본(gross working capital)은 단기간에 순환하여 현금으로의 전환이 이루어지는 자산으로 재고자산, 매출채권, 그리고 현금, 시장성 유가증권과 같은 유동자산(current assets)에 투하되는 단기적인 자본을 의미한다.

총운전자본 = 운전자본 = 유동자산

순운전자본(net working capital)은 유동자산에서 유동부채를 차감한 차액을 의미한다. 즉 유동자산이 유동부채를 초과하는 부분으로 유동자산 가운데 장기부채와 자기자본에 의해 조달되는 부분이다. 유동부채(current liabilities)에는 외상매입금, 지급어음, 그리고 미지급금(미지급입금, 미지급세금)이 있다. 순운전자본개념은 지불능력과 관련하여 재무유동성 면에서 파악되는 개념이다.

순운전자본 = 유동자산 − 유동부채

총운전자본과 순운전자본의 관계를 재무상태표 양식으로 나타내 보면 [그림 14-1]과 같다.

운전자본관리의 기본과제는 유동자산의 최적투자수준의 결정과 유동자산투자에 필요한 소요자본의 조달원천의 결정이다. 전자는 최적운전자본 운용의 문제이

[그림 14-1] 총운전자본과 순운전자본

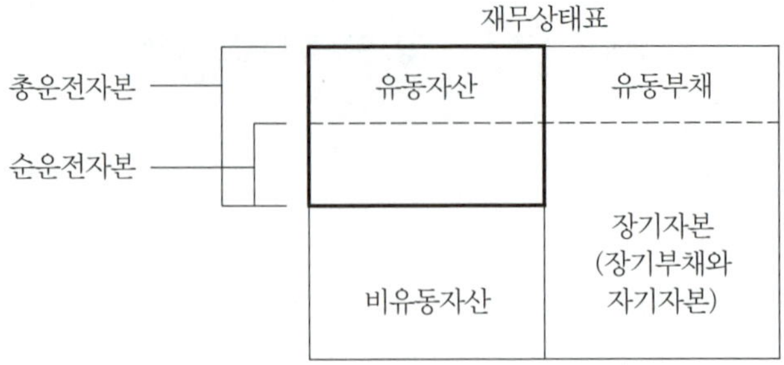

고 후자는 최적운전자본 조달의 문제이다.

양자는 단순히 금액과 시기의 적합만이 아니라 유동성 상실위험과 수익성 간의 상반관계(trade-off)에서 다루어진다. 운전자본이 많다고 하는 것은 유동성 면에서는 좋지만 수익성 면에서는 좋다고 할 수 없다. 예를 들면 현금을 많이 보유할수록 운영자금 부족의 기회를 줄일 수 있으므로 보다 쉽게 사업을 운영할 수 있다. 그러나 동시에 자금조달비용을 증대시켜 수익의 기회를 줄인다.

대규모의 매출채권은 외상판매와 신용기간의 증대를 의미하므로 고객에 유리하고 기업에게는 매출의 증대를 가져오는 경향이 있다. 그러나 이는 대손의 증대에 따른 손실증대와 매출채권 증대에 수반되는 투자자금을 조달하는 데 필요한 금융비용을 증대시킨다. 또 과도한 재고자산을 보유하는 것은 원재료의 부족에 따른 생산차질을 방지할 수 있다. 그러나 이는 재고자산의 조달과 유지에 필요한 비용을 증대시킨다.

따라서 운전자본관리는 개별유동자산의 회전기간, 개별유동자산의 구성항목들의 적정보유수준, 그리고 계절적 변동 등 경영상황을 고려하여 적합한 크기의 운전자본을 유지하는 데 그 의의가 있다.

한편 현금유입액(cash inflows)의 크기 및 발생시기가 현금유출액(cash outflows)의 크기 및 발생시기와 완전히 일치한다면 자금의 과부족이 생기지 않을 것이다. 그러나 금액과 시기 면에서 운전자본의 운용과 조달을 정확히 일치시키는 것은 불가능하다. 그러므로 계절적 자금수요나 예기치 못한 자금수요를 충족시키기 위해 필요한 유동성을 유지해야 한다.

2) 현금전환기간

운전자본관리의 방법에는 여러 가지가 있으나 그 중에서 중요한 것이 현금흐름순환을 관리하는 것이다. 현금흐름순환을 분석할 때는 재고자산전환기간, 매출채권회수기간 그리고 기간과 매입채무신용기간으로 구분하여 분석하는 것이 바람직하다.

현금전환기간(cash conversion period)은 재고자산전환기간 및 매출채권회수기간의 합에서 매입채무신용기간을 차감한 기간이다.

$$\text{현금전환기간} = \text{재고자산전환기간} + \text{매출채권회수기간} - \text{매입채무신용기간} \tag{14–1}$$

예를 들어 현금전환기간 90일은 재고자산전환기간 80일, 매출채권회수기간 70일 그리고 매입채무신용기간 60일일 경우 도출된 결과이다.

$$90\text{일} = 80 + 70 - 60$$

현금전환기간은 현금유입기간과 현금유출기간 사이의 차이를 나타낸다. 이 기간이 길수록 자금조달요구액이 많아진다. 현금기간은 재고자산이 판매되지 않고 쌓여 있을수록 외상매출금이 회수되지 않고 잠겨 있을수록 길어진다.[1] 반대로 현금기간은 외상매입금을 제대로 지급하지 않고 연장할수록 짧아진다.

(주)일신의 매출액, 매출원가, 재고자산, 매출채권, 그리고 매입채무의 금액이 다음과 같다고 하자.

매 출 액	657,000,000원
매출원가	365,000,000원

재고자산전환기간은 원재료를 완제품으로 전환하여 매출할 때까지 걸리는 평균기간으로 다음과 같이 산출된다.[2]

$$\text{재고자산전환기간} = \frac{\text{평균재고액}}{\text{일일 평균매출액}} = \frac{\text{평균재고액}}{\text{매출액}/365} \tag{14–2}$$

1) 현금전환기간을 현금기간이라 한다.
2) 일일 평균매출액 대신 일일 평균매출원가를 사용하는 경우도 있다.

〈표 14-1〉

항 목	기초금액	기말금액	평균금액
재고자산	130,000,000	158,000,000	144,000,000
매출채권	120,000,000	132,000,000	126,000,000
매입채무	50,000,000	70,000,000	60,000,000

1년을 365일로 하면 (주)일신의 재고전환기간은 80일이다.

$$\text{재고자산전환기간} = \frac{144{,}000{,}000}{657{,}000{,}000/365} = 80\text{일}$$ [3)]

(주)일신에서 재고는 판매되기까지 80일간 자재창고에 쌓여 있었다. 이 기간을 짧게 또는 길게 하는 것은 재고관리의 중요한 내용이다.

매출채권회수기간은 매출채권을 현금으로 전환하는 데 걸리는 기간으로 다음과 같이 산출된다.

$$\text{매출채권회수기간} = \frac{\text{평균매출채권}}{\text{일일 평균매출액}} = \frac{\text{평균매출채권}}{\text{매출액}/365} \tag{14–3}$$

1년을 365일로 하면 (주)일신의 매출채권회수기간은 70일이다.

$$\text{매출채권회수기간} = \frac{126{,}000{,}000}{657{,}000{,}000/365} = 70$$ [4)]

(주)일신에서 외상으로 판매된 제품이 현금으로 회수 · 입금되기까지 소요되는 기간은 70일이다. 이 기간이 길면 매출채권이 누적된 기간이 길다는 뜻이고 그만큼 현금회수가 지연됨을 의미한다. 비율상으로는 유동비율이 높아서 유동성이 풍부한 것처럼 보이지만, 현금사정은 좋지 않다.

매입채무의 신용기간은 원재료의 구입에서 구입대금 지불에 걸리는 평균기간이다. 매입채무신용기간은 평균매입채무를 일일 평균매입액으로 나누어 산출한다.

---

3) 재고자산전환기간은 365÷재고자산회전율로도 계산될 수 있다.
재고자산회전율=매출액÷재고자산=657,000,000÷144,000,000=4.56배
재고자산전환기간=365÷4.56=80일

4) 매출채권회수기간은 365÷매출채권회전율로도 계산된다.
매출채권회전율=매출액÷매출채권=657,000,000÷126,000,000=5.21배
매출채권회수기간=365÷5.21=70일

[그림 14-2] 현금전환기간

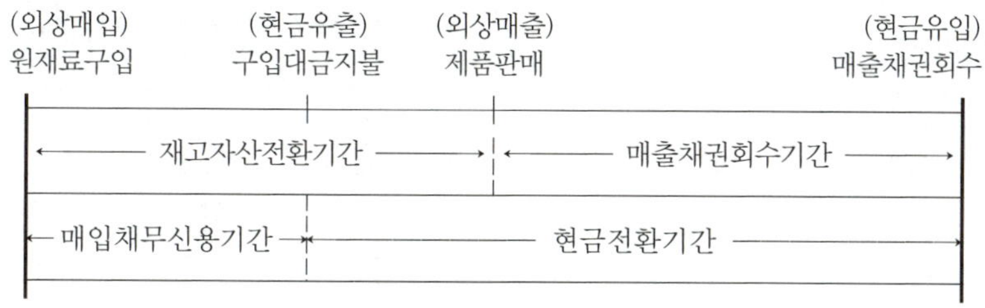

$$\text{매입채무신용기간} = \frac{\text{평균매입채무}}{\text{일일 평균매입액}} = \frac{\text{평균매입채무}}{\text{매출원가}/365} \qquad (14\text{–}4)$$

1년을 365일로 하면 (주)일신의 매입채무신용기간은 60일이다.

$$\text{매입채무신용기간} = \frac{60{,}000{,}000}{365{,}000{,}000/365} = 60\text{일}$$

(주)일신에서 외상으로 구매된 원재료가 현금으로 지급되는 데까지 소요되는 기간은 60일이다. (주)일신이 이 기간을 연장하면 할수록 매입채무가 쌓이고 그만큼 현금지급을 늦추는 것이다. 결과적으로 이는 현금기간을 짧게 만든다. 그 만큼 단기자본이 조달되었고 또한 단기자금 조달요구액이 작아졌다는 의미이다.

[그림 14-2]는 현금전환기간을 나타낸다.

종합하면, 현금기간은 재고자산전환기간과 매출채권회수기간에 정비례하고, 매입채무신용기간에 반비례한다. 현금기간을 짧게 하면 그만큼 단기자금조달요구액이 작아진다. 따라서 기업은 이를 위해 재고관리, 매출채권관리 그리고 매입채무관리를 종합적으로 구사해야 한다.

현금기간은 기업의 수익성과도 밀접한 관련을 갖는다. 재고자산회전율과 매출채권회전율이 높을수록 현금기간은 짧아진다.[5] 또한 재고자산회전율과 매출채권회전율이 높을수록 총자산회전율이 높아진다. 총자산회전율이 높을수록 총자본수익률(ROA)이 높아진다. 결론적으로 짧은 현금기간은 수익률을 높이는 데 기여한다. 반대로 현금기간이 길어질수록 기업의 수익성은 낮아진다. 참고로 미국과 유럽의

5) 재고자산회전율과 매출채권회전율이 높을수록 재고자산전환기간과 매출채권회수기간이 짧아지므로 현금기간도 짧아진다.

〈표 14-2〉 미국과 유럽의 글로벌 기업들의 현금전환기간

(단위: 일)

기업(Company)	국가 (Country)	매출채권 (Receivables)	재고자산 (Inventory)	매입채무 (Payables)	현금기간 (Net Working Capital)
Intel Corporation	US	24.0	31.4	19.2	36.2
Hewlett-Packard	US	53.5	18.7	41.6	30.6
Dell Computer	US	38.5	7.7	67.0	-20.8
NCR Corporation	US	65.5	56.1	37.8	83.8
Texas Instruments	US	39.7	39.7	16.2	63.2
Applied Materials	US	70.0	59.1	25.2	103.9
Apple Computer	US	30.8	5.9	67.2	-30.5
Average(미국평균)	US	46.0	31.2	39.2	38.1
Nokia	Finland	65.1	21.7	52.5	34.3
Philips Electronics	Netherlands	59.2	55.5	53.0	61.7
GN Store Nord	Denmark	78.7	33.4	27.5	84.6
Ericsson	Sweden	118.6	53.7	44.8	127.5
Alcatel-Lucent	France	79.8	52.4	98.7	33.5
Average(유럽평균)	Europe	80.3	43.3	55.3	68.3

Note: Net working capital = receivables+inventory-payables.
Source: REL Cash Flow Delivered, The Hackett Group, *CFO Magazine*, 2011.

중요한 글로벌(global) 기업들의 현금전환기간은 〈표 14-2〉와 같다.

3) 운전자본조달정책

(1) 운전자본조달정책의 의의

매출액 증가를 기준으로 기업의 자산을 분류하면 장기자산과 단기자산으로 나누어 볼 수 있다. 이 분류가 기존의 자산 분류방식인 비유동자산과 유동자산과 다른 점은 유동자산이 고정적 유동자산과 변동적 유동자산으로 나누어진다는 점이다. 고정적 유동자산은 계절적 변동과 순환적 변동에도 불구하고 변하지 않는 금액 수준이다. 고정적 유동자산의 예로는 최저필수현금 수준, 충성고객이나 거래처에 항상 잠겨 있는 매출채권, 그리고 안전재고 수준을 들 수 있다. 여기에 비하여 변동적 유동자산은 계절적, 순환적 변동으로 인하여 현금, 매출채권, 그리고 재고자산 등 유동자산이 추가되는 부분 또는 금액 수준이다.

운전자본관리에서 자산을 장기자산과 단기자산으로 구분하는 이유는 장기자산의 증가에 따른 자금소요액은 장기자본으로 대응하고, 단기자산 증가에 따른 소요자금을 단기자본으로 대응시키는 대응원칙(matching principle) 때문이다. 매출액이 증가함에 따라 장기자산은 꾸준히 증가한다. 이러한 장기자산의 증가에 따른 소요자금은 자기자본과 장기부채의 증가에 의해 조달되어야 한다. 단기자산에 대한 소요자금은 장기자본이 아니라 단기부채에 의해서 조달되어야 한다. 미지급법인세, 미지급금 그리고 외상매입금과 같은 단기부채는 매출액이 증가함에 따라 자연히 증가하는 경향이 있어 소요자금의 규모를 줄여준다.6)

한편 장기자본과 단기부채는 그 특성에 차이가 있다. 장기자본에 의해 운전자본을 조달할 경우 필요한 운전자본을 장기간 안정적으로 확보한다는 점에서 안전하다는 장점을 가진다. 그러나 장기자본은 단기부채에 비해 일반적으로 자금조달비용이 비싸다는 단점을 가진다. 반면 단기부채는 장기자본에 비해 자금조달비용과 거래비용이 적다는 장점이 있다. 그러나 자금시장의 상황에 따라 필요한 소요자금을 필요한 시점에 조달할 수 없을 가능성이 존재하므로 위험이 높다.

(2) 운전자본조달정책

매출액이 늘어날수록 더 많은 유동자산이 필요하다. 정도의 차이이기는 하지만 유동자산을 여유 있게 많이 보유하는 기업이 있는가 하면, 어떤 기업은 매우 빡빡하게 유동자산을 보유한다.

[그림 14-3] 매출액증가 · 자산증가 · 조달액의 관계(만기대응정책)

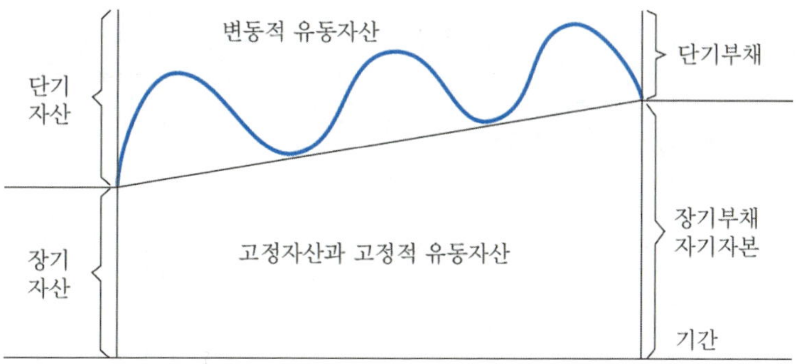

6) 이러한 자본조달을 동시적 자본조달(spontaneous financing)이라 한다.

한편, 유동자산증가에 대한 자본조달방법으로서 가능한 단기부채에 의존하는 기업이 있는가 하면, 단기부채보다는 장기부채로서 여유 있게 대응하는 기업도 있다. 장기부채로 조달하는 기업은 순운전자본이 증가하므로 높은 유동성을 확보한다.

운전자본조달정책은 단기자산과 장기자산을 어떠한 자본으로 조달할 것인가에 따라 만기대응정책, 공격적 정책, 그리고 방어적 정책으로 나눌 수 있다. 만기대응정책(matching principle)에서는 장기자산은 장기부채와 자기자본으로 조달하고 단기자산은 단기부채로 조달한다. 이 정책은 수익성과 유동성의 조화 균형을 축구한다.

공격적 정책에서는 장기자산의 일부를 단기부채로 조달한다. 이는 수익성 중심의 운전자본조달정책으로서 유동자산을 가능한 적게 보유하려는 정책이다.

[그림 14-4] 공격적 정책

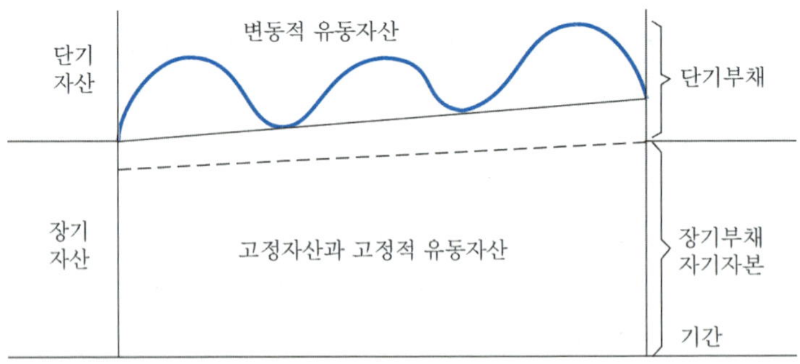

[그림 14-5] 방어적 정책

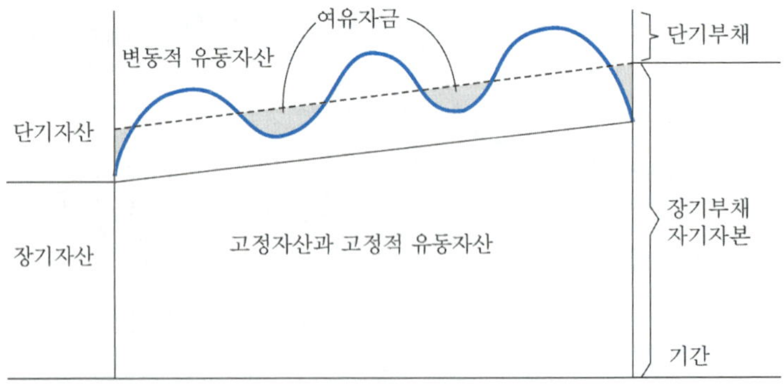

방어적 정책은 단기자산의 일부도 장기부채와 자기자본으로 조달한다. 이는 유동성 중심의 운전자본조달정책으로서 가능한 유동자산을 많이 보유하려는 정책이다. 아래 그림을 세 가지 정책을 비교하여 보여준다.

4) 운전자금계획의 수립과 소요액 추정

(1) 운전자금계획의 수립절차

운전자금계획의 수립은 먼저 추정 매출액의 설정에서 시작된다. 모든 재무계획이 다 그러하듯이 매출액 추정은 가장 중요하고 계획의 출발점이 된다. 운전자금 계획의 수립절차는 〈표 14-3〉과 같다.

(2) 운전자금소요액 추정방법

① 회전율법

운전자본 항목에 대해 기말잔액(또는 평균잔액)을 가지고 각 항목의 회전율을 구하고 이것으로 차기 예정 매출액과 대비하여 항목별 자금소요액을 구하는 방법이다. 그 과정을 설명하면 다음과 같다.

첫째, 각 운전자산 항목에 대하여 전기말 잔액으로써 실제회전율을 구한다.

$$\text{각 운전자산 실제회전율} = \frac{\text{연간당기매출액}}{\text{각 자산잔액}} \quad (14\text{–}5)$$

〈표 14-3〉 운전자금계획의 수립절차

구 분	내 용
Ⅰ. 추정손익계획의 작성	◦추정매출액의 설정(판매계획) ◦제조원가의 추정 ◦일반관리 및 판매비의 추정 ◦ 금융수익 및 금융원가의 추정
Ⅱ. 추정재무상태표 작성	◦설비투자 및 자금계획 ◦운전자금의 계획
Ⅲ. 운전자금 소요액 추정	◦재고자산 투자액 ◦매출채권 투자액 ◦현금 및 예금

〈표 14-4〉 회전율법에 의한 소요자금 추정 (단위: 만원, 배)

과목 ①	전기말 잔액 ②	실제회전율 20,000/② ③	표준회전율 ④	(조정) 기준회전율 ⑤	소요자금 26,000/⑤ ⑥	차 액 ⑥－② ⑦
현금 · 예금	150	133.33	150	150	173	23
외상매출금	2,000	10	12	11	2,364	364
받을 어음	2,400	8.33	8	8.33	3,120	720
유가증권*	500	-	-	-	500	-
원재료	1,200	16.67	15	15	1,733	537
재공품	600	33.33	30	33	788	188
반제품	800	25	20	20	1,300	500
제 품	2,000	10	8	10	2,600	600
합 계	9,650				12,578	2,928
외상매입금	1,200	16.67	15.5	16.67	1,560	360
지급어음	2,000	10	12	12	2,167	167
미지급금	500	40	45	45	578	78
합 계	3,700				4,305	605

* 조정가능

둘째, 산출된 실제회전율을 표준적인 회전율과 비교하여 항목별로 기준회전율을 설정한다. 표준회전율은 업종평균 또는 당사의 과거 3~5년 평균이다.

셋째, 차기 예정 매출액과 대비하여 항목별 소요자금을 추정한다.

$$\text{소요자금} = \frac{\text{예정매출액}}{\text{기준회전율}} \tag{14–6}$$

넷째, 항목별 소요자금을 합계하고 그로부터 현금보유자본과 외상매입금 등 매출액 증가에 따라 자연적으로 증가될 수 있는 자금을 공제한다.

예로서 당기매출액 20,000만원, 차기예정매출액 26,000만원을 가정하여 조달소요액을 계산하면 다음과 같다. 계산과정은 〈표 14-4〉에 나와 있다.

순소요자금: (12,578－9,650)－(4,305－3,700)＝2,323만원
조달소요: 2,323－500(유가증권)＝1,823만원

② 1회전 소요자금법

운전자금의 1회전 소요기간을 산출하여 그것을 토대로 조업도 변동에 따라 추가소요자금을 산출하는 방법이다. 그 과정을 설명하면 다음과 같다.

첫째, 재무상태표상 유동자산의 표준회전율을 산출한다.

둘째, 다음 공식에 의하여 각 자산별로 회전일수를 구한다.

$$\text{회전일수} = \frac{365\text{일}}{\text{회전율}} \tag{14-7}$$

셋째, 각 자산별로 회전기간을 합계하고, 외상 매입금 및 지급어음 등 매출액 변동에 영향을 받아 증감되는 부채(유동부채) 항목의 회전기간을 공제하여 순 1회전 소요기간을 산출한다.

넷째, 1일 예정 매출액(=예정매출액/365일)을 구하여 회전일수를 곱한다.

예로서 당기매출액 20,000만원, 차기예정 매출액 26,000만원을 가정하여 순 소요자금과 조달 소요액을 계산하면 〈표 14-5〉와 다음과 같다.

순 1회전 소요일수=167.0일−67.5일=99.5일

1회전 소요자금: $26{,}000 \times \dfrac{99.5\text{일}}{365\text{일}} = 7{,}088$만원

순소요자금: 7,088−(9,650−3,700)=1,138만원

조달소요: 1,138−500(유가증권)=638만원

〈표 14-5〉 1회전 소요일수의 계산 (단위: 만원, 배, 일)

과 목 ①	전기말 잔액 ②	실제회전율 ③=20,000/②	회전일수 ④=365/③
현금 · 예금	150	133.33	2.7
외상매출금	2,000	10	36.5
받을 어음	2,400	8.33	43.8
유가증권(조정가능)	500	-	-
원재료	1,200	16.67	21.9
재공품	600	33.33	11.0
반제품	800	25	14.6
제 품	2,000	10	36.5
합 계	9,650		167.0
외상매입금	1,200	16.67	21.9
지급어음	2,000	10	36.5
미지급금	500	40	9.1
합 계	3,700		67.5

예제 14-1 유동자산정책

아남상사(주)는 평균적으로 매출액순이익률(=순마진율)을 10% 정도로 유지하고 있다. 내년도 매출액은 280,000천원으로 책정하였다. 이러한 매출수준을 달성하기 위해서 이 회사는 100,000천원을 유형고정자산에 투자할 예정이다. 현재 이 회사는 50,000천원의 유동자산을 보유하고 있다.

(1) 이 회사의 총자산회전율을 계산하라. 또한 총자산이익률(ROA)을 계산하라.

(2) 만약 경영자가 지금의 유동자산에 더 추가하여 50,000천원의 유동자산을 증가시키면 ROA는 얼마가 되는가?

(3) 만약 경영자가 적극적인 유동자산정책을 취하여 25,000천원으로 유동자산을 줄인다면 ROA는 어떻게 되겠는가?

(4) 유동자산을 증가시키거나 감소시키는 것에 의해 나타나는 자산의 이익률 변화에 대해 평가해 보라.

풀이 (1) 총자산 = 유형고정자산 + 유동자산 = 100,000 + 50,000 = 150,000천원

$$\text{총자산회전율} = \frac{\text{매출액}}{\text{총자산}} = \frac{280,000}{150,000} = 1.87\text{배}$$

총자산이익률(ROA) = 매출액순이익률 × 고정자산회전율

10% × 1.87 = 18.7%

(2) 총자산 = 100,000 + 100,000 = 200,000

$$\text{자산회전율} = \frac{280,000}{200,000} = 1.4\text{배}$$

ROA = 10% × 1.4 = 14%

(3) 총자산 = 고정자산 + 유동자산 = 100,000 + 25,000 = 125,000

$$\text{총자산회전율} = \frac{280,000}{125,000} = 2.24\text{배}$$

ROA = 10% × 2.24 = 22.4%

(4) 유동자산의 증가는 총자산회전율을 낮추어 결과적으로 자산의 이익률을 낮춘다. 반대로 유동자산의 감소는 총자산회전율을 높여서 자산의 이익률을 높인다.

제 2 절 현금 및 시장성 유가증권 관리

1) 현금관리의 의의 및 목적

현금관리에서 구체적으로 현금은 시재현금과 요구불예금의 합이다. 현금 부족시 이자와 원리금의 적시(timely) 상환불능으로 기업신용에 나쁜 영향을 미치고 극단적일 경우 도산가능성이 있다. 반대로 현금의 과다 보유시 기회비용이 발생하여 현금관리의 비효율성이 발생한다. 따라서 현금관리의 목적은 적정 현금의 보유 및 유지, 현금 부족시 부족자금 확보 계획, 그리고 현금보유 과다시 여유자금의 효율적 운용에 있다.

다시 말하면, 현금자금의 관리의 목적은 현금유입액과 지출액의 균형유지에 있다. 만약 현금유입이 현금지출보다 크면 초과 현금을 유리하게 운용해야 하고, 현금유입이 현금지출보다 작으면 부족자금조달 대책을 수립해야 한다. 현금잔액 운용의 원칙은 지급능력유지와 수익성제고의 중간점을 찾는 데 있다.

[그림 14-6] 신용판매와 수익성 및 유동성과의 관계

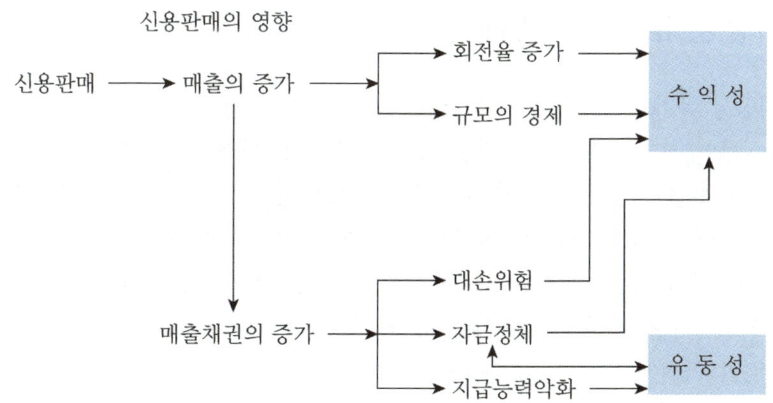

2) 현금관리의 내용

(1) 현금유입관리

현금유입관리의 목적은 기업에 유입되는 현금의 누출을 방지하고, 배달사고를 사전에 방지하며, 현금회수를 신속히 하고 또한 현금회수에 걸리는 시간을 단축하는 데 있다. 이러한 목적을 위하여 기업은 내부통제제도를 확립하고, 전자사서함제도를 시행하며, 전자금융을 활성화한다. 특히 디지털 시대를 맞이하여 전자결제제도가 일반화됨에 따라 온라인 금융, 폰뱅킹, 인터넷 뱅킹, 그리고 모바일 뱅킹을 통한 현금관리가 더욱 중요시되고 있다.

(2) 현금유출관리

현금유출관리의 목적은 현금유출시 누출을 방지하고, 배달사고를 방지하며, 합리적인 기준에서 현금지급을 최대한 연기하는 데 있다. 이러한 목적을 위하여 기업은 내부통제제도를 확립하고, 현금대신 수표나 어음 등을 사용하고, 그리고 매입채무의 지급시 현금할인제도 이용의 효율성을 고려해 봐야 한다.

3) 시장성 유가증권 관리

시장성 유가증권은 기업이 유휴 현금을 단기간 운용하기 위하여 투자하는 단기금융상품이다. 이러한 유가증권은 기업의 지배 및 통제 또는 계열관계를 유지하기 위하여 보유하는 장기 투자 유가증권과 대비된다. 시장성 유가증권에는 CD, CP, 1년 미만의 만기를 가진 국공채, 회사채, CMA(Cash Management Account) 그리고 MMF(Money Market Fund)와 같은 수익증권이 있다. 시장성 유가증권 관리의 목적은 유휴자금의 단기투자에서 수익성과 유동성을 동시에 실현하는 데 있다. 이러한 목적에 맞는 단기 유가증권은 시장성과 수익성을 갖추고 있어야 하고 또한 지급불능위험이 없어야 한다.

제 3 절 매출채권관리

매출채권은 다른 기업이나 개인에게 외상 · 신용으로 판매(sale on credit)함으로써 발생한다. 기업 간의 매출경쟁이 치열해짐에 따라 외상판매는 판매촉진의 주요한 수단으로 이용되고 있다. 따라서 점차 매출채권이 증가되는 경향이 있다.

매출채권의 비중이 높아갈수록 매출액이 증대되어 회계적 이익을 늘릴 가능성이 높다 한다. 그러나 매출채권은 회수불능(대손)의 위험을 수반하며 신용기간 동안 자금정체로 인한 금융비용 발생과 동시에 기업의 지급능력을 악화시킨다.

매출채권 관리의 목적은 적정한 수준에서 매출채권을 유지하는 데 있다. 매출채권의 결정요인으로는 신용(허용)기준, 신용기간, 현금할인정책, 신용한도 그리고 회수정책이 있다.

1) 신용기준

신용기준은 누구에게 신용매출을 허용할 것인가에 대한 기준이다. 이는 개인고객과 법인고객의 신용도를 계량적으로 평가하여 결정하는 것이 합리적이다. 계량적인 신용평가가 어려울 경우 그 보조적인 신용기준으로서 흔히 신용의 5C'S로 이용한다. 신용의 5C'S는 character, capacity, capital, collateral, 그리고 condition이다. character는 거래선의 성격, capacity는 거래선의 능력, capital은 거래선의 재정상태, collateral은 거래선의 담보보유상태, 그리고 condition은 현재의 경제상황이다.

일반적으로 신용기준을 완화하면 매출액이 증가하는데 그에 따라 대손 발생 가능성이 높아진다. 반대로 신용기준을 강화하면 매출액은 감소하지만 대손에 의한 손실이 작아진다. 따라서 기업은 적정한 수준에서 신용기준을 결정하여야 하는데, 이론적으로 적정한 신용기준은 매출액 증가에 따른 한계이익과 한계비용이 일치하는 데서 결정된다.

| 예제 14-2 | 매출액 증가에 따른 한계이익과 한계비용 비교

(주)제일상사는 현재 연 24,000,000원의 매출에서 매출액을 증가시키기 위해서 보다 완화된 신용기준을 시도하고자 한다. 현재 회사의 평균 회수기간은 30일이다. Ⅰ, Ⅱ, Ⅲ, Ⅳ 단계의 점차 완화된 신용기준을 사용함으로써 다음과 같이 매출액이 증가될 것으로 예상되고 있다.

신용정책대안	Ⅰ단계	Ⅱ단계	Ⅲ단계	Ⅳ단계
매출액의 증가(원)	2,800,000	1,800,000	1,200,000	600,000
평균회수기간(일)	45	60	90	144

제품의 가격은 단위당 평균 2,000원이고, 변동비용은 단위당 평균 1,800원 그리고 대손 손실은 없다. 만일 회사가 투자자금에 대해 30%의 세전 기회비용을 갖는다면, 네 가지 신용정책 중 어느 신용정책을 따라야 하는가? (1년은 360일로 가정하라)

풀이 공헌이익은 가격에서 변동비용을 뺀 것이고 공헌이익률은 공헌이익을 가격으로 나눈 개념으로서 한계이익률과 같다. 공헌이익, 즉 한계이익은 매출액이 증가될수록 체감적으로 증가한다. 매출증가에 따른 한계 이익과 유지비용, 즉 한계비용이 일치할 때까지 신용정책을 완화시킬 수 있다. 한계비용은 매출액 증가에 따라 늘어나는 외상매출금에 추가 투자하는 금액의 기회비용이다. 즉 외상매출금의 90%가 변동비용으로서 추가 투자되고 이 추가투자액의 30%가 기회비용으로서 외상매출금 유지비용(즉 한계비용)이 된다.

신용정책대안	Ⅰ단계	Ⅱ단계	Ⅲ단계	Ⅳ단계
증가된 매출액	2,800,000	1,800,000	1,200,000	600,000
증가된 한계이익(10%)	280,000	180,000	120,000	60,000
외상매출금 회전율	8	6	4	2.5
추가된 외상매출금	350,000	300,000	300,000	240,000
추가투자액 (90%)	315,000	270,000	270,000	216,000
한계비용(30%)	94,500	81,000	81,000	64,800

결론: 회사는 Ⅲ단계까지 신용정책을 완화해야 한다. 왜냐하면 Ⅰ, Ⅱ, Ⅲ 단계까지는 증가된 한계이익이 한계비용을 초과하지만 Ⅳ단계의 경우 한계이익 60,000원이 한계비용 64,800원보다 작기 때문이다.

| 예제 14-3 | 매출액 증가와 대손의 증가

(주)제일상사가 만일 신용기간을 계속 늘려 간다면, 다음과 같이 대손율이 증가될 것이다.

신용정책대안	Ⅰ단계	Ⅱ단계	Ⅲ단계	Ⅳ단계
증가된 매출액에 대한 대손	3%	6%	10%	15%

다른 가정들은 예제 14-3과 같다고 할 때, 어느 신용정책을 따라야 하는가?

풀이 증가된 대손액만큼 매출액 증가에 따라 한계비용, 즉 유지비용이 늘어난다. 선택기준은 한계이익과 한계비용을 비교하여 한계이익이 한계비용보다 높은 신용정책 대안을 선택하는 것이다.

결론: 신용정책 Ⅰ단계만이 유일하게 증가된 한계이익 280,000원이 유지비용과 대손액을 합한 한계비용을 178,500원 초과한다. 따라서 Ⅰ안을 선택한다.

신용정책대안	Ⅰ단계	Ⅱ단계	Ⅲ단계	Ⅳ단계
증가된 매출액	2,800,000	1,800,000	1,200,000	600,000
대손율	3%	6%	10%	15%
증가된 대손액	84,000	108,000	120,000	90,000
유지비용(30%) – 위표에서	94,500	81,000	81,000	64,800
한계비용합계	178,500	189,000	201,000	154,800
증가된 한계이익(위 표에서)	280,000	180,000	120,000	60,000

2) 매출채권의 현금할인정책

기업은 매출채권 회수를 촉진하기 위해 외상대금의 조기 지불자에게 현금을 할인해준다. 이러한 현금할인 정책을 통해 매출채권 회수가 촉진되고 판매 촉진활동이 강화되며 새로운 고객이 창출된다.

일반적인 현금할인 조건의 예를 보면, [1/10, net 30]의 의미는 신용기간이 30일이고 만약 10일 이내에 현금으로 외상 대금을 지불하면 총 외상대금의 1%를 현금 할인해 준다는 뜻이다.

구매자에게는 두 가지의 선택이 있다. 첫 번째는 할인을 안 받고 30일째 되는 날 외상금액을 전액 지급한다. 두 번째는 10일째 되는 날 아니면 10일 전에 외상금액의 1%를 할인받고 99%를 지급한다. A기업은 B기업으로부터 1,000,000원의 원재료를 납품받았다고 하자. A기업은 대금결제를 현금으로 하지 않고 [1/10, net 30]조건의 외상으로 원재료를 구매하였다. A기업의 선택은 첫 번째 할인을 안 받고 30일째 되는 날 외상금액 전액 1,000,000원을 지급한다. 두 번째 선택은 10일째 되는 날 1만원을 할인받고 99만원을 지급한다.

이 경우 A기업은 20일 동안 99만원을 빌리고 1만원의 이자를 지급하는 대출을 이용한 셈이다. 이 경우 이자율은 $\frac{1}{99}=0.0101=1.01\%$이다. 20일간의 이자가 1.01%이므로 연율화하면 APR은 $1.01\times\frac{365}{20}=18.43\%$이다.[7)]

외상을 이용하는 구매자의 입장에서 이 할인조건을 수락할 것인지의 여부는 할인을 받을 때의 편익과 할인을 받지 않을 때의 비용에 달려 있다.

할인을 이용하지 않을 경우의 기회비용은 다음과 같다.

$$r=\frac{1}{100-1}*\frac{365}{20}=18.43\% \tag{14-8}$$

만약 시중의 대출금리가 18.43% 이하이면, 예를 들면, 10%이면 대출을 해서라도 할인을 받는 것이 구매자의 입장에서 유리하다. 판매기업 입장에서 현금할인은 재무적 측면에서 비용이 많이 드는 정책이다. 그러므로 외상을 줄 때는 이런 점을 감안하여 외상판매가격을 현금판매가격보다 높인다.

모든 외상구매자가 현금할인을 이용하는 건 아니다. 현금사정이 좋은 구매기업은 현금할인을 이용할 것이고, 어떤 구매기업은 항상 외상결제 마지막 날에 외상금액을 지급한다. 만약 어느 판매기업의 외상매출금 평균회수기간이 50일이라고 하자. 위의 [2/10, net 30] 할인조건에서 모든 외상구매자의 50%가 10일 이내에 현금할인을 받고, 나머지 50%는 현금할인을 받지 않았다고 하자. 이 경우 이 기업의 새로운 외상매출금 평균회수기간은 30일로 줄어든다.

새로운 외상매출금 회수기간 = 50% × 10일 + 50% × 50일 = 30일

| 예제 14-4 | 할인정책의 채택 여부

제일상사[8)]는 현재 [net 10, EOM]으로 판매하고 있다. [net 10, EOM]은 이번달 신용판매한 상품은 다음달 10일까지 금액이 회수되어야 한다는 것을 뜻한다.

이 회사는 매년 평균 10,000,000원의 매출액이 있는데 그 중 80%를 신용판매한다. 현재 평균회수기간은 60일이다. 자금에 대한 기회비용은 12%이다.

회사가 매출채권의 회수를 촉진하기 위해 만일 [2/10, net 30]으로 판매하면 고객의 40%가 할인을 받을 것이며 평균회수기간은 40일로 줄어들 것이다. 이 회사는 net 10, EOM에서 2/10, net 30으로 신용정책을 변경해야 하는가? 1년을

---

7) 만약 유효이자율(EAR)을 계산하면 19.91%이다.
$EAR=1.01^{365/20}-1=19.91\%$

8) 다른 방법은 단순히 할인율1%에 연율화 계수 365/20=18.25배를 곱해준다. 1%×18.25=18.25%

360일로 가정하라.

풀이 할인정책으로 인한 기회비용과 한계이익을 비교한다. 기회비용은 할인된 금액만큼 수입이자를 포기해야 하는 기회손실이고, 한계이익은 외상매출액의 감소분만큼 자금이 조기 확보됨에 따라 발생하는 수입이자이다. 기회비용은 신용판매금액에 할인을 받게 되는 고객의 비중을 곱한 후 거기에 실제 할인율을 곱한 금액이다. 한계이익은 외상매출액 감소분에 자금의 이자율을 곱한 금액이다.

할인정책	현재정책	새로운 정책
1. 평균회수기간	60일	40일
2. 외상매출금 회전율	6배	9배
3. 신용판매금액	8,000,000원	8,000,000원
4. 평균외상매출금	1,333,333원	888,889원
5. 외상매출금 감소액		444,444원
외상매출금 감소액에 대한 한계이익(12%)		53,333원

할인정책으로 인한 한계이익=444,444원×0.12=53,333원
할인정책으로 인한 기회비용=8,000,000×0.4×0.02=64,000원

결론: 한계이익이 한계비용보다 작으므로 할인정책을 채택하지 말아야 한다.

3) 매출채권의 회수정책

매출채권의 회수를 촉진하기 위해 기업은 다양한 정책을 구사한다. 예를 들면, 판매부서의 인원을 늘린다든지 회수용 차량을 새로 구입하든가 콜센터 기능을 강화하는 것 등이다. 그러나 이렇게 회수를 촉진하기 위한 비용 증가만큼 회수가 늘지 않거나 대손율이 감소하지 않을 경우가 있으므로 지나치게 회수촉진비용을 늘릴 수는 없다. 이론적으로 외상대금 회수 한계비용과 회수에 따른 한계이익이 일치하는 수준까지 회수비용을 증가시켜야 한다.

기간별로 외상매출금의 회수금액과 매출채권 잔액을 일목요연하게 보여주는 표로서 흔히 매출채권연령표를 사용한다. 매출채권연령표(aging schedule)는 외상매출금이 현금으로 회수되는 기간과 기간별 회수금액을 표시한다.

| 예제 14-5 | 회수인원의 증가 평가

(주)풍림산업은 매출채권 회수에 매년 220,000원을 지출하고 있다. 이 회사는 1,200,000원을 신용매출하는데, 평균회수기간은 2.5개월이며, 평균대손율은 4%이다. 이 회사는 회수인원을 지금보다 두 배로 하면, 평균회수기간이 2개월로 줄어들고, 대손율도 3%로 줄어들 거라고 믿고 있다. 이로서 추가되는 비용은 180,000원이고 매출액은 지금보다 400,000원 더 증가될 것으로 예상된다. 만약 자금의 기회비용이 20%라면, 인원을 증가시킬 만한 가치가 있겠는가? 만약 10%라면 어떤가? 1년을 12개월로 가정하라.

풀이 예시문제에서 신용정책 변경으로 인한 한계비용이 180,000원이라고 밝히고 있다. 따라서 회수인원 증가로 인한 한계이익을 계산하여 비교해야 한다. 한계이익은 외상매출금 감소로 인한 수입이자 발생분과 대손감소액의 합계이다.

신용정책	현 재	회수인원증가 (20% 할인율)	회수인원증가 (10% 할인율)
1. 연간매출액	12,000,000	12,000,000	12,000,000
2. 평균회수기간	2.5개월	2개월	2개월
3. 외상매출금 회전율	4.8배	6배	6배
4. 평균외상매출금	2,500,000원	2,000,000	2,000,000
5. 외상매출금 감소액		500,000	500,000
6. 한계이익(5번×10~20%)		100,000	50,000
7. 대손율	4%	3%	3%
8. 연간대손액(1번×3~4%)	480,000	360,000	360,000
9. 대손감소액		120,000	120,000
10. 한계이익 합(6+9)		220,000	170,000

결론: 자금의 기회비용이 20%일 때 외상매출금 감소액으로 인한 한계이익 100,000원과 대손액의 감소로 인한 한계이익 120,000원을 합한 금액 220,000원이 증가된 회수 비용 180,000원을 초과하므로 회수비용 증가 정책은 채택되어야 한다. 그러나 만약 기회비용이 10%라면, 10번에서 보여주는 바와 같이 아무런 가치도 없다. 한계이익이 170,000원이어서 증가된 회수비용 180,000원을 커버할 수 없다. 따라서 회수인원 증가정책을 채택하지 말아야 한다.

제 4 절 재고자산관리

1) 재고관리의 중요성

기업의 경영활동에 필요한 재고자산은 구체적으로 원재료재고, 재공품재고, 완제품재고 그리고 상품재고로 구성되어 있는데 유동자산 중 중요한 부분을 차지한다. 과다한 재고보유는 막대한 자금 및 이자부담을 가중시켜 기업의 순이익을 악화시키는 요인이 된다. 반면 과소한 재고보유는 적기의 생산 및 영업활동에 지장을 초래하여 기회손실을 발생시킨다. 따라서 재고관리는 이러한 두 가지의 현상을 적절히 조화시키는 수준의 적정 재고량을 유지하도록 하는 데 그 목적이 있다.

2) 적정 재고량의 결정

적정재고량은 기업의 안전재고량, 경제적 주문량, 그리고 주문점에 의해 결정된다.

(1) 안전재고량

안전재고량(safety stock)은 재고에 대한 소비량의 불확실성과 재고품의 주문에서 입고까지의 조달기간(lead time)의 불확실성에 따른 재고고갈에 대비하여 기업에서 유지하여야 할 재고량이다. 이는 수요예측의 불확실성 재고소진에 따른 기회비용, 조달기간의 불확실성, 그리고 재고유지비용 등에 따라 달라진다.

(2) 경제적 주문량

경제적 주문량(economic order quantity: EOQ)은 재고와 관련된 총비용을 최소화할 수 있는 1회 주문량이다.

총비용은 총재고유지비용과 총주문비용의 합이다. 재고유지비용(carrying cost)에는 창고료, 보험료, 전기세, 보관비, 일반관리비 등이 있고, 주문비용(order cost)

[그림 14-7] 경제적 주문량

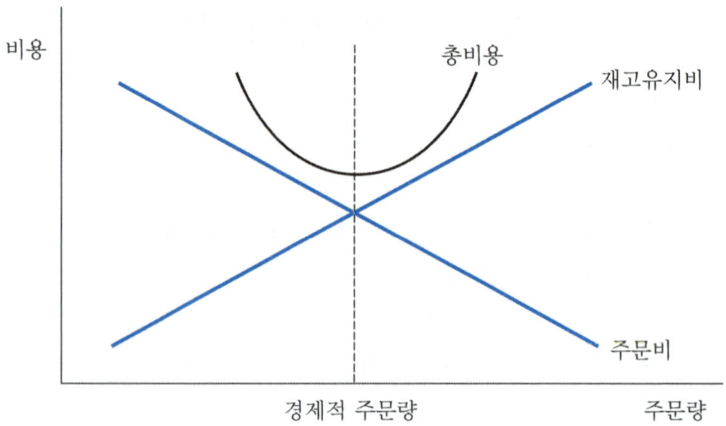

에는 통신비, 상하차비, 차량비, 보험료, 통행료 등이 있다.

$$\begin{aligned} \text{총비용} &= \text{재고유지비용} + \text{주문비용} \\ &= \text{평균재고량} \times \text{1단위당 재고유지비} + \\ &\quad \text{주문회수} \times \text{1회 주문비용} \end{aligned} \tag{14-9}$$

$$TC = \frac{Q}{2}C + \frac{S}{Q}O \tag{14-10}$$

$$Q^{*} = \sqrt{\frac{20S}{C}} \tag{14-11}$$

여기서, TC: 총비용, Q: 1회 주문량, C: 재고 1단위당 일정기간 유지비,
S: 일정기간 동안의 총주문량, O: 1회 주문비용

총비용, 재고유지비, 주문비, 그리고 경제적 주문량과의 관계는 다음 [그림 14-7]과 같다. 여기서 TC가 최소일 때의 Q가 바로 경제적 주문량(EOQ: Q^*)이 된다. 즉 경제적 주문량은 재고유지비용과 주문비용의 합을 최소로 하는 1회 주문량이다.[9]

| 예제 14-6 | [EOQ계산] K기업의 12개월 매출량이 1,000,000대이고 제품단

9) 미분의 과정을 거치면 이 식이 나온다. 즉 Q에 대하여 방정식을 정리한 후 TC를 최소로 하는 Q를 구하면 된다.

위당 구입가격이 1,000원, 1대당 재고유지비가 제품가격의 20%, 즉 단위당 200원이며 1회 주문비용이 40,000원이라고 할 때 경제적 주문량과 주문횟수는 얼마인가?

풀이 $Q^* = \sqrt{\frac{2OS}{C}}$ 에서, $S=1{,}000{,}000$, $O=40{,}000$원, $C=200$원이므로

$$Q^* = \sqrt{\frac{2 \times 40{,}000 \times 1{,}000{,}000}{200}} = 20{,}000\text{대}$$

주문횟수 5회

| 예제 14-7 | [EOQ계산과 총재고비용] K대학서점은 인기 있는 철학책에 대한 최적주문량을 결정하려고 한다. 이 서점은 소매가격 12,500원으로 1년에 5,000권을 팔고 있다. 재고된 책 1권을 유지하는데 매년 1,000원의 비용이 들고 새로운 책을 주문하기 위해서는 100,000원이 소요되는 것으로 밝혀졌다.

(1) 1년에 1, 2, 5, 그리고 10번 주문을 하는 것과 관련된 총재고비용을 계산하라.
(2) 경제적 주문량을 결정하라.

풀이 (1) TC=재고유지비용+재고주문비용

$$=\text{평균재고량} \times 1{,}000\text{원} + \text{주문횟수} \times 100{,}000\text{원}$$

$$= \frac{\text{주문량}}{2} * 1{,}000 + \frac{\text{판매량}}{\text{주문량}} * 100{,}000 = \frac{Q}{c} * C + \frac{S}{Q} * O$$

1회 주문: Q=5,000권, $\frac{5{,}000(1{,}000)}{2} + \frac{5{,}000(100{,}000)}{5{,}000} = 2{,}600{,}000$원

2회 주문: Q=2,500권, $\frac{2{,}500(1{,}000)}{2} + \frac{5{,}000(100{,}000)}{2{,}500} = 1{,}450{,}000$원

5회 주문: Q=1,000권, $\frac{1{,}000(1{,}000)}{2} + \frac{5{,}000(100{,}000)}{1{,}000} = 1{,}000{,}000$원

10회 주문: Q=500권, $\frac{500(1{,}000)}{2} + \frac{5{,}000(100{,}000)}{500} = 1{,}250{,}000$원

(2) 위에서 TC가 가장 작은 주문횟수는 5회이고 그때 $TC=1{,}000{,}000$원이며, 주문량은 1,000권이다. 이를 공식으로 확인하면 다음과 같다.

$$Q = \sqrt{\frac{2 * \text{수요량} * \text{주문비용}}{\text{개당유지비용}}} = \sqrt{\frac{2 * (5{,}000)(100{,}000)}{1{,}000}} = 1{,}000\text{권}$$

Financial Management

문제풀이

≪객관식 문제≫

1. 순운전자본의 정의를 바르게 설명한 것은?
① 유동자산 총액 ② 유동부채에서 유동자산 차감
③ 총자산에서 총부채 차감 ④ 유동자산에서 유동부채 차감

2. 유동자산투자와 관련하여 틀린 설명은?
① 공격적 정책은 가능한 적은 유동자산을 보유하는 정책이다.
② 보수적인 정책을 취할 경우 기업자산의 기대수익률은 다른 정책을 취할 때보다 낮다.
③ 순운전자본은 유동자산 중에서 자기자본에 의해 조달된 부분을 의미한다.
④ 일반적으로 유동자산이 많을수록 기업의 유동성은 증가한다.

3. 운전자본 관리의 목표가 아닌 것은?
① 기업의 유동성을 적절히 유지하여 부도 등의 지급불능 상태 위험을 감소시킨다.
② 유동자산을 가급적 최소한으로 유지한다.
③ 수익성과 유동성의 상반관계를 고려하여 조화점을 찾는다.
④ 단기부채와 장기부채의 최적구성을 결정한다.

4. 원재료를 취득하고 제품을 생산, 판매하고 대금을 회수하며, 외상매입 대금 지급까지의 기간을 나타내는 개념은?
① 재고 전환기간 ② 매출채권 회수기간
③ 매입채무 신용기간 ④ 현금 순환기간

5. 재고자산투자가 증가함으로써 다음 중 어떤 것이 감소하리라 예상할 수 있는가?
① 이자비용 ② 품절(stock out) 위험
③ 보관비용 ④ 운영비용

6. 운전자본 조달원천이 갖추어야 할 요건이라 할 수 없는 것은?
① 자본조달 및 상환조건의 탄력성이 높아야 한다.
② 충분한 담보 또는 보증이 주어져야 한다.
③ 자본조달 원천이 갖고 있는 위험이 낮아야 한다.
④ 자본조달 및 상환절차가 간단하여야 한다.

7. (주)아진은 매출채권회전율이 18배, 재고자산회전율이 4.5배 그리고 매입채무회전율이 6배이다. 현금순환기간(cash cycle)은 몇일인가? 1년은 360일이다.
① 16일 ② 22일 ③ 40일 ④ 160일

8. (주)영진의 현금순환기간은 25일이다. 이 회사는 운전자본관리정책을 변경, 매출채권회수기간을 3일 늘리고, 재고자산전환기간을 2일 줄이며 매입채무신용기간 5일 줄였다. 새로운 현금순환기간은 몇일인가?
① 21일 ② 31일 ③ 29일 ④ 35일

9. 자동차부품 판매업체 아진(주)의 1년간 판매량은 3,000개, 1회 주문비용 700만원, 개당 유지비용은 125만원이다. 이 경우 경제적 주문량은 ( )개이다.
① 33 ② 92 ③ 130 ④ 183

10. 재고관리에서 안전재고량이란 무엇인가?
① 품질관리를 합격한 재고량
② 주문비용을 최소화시키는 재고량
③ 재고 고갈에 대비하여 유지하는 재고량
④ 우량고객을 위한 최고 품질재고량

11. 운전자본관리에 대한 보수적 접근방법으로서 기업은 총자산 중 상대적으로 ( ) 금액을 유동자산 형태로 보유하는 경향이 크다.
① 적은 ② 일정한 ③ 많은 ④ 사소한

12. (주)S마트는 공급업자로부터 2/10, net 35의 조건으로 물건을 구입하고 있다. 이 구매조건으로 (주)S마트가 2,900만원어치를 구매할 경우, 유효연이자율(EAR: Effective Annual Rate)은 얼마인가?
① 27.7% ② 28.8% ③ 33.5% ④ 34.3%

13. [2004년 CPA 1차 유사문제] 다음 중 순운전자본이 증가하는 경우는?
① 다른 상황이 동일한 조건에서, 외상매출금이 증가하고 그만큼 단기차입금이 증가하였다.
② 다른 상황이 동일한 조건에서, 외상매출금이 증가하고 그만큼 재고자산도 증가하였다.
③ 다른 상황이 동일한 조건에서, 외상매입금이 감소하고 그만큼 외상매출금도 감소하였다.
④ 다른 상황이 동일한 조건에서, 외상매입금이 증가하고 그만큼 지급어음이 감소하였다.

≪주관식 문제≫

★**1.** (1) (주)대영의 신용판매조건은 순 60일(net 60)이었고, 평균 회수기간은 75일이다. 고객의 결제 시간을 앞당기기 위한 조치의 일환으로 판매조건을 2/10, 순 60(net 60)으로 변경하였다. 기존고객 중 현금 할인을 받은 고객은 60%였고 평균 회수일수는 30일이었다. 그러나 나머지 고객 40%는 현금할인을 받지 않았고 평균 회수일수는 70일이었다. 판매조건 변경에 따른 최초의 결과는 다음과 같다.

다음을 가정하고 조건 변경의 효과를 계산하라.

- 판매량은 변하지 않음, 판매금액은 100원으로 가정함, 매출원가는 매출액의 80%.
- 현재 금리는 6%, 지급불능 사태는 없었음, 1년을 365일로 함.

(2) 신용조건 변경의 결과로 매출액이 10% 증가하였다고 가정하자. 신용조건 변경의 효과를 다시 계산하라.

★**2.** [신용기간변경의 평가] (주)대림의 작년 매출액은 60,000,000원이고, 평균회수 기간은 45일이다. 매출을 확대하기 위해서 회사는 신용판매결제기간을 현재 30일에서 60일로 연장하려고 한다. 만약 이렇게 기간을 연장하면 매출액이 금년엔 전년대비 15% 증가할 것이라 기대한다.

신용기간연장 후에 평균회수기간은 75일이 될 것으로 예상되지만, 기존 고객과 새로운 고객 간의 지불습관의 차이는 변화가 없을 것으로 기대된다. 매출액 1,000원에 대한 변동비는 800원이고, 매출채권에 대한 요구투자수익률은 20%이다. (주)대림은 신용기간을 늘려야 하는가? (1년을 360일로 가정하라)

3. (주)태영은 상품 판매시 현금으로만 판매한다. 그런데 재무관리자는 2/10 net 30의 신용조건을 적용하면 추가비용 부담 없이 매출액이 4% 증가한다고 예상한다. 금리는 5%, 매출액이익률(profit margin)은 3%인 경우 신용 제공을 지지하겠는가? ① 먼저 모든 고객은 10일째에 현금할인을 받는다고 가정한다. ② 모든 고객이 30일째에 결제한다고 가정한다. 1년은 365일이다.

4. (주)이테크는 현재 8%까지 치솟은 악성 대손비율(=대손/매출액)에 대해 걱정하고 있다. 회사의 예상에 따르면 보다 긴축적인 신용정책으로 매출액은 4% 감소하지만 악성 부채비율은 5%로 줄어든다. 매출액의 80%가 매출원가인 경우 이 회사는 보다 긴축적인 정책을 채택해야 하는가? 매출액 100원을 기준으로 설명하라.

★**5.** (주)대영은 연간 신용판매액이 360,000,000원, 매출채권 평균회수기간이 3개월, 신용조건이 [net 30]이고 투자수익률이 연 15%이다. 이 기업은 매출증대전략으로 [4/10, net 30]의 현금흐름 할인정책을 검토 중이다. 고객의 30%가 현금할인을 원할 것으로 예상되고 매출채권 평균회수기간은 2개월로 줄어들 것으로 예상된다.

이와 같은 경우에 현금흐름 할인정책을 수행하여야 하는가?

6. (주)이테크는 신용정책의 변경효과를 평가하고 있다. 현재 매출액의 80%가 신용판매분이고 매출액이익률은 20%이다. 그리고 신용정책의 변경 전과 변경 후의 변화 내용은 다음과 같다. (1년은 365일)

(단위: 천원)

매 출 액	변경 전	변경 후
	500,000	640,000
신용판매액	410,000	520,000
회수비용	신용판매액의 3%	신용판매액의 4%
평균회수기간	73일	91.25일

이와 같은 경우 신용정책 변경에 따른 (1) 총이익의 증감액, (2) 회수비용의 증감액, (3) 매출채권평균잔액의 변화는 각각 얼마인가?

7. (주)대영은 회사의 신용정책에 대해 재검토하고 있다. 매출원가는 매출액의 80%이다. 지난 5년 동안의 주요고객 A, B, C군의 회수기록은 다음과 같다. 현재 평균 금리는 6%이고 1년은 365일이다. (주)대영의 신용정책에 대하여 고객 A, B, C 군별로 특징은 무엇인가 또한 어떤 결론을 내릴 수 있는가? 매출액 100원을 기준으로 설명하라.

분류	매출액 대비 지급불능 비율	지급불능이 없는 고객의 평균회수일수
A	0.0%	90
B	6.0%	95
C	20.0%	100

★8. [EOQ계산과 총재고비용] 비인상사(주)는 소매점에 공기청정기를 공급하는 회사이다. 비인상사는 제일전자로부터 공기청정기를 사들인다. 청정기는 1,000개 규모로 주문되며 각 주문에는 1회에 400,000원의 비용이 든다. 유지비용은 매달 공기청정기 한 단위당 1,000원이 소요된다. 소매점으로부터의 수요는 매달 20,000개이다.

(1) 비인상사가 제일전자로부터 주문할 최적 주문량은 몇 개인가?

(2) 만약 매달 단위당 500원의 재고유지비용이 든다면 최적 주문량은 몇 개인가? (주문비용은 원래와 같음)

(3) 주문비용이 1회에 100,000원이면, 최적 주문량은 몇 개인가? (유지비용은 원래와 같음)

9. [재고자산회전율과 생산계획] 제품생산비용을 줄이기 위해서 세진기업(주)은 트럭의 생산에 더 많은 금액을 투자할 계획이다. 조업능력의 증가로 인한 추정 절약액은 연간 260,000원이다. 더 많은 생산으로 인하여 재고가 그 이전보다 더 늘어날

것으로 예상되어 재고자산 회전율은 1년에 8배에서 6배로 줄 것으로 예상된다. 매출원가는 연간 기준으로 48,000,000원이다. 만일 재고자산에 대한 필수투자수익률이 15%이라면, 회사는 새로운 생산계획에 착수해야 하는가?

제15장 소요자금예측과 현금예산

제1절 소요자금의 예측

1) 소요자금예측의 의의

기업의 매출액이 증가되면 자산의 증가를 필요로 하여 자산증가에 따라 소요자금이 증가하게 된다. 따라서 자산의 증가를 정확히 예측하여야 장기소요자금액과 단기소요자금액을 정확히 예측할 수 있다.

장 · 단기 소요자금액은 추정재무상태표에 의해서 예측된다. 예측된 소요자금액은 제일 먼저 유보이익에 의해 일부분 조달된 후 장 · 단기 외부자금으로 조달된다. 소요자금예측에는 매출액 백분율법과 회귀분석방법이 많이 쓰이고 있다.

2) 매출액 백분율법

매출액이 예측되면 이를 근거로 기업의 소요자금을 예측하는 가장 간편한 방법이 매출액 백분율법이다. 이 방법은 재무상태표 각 자산 · 부채 항목들이 매출액에 대한 백분율이 일정하며 앞으로 계속하여 일정하다는 전제 하에 매출액 변화에 따른 각 자산 · 부채 항목의 변화를 추정하여 소요자금을 예측하는 방법이다.

매출액 백분율법에 의해서 소요자금을 예측하는 단계를 살펴보면 다음과 같다.

1단계: 재무상태표의 항목을 매출액 백분율로 표시하고 매출액 변화와의 관계에 의해서 분석하여야 한다. 재무상태표를 〈표 15-1〉와 같이 간략하게 표시하면 재무상태표의 항목을 매출액 변화와 관련하여 세 가지로 분해할 수 있다.

〈표 15-1〉 매출액 변화와 재무상태표 항목과의 관계

유동자산(비례적 변화) 비유동자산(불규칙적 병화)	유동부채(비례적 변화) 장기부채(관계없음) 자기자본(관계없음)
총 자 산	부채 및 자본

① 매출액 변화에 따라 비례적으로 변화하는 항목: 유동자산과 유동부채

② 매출액 변화에 불규칙적으로 변화하는 항목: 유형자산

유형자산은 매출액 변화에 직접적으로 비례하여 변화하는 항목이 아니라 매출액이 최대 생산능력을 초과하는 경우 기업의 투자결정에 의해서 불규칙적으로 변화하는 항목이다.

③ 매출액 변화와 관계없는 항목: 장기부채와 자기자본

장기부채와 자기자본은 매출액 변화에 의해서 결정되는 것이 아니라 기업의 자본조달정책에 의해서 결정된다.

2단계: 유동자산과 유동부채 백분율에 매출액증가분을 곱한 후 유동자산 증가분에서 유동부채 증가분을 차감한다. 이 과정은 추가소요자금(AFN: Addktional Fund Needed)을 구하기 위해서이다.

추가소요자금

=유동자산 증가분－유동부채 증가분

$$\triangle AFN = \frac{A}{S_0}(\triangle S) - \frac{L}{S_0}(\triangle S) \qquad (15\text{–}1)$$

여기서, △AFN: 추가소요자금(Additional Fund Needed)

$\frac{A}{S_0}$: 유동자산의 매출액 백분율

$\frac{L}{S_0}$: 유동부채의 매출액 백분율

$\triangle S$: 매출액 증가분

유형고정자산은 매년 증가하는 것이 아니므로 기업의 투자결정을 고려하여 추정한다.

3단계: 유보이익을 추정한 후, 추가소요자금액(AFN)에서 유보이익을 차감한 외부자금조달액(EFN)을 추정한다. 이를 식으로 나타내면 다음과 같다.

외부자금조달액 = 추가소요자금 − 유보이익 (15-2)

$$\triangle EFN = \triangle AFN - mS_1(1-d) \quad (15\text{-}3)$$

여기서, $\triangle EFN$(External Fund Needed): 외부자금조달액
△AFN 추가소요자금, m: 매출액순이익률
S_1: 예측 매출액, d: 배당성향,
유보이익: 매출액순이익률×예상 매출액×(1-배당성향)
=순이익(1−배당성향)

4단계: 부채비율이나 유동비율 등의 측면에서 자금조달의 제약조건을 고려하여 자기자본조달액과 부채조달액을 추정하여야 한다. 여기서 부채조달액의 추정은 3단계의 유보이익의 추정과 순환성의 문제가 있으므로 주의하여야 한다.

그러나 실제로 추정된 외부자금조달액을 전액 부채로 조달하는 것은 쉬운 일이 아니다. 기업의 부채에 대한 의존도가 산업평균보다 높아지면 차입이자율이 상승하게 되어 이자부담이 커지므로 추정된 이익을 감소시키게 되고 주가에 나쁜 영향을 미칠 수 있다.

또한 자본시장이 침체되어 있거나 주가가 정상보다 낮은 가격으로 형성되어 있는 경우 자기자본조달이 쉽지 않다. 이러한 경우 이익의 전액을 유보하여 내부에서 추가소요자금의 일부를 조달하여야 한다.

(1) 유형고정자산에 대한 추가투자가 없는 경우

대부분의 기업은 넉넉하게 기계 · 설비에 투자하여 가동률을 풀(full)로 하지 않더라도 예상된 매출액 성장률을 달성한다. 예를 들어, 현재 가동률이 70~80% 수준일 경우 조금만 가동률을 높여서 매출목표를 달성한다면 굳이 고정자산에 추가투자를 할 필요가 없다.

일반적으로 가동률이 높아질수록 추가소요자금 · 외부자금요구액은 많아진다. 또한 매출액 성장률이 높아질수록 내부 유보액은 점진적으로 증가하고 부채비율은 높아진다. 최근의 저성장시대에서는 내부 유보액은 점점 쌓여가고 부채비율은 낮아진다.

| 예제 15-1 | (주)경일의 20×0년 12월 31일 현재 재무상태표는 〈표 15-2〉와 같다. 20×0년 매출액은 400,000원이었고 매출액순이익률은 10%이었다. 배당성향은 40%이다. 유형고정자산에 대한 추가투자 없이 20×1년의 매출액이 600,000

원으로 증가할 것이라면 매출액 백분율법에 의해 추가자금소요액은 얼마이며 자금조달 방법은 어떠하겠는가? 단, 단기차입금은 변화하지 않고 유동비율은 200% 이상이며 부채비율(=부채/자기자본)은 200% 이하이어야 한다는 제약조건이 있다.

〈표 15-2〉 재무상태표

(주)경일, 20×0년 12월 31일

재고자산	200,000	단기차입금	10,000
외상매출금	90,000	외상매입금	40,000
현 금	10,000	미지급금	10,000
총유동자산	300,000	총유동부채	50,000
순고정자산	300,000	장기부채	100,000
총자산	600,000	자본금	150,000
		유보이익	50,000
		총자본	300,000

풀이 각 단계별로 설명하면 다음과 같다.

1단계로 각 항목을 매출액 백분율로 표시한다. 구체적으로 재무상태표 각 항목을 20×0년 매출액 400,000원으로 나눈다. 예를 들면, 재고자산 항목은 200,000/400,000=0.50=50%이다. 이러한 계산과정의 결과 〈표 15-3〉 매출액백분율표가 완성된다.

〈표 15-3〉 매출액백분율표 20×0년 12월 31일 (단위: %)

재고자산	50.0	단기차입금	변함없음
외상매출금	22.5	외상매입금	10.0
현 금	2.5	미지급금	12.5
총유동자산	75.0	총유동부채	22.5
순고정자산	변함없음	장기부채	?
총자산		자본금	변함없음
		유보이익	?
		총자본	

위의 표에서 ?부호가 있는 항목은 매출액의 변화에 따라 비례적으로 변화하지 않는 항목이다. (주)경일은 매출액이 증가하면 유동자산 항목이 비례하여 증가한다. 외상매입금과 미지급금은 매출액 변화에 따라 자동적으로 비례하여 증가하는 단기부채이다. 순고정자산은 가정에 의해 변화하지 않는다.

단기차입금은 이미 가정에서 나타나 있듯이 회사가 더 이상 변화시키지 않으려는 금액이다. 장기부채는 매출액의 변화에 따라 변화가 가능한 금액이다. 자본금은 자본조달정책에 의해 결정되므로 변화하지 않는 것으로 본다. 유보이익은 비록 비례적이지는 않지만 매출액 증가에 따라 변화한다.

매출이 전년에 비해 200,000원 증가하여 600,000원 되면 추가소요자금(AFN)은 105,000원 된다. 유형고정자산 증가는 없다고 가정했다.

$$\triangle AFN = \frac{A}{S_0}(\triangle S) - \frac{L}{S_0}(\triangle S)$$
$$= 0.75 \times 200,000 - 0.225 \times 200,000 = 105,000$$

105,000원에서 내부자금조달인 유보이익 36,000원을 차감하면 외부자금조달액($\triangle EFN$)은 69,000원이 된다.

$$\triangle EFN = \frac{A}{S_0}(\triangle S) - \frac{L}{S_0}(\triangle S) - mS_1(1-d)$$
$$= AFN - 0.1X600,000X(1-0.40)$$
$$= AFN - \text{유보이익증가분}$$
$$= 105,000 - 36,000$$
$$= 69,000\text{원}$$

여기서, $\triangle AFN$: 추가자금조달액

$\triangle EFN$: 외부자금조달액

$\frac{A}{S_0}$: 유동자산의 매출액 백분율=0.75

$\frac{L}{S_0}$: 유동부채의 매출액 백분율=0.225

$\triangle S$: 매출액 증가분=200,000원, $\triangle FA$: 고정자산증가분=0원

m: 매출액 이익률=.1=10%, S_1: 예측 매출액=600,000원

d: 배당성향=.4=40%, b: 유보율=1-.4=.6

일단 외부자금조달액이 결정된 이후 제약조건을 고려하여 외부자금 조달 방법을 모색한다. 부채비율(부채/자기자본)이 200% 이하이므로 허용 총부채액은 500,000원(=750,000×2/3)이며 20×0년 말 부채총액은 유동부채 145,000원과 장기부채 150,000원으로 295,000원이다. 그러므로 가능한 부채 조달액은 205,000원이다. 유동비율이 200%이상이어야 하므로 유동자산이 450,000원이므로 유동부채는 225,000원 이하이어야 한다. 2011년 말 유동부채는 145,000원이므로 유동부채 제약조건에 문제가 없다. 장기부채 중 사채로 조달가능한 자금은 외부자금조달액 69,000원이다. 따라서 2011년 말 장기부채는 기존 장기부채 150,000원에 69,000원을 더하면 219,000원이 된다. 보통주에 의한 조달은 없다. 자금조달 후 추정재무상태표는 다음과 같다.

〈표 15-4〉 유형고정자산 투자가 없을 경우 추정재무상태표
(가정: 부채비율 200%, 유동비율 200% 이상)

재고자산	300,000	단기차입금*	10,000
외상매출금	135,000	외상매입금	60,000
현금	15,000	미지급금	75,000
		총유동부채	145,000
총유동자산	450,000	장기부채	219,000

순고정자산*	300,000	자본금*	50,000
		유보이익	336,000
총자산	750,000	총자본	750,000

*표는 변함없음.

(2) 유형고정자산에 대한 추가투자가 있는 경우

만약 경일(주)이 100% 조업상태이므로 완전가동(full capacity)을 한다고 가정하자. 이 경우 매출액 증가에 따라 유형고정자산 증가가 뒤따라야만 한다. 추가소요자금 규모가 더 커지고 따라서 외부 자금조달액은 증가한다.

구체적으로 보면 순고정자산 매출액 백분율은 300,000/400,000=75%이다. 매출액이 200,000원 증가하여 600,000원이 되면 유형고정자산 증가분은 150,000(=0.75×200,000)원이 된다. 따라서 새로운 추가소요자금(AFN)은 255,000(=105,000+150,000원)이 된다. 255,000원에서 내부자금조달인 유보이익 36,000원을 차감하면 외부자금조달액($\triangle EFN$)은 219,000원이 된다. 이를 공식으로 계산해서 확인하면 다음과 같다.

$$
\begin{aligned}
\triangle EFN &= \frac{A}{S_0}(\triangle S) \div \frac{L}{S_0}(\triangle S) + \frac{\triangle FA}{S_0}(\triangle S) - mS_1(1-d) \\
&= 0.75\times 200{,}000 - 0.225\times 200{,}000 + 0.75\times 200{,}000 - 0.1\times 600{,}000\times(1-0.4) \\
&= AFN - \text{유보이익증가분} \\
&= 150{,}000 - 45{,}000 + 150{,}000 - 36{,}000 \\
&= 255{,}000 - 36{,}000 \\
&= 219{,}000
\end{aligned}
$$

외부자금 조달액이 결정된 이후 제약조건을 고려하여 외부자금조달 배정은 위의 예와 같다.

여기서는 가정을 달리 하여 부채비율(=부채/자기자본) 100%, 그리고 유동비율 150% 이상으로 하여 외부자금 조달액을 배정하여 보자. 20×1년 추정 재무제표에서 총자산은 900,000원으로 부채비율 100%에서 허용 부채총액은 450,000원이다. 20×1년 말 부채총액은 유동부채 145,000원과 장기부채 150,000원으로 총부채는 295,000원이다. 따라서 가능한 신규부채조달액은 450,000−295,000=155,000원이다.

유동비율이 150% 이상이어야 하므로 20×1년 추정재무제표에서 유동자산이

〈표 15-5〉 완전가동(100%)일 경우 추정재무상태표
(가정: 부채비율 100%, 유동비율 150% 이상)

20×1년

재고자산	300,000	단기차입금*	10,000
외상매출금	135,000	외상매입금	60,000
현금	15,000	미지급금	75,000
		총유동부채	145,000
총유동자산	450,000	장기부채	305,000
순고정자산	450,000	자본금	114,000
		유보이익	336,000
총자산	900,000	총자본	900,000

*표는 변함없음.

* 150% 또는 1.5를 자본집약비율(capital intensity ratio: 총자본/매출액)이라 한다. 이는 매출액 100원을 증가시키는 데 총자산이 150원 요구된다는 의미이다. 이 비율이 높을수록 자본집약적 기업 또는 산업이다. 사실 비율은 총자산회전율의 역수이다(총자산회전율=매출액/총자산).

450,000원이므로 유동부채는 300,000원 이하이어야 한다. 20×1년 말 유동부채가 145,000원이므로 유동부채 제약조건에 문제가 없다. 따라서 신규부채조달액 155,000원은 장기부채로 조달가능하다. 20×1년 말 추정재무상태표에서 장기부채 잔액은 기존 장기부채 150,000원+신규장기부채조달액 155,000=305,000원이다.

한편, 부채비율 1 : 1을 맞추기 위해 자본총계는 450,000원이어야 한다. 20×1년 말 자기자본총액은 자본금 50,000원과 유보이익 336,000원으로 총합계는 386,000원이다. 따라서 예상 신규주식발행조달액은 450,000−386,000=64,000원이다. 따라서 20×1년 말 추정재무상태표에서 자본금 잔액은 50,000+64,000=114,000원이다.

결론적으로 유형고정자산 추가투자에 따라 요구되는 외부소요자금(EFN) 219,000원은 신규 장기부채액 155,000원과 신규주식발행 조달액 64,000원의 합이다.

(3) 가동률과 유형고정자산 투자규모 그리고 외부자금조달액

(주)경일의 예에서 본 바와 같이 첫 번째 예는 유형고정자산에 대한 추가투자가 없음을 가정하였고, 두 번째에는 유형고정자산에 대한 추가투자가 있음을 가정하였다. 첫 번째 예는 회사의 공장가동률이 100% 미만임을 전제로 한 것이고, 두 번째의 유형고정자산에 대한 추가투자가 있음을 가정한 것은 공장가동률이

100%임을 전제로 한 것이다.

현실적으로 실제 회사의 평소 가동률은 100%가 아니라 74~82% 수준인 것으로 밝혀졌다.[1] 위의 예에서 만약 (주)경일이 약 66.67%의 가동률로 조업을 한다면 현재 매출액 수준 400,000원으로부터 최대한 완전가동 생산 · 판매할 수 있는 금액은 400,000÷66.67%=600,000원이다.[2]

따라서 첫 번째에는 암묵적으로 이 회사가 약 66.67% 수준 이하로 가동하고 있음을 전제로 한 것이다. 만약, 두 번째 예와 같이 이때 회사가 완전가동을 하고 있는 상태에서 매출액을 400,000원에서 600,000원으로 증가시키려면 유형고정자산투자가 반드시 이루어져야 한다. 이에 따른 외부자금조달방안은 단기차입, 장기부채차입, 회사채발행 그리고 신주발행 등 매우 다양하다. 다만 위의 예에서는 유동비율과 부채비율(=부채/자기자본)을 제약조건으로 하여 자본조달방법을 모색하였다. 그 이외에 배당제한, 유보율의 변경 그리고 매출액순이익률(=순마진)의 변화에 따라 외부자금조달규모와 자본조달방법은 무수히 많을 것이다.

제 2 절 외부자금조달과 성장률

지금까지는 매출성장률을 가정하여 재무계획을 수립할 경우, 유형고정자산투자액과 외부자금조달액 그리고 구체적인 자금조달방법(목표 부채비율 유지 제약 하에서 장기부채와 신규주식발행)을 공부하였다. 이는 성장률이 어느 정도인가에 따라 재무정책이 종속적으로 결정되는 구조였다.

그러나 반대로 기업이 확고한 재무정책을 염두에 둔 상태에서 달성가능한 성장률이 어떠한지를 검토해 보자. 여기서는 재무정책에 따라 성장률이 종속적으로 결정되는 구조를 살펴본다. 이와 같은 경우는 기업의 재무자원이 한정되어 있을 경우나 성장이 제한될 수밖에 없는 상황을 염두에 둔 것이다. 예를 들면, 기업의

---

1) 미국 Federal Reserve 조사에 의하면 미국 제조업의 2001~2006년 공장가동률은 74~82% 수준이었다.

2) 완전가동 매출액=현재 매출액÷가동률
600,000=400,000÷66.67%
현재 매출액=완전가동 매출액×가동률
400,000=600,000×66.67%

〈표 15-6〉 손익계산서

(주)경일 20×0.1.1.~12.31.

매 출 액	400,000
매출원가(86.67%)	346,667
세전이익	53,333
세금(25%)	13,333
순 이 익	40,000
배당	16,000
유보이익	24,000

* 매출액순이익률 10%, 배당성향 40%

〈표 15-7〉 재무상태표

(주)경일 20×0.12.31.

유동자산	300,000	부 채	250,000
고정자산	300,000	자기자본	350,000
자 산	600,000	자 본	600,000

* 부채비율(부채/자기자본)=100% 이하

여건상 더 이상 신규 장기부채를 조달할 수 없는 경우라든지, 기업의 외부환경이 나빠서 주식시장이 침체되어 있을 때, 신규발행 주식이 제한될 수밖에 없을 것이다. 이 경우 기업의 성장은 극대화될 수 없고 지속가능한 성장만 추구할 수 있다.

(주)경일을 예로 하여 재무정책과 성장률과의 관계를 살펴보자. 여기서는 앞의 예와는 달리 두 가지 제약조건을 덧붙인다. 첫째, 성장에 따른 자기금융(spontaneous financing: 외상매입금의 자동증가)이 없다. 둘째, 신규주식발행은 없다. 따라서 외부자금 조달액은 모두 부채로 조달된다. 셋째, (주)경일이 100% 조업상태로 완전가동을 한다고 가정하자. 이때 (주)경일의 재무상태는 〈표 15-6〉, 〈표 15-7〉과 같다.

매출액이 2011년에 20% 증가, 80,000원이 늘어나서 예상매출액이 480,000원이 된다고 가정하자. 이때 자산 증가분과 내부유보 증가액은 〈표 15-8〉, 〈표 15-9〉과 같이 계산된다.

외부자금요구액 91,200원이 모두 부채로 조달되면 부채금액은 250,000+91,200=341,200이고, 자기자본은 350,000+28,800=378,800원이 된다. 따라서 부채비율은 341,200/378,800=90.1%로 된다.

만약 매출액 성장률이 10%이면 자산요구액은 60,000원이고 유보이익증가분

〈표 15-8〉 추정 손익계산서

(주)경일 20×1.1.1.~12.31.

예상 매출액	480,000
매출원가(86.67%)	416,000
세전이익	64,000
세금(25%)	16,000
순 이 익	48,000
배당(40%)	19,200
유보이익(60%)	28,800

〈표 15-9〉 추정 재무상태표

(주)경일 20×1.12.31.

유동자산	360,000(0.75)	부 채	250,000
고정자산	360,000(0.75)	자기자본	378,800
자 산	720,000(1.5)	자 본	628,800
		외부자금 요구액	91,200

* ( )는 매출액 백분율

은 26,400원이며 외부자금요구액은 33,600원이 된다. 외부자금요구액 33,600원이 모두 부채로 조달되면 부채금액은 250,000+33,600=283,600원이고, 자기자본금액은 376,400이며 부채비율은 75.4%가 된다. 매출액 성장률이 각각 5%와 30%일 때 부채비율은 67.9%와 104.6%가 된다. 매출액 성장률과 부채비율과의 관계를 표로 정리하면 〈표 15-10〉과 같다.

〈표 15-10〉에서 보면 매출액성장에 따른 자산요구액을 유보이익증가분과 외부자금요구액으로 조달하고, 그 중 외부자금요구액을 모두 부채로 조달하면, 부채비율이 점점 증가함을 알 수 있다. 즉 매출액 성장률이 5, 10, 20 그리고 30%로 증가함에 따라 부채비율은 67.9%, 75.4%, 90.1% 그리고 104.6%로 증가한다.

여기서 외부자금요구액이 없이도 가능한 기업의 성장률을 내부성장률이라 한다. 즉 내부성장률(internal growth rate)은 외부자금요구액이 0 또는 그 이하인 경우로서 오직 유보이익증가에 의하여 가능한 성장률이다. 내부성장률은 다음과 같이 계산된다.[3)]

---

3) 이 공식을 유도하기 위해서는 개념을 정리하고 약간의 변형이 필요하다. 다음과 같이 중요관련 재무항목을 정의하자.

S 전년도 매출액, A 전년도 자산, L 전년도 부채, E 전년도 자기자본, g 성장률, m 매출

〈표 15-10〉 매출액 성장률과 부채비율과의 관계

(주)경일

매출액성장률(%)	자산요구액(원)	유보이익증가분(원)	외부자금요구액(원)	부채비율(%)
0	0	24,000	-24,000	60.4
5	30,000	25,200	41,800	67.9
10	60,000	26,400	33,600	75.4
20	120,000	28,800	91,200	90.1
30	180,000	31,200	148,800	104.6

$$\text{내부성장률} = \frac{\text{총자본순이익률} \times \text{유보율}}{1 - \text{총자본순이익률} \times \text{유보율}} = \frac{\mathrm{ROA} \cdot \mathrm{b}}{1 - \mathrm{ROA} \cdot \mathrm{b}} \qquad (15\text{-}4)$$

(주)경일의 경우 총자본 600,000원, 순이익 40,000원 그리고 유보이익 24,000원일 때 총자본순이익률(ROA)은 40,000/600,000=0.0667, 유보율은 24,000/40,000=0.6이다. 따라서 내부성장률은 4.19%이다.

$$\text{(주)경일 내부성장률} = \frac{0.0667 \times 0.6}{1 - 0.0667 \times 0.6} = 0.0419 = 4.19\%$$

따라서 (주)경일은 외부자금의 조달 없이도 4.19%의 매출액 성장률 달성이 가능하다.

한편, 기업이 신주발행 없이 일정수준의 부채비율을 유지하면서 최대한 달성할 수 있는 성장이 가능하다. 지속가능성장률(sustainable growth rate)은 기업이 신주발행 없이 일정수준의 부채비율을 유지하면서도 달성할 수 있는 최대한의 성장률이다. 지속가능성장률은 다음 공식으로 계산된다.4)

$$\text{지속가능성장률} = \frac{\text{자기자본순이익률} \times \text{유보율}}{1 - \text{자기자본순이익률} \times \text{유보율}} = \frac{ROE \cdot b}{1 - ROE \cdot b} \qquad (15\text{-}5)$$

(주)경일의 경우 자기자본 350,000원, 순이익 40,000원 그리고 유보이익

액 순이익률, b 유보율.

여기서 EF(외부자금)$=(A-mSb)g-mSb$로 정의된다. 이 식에서 $EF-0$으로 하고, g에 관해서 풀면 된다. 분수의 분모 분자를 A로 나누면 $ROA-mS/A$로 되므로 위와 같은 식이 도출된다.

4) 총자본순이익률(ROA)과 자기자본순이익률(ROE) 그리고 부채비율(D/E)의 관계식은 다음과 같다. $ROA=ROE(1+D/E)$. 이 식을 내부 성장률 계산공식에 대입한 후 D/E(부채비율)을 일정하게 한 조건에서 g를 구하면 된다.

24,000원일 때 자기자본순이익률(*ROE*)은 40,000/350,000＝0.1143, 유보율은 24,000/40,000＝0.6이다. 따라서 지속가능성장률은 7.37% 이다.[5)]

$$(주)경일\ 지속가능성장률 = \frac{0.1143 \times 0.6}{1 - 0.1143 \times 0.6} = 0.0737 = 7.37\%$$

(주)경일은 부채 250,000원, 자기자본 350,000원이고, 부채비율이 250,000/350,000＝71.4%가 될 때까지 신규주식의 발행 없이도 7.37%의 매출액 성장률 달성이 가능하다.

제 3 절 현금예산

1) 현금예산의 의의

현금예산(cash budget)은 미래 기업활동을 수행하는 과정에서 발생하는 현금의 유입과 유출을 분석하고 일별, 주별, 월별 현금과잉 부족을 예상하여 과잉현금의 운용과 부족현금의 조달을 목적으로 하는 재무계획이다. 현금은 기업활동을 원활히 수행하기 위해서 필요하므로 미래의 현금상태를 예측하는 것은 재무담당자에게 필수적이다. 매출액 예측, 이익 예측, 그리고 추가소요자금 예측 등 장기적 예측을 한 후에는 단기적으로 현금의 입·유출을 예측하여 미래의 일정한 기간 동안의 현금상태(cash position)를 예측하는 것이 필요하다. 앞 절에서 설명한 소요자금 예측은 비교적 장기간의 소요자금을 예측하는 것이 반면에 현금예산은 소요자금 예측을 기초로 하여 단기적인 소요현금을 예측하여 재무계획을 수립하는 것이다.

2) 현금상태의 예측방법

현금예산은 미래의 현금유입과 현금유출을 예측하여 순현금 포지션(net cash

5) 일부 책에서는 지속가능성장률을 유지가능성장률이라고 한다. 계산식은 (*ROE*)(*b*)이다.

〈표 15-11〉 현금예산

(주)삼정 (단위: 억원)

	20×0.12	20×1.1(예)	20×1.2(예)	20×1.3(예)
현금유입	80	96	116	128
현금유출	72	84	176	102
월중순현금	8	12	-60	26
월초현금잔고(+)	5	13	25	-35
월말현금잔고	13	25	-35	-9
최저현금보유액(-)	5	5	5	5
현금 과잉(+), 부족(−)	8	20	-40	-14

position)을 추정함으로써 시작한다. 미래의 순현금흐름이 추정되면 최저현금보유액을 고려하여 현금과잉 또는 부족상태를 관리하기 위한 단기재무전술을 수립한다.

(1) 현금예산의 작성: 예시 (주)삼정의 경우

현금유입과 현금유출이 예측되면 이로부터 순현금을 예측할 수 있다. 20×1년 1월 (주)삼정은 현금유입 96억원, 현금유출 84억원이므로 월중 순현금은 12억원이 발생하였다.

월초 현금잔고에 월중 순현금을 더하여 월말 현금잔고를 예측하게 된다. 20×1년 1월초에 13억원의 현금잔고가 있으므로 여기에 순현금 12억원을 더하면 1월말에 25억원의 현금잔고가 발생한다.

대부분의 기업은 불확실한 현금유출입에 대처하기 위해 최저현금보유액(minimum cash balance)을 설정한다. (주)삼정의 최저현금보유액이 5억원이라고 가정하면 20×1년 1월에 20억원의 현금 과잉이 발생하였다. 또한 은행은 기업에 대한 대출금의 일정비율의 최저현금보유액을 기업이 유지할 것을 요구하고 있다. 현금관리를 위해 기업은 시장성 유가증권에 투자하거나 아니면 다른 단기자산에 투자할 수 있다.

여기 예에서는 월별로 현금상태에 대한 예측을 다루었으나 일별, 주별, 분기별 현금상태에 대한 예측도 마찬가지 방법으로 예측하여 재무전략의 수립에 이용할 수 있다.

〈표 15-12〉 현금유입의 예측

(주)삼정 (단위: 억원)

	20×0.12	20×1.1(예)	20×1.2(예)	20×1.3(예)
1. 매 출 액	80	100	120	130
2. 현금판매(당월의 80%)		80	96	104
3. 신용회수(전월의 20%)		16	20	24
4. 판매관련 현금유입(2항+3항)		96	116	128
5. 고정자산매각	0	0	0	0
6. 관세환급	0	0	0	0
7. 차입 또는 신주발행	0	0	0	0
8. 현금유입합계(4항+5항+6항+7항)	80	96	116	128

(2) 현금유입의 예측

현금유입의 예측은 매출액 예측을 근거로 시작된다. 매출액이 예측된 후에는 모든 매출액이 즉시 현금화되는 것이 아니기 때문에 신용판매에 대한 평균회수기간을 예측하여야 한다. 과거의 경험과 신용판매조건으로부터 매출액 중 현금판매되는 부분과 차기까지 신용판매되는 부분을 예측할 수 있다.

예를 들어, (주)삼정의 20×1년 월별 매출액이 〈표 15-12〉와 같다고 하자.

현금판매는 당월 매출액의 80%이고 신용판매는 당월 매출액의 20%라고 하자. 당월 신용매출액은 다음 달에 회수된다. 신용판매기간을 30일 이내라고 가정하여 현금유입을 예측하여 보자.

20×1년 1월 현금판매는 매출액 100억원의 80%인 80억원이다. 그러나 이 기업은 20×0년 12월의 매출액 80억원의 20%인 16억원을 현금 회수한다. 따라서 매출관련 가용현금은 96억원=80억+16억이 된다.

신용매출액의 회수가 현금유입의 유일한 원천은 아니다. 기업이 고정자산을 매각하거나 관세환급 또는 보험금을 지급받을 수 있다. 또한 차입이나 신주발행에 의해 추가자금을 조달할 수 있다.

(3) 현금유출의 예측

일반적으로 현금유출항목은 현금원천항목보다 현금운용항목이 많아서 여러 가지 범주로 분류하기가 쉽다. 여기서는 현금유출항목을 외상매입금 지급, 경상비

〈표 15-13〉 현금유출의 예측

(주)삼정 (단위: 억원)

	201×0.12	20×1.1(예)	20×1.2(예)	20×1.3(예)
1. 외상매입금 지급	48	60	72	78
2. 경상비용	20	20	20	20
3. 고정자산 매입	0	0	80	0
4. 금융관련비용	4	4	4	4
5. 현금유출합계	72	84	176	102

용, 고정자산 매입, 그리고 금융관련비용 등 네 가지로 분류한다.

첫째, 현금유출항목 중 가장 큰 금액은 외상매입대금의 지급이다. 재료비등 물품대금의 지급에 대한 현금유출의 예측은 비교적 정확하게 예측할 수 있다. 물품대금 상환의 연기는 단기금융의 원천이 되지만 값비싼 금융의 원천일 수 있다. 왜냐하면 신용기간 내에 지급함으로써 할인을 받을 수 있는 기회를 잃기 때문이다.

위의 (주)삼정의 경우 당월의 평균외상매입금액은 다음 달 예상매출액의 60% 수준이고 이 외상매입금은 매입이 이루어진 다음 달에 100% 지급된다고 가정하자. 따라서 1월의 외상매입금은 2월의 예상매출액 120억원의 60%인 72억원이 된다. 이 외상매입금은 2월에 지급된다. 1월에 지급되는 현금은 당월 예상매출액 100억원의 60%가 전월의 외상매입금으로 발생되었으므로 이를 당월에 지급하면 60억원이 된다.

두 번째 현금유출 항목은 경상비용으로서 노무비, 일반관리비 그리고 기타비용이다. 이 항목은 모든 정규적인 비용을 포함한다.

세 번째 현금유출항목은 고정자산투자액, 즉 자본적 지출이다. 장기적 소요자금계획이 수립된 경우에는 자본적 지출에 대한 자료를 쉽게 얻을 수 있다.

네 번째 현금유출항목은 금융관련비용으로서 여기에는 지급이자와 배당금이 있다. 위의 네 가지 현금유출합계 예측치가 〈표 15-13〉에 나타나 있다.

(4) 현금계획과 단기자본의 조달

위의 현금예산을 보면 20×1년 1분기 중 첫 1월은 현금이 남고 2월과 3월에는 현금이 부족한 것으로 나타났다. 예상매출은 계속 증가하는데 현금부족이 발생한 이유는 2월달에 고정자산 매입 80억원 때문이다. 원칙적으로 고정자산 매입자금은 대응원칙에 의거 내부유보액, 장기부채, 그리고 신주발행에 의해 조달되어야 한다. 그러나 여기서는 단기 재무계획에 의한 현금예산이므로 단기자본 조달방안을 모색한다.

이미 앞에서도 설명하였지만 기업의 단기자금 조달은 단기차입, 당좌차월, 어음할인, CP(기업어음) 발행, 그리고 팩토링에 의해 이루어진다.[6)]

3) 현금예산의 유용성

현금상태를 예측하면 일정기간 동안 필요한 현금관리의 시기와 규모를 결정할 수 있다. 또한 현금상태를 예측함으로써 배당정책, 대출상환계획, 신용판매정책, 자본지출정책 그리고 유가증권투자 등을 검토할 수 있다. 예를 들어, 현금잔고가 많은 경우에는 단기부채를 상환한다거나 시장성 유가증권에 투자할 수 있다. 반면에 현금잔고가 부족한 경우에는 배당금을 감소시킨다든가, 신용판매기간을 단축한다든가, 또는 시장성 유가증권을 매각할 수 있다. 이와 같이 현금상태의 예측은 기업의 유동성을 일정하게 유지하면서 수익성을 높일 수 있는 재무전략의 수립에 필수적이라고 할 수 있다.

현금예산을 작성할 때 외부시장여건의 변화에 의하여 매출액의 예측이나 회수기간의 예측에 착오가 생길 수 있다. 따라서 여러 가지 상황에 대한 예측에 따라 현금예산을 작성하는 민감도 분석(sensitivity analysis)을 하면 보다 나은 재무전략을 수립할 수 있다.

6) 팩토링은 외상매출금 담보대출의 하나이다. 그 이외에 재고자산을 담보로 하여 단기자본을 조달할 수 있다. 우리나라에서는 크게 활성화되어 있지 않으나, 미국에서 활성화된 재고자산금융에는 창고금융(warehouse financing), 트러스트금융(특정자산을 맡기고 단기자금을 빌림), 그리고 블랭킷금융(blanket inventory lien: 재고자산담보금융) 등이 있다.

Financial Management

문제풀이

≪객관식 문제≫

1. (주)대영의 매출액순이익률은 1%이고 배당성향은 60% 수준에서 유지하고자 한다. 지난해의 매출액이 60억원이고 유동자산은 36억원이고 유동부채는 18억원이다. 이 회사의 매출액증가율이 10%로 예상된다면 외부 금융에 의하여 조달하여야 하는 추가자금의 크기는?

① 1.404억원 ② 1.536억원 ③ 1.66억원원 ④ 1.80억원

2. 재무예측에 대한 설명으로 잘못된 것은?

① 재무예측이란 재무계획의 일환으로 기업의 소요자금을 예측하는 과정이다.
② 매출액을 기준으로 재무예측을 행할 때 불규칙적이고 변동적인 유동자산의 예측은 비교적 어렵게 이뤄진다.
③ 영구적으로 유동자산과 고정자산에 필요한 자금은 장기적인 자금조달 원천으로부터 조달된다.
④ 장기적으로 볼 때 매출액은 성장 추세를 나타내는 것이 보통이며 이 성장과 더불어 유동, 고정 자산도 증가하는 경향을 보인다.

3. 매출액 백분율법에 의하여 비교적 쉽게 예측할 수 있는 재무항목이 아닌 것은?

① 외상매출금 ② 장기부채 ③ 재고자산 ④ 미지급금

4. 매출액변화에 따라 비교적 직접적으로 변하는 항목이 아닌 것은?

① 재고자산 ② 매출채권 ③ 장기부채 ④ 유동부채

5. 현금예산(cash budget)에서 현금유입항목이 아닌 것은?

① 비업무용 자산의 매각 ② 유보이익
③ 매출채권의 회수 ④ 신주발행대금

6. 현금예산에서 현금유출항목이 아닌 것은?

① 매입채무지급 ② 고정자산매입 ③ 감가상각비 ④ 배당금

7. 매출액 백분율법에 의해 계산된 외부자금요구액(EFN)은 다음 중 어떤 자금으로 조달되는가?

① 내부유보액 ② 현금계정의 조정

③ 부채와 자기자본 ④ 영업현금흐름

8. 기업의 성장률에 관한 개념 중 틀린 내용은?
① 내부성장률(internal growth rate)은 외부자금요구액이 0 또는 그 이하인 경우로서 오직 유보이익증가에 의하여 가능한 성장률이다.
② 지속가능성장률(sustainable growth rate)은 기업이 신주발행 없이 일정 수준의 부채비율을 유지하면서도 달성할 수 있는 최대한의 성장률이다.
③ 내부성장률이든 지속가능성장률이든 배당성향과는 관계없다
④ 고든(Gordon)의 일정배당성장모형에서 성장률=자기자본순이익률×유보율(=ROE×b)이다.

9. A, B 두 기업은 모든 점에서 같으나 A기업은 오래 되었고 B기업은 최근 신설된 기업이다. 따라서 A기업의 자산은 거의 상각되었지만, B기업의 자산은 거의 상각되지 않았다. 이런 점을 고려할 때, 다음 중 맞는 내용은?
① A기업은 B기업보다 매출액이익률이 낮다.
② A기업은 B기업보다 매출액이익률이 높다.
③ A기업은 B기업보다 자기자본이익률이 낮다.
④ A기업은 B기업보다 총자본이익률이 낮다.

10. 자기자본순이익률(ROE)=20%, 유보율(b)=0.6이면 지속가능성장률은 얼마인가?
① 13.64% ② 15.42% ③ 16.58% ④ 17.02%

≪주관식 문제≫

★1. 금년 말의 (주)대영의 재무상태표는 다음과 같다. 금년의 매출액은 3,500,000천원 매출액순이익률은 3% 그리고 배당성향은 60%이다. 내년에는 매출액이 20% 증가되리라 기대된다. 내년도의 장기차입금에 변동이 없다. 매출액백분율을 이용하여 추가소요자금액을 구하시오.

(주)대영 재무상태표 (단위: 천원)

자산	금액	부채 및 자본	금액
현 금	52,500	매입채무	157,500
매출채권	122,500	미지급금	17,500
재고자산	262,500	유동부채	175,000
유동자산	437,500	장기부채	525,000
고정자산	1,312,500	총부채	700,000
		보통주	612,000
		유보이익	438,000
총 자 산	1,750,000	총부채 및 자기자본	1,750,000

2. (주)이테크는 새로운 기계의 구입을 검토하고 있다. 새 기계 가동시 매출액이 8억원에서 10억원으로 증가될 것으로 기대된다. 이 기업의 자산, 매입채무, 미지급금은 매출액과 직접적인 관련이 있다. 매출액순이익률이 8%이고 세후 순이익의 40%를 배당으로 지급할 계획이다. 그리고 이 기업의 재무상태표는 다음과 같다.

유동자산	300,000
고정자산	1,200,000
자산총계	1,500,000
매입채무	400,000
미지급금	100,000
장기부채	300,000
보 통 주	200,000
유보이익	500,000
부채 및 자본총계	15,000,000

(1) 매출액백분율법을 이용하여 외부자금조달액을 예측하시오.
(2) 배당성향이 20%로 감소될 경우 필요한 외부자금조달액은 얼마인가?

3. [추가소요자금계산] 금년 말의 X기업의 재무상태표는 다음과 같다. 금년의 매출액은 3,500,000천원, 매출액순이익률은 3% 그리고 배당성향은 60%이다. 내년에는 매출액이 20% 증가되리라 기대된다. 내년도의 고정자산과 장기차입금에 변동이 없다. 매출액 백분율을 이용하여 내년도 외부소요자금액을 구하시오.

X기업 재무상태표 (단위: 천원)

현 금	52,500	매입채무	157,500
매출채권	122,500	미지급금	17,500
재고자산	262,500	유동부채	175,000
유동자산	437,500	장기부채	525,000
고정자산	1,312,500	총부채	700,000
		보통주	612,000
		유보이익	438,000
총 자 산	1,750,000	총부채 및 자기자본	1,750,000

4. 작년에 (주)대영의 총자산은 24억원이고 보통주는 8억5천만원, 유보이익은 5억9천만원, 그리고 매출액은 50억원이었다. 금년에는 매출액이 25% 증가될 것으로 기대된다. 그리고 금년도에는 단기부채가 전년에 비해 10% 자생적으로 증가될 것이며 동시에 (주)대영은 1억5천만원 상당의 유상증자를 계획하고 있다. 매출액순이익률은 6%가 기대되고 배당성향은 50%가 될 것이다. 이 경우 금년의 장기부채에 의한 추가소요자금은 얼마인가를 구하시오.

★5. (주)이테크의 재무제표는 아래와 같다. 영업비용에는 지급이자가 포함된다. (주)이테크의 자산은 매출액에 비례한다고 가정한다.

(주)이테크의 2016년 재무제표 (단위: 만원)

손익계산서	
매출액	950
영업비용	250
세전이익(EBIT)	700
세 금	200
당기순이익	500

재무상태표, 기말

	2015	2016		2015	2016
자 산	2,700	3,000	부 채	900	1,000
			자기자본	1,800	2,000
합 계	2,700	3,000	합 계	2,700	3,000

(1) (주)이테크가 60%의 배당성향을 유지하고 2017년에 15%로 성장한다는 계획에서 (주)이테크가 필요로 하는 외부자금은 얼마인가?
(2) 자기자본은 발행하지 않는다고 결정한다면 어떤 변수가 균형항목이 되어야 하는가? 그 값은 얼마인가?
(3) 만약 장기부채를 1,100만원까지만 증가시킬 계획이고 신주발행은 하지 않는다고 가정하자. 이 경우 유보이익과 배당금의 변화액을 계산하라.
(4) 2016년 배당성향은 60%로 고정되어 있고 자기자본 대 자산 비율이 2/3로 정해져 있는 경우 (주)이테크의 내부성장률(유보이익/자산)은 얼마인가?
(5) 유지가능성장률은 얼마인가?

6. (주)이테크는 연 30%씩 성장하고 있다. 모든 자금은 자기자본으로 조달하며 총자산은 1백억원이다. ROE는 20%, 내부유보율은 40%이다.
(1) 유지가능성장률은 얼마인가?
(2) 올해 외부자금조달 필요액은?
(3) 배당지급률을 0으로 낮추는 경우 유지가능성장률은 얼마까지 증대시킬 수 있는가?

★7. [현금예산] K기업의 내년도 1/4분기에 예상되는 현금예산 자료는 다음과 같다.

(단위: 천원)

	1월	2월	3월
매 출 채 권	100,000	120,000	130,000
매 입 채 무	50,000	60,000	65,000

현금지급액			
임금 및 급여	5,000	6,000	7,000
임 대 료	2,000	2,000	2,000
기계구입비	80,000		6,000

대손율은 당월의 매출채권 예상회수액의 10%로 추정하였다. 따라서 회수액의 50%는 판매된 달에 회수되고 나머지는 다음달에 회수된다. 매입채무는 매입한 다음달에 전액지급된다. 금년 12월의 매출액은 80,000천원이고 월말 현금 잔액은 140,000원이다. 이 경우 현금예산서를 완성하시오.

8. 200×년 9월 말 현재 (주)이테크의 지난 3개월 동안의 매출액 실적과 향후 3개월간의 예상매출액 수준이 다음과 같다. 모든 제품이 45일 후에 지급하는 조건으로 신용판매되고 고객들은 지급일에 정확히 대금을 지불하므로 대손은 발생되지 않는다. 10월, 11월 그리고 12월의 각 월회수액은 얼마인가? (1달은 30일로 계산한다) 회수액의 50%는 1개월 후에 회수되고 나머지 50%는 2개월 후에 회수된다.

(단위: 천원)

월	매출액 실적	월	예상매출액
7월	100,000	10월	120,000
8월	90,000	11월	80,000
9월	70,000	12월	150,000

9. 내년도 1/4분기의 현금예산 자료는 다음과 같다

(단위: 천원)

	1월	2월	3월
매출채권	80,000	70,000	86,000
매입채무	34,000	32,000	40,000
현금지급액			
임금 및 급여	4,000	3,500	4,200
임 대 료	1,500	1,500	1,500
기계구입비	25,000		2,000

대손율은 매출채권 예상회수액의 10%로 추정하였다. 회수액의 50%는 판매된 달에 회수되고 나머지는 다음달에 회수된다. 매입채무는 매입한 다음달에 전액 지급된다. 금년 12월의 매출액은 9천만원이다. 이 경우 다음의 현금예산서를 완성하시오.

(단위: 천원)

	1월	2월	3월
월초 현금잔액	100,000	________	________

현금유입액			
매출채권 회수액			
총 가용현금			
현금 유출액			
매입채무 지급액			
임금 및 급여			
임대료			
기계구입비			
총지출액			
월말 현금잔액			

제16장 기업의 인수 · 합병(M&A)

제1절 M&A의 개요

1) M&A의 개념

인수 · 합병(M&A: merger & acquisition)[1]은 대상기업들이 하나로 합쳐 단일 회사가 되는 합병(merger)과 하나의 기업이 다른 기업의 자산 또는 주식취득을 통해 경영권을 획득하는 기업인수(acquisition)를 합친 개념이다. 일반적으로 M&A는 특정기업이 다른 기업의 경영권을 인수할 목적으로 소유지분의 일부 또는 전부를 확보하는 제반과정을 말한다.

실질적으로 합병(merger)은 두 개 이상의 회사가 계약에 의하여 결합하는 것을 말하는 것으로 상법상의 합병절차와는 상관없이 회사가 결합되는 한 그것을 곧 합병이라 한다. 따라서 청산 · 영업양도 · 인수 등에 의해 사실상의 합병의 효과를 얻는 것도 합병에 포함된다. 합병은 간단하고 비용이 적게 드는 기업결합방법이다. 그러나 주주의 동의를 얻는 것이 어렵다. 합병결의는 주주총회의 승인사항이다.

법률적으로 볼 때 기업합병은 신설합병과 흡수합병의 두 가지로 구분할 수 있다. 신설합병은 합병 당사자인 법인 모두가 해체되고 신설법인이 설립되는 것이다. 흡수합병은 피흡수법인은 소멸하고 흡수법인이 계속 존속하는 경우이다.

기업인수(acquisition)는 매수기업이 대상기업의 경영권을 획득하기 위해서 현금이나 주식을 주고 대상기업의 주식이나 자산을 취득하는 행위를 말하는 것이다.

1) 기업의 인수 · 합병이란 법률적으로 정확하게 개념화된 용어는 아니다. 따라서 기업의 인수 · 합병, 기업매수와 합병, 인수와 합병, Merger & Acquisition, 그리고 M&A 등이 혼용되고 있다. 일반적으로 M&A라는 약어를 사용한다.

용어의 혼돈을 피하기 위해 매수기업(the acquiring firm)을 A기업, 인수대상기업(the acquired firm 또는 target firm)을 B기업이라 하고, 새로 탄생하는 신설기업을 AB기업이라 하자.2) 합병과는 달리 인수는 B기업 주주총회의 승인이 필요없다. A기업은 B기업의 경영진과 관계없이 직접 B회사 주주들과 접촉하여 인수를 시도한다. 대부분의 적대적 인수의 경우, B기업의 경영진들은 A기업의 인수시도에 대하여 반대하고 뒤에서 설명하겠지만 다양한 인수방어전술을 구사한다.

인수과정에서 인수가 마무리될 경우 합병결의에 의해 그 절차가 종료된다. 여기에는 대주주로부터 직접 지분을 양수 받는 경우, 공개시장에서 주식 매집 또는 주식 공개매수에 의한 구주취득의 경우, 제3자 할당증자에 의한 지분양수 및 전환사채(CB)의 취득, 그리고 신주인수권부 사채(BW)의 취득 등 신주취득의 경우 등이 있다.

경영권인수(takeover)는 인수(acquisition)와 비슷하지만 경영권을 양수 · 인수하는 점에 초점을 맞춘 인수시도로서 일반적이고 더 넓은 개념이다. 위에서 설명한 인수는 경영권인수의 하나의 방법이다. 그 이외에 경영권인수방법에는 위임장쟁탈과 기업사유화가 있다. 이를 정리하면 다음과 같다.

경영권인수(takeover) ┬ 인수(acquisition)
　　　　　　　　　　　├ 위임장쟁탈(proxy contest)
　　　　　　　　　　　└ 기업사유화(going private)

위임장쟁탈(proxy contest, 또는 proxy fight)은 주주총회에 직접 참여하지 못하는 주주로부터 위임장(proxy)을 부여받아 이를 주도하는 세력의 의사결정이 관철될 수 있게 의결권을 행사하는 것이다. 이를 주도하는 세력이란 현 경영진이 반대하는 주주집단 또는 이사들이다.

기업사유화(going private)는 상장기업의 주식이 몇몇 외부투기집단이나 현 경영진에 의해 매집되어 소각되므로 상장이 폐지되는 것을 말한다. 모든 상장기업의 주식이 소수의 외부투기집단에 의해 정크본드(junk bond) 발행을 통해 인수되는 것을 차입매수(LBO: leveraged buy-out)라 하고, 현 경영진에 의해 인수되는 것을 경영자매수(MBO: management buy-out)라 한다.

자산매입(P&A: purchase&acquisition)은 인수대상기업의 주요자산 혹은 부채

2) 책마다 학자마다 표현하는 이름은 다르지만 내용은 같다.
A기업 = 인수회사, 매수회사, 인수기업, 합병기업
B기업 = 인수대상기업, 인수목표기업, 피인수기업, 합병대상기업, 피합병기업

를 매입하는 형태이다. 특히 중소기업에 대한 인수의 경우에는 주식취득으로 인한 책임의 전가를 피하기 위하여 자산매입이 선호된다.

2) M&A의 유형

M&A의 유형은 M&A의 기법이 고도화됨에 따라 매우 다양해지고 있다. M&A의 유형은 거래성격, 교섭방법, 결합형태, 그리고 인수수단에 따라 구분할 수 있다. 이를 순서대로 간략히 설명하면 다음과 같다.

(1) 거래성격에 따른 분류

거래성격에 따라 M&A는 우호적 M&A와 적대적 M&A로 구분할 수 있다. 우호적(friendly) M&A은 인수회사와 피인수회사의 합의에 의해 이루어지는 경우를 말한다. 적대적(hostile 또는 unfriendly) M&A는 피인수회사의 의사에 관계없이 주식시장에서 공개 또는 비공개방법에 의한 주식 매집으로 M&A가 이루어지는 경우이다.

(2) 교섭방법에 따른 분류

교섭방법에 따라 M&A는 개별적 매수교섭과 주식공개매수방법으로 구분할 수 있다. 개별적 매수교섭에 의한 M&A는 피인수회사에 대한 개별적 매수교섭에 의해 주식을 취득하는 방법이다. 주식공개매수(tender offer 또는 takeover bid: TOB)[3] 방법은 대상기업의 의결권 주식의 일부 또는 전부를 주주들로부터 공개적으로 취득하는 경우이다.

(3) 결합형태에 따른 분류

결합형태에 따라 M&A는 수평적, 수직적 그리고 복합적 M&A로 분류한다. 수평적(horizontal) M&A는 동종의 사업분야에서 활동하고 경쟁하는 기업 간의 M&A를 말한다. 이러한 수평적 M&A는 보다 큰 기업규모를 통하여 규모의 경제

3) tender offer bid는 미국식 표현이고 takeover bid는 영국식 표현이다.

를 실현하는 동시에 시장의 경쟁을 감소시키고 시장점유율을 높이며, 또한 생산 · 시장 · 관리면에서 당사자 간의 보완적 기능을 높임을 목적으로 한다.

수직적(vertical) M&A는 생산단계가 서로 다른 기업 간에 이루어지는 M&A인데, 관련 제품라인에 대한 기업적 통제력의 증가와 비용의 감소 등의 이유에서 이루어진다. 복합적(conglomerate) M&A는 서로 관련이 없는 업종간의 M&A이다. 이는 자원배분의 효율성 증대와 통합에 의한 시너지효과(synergy effect) 등을 목표로 한다.

(4) 인수수단에 따른 분류

인수수단에 따라 M&A는 현금매수, 주식교환매수 그리고 차입매수로 분류한다. 현금매수는 기업의 인수대가로 현금을 지불하는 경우이다. 주식교환매수는 피인수회사의 주식을 인수회사의 주식과 일정비율로 교환하는 M&A이다. 차입매수(LBO)에 의한 M&A는 피인수기업의 자산을 담보로 부채를 조달하여 기업을 인수하는 방법이다.4)

〈표 16-1〉 M&A의 유형

분류방법	유 형
거래성격에 따른 분류	○ 우호적 인수 · 합병 ○ 비우호적 인수 · 합병
교섭방법에 따른 분류	○ 개별교섭 ○ 공개매수(Tender offer)
결합형태에 따른 분류	○ 수평결합 ○ 수직결합 ○ 혼합(다각적)결합
인수수단에 따른 분류	○ 현금매수 ○ 주식교환매수 ○ LBO

4) 차입매수(LBO: leveraged buy-out)는 1964년에 기업인수 전문가인 로버트 콜버그에 의해 'bootstrapping financing'이라는 이름으로 소개되었으나, 한동안 잊혀져 있다가 1980년 이후 다시 성행하기 시작했다. bootstrap이란 본래 '다른 사람의 도움 없이 일을 착수하다'의 뜻으로 여기에 '금융'을 붙여서 경영자가 독자적으로 사업을 일으키기 위한 수단으로서 자금을 조달한다는 의미이다.

3) M&A의 동기

기업이 M&A를 행하는 동기는 기본적으로 기업가치의 극대화를 위하여 이루어진다. 가치극대화 동기에 의하면 합병은 합병으로 인해 경제적 이익이 발생하거나 적어도 정상적 이익이 달성될 때 이루어진다는 것이다. 구체적으로 기업가치 극대화 동기는 시너지 동기, 세금 동기, 시장지배력 동기, 그리고 정보와 신호 동기 등으로 세분된다. 각 동기에 대한 설명은 다음과 같다.

(1) 시너지 동기

시너지 동기에 의하면 합병 이후의 기업가치가 합병 전의 개별기업 가치를 합한 것보다 더 크다는 시너지 효과를 근거로 M&A가 이루어진다는 것이다. 이러한 시너지의 원천은 규모의 경제와 운영의 효율성 증대에 있다.

시너지(synergy)는 두 기업, 자산 또는 두 사업의 합이 각각의 합보다 더 큰 경우를 말한다. 간단히 말해서 1+1은 2가 아니라 3이 될 때 우리는 시너지가 있다고 말한다. 여기서 합병시너지는 양(+)으로서 1(=3−2)이다.

합병이 경우 A기업이 B기업을 인수하여 각각 기업의 가치합계보다 더 큰 합병가치가 발생하면 합병의 시너지가 있는 것이다. 예를 들어, A기업의 가치가 3억, B기업의 가치가 1억인데, A기업이 B기업의 합병에 의해 AB기업으로 탄생하고 그 AB기업의 가치가 6억이면 2억의 합병시너지가 생긴 것이다.

$$
\begin{aligned}
\text{합병시너지} &= \text{AB기업} - (\text{A기업} + \text{B기업}) \\
&= 6\text{억} - (3\text{억} + 1\text{억}) \\
&= 2\text{억}
\end{aligned}
$$

꼭 신설기업 AB가 만들어지지 않고 단순히 A기업이 B기업을 합병했을 경우도 마찬가지로 합병시너지가 발생한다. 구체적으로 A기업이 B기업을 합병할 경우 6억이라는 총가치가 창출되었다고 하자. 이 6억의 가치는 원래 A기업의 가치 3억에 합병가치 3억이 증가된 것이다. 이 합병가치 3억은 합병시너지 2억과 B기업의 가치 1억이 합해진 것이다.[5]

---

5) 인수 · 합병에 관련 용어는 교과서에 따라 어떤 책은 합병이라는 용어를 주로 쓰고, 다른 책은 인수란 용어를 많이 쓴다. 용어야 어쨌든 내용은 같다고 볼 수 있다. 여기서도 합병과 인수를 같은 의미로 혼용하여 사용한다.

합병시너지(ΔV)의 계산은 상당히 어렵고 주관적이다. 이론적으로 합병시너지를 발생시키는 요인은 매출액 증가, 비용 감소, 그리고 중복투자비용 절감이다.

(2) 세금 동기

세금 동기에 의하면 M&A로부터 여러 형태의 세금상 이익이 존재하기 때문에 M&A가 이루어진다는 것이다. 예를 들면, 결손회사와 이익이 있는 회사가 결합할 때 세금공제 효과가 발생할 수 있다. B회사가 영업손실이 발생하면 세금혜택을 못받는다. 이때 A회사가 B회사를 인수하면, A회사는 세금혜택이 크다.

배당금 지급을 작게 하거나 자본이득을 실현시키기 위해 M&A가 이루어진다. A기업은 잉여현금이 많은 기업이다. 이 현금으로 배당을 하게 되면 주주들은 많은 세금을 내야 한다. 그 대안으로서 주식재매입을 통해 주주들이 내는 세금을 경감시킬 수 있다. 그러나 모든 주주가 주식재매입에 응하는 것도 아니고 또한 계획한 수량만큼 주식이 재매입되지 않는 경우도 많다. 이 경우, A기업이 B기업을 인수 · 합병하여 새로운 AB기업이 탄생한 후 배당을 하면, 그 배당금에 대하여는 세금이 부과되지 않는다.

부채사용이 적은 기업을 인수하면 부채사용한도가 커지고, 부채사용으로 인한 이자금액 절세효과가 커진다. 예를 들어, A기업은 부채를 너무 많이 사용하여 부채계약(debt indenture)에 의거, 더 이상 추가차입이 불가능하고, 아니면 업계평균에 비해 부채비율이 너무 높다고 하자. 이 경우 A기업은 부채비율이 낮은 B기업을 인수함으로서 부채를 더 많이 사용할 수 있고 또한 이자지급액에 대한 감세효과를 높인다. 만약 인수자체를 부채조달에 의한다면 그 효과는 더 커진다.

마지막으로 인수대상기업이 자산재평가를 하여 고정자산금액이 높아질 경우 감가상각비가 더 커져서 감가상각비 절세효과가 커진다. 예를 들어, B기업이 인수 전 자산재평가를 실시할 경우 고정자산금액이 커진다. 이러한 B기업을 인수한 A기업은 높은 감가상각비 때문에 감가상각비 감세효과를 더 높인다. 물론 A기업은 높은 감가상각비 때문에 순이익이 낮아지는 결과가 되지만, 이미 앞장에서도 애기했듯이 현금흐름은 더 늘어난다.

(3) 시장지배력 동기

시장지배력 동기에 의하면 시장점유율 증대나 독점이윤을 확보하고자 하는 동기에서 합병이 이루어진다는 것이다. M&A에 의하여 기업의 대형화와 집중화를 통해 신규시장에 참여하거나 계속기업으로서 성장잠재력을 키울 수 있다.

(4) 정보와 신호 동기

정보와 신호(information and signaling theory) 동기에 의하면 M&A는 합병의 과정에서 증시에 알려지는 피합병기업에 대한 새로운 정보가 시장으로 하여금 기업의 가치를 재평가하게 한다는 이론이다. 즉 기업에 대한 새로운 정보가 시장에 제공되어 과소평가된 대상기업의 재평가가 이루어져 가치를 증대시킨다. 예를 들어, 합병은 기존의 경영진을 교체시켜 경영혁신의 계기가 된다. 그러나 합병이 반드시 과거 경영진의 무능을 전제로 하여 새로 경영진을 교체하는 건 아니다. 물론 합병을 통해 새로운 경영진이 기존의 과거 무능한 경영진 교체를 이룬다. 기술발전이 빠른 기업환경에서 합병은 기술발전에 적합치 않은 과거 경영진을 교체시키는 좋은 기회가 된다. 이런 정보는 증권시장에 호재로 작용, 주가를 올리게 하는 기회가 된다.

제 2 절 M&A의 절차와 방법

1) M&A의 절차

기업의 M&A 절차는 거래구조 및 규모에 따라 큰 차이가 있어 정형화하기에는 무리가 있다. 그러나 대부분의 M&A 거래에서 공통적으로 밟게 되는 단계와 과정은 있기 마련이다.[6] M&A는 그 자체만으로도 복잡하고 미묘한 사건으로서 그 결과의 중요성만큼이나 그 절차도 신중한 주의를 요한다.

M&A의 진행절차는 기준을 어디에 두느냐에 따라 여러 단계로 나누어 볼 수 있다. 일반적으로는 우호적인 관계에서 기업을 인수한다고 보고 다섯 단계로 나누고 있다. 첫째로 기업의 기본적 전략수립과 이에 따른 대상기업의 선정단계, 둘째

---

6) 이 부분은 지호준 · 박용원, M&A, 경문사, pp.92~106에서 인용하였음.

[그림 16-1] M&A의 일반적 절차

제 1 단계	전략수립
제 2 단계	대상기업선정과 기업가치평가
제 3 단계	실사(due diligence)
제 4 단계	교섭과 계약체결
제 5 단계	대금지급과 사후관리

로 대상기업의 가치를 평가하는 단계, 셋째로 실사를 하는 단계, 넷째로 거래협상을 하고 계약을 체결하는 단계, 마지막으로 대금을 지급하고 사후관리하는 단계로 구분된다. 이를 간략히 설명하면 다음과 같다.

첫째, 전략수립단계에서는 SWOT분석이 이용된다. 이는 기업 내부적으로 자신의 강점(strengths)과 약점(weaknesses)에 대해 분석하고, 외부적으로는 기회(opportunities)와 위협(threats)에 대한 분석을 하는 것이다. 이러한 분석을 바탕으로 하여 M&A를 통한 전략이 세워진다면 여러 조건에 합당한 인수대상기업을 검토한다.

둘째, 인수대상기업이 정해지면 접촉과 교섭을 통해 M&A의 가능성을 타진해 본 후 대상기업의 적정한 인수가격을 산정하기 위해 기업가치평가(valuation)가 이루어진다. 이 단계는 M&A 절차 중 가장 어려운 과정이라 할 수 있다. 기업가치평가는 거래계약금액을 결정하는 데 크게 영향을 주는 것이므로 공인회계사, 변호사 및 전문가의 견해를 고려하여 다양한 방법을 통해 체계적인 분석이 이루어져야 한다.

셋째, 인수대상기업에 대한 실사(due diligence)가 이루어진다. 다양한 정보채널(channel)을 통해서 정보를 수집 · 분류 · 저장 · 검색하여 정보의 양과 질에서 부족함이 없도록 해야 한다. 실사는 기업의 매매와 협상의 과정에 있어서 결정적인 역할을 하기 때문에 M&A 전 과정 중에서 매우 많은 시간과 노력이 든다.

넷째, 실사가 끝나면 교섭이 이루어지고 거래의 협상과 계약의 체결이 이루어지게 된다. 교섭과 협상팀을 중심으로 인수조건과 가격에 대하여 대상기업과 협상한 후 M&A 계약을 체결한다.

다섯째, 계약이 체결되면 대금을 지급하게 되고, 인수자에 의해 대금의 지급이 완료되면 M&A 거래가 끝나게 된다. 대금지급 후 사후관리도 M&A의 성공과 실패를 판가름하는 중요한 절차이다.

2) M&A의 방법과 비용

M&A를 통해 기업을 인수하는 방법은 먼저 M&A 관련 당사자들의 선호도에 달려 있으며, 세법, 상장 여부, 소송가능성, 현금보유정보, 그리고 주주의 동의나 승인 등에 의하여 영향을 받는다.[7] 여기서는 현금인수와 주식인수에 따라 인수기업의 인수합병비용이 어떻게 달라지는지에 초점을 둔다.

(1) 현금인수방법

A인수기업이 현금으로 B기업, 즉 목표기업을 인수하는 것은 가장 보편적이자 간편한 방법이다. 이 경우 A기업은 자본이득 증가에 따른 세금납부의 의무를 지닌다. 한편 B기업의 주주는 합병 후 A기업의 경영에 참여하지 못한다. 아래에서 설명하는 주식취득에 의한 인수에 비해 현금인수는 더 저렴한 인수방법이다.

아래의 예를 보자. 3억원의 시장가치를 가진 A기업은 1억원의 시장가치를 가진 B기업 합병을 고려하고 있다. 아래 표는 두기업의 재무상태이다.

	A기업	B기업
시장가치	3억원	1억원
주식수	15,000주	10,000주
주가	20,000원	10,000원

합병으로 인하여 1억원의 시너지가 발생한다고 가정하자 이 경우 B기업의 실질가치 1억에 합병시너지 1억원을 합한 2억원이다. B기업의 실질가치 2억원=B기업시장가치 1억원+합병시너지 1억원이다.

이러한 합병제의에 대해 B기업은 1주당 15,000원의 현금보상을 원한다고 하

7) M&A 인수방법은 M&A 자금조달방법과 가끔 혼동된다. M&A 인수방법은 현금인수이든 주식을 주고 인수하든 기업을 실제로 인수하는 방법이고 M&A 자금조달방법은 인수자가 내부유보든 차입이든 아니면 정크본드 발행 등 인수자금조달 방법을 강구하는 것이다.

자. 이 경우 A기업이 B기업 주주에 대해 지불하는 현금비용은 1.5억원(=10,000주×15,000원)이다.[8] 합병에 의한 A기업의 가치 증분, 즉 NPV는 B기업의 실질가치 2억원에서 합병비용 1.5억원을 뺀 0.5억원이다.

$$
\begin{aligned}
\text{합병 후 A기업의 가치증분(NPV)} &= \text{B기업의 실질가치} - \text{합병비용} \\
&= 2\text{억} - 1.5\text{억} \\
&= 0.5\text{억원}
\end{aligned}
$$

합병 후 A기업의 시장가치는 원래 시장가치 3억원에 NPV 0.5억원을 합한 3.5억원이다. 합병 후 A기업의 주가는 3.5억원÷15,000주=23,333원이다.

(2) 주식인수방법

주식인수는 매수자가 대상기업의 주식을 취득함으로써 인수를 완성시킨다. 여기서는 대상기업의 실체를 그대로 유지하면서 단지 그 회사의 경영지배권만을 장악하여 인수목적을 달성하는 방법이다.

위의 예에서 A기업이 B기업에게 현금 대신 A회사 주식을 주고 합병을 한다고 하자. 이 경우 B회사 주주는 합병 후 A회사의 주주가 된다. B회사 주주들이 A회사에게 합병대금으로 B회사 주식 1주당 15,000원의 보상을 현금 대신 A회사 주식으로 요구한다면 보상비용은 1.5억 원(=10,000주×15,000원)이다. A기업의 1주당 주식가격이 20,000원이므로 A회사는 1.5억원÷20,000원=7,500주를 발행 · 교부해야 한다.[9] 합병 후 A기업의 주식수는 15,000주+7,500주=22,500주가 된다. 합병 후 A기업의 시장가치는 원래 A기업 시장가치에 B기업 시장가치와 합병 시너지를 합한 금액이다. 따라서 A기업의 시장가치는 5억이다.

$$
\begin{aligned}
\text{A기업의 합병 후 시장가치} &= V_A + V_B + \Delta_V \\
&= 3\text{억} + 1\text{억} + 1\text{억} \\
&= 5\text{억}
\end{aligned}
$$

따라서 합병 후 A기업의 주가는 5억÷22,500주=22,222원이다. 주가 22,222원은 현금인수 후의 주가 23,333원보다 낮다. 그 이유는 주식취득에 의한 합병에

8) B기업은 원래 가치 1억원에 추가하여 0.5억원의 프리미엄을 요구한 것이다.1주당 10,000원의 시가에 추가하여 5천원의 프리미엄을 요구한 것과 같다. 합병으로 인하여 B기업은 1억원의 시너지를 창출되므로 NPV=시너지−프리미엄=1억원−0.5억원=0.5억원이다.

9) 이로써 A기업의 발행주식 총수는 15,000주+7,500주=22,500주이다.

서 B기업의 주주는 합병시너지에 대하여까지 권리를 가지기 때문이다.

실제로 A기업은 B기업에 대하여 합병대금으로 1.5억원을 지급한 것이 아니라 22,222원×7,500=1.66667억원으로서 0.16667억원을 더 지불한 셈이다.

이에 따라 합병 후 A기업의 가치증분은 B기업의 실질가치 2억원에서 합병비용 1.66667억원을 뺀 0.33333억원이다. 이는 현금인수 때의 0.5억원보다 낮다.

합병 후 A기업의 가치증분(NPV)=B기업의 실질가치－합병비용
=2억원－1.66667
=0.33333억원

따라서 A회사주식 증가도 이와 같이 낮아진 가치증분을 감안, 20,000원에서 2,222원밖에 증가하지 못하여 22,222원이다.[10)]

아이러닉(ironic)하게도 만약 합병 후 합병시너지가 음(－)이 되었을 경우 B기업의 주주는 그 손해까지 부담하는가? 그렇지 않다.

B기업의 주주는 합병대가로 요구한 1주당 15,000원은 보상받는데 그칠 뿐, 합병 후 음의 시너지에 의해 영향을 받지 않는다. 다만 양(＋)의 시너지가 있을 경우만 그 합병이익을 향유한다.

현금인수의 경우와 비교했을 때 주식인수의 장점은 다음과 같다.

첫째, 대상기업의 동일성이 유지됨으로써 인·허가 등의 법률상 효력에 변화가 없고 대상기업이 가지는 계약상의 권리가 원칙적으로 계속 유효하다. 둘째, 기업 자산의 소유권 이전에 따르는 양도차익에 대한 세금이나 취득세, 등록세 등의 문제가 발생하지 않는다. 셋째, 인수절차가 비교적 간단하며 인수대상기업의 이사회 혹은 주주총회의 동의를 얻을 필요가 없다.

주식인수의 단점으로는 첫째, 인수대상기업의 향후의 하자 보상 등의 불확실한 채무 및 우발상황에 의한 책임까지 인수기업으로 전가된다. 둘째, 인수대상기업의 주식 전부를 인수하는 한 소수 주주의 권리로 인한 제약이 계속 남는다. 셋째, 매수자가 원하지 않는 자산과 부채 혹은 원하지 않는 계약관계 등도 모두 이전된다.

┃예제 16-1┃ 남양기업(주)은 무림산업(주)의 합병을 고려중이다. 만약 합병이 주식의 교환을 통해서 이루어진다면, 남양기업(주)은 기꺼이 무림산업(주) 주식에

10) 원래는 1주당 주식가치 증가분은 0.33333억원÷15,000주=2,222원이다.

대해서 25%의 프리미엄을 지불할 계획이다. 시장가격기준 교환비율과 주식의 교환 후 합병된 회사의 주당순이익을 계산하라.

	순이익	주식수	주식가격
남양기업(주)	500,000,000	1,000,000	10,000원
무림산업(주)	100,000,000	500,000	2,000원

풀이 무림산업(주) 주식가격 2,000원에 25% premium 500원을 가산하면 무림산업(주) 주식의 합병 가치는 2,500원이다. 남양기업(주) 주식가격이 10,000원이므로 무림산업(주) 1주당 남양기업(주) 주식의 교환비율은 2,500/10,000=0.25이다. 따라서 새로운 무림산업(주) 주식수는 125,000주(=500,000주×0.25)이다. 남양기업(주) 주식수 1,000,000주에 125,000주를 가산하면 새로운 남양기업(주)의 총 주식수는 1,125,000주이다.

	순이익	주식수	주당 순이익
합병 전 남양기업(주)	500,000,000	1,000,000	500원
무림산업(주)	100,000,000	500,000	2,000원
합병 후 남양기업(주)	600,000,000	1,125,000주	533원

3) M&A의 자금조달방법

기업인수를 위한 자금을 조달하기 위해 기업은 기존사업을 확장할 때와 마찬가지로 일정한 금액의 자기자금과 외부차입에 의존하게 된다. 그러나 M&A거래의 자금조달은 일시에 거액의 자금이 소요되는 것이 일반적이기 때문에 거래의 형태와 목적에 따라서 계획사업을 위한 자금조달과는 접근방법에서 다른 점이 많다.

일반적으로 자금조달 방법은 인수기업의 내부자금이나 인수기업의 자산을 담보로 한 차입, 유상증자나 회사채의 발행 등이다. 그 이외에 1980년대 미국의 M&A가 폭발적으로 활성화될 때 도입된 새로운 자금조달 방법으로 LBO, MBO, 정크본드, 그리고 브릿지파이낸싱 등이 있다. 여기서는 LBO, MBO, 정크본드와 브릿지파이낸싱 자금조달방법을 설명한다.

(1) 차입매수(LBO)

차입매수(leveraged buy-out: LBO)란 인수대상기업의 자산 또는 미래 현금흐름을 담보로 하여 자금을 조달하고 이 자금을 사용하여 대상기업을 인수하는 방법을 말한다. 인수자의 입장에서 볼 때 LBO는 당장 인수할 자금이 없더라도 외부차입을 통해 회사를 인수할 수 있게 해준다. 또한 인수한 후 효율적으로 인수대상기업을 운영하여 인수할 때 생긴 부채를 갚아 나간다면 인수자는 인수 후 막대한 이익을 누릴 수 있게 된다. LBO는 인수대상기업의 자산이 그 잠재능력에 비하여 저평가되었다고 판단되는 경우, 즉 현 소유주나 경영진의 경영능력이 떨어져서 회사의 잠재능력을 최대한 활용 못하고 있다고 판단되는 경우에 많이 사용된다.

우리나라에서는 미국에서와 같이 LBO를 진행하기 어렵다. 그 이유 중 하나는 미국처럼 다양한 종류의 합병이 이루어지기 위해서는 지주회사(holding company)나 명목상 회사(paper company)가 활성화되어야 하는데 우리나라에서는 활성화되지 않고 있기 때문이다. 또 다른 이유는 자금을 조달할 방법이 다양하지 못하고 상당히 많은 규제를 받고 있다는 점이다.

LBO의 장점은 첫째, 잠재능력에 비해 저평가된 기업을 타인자본을 통해 인수하여 정상화시킨 후 매각함으로써 적은 투자자금으로 막대한 이익을 볼 수 있다. 둘째, 새로운 외부차입금을 이용하여 기업의 경영권을 손쉽게 획득할 수 있다. 셋째, 경영전략적 차원에서 기업을 인수하려고 할 때 LBO를 사용함으로써 적은 부담으로 목적을 달성할 수 있다.

그러나 실제로 LBO를 통하여 기업을 인수할 경우 다음과 같은 단점이 발생한다.

첫째, 인수대상기업이 인수시 예상하였던 영업실적을 달성하지 못할 위험이 있다. 둘째, 인수 후 매각하려던 자산이 순조롭게 매각되지 못하여 이자부담이 커질 수 있으며 경우에 따라서는 예상했던 가격보다 싸게 매각될 수 있다. 셋째, 인수시점 내지는 인수직후 금융을 일으키려고 할 때 예기치 못했던 상황의 발생으로 금융시장의 상황이 악화되어 높은 이자율을 감수할 수 있다.

(2) 경영진매수(MBO)

경영진매수(Management Buy-out: MBO)란 인수대상기업이나 사업부를 그 기업의 경영진이 인수하는 것을 말한다. 이는 차입매수(LBO)의 특수한 형태로서 LBO의 경우 주된 인수자가 외부 투자자인 데 비해 MBO는 현재의 경영진이라는 점이 다르다. 즉 MBO란 기존의 경영진이 외부자금을 이용하여 기업 전체 또는 일부를 인수하는 것이다. MBO의 장단점은 다음과 같다.

① MBO의 장점

i) MBO는 경영의 안정 및 독립을 목적으로 하며 외부로부터의 매수공세에 대한 최선의 방어책이 될 수 있다.

ii) 경영자의 소유지분이 증가하는 데 따른 이점이 발생하며 현 경영진이 사업형태를 잘 파악하고 있으므로 기업의 재편성이 보다 효율적으로 추진될 수 있다.

② MBO의 단점

i) 경영진은 MBO를 통해서 주주로부터 기업을 인수하려는 공격자로서의 위치를 가지면서 주주로부터 위임을 받아 회사를 지켜야 하는 수비자로서의 위치도 동시에 갖게 되는 문제가 발생한다. 여기서 경영진과 주주는 대립하게 된다.

ii) 경영진은 회사의 내부자로서 회사의 각종 내부정보를 가지고 있으므로 경영진이 인수에 나서게 되면 다른 인수 경쟁자보다 저렴하게 회사를 인수할 수 있다. 이는 결국 주주의 이익을 희생하게 되어 주주와 경영진 사이에 마찰이 발생하게 된다.

(3) 정크본드

정크본드(junk bond)는 신용등급으로 Ba, BB급이나 그 이하를 받아 투기적 요소가 있는 모든 회사채를 통틀어 정크본드라 부른다. 정크본드는 위험이 큰 만큼 고수익 실현이 가능하다. 자본시장에서 인수기업은 기업인수합병에 필요한 자금을 조달하기 위해 인수대상기업의 회사의 경영과 재무상태를 토대로 정크본드 등급의 회사채를 발행하여 인수자금을 조달한다.

(4) 브릿지파이낸싱

시간을 다루는 M&A에서 투자은행들은 정크본드를 발행하여 기업의 인수자금을 마련하는 시간이 부족할 때, 긴급한 필요자금을 조달하는데, 이러한 자금조달 방법을 브릿지파이낸싱이라고 한다. 브릿지파이낸싱(bridge financing)은 원래 브릿지론(bridge loan)에서 유래된 것으로, 장기차관 도입시 자금 소요시점과 자금투자시점이 불일치할 때 단기차입금에 의해 일시적으로 자금을 조달하는 것을 말한다. 브릿지파이낸싱기법은 정크본드 시장이 Drexel Burnham이라는 투자은행에 의해 거의 독점되다시피 함에 따라 여타 투자은행들이 정크본드 시장을 공략하기 위해 사용한 마케팅 전략으로 1986년부터 대중화되었다.

제 3 절 합병의 평가

합병의 평가는 합병으로 인하여 합병대금을 지불하는 합병기업 주주의 입장에서 기업가치나 주주 개인의 부가 증가하였는지로 판단한다.

주식교부(stock exchange)에 의해 기업인수가 이루어지는 경우에는 피인수기업의 주식 1주와 교환되는 인수기업의 주식수를 의미하는 주식교환비율이 중요한 문제가 된다. 주식교환비율의 결정방법은 주당이익(EPS)을 기준으로 하는 경우와 시장가치(market value)를 기준으로 하는 경우로 나누어 볼 수 있다.

합병의 평가에는 합병 이후 합병기업의 주당순이익(EPS)이 합병 전보다 증가하였는지를 판단하는 EPS 방법과 합병을 자본예산으로 보고 합병의 NPV를 구하여 합병 NPV가 0보다 큰가를 검토하는 NPV 방법이 있다.

1) 주식교환비율과 주당순이익 평가

(1) 주당순이익 기준

주당순이익을 기준으로 교환비율(합병비율이라고도 함)을 정하는 경우에는 피합병기업의 주당이익을 합병기업의 주당이익으로 나누어 산출한다. 예를 들어 A기업이 B기업 합병을 검토한다고 하자.

아래 표와 같이 A기업의 주식수는 15,000주, 주가 20,000원 그리고 주당순이익은 3,000원이라고 가정하자. B기업의 주식수는 10,000주, 주가 10,000원 그리고 주당순이익은 3,000원이라고 가정한다.

$$ER = \frac{EPS_B}{EPS_A} \tag{16-1}$$

〈표 18-2〉 합병 전 재무자료

	A기업	B기업
주식수	15,000주	10,000주
주가	20,000원	10,000원
주당순이익	3,000원	3,000원
PER	6.67배	3.33배

여기서, *ER*: 주식교환비율, *EPS*: 주당순이익

위의 예에서 합병비율은 3,000/3,000=1이다. 즉, B기업 1주에 대하여 A기업 주식 1주를 교부한다. 합병 후 A기업의 주당순이익은 (45백만원+30백만원)/25,000주=3,000원이다.

주당순이익을 기준으로 하는 경우는 합병기업과 피합병기업의 위험이 같고 합병에 의한 추가 가치창출이 없으며 성장률이 동일하다는 가정 아래 이루어지는 방법이다. 주당순이익을 기준으로 하는 경우는 화폐의 시간가치, 성장률, 위험을 고려하지 않으며, 과거자료인 회계적 수치에 의존한다는 문제점이 있다.

| 예제 16-2 | 다음 자료는 A사와 B사의 재무자료이다. A사는 B사의 흡수합병을 검토중이다.

	A사	B사
순이익(단위: 백만원)	20,000	4,000
주식수(단위: 백만주)	10	1
주가수익율(단위: 배)	18	10

만약 두 회사 합병시 교환비율이 B사의 1주당 A사의 주식 2주라면 합병 후 A회사의 주당순이익은 어떻게 되겠는가?

풀이

	A사	B사
합병 전 주당순이익(원)	2,000(=20,000/10)	4,000(=4,000/1)
합병 전 주당시장가격(원)	36,000(2,000×18)	40,000(=4,000×10)

B사에 제공된 A사 주식수=2백만주

	합병된 후(A+B)
순이익(단위: 백만원)	24,000
주식수(단위: 백만주)	12
주당순이익(단위: 원)	2,000

A사의 주당순이익은 전과 똑같이 2,000원이다.

(2) 시장가치기준

주식의 시장가격은 기업의 내재가치에 대한 투자자의 판단가치를 나타낸다. 주가는 기업의 기대이익, 위험, 그리고 자본구조 등을 종합적으로 반영한 것이므로 시장가치기준에 의한 주식교환비율은 매우 합리적이다.

$$ER = \frac{P_B}{P_A} \quad (16\text{–}2)$$

여기서, ER: 주식교환비율, P: 주가

위의 예에서 합병비율을 계산하면, 10,000/20,000=0.5이다. 따라서 B기업 1주에 대하여 A기업주식 0.5주를 교부한다.[11] B기업의 주식수가 10,000주이므로, 여기에 주식교환비율 0.5를 곱하면 5,000주이다. 합병 후 A기업의 총주식수는 20,000주=15,000주+5,000주이다. 합병 후 A기업의 총이익은 75백만원으로 늘어나고 따라서 합병 후 A기업의 주당순이익(EPS)은 75,000,000/20,000=3,750원으로 높아진다.

합병의 결과 합병기업(A기업)의 주당순이익은 일반적으로 높아진다. 왜냐하면 주식교환에 의해 합병기업의 주식수가 줄어들지만 같은 기간 중 총이익은 두 기업의 합만큼 늘어나기 때문이다.

여기서 한 가지 주의할 점은 합병 후 A기업의 주당순이익(EPS)이 높아졌으므로 기업가치가 높아지고 따라서 주가가 높아질 것으로 판단할 수 있다. 그러나 기본적으로 합병으로 인해 주당순이익이 장부상으로 높아진다고 해서 주가 역시

〈표 16-3〉 합병 후 기업의 평가

	A기업	비고
주식수	20,000주	15,000주+5,000주
주당순이익	3,750원	75,000,000÷20,000=3,750원
총이익	75백만원	45+30백만원

11) 만약 B기업의 주주들이 현재주가 10,000원으로 합병을 원하지 않고 프리미엄 5,000원을 추가하여 15,000원을 요구한다면 합병비율은 15,000/20,000=0.75이다. 따라서 주식수는 10,000×0.75=7,500주이다.

높아지는 것은 아니다.12)

2) 합병 NPV 기준평가

합병 NPV는 합병으로 인하여 발생하는 합병시너지에서 합병인수대금을 뺀 금액이다. 합병시너지는 합병으로 인하여 피합병기업이 창출하는 일정기간 동안의 증분흐름의 현가합계이다. 합병시너지는 합병으로 인하여 창출되는 유형, 무형의 증분흐름의 현가를 반드시 피합병기업의 자본비용을 할인율로 할인하여 합산해야 한다. 이는 자본예산에서 반드시 투자대상 프로젝트의 위험을 반영하여 할인율을 결정해야 하는 원칙에 따르는 것이다.

합병인수대금은 반드시 증분금액이어야 한다. 합병 당시 피인수기업의 기존가치는 기존자산의 구입대금과 같으므로 고려의 대상이 안 되고 합병으로 인하여 추가적으로 지불하는 합병프리미엄이 증분비용이 된다. 이를 다시 정리하면 다음과 같다.

$$\begin{aligned}\text{합병 NPV} &= \text{합병 시너지} - \text{합병 프리미엄} \\ &= \text{증분유입현금흐름의 현가 합계} - \text{합병 추가인수대금}\end{aligned} \tag{16–3}$$

| 예제 16-3 | 대영(주)은 이테크(주)의 흡수합병을 검토하고 있다. 모두 무부채기업인 두 기업의 재무정보는 다음과 같다.

	대영(주)	이테크(주)
주식수	200만주	50만주
당기순이익	60억원	16.5억원
당시 주가	30,000원	21,000원
베 타	0.8	1.4

2005년 말 합병 검토 당시 무위험자산수익률은 4%, 시장포트폴리오 수익률은 10%이다.

(1) 피합병기업인 이테크(주)의 주주의 입장에서 더 유리한 합병조건은 주당순이익(EPS) 기준인가 아니면 주당가격 기준인가? 단, 합병 여부 판단은 주식교환비율에 따른 EPS크기의 변화로 측정하고 합병시너지는 없다고 가정한다.

12) 만약, 합병으로 인하여 A기업의 가치가 높아진다고 가정하고 PER는 합병전과 같이 6.67를 유지한다면, 주가는 25,000원(=6.67×3,750원)이 될 것이다.

(2) 이테크(주)의 주주는 당시 주가에 6,000원의 프리미엄을 추가한 주당가격을 기준으로 대영(주)와 주식교환비율을 결정하자고 요구하고 있다. 대영(주) 주주의 입장에서 이 제안을 수용할 것인지를 판단하라. 단, 합병 여부 판단은 주식교환비율에 비율에 따른 EPS크기의 변화로 측정하고 합병시너지는 없다고 가정한다.

(3) 이테크(주)는 당시 주가에 6,000원의 프리미엄을 추가한 주당가격으로 전체 발행주식을 현금으로 인수해 줄 것을 대영(주)에게 요구하고 있다.

① 대영(주)은 합병 당시의 주가가 가장 적절한 주당 인수금액이라고 판단한다. 이 경우 합병 후 대영(주)의 주주가 요구하는 요구수익률은 얼마인가? (퍼센트 기준 소수점 둘째자리까지만 표시한다)

② 합병에 따른 매년 말 기준 증분현금흐름은 다음과 같이 예상된다. 주어진 증분현금흐름만을 고려하여 이테크(주)의 요구가 적절한지 대영(주) 주주의 입장에서 판단하라.

기간(t)	증분현금흐름
1	12억원
2	10억원
3	7억원
4	6억원

③ 위 문제에서와 같은 증분현금흐름을 예상할 때 대영(주)이 합병요구를 수용할 수 있게 하려면 이테크(주)가 당시 주가에 추가할 수 있는 최대한의 프리미엄은 얼마인가? (가격은 1원단위까지 구함. 소수점은 절사할 것)

풀이 (1) 대영(주) EPS＝60억원/200만주＝3,000원
이테크(주) EPS＝16.5억원/50만주＝3,300원
EPS기준 교환비율: 3,300/3,000＝1.1
총교부주식수 50만주×1.1＝55만주
합병 후 EPS＝(3,000×200만주＋3,300×50만주)/(200＋55만주)
＝3,000원
대영 EPS＝3,000원 불변
이테크 EPS＝3,000×1.1＝3,300원 불변
주가기준 교환비율＝21,000/30,000＝0.7
총교부주식수 50만주×0.7＝35만주
합병 후 EPS＝(3,000×200만주＋3,300×50만주)/(200＋35만주)
＝3,255원
대영 EPS: 3,000원에서 3,255원으로 증가
이테크 EPS: 3,300원에서 3,255×0.7＝2,278.5원으로 감소
EPS기준이다.

(2) 교환비율＝(21,000＋6,000)/30,000＝0.9

총교부주식수 50만주×0.9=45만주

합병 후 EPS=(3,000×200만주+3,300×50만주)/(200+45만주)

=3,122원

대영(주) 주주는 EPS가 3,000원보다 여전히 크므로 요구를 받아들인다.

(3) ① 대영의 β^U는 0.8, 이테크의 β^U는 1.4

두 기업의 시가총액으로 가중

합병 후 가중평균 베타 β^U:

$$0.8 \times \frac{600}{600+105} + 1.4 \times \frac{105}{600+105} = 0.8894 \approx 0.889$$

ke(합병 후)$= r_f + \beta^U (r_m - r_f) = 4 + 0.889 * (10-4) = 9.334\%$

② 이테크의 자기자본비용으로 증분현금흐름의 현재가치를 구함.

ke(이테크)$= r_f + \beta^U (r_m - r_f) = 4 + 1.4 * (10-4) = 12.4\%$

$$\text{합병시너지} = \frac{12}{1.124} + \frac{10}{1.124^2} + \frac{7}{1.124^3} + \frac{6}{1.124^4}$$

$$= 27.291 \approx 27.29$$

인수프리미엄=(27,000−21,000)×50만주=30억원

합병 NPV=27.29−30=-2.71억원, 합병요구를 수용하지 않는다.

③ 적어도 NPV를 0 이상으로 하는 이테크의 인수가격을 계산하면 된다. 따라서 인수프리미엄은 27.29억원보다 같거나 작아야 한다.

인수대금=105+27.29=132.29억원

인수프리미엄가격=27.29억원/50만주=5,458원

3) 합병의 위험분산효과

합병으로 인하여 합병기업 A의 주주는 재산가치와 투자위험분산 측면에서 어떤 영향을 받는지에 대한 의문은 관심 있는 연구대상이다. 앞에서 설명한 바와 같이 합병 후 합병기업은 장부상으로 비록 주당순이익이 증가하였으나 기업가치의 증가는 없었다. 만약 합병으로 인하여 합병시너지가 발생하고, 이것을 계량적으로 평가할 수 있다면 합병으로 인한 NPV계산이 가능하다. 만약 합병시너지 가치가 합병프리미엄보다 크면 이는 양의 NPV가 발생한 것이고 따라서 주주의 재산가치는 증가한다. 반대로 합병시너지가 합병프리미엄보다 작다면 이는 음의 NPV가 발생한 것이므로 주주의 재산가치는 감소한다.[13]

13) 합병NPV 계산에는 두 가지 방법이 있다. 첫 번째는 합병대상기업의 실질가치에서 합병비

한편 위험분산측면에서 본다면 합병은 두 자산에 의한 포트폴리오구성(조합)이므로 위험분산효과가 발생한다. 만약 합병기업과 비합병기업이 전혀 다른 업종이라면 두 사업수익률의 상관관계가 0에 가까우므로 분산효과가 뚜렷할 것이다. 더 나아가 두 사업의 성격이 서로 반대될 경우 두 자산수익률의 음의 상관관계는 위험감소효과를 더욱 높일 것이다.

그러나 포트폴리오의 위험감소효과는 비체계적 위험의 감소에 국한되므로 근본적으로 체계적 위험의 감소까지는 기대할 수 없다. 더구나 합병기업 주주가 합병시도 이전에 이미 피합병기업의 주식을 보유하고 있었다면 합병에 대한 위험분산효과는 더욱 제한될 것이다.

제 4 절 M&A 방어전략

예리한 창이 있으면 튼튼한 방패가 있듯이, 집요한 적대적 M&A 시도에 대하여 다양한 방어전략이 있다. 여기서는 대표적인 M&A 방어전략 몇 가지만 설명한다.

1) 극약처방전략

극약처방(poison pill)[14]은 적대적 M&A를 방지하기 위하여 극단적인 방법을 동원해서 인수해야 할 주식의 지분을 자꾸 늘리거나, 인수합병대상기업의 주식가격을 높이고 또는 그 기업 자체의 가치를 감소시키는 것을 말한다. 구체적 전략으로는 인수시도기업이 부담해야 할 의결권수를 늘리는 것을 들 수 있다. 예를 들어 A회사와 B회사가 있다고 하자. A회사는 적대적 M&A를 통하여 B회사를 인수하려고 한다. 100만주로 구성된 B회사에서 B회사 주식의 30%인 30만주만 가지면 인수·합병이 가능하다고 한다면 A회사측에서는 30만주를 시장에서 매수하려고

용을 뺀다. 두 번째는 합병시너지에서 합병프리미엄을 빼는 것이다. 어떤 경우이든 합병 NPV 크기는 같다.

14) 포이즌 필 또는 독약조항, 독약증권, 독소증권이라고도 한다.

할 것이다. 그런데 이러한 경영권 공격에 대비해서 B회사의 경영진은 회사의 주식에 어떠한 권리를 부여해 놓을 수가 있다. 예를 들면, 기존주식에 B회사가 새로 발행하는 주식에 매우 싼 값에 사들일 수 있는 권리를 미리 부여해 놓고 경영권 공격이 생기면 공격자를 제외한 기존 주주들이 이를 행사할 수 있도록 만들어 놓는다. 이 경우 공격을 시도하는 입장에서는 처음에 30만주만 확보하면 됐을 텐데, 기존 주주들이 회사가 새로 발행하는 주식을 계속 싼 값에 사들일 경우, 확보해야 하는 주식이 40만~50만주로 늘어나게 된다. 기존 주주들이 손쉽게 주식 지분을 늘릴 수 있도록 해주고, 반대로 공격자가 충분한 주식 지분을 획득하는 것은 어렵게 만드는 것이다. 이러한 행위 또는 전략을 극약처방이라 한다.

다른 방안으로는 인수합병대상기업의 전환우선주를 보통주로 전환하게 하여 인수시도기업이 부담해야 할 의결권수를 늘리는 것을 들 수 있다. 또는 상환우선주(callable preferred stock)의 상환을 통해 일시적으로 막대한 현금유출을 발생시켜 인수합병 대상기업의 가치를 떨어뜨려 인수시도기업의 인수의욕을 꺾을 수 있다.

2) 할당증자전략

할당증자(allotted increase of capital)는 인수합병 대상기업이 그 기업을 인수할 의사가 없는 우호적인 제3자인 백지주(white squire)에게 신주를 발행함으로써 주주의 지분율을 떨어뜨리는 방법이다. 주식의 제3자 할당증자가 적법한 것이기 위해서는 신주발행가격이 적정해야 하고, 신주발행목적이 현 이사진의 지배권 유지를 목적으로 하지 않는 경우에만 합당하며, 이사의 충실의무를 이행하여야 한다. 그러므로 이 전략은 단기적인 방어전략이라기보다는 장기적인 차원에서 우호적인 주주를 구성하여 방어하려는 전략이라고 할 수 있다.

3) 황금알 매각전략

인수희망기업이 인수합병 대상기업의 황금알을 노리고 적대적 M&A를 통해 그 기업을 매수하려고 시도하는 경우가 있다. 여기서 황금알(crown jewels)이란 설비 및 공장이나 사업부 그리고 투자가치가 높은 부동산뿐만 아니라 영업권, 기술특허권 등 무형의 자산도 포함될 수 있다. 이때 방어기업은 인수희망기업이 노리는 자산, 사업부 또는 자회사를 매각하는 방법으로 인수희망기업의 의욕을 꺾을 수 있다.

4) 황금낙하산전략

황금낙하산(golden parachute)은 인수희망기업의 적대적 M&A로 인수합병대상기업의 경영진이 실직할 경우 통상적인 퇴직금 이외에 현금이나 주식매입 선택권(stock option) 등을 규정 이상으로 지급한다거나 남은 임기 동안의 상여금 지급 등을 보장하는 계약을 말한다. 이러한 계약을 회사정관에 설정하여 인수합병 희망기업의 매수부담을 증가시키려는 것이 황금낙하산전략이다.

최근 미국의 경우 이러한 황금낙하산 규정으로 인하여 금융위기 와중에도 부실은행의 CEO가 엄청난 금액을 받은 경우가 있다. 사실 황금낙하산전략은 의도와는 달리 기업이나 은행은 망해도 경영진은 거액을 받는 경우가 많아 도덕적 해이(moral hazard)의 대표적인 예로 거론된다.[15)]

규모가 큰 M&A의 경우 황금낙하산전략은 인수희망기업에게 큰 부담을 주지 못하므로 실효성이 크지 않다는 견해가 있다. 그 이유는 대규모 인수합병시도의 경우 황금 낙하산에 대한 내가를 지불히고도 인수여력이 많기 때문이다.

5) 그린메일과 불가침협정전략

인수희망기업의 적대적인 M&A 시도에 대하여 그 기업에게 일정한 대가를 지불하고 더 이상의 매수시도를 하지 않도록 할 수 있다. 이때 그린메일과 불가침협정이 생긴다.

그린메일(greenmail)이란 잠재적인 기업 인수합병 시도기업 또는 전문적 집단

15) 2008년 9월 7일 취임, 25일 사임한 미국 최대의 저축은행 워싱턴 뮤추얼(Washington Mutual)의 CEO 앨런 피시맨(Fishman)은 취임하면서 750만달러를 받았고 재임기간 18일 만에 물러나면서 중도 퇴직 위로금 615만달러 등 모두 1,365만달러(당시 원화로 162억원)를 받았다. 하루 75만달러(당시 원화 환율로 8억9,100만원)를 받은 셈이다. 이것을 가능하게 한 것은 황금낙하산 규정 때문이다. 그 외 황금낙하산 사례로는 메릴린치 CEO(1억2천만달러), 씨티그룹 CEO(3,900만달러) 등이 있다. 한국에서도 이 규정을 채택한 코스닥 기업들이 늘고 있다.

들이 대상기업의 주식을 사전에 매입하여 확보한 주식에 대하여 M&A를 포기하는 것을 조건으로 인수합병 대상기업이 일정한 프리미엄을 주고 재매입함으로써 매수시도를 방어하는 전략을 말한다. 실제로 인수합병 시도기업은 대상기업의 경영권을 획득하는 것을 최종 목표로 하지 않고 그린메일을 통해 매매차익을 얻으려고 주식을 매집하는 경우가 많이 있다. 여기서 인수합병 시도기업이 일정한 기간 동안 대상기업에 대한 M&A를 하지 않겠다고 약정하는 것을 불가침협정(standstill agreement)[16]이라고 한다.

이 방법의 문제점은 그린메일을 노리는 인수합병시도자들에게 일정한 프리미엄을 지불하게 되면 다른 일반주주들과 차별성이 발생하게 되어 일반주주들에게 불만이 생길 수 있다. 그리고 이러한 사실이 외부에 알려질 경우에는 경영에 막대한 지장을 초래할 수 있어서 적용에 어려움이 있다.

16) 정지협정이라고도 한다.

Financial Management

문제풀이

≪객관식 문제≫

1. 어떤 회사가 다른 회사의 경영진이나 대주주의 의사를 무시하고 공개적으로 주주에게 공개매수를 하거나 위임장 경쟁을 하는 합병인수방식은 무엇인가?

① 흡수합병 ② 적대적 기업인수
③ 자산취득 ④ 주식취득

2. 공개기업의 경영자가 자기회사를 사실상 개인기업으로 만들기 위하여 흔히 사용하는 방법은?

① 위임장 투쟁 ② 자산취득
③ MBO ④ 자사주매입

3. 어떤 회사가 다른 회사를 합병할 때 창출되는 가치를 나타내는 용어는?

① 영업권 ② 시너지
③ 지분풀링 ④ 공동보험

4. M&A 동기중 세금동기의 내용이 아닌 것은?

① 당기순손실 누적 기업을 합병하여 세금 절약
② 잉여금 많은 회사가 합병을 통하여 주주배당금에 대한 세금 절약
③ 공동 보험효과
④ 부채를 적게 사용하는 기업과 합병하여 감세효과 높임.

5. 공개매수에 대한 설명으로 잘못된 것은?

① 대상회사의 경영자가 합병을 반대할 경우 공개매수의 방법이 사용될 수 있다.
② 대상회사의 주주들에게 직접적으로 주식매수의사를 제시하는 것을 말한다.
③ 공개매수의 청약방법으로서 흔히 주식 교환의 방법이 사용된다.
④ 공개매수에서 제시하는 매수가격은 일반적으로 시장가격보다 상당히 높다.

6. 다음 중에서 차입금을 이용한 M&A를 의미하는 것은?

① 공개매수 ② 레버리지매수(LBO)
③ 합작투자 ④ 지주회사

7. M&A 동기 중에서 주주 부의 극대화와 상충되는 것은?

① 시너지효과 가설　② 효율성 가설
③ 저평가설　④ 경영자주의 가설

8. 주식교환 비율이 커지면 합병당사자 기업들의 합병 후 EPS는 어떻게 달라지겠는가?
① 합병기업의 EPS는 증가하고 피합병기업의 EPS는 감소한다.
② 합병기업의 EPS는 감소하고 피합병기업의 EPS는 증가한다.
③ 합병기업과 피합병기업의 EPS가 모두 증가한다.
④ 합병기업과 피합병기업의 EPS가 모두 감소한다.

9. 적대적 M&A에 대항하는 방어전략이 아닌 것은?
① protective put 전략　② poison pill 전략
③ green mail 전략　④ crown jewels 매각 전략

10. A, B 두 기업은 모두 100% 자기자본 기업이다. A기업의 주식수는 1,000주, 주가는 40,000원이고, B기업의 주식수는 500주, 주가는 30,000원이다. A기업이 B기업을 25,000,000원의 현금으로 인수 · 합병하였다면 주당 합병프리미엄은 얼마인가?
①10,000원　② 20,000원　③ 30,000원　④ 40,000원

≪주관식문제≫

1. (주)대영과 (주)이테크에 관련된 재무자료는 다음과 같다.

	(주)대영	(주)이테크
발행주식수	10,000주	5,000주
주당순이익(EPS)	5,000원	7,000원
주식의 시장가격	70,000원	70,000원

(주)대영은 ㈜이테크 합병을 검토 중이다. (주)대영과 (주)이테크의 주식교환비율에 따라 합병 후 주당순이익(EPS)은 얼마인가?
(1) 주식교환비율이 두 주식의 EPS를 기준으로 할 경우.
(2) 주식교환비율이 두 주식의 시장가격을 기준으로 할 경우.

2. (주)대영은 (주)이테크를 EPS기준 또는 주식의 시장가격 기준의 교환비율로 합병하고자 하다. (주)대영의 주가수익률은 합병 후에도 합병 전과 동일할 것이므로 예상하고 있다. 주어진 재무자료는 다음과 같다.

	(주)대영	(주)이테크
순 이 익	500,000,000원	150,000,000원
발행주식수	100,000주	25,000주
주식의 시장가격	35,000원	40,000원

(1) 각 기준의 주식교환비율은 얼마인가?
(2) 합병된 이후 각 기준에 따라 (주)대영의 주당 순이익(EPS)은 얼마로 기대되는가?

★**3.** (주)대영은 (주)이테크의 합병인수 가능성을 조사하고 있다. 다음은 기본적인 자료이다.

	(주)대영	(주)이테크
주당순이익	500	150
주당배당금	300	80
발행주식수	1,000,000	600,000
주 가	9,000	2,000

(주)대영의 추정에 따르면 투자자들은 현재 (주)이테크의 이익과 배당이 약 6%의 안정된 성장률을 보일 것으로 기대하고 있다. 새로운 경영진이 인수하게 되면 추가적인 자본투자 없이도 성장률이 연 8%로 높아질 것이다.

기업인수 후의 기업가치는 얼마인가? 또한 합병에 따른 이득(시너지)은 얼마인가?

★**4.** A기업이 B기업을 주식교환방식으로 흡수합병 하고자 한다. 다음 자료를 토대로 물음에 답하라.

항 목 \ 기 업	A기업	B기업
당기순이익	10억원	1억원
주 식 수	500,000주	250,000주
주 가	20,000원	4,000원

(1) B기업 주가에 대하여 25% 프리미엄을 인정하고 주식을 발행한다고 할 때, 합병 후 A주식 1주에 대한 주식교환비율은 얼마인가?(단, 합병에 의한 시너지 효과는 없다)
(2) 물음 (1)와 같은 조건으로 합병한다고 할 때 합병 후 A 기업 의 EPS는 어떻게 변화하는가?
(3) A기업 주주의 입장에서 합병 후의 EPS를 동일하게 하는 주식교환비율은 얼마인가? (단, 시너지효과는 없다)

5. (주)대영은 현금 1억원으로서 (주)이테크의 인수를 고려하고 있다. (주)대영의 현재 자본비용은 10%이다. 인수 후 (주)이테크의 자본비용은 8%로 예상된다. 인수 후 (주)이테크의 1차 연도부터 10차 연도까지 매년 현금유입액은 1,600만원으로 예상되고 그 이후의 현금유입액은 무시하기로 가정한다. (주)대영은 (주)이테크를 인수하는 것이 타당한가?

6. [2003년 CPA 2차 유사문제] (주)제일은 기업가치 500억원의 우량회사로 (주)서해를 흡수합병하려고 한다. (주)서해는 작년 말 기준으로 기업에 귀속되는 현금흐름 FCFF(Free Cash Flow to the Firm)이 1억원이며 앞으로 매년 5%씩 증가할 것으로 예상된다. 무위험수익률은 5%, 시장포트폴리오 기대수익률은 8%이며, 이후 모든 기간에도 계속 적용된다고 가정한다. 합병 전후의 (주)제일과 (주)서해에 대한 자료는 다음과 같다.

	합병 전 (주)제일	(주)서해	합병 후 (주)제일
부채/자기자본(시장가치기준)	0.8	1	0.9
주식 베타	1.5	1.5	-
타인자본비용(%)	-	5	5
법인세율(%)	40	40	40

(1) (주)서해의 기업가치는 얼마인가? (억원 단위 미만 절사)

(2) 합병 후 (주)제일의 주식베타를 계산하라. (소수점 셋째자리 이하 절사)

(3) (주)제일은 합병 후 기업에 귀속되는 현금흐름(FCFF)이 2년째 말부터 매년 말 10억원씩 추가적으로 영구히 발생할 것으로 예상하고 있다.

① 만약 (주)서해가 제시한 90억원의 현금을 지불하고 합병을 한다면 (주)제일 입장에서의 합병의 순현재가치는 얼마인가? (억원 단위 미만 절사)

② (주)서해가 제시한 90억원을 현금으로 지급하는 대신에 동일 금액의 보통주를 발행하여 지급(합병 후 주가기준)하려 한다면 발행 후 (주)제일 주식의 주당 시장가치는 얼마인가? 합병 전 (주)제일의 발행주식수는 250만주이다. (금액은 원 단위 미만, 주식수는 만주 미만 절사)

제17장 옵 션

제1절 옵션의 의의와 종류

1) 옵션의 의의와 종류

옵션(option)이란 주식, 주가지수 또는 환율 등 기초자산을 미리 정한 가격으로 일정시점에 사거나 팔 수 있는 권리를 말한다. 그 권리에 대한 가격을 옵션프리미엄(option premium)이라 한다. 옵션거래는 이러한 권리를 매매하는 거래이다.

옵션매수자(option investor)는 시세와 행사가격을 비교하여 유리한 경우 옵션을 행사할 권리를 가지며 그 대가로 프리미엄을 지불해야 한다. 옵션매도자(또는 설정자 option writer)는 옵션매수자가 권리를 행사할 경우 반드시 응해야 하는 의무를 가지며 그 대가로 프리미엄을 수취한다.

옵션의 종류에는 콜옵션과 풋옵션이 있다. 콜옵션(call option)은 기초자산을 미리 정한 가격에 살 수 있는 권리를 말하며, 풋옵션(put option)은 기초자산을 미리 정한 가격에 팔 수 있는 권리를 말한다. 따라서 콜옵션을 매입하면 프리미엄을 주고 기초자산을 미리 정한 가격에 살 수 있는 권리를 얻을 수 있다. 콜옵션을 매도하면 옵션매수자로부터 프리미엄을 받고 만기일에 옵션매수자로부터의 권리행사에 응해야 하는 의무가 생긴다.

반면, 풋옵션을 매입하면 옵션매도자에게 프리미엄을 주고 기초자산을 행사가격에 팔 수 있는 권리를 얻게 된다. 풋옵션을 매도(발생)하면 옵션매수자로부터 프리미엄을 받고 만기일에 옵션매수자로부터의 권리행사에 응해야 하는 의무가 생긴다.

2) 옵션의 가치

옵션 프리미엄은 내재가치와 시간가치의 합이다. 내재가치(intrinsic value 또는 true value)란 옵션을 행사하여 얻을 수 있는 가치를 말하며 옵션의 프리미엄에서 내재가치를 제외한 부분을 시간가치라 한다. 예를 들어, 우리나라 주가지수 옵션에서 기초자산의 가격이 90.86일 때 행사가격이 90인 콜옵션의 프리미엄이 2.50이라고 하면 내재가치는 0.86(=90.86−90)이고 시간가치는 1.64(=2.50−0.86)이다. 이 경우 이 콜 옵션은 내가격 옵션(ITM=in the money option) 또는 내가격 상태에 있다고 말한다. 옵션의 내재가치가 양(+)인 상태를 내가격 옵션 또는 내가격 상태라 한다.

반대로 외가격(Out of The Money: OTM)옵션은 옵션의 내재가치가 마이너스인 상태, 즉 0보다 작은 상태이다.[1] 마지막으로 등가격(At The Money: ATM)옵션은 기초 자산가격과 행사가격이 같은 상태이다.

옵션의 시간가치(time value)는 만기일까지 남아 있는 기간 동안 기초자산 가격의 변동가능성에 대한 기대치를 말하며 시간이 흐를수록 작아져 만기일에는 결국 "영(0)"이 된다. 옵션의 시간가치는 만기일까지 남은 기간이 길수록 그리고 기초자산의 가격변동성이 클수록 커진다. 왜냐하면 이러한 경우에 기초자산의 가격이 옵션 보유자에게 유리하게 변동할 가능성이 크기 때문이다.

제 2 절 우리나라의 옵션거래

우리나라의 옵션거래에는 KOSPI 200 주가지수옵션, 개별주식옵션, 미국 달러옵션 그리고 국채선물옵션이 있다. 개괄적인 내용은 〈표 17-1〉에 정리되어 있다. 이 중 가장 거래가 활발한 옵션은 KOSPI 200 주가지수옵션이고 그 다음이 국채선물옵션이며 개별주식옵션은 거의 거래가 없다.

---

1) 과내가격(deep ITM): 내재가치가 아주 큰 옵션
과외가격(deep OTM): 내재가치가 아주 작은 옵션

〈표 17-1〉 우리나라의 옵션거래 상품

구 분	주가지수옵션	개별주식옵션	미국달러옵션	국채선물옵션
기초자산	KOSPI 200	상장 보통주 30개 종목	미국달러화	최종거래일이 가장 빠른 국채 선물 종목
거래단위	100,000원	100주, 10주 (10만원 이상)	US$10,000	국채 선물 1계약
최종거래일	각 결제월의 두 번째 목요일	각 결제월의 두 번째 목요일	최종결제일 직전 2거래일	최종결제일 직전 영업일
만기시 최종결제	현금결제	실물 인수도	실물 인수도	현금결제
최종결제가격	최종 KOSPI 200 현물지수	행사당일의 대상 주식의 최종가격	행사가격	최종결제일의 유통수익률

제 3 절 풋-콜 균형이론

풋-콜 패리티(put-call parity)란 어떤 주식을 매입하고 그 주식(또는 주가지수. 이하 모든 경우 주가지수에도 해당함)에 대해 특정 만기에 특정한 행사가격으로 풋옵션을 매입하면(=S+P), 위와 동일한 만기에 동일한 행사가격으로 콜옵션을 매입하고 만기에 행사가격(X)을 받기로 하고 지금 무위험채권을 매입한 것($=C+X$)과 투자성과가 같다는 내용이다. 즉 이 두 투자전략은 다음과 같다.[2)]

$$S+P=C+X \tag{17–1}$$

보다 구체적으로 얘기하면 현재 무위험금리를 r_f라 할 때 만기에 X를 받기로 한 채권의 현재가격은 $\frac{X}{(1+r_f)^T}$이므로 화폐의 시간적 가치를 고려한 풋-콜 패리티는 다음과 같다.

---

2) 여기서 왼쪽 $S+P$는 주식을 매입하고 특정한 행사가격으로 풋옵션을 매입한 투자이다. 이를 방어적 풋(protective put)이라 한다. 이러한 투자는 주가가 상승할 때는 그 이익을 향유하고 주가가 내릴 때는 행사가격으로 투자가치가 한정되는 보험효과를 갖는다. 따라서 이러한 투자를 포트폴리오 보험(portfolio insurance)이라 한다.

$$S+P=C+\frac{X}{(1+r_f)^T} \tag{17-2}$$

풋-콜 패리티는 균형상태에서 주가의 움직임에 관계없이 주식가격, 풋, 콜, 그리고 행사가격에 일정한 관계가 성립하는 논리이다. 만약 이 관계가 성립하지 않으면 아비트리지 기회(arbitrage opportunity)가 발생, 아비트리지 이익을 가질 수 있다. 콜옵션 가격을 계산한 후 풋-콜 패리티 관계식은 응용하여 풋옵션 가격을 구한다.

제 4 절 옵션평가

1) 옵션가격에 영향을 미치는 요인

200×년 6월 3일 현재 KOSPI 200 옵션의 콜옵션 가격을 분석해 보면, 행사가격이 92.5, 만기 6월의 콜옵션 가격이 1.45의 종가로 형성되었다. 여기서 과연 이 콜옵션 가격이 적정한지 여부를 평가하는 것이 옵션평가이다. 즉 옵션평가란 옵션가격에 영향을 미치는 요인들이 무엇이며 이러한 요인들이 옵션가격에 어떤 영향을 미치는지를 분석하는 것이다. 옵션평가에는 콜옵션 평가와 풋옵션 평가가 있으나 일반적으로 콜옵션 평가가 중심이 되고 있다.

6월 3일 현재 콜옵션 가격이 1.45인데, 내일은 이 콜옵션 가격이 과연 얼마나 변하여 어느 수준에서 결정될까? 이것이 바로 옵션평가의 핵심이다. 콜옵션가격에 영향을 미치는 요소는 다음과 같이 6개 변수이며, +는 콜옵션 가격에 양의 영향, −는 음의 영향을 미친다.

〈표 17-2〉 KOSPI 200지수의 콜옵션 가격

6월 3일 KOSPI 200(S)	행사가격(X)	콜 가 격	
		6월	7월
90.86	92.5	1.45	3.10
90.86	90.0	2.50	6.20
90.86	87.5	3.90	5.15

$$C = f(\overset{+}{S}, \overset{-}{X}, \overset{+}{\sigma}, \overset{+}{T}, \overset{+}{r_f}, \overset{-}{d})$$

일반적으로 콜옵션 가격에 양(+)의 효과를 미치는 요인은 기초자산 가격(S), 변동성(σ), 만기(T) 그리고 무위험이자율(r)이다. 반대로 음(−)의 영향을 미치는 요인은 행사가격(X)과 배당성향(d)이다.

2) 이항옵션 가격결정모형

일반적으로 옵션의 적정가격을 구하기 위해서는 상당한 수학적 지식이 요구된다. 그러나 Cox-Ross-Rubinstein(CRR)이 개발한 이항옵션 가격결정원리(BOPM: binomial option pricing model)는 기초자산인 주식의 가격이 행사가격보다 높은 경우와 낮은 경우의 두 가지 경우만을 가정한다. 다음의 예를 통하여 콜옵션 가격결정원리를 보자.

| 예제 17-1 | 이항옵션 가격결정원리

현재 연초에 IBM주식의 가격이 \$100인데, 만기 1년, 행사가격 \$125의 콜옵션이 설정되어 있다고 하자. 만약 만기인 연말에 주가의 움직임이 \$200으로 되든지 아니면 \$50으로 되든지 이 두 가지 경우밖에 없다면 이 콜옵션의 적정가격은 얼마인가? 현재 무위험자산 금리는 8%이다.

풀이 만기의 주가 움직임이 \$200 아니면 \$50이므로, 그에 따른 콜옵션의 가치는 \$75 아니면 \$0이다.

주가(S) \$100 — \$200 / \$50 (주식가치)

콜옵션(C) — \$75 / \$0 (콜옵션 가치)

이 문제는 다음 여러 가지 방법으로 풀 수 있다. 주의할 점은 연속복리와 기간복리의 구분이다.

연속복리 e^{rT}, 기간복리 $(1+r)^T$

현재가치 · 미래가치: 연속복리 e^{-rT}, 기간복리 $\frac{1}{(1+r)^T}$

여기서는 헤지비율을 이용하여 비교적 간단하게 콜옵션 가치를 계산한다. 헤지비율을 이용한 콜옵션 가격결정 원리는 주식을 매입 보유하고 콜옵션을 설정함으로써 만기시 어떠한 주가수준에서도 무위험자산 수익률 r_f를 확보할 수 있다는 데서 출발한다.

일반적으로 이항옵션 가격결정모형에서 헤지비율(H로 표시)은 다음과 같이 계산된다.

$$H=\frac{C^{+}-C^{-}}{S^{+}-S^{-}} \tag{17–3}$$

여기서 C^{+}: 만기시 콜옵션 최고가치,
C^{-}: 만기시 콜옵션 최저가치(0)
S^{+}: 만기시 주가의 상한,
S^{-}: 만기시 주가의 하한

위의 IBM 주식과 여기에 설정된 콜옵션(행사가격 $X=125$)의 예를 들어 H를 구하여 보자(현재 주가 $S_0=\$100$, 만기 1년, 무위험자산 수익률 8%).

$$C^{+}=\$75(=200-125),\quad C^{-}=0$$
$$S^{+}=\$200,\qquad S^{-}=\$50$$
$$H=\frac{75-0}{200-50}=\frac{1}{2}=0.5$$

헤지비율을 이용하여 콜옵션 가격(C)을 구해 보자. 헤지비율이란 콜옵션 1계약 설정에 H주만큼의 주식매입을 의미하므로 0.5주만큼의 주식을 매입한다. 다른 말로하면, 헤지비율 $\frac{1}{2}$은 1주 주식 매입에 2계약의 콜 옵션 설정을 뜻한다. 그런데 이렇게 구성한 헤지포트폴리오는 만기시 주가가 $200 또는 $50 중 어떻게 되든 항상 그 당시의 무위험자산 수익률의 투자성과를 보인다.

먼저, $t=0$ 시점에서 0.5주 매입, 콜옵션 1계약 설정 포트폴리오를 구성한다. $0.5S_0-C$ 이 포트폴리오를 1년간 보유한다. 1년 후 이 포트폴리오의 가치는 $(0.5S_0-C)(1.08)$이다.[3] 이 포트폴리오는 최소한 만기시 주가 하한인 $50의 0.5주 매입과 같게 된다. 따라서 아래와 같은 등호가 성립한다.

$$(0.5S_0-C)(1.08)=0.5\times S^{-}$$
$$(0.5\times 100-C)(1.08)=0.5\times 50$$
$$C=\$26.85$$

3) 주식 1주 매입에 콜옵션 2계약 설정일 경우는 $(S_0-2C)(1.08)$이 된다. 1년 후 이 포트폴리오의 가치는 1주 매입보유이므로 $(S_0-2C)(1.08)=S^{-}$이다.

$$(100-2C)(1.08)=50,\quad \therefore C=\$26.85$$

3) 블랙-숄즈 옵션 가격결정모형

(1) BS 옵션 가격결정모형 원리와 예

1973년 미국의 재무학자 블랙과 숄즈(Black-Scholes: BS)는 주식과 콜옵션을 결합하여 무위험헤지 포트폴리오를 구성함으로써 콜옵션의 이론적 가치를 도출하고자 하였다. 무위험헤지 포트폴리오는 주가 변화에 관계없이 항상 일정한 수익을 얻을 수 있는 포트폴리오이다. 무위험헤지 포트폴리오에서 주식 1주 소유에 대하여 발행해야 하는 콜옵션의 수를 헤지비율(H)이라 한다.

BS는 주가에 급격한 변화가 없고 이자율과 주식수익률의 분산이 일정하며 주식수익률이 정규분포를 한다는 가정 아래 만기까지 배당이 없는 유럽형 콜옵션 가격이 다음과 같은 모형으로 계산이 가능하다고 주장하였다.[4)]

$$C = S_0 N(d_1) - Xe^{-rT} N(d_2) \tag{17-4}$$

여기서, $d_1 = \dfrac{\ln(S_0/X) + (r + 0.5\sigma^2)T}{\sigma\sqrt{T}}$, $d_2 = d_1 - \sigma\sqrt{T}$

단, C: 이론옵션가격

S_0: 현재주가

$N(d)$: 표준정규분포표에서 d값보다 작을 확률

d는 표준정규분포에서 Z값과 같음.

X: 행사가격

e: 자연로그(natural log)의 밑(base)=2.7183

r: 무위험이자율(연속복리 연이자율)

T: 만기까지의 기간을 연으로 표시(예 6개월=0.5년)

ln: 자연로그

σ: 기준주식 연간수익률의 표준편차

| 예제 17-2 | BS옵션 가격결정모형을 이용한 예제

다음과 같은 자료가 주어졌을 때 BS의 옵션 가격결정모델을 이용하여 콜옵션 가격을 계산하라.

현재주가(S_0)=100　　　행사가격(X)=95

이자율(r)=0.10(=연 10%)　　　만기(T)=0.25(=3개월)

4) Fisher Black and Myron Scholes, "The Pricing of Options and Corporate Liablilities," *Journal of Political Economy*, May/June, 1973.

표준편차(σ)=0.50(=연 50%)

풀이 $$d_1 = \frac{\ln\left(\frac{100}{95}\right)+\left(0.1+\frac{0.5^2}{2}\right)0.25}{0.5\sqrt{0.25}} = 0.43$$

$$d_2 = 0.43 - 0.5\sqrt{0.25} = 0.18$$

누적확률밀도 함수값 $N(d_1)$과 $N(d_2)$를 표준정규분포표에서 찾는다.

〈표 17-3〉 누적확률밀도함수

d	$N(d)$
0.18	0.5714
0.20	0.5793
0.22	0.5871
⋮	⋮
0.42	0.6628
0.44	0.6700

〈표 17-3〉에서 보면 $N(0.43)=0.6664$(보간법 이용), $N(0.18)=0.5714$이다.

$$\begin{aligned} C &= S_0 N(d_1) - Xe^{-rT}N(d_2) \\ &= 100 \times 0.6664 - 95e^{-0.10 \times 0.25} \times 0.5714 \\ &= \$13.70 \end{aligned}$$

참고: google에서 검색어 BS call option price calculator 입력, app.을 선택하여 위의 5개 입력 변수 값을 넣으면 13.70을 얻을 수 있다.

첫째, BS모형에서 $N(d_1)$은 헤지비율을 나타내고 $N(d_2)$는 콜옵션이 행사될 확률이다. 따라서 콜옵션 가치(C)는 다음과 같다.

C=현재 주가 × 헤지비율−행사가격 현가 × 콜옵션이 행사될 확률

둘째, $N(d_1)$이 1로 접근하면 헤지비율이 1에 가깝고 $N(d_2)$가 1로 접근하면 이는 옵션이 행사될 가능성이 매우 높다.

셋째, $N(d_1)$가 0으로 접근하면 헤지비율이 0에 가깝고, $N(d_2)$가 0에 접근하면 콜옵션이 행사될 확률이 거의 0이다.

[그림 17-1] d값과 N(d)확률

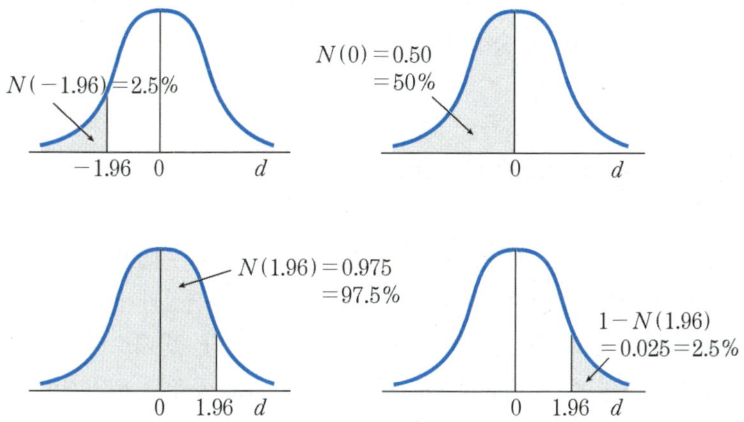

(2) 풋옵션 가치의 계산

BS모형과 풋-콜 패리티를 이용하여 유럽형 풋옵션의 가치를 도출할 수 있다.[5] 풋-콜 패리티에서 $S_0+P=C+Xe^{-rt}$이므로 여기서 $P=C+Xe^{-rT}-S_0$이다. [예제 17-2]의 경우 P는 다른 과같이 계산된다.

$$C=13.70,\ X=95,\ r=10\%,\ T=0.25$$
$$P=13.70+95e^{(-0.10)\times 0.25}-100=6.35$$

제 5 절 옵션과 재무관리

우리나라에서는 1997년에 주가지수 옵션시장이 개설되었다. 기업재무와 재무관리분야에서 옵션의 원리로 설명할 수 있는 주제는 옵션을 이용한 주식가치평가와 실물옵션이다. 그 이외에 옵션 가격결정원리는 옵션과 비슷한 성격을 가지고

5) 이론적으로 P는 다음과 같다.

$$P=Xe^{-rT}N(-d_2)-S_0N(-d_1)$$
$$=Xe^{-rT}[1-N(d_2)]-S_0[1-N(d_1)]$$

있는 전환채권(CB)이나 신주인수권부 사채(BW) 가치평가를 위해서 중요하다. 많은 금융 상품이 점점 옵션적 성격을 가짐에 따라 옵션 가격결정원리의 이해는 재무분석가와 금융인들에게 필수적이다.

1) 옵션을 이용한 주식가치평가

부채를 가진 회사의 주주지분가치는 콜옵션적 성격을 지닌다. 콜옵션 투자자인 주주는 회사자산의 가치가 부채가치보다 높은 한 옵션성과가 플러스(+)인 내가격(ITM) 상태에 있고 행사할 유인(incentive)을 갖는다. 반대로 회사자산가치가 부채가치보다 낮으면 이는 내용적으로 파산상태에 있고 주주는 외가격(OTM) 상태에 있으며 행사를 하지 않는다. 이 경우 회사는 파산하고 주주는 출자한 지분금액만큼 손해를 입는다.

이와 같은 논의의 배경은 콜옵션적 성격을 갖는 주주지분의 가치는 콜옵션 가치 평가원리에 의해 이론적으로 계산될 수 있다는 점이다. 주주지분가치의 계산은 M&A에서 인수가액 결정, 포트폴리오관리에서 적정주가의 산정, 그리고 회사의 총가치 계산에서 중요하다.

(1) 이항모형에 의한 주주지분가치평가

다음의 예를 보자. (주)일신은 장부가치로 자산 1억, 부채 1억의 규모를 갖춘 기업이다. 논의를 간단히 하기 위해서, 현재 금리는 10%, 현재 자산의 시장가치는 0.95억, 부채는 1년 만기의 할인사채라고 가정하자. 또한 기업의 1년 후 자산가치는 호황일 경우 1.2억원, 불황일 경우 0.8억원으로 예상된다고 가정한다. 이 회사의 수명은 1년이고, 1년 후 주주는 부채를 상환한 후 회사자산을 소유하든가 아니면 부채를 못 갚고 파산하든가의 선택만 있다고 가정한다. 이 경우 회사의 자산은 채권자의 소유가 된다.

일반적인 콜옵션가치평가 과정에 의거, 콜옵션투자자는 기초자산이 어떻게 변화더라도 무위험자산 수익률을 얻을 수 있도록 헤지비율만큼 콜옵션을 설정한다고 하자.

이 경우 콜옵션투자자, 즉 주주가 설정할 콜옵션 계약수는 2개이다.

〈표 17-4〉 재무상태표: 이항모형

(주)일신

자 산	0.95억	부 채	0.84억
		자기자본	0.11억
자 산	0.95억	자 본	0.95억

$$\text{자산가치}(S)\begin{cases}1.2\text{억}(S^+)\\0.8\text{억}(S^-)\end{cases}\quad X=1\text{억}\quad \text{콜옵션성과}(C)\begin{cases}0.2\text{억}(C^+)\\0(C^-)\end{cases}$$

$$\text{헤지비율}=\frac{C^+-C^-}{S^+-S^-}=\frac{0.2-0}{1.2-0.8}=\frac{1}{2}$$

앞 절에서 설명한 바와 같이 헤지비율 $\frac{1}{2}$은 주식1주 보유, 2개의 콜옵션 계약을 설정(발행)하여 포트폴리오를 구성한다. 10%의 무위험자산 수익률을 목표로 구성한 이 포트폴리오 1년 후 자산가치 하한 값을 가진 기초자산에 투자한 것과 같다. 이를 방정식으로 표시하면 다음과 같다.

$$(S_0-2C)(1.1)=S^-$$
$$(0.95-2C)(1.1)=0.8$$
$$\therefore\ C=0.11\text{억원}$$

0.11억원은 주주의 지분가치이자 자기자본가치이다. 현재 시장의 자산가치가 0.95억원이므로 부채가치=0.95−0.11=0.84억원이다. 이 경우 시장가치로 작성한 재무상태표는 〈표 17-4〉와 같다.

부채의 장부가치는 1억원이고 1년 후 받을 할인사채이다. 현재 부채의 시장가치가 0.84억원이므로 부채의 이자율은 $0.84(1+r)=1$억에서 $r=19.05\%$이다.

현재 금리가 10%인 점을 고려하면 부채이자율 19.05%는 매우 높다. 따라서 돈을 대출해 주는 채권자 입장에서는 회사의 자산가치가 불확실하므로 현재 금리 10%보다 훨씬 높은 대출금리 19.05%를 요구한다.

(2) 블랙숄즈모형을 이용한 주주지본 가치평가

위의 예를 좀더 확장하여 블랙-숄즈의 콜옵션 가격결정모형(BS모형)에 의해 자기자본의 가치와 부채가치를 평가해 보자. BS모형에서 입력하는 5개 변수 중 이미 $S=0.95$억, $X=1$억, $r=10\%$는 전번의 예와 같다. 더 추가해야 할 변수는 T

〈표 17-5〉 재무상태표: BS모형

(주)일신

자 산	0.95억원	부 채	0.78억원
		자기자본	0.17억원
자 산	0.95억원	자 본	0.95억원

(기간)와 σ(변동성)이다. (주)일신의 예에서 기간은 1년, σ는 연 40%라고 가정한다.

아래와 같이 BS모형에 5개 변수를 투입하여 콜옵션 가치, 즉 자기자본의 가치를 계산하면 아래와 같다.

$$
\begin{aligned}
&S=0.95,\ X=1,\ r=10\%,\ T=1,\ \sigma=0.4 \\
&d_1=0.3217,\ d_2=-0.0782 \\
&C=SN(d_1)-Xe^{-rT}N(d_2) \\
&\quad=0.95N(0.3217)-1e^{-0.1\times 1}N(-0.0782) \\
&\quad=0.17
\end{aligned}
$$

콜옵션 가치 0.17억원은 자기자본의 시장가치이다. 자산의 시장가치가 0.95억원이므로 부채의 시장가치는 0.95−0.17=0.78억원이다.

1년 만기 채권의 만기시 액면금액이 1억원이고, 기간 1년 그리고 현재시가가 0.78억원이므로 할인사채의 금리는 기간복리기준 28.20%이다.[6)]

현재 무위험금리가 10%인데 (주)일신의 부채금리는 28.20%이다. 이는 (주)일신의 재무위험을 반영한 부채의 자본비용이다.

2) 실물옵션

콜옵션 또는 풋옵션의 원리가 실물투자 의사결정과정에 고려되는 현상 또는 과정을 실물옵션(real option)이라 한다. 실물옵션이 자본예산에 응용되는 예를 콜옵션적으로 설명할 수 있는 경우는 최초투자(I_0)와 후속투자가 있는 경우에서 찾아볼 수 있다. 예를 들면, 최초 연구개발(R&D) 투자(I_0)에서 시제품이 성공일 수 있고 실패할 수도 있는데 시제품을 근거로 하여 후속투자가 본격적으로 성공적인 완

6) 기간복리기준: $0.78 = 1 \times \frac{1}{(1+r)^1}$, 여기서 $r = 28.20\%$

제품으로 이어질 수 있는 투자안의 경우 최초 연구개발투자의 NPV가 음(−)이라 하더라도 후속투자의 양(+)의 NPV를 고려하여 평가해야 할 것이다. 여기서 최초 R&D투자는 콜옵션의 성격을 갖는다.

예를 들어 최초R&D 투자비가 500억원이고 시제품을 생산했다고 하자. 만약 실패하면 500억원을 투자하고도 350억원만 회수하면 이때 NPV는 −150억원이다. 그러나 성공할 경우 추가투자 1,500억원이 이루어지고 이때 NPV가 200억원으로 예상된다면, 전략적 가치, 즉 전략적 NPV는 −150+200=50억원이다.[7)]

이러한 예는 아파트재개발공사에서 초기 철거비용이 너무 높아 NPV가 음이라 하더라도 후속되는 아파트건설 및 부대시설투자에서는 양의 NPV가 나오기 때문에 재개발 투자안을 선택하는 데에서도 볼 수 있다. 예를 들어 초기 철거비용이 400억원이고 NPV가−100억원이라고 하자. 후속전설투자에서 투자비가 1,000억원이고 NPV가 300억원이라고 가정하면 전략적 NPV는 −100+300=200억원이다.

현재시점에서 투자하면 NPV가 음(−)인 투자안이므로 포기하는 것보다는 그 투자안을 당분간 연기하여 경제상황이 나아졌을 때, 투자안을 시작하는 것이 나을 때가 있다. 이때 일정시점까지 투자안을 연기할 때의 가치를 옵션의 가치로 인식하여 투자안을 평가하는 것도 실물 콜옵션의 한 예가 된다. 이러한 성격의 옵션을 연기옵션이라고 한다. 의사결정기준은 현재시점의 NPV와 연기할 때의 NPV가치를 비교하여 만약 현재시점의 NPV가 연기할 때 NPV보다 크면 현재 투자안을 개시하고 아니면 연기한다.

| 예제 17-3 | 다음과 같이 현재시절에서 A, B 두 투자안의 NPV가 예상되었다. 그러나 A투자안을 1년 연기하면 유입현금흐름이 3년간 각각 50, 60, 90원일 경우 A투자안을 연기할 것인지, B투자안을 지금 채택할 것인지를 판단하라. 자본비용은 10%이다.

투자안	0	1	2	3	NPV
A	-100	30	50	60	13.67
B	-200	70	90	100	20.66

풀이 A투자안은 현재시점에서 B투자안에 비해 NPV가 작으므로 선택이 안 된다. 그런데 A투자안은 1년 연기하여 내년에 시작하면 초기지출액은 100으로 같으나 유입현금흐름이 1, 2, 3년 후 각각50. 60, 90일 경우 10%의 자본비용으로 계산한 NPV는 62.7이다.

7) 최초 연구개발투자 NPV+후속투자의 NPV=총 NPV=총 NPV를 전략적 NPV라고도 한다.

투자안	0	1	2	3	NPV
A	-100	50	60	90	62.7

1년 후 62.7을 이자율10%의 할인율을 적용하면 62.7/1.1=57원이다. NPV 57원은 B투자안의 NPV 22.66보다 크다. 두 NPV의 차이만큼인 34.34원이 연기옵션의 가치이다.

실물옵션을 풋옵션적으로 이해할 수 있는 자본예산의 예는 포기옵션(option to abandon)에서 찾아볼 수 있다. 예를 들면, 앞에서 예를 든 연구개발투자에서 최초투자(I_0)의 결과가 음(−)의 NPV가 나오지만, 그 후 어느 정도 사업이 본 궤도에 올라 그 사업이 매력적이 되어 M&A의 대상이 되거나 높은 가격으로 처분할 수 있는 가치를 풋옵션으로 계산할 수 있다. 여기서 의사결정기준은 최초의 음(−)의 NPV에 풋옵션으로 구한 처분가치를 합한 총 NPV(이를 전략적 NPV라고도 함)의 크기로 판단해야 한다.

자동차회사에서 야심하게 신차를 개발했지만 예상만큼 팔리지 않을 경우, 계속 판촉비용을 쏟아 부을 것인지 생산을 중단할 것인지 결정해야 할 때가 있다. 판매부진이 경기침체나 기후변화 등 일시적 원인이라면 생산을 포기하기보다는 조업을 잠시 중지하는 것이 더 나을 수 있다. 이런 현상은 광물자원 채굴 비즈니스나 금과 같은 귀금속 영업에서 많이 나타나는 현상이다. 영업을 잠시 중단하는 것은 중지 옵션의 한 예이다.

3) 전환사채

전환사채(CB: convertible bond)는 채권투자자가 일정기간 경과 후 일정가격으로 채권발행 회사의 보통주를 살 수 있는 권리를 부여한 채권이다. 전환사채는 투자자에게 일반채권의 권리를 부여하고 동시에 보통주를 행사가격으로 살 수 있는 콜옵션을 준 것이다. 전환채권의 가치는 일반채권(straight bond) 가치와 콜옵션가치의 합이다. 왜냐하면 전환채권이 전환되지 않는 한 일반채권의 가치를 가지고 만약 주가가 올라가면 전환가능성 때문에 콜옵션의 가치를 가지기 때문이다. 전환채권가치는 이 두 가치의 합으로서 주가의 함수가 된다.

액면 100,000원, 전환비율(conversion ratio)이 10인 전환채권의 경우 채권자는 전환채권을 포기하고 10주의 보통주로 전환할 권리(선택권 option)를 가지고 있다. 다시 말하면, 1주의 보통주를 얻기 위해 10,000원의 채권가치를 포기할 수 있는데, 이때 이 10,000원을 전환가격(conversion price)이라 한다. 전환가격은 채권액면÷전환비율로 계산한다. 채권가격은 항상 변하므로 이 가격변화 때문에 전환옵션이 이익 있는 상태(in the money)나 또는 이익 없는 상태(out-of-the money)가 된다. 전환시의 (옵션 행사시의) 행사가격은 채권가격(X)이고, 전환가치(conversion value=전환비율×보통주 시가)가 주식 콜옵션의 주가(S)와 같으므로, 다음과 같이 된다.

전환채권가격 〈 전환가치이면 이익 있는 상태(전환이 유리)
전환채권가격 〉 전환가치이면 이익 없는 상태(전환이 불리)

예를 들면, 현재 전환채권의 시가가 94,000원이라 하자. 채권자가 전환(옵션행사)을 행사할지 여부는 보통주 가격에 달려 있다. 만약 보통주 주가가 1주당 9,600원이면 전환가치는 9,600원×10(=전환비율)=96,000원이므로 채권자는 전환하는 것이 유리하다.

전환채권은 적어도 전환가치와 비슷한 가격으로 매매된다. 왜냐하면 위의 예에서와 같이 전환함에 따라 2,000원의 무위험이익이 발생할 것이 예상되면 모든 전환채권자들이 재빨리 전환하여 이 기회를 이용하려고 하기 때문에, 전환채권은 곧 전환가치와 비슷하게 된다.

전환채권평가는 이와 같은 이론적으로 콜옵션의 가격결정원리로 설명할 수 있으나 실제로는 다음과 같은 평가상의 어려움을 갖는다.

첫째, 채권가격은 시간이 지남에 따라 변화한다. 즉 행사가격이 변화한다.

둘째, 주식은 채권 만기까지 몇 번의 배당을 지급하므로 옵션평가를 더욱 어렵게 만든다.

셋째, 채권의 실제만기가 확실하지 않다. 왜냐하면 채권자와 발행회사가 이자율의 변화에 따라 서로 다른 시점에서 권리를 행사하기 때문이다.

Financial Management 문제풀이

≪객관식 문제≫

1. 콜옵션에 의한 주식평가에서 틀린 내용은?
① 위험이 클수록 주가는 크다.
② 연예산업이나 벤처기업 평가에 적합하다.
③ 매출액 성장률이 클수록 주가는 크다.
④ 부채는 행사가격으로 본다.

2. 콜옵션 가격에 영향을 미치는 요소를 잘못 기술한 것은?
① 행사가격이 클수록 콜옵션 가격은 작아진다.
② 만기가 길수록 콜옵션의 가격은 커진다.
③ 기초주식 가격이 클수록 콜옵션 가격은 커진다.
④ 기초주식 수익률 분산이 클수록 옵션 가격은 작아진다.

3. 다음 중 주식투자자가 어떤 시장변화에서든 투자원금 보존을 위한 보험(portfolio insurance) 가입과 같은 투자가치를 실현시키는 옵션조합은 무엇인가?
① 풋옵션 매도+무위험채권 매입
② 콜옵션 매입+무위험채권 매도
③ 주식보우+풋옵션 매입
④ 주식보유+콜옵션 매도

4. 블랙-숄즈 콜옵션 평가모형에서 투입되는 변수가 아닌 것은?
① 이자율 ② 기간
③ 주당배당금 ④ 기초자산 수익률의 분산

5. 콜옵션 델타(δ)값의 범위는?
① $0 \leq \delta \leq 1$ ② $\delta \leq 0,\ \delta \leq 1$
③ $\delta \geq 1$ ④ $\delta \leq 0$

6. 주식가격변화($\triangle S$)와 옵션가격변화($\triangle O$) 및 옵션델타(δ)와의 관계를 나타내는 식은?
① $\triangle O = \triangle S(1+\delta)$ ② $\triangle O = \dfrac{\triangle S}{\delta}$

③ $\triangle O = \delta \triangle S$ ④ $\triangle O = \frac{\triangle S}{(1+\delta)}$

7. [2002년 CPA 1차 유사문제] CPA 파생상품 투자주식회사의 옵션 운용부에서 근무하는 A부터 D까지 4명의 매니저가 다음과 같은 옵션 거래전략을 구성하였다. 옵션을 발행한 기초자산(underlying assets)의 주식가격이 향후 대폭 상승할 경우에 가장 불리한 투자결과를 낳을 것으로 예상되는 매니저는 누구인가? (옵션의 행사가격들은 현재의 주가에 근접하고 있으며 동일한 주식을 기초자산으로 하고 있다고 가정함)

A: 주식을 매입하고 매입한 주식에 대한 콜옵션을 동시에 발행
B: 행사가격이 동일한 콜을 매입하고 동시에 풋을 발행
C: 행사가격이 다른 콜과 풋을 동시에 매입
D: 행사가격이 다른 두 개의 콜 중에서 높은 행사가격을 가진 콜을 매입하고 낮은 행사가격을 가진 콜을 발행

① A 매니저 ② B 매니저 ③ C 매니저 ④ D 매니저

8. [2004년 CPA 1차 유사문제] 배당을 지급하지 않는 A기업의 주가는 현재 10,000원이다. 투자자는 1년 동안 10,000원을 예금하는 경우 만기에 11,000원을 확정적으로 받게 되며, 예금 금리와 동일한 금리로 자금을 차입할 수 있다. 여기서 콜옵션과 풋옵션은 A기업 주식에 대한 만기 1년의 유럽형(European) 옵션을 의미하며, 행사가격은 11,000원으로 동일하다. 콜옵션 가격이 3,000원이라면 다음 중 옳은 것은?

① 풋옵션 가격이 2,000원이라면, 콜옵션 하나를 매수하고 풋옵션 하나를 매도함으로써 1년 후 1,100원의 무위험차익을 얻을 수 있다.
② A기업의 주식에 대한 만기 1년 선도계약의 선도가격이 10,500원이고 풋옵션 가격이 2,500원이라면 무위험차익거래(arbitrage) 기회는 존재하지 않는다.
③ 무위험차익거래 기회가 존재하지 않는 경우, 풋옵션 1개를 매수함과 동시에 10,000원을 차입하여 A기업 주식 한 주를 매수함으로써 A기업 주식에 대한 만기 1년의 미국형(American) 콜옵션을 매수하는 것과 같은 효과를 얻을 수 있다.
④ 콜옵션과 풋옵션에 대한 행사가격이 A기업 주식에 대한 1년 만기 선도계약의 선도가격과 같다면, 무위험차익거래 기회가 존재하지 않기 위해서는 콜 가격은 풋 가격보다 높아야 한다.

9. [2004년 CPA 1차 유사문제] 미국에 물품을 수출하고 6개월 후에 대금 1백만달러를 받기로 한 무역업자가 있다. 이 무역업자가 사용하기에 가장 적절한 환위험 헤징 방법은?

① 6개월 만기의 달러 콜옵션을 매입한다.
② 6개월 만기의 달러 풋옵션을 매도한다.

③ 6개월 만기의 달러 콜옵션을 매도한다.
④ 6개월 만기의 달러 풋옵션을 매입한다.

≪주관식 문제≫

★**1.** [기대주가와 콜옵션 가격] A사와 B사의 주식은 지금부터 6개월 후 주당 시장가격에 대하여 다음과 같은 확률분포를 가질 것으로 기대된다.

일어날 확률	A사	B사
0.15	34,000	22,000
0.20	38,000	28,000
0.30	40,000	36,000
0.20	42,000	44,000
0.15	46,000	50,000

이들 두 주식에 대해서 콜옵션이 설정되어 있다 콜옵션의 행사가격은 38,000원이고 지금부터 6개월 만기를 갖고 있다.

(1) 지금부터 6개월 후의 A사와 B사의 시장가격의 기대치는 얼마인가?
(2) 만기에 가서 두 콜옵션 가격의 기대치는 얼마인가?
(3) (1)과 (2)의 풀이 결과를 대비하여 설명하라.

2. [KOSPI 주가지수를 이용한 헤지] 6월 1일 현재 1,000,000,000원 규모의 주식 포트폴리오를 보유하고 있는 펀드 관리자가 주식시장이 하락할 것으로 예상하고 주식 포트폴리오의 가치를 보호하기 위해 KOSPI 200지수 선물 20계약을 100.00에 매도 헤징하였다. (지수선물계약 1단위는 500,000원)

(1) 9월 1일에 예상대로 주가가 하락하여 포트폴리오의 가치가 950,000,000로 하락하고 지수선물 가격이 90.00인 경우의 헤징거래 과정과 결과를 나타내시오.
(2) 9월 1일에 예상과는 달리 주가가 상승하여 포트폴리오의 가치가 1,100,000,000로 상승하고 지수선물이 110인 경우 헤징거래 과정과 결과를 나타내시오.

★**3.** 〈표 1〉은 개별기업 보통주에 대한 옵션의 가격을 보여준다. 이자율은 연 10%이다. 여기서 가격이 잘못 평가된 옵션을 찾을 수 있는가? 있다면 이를 이용하기 위하여 어떻게 하겠는가?

〈표 1〉 옵션 가격표

기초자산	만기(개월)	행사가격	주가	풋옵션의 가격	콜옵션의 가격
A기업	6	50,000	80,000	20,000	52,000
B기업	6	100,000	80,000	10,000	15,000

보통주에 대한 옵션의 가격(달러).

4. [2005 CPA 2차 유사문제] 외환시장에서 1년 후 달러화의 환율이 각각 1,100원/$ 또는 950원/$으로 상승 또는 하락하는 두 가지 경우만 존재한다고 가정하자. 달러옵션과 달러선물의 잔존만기는 1년으로 동일하며, 달러선물은 현재 1,050원/$의 가격에 거래되고 있다. 이 기간 동안 국내 자본시장의 무위험이자율은 6%이다. 자본시장은 완전하고 차익거래의 기회는 존재하지 않는다고 가정하자. 달러선물과 달러옵션계약의 1계약 규모는 50만달러이다. 다음 질문에 답하라.

(1) 행사가격이 980원/$인 달러에 대한 풋옵션 1계약 매수포지션에 대하여 헤지해야 할 달러화의 규모를 밝히고 아울러 매수 또는 매도 여부를 제시하라.

(2) 위험중립자의 입장에서 환율이 1년 후 1,100원/$으로 상승할 확률을 구하시오. (계산은 반올림하여 소수점 둘째 자리까지만 표시한다.)

(3) 옵션의 만기시 환율을 S_T라고 정의하고 만기시 옵션의 수익이 $\min(S_T - 920, 50)$으로 나타나는 옵션의 적정 프리미엄을 제시하라. (계산은 반올림하여 천원 단위로 표시한다)

5. [2005 CPA 2차 유사문제] (주)에어테크는 (주)스카이항공으로부터 다음과 같은 제안을 받았다.

"비행기용 특수부품의 성능이 보통이면 연간 70개를 개당 20억원에 매입하고, 성능이 우수하면 연간 100개를 개당 30억원에 매입하겠다."

(주)에어테크가 특수부품을 개발하는데 1년이 소요되며 500억원을 즉시 지출해야 한다(단, 개발비용 500억원에 대해서는 세금을 고려하지 않는다). 개발된 부품의 성능이 보통일 확률은 70%이고 우수할 확률은 30%이다. 부품개발 완료 즉시 부품생산을 위해 1,500억원을 투자해야 하며 잔존가치 없이 정액법으로 3년간 감가상각된다. 부품의 성능에 관계없이 변동비용은 개당 10억원, 감가상각비를 제외한 고정비용은 연간 200억원이 들 것으로 예상된다. 이를 정리하면 다음과 같다(t는 시점을 나타냄).

부품 성능	확률	투자금액 ($t=1$)	3년간($t=2$, 3, 4)				
			판매수량	판매단가	개당 변동비용	총고정비용	감가상각비
보통	70%	1,500억원	70개	20억원	10억원	200억원	500억원
우수	30%	1,500억원	100개	30억원	10억원	200억원	500억원

자기자본만으로 구성된 (주)에어테크의 적절한 할인율은 10%이고, 법인세율은 34%이다. 3년의 연금현가요소는 다음과 같다. (모든 금액은 억원 단위로 소수점 둘째자리까지만 표시한다)

할인율	6%	7%	8%	9%	10%
연금현가요소	2.6730	2.6243	2.5771	2.5313	2.4869

(1) 부품의 성능이 보통일 경우와 우수할 경우의 연간 영업현금흐름(OCF)은 각각

얼마인가?

(2) 부품의 성능이 보통일 경우와 우수할 경우의 개발완료 시점($t=1$)에서의 순현가(NPV)는 각각 얼마인가?

(3) (주)에어테크가 (주)스카이항공이 제안한 내용대로 부품개발 전에 계약을 체결한다면 현재 시점($t=0$)에서 이 계약의 순현가(NPV)는 얼마인가?

(4) 당장 계약을 체결하는 대신 부품개발 완료 시점($t=1$)에서 (주)스카이항공이 제시한 내용대로 계약을 체결할 수 있는 권한이 (주)에어테크에게 주어진다면 현재 시점($t=0$)에서의 프로젝트 순현가(NPV)는 얼마인가?

(5) 당장 계약을 체결하지 않고 부품개발 완료 시점에서 계약의 체결여부를 결정할 수 있는 프로젝트의 순현가(NPV)는 부품을 개발 · 생산 · 판매하기로 하는 계약을 체결하는 프로젝트의 순현가보다 얼마나 차이가 나는가? 이 차이를 무엇의 가치라고 하는가?

(6) 부품개발이 완료된 시점($t=1$)에서 (주)에어테크가 자기자본만으로 부품을 생산하면 순현가는 1,877.21억원이다. 만일 1,500억원의 투자액 중 1,000억원을 채권발행으로 조달한다면 부품완료 시점($t=1$)에서의 조정순현가(APV)는 얼마인가? 채권의 연이율은 6%이고 원금은 3년 후에 전액 지급된다.

★6. (주)이테크는 보통주 10주로 전환될 수 있는 5년 만기 무이표채를 발행하였다. 무이표채의 액면가는 10,000원이다. 유사한 일반 사채는 5%의 수익률을 제공하고 있다. (주)이테크의 주식은 주당 800원에 거래되고 있다.

(1) 전환할 것인가 아니면 채권을 계속 소유할 것인가의 결정을 해야 한다고 가정하자. 당신은 어떻게 하겠는가?

(2) 전환사채의 가격이 8,300원이면 투자자들은 (주)이테크 주식을 매입할 수 있는 옵션에 대하여 얼마를 지불하고 있는 셈인가?

(3) 1년 후 전환옵션의 가치가 변하지 않는다고 가정하면 전환사채의 가치는 얼마인가?

7. 2006년 (주)대영은 만기15년, 2021년에 만기가 되고 액면금액 10,000원, 액면 이자율이 0%인 전환채권을 5,300원에 발행하였다. 이 전환채권은 4주의 보통주로 전환될 수 있다. 2009년 초부터 (주)대영은 이 채권을 콜할 수 있다. 채권자들은 2009년에 6,000원에, 그리고 2016년에는 8,000원으로 채권상환을 요구할 수 있다. 채권이 발행될 시 보통주의 가격은 약 600원(액면 500원임)이었다.

(1) 채권의 만기수익률은 얼마인가?

(2) 유사한 일반사채의 수익률을 10%라고 가정하면 투자자는 전환옵션에 대하여 얼마를 지불하고 있는 셈인가?

(3) 발행시 채권의 전환가치는 얼마인가?

(4) 채권의 최초전환가격은 얼마인가?

(5) 발행 후 6년이 지난 2015년의 전환가격은 얼마인가? 전환가격은 왜 변하는

가?

(6) 2016년의 채권가격이 8,000원보다 작으면 당신은 (주)대영에게 채권상환을 요구하겠는가?

(7) 2016년에 (주)대영은 얼마의 가격으로 채권을 콜하겠는가? 채권가격이 이보다 높으면 (주)대영은 이 채권을 콜해야 하는가?

제18장 선　물

제1절　선물의 의의와 종류

1) 선물의 의의

선물(先物)은 영어로 “futures(반드시 복수임)”이며, 크게 상품선물과 금융선물이 있다. 그렇다면 선물이란 무엇인가? 선물이란 ① 나중에 ② 물건을 ③ 인도하기로 또는 인수하기로 하고 ④ 두 당사자가 ⑤ 물건값을 ⑥ 주고받지도 않고 ⑦ 물건을 팔고 사는 것이다. 선물거래와 정반대되는 거래는 우리가 볼펜 한 자루, 커피 한 잔 그리고 휴대폰을 사고파는 현물(spot)거래이다.

2) 선물거래의 종류와 발전과정

선물계약에는 선물거래의 대상이 되는 물건이 실물자산인가 아니면 금융자산인가에 따라 상품선물과 금융선물로 나눈다. 상품선물(commodity futures)은 옥수수·밀·콩·커피와 같은 농산물과 구리·알루미늄·원유 등과 같은 금속 및 에너지를 선물거래의 대상으로 하며, 오랜 역사를 가지고 있고 전형적인 선물거래이다.

금융선물(financial futures)은 시카고 상업거래소(CME)가 설립되어 국제통화시장(IMM)을 개설하면서 외국 통화를 선물거래의 대상으로 하여, 1972년부터 시작되었다. 금융선물은 지금까지 25여년의 역사밖에 갖지 않았으나 주식과 채권이 중심이 된 금융시장에 일대 혁신을 가져오고 있고, 급속히 거래규모가 확대되고 중요성이 증대되고 있다. 금융선물에는 주가지수선물, 이자율선물 그리고 통화선

〈표 18-1〉 우리나라 선물거래 상품명세

구 분	KOSPI 200 주가지수선물	미국달러선물	국채선물	금선물
기초자산	KOSPI 200	미국달러화	표면금리 연 8% 3개월 이표지급방식의 국고채권	순도 99.99% 이상의 금괴
거래단위	500,000	US$50,000	액면가 1억원	1kg
결제월	3, 6, 9, 12월	당월포함연속 3개월+3, 6, 9, 12월	3, 6, 9, 12월	2, 4, 6, 8, 10, 12월
최종결재일	결재월 두 번째 목요일	결재월 세 번째 수요일	결재월 세 번째 수요일	결재월 최종영업일
최종거래일	최종결재일 직전 영업일	최종결재일 직전 2영업일	최종결재일 직전 영업일	최종결재일 직전 2영업일
만기시 최종결재	현금결재	실물인수도	현금결재	실물인수도

물이 있다.

3) 우리나라 선물거래의 개관

우리나라의 선물거래에는 KOSPI 200을 매매대상으로 하는 주가지수선물, 미국달러선물, 국채선물, 그리고 금선물이 있다.

KOSPI 200 주가지수선물 거래에서 KOSPI 200은 증권시장 전체의 움직임을 나타내는 지표로서 계산상의 존재이다. 따라서 사고판다고 해도 현물로는 할 수 없고 현금에 의한 결제만 가능하다. KOSPI 200 주가지수선물거래에서 만기(최종거래일)까지 청산되지 않은 미청산계약(open interest)은 계약이 체결된 선물가격과 최종거래일의 현물가격과의 차이에 500,000원을 곱하여 현금 결제한다. 최종거래일의 선물가격은 반드시 현물가격과 같아지므로[1] 주가지수 선물시장은 현물시장과 연계되어 있다.

1) 이를 수렴원리(convergence property)라고 한다.

제 2 절 선물가격결정원리

무릇 모든 투자원리가 다 그러하듯이 투자대상증권의 내일 가져야 할 내재가치(intrinsic value)를 미리 알면 오늘의 시가(market value)를 평가하여 살 것인지, 팔 것인지를 결정할 수 있다. 이러한 증권들의 내재가치 파악을 위해 예를 들면 주식은 Gordon의 일정배당성장모형이, 옵션은 블랙-숄즈의 가격결정모형이 개발되었다. 선물가격결정에서는 특별히 어느 학자가 개발한 모형은 없고, 다만 이론적으로 선물가격에 영향을 미치는 요인을 중심으로 그 관계가 정립되어 있다.

	현재			만기
	$t=0$	$t=30$	$t=60$	$T=90$
선물가격	F_0	F_{30}	F_{60}	F_T
현물가격	S_0	S_{30}	S_{60}	S_T

여기서는 주가지수선물을 중심으로 선물가격 결정원리를 설명한다. 먼저 기간별 선물가격 및 현물가격의 기호표시를 분명히 정의해 보자.

선물가격결정원리는 현물－선물 패리티이론에 근거하고 있다.

현물－선물 패리티이론(spot-futures parity theorem: 현물－선물 등가이론)은 보유비용관계(cost-of-carry relationship)로 설명된다. 왜냐하면 선물시장에서 주식을 연기하여 살 때의 비용과 지금 현물시장에서 주식을 사서 보유할 때의 비용이 서로 같아져야 가격불균형에 따른 아비트리지 거래가 없어지기 때문이다. 보유비용(carrying costs)은 현물을 보유함으로써 발생하는 비용으로 여기에는 현물매입자금에 대한 이자비용과 보관비용(창고료, 보험료, 가치감소비용) 등이 있다.

만약 지금 당장 현물시장에서 현물가격(S_0)으로 주식을 사면 은행에 예금을 못하는 만큼 정기예금금리(S_0r_f)의 금액을 포기하는 손해를 입지만, 배당수익률금액(S_0d)만큼 배당을 받으므로 실질적인 매입비용은 $S_0+S_0r_f-S_0d$가 된다. 그런데 선물시장에서 주식을 연기하여 선물가격(F_0)으로 살 때는 지금 주식을 사는 것과 같아야 한다.

따라서 현물시장에서 주식을 구입하든 선물시장에서 주식을 구입하든 같기 위해서는 현물시장에서의 매입비용과 선물시장에서의 매입가격이 같아야 한다. 그러므로 다음과 같은 관계가 성립해야 한다.

$$F_0 = S_0 + S_0 r_f - S_0 d$$

이것을 정리하면 식 (18-1)과 같이 된다.

$$F_0 = S_0(1+r_f-d) = S_0(1+r_f) - D \qquad (18\text{–}1)$$

여기서 F_0: 이론 선물가격[2]

S_0: 현재 현물가격, r_f: 무위험이자율(=CD금리)

D: 1주당 배당금(연말에 한 번 배당하는 것으로 가정)[3]

d: 배당수익률$\left(=\dfrac{\text{1주당배당금}}{\text{주가}}\right)$

만약, 잔여만기일이 T일이면 1년 365일 중 연율로 조정해야 한다.

$$F_0 = S_0[1+(r_f-d)\frac{T}{365}] \qquad (18\text{–}2)$$

| 예제 18-1 | 현물-선물 패리티이론

KOSPI 200주가지수 이론선물가격(F_0)을 구하기 위해 다음과 같은 자료가 주어져 있다. 현물-선물 패리티이론에 의해 F_0를 구하라.

현재 주가지수(S_0)=90
91일물 CD금리(무위험이자율(r_f))=5%
전기배당수익률(d)=1%
잔여만기일(T)=1일

풀이

$$\begin{aligned} F_0 &= S_0[1+(r_f-d)] \\ &= 90[1+(0.05-0.01)] \\ &= 93.6 \end{aligned}$$

---

2) 연속복리의 경우 다음과 같다.

$$F_0 = S_0 \cdot e^{r_f - d}$$

3) 이를 1주당 배당금 D를 기준으로 설명하면 다음과 같다. 선물시장에서 F_0를 지불하면 만기에 가서 얻는 현금흐름은 F_0+D이다. 현재 주가 수준이 S_0이므로 보유기간 수익률은 무위험자산수익률이 되어야 한다.

$$\frac{(F_0+D)-S_0}{S_0} = r_f$$

이 식을 정리하면 아래와 같다.

$$F_0 = S_0(1+r_f) - D$$

[그림 18-1] 정상시장과 역조시장

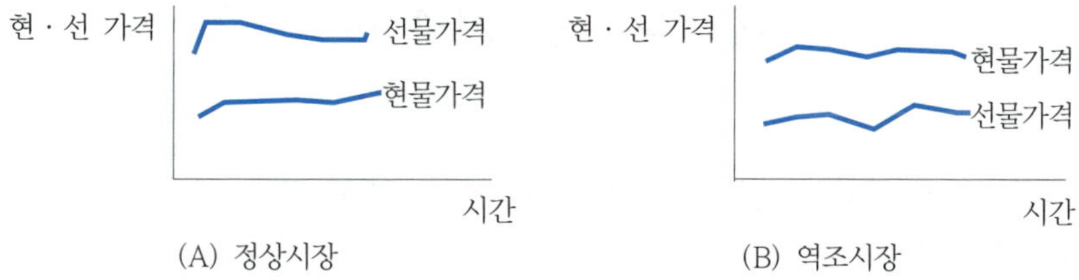

위의 식 (18-1)과 (18-2)에서 보면 이론적으로 이론선물가격은 언제나 현물가격보다 크다. 실제적으로 선물가격이 현물가격보다 큰 경우의 선물시장을 정상시장(normal market)이라 한다. 주가지수선물, 달러선물 그리고 금 선물시장은 정상시장으로 볼 수 있다.

반대로 실제선물가격이 현물가격보다 낮은 경우의 선물시장을 역조시장(inverted market)이라 한다. 국채선물시장은 대표적인 역조시장으로 볼 수 있다. 그 이유는 일반적으로 단기이자율보다는 장기이자율이 높으므로 원월물선물가격이 근월물선물가격보다 낮게 형성되기 때문이다.[4] 정상시장과 역조시장을 그림으로 나타내면 [그림 20-1]과 같다.

만약 현물-선물 패리티이론이 성립하지 않으면 어떻게 될까? 이 경우 현물가격과 선물가격이 서로 일치하지 않음으로써 차익기회(arbitrage opportunity)가 발생하여 차익이익(arbitrage profit: 아비트리지 이익)이 발생하게 된다. 선물상품의 실제가격이 이론가격보다 높은 경우에는 선물상품의 가격이 상대적으로 높게 평가되어 있는 것이므로, 선물상품을 매도함과 동시에 현물상품을 매수하는 "매수차익거래(buy arbitrage)"를 수행한다. 반대로 선물상품의 실제가격이 이론가격보다 낮은 경우에는 선물상품의 가격이 상대적으로 낮게 평가되어 있는 것이므로 선물상품을 매입함과 동시에 현물상품을 매도하는 "매도차익거래(sell arbitrage)"를 수행하게 된다.

4) 원월물(遠月物)이란 만기가 늦게 오는 선물상품이고 근월물(近月物)은 만기가 빨리 오는 선물상품이다. 예를 들어, 오늘 현재가 1월인 경우 3월물은 근월물이고 6월물은 원월물이다.

제 3 절　선물거래전략

선물시장에 참여하는 목적은 크게 세 가지로서 첫 번째, 선물시장을 이용하여 위험을 회피하려는 헤징(hedging)이고, 두 번째는 선물가격 차이에서 이익을 얻고자 하는 투기거래(speculation). 그리고 세 번째는 선물가격과 현물가격의 일시적 가격불균형을 이용하려는 차익거래(arbitrage)이다. 1996년부터 우리나라에서 주가지수선물거래가 시작되었으므로 주가지수선물을 중심으로 헤징과 투기거래 그리고 차익거래를 설명해 보자.

1) 헤　징

(1) 헤징의 개념

헤징은 현물시장의 가격변화 위험을 선물시장을 이용하여 상쇄 · 회피하려는 금융거래이다. 여기에는 매입헤징과 매도헤징이 있다. 매입헤지(long hedge)거래는 현물가격의 상승위험에 노출될 경우 선물계약을 매입하여 현물가격 상승에 따르는 부담을 어느 정도 벗어나기 위하여 사용한다. 매입헤저(hedger)는 농수산물가공업자, 유통업자, 광산물제련업자 그리고 수입업자이다.

예를 들어 원두커피 원재료를 매입하여 커피를 생산하는 (주)D식품의 경우, 원재료가격상승을 염려한다. 따라서 커피선물상품을 매입하여 가격상승에 따르는 위험을 회피할 수 있다. 마찬가지로 3개월 후에 미국 달러로 수입물품대금을 결제하려는 수입업자는 달러선물상품을 오늘 선물가격으로 매입한다. 만약 3개월 후 실제로 미국 달러화 환율이 높아질 경우, 3개월 전에 매입한 선물가격으로 달러를 매입, 결제자금으로 이용한다.

반대로 매도헤지(short hedge)거래는 현물가격의 하락위험에 노출된 경우 선물계약을 매도하여 현물가격 하락에 따르는 손해를 일부라도 줄이기 위하여 사용한다. 매도헤지는 농수산물생산업자, 재배업자, 광산물채굴업자, 주식보유자, 대출을 받은 기업 그리고 수출업자 등이다.

예를 들어 커피재배 농부는 3개월 후 커피 수확시에 원두커피 가격하락을 염려한다. 가격하락을 방어하기 위해 농부는 3개월 만기의 커피 선물상품을 매도한다. 만약 3개월 후 원두커피 가격이 폭락할 경우, 선물가격으로 매도할 수 있다. 변동금리로 대출을 받은 기업은 금리상승이 따라 이자부담 추가를 염려한다. 이때 금리선물을 이용, 현재 채권선물가격으로 매도한다. 만기에 가서 실제로 금리가 상승할 경우 채권선물가격이 낮아지므로 금리선물계약에서 이익을 실현하여 이자부담을 일부분 줄일 수 있다. 3개월 후 수출대금을 미 달러화로 받게 되는 수출업자는 오늘 선물가격으로 달러를 매도함으로서, 막상 3개월이 되었을 때 환율하락에 따른 원화가치 감소를 방어한다.

헤지 기간 동안 현물과 선물포지션간의 이익과 손실이 정확히 상쇄되어 가격변동 위험을 완전히 없애는 헤지를 완전헤지(perfect hedge)라 한다. 그러나 완전헤지의 기회는 거의 존재하지 않는다. 완전헤지의 기회가 매우 적은 현실상황에서 손해나 위험을 일부나마 최소화하기 위한 불완전헤지가 더 일반적이다.

(2) 헤지비율과 헤지할 선물계약수

선물거래가 기관투자가들 사이에 인기가 있는 가장 큰 이유 중의 하나는 그들이 보유한 현물포트폴리오를 헤징할 수 있기 때문이다. 예를 들어 만기가 몇 개월밖에 남지 않은 주식형 펀드의 경우 만기시 주가하락이 예상되면 주가지수선물을 이용하여 매도 포지션(short position)을 취함으로써 손실을 방어할 수 있다. 이러한 전략 실행에 가장 중요한 개념은 헤지비율(hedge ratio)이다. 헤지비율(h)이란 보유하고 있는 보유포트폴리오 금액에 대해 헤지할 선물계약금액이다.

$$\text{헤지비율}(h) = \frac{\text{헤지할 선물계약금액}}{\text{보유포트폴리오 금액}} \tag{18-3}$$

그런데

$$\text{헤지할 선물계약금액} = \text{선물계약수} \times \text{선물지수} \times \text{거래단위금액}$$

이므로 헤지비율(h)을 다음과 같이 다시 쓸 수 있다.

$$\text{헤지비율}(h) = \frac{\text{선물계약수} \times \text{선물지수} \times \text{거래단위금액}}{\text{보유포트폴리오 금액}} \tag{18-4}$$

그런데 헤지비율은 대개 보유포트폴리오의 베타계수(β)를 이용하므로 여기서 헤지 할 선물계약수는 다음과 같이 계산된다.

$$\text{헤지할 선물계약수} = \frac{\beta \times \text{보유포트폴리오 금액}}{\text{선물지수} \times \text{거래단위금액}} \qquad (18\text{–}5)$$

❙예제 18-2❙ 단순헤지

현재 만기가 9개월밖에 남지 않는 주식형 펀드의 가치는 시가 20억으로 평가되고 있다. 이 주식형 펀드의 베타(β)평균은 1.2이다. 앞으로 만기까지 주가가 내릴 것으로 예상되므로 KOSPI 200 선물지수를 이용하여 가격변화에 따른 위험을 헤지하려면 선물지수 몇 계약을 매도하면 되는가? 현재 9개월 만기 KOSPI 200 주가지수선물가격은 150이다.

풀이 공식을 이용하여 헤지할 선물계약수를 계산한다.

$$\text{선물계약수} = \frac{1.2 \times 20\text{억}}{150 \times 500{,}000\text{원}} = 32(\text{계약})$$

KOSPI 200 선물지수 32계약을 매도해야 한다.

2) 투　　기

(1) 투기거래의 개념과 특징

투기거래(speculation)는 현물을 가지고 있지 않은 상태에서 선물가격변동을 이용하여 매매차익을 얻기 위해 선물시장에서 포지션을 취하는 거래를 말하며, 이러한 거래자를 투기자(speculator)라 한다. 투기거래는 다른 시장참여자보다 우월한 예측으로 매매차익을 얻을 수 있다는 기대로 의도적으로 가격변동위험을 감수하는 거래이다. 그러나 선물가격이 예측과 반대로 움직이는 경우 손실이 발생한다.

200×년 6월 3일자 경제신문에 게재된 KOSPI 200 주가지수선물 가격표를 다시 보자.

KOSPI 200 주가지수선물				
	시가	고가	저가	종가
June	88.50	92.50	88.50	89.50

3월 29일 어느 투자자가 만기가 6월(June)인 KOSPI 200 주가지수를 선물가격 종가인 89.50에 매입했다고 하자. 이렇게 매입포지션을 취한 투자자는 미래선물가격이 89.50보다 높기만 하면 그 차액만큼 이익을 보게 된다. 반대로 미래선물가격이 89.50보다 작아지면 그 차액만큼 손해를 본다. 물론 거래 상대방인 매도포지션 보유자는 그 반대의 결과를 가진다.

| 예제 18-3 | 투기거래

어느 투자자가 KOSPI 200 주가지수선물을 89.50로 매입했다고 하자. 1일 후 이 선물가격이 90.00 또는 89.00으로 될 때 투자손익을 각각 구하라.

풀이

선물가격(F_t)	90.00인 경우	89.00인 경우
롱 포지션 성과($F_t - F_0$)	0.50	-0.50
실제손익(×500,000)	250,000	-250,000

(2) 투기거래의 기능과 종류

투기자(speculator)는 헤저(hedger)의 거래파트너로서 헤저가 전가한 위험을 떠맡음으로써 시장에 유동성을 제공하는 기능을 갖는다. 투기자가 자신의 이익을 위해 투기거래를 함에 따라 헤저의 헤지기능이 궁극적으로 시장에서 이루어진다.

투기거래자는 포지션을 보유하는 기간에 따라 스캘퍼, 데이트레이더 그리고 포지션거래자로 세분된다. 스캘퍼(scalper)는 몇초~몇분 단위의 짧은 기간 동안 소규모의 거래를 반복하는데, 이들 때문에 선물시장의 유동성이 증대되는 순기능이 있다. 스캘퍼는 대부분 선물거래소의 회원이므로 거래비용이 매우 낮다. 데이트레이더(day trader)는 적어도 하루 동안의 가격변동으로 투기이익을 얻으려는 거래자이다. 그들은 자신이 취한 포지션을 당일을 넘기지 않고 청산한다.

포지션거래자(position trader)는 수일 또는 수주간 또는 수개월 포지션을 유지하는 투기거래자이다. 이들은 스프레드(spread)거래자이기도 하다.

3) 차익거래

차익거래(arbitrage)는 주가지수선물시장에서 주가지수선물의 실제가격과 현물가격에 금융비용을 고려하여 계산한 이론가격 사이의 일시적인 불일치가 발생할 때 상대적으로 높게 평가된 쪽을 매도함과 동시에 상대적으로 낮게 평가된 쪽을 매수함으로써 이를 두 시장 사이의 가격관계가 정상으로 돌아올 때 그 불일치의 감소분만큼 무위험수익을 얻고자 하는 거래이다. 구체적으로 주가지수선물의 실제가격이 이론가격보다 높은 경우, 이론가격보다 높은 가격의 선물은 매도하고 동시에 낮은 가격의 현물은 매수하는 "매수차익거래(buy arbitrage)"를 수행한다.

반대로 주가지수선물의 실제가격이 이론가격보다 낮은 경우에는 주가지수선물의 가격이 상대적으로 낮게 평가되어 있는 것이므로 주가지수선물을 매입함과 동시에 현물주식을 매도하는 "매도차익거래(sell arbitrage)"를 수행한다.

주가지수차익거래(index arbitrage)는 현물-선물 패리티 이론(spot-futures parity theory)이 성립하지 않음으로써 일시적으로 차익거래이익(arbitrage profit: 무투자이익)이 발생하게 되는 경우이다. 이는 시장가격의 일시적인 불균형은 언젠가는 균형상태로 되돌아온다는 시장원리에 의하여 위험부담 없이 차익거래이익을 얻을 수 있는 고도의 금융기법이다. 현실적으로 지수차익거래를 하려면 이론가격을 정확히 계산해야 하고 거래비용의 고려, 인덱스펀드의 합리적 구성, 그리고 프로그램매매제도의 신속성 등 몇 가지 전제조건이 충족되어야 한다.

주식시장에서 KOSPI 200을 직접 매매할 수는 없다. 따라서 KOSPI 200을 복제한 인덱스펀드(index fund)를 매매하게 된다. 인덱스펀드는 KOSPI 200과 연관성이 큰 30~50개 종목으로 구성된 KOSPI 200 복제포트폴리오이다. 주가지수차익거래가 성공하기 위해서는 인덱스펀드의 매매가 신속 · 정확하게 실행되어야 한다. 이러한 목적으로 프로그램 매매가 등장하게 되었다.

프로그램매매(program trading)란 차익거래를 위해 인덱스펀드에 구성된 종목과 수량 그리고 비중을 미리 정해놓고 일괄하여 컴퓨터프로그램에 의해 주문을 내는 매매시스템이다. 프로그램매매는 대부분 기관투자자나 외국인 투자자들에 의해 이루어진다.

프로그램매매에는 위에서 말한 차익거래 외에 비차익거래를 위해서도 이루어진다. 비차익거래는 차익거래와는 달리 일방적으로 여러 주식을 한꺼번에 매수(또는 매도)하는 것을 말한다. 선물주문을 주식과 동시에 하지 않는 점에서 차익거래와 차이가 난다.

제 4 절 선물거래와 재무관리

선물거래와 관련하여 재무관리 담당자는 선물거래를 이용하여 이자율 위험관리와 외환보유에 따른 위험을 헤징할 수 있다. 이자율위험관리(interest rate risk)는 이자율 변화에 따라 대출을 받을 기업(채무자)이 추가적으로 부담하게 될 이자지급액 증가 위험성이다. 변동금리로 대출을 받을 기업들을 KOFIX금리나 외환대출의 경우 LIBOR금리 상승에 따라 이자지급액이 증가된다. 이러한 위험을 헤징하기 위해 국채선물이나 외환차입의 경우 US장기국채선물(US Treasury Bond Futures: CBOT에서 거래) 또는 Eurodollar futures(CME에서 거래)를 이용할 수 있다. LIBOR금리가 올라가면 차입기업(채무자)는 이자를 추가 지급하지만 채권선물을 매도하여 숏 포지션(short position)을 취한다. 만기에 가서 예상대로 현물시장에서 이자를 추가부담하게 되지만 채권선물시장에서는 낮은 채권선물가격에 위한 반대매입을 동하여 선물거래이익이 발생, 추가이자지급액을 일부 상쇄시킨다.

외환보유에 따는 환위험 역시 통화선물거래를 이용하여 숏 포지션 또는 롱 포지션(long position)을 취함으로써 현물시장의 위험을 어느 정도 방어할 수 있다. 예를 들어, 3개월 후 수출대금을 달러로 받게 될 한국의 수출업자의 경우 결제시점의 환율에 따라 실제로 받게 될 원화금액에 차이가 발생한다. 환율이 하락(달러 가치 하락, 원화 가치 상승)하여 예상보다 적게 원화금액을 받게 될 경우 손해가 발생하는데 이 경우 달러선물거래를 이용할 수 있다. 3개월 후 달러환율이 낮아질 것을 예상할 경우 달러선물에서 매도포지션(short position)을 취한 후 실제로 3개월 후 달러가치가 떨어져서 환율이 떨어지게 되면 현물시장에서는 결제금액이 줄어들지만 선물시장에서는 이익이 발생, 어느 정도 결제금액 감소를 줄일 수 있다. 그 반대의 경우 한국의 수입업자는 달러선물에서 롱 포지션을 취함으로써 달러지급액의 추가부담을 어느 정도 완화시킬 수 있다.

Financial Management

문제풀이

≪객관식 문제≫

1. 선물시장과 선도시장의 차이점 중 틀린 것은?

	선물시장	선도시장
① 시장참가자	회원	제한 없음
② 거래조건	표준화	제한 없음
③ 실물인도	99% 미만	1% 미만
④ 양도 여부	가능	불가능

2. 선물거래에서 틀린 내용은?

① 매입헤징은 현물시장에서 실물자산가격 상승을 염려하여 선물시장에서 매입포지션을 취하는 것이다.
② 선물가격과 현물가격은 일반적으로 반대 방향으로 움직인다.
③ 현물시장과 선물시장에서 일시적 불균형상태로 인한 가격차이가 생길 때 아비트리지가 발생한다.
④ 투기거래에서 포지션이 가장 짧은 기간의 소규모거래 반복을 스캘퍼(scalper)라 한다.

3. 선물계약을 이용한 헤지거래 중 잘못된 것은?

① 인덱스 펀드를 보유한 투자자가 주가지수 선물을 매도함.
② 3개월 후에 자금을 차입하려고 하는 기업이 금리선물을 매입함.
③ 2개월 후에 미국 달러로 대금을 수취하게 되는 수출업자가 달러통화선물을 매도함.
④ 3개월 후에 원유가격 상승을 염려한 정유회사가 원유선물을 매입함

4. 선물계약에서 선물가격은 어떻게 결정되는가?

① 인도일에 다수의 매입자와 매도자가 시장경쟁을 통하여 결정한다.
② 계약이 맺어질 때 다수의 매입자와 매도자가 시장경쟁을 통하여 결정한다.
③ 선물거래소가 주관하여 상대매매로 결정된다.
④ 중개자에 의하여 경매매(auction)를 통하여 결정된다.

5. (6번문제와 연결됨) 다음 KOSPI 200 주가지수선물 가격표에서 6월물 2계약의 종가 기준 계약금액은 얼마인가? 1계약당 가격은 500,000원이고 매매증거금율은 10%이다.

	이론가	종가	거래량	미결제계약
6월물	163.01	162.85	335,074	88,994
9월물	163.81	163.35	128	1,291

① 81,425,000　　② 81,505,000
③ 16,285,000　　④ 163,010,000

6. (5번 문제와 연결됨) 투자자 김대리는 지난 4월 KOSPI 200 주가지수선물 6월물의 가격이 164.00일 때 2계약을 매입하였다. 오늘 현재 김대리의 투자손실 또는 이익은?
① 95,000원 이익　　② 575,000원 이익
③ 990,000원 손해　　④ 1,150,000원 손해

7. (8번 문제와 연결된) 500억원 규모의 주식형 펀드를 운용 중인 펀드매니저 김팀장은 펀드 만기종료를 2개월을 남겨두고 있다. 주가하락에 따른 위험을 헤지하기 위하여 KOSPI 200 지수선물 및 계약을 매수 또는 매도해야 하는가? 현재 KOSPI 200 선물지수 가격은 200이고, 주식형 펀드의 베타평균은 1로 가정한다.
① 100계약 매수　　② 100계약 매도
③ 500계약 매수　　④ 500계약 매도

8. (7번 문제와 연결됨) 주식형 펀드의 베타평균을 0.8로 가정하면 답은 어떻게 바뀌는가?
① 80계약 매수　　② 80계약 매도
③ 400계약 매수　　④ 400계약 매도

9. [2001년 CPA 1차 유사문제] 펀드매니저 K는 1,000억 원 규모의 주식포트폴리오에 대해 1년간 관리하는 임무를 부여받았다. 현재 이 주식포트폴리오의 베타는 1.5이다. K는 향후 약세장을 예상하고 주가지수선물을 이용하여 이 주식포트폴리오의 베타를 1.0으로 줄이려고 한다. 1년 만기를 갖는 주가지수선물의 현재 지수가 80.0 포인트(1포인트당 50만원)라고 할 때, 어떻게 해야 하는가?
① 1,250계약 매입　　② 1,250계약 매도
③ 2,500계약 매입　　④ 3,750계약 매입

10. [2003년 CPA 1차 유사문제] 현재 KOSPI 200 지수는 75.00포인트이고, 만기 3개월물 KOSPI 200 선물지수는 76.00포인트에 거래되고 있다. KOSPI 200 지수를 구성하는 주식들의 평균배당수익률은 연 4%이고, 무위험이자율은 8%이다. 이런 시장 상황에서 지수차익거래가 가능한가? 가능하다면 차익거래의 결과 어떠한 변화가 예상되는가? (차익거래와 관련된 모든 거래비용은 무시하기로 한다)
① 차익거래가 불가능하다.

② 차익거래에 의해 KOSPI 200 지수와 3개월물 KOSPI 200 선물가격이 상승한다.
③ 차익거래에 의해 KOSPI 200 지수가 상승하고, 3개월물 KOSPI 200 선물가격이 하락한다.
④ 차익거래에 의해 KOSPI 200 지수와 3개월물 KOSPI 200 선물가격이 하락한다.

≪주관식 문제≫

★**1.** [선물가격과 arbitrage] KOSPI 200 인덱스펀드의 현재 가치는 350이고, 연 4% 배당수익률을 보장받는다. 1년 만기의 KOSPI 200 선물가격은 370이다. 이론 선물가격과 실제 선물가격과의 가격차이에 의한 아비트리지기회(arbitrage opportunity)를 설명하라. 당시의 무위험자산(T-bill) 수익률은 7%이다.

2. [현물지수와 선물지수와의 관계] KOSPI 200 지수 종가가 현재 120이다. 1년만기 무위험이자율이 5%이고, KOSPI 200에 대한 기대배당수익률이 2%이면, 1년만기 선물가격은 얼마인가?

3. [단순헤지] 현재 만기가 3개월밖에 남지 않는 주식형 펀드의 가치는 시가 20억으로 평가되고 있다. 이 주식형 펀드의 베타(β)평균은 1.2이다. 앞으로 만기까지 주가가 내릴 것으로 예상되므로 KOSPI 200 선물지수를 이용하여 가격변화에 따른 위험을 헤지하려면 선물지수 몇 계약을 매도하면 되는가? 현재 3개월 만기 KOSPI 200 주가지수선물가격은 100이다. KPSPI 200 주가지수선물거래 단위금액은 500,000원이다.

제19장 국제재무관리

국제재무관리의 기본적 목표와 기능은 국내기업의 재무관리와 같다. 다만 국제재무관리는 국내재무관리와는 달리 국제환경요인의 특성이란 제약조건 속에서 이루어진다. [그림 19-1]에서 보는 바와 같이 국제재무관리의 제약조건은 환율 및 금리전망의 불확실성, 정보처리 및 금융기법의 성숙도, 외환 · 금융 · 조세제도상의 규제, 정치 · 사회적 환경의 차이, 기업의 국제금융 · 자본시장접근의 용이성 그리고 인플레이션 등을 포함한다.

[그림 19-1] 국제재무관리의 목표와 기능

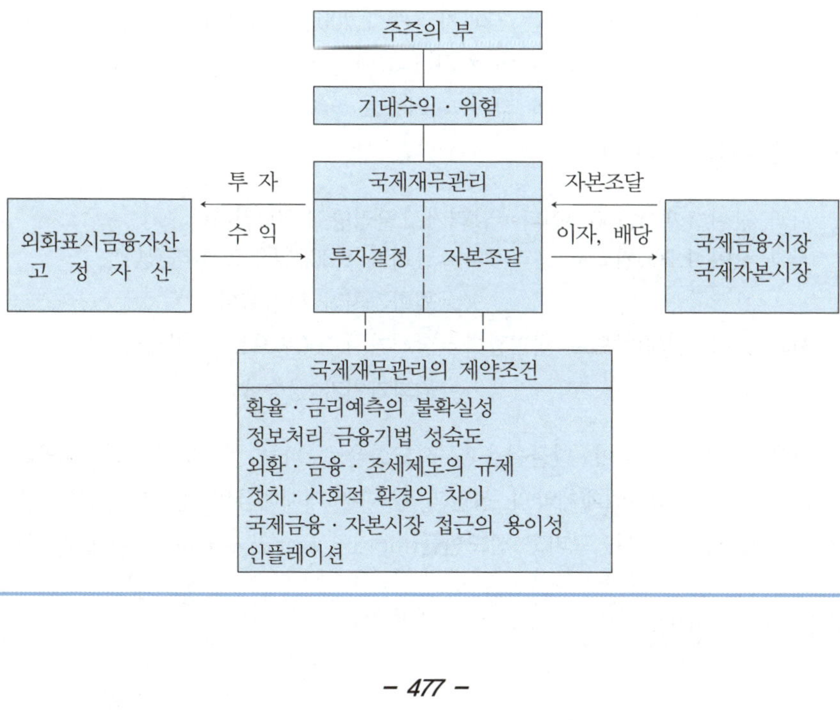

제 1 절 환율과 환율결정이론

1) 환 율

환율(foreign exchange rate)은 두 나라 통화의 상대적 가치로서 특정시점에서 한 나라의 통화를 다른 나라의 통화로 나타내는 교환비율이다. 예를 들어 원화의 대미 달러환율이 1달러당 1,200원이라고 하면 이는 1달러는 1,200원과 같은 가치를 가진다는 것을 의미한다.

이러한 표시방법을 유럽식 표시환율이라 한다.[1] 환율은 또한 1원당 0.00083 달러로도 표시될 수 있다. 이러한 표시방법을 외화표시환율(rate in foreign money)이라고 한다. 한국의 입장에서 이것은 직접표시방식이다.

1달러당 1,200원의 환율이 1달러당 1,300원으로 되면 우리는 환율이 올랐다고 말한다. 이는 원화의 가치가 낮아졌음을 의미한다. 반대로 환율이 1달러당 1,100원이 되면 이는 달러가치의 하락이요. 원화가치의 상승이다.

이와 같은 관계를 쉽게 이해하려면 달러를 사과(apple)로 생각하고 사과와 원화가치를 생각하면 된다. 우리는 사과가 1개 1,200원이었다가 1,300원이 되면, 사과 값이 올라갔다고 한다. 즉 돈의 가치가 그만큼 떨어진 것이다. 반대로 사과 값이 1개당 1,100원이 되면 사과 값이 내려갔고 돈의 가치가 올라간 것이다. 이를 정리하면 다음과 같다.

사과 값이 1개 1,200원이다＝달러가 1달러당 1,200원이다
사과 값이 1,300원으로 올라갔다＝달러가 1,300원으로 올라갔다
＝원화가치가 하락했다
사과 값이 1,100원으로 내려갔다＝달러가 1,100원으로 내려갔다
＝원화가치가 상승했다

환율은 크게 나누어 현물환율과 선도환율로 나눌 수 있다. 현물환율(spot exchange rate)은 외환매매계약의 성립과 동시에 매매대금의 결제가 이루어질 때 적용되는 환율을 말한다. 그리고 선도환율(forward exchange rate)은 매매계약의 체

1) 한국의 입장에서는 이것을 간접 표시방식이라 한다.

결로부터 일정기간 경과 후 매매대금의 결제가 이루어질 때 적용될 환율을 말한다.

2) 환율결정이론

환율의 변동은 여러 가지 요인에 의해 영향을 받는데 환율결정요인과의 관계를 설명하는 이론에는 여러 가지가 있다. 여기서는 구매력평가설, 이자율평가설 그리고 국제피셔효과를 설명한다.

(1) 구매력평가설

구매력평가설(purchasing power parity theory)은 자국통화와 외국통화의 교환비율은 자국과 외국의 물가수준의 차이에서 비롯된다는 주장이다. 즉, 자국의 물가수준이 외국의 물가수준보다 더 높이 상승한다면 두 나라 통화의 실질구매력이 균형을 이루는 수준까지 자국통화의 가치는 하락하게 된다는 주장이다.

앞에서 예를 든 사과 1개당 1,200원의 예로서 구매력 평가설을 설명해 보자. 만약 한국에서 인플레이션이 심하여 물가가 10% 올랐다고 하자. 이 경우 사과 값은 개당 1,200(1+0.10)=1,320원이 된다. 환율도 사과 값과 마찬가지로 1,200×1.1=1,320원이 된다. 그런데, 미국의 물가도 한국만큼은 아니지만 4% 올랐다고 가정하자. 이 경우 1개당 1달러했던 사과 값도 올라서 \$1×1.04=\$1.04달러가 되었다고 하자. 이 경우 한국에서 1개 1,320원하는 사과가 미국에서 \$1.04이므로 사과의 교환비율은 1,320원÷\$1.04=1,269.23/\$이다. 이 계산과정은 다음과 같이 확인된다.

$$1{,}269.23 = 1{,}200 \times \frac{1.10}{1.04}$$

이와 같이 두 통화의 교환비율, 즉 환율에서 예상환율은 두 국가의 인플레이션의 차이를 반영한다. 좀 더 구체적의로 말하면 한국이 미국보다 물가가 6% 비싸므로 원화의 통화가치는 6%만큼 떨어진다. 물가가 x%만큼 높은 나라는 자국통화의 가치가 x%만큼 평가절하 된다는 의미이다. 개략적으로 보면 위의 예에서 환율 1,269.23은 현재 환율에 한국과 미국의 인플레이션의 차이를 곱해서도 계산된다.

$$1{,}272 = 1{,}200 \times \{1 + (1.10 - 1.04)\}$$

그러나 보다 엄밀하게 예상환율은 다음과 같은 공식에 의해 계산된다.

이러한 균형조건을 구매력평가(purchasing power parity)라 하고 다음과 같이 나타낼 수 있다.

$$E[S_{D/F}(t)] = S_{D/F} \times \frac{E[1+i_D(t)]}{E[1+i_F(t)]} \qquad (19\text{–}1)$$

여기서, $i_D(t)$: t기간의 국내의 인플레이션율

$i_F(t)$: t기간의 외국의 인플레이션율

$S_{D/F}$: 국내와 외국통화의 현물환율

$E[S_{D/F}(t)]$: 국내와 외국통화의 t기간 기대현물환율

| 예제 19-1 | 미국의 기대물가 상승률이 연 8%이고, 한국의 기대물가 상승률이 연 10%이다. 현재 대미 달러 교환비율은 $1=1,200원이다. 다른 조건이 동일한 경우 구매력평가설에 의한 1년 후 균형환율은 얼마로 조정되어야 하나?

풀이 $1{,}200 \times \frac{1.10}{1.08} = 1{,}222.22$원

한국의 물가가 오르면 오를수록 한국 원화가치는 낮아진다. 1달러당 1,200원으로 환율이 표시되는 한, 즉 사과 1개가 1,200원으로 팔리고 있는 한, 상대적으로 한국물가가 오르면 오를수록 환율은 높아지고, 사과 값은 높아지며, 원화가치는 떨어진다.

구매력평가설은 일반적으로 단기적으로는 성립하지 않으나 관세 및 수송비용, 기술개발 또는 석유파동 등으로 장기적으로는 그 존재가 인식되고 있다.

(2) 이자율평가설

국가 간의 이자율 차이 변동은 금리차익을 얻기 위한 단기자본의 이동을 유발함으로써 현물환율과 미래환율에 큰 영향을 미치게 된다. 다른 조건이 같다면 투자가 국내에서만 이루어지는 경우에는 투자자들을 이자율이 높은 금융자산을 선택함으로써 수익을 극대화시키려 할 것이다. 그러나 투자가 국제금융시장에서 이루어져 외화표시 금융자산과 자국통화표시 금융자산 가운데 선택해야 할 경우에는

이자율 차이뿐만 아니라 미래의 환율변동까지를 감안하여야 한다.

미국에 거주하는 한국교포가 이자율 차이를 이용하여 달러를 원화로 바꾸어 한국의 금융자산에 투자한다고 가정하자. 현재 미국달러의 환율은 1,200원이고, 미국 금리는 4%, 한국 금리는 6%라고 하자. 1년을 목표투자기간으로 하여 1년 후 선도환율(forward exchange rate) 1,220원으로 교섭할 수 있다고 하자. 지금까지의 금리 및 환율정보를 요약하면 다음과 같다.

현재 환율 1,200원/$, 미국 금리 4%, 한국 금리 6%,
1년 만기 선도(forward)환율 1,220원

이 경우 1달러를 1년간 미국 국채에 투자하는 경우(Ⅰ안)와 원화로 바꾸어 한국 국채에 투자한 후 미국으로 달러를 송금하는 경우(Ⅱ안)를 비교해 보자.

Ⅰ안: 미국에서의 1년 후 원리금: $1×1.04=$1.04
Ⅱ안: 달러를 원화로 바꾼 후 한국 국채에 투자: 1,200×1.06=1,272원
1,272원을 1,220원/$로 바꾼 후 미국으로 송금: 1,272÷1,220=$1.0426

Ⅰ안과 Ⅱ안을 비교해 보면, Ⅱ안이 $0.0026만큼 많다. 두 투자 모두 국채에 투자했으므로 투자위험이 없다. 따라서 무위험 차익거래(riskless arbitrage transaction)가 발생한다.

만약 미국교포가 $10,000을 미국에서 빌려서 한국에 투자하면 대출이사를 시급하고도 언제나 $26의 차익을 얻을 수 있다. 이러한 투자행위를 카버드 이자율 아비트리지라 한다. 카버드 이자율 아비트리지(CIA: covered interest arbitrage)는 이자율이 서로 다른 두 국가에서 선도환율이 두 국가 간의 이자율 차이를 반영하지 못할 경우 상대국의 통화를 차입하여 이자율 수익률을 취한 후 선도환계약에 의하여 자국통화로 전환이 가능한 계약이다. CIA를 통하여 양 국가의 자본시장과 환율시장은 균형 찾아가게 된다. covered의 의미는 선도환계약으로 거래가 이루어진다. 이 과정을 설명하면 다음과 같다.

i) 미국은행에서 $10,000를 연 4%로 차입한다.
ii) $10,000를 현재 환율 1,200원으로 바꾸면 12,000,000원이 되고 이를 한국국채에 연 6%로 투자한다.
iii) 1년 후 원리금 12,000,000×1.06=12,720,000원을 선도환율 1,220원으로 바꾸면 12,720,000÷1,220원=$10,426이다.

[그림 19-2] CIA(카버드 이자율 아비트리지)

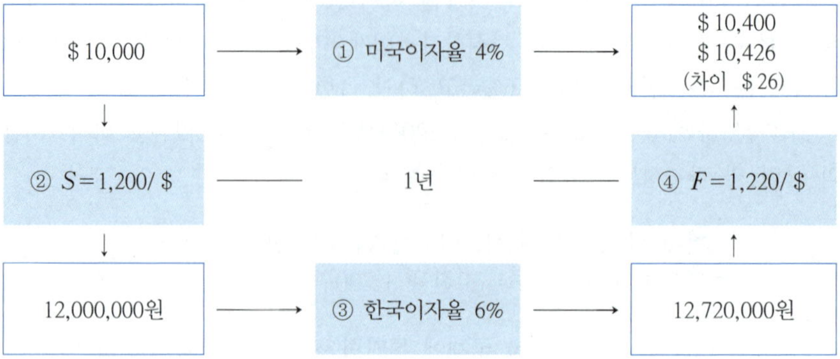

iv) 미국 은행에 원리금 $10,400을 갚는다. 갚은 후 차익은 10,426−10,400 =$26이다.

[그림 19-2]는 이 과정을 보여준다.

위의 예에서 무위험 차익거래가 없어지려면 선도환율이 1,223원이 되어야 한다. 이는 다음과 같이 계산되었다.

$$1.04 = 1,200 \times 1.06 \div F_x$$
$$F_x = 1,200 \times \frac{1.06}{1.04} = 1,223$$

이와 같은 논리의 연장선상에서 이자율평가설이 도출되었다.

이자율평가설(interest rate parity theory)은 두 나라의 이자율 차이는 두 나라 간 미래환율의 반영되므로 어떠한 차익거래(arbitrage)도 일어날 수 없다는 것이다. 양국 간의 이자율 차이는 예상환율변동률과 일치하는 수준에서 균형을 이루게 된다. 이를 식으로 나타내면 다음과 같다.

$$\frac{1+k_D(t)}{1+k_F(t)} = \frac{F_{D/F}(t)}{S_{D/F}} \qquad (19\text{–}2)$$

또는 $F_{D/F}(t) = S_{D/F} \times \dfrac{1+k_D(t)}{1+k_F(t)}$

여기서, $k_D(t)$: t년도의 국내의 이자율

$k_F(t)$: t년도의 외국의 이자율

$F_{D/F}(t)$: t년도의 선도환율
$S_{D/F}$: 현물환율

이자율 평가설에 의하면 두 나라 사이의 선도환율의 할인율(forward rate discount) 또는 할증률(premium)은 대략적으로 이자율 차이와 같다.

$$\frac{\text{선도환율} - \text{현물환율}}{\text{현물환율}} = \text{이자율 차이}$$

위의 예에서 보면 선도환율이 1,223원/$, 현물환율이 1,200원/$일 때 선도환율 프리미엄은 약 2%이다. 이는 한국과 미국의 이자율 차이 6%−4%=2%와 비슷하다.

$$\frac{1,223-1,200}{1,200} \fallingdotseq 6\% - 4\% = 2\%$$

일반적으로 두 나라의 사이의 금리 차이가 크면 클수록 미래 환율은 올라간다. 위의 예에서 보면 한국 금리가 미국 금리보다 2% 높으므로 선도환율은 약 2% 정도 올라갔다. 상대적으로 한국 원화의 가치는 2% 정도 내려갔다.

| 예제 19-2 | 미국이자율이 연 2%이고 만기가 1년인 미국의 재무성증권에 대한 투자기회와 한국이자율이 연 4%이고 만기가 1년인 국채의 투자기회가 있다. 이자율평가이론에 의하면 미화 1달러에 대한 현물환율이 1,200원인 경우 3개월 만기 선도환율은 얼마인가?

풀이 $\frac{1+0.005}{1+0.01} = \frac{F_{D/F}(t)}{1,200}$

$$F_{D/F}(t) = -1,200 \times \frac{1.01}{1.005} = 1,206\text{원}$$

---

(3) 미래현물환율과 선도환율

선도환율은 미래현물환율의 예측치로서 실무적으로 많이 이용된다. 평균적으로 미래현물환율의 기댓값은 선도환율이 된다. 이와 같은 이론을 언바이어스드 선물환율(unbiased forward exchange rate)이론이라 한다. 이를 문자로 표시하면 다음과 같다.

$$F_t = E(S_t)$$

여기서 F_t: 선도환율, $E(S_t)$: 미래현물환율의 기대치

언바이어스드 선도환율이론에 의하면 선도환율은 평균적으로 미래현물환율이 된다. 왜 선도환율이 미래기대 현물환율이 되는지 예를 들어 설명해 본다. 앞의 예를 다시 한 번 기억해 보자.

현재 미국 달러와 한국 원화 사이의 현물환율은 1,200원/$이고 1년 만기 선도 환율은 1,223원/$이다. 두 나라의 금리는 한국이 6%, 미국이 4%이다. 앞의 예에서 본 바와 같이 만약 선도환율이 1,220원/$이면 1달러당 0.0026원의 커버드 차익이익(covered arbitrage profit)이 발생하였다. 즉, 10,000달러당 26원의 이익이다. 이와 같은 차익이익이 계속 발생하면 사람들이 계속 달러를 원화로 바꾸어 그 이익을 향유할 것이다. 달러에 대한 수요가 늘어나 환율이 상승, 1,223원/$이 되어서야 차익거래(arbitrage transaction)가 발생하지 않을 것이다. 비로소 미국 달러와 한국 원화 사이에 균형환율이 성립된 것이다.

반대로 만약 1년 만기 선도환율이 1,230원/$이면 어떻게 될까? 환율이 너무 높아서 아무도 비싼 달러를 사려고 하지 않을 것이다. 달러에 대한 수요가 감소하여 환율이 낮아지고 1,223원/$에 이르러서야 비로소 균형환율이 성립할 것이다. 이를 그림으로 표시하면 다음과 같다.

선도환율 1,223원/$ ↗ 만약 1,230원/$이면 고환율, 달러수요감소, 환율하락 ↘ 미래현물환율 1,223원/$

선도환율 1,223원/$ ↘ 만약 1,220원/$이면 저환율, 달러수요증가, 환율상승 ↗ 미래현물환율 1,223원/$

제 2 절　환율위험과 환노출

국제간의 글로벌(global) 거래가 많아짐에 따라 환율변동에 따른 불확실성과 위험이 더욱 증대되고 있다. 더구나 우리나라는 수출입 등 대외무역교역량이 세계 10위권 내외에 있으므로 미국 달러뿐만 아니라 여러 나라의 통화로 무역 결제를 한다. 따라서 실제 영업으로 얻는 영업이익보다 환율변동에 따른 금융수익 또는 금융비용이 더욱 중요하게 될 때도 있다.

환율의 변동성을 환위험(foreign exchange risk)이라 하고 환율변동이 기업의 영업성과에 미치는 불확실성을 환노출(foreign exchange exposure)이라고 한다. 환노출은 거래적 환노출, 영업 환노출, 그리고 환산 환노출로 대별된다.

거래적 환노출(transaction exposure)은 거래가 끝난 이후부터 자금결제가 이루어지는 동안의 환율변동으로 인한 가치변동을 의미한다. 수출과 수입에 따른 외화매출채권 및 외화매입채무과과 관련된 위험이 여기에 속한다.

영업 환노출(operating exposure)은 환율의 변동으로 미래현금흐름에 변동을 가져오는 경우이다. 영업 환노출을 경제적 환노출(economic exposure) 또는 전략적 환노출이라고도 한다. 경제적 환노출은 미래에 발생되는 현금흐름에 미치는 영향의 척도로 기업가치와 직접적인 관계를 가진 환노출 개념이다. 주로 장기 환율위험과 관련되어 있다.

환산 환노출(translation exposure)은 본국통화로 해외자회사의 재무제표를 본사 재무제표로 환산하는 과정에서 발생되는 환노출이다. 이를 회계적 환노출이라고도 한다.

(1) 거래적 환노출과 단기환율위험

거래적 환노출은 대외무역거래에서 1개월 내지 1년 미만 사이에 발생하는 수입대금 지급결제와 수출대금 회수에 관련하여 발생하는 위험이다. 예를 들어 수입대금 지급결제가 3개월 후에 이루어질 경우, 대미 달러환율이 예상외로 상승하면 수입업자의 추가부담이 상당할 것이다. 반대로 3개월 후에 받게 될 수출대금 회수시 대미 달러환율이 하락하면 수출업자가 받는 원화금액은 그만큼 줄어들게 될 것이다.

이와 같은 대금결제 및 회수에 따른 위험을 방지하기 위하여 선도환율(forward exchange rate)계약을 체결하거나 통화선물(currency futures)거래를 이용한다. 선도환율계약은 은행과 수출업자 또는 수입업자와의 개인적 계약이다. 이 계약은 일정기간이 경과 후 미래 일정한 환율, 즉 선도환율로 환거래를 하고자 하는 상호약속이다. 예를 들어 90일 기간 대미 달러 선도환율 1,223원으로 매수하고자 하는 은행과 수입업자와의 선도환계약은 3개월 후 이 선도환가격으로 수입업자가 은행으로부터 미국 달러를 매수하는 상호약속이다. 만약 3개월 후 달러환율이 1,300원이 되었다면, 수입업자는 선도환계약에 의거, 1,223원으로 달러를 매수하여 결제를 할 수 있을 것이다. 그러나 반대로 달러환율이 1,200원이 되었다면 수입업자는 선도환계약을 이행하지 않는다. 이 경우 수입업자는 선도환 계약수수료를 낭비한 셈이다.

수출업자의 경우 3개월 후에 받게 될 수출대금의 원화가치를 오늘 현재의 선도환율로 묶어둠으로써 환율하락에 따른 수출대금 감소를 방지한다. 예를 들어 어느 수출업자가 3개월 달러선도환율 1,223원으로 은행과 달러매도 선도환계약을 체결했다고 하자. 만약 3개월 후 달러환율이 1,200원이 되었다면 수출업자는 선도환계약의 혜택을 볼 것이다. 그러나 반대로 달러환율이 1,300원이 되었다면 수출업자는 선도환계약을 이행하지 않는 편이 훨씬 낫다. 물론 이 경우 수출업자는 선도환계약 수수료만큼은 손해를 볼 것이다.

통화선물(currency futures)거래는 선도환계약의 문제점을 보완하여 진화된 형태의 환율거래방식이다. 선도환 계약의 문제점이란 오직 은행과 계약당사자만 존재하는 점, 타인에게 계약을 양수·양도하지 못하는 점, 거래금액과 시기가 정형화되지 못한 점, 그리고 환율변동에 따른 계약이행을 보장 못하는 점 등이다. 여기에 비해 통화선물거래는 일반인 모두가 거래에 참여하고, 거래 자체가 매매되며 거래금액과 시기가 정형화되었다. 그리고 가장 특이한 점은 일일정산거래(making to market)로서 환율변동에 따른 정산이 매일매일 이루어져서 계약불이행위험(default risk)이 없다.

통화선물거래를 이용한 환율위험 헤징은 기본적으로 선도환계약과 비슷하다. 물론 거래소시장에 고유한 마진(margin)거래나 일일정산이 있기는 하다. 그러나 여기서는 선물거래에 따르는 기술적인(technical) 사항을 언급하는 대신 환율위험 헤징의 성격만 얘기한다. 위에서 예를 든 수입업자와 수출업자의 경우를 다시 한번 보자. 환율상승을 염려하는 수입업자는 3개월 만기의 달러선물을 매입한다. 반대로 환율하락을 염려하는 수출업자는 3개월 만기의 달러선물을 매도한다.

선도환계약과 달리 선물가격은 매일매일 변화하므로 수입업자 또는 수출업자는 언제든지 만기 전에 통화선물상품을 반대 매매하여 자신의 포지션(position)을 청산(liquidation)할 수 있다. 아니면 만기까지 통화선물상품을 보유함으로써 달러를 양도·확보할 수 있다.[2)]

그 이외에도 거래전환노출이 발생하는 경우는 외환차입이나 외환금융자산을 매입했을 때이다. 이러한 경우에도 거래적환노출을 방어하는 가장 일반적인 방법은 선도환계약이나 통화선물거래를 이용하는 것이다.

---

2) 이는 실제로 현물을 인수·인도하는 것이다. 이를 현물인수도(physical delivery)라 한다.

(2) 영업환노출과 장기환율위험

영업환노출(operating exposure)은 환율변화에 따른 위험이 일시적 · 단기적이 아니라 고정적 · 장기적으로 모회사와 자회사의 마케팅, 인사관리, 생산관리 그리고 유통 · 로지스틱스에 미치는 불확실성을 말한다. 이러한 위험은 회피가 불가능하거나 환경요인의 의한 경우가 많다. 예를 들어, 한국의 많은 중소기업들은 2000년 초에 저렴한 인건비 때문에 중국으로 공장을 이전하였다. 그 당시 중국의 위안(Yuan)과 한국원화환율은 1위엔당 100원이었다. 그 당시 중국 공장의 근로자 1인당 급여가 월 3,000위안이었으므로 한국원화로는 월급여가 30만원 정도였다. 그러나 10년이 지난 지금 위엔화 환율은 1위엔당 200원이 되었다. 중국 공장 내 근로자급여가 하나도 오르지 않은 3,000위엔이라 하더라도 월 급여는 한국돈으로 60만원으로 뛰었다. 거기다가 중국내 임금 자체가 3배 정도 올라서 9,000위엔 정도가 되고 보니 한국 돈으로 180만원이나 되었다. 이러한 월급여는 오히려 한국 근로자의 임금보다 높은 수준이다. 이러한 위험이 바로 위안화 변동에 따른 영업환노출 장기환율위험이다.

우리나라와 수출시장에서 경쟁관계에 있는 일본엔화 변화가 한국자동차산업에 미치는 영향도 영업환노출의 예이다. 미국달러 대비 일본엔화가 저평가되면 일본자동차가격이 수출시장에서 한국 현대자동차(주)가격보다 더 싸지므로 한국의 자동차산업이 타격을 입는다. 이런 불리한 환율변화를 극복하기 위해 기업은 가격정책, 마케팅전략, 생산비용전략, 공장의 해외이전 등 전사적인 차원에서 해결책을 찾는다.

장기환율 위험 헤징은 단기환율위험 헤징에 비교가 안 될 정도로 어렵다. 우선 1년 이상 만기를 가진 선도환계약이나 선물거래가 없다. 장기환율위험 자체가 환경요인에 발생되었으므로 환경을 바꾸지 않으면 회피가 힘들다. 앞에서 예를 든 중국공장의 경우 고환율에 따른 인건비 부담을 줄이기 위해 공장을 베트남으로 옮기는 방안을 강구할 수 있으나 쉽지 않은 결정이다. 보다 근본적이고 장기적인 환율변동위험 헤징전략이 강구되기도 한다. 예를 들어, 가능하면 공장이 소재하는 국가에서 부채를 빌려 자산을 구입한다든지, A국에서 생산해서 B국으로 수출하거나, B국에서 생산하고 A국으로 수출하여, A · B 양 국가에서의 환율차익과 손해를 서로 상쇄(offset)하기도 한다. 글로벌 아웃소싱(global outsourcing), 해외 협력기업 외의 리스크 쉐어링(risk-sharing) 협약, 통화스왑(currency swap), 패러럴론(parallel loan) 협약 그리고 글로벌 다각화전략 등이 영업환노출을 방어하기 위한 전략들이다.

(3) 환산환노출

환산환노출(translation exposure)은 해외에 있는 자회사들의 재무제표를 국내 본사의 재무제표로 연결할 때 필연적으로 본국통화로 환산하는 과정에서 발생하는 금액의 증가 또는 감소위험을 말한다. 이러한 환산환노출은 뜻밖의 금융비용 또는 금융수익을 가져옴으로써 본사입장에서는 통제할 수 있는 이익의 변화를 맞아하게 된다. 환산과정에서 회계적 처리의 모호성이 관련 회계규칙의 미비 때문에 항상 논란의 여지가 있다.

예를 들어 한국기업은 주로 중국이나 미국에 현지 공장과 법인을 가지고 있다. 각 법인에서 작성한 위안 또는 달러화 표시 재무제표를 한국의 본사에서 원화로 환산하여 연결재무제표를 만들 때 여러 가지 혼란과 위험이 발생한다. 12월 말 결산법인의 경우 환산환율을 12월 말 기준으로 할 것인지 아니면 1년 평균으로 할 것인지 혼란스럽다. 환산위험은 위안화와 달러화의 가치가 완화가치보다 높아질 경우 흔히 발생한다. 왜냐하면 환산으로 인하여 기업가치가 줄어들기 때문이다. 다음의 예를 보자. 초코파이로 유명한 (주)동양오리온은 매출액의 20%가 중국, 러시아 등 외국에서 발생한다.

〈표 19-1〉 재무상태표

(주)동양오리온-중국법인

자 산	¥10,000	부 채	¥5,000
		자기자본	¥5,000

〈표 19-2〉 환산 재무상태표(환율 1 : 100)

(주)동양오리온-한국

자 산	1,000원	부 채	500원
		자기자본	500원

〈표 19-3〉 환산 재무상태표(환율 1 : 200)

(주)동양오리온-한국

자 산	500원	부 채	250원
		자기자본	250원

〈표 19-3〉에서 보면 위안화 환율이 1 : 100일 때보다 1:200일 때 자기자본이 250원이 줄었다. 즉 그만큼 기업가치가 감소한 것이다. 기업이 예상한 환율은 1 : 100이었으나 뜻밖으로 환율이 1 : 200으로 인상됨으로써 기업가치가 250원 감소한 것이다. 물론 반대로 위안화 가치가 평가절상될 경우 기업가치가 증가한다.

환산환노출을 방어하기 위한 방안으로서 재무상태표 헤징(balance sheet hedging)이 제시된다. 재무상태표 헤징은 해외자회사의 자산·부채 중 환산시 가장 민감한 영향을 받는 화폐성 자산과 화폐성 부채 금액을 거의 같게 하여 환산에 따르는 순자산 가치변화(=화폐성자산-화폐성부채)를 거의 "0"으로 하는 접근방법이다. 구체적으로 해외국의 화폐성 부채를 늘려 본국통화로 미리 바꾸어 본사에 배당형태로 송금하거나 의도적으로 본사에 대출한다.

제 3 절 국제자본예산과 자본조달

1) 해외직접투자와 국제자본예산

재무관리에 있어 투자결정은 투자수이률의 극대화와 위험의 극소화를 목표로 다루어진다. 해외직접투자결정의 문제 또한 위험과 수익의 상반관계(risk return trade-off)에서 다루어지는 것이 일반적이므로 해외투자안의 평가시 제6장에서 살펴본 자본예산기법을 그대로 적용할 수 있다.

그러나 국제투자에 있어서는 국내투자와는 달리 현금흐름과 자본비용의 예측시 고려해야 할 복잡한 문제들이 있다. 해외투자에 수반되는 미래의 환율변동에 따른 외환위험, 송금제한위험, 자산의 몰수위험 및 기타 정치적 위험 등 국내투자시에는 발생되지 않는 새로운 위험의 추가도 고려해야 한다. 또 국제기업의 본국과 현지국의 세율 차이, 금융시장접근을 위한 용이성 차이를 고려해야 한다.

해외직접투자(FDI: foreign direct investment)는 해외에 공장, 기계설비, 생산시설, 유통시설 등과 같은 유형고정자산투자에 대해 장기적으로 거액의 투자가 이루어지는 전략적 투자이다. 해외직접투자는 해외의 주식·채권 등 금융자산에 투자하는 해외포트폴리오투자(해외간접투자)와 비교된다. 해외직접투자는 장기적 소유와 기업지배를 목표로 하고, 해외포트폴리오는 소유보다는 단기이익획득에 목적이 있다. 이러한 해외직접투자를 위한 투자 타당성 검토과정을 국제자본예산(global capital budgeting)이라 한다. 국내자본예산 평가과정과 마찬가지로 여기에서도 NPV방법이 가장 합리적이고 많이 쓰이고 있다.

국제자본예산은 해외자회사 입장과 국내본사입장에서 각각 다르게 평가된다. 해외자회사 투자안은 해외에서 발생하는 통상적인 영업현금흐름과 해외자회사의 자본비용이 이용된다. 반면에 국내본사의 투자안에서 유입되는 영업현금흐름은 해외자회사가 본사에 송금하는 배당금, 이자지급액, 그리고 로열티 · 각종수수료이다. 물론, 국내본사에서 사용하는 자본비용은 통상적인 WACC에 위험요인을 더 추가한 위험조정 할인율이다.

2) 해외투자안의 평가

해외투자안의 평가시에도 순현재가치법(NPV)이 그대로 적용될 수 있다. 여기서는 현지화폐로 순현가(NPV)를 산출한 후 기대현물환율에 의하여 국내통화로 전환하는 방법을 소개한다.

(1) 순현가계산

국내기업 H사가 미국에 자동차부품생산을 위한 현지법인을 설립하는 투자안을 검토한다고 가정하자. 이 투자안의 투자액은 6,000만달러이고, 세후추정 증분현금흐름은 달러 기준으로 〈표 19-4〉와 같다. H사의 자본비용은 10%일 때, 이 투자안의 순현가를 계산하여 보자.

미화 1달러에 대한 현물환율은 1,200원이고 기대현물환율은 이자율평가이론에 의해 산출한다고 하자. 미국의 무위험이자율은 연 4%이고 우리나라의 무위험이자율은 연 6%이다.

해외직접투자의 순현가계산은 국내본사에서는 한국 원화로 평가하고 미국자회사에서는 미국 달러로 평가한다. 국내본사의 투자기간 중 유입현금흐름은 주로 배당금, 이자수입료, 로열티(royalty), 수수료 등이다. 미국자회사의 투자기간 중 유입 현금흐름은 자동차 판매에 따른 세후 영업이익과 비현금비용인 감가상각비 합계이다. 어떤 방법에서든지 NPV가 0보다 크면 그 투자안을 채택하고 0보다 작으면 기각한다. 위의 예에서 각각의 방법으로 NPV를 계산해 보자.

〈표 19-4〉 미국 자회사에서 본사로 송금한 세후 추정증분현금흐름 (단위: 만달러)

연 도	현금흐름
0	-6,000
1	2,000
2	3,000
3	4,000

〈표 19-5〉 본사에서 원화로 NPV 계산 (단위: 만원)

기간	달러 현금흐름	환율	원화 현금흐름	원화 현가(할인율 10%)
0	−6,000	1,200	−7,200,000	−7,200,000
1	2,000	1,224	2,448,000	2,225,455
2	3,000	1,248.48	3,745,400	3,095,405
3	4,000	1,273.45	5,093,800	3,827,047
				NPV 1,947,907

〈표 19-6〉 미국 자회사에서 달러화로 NPV 계산

기간	달러 현금흐름	달러 현가(할인율 6%)
0	−10,000	−10,000
1	3,000	2,830
2	5,000	4,713
3	6,000	5,038
		NPV 2,581

① 본사에서 한국 원화로 NPV를 계산

달러현금흐름의 내용은 자회사에서 본사로 송금한 배당금, 이자지급액, 로열티 및 각종 수수료의 합이다. 모든 현금흐름이 달러로 계산되었으므로 모든 금액을 원화로 바꾸어야 한다. 그러기 위해서 각 연도별로 선도환율, 즉 미래기대 현물환율을 계산한다.3)

현재 환율 1,200원, 미국 이자율 4%, 한국 이자율 6%이므로 1년 후 선도환율은 1,224원이다. 같은 논리로 2년 후 선도환율은 1,248.48원이고 3년 후는 1,273.45원이다.

3) 앞에서 설명한 언바이어스드 선도환율이론에서 선도환율은 평균적으로 미래현물환율이다. 선도환율은 이자율평가설에 의해 계산된다.

계산근거

1년 後 선도환율 $= 1,200 \times (1.06/1.04) = 1,200 \times 1.02 = 1,224$원

2년 後 선도환율 $= 1,200 \times 1.02^2 = 1,248.48$원

3년 後 선도환율 $= 1,200 \times 1.02^3 = 1,273.45$원

여기서 할인율 10%는 H사의 자본비용(WACC)에 위험을 조정한 위험조정할인율이다. 원화로 계산한 NPV는 1,947,907원이다. 따라서 H사의 투자안은 채택된다.

② 해외자회사에서 달러화로 NPV계산

해외자회사에서 유입된 영업현금흐름을 해외에서 생산·판매된 자동차에서 발생된 세후영업이익과 감가상각비의 합이다. 할인율은 미국의 자동차산업계에서 일반적으로 적용되는 자동차산업의 자본비용이다. 이렇게 하여 계산된 자회사 NPV가 만약 0보다 작다면 이 투자안은 기각되어야 한다. 비록 본사차원에서 계산된 NPV가 양이라 하더라도 현지에서의 생존과 수익률이 더 중요하므로 현지자회사에서의 NPV 계산결과가 더 존중되어야 한다. 물론 현지자회사에서 계산된 NPV가 0보다 크다면 투자안을 채택해야 한다.

해외투자는 정치적 위험을 수반한다. 특히 후진국의 경우에 정권교체 후 이전에 이루어진 약속을 준수하지 않거나 세금을 차별 부과하거나 심지어는 투자기업을 국유화시키는 위험이 존재한다. 이러한 정치적 위험은 현금할인시 할인율보다 증분현금흐름을 조정함으로써 고려되어야 한다. 예를 들어 2년 후에 새로운 정부가 들어서서 투자가 수용(expropriation)될 확률이 50%라고 한다면 조정 전 현금흐름은 조정되어야 한다.

이 경우 적용될 확률은 지극히 주관적 확률이다. 그러나 이러한 확률이 주관적이라고 해서 정치적 위험을 무시해도 좋다는 것을 의미하는 것은 아니다. 이 밖에 송금제한규제, 송금방법에 따라 부과되는 세금의 영향 등을 고려하여야 한다.

(2) 해외투자안의 자본비용추정

자본자산 가격결정모형(CAPM)에 의하면 투자위험은 잘 분산된 포트폴리오의 위험에 관련되어 측정되고, 투자자는 분산불능위험인 체계적 위험에 대한 보상을 받게 된다. 만일 통합된 국제자본시장이 존재하고 각국의 모든 투자자들이 잘 분산된 국제포트폴리오(international portfolio)를 보유하고 있다면 특정증권이나 투

자안의 위험은 국제시장포트폴리오(world market portfolio)에 관련되어 측정될 수 있다.

이러한 경우 주주들은 동일한 투자가 국내에서 이루어지는 경우와 같은 위험을 부담하게 된다. 왜냐하면 주주들은 국제적 분산투자를 통해 위험을 감소시키므로 기업의 해외투자안이 동일한 국내투자안에 비해 추가적인 위험감소를 가져다주지 못하기 때문이다. 그러므로 이 경우 국내투자안과 동일한 내용을 가진 해외투자안의 자본비용은 국내투자안의 자본비용과 동일하게 된다.

그러나 만일 국제자본시장이 국내자본시장으로 완전히 세분화되어 있다면 주주들은 국제적 분산투자를 행할 수 없으므로 국제분산투자를 통해 위험을 줄일 수 없다. 반면 기업은 해외투자를 통해 주주들에게 국제분산투자를 통한 위험감소효과를 가져다주게 된다. 그러므로 이 경우 해외투자안의 자본비용은 동일한 내용의 국내투자안의 자본비용보다 낮아야 한다.

현실의 국제자본시장은 세분화된 시장이라고 할 수 있으므로 국내자본투자보다 낮은 자본비용이 해외투자안 평가에 적용되어야 할 것이다. 그러나 특정 해외투자안의 평가에 적용될 수 있는 정확한 자본비용의 산출은 거의 불가능하다.

일반적으로 해외투자안의 평가에 적용될 수 있는 자본비용은 다음과 같은 과정을 통해 추정된다.

첫째, 고려중인 해외투자안과 동일한 국가의 동일산업에 속하는 비교가능한 대용(proxy)기업을 발견한다.

둘째, 국내투자안의 경우와 마찬가지로 대용기업의 역사적 자료를 이용하여 베타(beta)를 계산한다.

만일 비교가능한 대용기업이 존재하지 않는다면 동일한 형태의 국내투자안에 적용되는 베타(beta)를 사용할 수 있다. 해외투자안의 요구수익률과 위험은 국제분산투자효과로 인하여 동일한 내용의 국내투자안에 비해 일반적으로 더 낮은 경향이 있다. 그러나 반드시 그런 것만은 아니다. 글로벌 경영환경이 워낙 급변하므로 그러한 불확실성 때문에 해외 투자안에 요구되는 자본비율은 국내에서보다 훨씬 높아질 수 있다.

Financial Management

문제풀이

≪객관식 문제≫

1. 다음 중 환율위험과 환노출에 관하여 틀린 내용은?

① 선도(forward)환율은 단기환노출위험을 줄여준다.
② 수출업자와 수입업자가 부담하는 위험은 환율거래노출(transaction exposue)이다.
③ 환율경제노출(economic exposure) 단기환율위험의 대표적 예이다.
④ 장기환율위험방어의 하나는 투자대상국의 통화를 차입하는 것이다.

2. 환율결정이론에서 틀린 내용은?

① 구매력평가설에 의하면 자국의 물가수준이 외국의 물가수준보다 높이 상승한다면 자국통화의 가치는 하락한다.
② 이자율평가설에 의하면 자국의 이자율수준이 외국의 이자율수준보다 높이 상승한다면 자국통화의 가치는 하락한다.
③ 구매력평가설은 장기보다는 단기적으로 유효하다.
④ 선도환율(forward exchange rate)은 미래현물환율의 기대치이다.

3. 환노출에 관하여 틀린 내용은?

① 환산 환노출은 회계적 환노출이라고도 한다.
② 경제적 환노출은 미래 현금흐름에 영향을 미친다.
③ 거래적 환노출은 주로 외화매출채권과 외화차입금과 관련된 환위험이다.
④ 기업가치와 직접적인 관련을 가지는 환노출은 거래적 환노출이다.

4. 현재 외환시장에서 환율은 US$1 = 1,200원이다. 예상 인플레이션율은 한국이 5%, 미국은 3%이다. 구매력평가설에 의하면, 내년도 예상 환율은 얼마인가?

① 1,223원 ② 1,236원 ③ 1,260원 ④ 1,680원

5. 캐나다 1달러당 미국달러화 현물환율은 1.58달러이다. 미국의 명목 무위험금리가 4%이고, 캐나다가 4%라고 하자. 이자율평가설에 의하면 1년 선도환율(one-year forward rate)은 얼마인가?

① 1.45 ② 1.55 ③ 1.61 ④ 1.71

6. 원화의 미 달러 현물환율은 1달러당 1,200원이다. 1년 만기 선도환율은 1달러당 1,170

원이라고 하자. 한국의 무위험금리가 5%이고, 이자율평가설이 유효하다면 미국의 1년 만기 무위험금리는 몇 %인가?

① 5.22 ② 6.33 ③ 7.65 ④ 8.12

7. 캐나다 1달러당 미국달러화 현물환율은 1.15달러이고 1년 선도환율은 1.12이다. 무위험 명목금리가 캐나다 2%, 미국 4%이면, 미국에 미화 1달러를 투자할 경우 covered 차익거래이익은 얼마인가?

① 0.0012 ② 0.0025 ③ 0.0073 ④ 0.0082

8. 이자율평가설이 성립한다면 가장 타당한 논리는?

① 국가간 환율의 변동을 없앤다.
② 명목금리가 미래금리가 같아지게 한다.
③ 이자율차익거래가 없어진다.
④ 명목환율이 계속 유지되도록 한다.

9. 장기환율위험을 올바르게 정의한 것은?

① 현물환율과 선물환율의 변동성
② 경제환경의 예상치 못한 변화
③ 환율변동에 따른 회계적 환산위험
④ 외화대금결제에 따른 환율위험

10. [2001년 CPA 1차 유사문제] 미국 달러와 원화 환율에 대한 90일 만기 선도환율이 현재 국내외환시장과 뉴욕외환시장에서 각각 1,250원/$과 0.00077$/원에 형성되었다고 하자. 두 시장에서 동시에 거래할 수 있는 국내은행의 외환딜러라면 어떤 차익거래(arbitrage transaction)를 해야 하는가?

① 한국시장에서 달러매도, 뉴욕시장에서 원화매도 선물환 체결
② 한국시장에서 달러매입, 뉴욕시장에서 원화매도 선물환 체결
③ 한국시장에서 달러매입, 뉴욕시장에서 원화매입 선물환 체결
④ 차익거래의 기회가 없다.

≪주관식 문제≫

★1. 미국의 인플레이션율은 앞으로 몇 년 동안 매년 3%로 예상된다. 그리고 이 기간 동안 우리나라의 인플레이션은 5%로 예상된다. 현행 환율은 $1당 1,000이다. 구매력평가이론을 사용하면 2년 후에는 예상되는 기대 환율은 얼마인가?

2. $1당 현물환율은 1,000원이고, 1년 만기 선물환율은 1,030원이다. 미국의 무위험이자율은 3%이고, 우리나라의 무위험이자율은 7%이다. 이러한 상황 하에서 차익

거래(arbitrage)기회는 존재하는가? $10,000를 보유한 투자자를 가정하여 차익거래과정을 보이고 아비트리지 이익을 계신하라.

★3. 미국에 본사를 둔 다국적기업에서 독일에 새로운 공장을 건설하려고 한다. 이 투자안에 소요되는 투자액은 U$35,000,000이고 투자안으로부터의 현금흐름은 다음과 같다. 현물환율은 1₡=U$0.6이다.

(단위: ₡백만)

연 도	1	2	3	4	5
현금흐름	15	17	20	20	17

(1) 향후 5년간 미국의 무위험이자율이 연 8%, 독일의 무위험이자율이 6% 이다. 이자율평가설에 의하면 1년 후 1₡에 대한 기대현물환율은 얼마인가?
(2) 미국의 기대인플레이션인 연 5%인 경우 구매력평가설에 의하면 독일의 기대인플레이션은 얼마인가?
(3) 유로(₡)로 표시된 현금흐름을 달러화(U$)로 나타내시오.
(4) 세후부채비용이 7.62%이고 기대시장수익률이 16.6%이며 미국본사의 베타(β)는1.1이다. 그리고 목표로 하는 부채/자기자본 비율은 1/3이다. 미국본사의 자본비용(WACC)은 얼마인가?
(5) 이 투자안을 순현재가치법에 의해 평가하시오.

4. 미국 월가의 펀드매니저가 현재 400,000달러의 펀드를 한국에 1년간 투자할 것을 검토하고 있다. 현재 금리수준은 미국 4%, 한국 6%이다. 현재 현물환율은 달러당 1,100원이고 1년 만기 선도환율은 1,150원이다. 거래비용을 무시할 때, 이 펀드매니저의 한국 투자는 바람직한가?

5. [2000 CPA 2차 유사문제] 갑기업의 현재 엔화로 표시된 1년 만기 일본국채 3,000만엔과 달러표시 1년 만기 미국국채 1만 달러를 매입하였다. 현재 현물환율은 1엔당 10원 1달러당 1200원이다. 현재 미국의 1년 이자율은 5%이고, 일본의 1년 이자율은 3%이다. 갑기업의 사장은 투자원금에 대해 환율변동으로 인한 손실을 헤지하기 위해 고심하고 있다. 사장은 선물거래만을 위주로 헤지전략을 구사해 왔으나, 통화선물이 없는 관계로 통화옵션을 이용하고자 한다. 그러나 사장은 현재 옵션시장에서 옵션프리미엄에 대한 지출을 매우 꺼려하고 있으며, 이를 피하고자 한다. 또한 현재 내가격(at-the money)상태인 통화옵션의 가격은 콜옵션이 80만원 풋옵션이 60만원이다.
(1) 엔화에 대한 1년 후 현물환율이 1엔당 12원일 때 투자수익률 10%를 획득하기 위한 원/달러 환율을 구하라.
(2) 현재 사장은 엔화가치의 하락을 염려하고 있다. 이러한 환위험에 대비하여 Zero Cost Option전략(현재 옵션가격부담이 전혀 없는 헤지전략)을 취하려고 한다. 이러한 헤지 전략을 구성하고 이 전략의 문제점을 서술하라.

부 록

- 표 1 미래가계수(FVIF)
- 표 2 현가계수(PVIF)
- 표 3 연금의 미래가계수(FVIFA)
- 표 4 연금의 현가계수(PVIFA)
- 표 5 표준정규분포표

표 1 미래가계수(FVIF)

1원의 t기간 말의 미래가치

기간수	1%	2%	3%	4%	5%	6%	7%	8%	9%	10%
1	1.0100	1.0200	1.0300	1.0400	1.0500	1.0600	1.0700	1.0800	1.0900	1.1000
2	1.0201	1.0404	1.0609	1.0816	1.1025	1.1236	1.1449	1.1664	1.1881	1.2100
3	1.0303	1.0612	1.0927	1.1249	1.1576	1.1910	1.2250	1.2597	1.2950	1.3310
4	1.0406	1.0824	1.1255	1.1699	1.2155	1.2625	1.3108	1.3605	1.4116	1.4641
5	1.0510	1.1041	1.1593	1.2167	1.2763	1.3382	1.4026	1.4693	1.5386	1.6105
6	1.0615	1.1262	1.1941	1.2653	1.3401	1.4185	1.5007	1.5869	1.6771	1.7716
7	1.0721	1.1487	1.2299	1.3159	1.4071	1.5036	1.6058	1.7138	1.8280	1.9487
8	1.0829	1.1717	1.2668	1.3686	1.4775	1.5938	1.7182	1.8509	1.9926	2.1436
9	1.0937	1.1951	1.3048	1.4233	1.5513	1.6895	1.8385	1.9990	2.1719	2.3579
10	1.1046	1.2190	1.3439	1.4802	1.6289	1.7908	1.9672	2.1589	2.3674	2.5937
11	1.1157	1.2434	1.3842	1.5395	1.7103	1.8983	2.1049	2.3316	2.5804	2.8531
12	1.1268	1.2682	1.4258	1.6010	1.7959	2.0122	2.2522	2.5182	2.8127	3.1384
13	1.1381	1.2936	1.4685	1.6651	1.8856	2.1329	2.4098	2.7196	3.0658	3.4523
14	1.1495	1.3195	1.5126	1.7317	1.9799	2.2609	2.5785	2.9372	3.3417	3.7975
15	1.1610	1.3459	1.5580	1.8009	2.0789	2.3966	2.7590	3.1722	3.6425	4.1772
16	1.1726	1.3728	1.6047	1.8730	2.1829	2.5404	2.9522	3.4259	3.9703	4.5950
17	1.1843	1.4002	1.6528	1.9479	2.2920	2.6928	3.1588	3.7000	4.3276	5.0545
18	1.1961	1.4282	1.7024	2.0258	2.4066	2.8543	3.3799	3.9960	4.7171	5.5599
19	1.2081	1.4568	1.7535	2.1068	2.5270	3.0256	3.6165	4.3157	5.1417	6.1159
20	1.2202	1.4859	1.8061	2.1911	2.6533	3.2071	3.8697	4.6610	5.6044	6.7275
21	1.2324	1.5157	1.8603	2.2788	2.7860	3.3996	4.1406	5.0338	6.1088	7.4002
22	1.2447	1.5460	1.9161	2.3699	2.9253	3.6035	4.4304	5.4365	6.6586	8.1403
23	1.2572	1.5769	1.9736	2.4647	3.0715	3.8197	4.7405	5.8715	7.2579	8.9543
24	1.2697	1.6084	2.0328	2.5633	3.2251	4.0489	5.0724	6.3412	7.9111	9.8497
25	1.2824	1.6406	2.0938	2.6658	3.3864	4.2919	5.4274	6.8485	8.6231	10.835
26	1.2953	1.6734	2.1566	2.7725	3.5557	4.5494	5.8074	7.3964	9.3992	11.918
27	1.3082	1.7069	2.2213	2.8834	3.7335	4.8223	6.2139	7.9881	10.245	13.110
28	1.3213	1.7410	2.2879	2.9987	3.9201	5.1117	6.6488	8.6271	11.167	14.421
29	1.3345	1.7758	2.3566	3.1187	4.1161	5.4184	7.1143	9.3173	12.172	15.863
30	1.3478	1.8114	2.4273	3.2434	4.3219	5.7435	7.6123	10.063	13.267	17.449
40	1.4889	2.2080	3.2620	4.8010	7.0400	10.285	14.974	21.724	31.409	45.259
50	1.6446	2.6916	4.3839	7.1067	11.467	18.420	29.457	46.901	74.357	117.39
60	1.8167	3.2810	5.8916	10.519	18.679	32.987	57.946	101.25	176.03	304.48

$FVIF_{k,n} = (1+k)^n$

기간수	12%	14%	15%	16%	18%	20%	24%	28%	32%	36%
1	1.1200	1.1400	1.1500	1.1600	1.1800	1.2000	1.2400	1.2800	1.3200	1.3600
2	1.2544	1.2996	1.3225	1.3456	1.3924	1.4400	1.5376	1.6384	1.7424	1.8496
3	1.4094	1.4815	1.5209	1.5609	1.6430	1.7280	1.9066	2.0972	2.3000	2.5155
4	1.5735	1.6890	1.7490	1.8106	1.9388	2.0736	2.3642	2.6844	3.0360	3.4210
5	1.7623	1.9254	2.0114	2.1003	2.2878	2.4883	2.9316	3.4360	4.0075	4.6526
6	1.9738	2.1950	2.3131	2.4364	2.6996	2.9860	3.6352	4.3980	5.2899	6.3275
7	2.2107	2.5023	2.6600	2.8262	3.1855	3.5832	4.5077	5.6295	6.9826	8.6054
8	2.4760	2.8526	3.0590	3.2784	3.7589	4.2998	5.5895	7.2058	9.2170	11.703
9	2.7731	3.2519	3.5179	3.8030	4.4355	5.1598	6.9310	9.2234	12.166	15.916
10	3.1058	3.7072	4.0456	4.4114	5.2338	6.1917	8.5944	11.805	16.059	21.646
11	3.4785	4.2262	4.6524	5.1173	6.1759	7.4301	10.657	15.111	21.198	29.439
12	3.8960	4.8179	5.3502	5.9360	7.2876	8.9161	13.214	19.342	27.982	40.037
13	4.3635	5.4924	6.1528	6.8858	8.5994	10.699	16.386	24.758	36.937	54.451
14	4.8871	6.2613	7.0757	7.9875	10.147	12.839	20.319	31.691	48.756	74.053
15	5.4736	7.1379	8.1371	9.2655	11.973	15.407	25.195	40.564	64.358	100.71
16	6.1304	8.1372	9.3576	10.748	14.129	18.488	31.242	51.923	84.953	136.96
17	6.8660	9.2765	10.761	12.467	16.672	22.186	38.740	66.461	112.13	186.27
18	7.6900	10.575	12.375	14.462	19.673	22.623	48.038	85.070	148.02	253.33
19	8.6128	12.055	14.231	16.776	23.214	31.948	59.567	108.89	195.39	344.53
20	9.6463	13.743	16.366	19.460	27.393	38.337	73.864	139.37	257.91	468.57
21	10.803	15.667	18.821	22.574	32.323	46.005	91.591	178.40	340.44	637.26
22	12.100	17.861	21.644	26.186	38.142	55.206	113.57	228.35	449.39	866.67
23	13.552	20.361	24.891	30.376	45.007	66.247	140.83	292.30	593.19	1178.6
24	15.178	23.212	28.625	35.236	53.108	79.496	174.63	374.14	793.02	1602.9
25	17.000	26.461	32.918	40.874	62.668	95.396	216.54	478.90	1033.5	2180.0
26	19.040	30.166	37.856	47.414	73.948	114.47	268.51	612.99	1364.3	2964.9
27	21.324	34.389	34.535	55.000	87.259	137.37	332.95	784.63	1800.9	4032.2
28	23.883	39.204	50.065	63.800	102.96	164.84	412.86	1004.3	2377.2	5483.8
29	26.749	44.693	57.575	74.008	121.50	197.81	511.95	1285.5	3137.9	7458.0
30	29.959	50.950	66.211	85.849	143.37	237.37	634.81	1645.5	4142.0	10143.
40	93.050	188.88	267.86	378.72	750.37	1469.7	5455.9	19426.	66520.	
50	289.00	700.23	1083.6	1670.7	3927.3	9100.4	46890.			
60	897.59	2595.9	4383.9	7370.1	20555.	56347.				

표 2 **현가계수(PVIF)**

t기간 후에 받게 되는 1원의 현재시점의 가치

기간수	1%	2%	3%	4%	5%	6%	7%	8%	9%	10%
1	.9901	.9804	.9709	.9615	.9524	.9434	.9346	.9259	.9174	.9091
2	.9803	.9612	.9426	.9246	.9070	.8900	.8734	.8573	.8417	.8264
3	.9706	.9423	.9151	.8890	.8638	.8396	.8163	.7938	.7722	.7513
4	.9610	.9238	.8885	.8548	.8227	.7921	.7629	.7350	.7084	.6830
5	.9515	.9057	.8626	.8219	.7835	.7473	.7130	.6806	.6499	.6209
6	.9420	.8880	.8375	.7903	.7462	.7050	.6663	.6302	.5963	.5645
7	.9327	.8706	.8131	.7599	.7107	.6651	.6227	.5835	.5470	.5132
8	.9235	.8535	.7894	.7307	.6768	.6274	.5820	.5403	.5019	.4665
9	.9143	.8368	.7664	.7026	.6446	.5919	.5439	.5002	.4604	.4241
10	.9053	.8203	.7441	.6756	.6139	.5584	.5083	.4632	.4224	.3855
11	.8963	.8043	.7224	.6496	.5847	.5268	.4751	.4289	.3875	.3505
12	.8874	.7885	.7014	.6246	.5568	.4970	.4440	.3971	.3555	.3186
13	.8787	.7730	.6810	.6006	.5303	.4688	.4150	.3677	.3262	.2897
14	.8700	.7579	.6611	.5775	.5051	.4423	.3878	.3405	.2992	.2633
15	.8613	.7430	.6419	.5553	.4810	.4173	.3624	.3152	.2745	.2394
16	.8528	.7284	.6232	.5339	.4581	.3936	.3387	.2919	.2519	.2176
17	.8444	.7142	.6052	.5134	.4363	.3714	.3166	.2703	.2311	.1978
18	.8360	.7002	.5874	.4936	.4155	.3503	.2959	.2502	.2120	.1799
19	.8277	.6864	.5703	.4746	.3957	.3305	.2765	.2317	.1945	.1635
20	.8195	.6730	.5537	.4564	.3769	.3118	.2584	.2145	.1784	.1486
25	.7798	.6095	.4776	.3751	.2953	.2330	.1842	.1460	.1160	.0923
30	.7419	.5521	.4120	.3083	.2314	.1741	.1314	.0994	.0754	.0573
40	.6717	.4529	.3066	.2083	.1420	.0972	.0668	.0460	.0318	.0221
50	.6080	.3715	.2281	.1407	.0872	.0543	.0339	.0213	.0134	.0085
60	.5504	.3048	.1697	.0951	.0535	.0303	.0173	.0099	.0057	.0033

$PVIF = 1/(1+k)^t$

기간수	12%	14%	15%	16%	18%	20%	24%	28%	32%	36%
1	.8929	.8772	.8696	.8621	.8475	.8333	.8065	.7813	.7576	.7353
2	.7972	.7695	.7561	.7432	.7182	.6944	.6504	.6104	.5739	.5407
3	.7118	.6750	.6575	.6407	.6086	.5787	.5245	.4768	.4348	.3975
4	.6355	.5921	.5718	.5523	.5158	.4823	.4230	.3725	.3294	.2923
5	.5674	.5194	.4972	.4761	.4371	.4019	.3411	.2910	.2495	.2149
6	.5066	.4556	.4323	.4104	.3704	.3349	.2751	.2274	.1890	.1580
7	.4523	.3996	.3759	.3538	.3139	.2791	.2218	.1776	.1432	.1162
8	.4039	.3506	.3269	.3050	.2660	.2326	.1789	.1388	.1085	.0854
9	.3606	.3075	.2843	.2630	.2255	.1938	.1443	.1084	.0822	.0628
10	.3220	.2697	.2472	.2267	.1911	.1615	.1164	.0847	.0623	.0462
11	.2875	.2366	.2149	.1954	.1619	.1346	.0938	.0662	.0472	.0340
12	.2567	.2076	.1869	.1685	.1372	.1122	.0757	.0517	.0357	.0250
13	.2292	.1821	.1625	.1452	.1163	.0935	.0610	.0404	.0271	.0184
14	.2046	.1597	.1413	.1252	.0985	.0779	.0492	.0316	.0205	.0135
15	.1827	.1401	.1229	.1079	.0835	.0649	.0397	.0247	.0155	.0099
16	.1631	.1229	.1069	.0930	.0708	.0541	.0320	.0193	.0118	.0073
17	.1456	.1078	.0929	.0802	.0600	.0451	.0258	.0150	.0089	.0054
18	.1300	.0946	.0808	.0691	.0508	.0376	.0208	.0118	.0068	.0039
19	.1161	.0829	.0703	.0596	.0431	.0313	.0168	.0092	.0051	.0029
20	.1037	.0728	.0611	.0514	.0365	.0261	.0135	.0072	.0039	.0021
25	.0588	.0378	.0304	.0245	.0160	.0105	.0046	.0021	.0010	.0005
30	.0334	.0196	.0151	.0116	.0070	.0042	.0016	.0006	.0002	.0001
40	.0107	.0053	.0037	.0026	.0013	.0007	.0002	.0001		
50	.0035	.0014	.0009	.0006	.0003	.0001				
60	.0011	.0004	.0002	.0001						

표 3 연금의 미래가계수(FVIFA)

일정기간동안 매기간 말에 1원을 지급하는 연금의 t기간 후의 미래가치

기간수	1%	2%	3%	4%	5%	6%	7%	8%	9%	10%
1	1.0000	1.0000	1.0000	1.0000	1.0000	1.0000	1.0000	1.0000	1.0000	1.0000
2	2.0100	2.0200	2.0300	2.0400	2.0500	2.0600	2.0700	2.0800	2.0900	2.1000
3	3.0301	3.0604	3.0909	3.1216	3.1525	3.1836	3.2149	3.2464	3.2781	3.3100
4	4.0604	4.1216	4.1836	4.2465	4.3101	4.3746	4.4399	4.5061	4.5731	4.6410
5	5.1010	5.2040	5.3091	5.4163	5.5256	5.6371	5.7507	5.8666	5.9847	6.1051
6	6.1520	6.3081	6.4684	6.6330	6.8019	6.9753	7.1533	7.3359	7.5233	7.7156
7	7.2135	7.4343	7.6625	7.8983	8.1420	8.3938	8.6540	8.9228	9.2004	9.4872
8	8.2857	8.5830	8.8923	9.2142	9.5491	9.8975	10.259	10.636	11.028	11.435
9	9.3685	9.7546	10.159	10.582	11.026	11.491	11.978	12.487	13.021	13.579
10	10.462	10.949	11.463	12.006	12.577	13.180	13.816	14.486	15.192	15.937
11	11.566	12.168	12.807	13.486	14.206	14.971	15.783	16.645	17.560	18.531
12	12.682	13.412	14.192	15.025	15.917	16.869	17.888	18.977	20.140	21.384
13	13.809	14.680	15.617	16.626	17.713	18.882	20.140	21.495	22.953	24.522
14	14.947	15.973	17.086	18.291	19.598	21.015	22.550	24.214	26.019	27.975
15	16.096	17.293	18.598	20.023	21.578	23.276	25.129	27.152	29.360	31.772
16	17.257	18.639	20.156	21.824	25.657	25.672	27.888	30.324	33.003	35.949
17	18.430	20.012	21.761	23.697	25.840	28.212	30.840	33.750	36.973	40.544
18	19.614	21.412	23.414	25.645	28.132	30.905	33.999	37.450	41.301	45.599
19	20.810	22.840	25.116	27.671	30.539	33.760	37.379	41.446	46.018	51.159
20	22.019	24.297	26.870	29.778	33.066	36.785	40.995	45.762	51.160	57.275
21	23.239	25.783	28.676	31.969	35.719	39.992	44.865	50.422	56.764	64.002
22	24.471	27.299	30.536	34.248	38.505	43.392	49.005	55.456	62.873	71.402
23	25.716	28.845	32.452	36.617	41.430	46.995	53.436	60.893	69.531	79.543
24	26.973	30.421	34.426	39.082	44.502	50.815	58.176	66.764	76.789	88.497
25	28.243	32.030	36.459	41.645	47.727	54.864	63.249	73.105	84.700	98.347
26	29.525	33.670	38.553	44.311	51.113	59.156	68.676	79.954	93.323	109.18
27	30.820	35.344	40.709	47.084	54.669	63.705	74.483	87.350	102.72	121.09
28	32.129	37.051	42.930	49.967	58.402	68.528	80.697	95.338	112.96	134.20
29	33.450	38.792	45.218	52.966	62.322	73.639	87.346	103.96	124.13	148.63
30	34.784	40.568	47.575	56.084	66.438	79.058	94.460	113.28	136.30	164.49
40	48.886	60.402	75.401	95.025	120.79	154.76	199.63	259.05	337.88	442.59
50	64.463	84.579	112.79	152.66	209.34	290.33	406.52	573.76	815.08	1163.9
60	81.669	114.05	163.05	237.99	353.58	533.12	813.52	1253.2	1944.7	3034.8

$$FVIFA_{k,\,n} = \sum_{t=1}^{n}(1+k)^{t-1} = \frac{(1+k)^n - 1}{k}$$

기간수	12%	14%	15%	16%	18%	20%	24%	28%	32%	36%
1	1.0000	1.0000	1.0000	1.0000	1.0000	1.0000	1.0000	1.0000	1.0000	1.0000
2	2.1200	2.1400	2.1500	2.1600	2.1800	2.2000	2.2400	2.2800	2.3200	2.3600
3	3.3744	3.4396	3.4725	3.5056	3.5724	3.6400	3.7776	3.9184	4.0624	4.2096
4	4.7793	4.9211	4.9934	5.0665	5.2154	5.3680	5.6842	6.0156	6.3624	6.7251
5	6.3528	6.6101	6.7424	6.8771	7.1542	7.4416	8.0484	8.6999	9.3983	10.146
6	8.1152	8.5355	8.7537	8.9775	9.4420	9.9299	10.980	12.135	13.405	14.798
7	10.089	10.730	11.066	11.413	12.141	12.915	14.615	16.533	18.695	21.126
8	12.299	13.232	13.726	14.240	15.327	16.499	19.122	22.163	25.678	29.731
9	14.775	16.085	16.785	17.518	19.085	20.798	24.712	29.369	34.895	41.435
10	17.548	19.337	20.303	21.321	23.521	25.958	31.643	38.592	47.061	57.351
11	20.654	23.044	24.349	25.732	28.755	32.150	40.237	50.398	63.121	78.998
12	24.133	27.270	29.001	30.850	34.931	39.580	50.894	65.510	84.320	108.43
13	28.029	32.088	34.351	36.786	42.218	48.496	64.109	84.852	112.30	148.47
14	32.392	37.581	40.504	43.672	50.818	59.195	80.496	109.61	149.23	202.92
15	37.279	43.842	47.580	51.659	60.965	72.035	100.81	141.30	197.99	276.97
16	42.753	50.980	55.717	60.925	72.939	87.442	126.01	181.86	262.35	377.69
17	48.883	59.117	65.075	71.673	87.068	105.93	157.25	233.79	347.30	514.66
18	55.749	68.394	75.836	84.140	103.74	128.11	195.99	300.25	459.44	700.93
19	63.439	78.969	88.211	98.603	123.41	154.74	244.03	385.32	607.47	954.27
20	72.052	91.024	102.44	115.37	146.62	186.68	303.60	494.21	802.86	1298.8
21	81.698	104.76	118.81	134.84	174.02	225.02	377.46	633.59	1060.7	1767.3
22	92.502	120.43	137.63	157.41	206.34	271.03	469.05	811.99	1401.2	2404.6
23	104.60	138.29	159.27	183.60	244.48	326.23	582.62	1040.3	1850.6	3271.3
24	118.15	158.65	184.16	213.97	289.49	392.48	723.46	1332.6	2443.8	4449.9
25	133.33	181.87	212.79	249.21	342.60	471.98	898.09	1706.8	3226.8	6052.9
26	150.33	208.33	245.71	290.08	405.27	567.37	1114.6	2185.7	4260.4	8233.0
27	169.37	238.49	283.56	337.50	479.22	681.85	1383.1	2798.7	5624.7	11197.9
28	190.69	272.88	327.10	392.50	566.48	819.22	1716.0	3583.3	7425.6	15230.2
29	214.58	312.09	377.16	456.30	669.44	984.06	2128.9	4687.6	9802.9	20714.1
30	241.33	356.78	434.74	530.31	790.94	1181.8	2640.9	5873.2	12940.	28172.2
40	767.09	1342.0	1779.0	2360.7	4163.2	7343.8	22728	69377.		
50	2400.0	4994.5	7217.7	10435.	21813.	45497.				
60	7471.6	18535.	29219.	46057.						

표 4 연금의 현가계수(PVIFA)

일정기간동안 매기간 말에 1원을 지급하는 연금의 현재가치

기간수	1%	2%	3%	4%	5%	6%	7%	8%	9%	10%
1	0.9901	0.9804	0.9709	0.9615	0.9524	0.9434	0.9346	0.9259	0.9174	0.9091
2	1.9704	1.9416	1.9135	1.8861	1.8594	1.8334	1.8080	1.7833	1.7591	1.7355
3	2.9410	2.8839	2.8286	2.7751	2.7232	2.6730	2.6243	2.5771	2.5313	2.4869
4	3.9020	3.8077	3.7171	3.6299	3.5460	3.4651	3.3872	3.3121	3.2397	3.1699
5	4.8534	4.7135	4.5797	4.4518	4.3295	4.2124	4.1002	3.9927	3.8897	3.7908
6	5.7955	5.6014	5.4172	5.2421	5.0757	4.9173	4.7665	4.6229	4.4859	4.3553
7	6.7282	6.4720	6.2303	6.0021	5.7864	5.5824	5.3893	5.2064	5.0330	4.8684
8	7.6517	7.3255	7.0197	6.7327	6.4632	6.2098	5.9713	5.7466	5.5348	5.3349
9	8.5660	8.1622	7.7861	7.4353	7.1078	6.8017	6.5152	6.2469	5.9952	5.7590
10	9.4713	8.9826	8.5302	8.1109	7.7217	7.3601	7.0236	6.7101	6.4177	6.1446
11	10.3676	9.7868	9.2526	8.7605	8.3064	7.8869	7.4987	7.1390	6.8052	6.4951
12	11.2551	10.5753	9.9540	9.3851	8.8633	8.3838	7.9427	7.5361	7.1607	6.8137
13	12.1337	11.3484	10.6350	9.9856	9.3936	8.8527	8.3577	7.9038	7.4869	7.1034
14	13.0037	12.1062	11.2961	10.5631	9.8986	9.2950	8.7455	8.2442	7.7862	7.3667
15	13.8651	12.8493	11.9379	11.1184	10.3797	9.7122	9.1079	8.5595	8.0607	7.6061
16	14.7179	13.5777	12.5610	11.6523	10.8378	10.1059	9.4466	8.8514	8.3126	7.8237
17	15.5623	14.2919	13.1661	12.1657	11.2741	10.4773	9.7632	9.1216	8.5436	8.0216
18	16.3983	14.9920	13.7535	12.6593	11.6896	10.8276	10.0591	9.3719	8.7556	8.2014
19	17.2260	15.6785	14.3238	13.1339	12.0853	11.1581	10.3356	9.6036	8.9501	8.3649
20	18.0456	16.3514	14.8775	13.5903	12.4622	11.4699	10.5940	9.8181	9.1285	8.5136
25	22.0232	19.5235	17.4131	15.6221	14.0939	12.7834	11.6536	10.6748	9.8266	9.0770
30	25.8077	22.3965	19.6004	17.2920	15.3725	13.7648	12.4090	11.2578	10.2737	9.4269
40	32.8347	27.3555	23.1148	19.7928	17.1591	15.0463	13.3317	11.9246	10.7574	9.7791
50	39.1961	31.4236	25.7298	21.4822	18.2559	15.7619	13.8007	12.2335	10.9617	9.9148
60	44.9550	34.7609	27.6756	22.6235	18.9293	16.1614	14.0392	12.3766	11.0480	9.9672

$$PVIFA = \sum_{t=1}^{n} \frac{1}{(1+k)^t} = \frac{1 - \frac{1}{(1+k)^n}}{k}$$

기간수	12%	14%	15%	16%	18%	20%	24%	28%	32%
1	0.8929	0.8772	0.8696	0.8621	0.8475	0.8333	0.8065	0.7813	0.7576
2	1.6901	1.6467	1.6257	1.6052	1.5656	1.5278	1.4568	1.3916	1.3315
3	2.4018	2.3216	2.2832	2.2459	2.1743	2.1065	1.9813	1.8684	1.7663
4	3.0373	2.9137	2.8550	2.7982	2.6901	2.5887	2.4043	2.2410	2.0957
5	3.6048	3.4331	3.3522	3.2743	3.1272	2.9906	2.7454	2.5320	2.3452
6	4.1114	3.8887	3.7845	3.6847	3.4976	3.3255	3.0205	2.7594	2.5342
7	4.5638	4.2883	4.1604	4.0386	3.8115	3.6046	3.2423	2.9370	2.6775
8	4.9676	4.6389	4.4873	4.3436	4.0776	3.8372	3.4212	3.0758	2.7860
9	5.3282	4.9464	4.7716	4.6065	4.3030	4.0310	3.5655	3.1842	2.8681
10	5.6502	5.2161	5.0188	4.8332	4.4941	4.1925	3.6819	3.2689	2.9304
11	5.9377	5.4527	5.2337	5.0286	4.6560	4.3271	3.7757	3.3351	2.9776
12	6.1944	5.6603	5.4206	5.1971	4.7932	4.4392	3.8514	3.3868	3.0133
13	6.4235	5.8424	5.5831	5.3423	4.9095	4.5327	3.9124	3.4272	3.0404
14	6.6282	6.0021	5.7245	5.4675	5.0081	4.6106	3.9616	3.4587	3.0609
15	6.8109	6.1422	5.8474	5.5755	5.0916	4.6755	4.0013	3.4834	3.0764
16	6.9740	6.2651	5.9542	5.6685	5.1624	4.7296	4.0333	3.5026	3.0882
17	7.1196	6.3729	6.0472	5.7487	5.2223	4.7746	4.0591	3.5177	3.0971
18	7.2497	6.4674	6.1280	5.8178	5.2732	4.8122	4.0799	3.5294	3.1039
19	7.3658	6.5504	6.1982	5.8775	5.3162	4.8435	4.0967	3.5386	3.1090
20	7.4694	6.6231	6.2593	5.9288	5.3527	4.8696	4.1103	3.5458	3.1129
25	7.8431	6.8729	6.4641	6.0971	5.4669	4.9476	4.1474	3.5640	3.1220
30	8.0552	7.0027	6.5660	6.1772	5.5168	4.9789	4.1601	3.5693	3.1242
40	8.2438	7.1050	6.6418	6.2335	5.5482	4.9966	4.1659	3.5712	3.1250
50	8.3045	7.1327	6.6605	6.2463	5.5541	4.9995	4.1666	3.5714	3.1250
60	8.3240	7.1401	6.6651	6.2492	5.5553	4.9999	4.1667	3.5714	3.1250

표 5 표준정규분포표

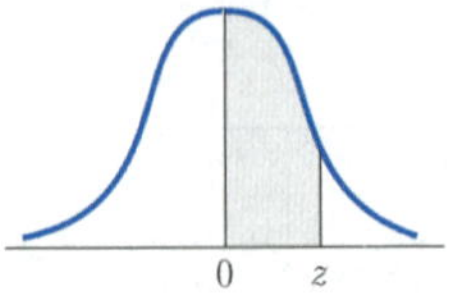

예 $z=1.96$일 때 음영 부분의 확률은 0.4750이 된다.

z	.00	.01	.02	.03	.04	.05	.06	.07	.08	.09
0.0	.0000	.0040	.0080	.0120	.0160	.0199	0.239	.0279	.0319	.0359
0.1	.0398	.0438	.0478	.0517	.0557	.0596	.0636	.0675	.0714	.0753
0.2	.0793	.0832	.0871	.0910	.0948	.0987	.1026	.1064	.1103	.1141
0.3	.1179	.1217	.1255	.1293	.1331	.1368	.1406	.1443	.1480	.1517
0.4	.1554	.1591	.1628	.1664	.1700	.1736	.1772	.1808	.1844	.1879
0.5	.1915	.1950	.1985	.2019	.2054	.2088	.2123	.2157	.2190	.2224
0.6	.2257	.2291	.2324	.2357	.2389	.2422	.2454	.2486	.2518	.2549
0.7	.2580	.2612	.2642	.2673	.2704	.2734	.2764	.2794	.2823	.2852
0.8	.2881	.2910	.2939	.2967	.2995	.3023	.3051	.3078	.3106	.3133
0.9	.3159	.3186	.3212	.3238	.3264	.3289	.3315	.3340	.3365	.3389
1.0	.3413	.3438	.3461	.3485	.3508	.3531	.3554	.3577	.3599	.3621
1.1	.3643	.3665	.3686	.3708	.3729	.3749	.3770	.3790	.3810	.3830
1.2	.3849	.3869	.3888	.3907	.3925	.3944	.3962	.3980	.3997	.4015
1.3	.4032	.4049	.4066	.4082	.4099	.4115	.4131	.4147	.4162	.4177
1.4	.4192	.4207	.4222	.4236	.4251	.4265	.4279	.4292	.4306	.4319
1.5	.4332	.4345	.4357	.4370	.4382	.4394	.4406	.4418	.4429	.4441
1.6	.4452	.4463	.4474	.4484	.4495	.4505	.4515	.4525	.4535	.4545
1.7	.4554	.4564	.4573	.4582	.4591	.4599	.4608	.4616	.4625	.4633
1.8	.4641	.4649	.4656	.4664	.4671	.4678	.4686	.4693	.4699	.4706
1.9	.4713	.4719	.4726	.4732	.4738	.4744	.4750	.4756	.4761	.4767
2.0	.4772	.4778	.4783	.4788	.4793	.4798	.4803	.4808	.4812	.4817
2.1	.4821	.4826	.4830	.4834	.4838	.4842	.4846	.4850	.4854	.4857
2.2	.4861	.4864	.4868	.4871	.4875	.4878	.4881	.4884	.4887	.4890
2.3	.4893	.4896	.4898	.4901	.4904	.4906	.4909	.4911	.4913	.4916
2.4	.4918	.4920	.4922	.4925	.4927	.4929	.4931	.4932	.4934	.4936
2.5	.4938	.4940	.4941	.4943	.4945	.4946	.4948	.4949	.4951	.4952
2.6	.4953	.4955	.4956	.4957	.4959	.4960	.4961	.4962	.4963	.4964
2.7	.4965	.4966	.4967	.4968	4969	.4970	.4971	.4972	.4973	.4974
2.8	.4974	.4975	.4976	.4977	.4977	.4978	.4979	.4979	.4980	.4981
2.9	.4981	.4982	.4982	.4983	.4984	.4984	.4985	.4985	.4986	.4986
3.0	.4987	.4987	.4987	.4988	.4988	.4989	.4989	.4989	.4990	.4990
4.0	.4999685									

문제풀이 해답

제 1 장 재무관리의 기초개념과 개관

≪객관식 문제≫

1. ③ 2. ② 3. ④ 4. ② 5. ④ 6. ② 7. ④ 8. ③
9. ④ 10. ④ 11. ①

≪주관식 문제≫

[1-1]~[1-5] 본문 참조 및 각자 조사

제 2 장 재무관리와 재무제표

≪객관식 문제≫

1. ② 2. ② 3. ③ 4. ② 5. ③ 6. ③ 7. ① 8. ③
9. ④ 10. ① 11. ② 12. ③ 13. ② 14. ① 15. ③ 16. ①

≪주관식 문제≫

[2-1]~[2-5] 본문 참조 및 각자 조사

제 3 장 미래가치와 현재가치의 계산

≪객관식 문제≫

1. ③ 2. ② 3. ③ 4. ③ 5. ④ 6. ④ 7. ② 8. ③
9. ② 10. ④

≪주관식 문제≫

[3-3] $2,000 \times \{1/(1+0.06)^6\} = 2,000 \times 0.7050 = 1,410$(만원)

[3-6] [연금의 현가계산문제] $PV = 600 \times PVIFA(4\%, 6)$

$$= 600 \times \frac{1 - 1/(1.04)^6}{0.04} = 600 \times 5.2421 = 3,145.26(\text{백만원})$$

[3-7] [선급연금의 현가계산문제] $PV = 480 \times PVIFA(6\%, 3) \times 1.06$

$$= 480 \times 2.6730 \times 1.06 = 1,360(\text{백만원})$$

매월 납입의 경우, $i = 6\% \div 12 = 0.5\%, n = 3 \times 12 = 36$

$$PV = 40 \times PVIFA(0.5\%, 36) \times 1.005$$

$$= 40 \times \frac{1 - 1/1.005^{36}}{0.005} \times 1.005 = 1,321(\text{백만원})$$

[3-8] 각 은행의 실효이자율(EAR)을 계산한다.

$$A\text{은행 } EAR=\left(1+\frac{0.06}{365}\right)^{365}-1=0.06183=6.183\%$$

$$B\text{은행 } EAR=\left(1+\frac{0.061}{2}\right)^{2}-1=0.06193=6.193\%$$

A은행이 더 유리하다.

[3-10] 연속복리의 경우 EAR계산

$$EAR=e^{0.06}-1=2.7183^{0.06}-1=0.06184=6.184\%$$

제 4 장 밸류에이션

≪객관식 문제≫

1. ② 2. ③ 3. ③ 4. ② 5. ② 6. ③ 7. ③ 8. ④
9. ④ 10. ④

≪주관식 문제≫

[4-3] $\dfrac{6,000}{(1+0.1)}+\dfrac{6,000}{(1+0.1)^2}+\dfrac{1,006,000}{(1+0.1)^3}=766,236$

[4-4] $$P_0=\left[\frac{2,000(1+0.16)}{(1+0.1)}+\frac{2,000(1+0.16)^2}{(1+0.1)^2}+\frac{2,000(1+0.16)^3}{(1+0.1)^3}\right]+\left[\frac{2,000(1+0.16)^3(1+0.04)}{0.1-0.04}\right]\times\frac{1}{(1+0.1)^3}=47,332\text{원}$$

제 5 장 자본예산

≪객관식 문제≫

1. ② 2. ① 3. ② 4. ③ 5. ③ 6. ④ 7. ② 8. ②
9. ② 10. ①

≪주관식 문제≫

[5-1] 기초현금흐름 2,500,000원
연도별 기간 중 현금흐름, 즉 영업현금흐름

$$\begin{aligned}\Delta CF&=(\Delta S-\Delta C-\Delta D)(1-t)+\Delta D\\&=(5,000,000-3,500,000-500,000)(1-0.4)+500,000\\&=600,000+500,000\\&=1,100,000\end{aligned}$$

기말현금흐름은 잔존가치가 없으므로 0이다.

[5-6] (주)이테크 입장에서 현재 시점에서 현금흐름 유출이 더 작은 안을 채택해야 한다.

구입안(기획이사 주장)의 유출현금흐름

$$=-\sum_{t=1}^{5}\frac{(20\text{만}\times 200\text{원})(1-0.25)}{1.1^t}=-11{,}372\text{만원}$$

제조안(생산이사 주장)의 유출현금흐름

=-제조비용-운전자본투자-세후제조비용+감가상각비절세액

+운전자본환입=-20,000만-5,000만

$$-\sum_{t=1}^{5}\frac{(20\text{만}\times 150\text{원})(1-0.25)}{1.1^t}+\sum_{t=1}^{5}\frac{4{,}000\text{만}\times 0.25}{1.1^t}+\frac{5{,}000\text{만}}{1.1^5}$$

=-19,052만원

제조하는 경우 유출현금흐름이 -19,052만원으로 더 크므로 구매하는 게 더 유리하다.

제 6 장 투자안의 평가방법

≪객관식 문제≫

1. ① 2. ① 3. ③ 4. ① 5. ④ 6. ① 7. ② 8. ③
9. ④ 10. ④ 11. ④ 12. ③

≪주관식 문제≫

[6-1] 평균수익률: 프로젝트 A$=\frac{1{,}000}{4{,}500}=22.2\%$

$$\text{프로젝트 B}=\frac{\frac{(1{,}000+1{,}000+4{,}000)}{3}}{6{,}000}=33.3\%$$

회수기간: 프로젝트 A=2년

프로젝트 B=2.25년 or 2년 3개월

순현재가치:

기 간	프로젝트 A		프로젝트 B	
	현금흐름	현재가치(15%)	현금흐름	현재가치(15%)
0	-9,000	-9,000	-12,000	-12,000
1	5,000	4,348	5,000	4,348
2	4,000	3,025	5,000	3,781
3	3,000	1,973	8,000	5,260
순현재가치		346		1,389

[6-4] (1) 요구되는 수익률은 각 부문의 베타를 고려하여 CAPM에 의하여 계산한다.

$E(r)=\gamma_f+(\gamma_m-\gamma_f)\beta$ 여기서 $\gamma_f=7\%$, $\gamma_m=13\%$

신소재부문 $E(r)=0.07+(0.13-0.07)1.16=13.96\%$

그래픽부문 $E(r)=0.07+(0.13-0.07)1.64=16.84\%$

페인트부문 $E(r)=0.07+(0.13-0.07)0.70=11.20\%$

기대수익률 〉 요구수익률이면 채택 그 반대이면 기각한다.

프로젝트 #1, #2, #4, #6, #7은 그들의 기대수익률이 사업부문의 요구되는 수익률보다 크기 때문에 채택된다.

프로젝트 #3, #5, #8은 기각된다.

프로젝트번호	기대수익률(%)	요구수익률(%)	채택(○), 기각(×)
#1	18	16.84	○
#2	12	11.20	○
#3	10	11.20	×
#4	26	13.96	○
#5	13	13.96	×
#6	21	16.84	○
#7	14	11.20	○
#8	16	16.84	×

여기서 한 가지 중요한 점은 프로젝트 #5(13%의 기대수익률)와 프로젝트 #8(16%의 기대수익률)은 페인트 사업부문에 의해서 채택된 프로젝트 #2(12%의 기대수익률)보다 높은 기대수익률은 갖고 있음에도 기각된다는 점이다. 그 이유는 페인트 사업부문의 체계적 위험이 낮기 때문이며, 그 점이 채택하게 되는 이유이다.

(2) CAPM의 모든 가정이 여기에 적용된다. 첨부하면, 즉 각 사업부문에 있어서 새로운 투자안과 기존의 투자계획은 위험의 관점에서 동질적이라는 점이다.

[6-6] (1) 두 투자안이 상호배타적인 경우 IRR기준보다는 NPV기준이 더 합리적이다. IRR기준으로는 X투자안이 20%, Y투자안이 16%로써 더 우수해 보인다. 그러나 NPV 기준으로는 NPV_Y 〉 NPV_X이므로 Y투자안을 선택한다.

(2)

투자지출액		순현가 또는 합계
X 투자안	20,000만원	9,310만원
Y 〃	45,000 〃	12,206 〃
Z 〃	25,000 〃	3,511 〃
X+Z 통합	45,000 〃	12,821 〃

투자예산 45,000만원 범위 내에서 순현가(NPV)를 가장 높이는 단독 투자안이나 또는 조합은 (X+Z)조합으로써 투자지출액 합계 45,000만원이고 순현가 합계는 12,821(=9,310+3,511)만원이다. 따라서 X+Z안이 순현재가치를 극대화하는 투자안이다.

(3) 가중평균수익성지수

X, Z 두 투자규모는 각각 20,000만원과 25,000만원이고 그 합은 45,000이다.

그리고 X, Z 두 투자안의 PI는 각각 1.47과 1.19이다. 가중평균수익성지수 계산에서 가중치는 투자규모이다.

가중평균수익성지수 $= 20,000/45,000 \times 1.47 + 25,000/45,000 \times 1.19 = 1.31$

[6-10] 새 복사기 구입시 매 연도의 균등비용

EAC = 1,000만원/PVIFA(8%,6) = 1,000만원/4,623 = 216만원

복사기를 4년째 말이 아니라 3년째 말에 교체하면 증분비용 216만을 추가 부담해야 한다. 이 증분비용의 현가는 $216/(1.08)^4 = 159$만원이다.

복사기 사용으로 인한 매년의 증분혜택은 100 − 20 = 80만원이고 이는 3년간 매년 계속된다. 이 증분혜택의 현가는 $\frac{80}{1.08} + \frac{80}{1.08^2} + \frac{80}{1.08^3} = 206$만원이다. 따라서 증분혜택이 증분비용보다 크므로 직원들이 교수 전용복사기를 사용케 하는 것이 K대학 전체 입장에서 유리하다.

[6-13] (1) 연기옵션

(2) 확장옵션

(3) 포기옵션

제 7 장 포트폴리오이론과 CAPM

≪객관식 문제≫

1. ③ 2. ④ 3. ③ 4. ③ 5. ② 6. ④ 7. ③ 8. ②
9. ① 10. ③ 11. ③ 12. ② 13. ② 14. ③ 15. ③ 16. ③
17. ④ 18. ④ 19. ④ 20. ③

≪주관식 문제≫

[7-3] (1) $\sigma_p^2 = (0.5)^2(0.627)^2 + (0.5)^2(0.507)^2 + 2(0.5)(0.5)(0.66)(0.627)(0.507) = 0.267$

$\sigma_p = \sqrt{0.267} = 0.517$

(2) $\sigma_p^2 = (\frac{1}{3})^2(0.627)^2 + (\frac{1}{3})^2(0.507)^2 + 2(\frac{1}{3})(\frac{1}{3})(0.66)(0.627)(0.507) = 0.119$

$\sigma_p = \sqrt{0.119} = 0.345$

(3) 현재 보유하고 있는 자산의 원금보다 1배 많은 금액으로 투자한 셈이다. 이 경우 원금일 때의 위험보다 배만큼 위험이 증가한다.

$0.517 \times 2 = 1.034 = 103.4\%$

(4) 100개가 넘는 주식으로 구성된 포트폴리오는 매우 잘 분산된 포트폴리오이다. 이러한 분산포트폴리오의 표준편차는 개별주식과 시장포트폴리오의 공분산 그러니까 베타와 시장포트폴리오위험 그 자체의 영향을 받는다. 구체적으로 분산포트폴리오의 표준편차는 주식포트폴리오 베타와 시장 포트폴리오 표준편차의 곱이다.

A주식: 2.21×15%=33.15%
B주식: 1.81×15%=27.15%

[7-6] (1) $E(r_p) = (0.6 \times 15) + (0.4 \times 20) = 17\%$

$\sigma_p^2 = (0.6)^2 \times 20^2 + (0.4)^2(22)^2 + 2(0.6)(0.4)(0.5)(20)(22) = 327$

$\sigma_p = \sqrt{327} = 18.1\%$

(2) 기대수익률 $E(r_p)$는 변함이 없고 포트폴리오 위험만 변한다.

$\rho=0$인 경우 $\sigma_p = 14.9\%$, $\rho=-0.5$인 경우 $\sigma_p = 10.8\%$

(3) 주식 A의 기대수익률 15%, 이팀장의 기대수익률 17%, 주식 A의 위험 20% 그리고 이팀장의 위험은 18.1%이다. 이팀장의 포트폴리오는 고기대수익률, 저위험이므로 주식 A보다 성과가 좋다.

[7-9] (1) CAPM식: $\mathrm{E}(R_j) = R_f + \dfrac{E(R_m - R_f)}{\sigma_m^2}(\rho_{j_m}\sigma_j\sigma_m)$에서 증권 J의 기대수익률

$$\mathrm{E}(R_j) = 0.07 + \frac{0.13 - 0.07}{(0.15)^2}(0.80)(0.20)(0.15) = 13.4\%$$

(2) 요구된 이익은 증가한다.
(3) 요구된 이익은 감소한다.
(4) 선형관계로 증권시장선이라고 한다.

제 8 장 위험하의 투자결정

≪객관식 문제≫

1. ④ 2. ③ 3. ④ 4. ④ 5. ③ 6. ② 7. ③ 8. ③
9. ③ 10. ④ 11. ④ 12. ③ 13. ② 14. ② 15. ③ 16. ③

≪주관식 문제≫

[8-5] (1) 0.3×0+0.7×{0.4×1,000+0.6×5,000}=2,380배럴
2,380×365×60=52,122달러

(2) 받아들여질 수 없다. 현금흐름을 조정해야 한다.

[8-6] (1) 100원×1,000,000=V×1,000,000+21,000,000+9,000,000
V=70 단위당 변동비=70원
100원×1,000,000=80원×1,000,000+F+9,000,000
F=1,100만원 고정비=1,100만원

(2) $2,100\text{만원} \div \left[1 - \dfrac{7,000}{10,000}\right] = 7,000\text{만원}$

$1,100\text{만원} \div \left[1 - \dfrac{8,000}{10,000}\right] = 5,500\text{만원}$

제 9 장 자본비용

≪객관식 문제≫

1. ④ 2. ② 3. ④ 4. ① 5. ② 6. ② 7. ③ 8. ②
9. ② 10. ④ 11. ③ 12. ② 13. ④ 14. ④

≪주관식 문제≫

[9-1]

조달원천	자본비용	시가금액	비 중
은행차입	10%	280백만원	0.094
장기부채	9%	1,800	0.604
자기자본	18%	900	0.302
계	10.218%	2,980	

$$WACC = 10\% \times (1-0.25) \times 0.094 + 9\% \times (1-0.25) \times 0.604 + 18\% \times 0.302$$
$$= 10.218\%$$

[9-2] (1) MCC선에는 2개의 분기점이 있다.

① 자기자본: $\dfrac{\text{유보이익}}{\text{자기자본/자산}} = \dfrac{210,000,000}{0.7} = 300,000,000$

② 부 채: $\dfrac{\text{부채}}{\text{부채/자산}} = \dfrac{180,000,000}{0.3} = 600,000,000$

(2) 분기점 사이의 각 구간별 가중평균자본비용

① 자금조달규모가 0~300,000,000원

자금조달원천	구성비율	세후비용	가중비용
부 채	0.3	6%	1.8%
유보이익	0.7	13%	9.1%
			WACC=10.9%

② 자금조달규모가 300,000,000~600,000,000원

자금조달원천	구성비율	세후비용	가중비용
부 채	0.3	6%	1.8%
유보이익	0.7	13.9%	9.73%
			WACC=11.53%

③ 자금조달규모가 600,000,000원 초과일 경우

자금조달원천	구성비율	세후비용	가중비용
부 채	0.3	8.4%	2.52%
유보이익	0.7	13.9%	9.73%
			WACC=12.25%

(3)

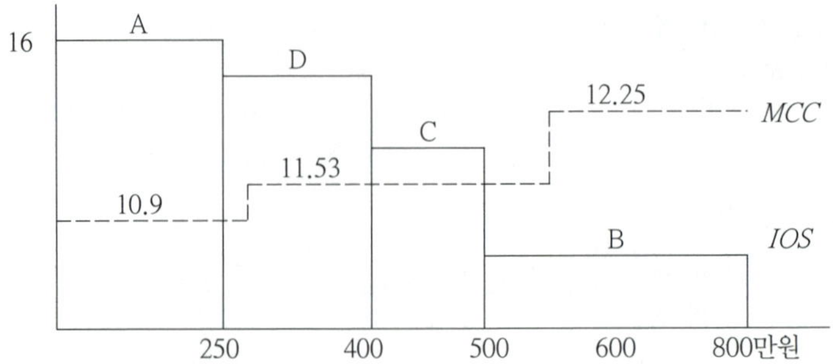

(4) 투자안, A, D, C를 선택.
따라서 최적규모는 500,000,000원

[9-9] $r_E = r_f + \beta(r_m + r_f) = 4\% + 0.66 \times 8\% = 9.28\%$
주식 시가총액 = 2,562,000 × 59,000 = 15,116백만원
장기부채시가 = 6,268백만원
기업가치총액 = 6,268 + 15,116 = 21,384백만원
D/V = 6,268/21,384 = 0.29, E/V = 15,116/21,384 = 0.71
WACC = 7.4% × 0.29 + 9.28% × 0.71 = 8.20%

제10장 자본구조

≪객관식 문제≫

1. ① 2. ④ 3. ② 4. ② 5. ③ 6. ① 7. ③ 8. ②
9. ① 10. ② 11. ① 12. ③ 13. ①

≪주관식 문제≫

[10-1] C사의 순이익 = 2,000천원(1 − 0.25) = 11,500천원
C사의 기업가치 = V_U = 1,200 ÷ 0.12 = 10,000천원,
D사의 기업가치 = V_L = 10,000 + 6,000 × 0.4 = 12,400천원
D사 자기자본가치 = 11,500 − 6,000 = 5,500천원
D사의 순이익 = (2,000 − 480)(1 − 0.25) = 1,140
D사의 자기자본비용 = 순이익/자기자본가치 = 1,140/5,500 = 20.73%
D사의 자기자본비용 k_e = 14.25%

[10-2] $V_U = [8,000,000(1 - 0.25)]/0.125 = 48,000,000$원
$V_L = V_U + DT = 48,000,000 + 40,000,000 \times 0.25 = 58,000,000$원
부채 = 40,000,000원 자기자본 = 18,000,000원
$k_e = 12.5 + (12.5 - 9)(1 - 0.25)(40,000,000/18,000,000) = 18.33\%$

[10-8] (1)

(단위: 백만원)

	1안	2안	3안
$EBIT$	3,000	3,000	3,000
기존이자	198	198	198
신규이자	0	84	84
세전이익	2,802	2,718	2,718
세금(50%)	1,401	1,359	1,359
세후 이익	1,401	1,359	1,359
기존우선주	40	40	40
신규우선주	0	0	60
우선주 배당후 이익	1,361	1,319	1,259
보통주 발행주식수	900,000	850,000	800,000
EPS	1,512원	1,552원	1,574원

(2) 1안과 2안의 자본분기점

$$\frac{(EBIT^{*}-198,000,000)(1-0.5)-40,000,000}{900,000}$$
$$\frac{(EBIT^{*}-282,000,000)(1-0.5)-40,000,000}{850,000}$$

$EBIT^{*}=1,790,000,000$원

$EPS=840$원

제11장 배당정책

≪객관식 문제≫

1. ④ 2. ① 3. ④ 4. ④ 5. ③ 6. ① 7. ④ 8. ④
9. ② 10. ③ 11. ④ 12. ① 13. ③

≪주관식 문제≫

[11-1] (1) 배당주식수=10만주×5%=5,000주

감소된 유보이익=6천원×5,000주=30,000천원

주식의 자본잉여금 증가액=5천원×5,000=25,000천원

증가된 보통주금액=1천원×5,000=5,000천원

12.31일 재축조된 자본구조

보통주(100,000+5,000)	105,000천원
보통주의 자본잉여금(20,000+25,000)	45,000천원
유보이익(80,000−30,000)	650,000천원
총주주지분	800,000천원

(2) 주식배당 전의 회사의 총시장가치

주식수×시가=10만주×6천원=600,000천원=100,000

주식배당 후 1주당 이론가격
600,000천원÷105,000주=5,714원

[11-2] 내년도 예상주가 50,000×1.08=54,000
발행주식수가 N주이면 회사의 가치는 54,000N이다.
새로운 배당 정책으로 인한 유보이익의 감소분은 2,000N이다.
$t=1$에서 새로운 주가수준을 P_1이라 하고 발행주식수를 n이라 하면 유보이익 감소분은 nP_1과 같다.

$$2,000N = nP_1 \quad \cdots\cdots ①$$

회사 전체의 가치는 변화가 없으므로 다음 식이 성립한다.

$$54,000N = (N+n)P_1 \quad \cdots\cdots ②$$

위의 두 식 ①, ②에서 P_1=52,000원이다. 새로운 배당정책에서 P_1은 다음과 같이 g%의 성장률의 결과이다.

$$52,000N = (1+g)P_0 \quad \cdots\cdots ③$$

$$P_0 = \frac{DIV}{r-g} = \frac{4,000}{0.12-g\%} \quad \cdots\cdots ④$$

③과 ④에서 P_0=50,000원, g=4%
답 50,000원 변함없다.

[11-3] (1)

(단위: 백만원)

연 도	배당으로 사용가능한 이익	주당 배당금(원)	필요로 하는 외부자본조달액
1	100,000	100	0
2	0	0	0
3	50,000	50	0
4	80,000	80	0
5	0	0	20,000
	230,000		20,000

(2)

(단위: 백만원)

연 도	순이익	배당금	자본지출	외부자본조달액
1	200	100	100	0
2	150	100	150	100
3	250	100	200	50
4	230	100	150	20
5	180	100	200	120
		500		290

(3) (단위: 백만원)

연 도	순이익	배당금	주당배당금	자본지출	필요로 하는 외부자본조달액
1	200	100	100	100	0
2	150	75	75	150	75
3	250	125	125	200	75
4	230	115	115	150	35
5	180	90	90	200	110
		505			295

(4) 배당금이 최대인 배당정책은 3번째 배당정책
외부자본조달을 최소로 하는 배당정책은 1번째 배당정책

제12장 장기자본의 조달

≪객관식 문제≫

1. ③ 2. ④ 3. ④ 4. ④ 5. ③ 6. ②(12,000−10,000)/(4+1)
7. ③ 8. ② 9. ④ 10. ③ 11. ③ 12. ③

≪주관식 문제≫

[12-1] (1) 발행주식수 4,000,000÷4=1백만주
1주당 유상증자 가격 5천원.
신규자금총액=1백만주×5천원=50억원

(2) $\frac{6,000-5,000}{4+1}=200$원

(3) $주가=\frac{발행후\ 총가치}{발행후\ 총주식수}=\frac{기주식총액+신주식총액}{발행전주식수+신발행주식수}$

$=\frac{4백만주\times 6천원+50억원}{4백만주+백만주}$

$=\frac{240억원+50억원}{5백만주}$

$=\frac{290억원}{5백만주}=5,800원$

[12-4]

24%의 자산성장률 가정하에서의 재무상태표 (단위: 천원)

	현재 (자금조달후)	미래연도			
		1년후(2006)	2년후(2007)	3년후(2008)	4년후(2009)
유동자산	10,000	12,400	15,376	19,066	23,642
고정자산	10,000	12,400	15,376	19,066	23,642
총자산	20,000	24,800	30,752	38,132	47,284

유동부채*	3,000	6,300	10,502	15,882	25,784
장기부채	8,000	8,000	8,000	8,000	5,000
자기자본**	9,000	10,500	12,250	14,250	16,500
부채 및 자기자본	20,000	24,800	30,752	38,132	25,784

* 유동부채는 (총자산−장기부채−자기자본)으로 계산한다. 예를 들면, 3년 후 유동부채 15,882는 15,882=28,132−8,000−14,250의 결과이다. 4년에 걸친 대출은 유동부채의 증가이다.

** 자기자본: 1년 후 1,500로 증가 그 후 매년 250씩 증가, 2년 후 1,750, 3년 후 2,000, 4년 후 2,250

1년 후 10,500= 9,000+1,500

2년 후 12,250=10,500+1,750

3년 후 14,250=12,250+2,000

4년 후 16,500=14,250+2,250

*** 3,100=2,500×12,400/10,000

장기부채는 증가하지 않는다. 모든 성장은 단기부채에 의한 자금조달과 잉여금에 의함.

둘째 연도에 부채비율 제약을 위반했다(실제 부채비율 .602는 제약기준 0.60을 위반함).

셋째 연도에 자금지출 제약을 위반했다(8,457은 7,767보다 크다).

대출계약	현 재	미래연도		(단위: 천원)	
		1년 후	2년 후	3년 후	4년 후
a. 첫째제약: 순운전자본	7,000	6,100	4,874	3,184	−2,142
b. 셋째제약: 부채/총자산	0.550	0.577	0.602	0.626	0.651
c. 고정자산의 순증가액		2,400	2,976	3,690	4,576
d. 감가상각비	2,500	3,100***	3,844	4,767	5,911
e. c+d 셋째제약: 실제자금지출		5,500	6,820	8,457	10,487
f. 감가상각	2,500	3,100	3,844	4,767	5,911
g. 약정자금지출액	3,000	3,000	3,000	3,000	3,000
h. f+g 넷째제약: 약정자금지출		6,100	6,844	7,767	8,911

넷째 연도에 순운전자본요구 한도를 위반하게 된다(순운전자본 −2,142원은 제약기준 3,000원보다 작다).

이것은 자신의 잉여금의 증가보다 더 빠른 비율로 성장하려고 원하는 회사의 전형적인 예이다. 대출계약은 이러한 성장에 결정적으로 제약이 될 것이다. 세 가지의 제약을 제외하고서라도, 회사가 성장에 필요한 자금조달을 위해 추가적으로 과다한 단기부채를 얻을 수 있을지가 중대한 문제이다.

[12-5] (1) 50만÷2+1=250,001주

(2) 주주 1명이 5개의 투표권을 갖는다. 그 주주는 극단적으로 5개 투표권 모두를 한 명의 이사 후보에게 줄 수 있다. 총 투표권수는 50만주×5명=250만이다. 당신의 유효표를 제외하고 나머지 이사후보들이 극단적으로 똑같은 수의 유효표를 획득한 것보다 1표라도 받으면 당신은 적어도 한 명의 이사를 뽑을 수 있다.

x=당신이 가져야 할 유효투표수

$$x = \frac{250\text{만주} - x}{5} + 1$$

여기서 x=416,668투표수, 이를 5명의 이사 수로 이를 나누면 주식수는 83,334주이다.

제13장 단기자본의 조달과 유동부채관리

≪객관식 문제≫

1. ④ 2. ① 3. ② 4. ① 5. ② 6. ③ 7. ④

≪주관식 문제≫

[13-1] 단기현금부족기대액

=(0.5×1,000,000)+(0.2×0)+(0.3×2,000,000)=1,100,000

1안: 90일 만기 무담보 대출 2,000,000원을 빌려올 경우 기대비용(금액단위)

90일간의 지급이자=2,000,000×0.01×3=60,000원

(만약 복리로 계산하면 2,000,000×$\{(1.01)^3-1\}$=60,602)

차입한 돈 2,000,000 중 부족기대액 1,100,000을 제외한 900,000원의 예금이자

연 9% → 월 0.75%

이자지급기간 약 1.5개월

1.5개월간의 예금이자=900,000×$\{(1.0075)^{1.5}-1\}$=10,144원

차입에 따른 비용순증=지급이자−예금이자=60,602−10,144=50,458원

2안: 수수료 2만원에 차입금에 월 1%를 부과한 신용한도의 기대비용

수수료 2만원의 3개월 후 기회비용=20,000×1.01^3=20,606원

차입금 1,100,000×$\{1.01^{1.5}-1\}$=16,541원

신용한도에 따른 비용합계=20,606+16,541=37,147원

결론: 대출에 따른 비용 50,458원과 신용한도비용합계 37,147원을 비교해 보면 신용한도를 설정하는 것이 조달금액의 기대비용을 갖추는 결과를 가져온다.

[13-4] 대출요구액=4÷(1−0.03)=4.0816억원

연이자금액=4.0816×0.06=0.2449억원

실질이자율=0.2449/4=0.0612=6.12%

제14장 운전자본관리

≪객관식 문제≫

1. ④ 2. ③ 3. ④ 4. ④ 5. ② 6. ② 7. ③ 8. ②
9. ④ 10. ③ 11. ③ 12. ④ 13. ②

≪주관식 문제≫

[14-1] (1) 과거 판매조건에 따른 매출총이익의 현가:

$$-80+\frac{100}{1.06^{\frac{75}{365}}}=-80+98.8=18.8\text{원}$$

변경된 판매조건에 따른 매출총이익의 현가:

$$-80+\frac{0.6\times 90}{1.06^{\frac{30}{365}}}+\frac{0.4\times 100}{1.06^{\frac{70}{365}}}=-80+58.5+39.6=18.1\text{원}$$

주어진 자료에 의하면 매출총이익의 현가가 별 차이가 없으므로 판매조건 변경에 따른 효과는 없다.

(2) 매출액의 증가와 함께 매출원가도 증가하므로 변경된 매출총이익의 현가도 2% 증가한다. 따라서 이 경우 판매조건의 변화에 따른 효과가 있다.
매출총이익의 현가변화: $1.1\times 18.1=19.9$원

[14-2] 신용기간 연장의 기준은 연장에 따른 한계이익과 한계비용의 크기에 달려 있다. 한계이익은 공헌이익으로서 추가적으로 증가하는 매출액의 20%이다(왜냐하면, 공헌이익률이 20%이므로). 한계비용은 매출액 증가에 따라 늘어나는 외상매출금에 대한 기회비용으로서 매출채권금액에 20%를 곱한 금액이다.
외상매출금 회전율=360/75=4.8

(1) 한계이익의 계산: 추가되는 매출액 60,000,000 * 15%=9,000,000원
추가매출액의 한계이익=9,000,000 * 0.2=1,800,000원

(2) 한계비용의 계산
① 새로운 매출에서 추가되는 외상매출금 9,000,000/4.8=1,875,000원
② 추가되는 외상매출금으로 인한 추가된 투자금액
=1,875,000 * 0.8=1,500,000원
③ 원래의 매출에서 발생하는 외상매출금의 수준
=60,000,000/4.8=12,500,000
④ 원래의 매출에서 발생하는 옛날 외상매출금의 수준
=60,000,000/8=7,500,000원
⑤ 증가된 외상매출금 ③－④=12,500,000－7,500,000=5,000,000원
⑥ 외상매출금 총증가액 ②+⑤=1,500,000+5,000,000=6,500,000원
⑦ 추가된 외상매출금 투자액에 대한 기회비용
=0.20 * 6,500,000=1,300,000원

결론: (1)의 한계이익 1,800,000원이 (2)의 한계비용 1,300,000원 보다 크므로 회사는 신용기간을 30일에서 60일로 연장해야 한다.

[14-5]

현재: 매출채권 평균잔액(360,000,000/4)	90,000,000
변경시: 매출채권 평균잔액(360,000,000/6)	60,000,000
매출채권 감소액	30,000,000
이자(15%)	4,500,000
현금할인 비용(360,000,000×0.3×0.04)	4,320,000
할인정책의 이득(4,500,000−4,320,000)	180,000

따라서 현금할인 정책을 시행하여야 한다.

[14-8] (1) 신용판매 증가액 520,000−410,000=110,000
이익증가분 110,000×0.2=22,000원
(2) 회수비용 변경 후: (520,000×0.04)=20,800
변경 전: (410,000×0.03)=12,300
회수비용 증가액 20,800−12,300=8,500원
(3) 매출채권 평균잔액 변경 후: 520,000/4=130,000
변경 전: 410,000/5=82,000
증가액: 48,000원

제15장 재무계획과 통제

≪객관식 문제≫

1. ② 2. ② 3. ② 4. ③ 5. ② 6. ③ 7. ③ 8. ③
9. ② 10. ①

≪주관식 문세≫

[15-1]

	매출액백분율
현 금	1.5%
외상매출금	3.5
재고자산	7.5
유동자산	12.5
고정자산	37.5
총자산	50
외상매입금	1.0
미지급금	0.5
자생적 자금조달원천	1.5

	매출액백분율
총자산	50%
자생적 자금조달	1.5%
추가요소자금	추가매출액의 48.5%

매출액의 증가=(0.20)(3,500,000천원)=700,000천원
추가소요자금=(0.485)(700,000천원)=339,500천원
유보이익의 증가=(0.40)(순이익)
=(0.40)(0.03)(3,500,000천원+700,000천원)
=(0.40)(126,000천원)
=50,400천원
추가소요자금=339,500천원−50,400천원=289,100천원

[15-5] 10월 회수액 80,000천원=8월 매출액의 50%+9월 매출액의 50%
11월 회수액 95,000천원=9월 매출액의 50%+10월 매출액의 50%
12월 회수액 100,000천원=10월 매출액의 50%+11월 매출액의 50%

[15-7]

	1월	2월	3월
월초 현금잔액	100,000	146,000	174,500
현금유입액			
외상매출금 회수액	76,500	67,500	70,200
총가용현금	176,500	213,500	244,700
현금유출액			
외상매입금 지급액	−	34,000	32,000
임금 및 급여	4,000	3,500	4,200
임대료	1,500	1,500	1,500
기계구입비	25,000	−	2,000
총지출액	30,500	39,000	39,700
월말 현금잔액	146,000	174,500	205,000

제16장 기업의 인수 · 합병(M&A)

≪객관식 문제≫

1. ② 2. ③ 3. ② 4. ③ 5. ③ 6. ② 7. ④ 8. ②
9. ① 10. ②(25,000,000/500)−30,000=20,000

≪주관식 문제≫

[16-3] 합병 전 (주)대영의 가치와 합병 후 (주)이테크의 가치를 합한다.
먼저 (주)이테크의 주가와 주당 발행금 그리고 일정성장율 6%로 자기자본비용(r)을 계산한다.

$$\frac{80}{r-0.06}=2,000 \qquad \text{여기서 } r=10\%$$

합병 후 (주)이테크의 성장률은 8%로 증가하므로 주가는 $\frac{80}{0.10-0.08}=4,000$원이 된다.
따라서 두 기업의 가치 합계는 1백만주×9,000+0.6백만주×4,000

=11,400백만원이다.
(주)이테크의 가치 증가는 (주)대영의 이득, 즉 합병시너지이다.
(주)이테크는 합병으로 인해 주가가 2배 뛰어 4,000원이 되었다.
따라서 가치증가분, 즉 이득(=시너지)은 0.6백만주×2,000원=1,200백만원이다.

[16-4] (1) $ER=\dfrac{4,000+4,000\times 0.25}{20,000}=0.25$

(2) $EPS_M=\dfrac{10억+1억+SE}{500,000주+250,000주\times 0.25}=$ 약 1,956(원)

(3) $EPS_A=EPS_M$

$$\Rightarrow \frac{10억}{500,000주}=\frac{10억+1억+0}{500,000주+250,000주\times ER}$$

$$\Rightarrow \therefore ER=0.2$$

제17장 옵 션

≪객관식 문제≫

1. ③ 2. ④ 3. ③ 4. ③ 5. ① 6. ③ 7. ④ 8. ③
9. ④

≪주관식 문제≫

[17-1] (1) 1달러를 기초자산으로 하는 옵션 한 개에 대하여 보유해야 할 달러금액을 x라고 하자. 그러면 환율 상승과 하락의 두 가지 경우에 포트폴리오의 가치는 다음과 같다.

- 상승: $1100x$
- 하락: $950x+30$

두 가지 경우에 포트폴리오의 가치가 동일하려면 $x=30/150=0.2$
따라서 보유해야 할 달러의 금액은 \$50만×0.2=\$10만

(2) 달러선물의 시장가가 1,050원/\$이므로, 환율이 상승할 확률을 p라 놓으면 다음 식이 성립한다.

$p(1,100)+(1-p)(950)=1,050$

따라서 p=2/3=0.67이므로 위험중립자 입장에서 환율상승의 확률은 2/3(0.67)이다.

(3) 환율의 변화에 따른 옵션의 만기시 수익은 각각 다음과 같다.

- 상승: min(1100−920, 50)=50
- 하락: min(950−920, 50)=30

옵션의 현재가=(0.67×50+0.33×30)/(1+0.06)=43.4/1.06=40.94원
1계약의 규모는 50만 달러이므로 옵션 한 계약의 프리미엄은
40.94×500,000=20,470,000원이다.
(또는 40.943396×500,000=20,472,000원)

[17-3] $NPV = 100 - \frac{(152 \times 0.7 + 90 \times 0.3)}{(1+0.18)} =$ 약 13(억원)

단, $R = -0.1 \times 0.3 + 0.3 \times 0.7 = 0.18(18\%)$

$$C = \frac{1}{R}\left[\left(\frac{R-d}{u-d}\right)C_u + \left(\frac{u-R}{u-d}\right)C_d\right]$$

$$= \frac{1}{1.1}\left[\left(\frac{1.1-0.9}{1.52-0.9}\right)52 + \left(\frac{1.52-1.1}{1.52-0.9}\right)0\right]$$

=약 13(억원)

단, $R = 1 + R_f$

R_f =무위험수익률

d = 1−주가하락률

u = 1+주가상승률

$C_u = Max[0, u \cdot S - E] = Max[0, 152-110] = 42$(억원)

$C_d = Max[0, d \cdot S - E] = Max[0, 90-110] = 0$

$E = 100 \times (1 + R_f) = 110$

주어진 자료에는 기업의 미래 예상수익률은 있지만, 투자안에 대한 미래 예상수익률은 없다. 따라서 실물옵션의 접근방법으로 투자안의 무위험 헤지확률을 구할 수가 없다. 그러므로 단순히 콜옵션의 가격을 구하는 것은 가능하지만, 진정한 의미의 투자안을 평가하는 것은 곤란한 것이다. 주어진 자료를 활용하여 전통적인 방법으로 투자안을 평가한다고 할 때에도 투자안 자체의 자본비용으로 할인하여 평가해야 한다. 그러나 주어진 자료에는 투자안의 자본비용이 없으므로 기업의 수익률을 기회비용으로 가정할 때 전통적인 방법을 적용해 볼 수는 있다.

[17-6] 행사가격 40의 풋옵션 1단위를 매입하고 행사가격 50의 풋옵션 1단위를 매도하여, 이로 인한 현금유입액 9.7을 무위험할인채권을 통하여 대출을 한다.

전　략	현　금	주가(S) ≤ 40	40 < S < 50	S ≥ 50
40 풋 매입	-1.46	40−S	0	0
50 풋 매도	11.15	-(50−S)	-(50−S)	0
계	9.7	-10	S−50	0
무위험채대출*	-9.7	10.21	10.21	10.21
순현금	0	0.21	S−39.79	10.21

* 9.7×100/95=10.21

(보충) 만기에 주가가치가 증가할수록 차익거래의 이익도 증가.

제18장 선　물

≪객관식 문제≫

1. ③　2. ②　3. ②　4. ②　5. ③　6. ④　7. ④　8. ④
9. ②　10. ③

≪주관식 문제≫

[18-1] 이론선물가격= $F_0 = S_0(1+r_f - d) = 350(1+0.07-0.04) = 360.50$

실제선물가격 370은 너무 과대평가되었으므로 S&P 500 선물지수를 매도하고 현물인덱스 펀드를 매입한다.

제19장 국제재무관리

≪객관식 문제≫

1. ③ 2. ③ 3. ④ 4. ① 5. ②[F/1.58=1.02/1.04]
6. ③[(1,100−1,130)/1,130=0.05−r] 7. ③[1.15×1.02/1.12−1.04]
8. ③ 9. ② 10. ③

≪주관식 문제≫

[19-1] $E(S_{D/E}) = 1{,}000 \times (\frac{1+0.05}{1+0.03})^2 = 1{,}039.21$

[19-3] (1) $E[S_{D/F}(1)] = 0.6 \times 1.08/1.06 = 0.6113$

(2) $E[S_{D/F}(1)] = 1.05 \times 0.6113/0.6 = 1.0698$ 인플레이션율은 6.98%

(3)

DM(백만)	15	17	20	20	17
U$/DM(환율)	0.6113	0.6228	0.6345	0.6465	0.6586
U$(백만)	9.17	10.59	12.69	12.93	11.20

(4) $k_e = 8 + (16.6-8)(1.1) = 17.46\%$

$WACC = (0.25)(0.762)(0.1) + (0.75)(0.1746) = 15\%$

(5) $NPV = -35 + \frac{9.17}{1.15} + \frac{10.59}{(1.15)^2} + \frac{12.69}{(1.15)^3} + \frac{12.93}{(1.15)^4} + \frac{11.20}{(1.15)^5}$

$= U\$2,290,000$

찾아보기

[저자약력]
서울대학교 경영대학 졸업
서울대학교 대학원 경영학석사
미국 University of Massachusetts 경영학박사(1985)
공인회계사 시험출제위원 역임
(현재) 경희대학교 경영대학 명예교수

〈주요저서〉
통계학개론(신영사)
투자론(홍문사)
금융공학(경문사, 공저)

〈주요논문〉
증권거래소 제도의 국제적 추세 및 발전방향(공저, 한국증권학회, 2000. 2)
한국 선도환 시장의 효율성 검증(재무연구, 2000, 한국재무학회)
Efficiency test of Korean forward exchange market *Int' l Quarterly Journal of Finance*, vol.1, no.l, Jan., 2001.
신용위험과 거시경제변수에 관한 연구(재무연구, 2003, 한국재무학회)
The valuation of swaption(9차 ADDSI 발표논문, 2004)
Swaption의 가치평가, Barrier call option의 가격결정, Copula함수의 재무이론적 접근 등 다수

재무관리(제**3**판)

2006년 3월 10일 제 1 판 발행
2010년 3월 15일 제 2 판 발행
2022년 3월 10일 제 3 판 발행

저 자 김 건 우
발행인 임 권 규
발행처 弘 文 社

05855 서울시 송파구 송파대로 167 테라타워 B동 802호
등록 1993. 6. 24 제 1－1543 호
TEL : (02) 712－5311(代) FAX : (02) 716－5311
http://www.hongmoonsa.co.kr

값 32,000원

ISBN 978-89-7770-718-4 93320